A.CRESLE 1975

BIBLIOTHÈQUE LATINE-FRANÇAISE

OEUVRES COMPLÈTES

DE

CICÉRON

—◦ 12 ◦—

LETTRES DE M. T. CICÉRON

ANS DE ROME 685 A 701

I

Traductions revues avec le plus grand soin
PAR M. H. DURAND
PROFESSEUR AU LYCÉE IMPÉRIAL DE CHARLEMAGNE

PARIS
GARNIER FRÈRES, LIBRAIRES-ÉDITEURS
6, RUE DES SAINTS-PÈRES, ET PALAIS-ROYAL, 215

BIBLIOTHÈQUE LATINE-FRANÇAISE
— 58 —

ŒUVRES COMPLÈTES

DE

CICÉRON

TOME DOUZIÈME

PARIS. — IMP. SIMON RACON ET COMP., RUE D'ERFURTH, 1.

OEUVRES COMPLETES

DE

CICÉRON

—◇ 12 ◇—

LETTRES DE M. T. CICÉRON

ANS DE ROME 685 A 701

I

Traductions revues avec le plus grand soin

PAR M. H. DURAND

PROFESSEUR AU LYCÉE IMPÉRIAL DE CHARLEMAGNE

PARIS

GARNIER FRÈRES, LIBRAIRES-ÉDITEURS

6, RUE DES SAINTS-PÈRES, ET PALAIS-ROYAL, 215

1870

PRÉFACE

Les éditeurs des lettres de Cicéron ont suivi deux systèmes différents. Les anciens les ont divisées en trois classes : lettres familières, lettres à Atticus, lettres à Quintus ; les éditeurs plus récents n'ont fait de toutes les lettres qu'un seul tout, et les ont rangées, sans distinction des personnages auxquels elles sont adressées, dans l'ordre chronologique, ce qui a l'avantage de présenter d'une manière plus nette et plus précise les divers événements de la vie de Cicéron et les faits politiques qui s'y rattachent. C'est l'ordre suivi dans l'édition de la *Bibliothèque latine française* publiée par M. C.-L.-F. Panckoucke ; c'est celui que nous avons adopté.

Quant aux traductions, ce sont celles de l'abbé Prevost et de l'abbé Mongault, revues par M. de Golbery. Très au fait de la critique allemande, M. de Golbery s'en est souvent habilement servi pour relever les erreurs ou les inexactitudes de ses deux devanciers ; moins heureux, quand il a voulu corriger leurs traductions mêmes, s'il en a quelquefois, à propos, resserré la phrase un peu diffuse, il n'a pas tou-

jours assez senti, assez respecté, ce que, dans son tour naturel et son abandon, cette phrase avait de grâce et de bonheur. C'est un défaut que tiendront à éviter les savants professeurs qui ont bien voulu se charger de cette nouvelle révision. Tout en sachant que le goût classique demande aujourd'hui dans les traductions une précision que n'exigeait pas le dix-septième siècle, ils n'auront garde d'oublier que l'élégance ne doit pas se séparer de la fidélité; et ils conserveront autant que faire se peut, ou restitueront aux versions de Mongault et de Prevost leur libre et souvent gracieuse allure.

Parlerons-nous maintenant de l'intérêt historique et du charme de style qu'offrent les lettres de Cicéron? Sur ce sujet, tout est dit, et « le meilleur est enlevé; » contentons-nous de citer quelques témoignages. Racine écrivait à son fils aîné : « Vous ne lirez guère d'ouvrage qui vous soit plus utile pour vous former l'esprit et le jugement. » Il lui dit ailleurs : « Je lisais ou je relisais ces jours passés pour la centième fois les épîtres de Cicéron. »

Montesquieu recommande aussi aux amis de l'antiquité les lettres de Cicéron, et il affirme qu'on y voit bien mieux l'état de Rome sous l'usurpation de César, que dans les discours des historiens. « Elles sont le chef-d'œuvre de la naïveté de gens unis par une douleur commune, et d'un siècle où la fausse politesse n'avait pas mis le mensonge partout; enfin on n'y voit point, comme dans la plupart de nos lettres modernes, des gens qui veulent se tromper, mais des amis malheureux qui cherchent à se tout dire[1]. »

M. Villemain a confirmé et développé ces pensées avec

---

[1] *Grandeur et décadence des Romains*, chap. ii.

autant de goût que de justesse. « Aucun ouvrage, dit-il[1], ne donne une idée plus juste et plus vive de la situation de la république. Il y respire une inimitable naïveté de sentiments et de style. Si l'on songe que l'époque où vivait Cicéron est la plus intéressante de l'histoire romaine, par le nombre et l'opposition des grands caractères, les changements de mœurs, la vivacité des crises politiques; si l'on songe en même temps quelle facilité Cicéron avait de tout connaître, et quel talent pour tout peindre, on doit sentir aisément qu'il ne peut exister de tableau plus instructif et plus animé. Ses passions toujours intéressées à ce qu'il raconte augmentent encore son éloquence; mais cette éloquence est rapide, simple, négligée ; elle peint d'un trait; elle jette, sans s'arrêter, des réflexions profondes : souvent les idées sont à peine développées. Le lecteur y retrouve cette admirable justesse de pensées, cette perfection de style, enfin, cette continuelle union du génie et du goût, qui n'appartiennent qu'à peu de siècles et à peu d'écrivains, et que personne n'a portées plus loin que Cicéron. »

Il y a cependant dans ces lettres une difficulté. « Il faut, c'est encore M. Villemain qui parle, un effort pour le suivre, pour saisir toutes ses allusions, entendre ses prédictions, pénétrer sa pensée, et quelquefois même l'achever. » Cet effort, nous avons tâché de le rendre moins pénible au lecteur, en ne laissant sans éclaircissements, dans les notes, rien de ce qui pouvait et devait être expliqué.

[1] *Mélanges littéraires.*

LETTRES
DE M. T. CICÉRON
— Ans de Rome 685 à 696 —

LETTRES
DE M. T. CICÉRON

LETTRE I

Rome, an 685, sous le consulat de L. Cécilius Metellus et de Q. Marcius Rex.

CICÉRON A ATTICUS

D'après l'intimité qui règne entre nous, vous jugerez mieux que personne combien j'ai été affligé de la mort de notre cousin Lucius, et de quel secours je suis privé tant pour mes affaires particulières que pour mes affaires publiques. Je trouvais en lui toute la douceur et toute la bonté de caractère que l'on peut goûter dans le commerce d'autrui. Je ne doute donc pas que vous n'en soyez peiné aussi, d'abord parce que ma douleur vous touche; en second lieu, parce que vous perdez un allié plein de mérite et de zèle,

M. T. CICERONIS
EPISTOLÆ

EPISTOLA I
(ad Att. I, 5)

Scrib. Romæ A. V. C. 685 (L. Cæcilio Metello, Q. Marcio Rege coss.).

CICERO ATTICO SAL.

Quantum dolorem acceperim, et quanto fructu sim privatus et forensi, et domestico, Lucii fratris nostri morte, in primis pro nostra consuetudine tu existimare potes. Nam mihi omnia, quæ jucunda ex humanitate alterius et moribus homini accidere possunt, ex illo accidebant. Quare non dubito, quin tibi quoque id molestum sit, quum et meo dolore moveare, et ipse omni virtute

qui vous aimait autant de lui-même que sur la foi de mes paroles.

Quant à ce que vous m'écrivez touchant votre sœur, elle me rendra elle-même ce témoignage, que je n'ai rien négligé pour bien disposer l'esprit de mon frère Quintus à son égard. Comme il m'a paru un peu trop irrité, je lui ai écrit une lettre par laquelle je l'apaisais en frère, je l'exhortais en aîné, et le reprenais comme un homme qui s'égare; et j'ai lieu de juger, par tout ce qu'il m'a écrit depuis, qu'ils vivent ensemble comme ils doivent et comme nous le souhaitons.

C'est sans motif que vous me reprochez de ne vous avoir pas écrit : quand Pomponia a eu quelque occasion, elle ne me l'a point fait savoir; or je n'ai trouvé personne qui allât en Épire, et je ne savais pas encore que vous fussiez à Athènes.

Dès que je fus de retour à Rome, après notre séparation, je travaillai, selon votre recommandation, à terminer votre différend avec Acutilius; mais l'affaire m'a paru si aisée à raccommoder, et vous avez d'ailleurs si peu besoin d'avis, que j'ai préféré laisser à Peducéus le soin de vous écrire sur le parti à prendre. Si j'ai eu assez de patience pour écouter pendant plusieurs jours Acutilius, dont la manière de causer vous est connue, vous jugez bien que je me serais donné la peine de vous mander tous ses

officioque ornatissimum, tuique et sua sponte, et meo sermone amantem, affinem amicumque amiseris.

Quod ad me scribis de sorore tua, testis erit tibi ipsa, quantæ mihi curæ fuerit, ut Quinti fratris animus in eam esset is, qui esse deberet. Quem quum esse offensiorem arbitrarer, eas litteras ad eum misi, quibus et placarem ut fratrem, et monerem ut minorem, et objurgarem ut errantem. Itaque ex iis, quæ postea sæpe ab eo ad me scripta sunt, confido ita esse omnia, ut et oporteat, et velimus.

De litterarum missione sine causa abs te accusor. Nunquam enim a Pomponia nostra certior sum factus, esse cui litteras dare possem. Porro autem neque mihi accidit ut haberem, qui in Epirum proficisceretur : neque dum te Athenis esse audiebamus.

De Acutiliano autem negotio quod mihi mandaras, ut primum a tuo digressu Romam veni, confeceram : sed accidit, ut et contentione nihil opus esset, et ut ego, qui in te satis consilii statuerim esse, mallem Peducæum tibi consilium per litteras, quam me dare. Etenim quum multos dies aures meas Acutilio dedissem, cujus sermonis genus tibi notum esse arbitror; non mihi grave

griefs, après avoir eu celle de l'entendre d'un bout à l'autre; ce qui n'est pas fort agréable. Mais vous qui me reprochez ma paresse, savez-vous bien que je n'ai encore reçu qu'une lettre de vous depuis votre départ, quoique vous ayez beaucoup plus de loisir que moi, et que vous trouviez plus aisément des occasions de m'écrire?

Vous me marquez, que, lorsque je vois quelqu'un prévenu contre vous, c'est à moi de le ramener : je vous entends, et je n'y ai pas manqué. Mais on est étrangement piqué : je n'ai pas omis de dire tout ce qui servait à votre justification; mais pour les avances, j'ai cru qu'il fallait les régler sur vos intentions. Lorsque vous me les aurez fait connaître par une lettre, vous vous convaincrez que si je n'ai pas voulu être plus empressé que vous-même, je ne suis pas plus négligent que vous ne le voudriez.

Tadius m'a dit que vous lui écriviez, sur son affaire, qu'il ne fallait pas s'inquiéter, parce qu'il y avait prescription. Nous avons été surpris que vous ne sussiez pas qu'on ne peut prescrire rien de ce qui est soumis à la tutelle légale sous laquelle cette jeune fille est, dit-on, placée.

Je suis ravi que vous soyez content de votre acquisition d'Épire. Je vous prie de continuer, à votre commodité, de me chercher tout ce qui sera propre à orner ma maison de Tusculum; c'est le seul endroit où je me repose de tous mes soucis et de mes travaux.

duxissem scribere ad te de illius querimoniis, quum eas audire, quod erat subodiosum, leve putassem. Sed abs te ipso, qui me accusas, unas mihi scito litteras redditas esse, quum et otii ad scribendum plus, et facultatem dandi majorem habueris.

Quod scribis, etiamsi cujus animus in te esset offensior, a me recolligi oportere; scio quid dicas : neque id neglexi : sed est miro quodam modo affectus. Ego autem quæ dicenda fuerunt de te, non prætérii. Quid autem contendendum esset, ex tua putabam voluntate statuere oportere : quam si ad me perscripseris, intelliges me neque diligentiorem esse voluisse, quam tu esses, neque negligentiorem fore, quam tu velis.

De Tadiana re, mecum Tadius locutus est, te ita scripsisse, nihil esse jam quod laboraretur, quoniam hæreditas usucapta esset. Id mirabamur te ignorare, de tutela legitima, in qua dicitur esse puella, nihil usucapi posse.

Epiroticam emptionem gaudeo tibi placere. Quæ tibi mandavi, et quæ tu intelliges convenire nostro Tusculano, velim, ut scribis, cures, quod sine molestia tua facere poteris. Nam nos ex omnibus molestiis, et laboribus uno illo in loco conquiescimus.

Nous attendons mon frère Quintus tous les jours. Terentia est tourmentée de grandes douleurs dans les articulations; elle est pleine d'amitié pour vous, pour votre sœur et pour votre mère. Elle vous fait mille compliments, aussi bien que ma chère petite Tullia. Ayez soin de votre santé, aimez-nous, et soyez persuadé que je vous aime comme un frère.

LETTRE II
Rome, même année.

CICÉRON A ATTICUS

Je vous promets que vous n'aurez plus à me reprocher d'être trop paresseux à vous écrire; songez seulement à ne l'être pas plus que moi, vous qui avez tant de loisir.

La maison que Rabirius avait à Naples, et que vous aviez déjà toute mesurée et rebâtie dans votre esprit, M. Fonteius l'a achetée cent trente mille sesterces. Je vous en donne avis, en cas que vous pensiez encore à cette acquisition.

Mon frère me paraît disposé comme nous le désirons à l'égard de votre sœur Pomponia: il est avec elle dans ses terres d'Ar-

---

Quintum fratrem quotidie exspectamus. Terentia magnos articulorum dolores habet, et te, et sororem tuam, et matrem maxime diligit, salutemque tibi plurimam adscribit, et Tulliola, deliciæ nostræ. Cura, ut valeas, et nos ames; et tibi persuadeas, te a me fraterne amari.

EPISTOLA II
(ad Att., I, 6)

Scrib. Romæ eodem anno.

CICERO ATTICO SAL.

Non committam posthac ut me accusare de epistolarum negligentia possis. Tu modo videto, in tanto otio ut par mihi sis.

Domum Rabirianam Neapoli, quam tu jam dimensam et exædificatam animo habebas, M. Fonteius emit H-S ccciɔɔɔxxx. Id te scire volui, si quid forte ea res ad cogitationes tuas pertineret.

Q. frater, ut mihi videtur, quo volumus animo est in Pomponiam, et cum

pnum, où il a mené D. Turranius, qui est un homme rempli de connaissances très-utiles. Notre père est mort le 25 novembre.

Voilà à peu près tout ce que j'avais à vous mander. Si vous pouvez découvrir des raretés propres à orner un lieu d'étude comme celui que vous savez, je vous prie de ne les pas manquer. Je me plais à Tusculum, et c'est même le seul endroit où je sois tout à fait content de moi-même.

Mandez-moi en détail ce que vous faites et ce que vous vous proposez de faire.

LETTRE III.
Rome, décembre 685.

CICÉRON A ATTICUS

Votre mère est en bonne santé, nous en avons grand soin.

Je me suis obligé à payer vingt mille quatre cents sesterces, aux ides de février, à L. Cincius.

Je vous prie de faire en sorte que j'aie le plus tôt qu'il se pourra tout ce que vous avez acheté et destiné pour moi. Pensez

---

ea nunc in Arpinatibus prædiis erat, et secum habebat hominem χρηστομαθῆ, D. Turranium. Pater nobis decessit A. D. vnı. kal. decembr.

Hæc habebam fere, quæ te scire vellem. Tu velim si qua ornamenta γυμνασιώδη reperire poteris, quæ loci sint ejus, quem tu non ignoras, ne prætermittas. Nos Tusculano ita delectamur, ut nobismet ipsis tum denique, quum illo venimus, placeamus.

Quid agas omnibus de rebus, et quid acturus sis, fac nos quam diligentissime certiores.

EPISTOLA III
(ad Att., I, 7)

Scrib. Romæ 685 mense decembri.

CICERO ATTICO SAL.

Apud matrem recte est, eaque nobis curæ est.

L. Cincio H-S xxcd constitui me curaturum idibus febr.

Tu velim ea, quæ nobis emisse et parasse scribis, des operam ut quampri-

aussi, comme vous me l'avez promis, à me composer une bibliothèque ; c'est sur votre obligeance qu'est fondée l'espérance du plaisir que je me promets, quand je serai tiré de l'embarras des affaires.

LETTRE IV

Rome, 686, sous le consulat de C. Calpurnius Pison et de M. A. Glabrion.

CICÉRON A ATTICUS

Tout va chez vous comme nous le souhaitons. Votre mère et votre sœur nous sont fort chères. à mon frère et à moi.

J'ai parlé à Acutilius : il m'assure que son homme d'affaires ne lui avait point écrit; et il est surpris qu'il ait fait difficulté de vous garantir que l'on ne vous demanderait rien au delà.

Tadius m'a paru très-content de la manière dont vous avez arrangé son affaire, et il vous en est fort obligé.

L'ami que vous savez, qui est certainement un très-honnête homme, et qui a beaucoup d'amitié pour moi, est vraiment fort en colère contre vous. Quand je saurai à quel point vous vous en souciez, je saurai aussi ce que je dois faire pour l'apaiser.

mum habeamus : et velim cogites, id quod mihi pollicitus es, quemadmodum bibliothecam nobis conficere possis. Omnem spem delectationis nostræ, quam, quum in otium venerimus, habere volumus, in tua humanitate positam habemus.

EPISTOLA IV
(ad Att., I, 8)

Scrib. Romæ A. V. C. 686 (C. Calpurnio Pisone, M. Acilio Glabrione coss.).

CICERO ATTICO SAL.

Apud te est ut volumus. Mater tua, et soror a me, Quintoque fratre diligitur.

Cum Acutilio sum locutus. Is sibi negat a suo procuratore quidquam scriptum esse, et miratur istam controversiam fuisse, quod ille recusarit satisdare, amplius abs te non peti.

Quod te de Tadiano negotio decidisse scribis ; id ego Tadio et gratum esse intellexi, et magnopere jucundum.

Ille noster amicus, vir mehercule optimus, et mihi amicissimus, sane tibi iratus est. Hoc si quanti tu æstimes sciam, tum, quid elaborandum sit, scire possim.

J'ai fait payer à L. Cincius, comme vous me l'avez marqué, les vingt mille quatre cents sesterces pour les statues de Mégare. Les Mercures de marbre pentélique, avec leurs têtes de bronze, que vous me promettez, me font dès aujourd'hui beaucoup de plaisir. Je vous prie donc de me les envoyer au plus tôt, avec les autres statues qui conviendront au lieu que je veux orner, qui seront du goût dans lequel je suis maintenant, et de celui d'un aussi bon connaisseur que vous; surtout ce qui sera propre à orner un portique et une bibliothèque. J'ai une si grande passion pour toutes ces choses, qu'il vous faut la satisfaire, dussent les autres la blâmer. Envoyez-moi le tout par le premier vaisseau que vous trouverez, si vous ne pouvez pas avoir celui de Lentulus. Ma petite Tullia, qui fait mes délices, réclame le présent que vous lui avez promis, et m'attaque comme votre caution; mais j'aime mieux faire un faux serment que de payer.

LETTRE V
Rome, 686.

CICÉRON A ATTICUS

Je reçois trop rarement de vos nouvelles; car il vous est beaucoup plus facile de trouver des gens qui viennent à Rome, qu'à

L. Cincio H-S ccɔɔ ccɔɔ cccc pro signis Megaricis, ut tu ad me scripseras, curavi. Hermæ tui Pentelici cum capitibus æneis de quibus ad me scripsisti, nunc me admodum delectant. Quare velim, et eos, et signa cætera, quæ tibi ejus loci, et nostri studii, et tuæ elegantiæ esse videbuntur, quam plurima, quam primumque mittas, et maxime quæ tibi gymnasii, xystique videbuntur esse. Nam in eo genere sic studio efferimur, ut abs te adjuvandi, ab aliis prope reprehendendi simus. Si Lentuli navis non erit, quo tibi placebit, imponito. Tulliola, deliciolæ nostræ, tuum munusculum flagitat, et me ut sponsorem appellat. Mihi autem abjurare certius est, quam dependere.

EPISTOLA V
(ad Att., I, 9)
Scrib. Romæ A. V. C. 686.

CICERO ATTICO SAL.

Nimium raro nobis abs te litteræ afferuntur; quum et multo tu facilius re-

moi d'en trouver qui aillent à Athènes ; d'ailleurs, je ne suis pas si sûr de vous trouver à Athènes, que vous l'êtes de me trouver à Rome. C'est pour cela que ma lettre sera fort courte, parce que, ne sachant pas certainement où vous êtes, je ne voudrais pas risquer qu'une lettre où je vous entretiendrais confidentiellement tombât dans des mains étrangères.

J'attends avec impatience les statues de Mégare et les Mercures dont vous m'avez parlé. Quand vous trouverez en ce genre des choses qui méritent une place dans mon Académie, n'hésitez pas à me les envoyer, et n'épargnez pas ma bourse. C'est là maintenant ma passion, je donne dans tout ce qui peut orner une bibliothèque. Lentulus m'offre ses vaisseaux. Je vous prie de faire embarquer le tout promptement. Chilius vous demande les cérémonies des Eumolpides, et je vous les demande aussi pour lui.

LETTRE VI
Tusculum, 686.

CICÉRON A ATTICUS

Comme j'étais à Tusculum (voilà pour répondre à votre *Comme j'étais au Céramique*), comme j'étais donc à Tusculum, un esclave

---

perias, qui Romam proficiscantur, quam ego, qui Athenas; et certius tibi sit, me esse Romæ, quam mihi, te Athenis. Itaque propter hanc dubitationem meam brevior hæc ipsa epistola est : quod quum incertus essem ubi esses, nolebam illum nostrum familiarem sermonem in alienas manus devenire.

Signa Megarica, et Hermas, de quibus ad me scripsisti, vehementer exspecto. Quidquid ejusdem generis habebis, dignum Academia tibi quod videbitur, ne dubitaris mittere, et arcæ nostræ confidito. Genus hoc est voluptatis meæ : quæ γυμνασιώδη maxime sunt, ea quæro. Lentulus naves suas pollicetur. Peto abs te, ut hæc cures diligenter. Chilius te rogat, et ego ejus rogatu, Εὐμολπιδῶν πάτρια.

EPISTOLA VI
(ad Att., I, 10)

Scrib. in Tusculano A. V. C. 686.

CICERO ATTICO SAL.

Quum essem in Tusculano (erit hoc tibi pro illo tuo, Quum essem in Geramico [1],

m'a apporté une de vos lettres de la part de votre sœur, et m'a dit que l'exprès qu'elle vous envoyait partirait le même jour après midi. Je profite de cette occasion pour vous répondre ; mais faute de temps je serai bref.

Premièrement je vous promets d'apaiser notre ami, et peut-être même de le ramener tout à fait. J'y travaillais déjà de mon propre mouvement, et je m'y emploierai avec encore plus de soin, maintenant qu'il me paraît par votre lettre que vous le souhaitez avec ardeur. Il est bon que vous sachiez qu'il est très-vivement froissé ; mais comme ses griefs ne me paraissent pas au fond considérables, je compte qu'il se mettra à la raison, et qu'il fera tout ce que je voudrai.

Embarquez à la première occasion, comme vous me le promettez, mes statues avec les Mercures-Hercules, et ce que vous trouverez de propre pour l'endroit que vous savez, surtout pour un lieu d'exercice et pour une bibliothèque. Je vous écris de cet endroit même, et c'est ce qui m'en fait souvenir. Cherchez-moi aussi, je vous prie, des figures moulées que je puisse faire appliquer au plafond de mon vestibule, et deux couvercles de puits ornés de figures. Ne traitez avec personne de votre bibliothèque, quelque prix qu'on vous en offre ; je destine toutes mes petites épargnes pour cette acquisition, qui me sera d'une grande ressource dans ma vieillesse.

verumtamen quum ibi essem, Roma puer a sorore tua missus, epistolam mihi abs te allatam dedit, nuntiavitque, eo ipso die post meridiem iturum eum, qui ad te proficisceretur. Eo factum est, ut epistolæ tuæ rescriberem aliquid ; brevitate temporis tam pauca cogerer scribere.

Primum tibi de nostro amico placando, aut etiam plane restituendo polliceor. Quod ego, etsi mea sponte ante faciebam, eo nunc tamen et agam studiosius, et contendam ab illo vehementius, quod tantam ex epistola voluntatem ejus rei tuam perspicere videor. Hoc te intelligere volo pergraviter illum esse offensum : sed quia nullam video gravem subesse causam, magnopere confido illum fore in officio, et in nostra potestate.

Signa nostra, et Hermeraclas, ut scribis, quum commodissime poteris, velim imponas, et si quod aliud οἰκεῖον ejus loci, quem non ignoras, reperies, et maxime, quæ tibi palæstræ gymnasiique videbuntur esse. Etenim ibi sedens hæc ad te scribebam, ut me locus ipse admoneret. Præterea typos tibi mando quos in tectorio atrioli possim includere, et putealia sigillata duo. Bibliothecam tuam cave cuidam despondeas, quamvis acrem amatorem inveneris : nam ego omnes meas vindemiolas eo reservo, ut illud subsidium senectuti parem

J'ai lieu de croire que mon frère est à présent dans les dispositions que je lui ai toujours souhaitées et inspirées : cela paraît à plusieurs marques, dont la grossesse de votre sœur n'est pas la moindre.

Pour ce qui est de mon élection, je me souviens bien de ce que je vous ai permis, et j'ai soin de prévenir sur cela nos amis communs, qui comptent vous y voir ; loin de vous prier d'y venir, je vous le défends, parce qu'il est beaucoup plus important pour vous que vous restiez maintenant où vous êtes, qu'il ne le serait pour moi que vous fussiez ici. Je vous prie donc d'être aussi en repos là-dessus, que si vous étiez en Grèce pour mes propres affaires ; et je vous réponds que vous me trouverez, et pendant votre absence, et à votre retour, les mêmes sentiments que je pourrais avoir, non-seulement si vous m'aviez aidé à briguer la préture, mais encore si je ne l'avais obtenue que par votre crédit.

Ma petite Tullie vous assigne, elle attaque votre caution.

LETTRE VII
Rome, 686.

CICÉRON A ATTICUS

Je travaillais déjà de mon propre mouvement à vous raccom-

De fratre, confido ita esse, ut semper volui et elaboravi. Multa signa sunt ejus rei, non minimum, quod soror prægnans est.

De comitiis meis, et tibi me permisisse memini et ego jampridem hoc communibus amicis, qui te exspectant, prædico : te non modo arcessi a me, sed prohiberi : quod intelligam multo magis interesse tua, te agere, quod agendum est hoc tempore, quam mea, te adesse comitiis. Proinde eo animo te velim esse, quasi mei negotii causa in ista loca missus esses. Me autem eum et offendes erga te et audies, quasi mihi, si qua parta erunt, non modo te præsente, sed per te parta sint.

Tulliola tibi diem dat; sponsorem appellat.

EPISTOLA VII
(ad Att., I, 11)

Scrib. Romæ A. V. C. 686.

CICERO ATTICO SAL.

Et mea sponte faciebam antea, et post duabus epistolis tuis perdiligenter in

moder avec Lucceius ; les deux lettres pressantes reçues de vous sur ce sujet, jointes aux sollicitations continuelles de Sallustius, m'ont fait redoubler mes efforts. Cependant, malgré toutes les tentatives imaginables, je n'ai pu lui faire reprendre ses premiers sentiments pour vous ; il ne m'a pas même été possible de tirer de lui le véritable sujet de son changement. Il fait toujours revenir ses anciennes plaintes sur votre arbitrage, et les autres bagatelles dont je savais qu'il se plaignait avant votre départ. Mais il y a quelque autre chose qui lui tient plus fort au cœur, et que ni vos lettres ni mon entremise ne sauraient si bien effacer que vous le ferez, lorsqu'à votre retour vous aurez un éclaircissement ensemble, ou que vous vous montrerez à lui avec votre air d'aménité. Je suppose que vous vous en mettiez en peine, comme vous le ferez sans doute, pour rester fidèle à cette honnêteté qui vous est naturelle. Au reste, ne soyez pas surpris que j'espère si peu de mon entremise, après vous avoir avancé dans ma dernière lettre que je me faisais fort de réussir. Vous ne sauriez croire combien son esprit m'a paru plus aigri et plus difficile à ramener; mais ou votre présence raccommodera tout, ou il aura lieu de s'en repentir, de quelque côté que soient les torts.

Quant à ce que vous me dites que vous me croyez maintenant désigné préteur, apprenez qu'il n'y a personne aujourd'hui si

---

eamdem rationem scriptis, magnopere sum commotus. Eo accedebat hortator assiduus Sallustius, ut agerem quam diligentissime cum Lucceio de vestra vetere gratia reconcilianda. Sed, quum omnia fecissem, non modo eam voluntatem ejus, quæ fuerat erga te, recuperare non potui, verum ne causam quidem elicere immutatæ voluntatis. Tametsi jactat ille quidem illud tuum arbitrium, et ea quæ jam tum, quum aderas, offendere ejus animum intelligebam, tamen habet quiddam profecto, quod magis in animo ejus insederit : quod neque epistolæ tuæ, neque nostra allegatio tam potest facile delere, quam tu præsens non modo oratione, sed tuo vultu illo familiari tolles, si modo tanti putabis, id, quod, si me audies, et si humanitati tuæ constare voles, certe putabis. Ac, ne illud mirere, cur, quum ego antea significarem tibi per litteras, me sperare illum in nostra potestate fore, nunc idem videar diffidere; incredibile est, quanto mihi videatur illius voluntas obstinatior, et in hac iracundia obfirmatior : sed hæc aut sanabuntur, quum veneris; aut ei molesta erunt, in utro culpa erit.

Quod in epistola tua scriptum erat, me jam arbitrari designatum esse:

versé dans toutes les mauvaises pratiques que les candidats ; on ne sait pas même quand se tiendront les comices ; mais Philadelphe vous rendra compte de tout cela.

Envoyez-moi, je vous prie, au plus tôt ce que vous m'avez acheté pour mon Académie ; je ne saurais vous dire combien j'ai de plaisir, non-seulement lorsque j'y suis, mais même lorsque j'y pense. Gardez-vous bien de vous défaire de vos livres, conservez-les-moi toujours comme vous me l'avez promis : j'en ai autant d'envie que j'ai de dégoût pour toute autre chose, et surtout pour les affaires publiques ; vous ne sauriez imaginer combien elles sont empirées depuis le peu de temps que vous êtes parti.

LETTRE VIII

A la fin de l'année 686.

CICÉRON A ATTICUS

Je vous assure que votre grand'mère est morte du chagrin de votre absence, et aussi de la crainte qu'elle a eue que les femmes du Latium ne manquassent, cette année, d'amener les victimes ordinaires pour sacrifier sur le mont Albain. Je m'imagine que L. Saufeius vous écrira une lettre de consolation.

scito, nihil tam exercitum esse nunc Romæ, quam candidatos, omnibus iniquitatibus ; nec quando futura sint comitia sciri. Verum hæc audies de Philadelpho.

Tu velim, quæ Academiæ nostræ parasti, quamprimum mittas. Mire quam illius loci non modo usus, sed etiam cogitatio delectat. Libros vero tuos cave cuiquam tradas. Nobis eos, quemadmodum scribis, conserva. Summum me eorum studium tenet, sicut odium jam cæterarum rerum : quas tu incredibile est quam brevi tempore quanto deteriores offensurus sis, quam reliquisti.

EPISTOLA VIII

(ad Att., I, 3)

Scrib. Romæ A. V. C. 686 exeunte.

CICERO ATTICO SAL.

Aviam tuam scito desiderio tui mortuam esse, et simul, quod verita sit, ne Latinæ in officio non manerent, et in montem Albanum hostias non adducerent. Ejus rei consolationem ad te L. Saufeium missurum esse arbitror.

On vous attend ici pour le mois de janvier : est-ce un faux bruit? ou l'auriez-vous écrit à quelqu'un? car vous ne m'en avez rien dit.

On a débarqué à Caïette les statues que je dois à vos soins : comme je n'ai pu sortir de Rome, je ne les ai point encore vues. J'ai envoyé payer le transport. Je vous suis fort obligé de me les avoir fait parvenir si promptement, et à si bon marché.

Je n'ai rien oublié pour apaiser notre ami, comme vous me l'avez recommandé plusieurs fois, mais il est étrangement aigri. Quoique vous soyez sans doute instruit du sujet de ses méfiances, je vous l'apprendrai encore mieux quand vous serez ici. Je n'ai pu même faire la paix de Sallustius, quoiqu'il soit sur les lieux. Je vous ai dit cela, parce qu'il m'accusait à votre sujet; mais il a reconnu, par sa propre expérience, que Lucceius n'était pas si traitable, et que ce n'était pas ma faute si je n'avais pas réussi.

J'ai promis ma chère Tullie en mariage à C. Pison, fils de Lucius, surnommé *Frugi*.

LETTRE IX

Rome, 687, sous le consulat de M. Émilius Lepidus et de L. Volcatius.

CICÉRON A ATTICUS

A chaque instant l'espérance de votre retour nous met en

Nos hic te ad mensem januarium exspectamus, ex quodam rumore, an ex litteris tuis ad alios missis? nam ad me de eo nihil scripsisti.

Signa, quæ nobis curasti, ea sunt ad Caietam exposita. Nos ea non vidimus. Neque enim exeundi Roma potestas nobis fuit. Misimus qui pro vectura solveret. Te multum amamus, quod ea abs te diligenter, parvoque curata sunt.

Quod ad me sæpe scripsisti de nostro amico placando, feci, et expertus sum omnia : sed mirandum in modum est animo abalienato : quibus de suspicionibus, etsi audisse te arbitror; tamen ex me, quum veneris, cognosces. Sallustium præsentem restituere in ejus veterem gratiam non potui. Hoc ad te scripsi, quod is me accusare de te solebat. At in se expertus est illum esse minus exorabilem, meum studium nec sibi defuisse.

Tulliolam C. Pisoni L. filio Frugi despondimus.

EPISTOLA IX
(ad Att., I, 4)

Scrib. Romæ A. V. C. 687 (M. Æmilio Lepido, L. Volcatio Tullo coss.).

CICERO ATTICO SAL.

Crebras exspectationes nobis tui commoves. Nuper quidem, quum jam te

émoi; et lorsque déjà nous croyions vous voir arriver, vous nous avez renvoyés au mois de juin; je souhaite du moins que vous nous teniez parole pour ce temps-là, si vos affaires vous le permettent. Vous arriverez pour les comices de mon frère; vous nous reverrez après une si longue absence, et vous terminerez votre différend avec Acutilius. Peducéus me charge de vous en faire souvenir ; et il juge, aussi bien que moi, qu'il est de votre intérêt de terminer enfin cette affaire : mon entremise est à vous comme par le passé.

J'ai jugé ici C. Macer, avec une approbation, un applaudissement général. Quand j'aurais pu lui être favorable, et que je l'aurais renvoyé absous, toute sa reconnaissance ne m'aurait pas valu l'honneur que sa condamnation m'a fait dans l'esprit du peuple.

Ce que vous m'écrivez sur le Mercure-Minerve m'a fait un grand plaisir; ce sera un ornement très-convenable pour mon Académie; car les Mercures se placent dans tous les lieux d'exercices, et la Minerve convient particulièrement à celui-ci. Aussi je voudrais que vous l'ornassiez encore de beaucoup d'autres objets, comme vous me le promettez. Je n'ai point encore vu les statues que vous m'avez envoyées; elles sont dans ma maison de Formies, où je compte aller bientôt : je les ferai transporter toutes à Tusculum; pour ma maison de Caïette, j'y ferai des embellisse-

---

adventare arbitraremur, repente abs te in mensem quintilem rejecti sumus. Nunc vero censeo, quod commodo tuo facere poteris, venias ad id tempus quod scribis. Obieris Quinti fratris comitia, nos longo intervallo viseris; Acutilianam controversiam transegeris. Hoc me etiam Peducæus, ut ad te scriberem, admonuit. Putamus enim utile esse, te aliquando jam rem transigere. Mea intercessio parata et est, et fuit.

Nos hic incredibili ac singulari populi voluntate de C. Macro transegimus. Cui quum æqui fuissemus, tamen multo majorem fructum ex populi existimatione, illo damnato, cepimus, quam ex ipsius, si absolutus esset, gratia cepissemus.

Quod ad me de Hermathena scribis, per mihi gratum est; et ornamentum Academiæ proprium meæ, quod et Hermes commune omnium, et Minerva singulare est insigne ejus gymnasii. Quare velim, ut scribis, cæteris quoque rebus quam plurimis eum locum ornes. Quæ mihi antea signa misisti, ea nondum vidi. In Formiano sunt, quo ego nunc proficisci cogitabam. Illa omnia in Tusculanum deportabo. Caietam, si quando abundare cœpero, ornabo. Libros tuos

ments quand je serai plus à mon aise. Gardez vos livres, et ne désespérez pas que je les puisse acheter un jour. Si j'y parviens, je me croirai plus riche que Crassus, et je regarderai avec mépris toutes les maisons, toutes les prairies du monde.

LETTRE X
Rome, 688, sous le consulat de L. Aurelius Cotta et de L. M. Torquatus.

CICÉRON A ATTICUS

Voici, autant que j'en puis juger par conjecture, où en est ma candidature (au consulat), candidature à laquelle je sais que vous prenez beaucoup d'intérêt. Il n'y a encore sur les rangs que P. Galba; on lui dit non, sans détour et sans artifice, comme au temps de nos pères. Dans la disposition des esprits, son trop grand empressement pourra bien tourner à mon avantage; car en le refusant on lui allègue pour raison qu'on ne peut me refuser; par là se découvrent tous les jours un grand nombre de gens qui me sont dévoués; et ce bruit pourra m'être fort utile. Je songeais à briguer précisément dans le temps, selon ce que dit Cincius, où votre esclave doit partir avec cette lettre, c'est-à-dire le 17 juillet, à l'occasion de l'élection des tribuns dans le Champ de Mars. Je n'ai encore de compétiteurs certains que Galba, An-

---

conserva : et noli desperare eos me meos facere posse. Quod si assequor, supero Crassum divitiis, atque omnium vicos et prata contemno.

EPISTOLA X
(ad Att., I, 1)

Scrib. Romæ A. V. C. 688 mense quintili (L. Aur. Cotta, L. M. Torquato coss.).

CICERO ATTICO SAL.

Petitionis nostræ, quam tibi summæ curæ esse scio, hujusmodi ratio est, quod adhuc conjectura provideri possit. Prensat unus P. Galba : sine fuco ac fallaciis, more majorum, negatur. Ut opinio est hominum, non aliena rationi nostræ fuit illius hæc præpropera prensatio. Nam illi ita negant vulgo, ut mihi se debere dicant. Ita quiddam spero nobis profici, quum hoc percrebrescit, plurimos nostros amicos inveniri. Nos autem initium prensandi facere cogitaremus eo ipso tempore, quo tuum puerum cum his litteris proficisci Cincius dicebat, in Campo comitiis tribunitiis, a. d. xvi kalend. sext. Competitores,

toine et Q. Cornificius. Je ne doute pas que ce dernier ne vous fasse rire, ou gémir; mais, frappez-vous la tête! on parle aussi de Césonius. Je crois qu'Aquillius n'y pense point; il s'en défend et allègue sa santé, et le gouvernement de son empire judiciaire. Pour Catilina, si les juges déclarent qu'il ne fait pas clair en plein midi, je l'aurai certainement pour compétiteur. Pour Aufidius et Palicanus, je crois que vous n'attendez pas que je vous en parle.

Quant aux candidats d'à présent, César paraît sûr d'être élu. Thermus et Silanus se disputent l'autre place; mais ils sont si peu estimés l'un et l'autre, et ils ont si peu d'amis, qu'il ne me paraîtrait pas impossible de leur opposer Curius : il est vrai que je suis le seul de ce sentiment. J'ai intérêt à ce que Thermus soit élu avec César. De tous les prétendants pour l'année prochaine, il n'y en a aucun dont la brigue soit plus à craindre, s'il était renvoyé à la suivante; car il a charge de réparer la voie Flaminienne, qui pourra facilement être achevée pour ce temps-là; je le verrais avec d'autant plus de plaisir collègue de César. Voilà mes pensées encore mal arrêtées. Je n'oublierai rien de ce qu'il faut faire en pareille occasion. Et comme les suffrages de la Gaule sont fort importants, je pourrai bien aller faire un tour vers Pison, depuis septembre jusqu'en janvier, quand

---

qui certi esse videantur, Galba et Antonius et Q. Cornificius. Puto te in hoc aut risisse, aut ingemuisse. Ut frontem ferias, sunt qui etiam Cæsonium putent. Aquillium non arbitramur, qui denegat, et juravit morbum, et illud suum regnum judiciale opposuit. Catilina, si judicatum erit meridie non lucere, certus erit competitor. De Aufidio, et Palicano, non puto te exspectare dum scribam.

De iis qui nunc petunt, Cæsar certus putatur. Thermus cum Silano contendere existimatur, qui sic inopes et ab amicis et existimatione sunt, ut mihi videatur non esse $ἀδύνατον$ Curium obducere. Sed hoc præter me nemini videtur. Nostris rationibus maxime conducere videtur, Thermum fieri cum Cæsare. Nemo est enim ex iis, qui nunc petunt, qui si in nostrum annum reciderit, firmior candidatus fore videatur; propterea quod curator est viæ Flaminiæ, quæ tum erit absoluta sane facile. Thermum eo libens Cæsari consulem accedere viderim. Petitorum hæc est adhuc informata cogitatio. Nos in omni munere candidatorio fungendo summam adhibebimus diligentiam : et fortasse, quoniam videtur in suffragiis multum posse Gallia, quum Romæ a judiciis Forum refrixerit, excurremus mense septembri legati ad Pisonem, ut januario

il y aura peu d'affaires au barreau. Quand j'aurai découvert les dispositions de nos grands, je vous en ferai part. J'espère réussir facilement, si je n'ai point d'autres compétiteurs que ceux qui sont à présent à Rome. Faites en sorte de me gagner tous ceux qui sont à la suite de notre ami Pompée, dont vous êtes moins éloigné que moi. Assurez-le que je ne trouverai point mauvais qu'il ne soit pas ici pour les comices. Voilà ce que j'avais à vous dire sur ce sujet.

Mais j'aurai besoin aussi de votre indulgence. P. Varius, qui doit une fort grosse somme à votre oncle Q. Cécilius, ayant vendu tous ses biens, dans la forme la plus irrévocable, à son frère Caninius Satrius, votre oncle a intenté un procès à ce dernier, prétendant que la vente est simulée. On poursuit cette affaire au nom de tous les autres créanciers, entre lesquels sont Lucullus, P. Scipion, et L. Pontius, qui aurait été le syndic, si l'on avait vendu ses biens par décret; mais cette circonstance ne fait plus rien à l'affaire. Votre oncle m'a prié de le servir contre Satrius. Vous saurez que ce dernier est tous les jours chez moi, et qu'après L. Domitius, dont il est la créature, il m'est plus attaché qu'à personne; il nous a même été fort utile, à mon frère et à moi, dans la poursuite des magistratures. Cela m'a fort embarrassé, tant à cause de la liaison que j'ai avec Satrius, qu'à cause de celle que j'ai avec Domitius, sur le crédit duquel je fonde presque toutes mes espérances pour le consulat. C'est ce que j'ai

---

revertamur. Quum perspexero voluntates nobilium, scribam ad te. Cætera spero prolixa esse, his duntaxat urbanis competitoribus. Illam manum tu mihi cura, ut præstes, quoniam propius abes, Pompeii nostri amici. Nega me ei iratum fore, si ad mea comitia non venerit. Atque hæc hujusmodi sunt.

Sed est, quod abs te mihi ignosci pervelim. Cæcilius, avunculus tuus, a P. Vario quum magna pecunia fraudaretur, agere cœpit cum ejus fratre Caninio Satrio de iis rebus, quas eum dolo malo mancipio accepisse de Vario diceret. Una agebant cæteri creditores, in quibus erat Lucullus, et P. Scipio, et is, quem putabant magistrum fore, si bona venirent, L. Pontius. Verum hoc ridiculum est, de magistro nunc cognoscere. Rogavit me Cæcilius, ut adessem contra Satrium. Dies fere nullus est, quin hic Satrius domum meam ventitet. Observat L. Domitium maxime : me habet proximum. Fuit et mihi, et Q. fratri magno usui in nostris petitionibus. Sane sum perturbatus, quum ipsius Satrii familiaritate, tum Domitii, in quo uno maxime ambitio nostra nititur. De-

représenté à votre oncle : j'ai même ajouté que je n'y aurais point d'égard, s'il était seul l'adversaire de Satrius; mais que cette affaire lui étant commune avec tous les créanciers, dont plusieurs sont très puissants et sauraient bien la soutenir sans que personne agisse pour lui en particulier, il devait avoir égard à mes engagements et à la conjoncture où je me trouve. Il a reçu mon excuse moins bien que je n'eusse voulu, et pas du tout en galant homme. Il ne vient plus même chez moi, comme il faisait depuis quelque temps. Je vous prie d'être plus indulgent que lui, et de considérer que je ne pouvais honnêtement me déclarer contre un ami dans la conjoncture de sa vie la plus fâcheuse, et où son honneur est intéressé, après en avoir reçu toutes les marques possibles de zèle et d'affection. Si vous voulez me juger avec rigueur, je vous permets de croire que les vues de mon ambition y sont entrées pour quelque chose ; mais quand cela serait, aurais-je si grand tort? car enfin il ne s'agit pas pour moi d'une bagatelle, « de la chair d'une victime ou d'un taureau. » Vous voyez quelle carrière je cours, et que, bien loin d'aliéner mes anciens amis, je dois penser à m'en faire de nouveaux. J'espère que vous trouverez mes raisons bonnes, du moins je le souhaite ardemment.

Votre Mercure-Minerve me fait un grand plaisir : il est si bien placé, que le lieu où il est semble n'avoir été fait que pour lui. Je vous en suis bien obligé.

monstravi hæc Cæcilio: simul et illud ostendi, si ipse unus cum illo uno contenderet, me ei satisfacturum fuisse : nunc in causa universorum creditorum, hominum præsertim amplissimorum, qui sine eo, quem Cæcilius suo nomine perhiberet, facile causam communem sustinerent, æquum esse, et officio meo consulere, et tempori. Durius accipere hoc mihi visus est, quam vellem, et quam homines belli solent : et postea prorsus ab instituta nostra paucorum dierum consuetudine longe refugit. Abs te peto, ut mihi hoc ignoscas et me existimes humanitate esse prohibitum, ne contra amici summam existimationem miserrimo ejus tempore venirem : quum is omnia sua studia et officia in me contulisset. Quod si voles in me esse durior, ambitionem putabis mihi obstitisse. Ego autem arbitror, etiamsi id sit, mihi ignoscendum esse : ἐπεὶ οὐχ' ἱερήϊον, οὐδὲ βοείην. Vides enim, in quo cursu simus, et quam omnes gratias non modo retinendas, verum etiam acquirendas putemus. Spero tibi me causam probasse, cupio quidem certe.

Hermathena tua valde me delectat, et posita ita belle est, ut totum gymnasium illius ἀνάθημα esse videatur. Multum te amamus.

LETTRE XI
Rome, 688.

CICÉRON A ATTICUS

Dans le temps même où L. Julius César et C. Marcius Figulus ont été désignés consuls, apprenez que ma famille s'est augmentée d'un fils. Térentia va bien.

Quoi! si longtemps sans lettres de vous! Je vous ai écrit, il y a quelque temps, avec détail sur mes affaires.

Je me prépare maintenant à plaider pour Catilina, mon compétiteur. Nous avons eu les juges que nous souhaitions, et l'accusateur en est aussi content que nous. Si je le fais absoudre, je compte que cela l'engagera à s'entendre avec moi dans notre brigue commune. Si les choses tournent autrement, il faudra s'en consoler.

Il est important pour moi que vous veniez au plus tôt; car on est généralement persuadé que les grands vos amis me sont contraires, et je sais combien vous me serez utile auprès d'eux. Ne manquez donc pas d'être à Rome en janvier, comme vous l'avez projeté.

EPISTOLA XI
(ad Att., I, 2)
Scrib. Romæ A. V. C. 688.

CICERO ATTICO SAL.

L. Julio Cæsare, C. Marcio Figulo coss. filiolo me auctum scito, salva Terentia.

Abs te tam diu nihil litterarum? Ego de meis ad te rationibus scripsi antea diligenter.

Hoc tempore Catilinam, competitorem nostrum, defendere cogitabamus. Judices habemus, quos voluimus, summa accusatoris voluntate. Spero, si absolutus erit, conjunctiorem illum nobis fore in ratione petitionis: sin aliter acciderit, humaniter feremus.

Tuo adventu nobis opus est maturo. Nam prorsus summa hominum est opinio, tuos familiares, nobiles homines, adversarios honori nostro fore. Ad eorum voluntatem mihi conciliandam maximo te mihi usui fore video. Quare januario mense, ut constituisti, cura ut Romæ sis.

LETTRES
DE M. T. CICÉRON

APRÈS SON CONSULAT ET AVANT SON EXIL, DE L'AN DE ROME 691 A 694

LETTRE XII

Rome, 691, sous le consulat de D. Junius Silanus, L. Licinius Murena.

CICÉRON A CN. POMPÉE LE GRAND

Si vous et l'armée vous vous trouvez bien, je m'en réjouis. — La lettre que vous avez adressée au sénat et au peuple romain m'a causé une satisfaction incroyable, et qui m'a été commune avec tout le public ; vous nous y donnez des assurances de cette paix, que la confiance que j'ai dans vous seul m'a toujours fait annoncer : sachez toutefois que vos anciens ennemis, maintenant vos nouveaux amis, en ont été vivement émus, et se trouvent déchus d'une grande espérance.

M. T. CICERONIS
EPISTOLÆ

POST CONSULATUM, ANTE EXSILIUM, AB A. V. C. DCXCI AD AN. DCXCIV SCR.

EPISTOLA XII

(ad div., V, 7)

Scrib. Romæ A. V. C. 691 (D. Junio Silano, L. Licinio Murena coss.).

M. T. M. F. CICERO S. D. CN. POMPEIO CN. F. MAGNO IMPERAT.

S. T. E. Q. V. B. E. — Ex litteris tuis quas publice misisti, cepi una cum omnibus incredibilem voluptatem. Tantam enim spem otii ostendisti, quantam ego semper omnibus, te uno fretus pollicebar. Sed hoc scito, tuos veteres hostes, novos amicos, vehementer litteris perculsos, atque ex magna spe deturbatos jacere.

La lettre que vous m'envoyez, quoique je n'y aie trouvé que des marques assez minces de votre amitié, n'a pas laissé de me causer beaucoup de plaisir; car rien ne m'en fait autant que le témoignage que je puis me rendre de mon zèle dans les services; et si l'on n'y répond pas toujours, je ne suis pas fâché que l'excédant soit en ma faveur. Cependant je me flatte que si mon zèle extrême pour votre personne ne m'a que faiblement rapproché de vous, l'intérêt public aura du moins la force de nous unir étroitement. Et pour ne pas vous déguiser ce que je me flattais de trouver dans votre lettre, je vous avouerai, avec toute la franchise qui convient à mon caractère et à notre amitié, que j'attendais de vous, par considération pour la république autant que pour notre liaison, quelque félicitation sur les événements de mon consulat. Votre silence, je m'imagine, n'est venu que de la crainte d'offenser certaine personne; mais sachez que ce que j'ai fait pour le salut de la patrie a mérité les applaudissements de toute la terre. Vous reviendrez à Rome, et vous trouverez que je me suis conduit avec tant de prudence et de grandeur d'âme, que vous, qui êtes fort supérieur à Scipion, vous ne ferez pas difficulté de m'associer, moi qui ne suis pas trop inférieur à Lélius, à vos affaires politiques et à votre amitié. Adieu.

Ad me autem quas misisti litteras, quanquam exiguam significationem tuæ erga me voluntatis habebant, tamen mihi scito jucundas fuisse. Nulla enim re tam lætari soleo quam meorum officiorum conscientia : quibus si quando non mutuo respondetur, apud me plus officii residere facillime patior. Illud non dubito, quin si te mea summa erga te studia parum mihi adjunxerint, respublica nos inter nos conciliatura conjuncturaque sit. Ac ne ignores quid ego in tuis litteris desiderarim, scribam aperte, sicut et mea natura et nostra amicitia postulat : res eas gessi quarum aliquam in tuis litteris, et nostræ necessitudinis, et reipublicæ causa gratulationem expectavi : quam ego abs te prætermissam esse arbitror, quod vererere ne cujus animum offenderes. Sed scito ea quæ nos pro salute patriæ gessimus, orbis terræ judicio ac testimonio comprobari. Quæ, quum veneris, tanto consilio, tantaque animi magnitudine a me gesta esse cognosces, ut tibi multo majori quam Africanus fuit, me non multo minorem quam Lælium, facile et in republica et in amicitia adjunctum esse patiare. Vale.

LETTRE XIII

Gaule Citérieure, 691.

Q. METELLUS CELER, FILS DE QUINTUS, PROCONSUL, A M. T. CICÉRON

Si votre santé est bonne, je m'en réjouis. — Je pensais, d'après nos sentiments mutuels et notre réconciliation, que vous ne chercheriez point, dans mon absence, à me choquer par des railleries, et que vous n'abuseriez pas d'un mot pour attaquer Metellus, mon frère, dans ses biens et sa personne. Quand vous ne vous seriez cru obligé à rien par considération pour lui, la dignité de notre famille et mon attachement pour vous et pour la république devaient vous parler en sa faveur. Cependant je le vois persécuté, et moi-même abandonné par ceux de la part desquels nous devions le moins nous y attendre. Ainsi, pendant que je suis à la tête d'une province, que je commande une armée et que je fais la guerre, je suis plongé dans le deuil et la tristesse. Mais, comme on ne reconnaît dans votre conduite ni la raison, ni la bonté de nos ancêtres, il ne sera pas surprenant que vous puissiez vous en repentir. Je n'aurais jamais cru que vous fussiez capable de cette inconstance pour moi et pour les miens. Cependant, ni mes ressentiments domestiques, ni les outrages de personne ne m'éloigneront jamais du service de la république. Adieu.

EPISTOLA XIII
(ad div., V, 1)

Scrib. a Gallia Citeriore A. V. C. 691.

Q. METELLUS Q. F. CELER PROCOS., S. T. M. T. CICERONI S. D.

Si vales, bene est. — Existimaram pro mutuo inter nos animo, et pro reconciliata gratia, nec me absentem ludibrio læsum iri, nec Metellum fratrem ob dictum, capite ac fortunis per te oppugnatum iri. Quem si parum pudor ipsius defendebat, debebat vel familiæ nostræ dignitas, vel meum studium erga vos remque publicam, satis sublevare. Nunc video illum circumventum, me desertum, a quibus minime conveniebat. Itaque in luctu et squalore sum, qui provinciæ, qui exercitui præsum, qui bellum gero. Quæ quoniam nec ratione, nec majorum nostrorum clementia administratis, non erit mirandum si vos pœnitebit. Te tam mobili in me meosque esse animo non sperabam. Me interea, nec domesticus dolor, nec cujusquam injuria a republica abducet. Vale.

LETTRE XIV

Rome, 691.

CICÉRON A Q. METELLUS CELER, PROCONSUL.

Vous m'écrivez qu'en jugeant de ma conduite par notre amitié mutuelle et par notre réconciliation, vous ne m'eussiez jamais cru capable de vous tourner en ridicule. Je ne comprends pas bien quel est le sens de ce reproche; on vous aura rapporté, j'imagine, qu'en faisant remarquer l'autre jour au sénat que bien des gens s'affligent du bonheur que j'ai eu de sauver la république, j'ai dit que vos proches parents, à qui vous ne pouviez rien refuser, vous avaient fait supprimer ce que vous vous étiez proposé de dire à ma louange dans le sénat. J'ajoutais que dans l'entreprise du salut de l'État, j'avais tellement partagé le fardeau avec vous, que je m'étais chargé de garantir la ville de ses dangers intérieurs, et vous de défendre l'Italie contre les armes et les complots secrets de nos ennemis; mais que cette glorieuse association avait été battue en brèche par vos amis, qui appréhendaient quelque retour de votre reconnaissance pour les services et les honneurs que vous aviez reçus de moi. Ayant repré-

EPISTOLA XIV
(ad div., V, 2)

Scrib. Romæ A. V. C. 691.

M. T. M. F. CICERO Q. METELLO Q. F. CELERI PROCOS. S. D.

S. T. E. Q. V. B. E. — Scribis ad me te existimasse, pro mutuo inter nos animo et pro reconciliata gratia, nunquam te a me ludibrio læsum iri. Quod cujusmodi sit, satis intelligere non possum : sed tamen suspicor ad te esse allatum, me, in senatu quum disputarem permultos esse qui rempublicam a me conservatam dolerent, dixisse : a te propinquos tuos, quibus negare non potuisses, impetrasse ut ea quæ statuisses tibi in senatu de mea laude esse dicenda, reticeres. Quod quum dicerem, illud adjunxi, mihi tecum ita dispertitum officium fuisse in reipublicæ salute retinenda, ut ego Urbem a domesticis insidiis et ab intestino scelere, tu Italiam et ab armatis hostibus et ab occulta conjuratione defenderes : atque hanc nostram tanti et tam præclari muneris societatem, a tuis propinquis labefactatam : qui quum tu a me rebus amplissimis atque honorificentissimis ornatus esses, timuissent ne qua mihi

senté dans le même discours l'espérance que j'avais conçue du vôtre, et combien j'avais été trompé dans mon attente, on trouva la chose plaisante, et l'on ne put s'empêcher de rire un peu, moins de vous que de mon erreur, et de m'entendre confesser ingénument que j'avais désiré vos louanges. Eh bien, pouvais-je rien faire de plus honorable pour vous que d'avouer avec tant de candeur que, dans la plus brillante et la plus émouvante circonstance de ma vie, j'aurais souhaité obtenir un témoignage de votre bouche?

Vous me parlez de notre mutuelle affection : je ne sais ce que vous appelez mutuel dans l'amitié ; mais l'amitié est mutuelle, à mon avis, lorsqu'on reçoit et qu'on rend les mêmes sentiments. Si je vous disais que j'ai renoncé à mon gouvernement pour l'amour de vous, vous auriez raison de croire ma sincérité suspecte. Mes inclinations naturelles et les circonstances m'ont porté à m'en défaire, et je m'en applaudis tous les jours ; mais je puis vous assurer que je ne l'eus pas plutôt résigné en pleine assemblée du peuple, que je commençai à chercher les moyens de vous le transmettre. Je ne parle point du tirage au sort ; mais je vous prie de croire que mon collègue ne fit rien à mon insu. Souvenez-vous de tout ce qui suivit; avec quelle diligence, ce jour-là, j'assemblai le sénat ; avec quelle effusion je parlai

---

pars abs te voluntatis mutuæ tribueretur. Hoc in sermone quum a me exponeretur quæ mea exspectatio fuisset orationis tuæ, quantoque in errore versatus essem, visa est oratio non injucunda, et mediocris quidam est risus consecutus, non in te, sed magis in errorem meum, et quod me abs te cupisse laudari aperte atque ingenue confitebar. Jam hoc non potest in te non honorifice esse dictum, me, in clarissimis meis atque amplissimis rebus, tamen aliquod testimonium tuæ vocis habere voluisse.

Quod autem ita scribis, PRO MUTUO INTER NOS ANIMO, quid tu existimes esse in amicitia mutuum nescio. Equidem hoc arbitror, quum par voluntas accipitur et redditur. Ego si hoc dicam, me tua causa prætermisisse provinciam, tibi ipse levior videar esse. Meæ enim rationes ita tulerunt, atque ejus mei consilii majorem in dies singulos fructum voluptatemque capio. Illud dico, me ut primum in concione provinciam deposuerim, statim quemadmodum eam tibi traderem cogitare cœpisse. Nihil dico de sortitione vestra ; tantum te suspicari volo, nihil in ea re per collegam meum me insciente esse factum. Recordare cætera : quam cito senatum illo die, facta sortitione, coegerim ; quam multa de te verba fecerim, quum tu ipse mihi dixisti orationem meam non

en votre faveur, jusqu'à vous faire avouer à vous-même que mon discours n'était pas seulement honorable pour vous, mais injurieux pour vos collègues; et le sénatus-consulte décrété le même jour est conçu dans des termes qui publieront, aussi longtemps qu'il subsistera, mes bons offices à votre égard. Tâchez aussi de vous rappeler ce que je fis pour vous au sénat après votre départ, ce que je dis au peuple, ce que je vous écrivis; et je vous laisse à juger si dans votre dernier voyage à Rome vous m'avez marqué le retour auquel je devais m'attendre.

Vous me parlez de notre réconciliation : quel peut être le sens de ce terme, lorsque l'amitié n'a jamais reçu d'atteinte?

A l'égard de votre frère, que pour un mot vous m'accusez d'avoir attaqué, premièrement, je vous demande d'être bien persuadé que je loue cette tendresse fraternelle qui vous fait prendre ses intérêts avec tant de chaleur ; en second lieu, je vous fais des excuses si l'intérêt de la république m'a fait agir contre votre frère, car la république n'a pas de plus grand ami que moi. Mais si je n'ai fait que me défendre contre ses attaques, convenez que c'est assez de ne vous avoir pas même porté mes plaintes contre lui. Aussitôt que je le vis disposé à tourner contre moi toutes les forces de son tribunat, je m'adressai à Clodia, votre femme, et à votre sœur Mucia, dont j'ai souvent ressenti les bons offices en

solum in te honorificam, sed etiam in collegas tuos contumeliosam fuisse. Jam illud senatusconsultum quod eo die factum est, ea præscriptione est, ut dum id exstabit, officium meum in te obscurum esse non possit. Postea vero quam profectus es, velim recordere quæ ego de te in senatu egerim, quæ in concionibus dixerim, quas ad te litteras miserim. Quæ quum omnia collegeris, tu ipse velim judices, satisne videatur his omnibus rebus tuus adventus, quum proxime Romam venisti, mutuo respondisse.

Quod scribis de reconciliata nostra gratia, non intelligo cur reconciliatam esse dicas, quæ nunquam imminuta est.

Quod scribis non oportuisse Metellum fratrem tuum ob dictum a me oppugnari : primum hoc velim existimes, animum mihi istum tuum vehementer probari, et fraternam plenam humanitatis ac pietatis voluntatem. Deinde si qua ego in re fratri tuo, reipublicæ causa, restiterim, peto ut mihi ignoscas. Tam enim sum amicus reipublicæ quam qui maxime. Si vero meam salutem contra illius impetum in me crudelissimum defenderim, satis habeas nihil me etiam tecum de tui fratris injuria conqueri. Quem ego quum comperissem omnem sui tribunatus conatum in meam perniciem parare atque meditari, egi cum Clodia, uxore tua, et cum vestra sorore Mucia, cujus erga me studium

faveur de l'amitié qui me lie avec Cn. Pompée, pour le détourner du dessein de me faire outrage. Cependant vous ne pouvez ignorer qu'à la fin de mon consulat, le dernier jour de cette année où j'ai sauvé l'État, il m'a fait l'affront le plus sensible qu'ait jamais essuyé un magistrat malintentionné pour la république, en m'ôtant la liberté de haranguer le peuple suivant l'usage. A la vérité, cette insulte tourna à ma gloire ; car, lorsqu'il ne voulut m'accorder que la liberté de prononcer le serment, je fis à haute voix le plus véridique et le plus glorieux de tous les serments. Et le peuple jura lui-même, avec acclamation, que j'avais juré la vérité. Après une injure si éclatante, je ne laissai pas de lui envoyer le même jour quelques-uns de nos amis communs, pour le presser d'abandonner ses poursuites. Il répondit que ce qu'on lui demandait n'était plus en son pouvoir. En effet, il avait dit au peuple quelques jours auparavant, « que celui qui avait puni les autres de mort sans leur avoir permis de parler ne méritait pas de parler lui-même. » Ah ! l'homme sensé ! ah ! le bon citoyen ! il enveloppe dans une même sentence le libérateur du sénat, de Rome, de l'Italie, et ceux que le sénat, du consentement de tous les honnêtes gens, a condamnés pour avoir voulu incendier la ville, assassiner les magistrats et le sénat, soulever une guerre terrible ! J'ai donc pris le parti de résister en face à votre frère, et, le premier jour de janvier, à l'occasion d'un

---

pro Cn. Pompeii necessitudine multis in rebus perspexeram, ut eum ab illa injuria deterrerent. Atque ille, quod te audisse certo scio, pridie kalend. januar. qua injuria nemo unquam in aliquo magistratu improbissimus civis affectus est, ea me consulem affecit, quum rempublicam conservassem, atque abeuntem magistratu concionis habendæ potestate privavit : cujus injuria mihi tamen honori summo fuit. Nam quum ille mihi nihil nisi ut jurarem permitteret, magna voce juravi verissimum pulcherrimumque jusjurandum : quod populus item magna voce me vere jurasse juravit. Hac accepta tam insigni injuria, tamen illo ipso die misi ad Metellum communes amicos, qui agerent cum eo, ut ab illa mente desisteret. Quibus ille respondit, sibi non esse integrum. Etenim paulo ante dixerat in concione, ei qui in alios animadvertisset indicta causa, dicendi ipsi potestatem fieri non oportere. Hominem gravem et civem egregium, qui qua pœna senatus, consensu bonorum omnium, eos affecerat qui urbem incendere et magistratus ac senatum trucidare, bellum maximum conflare voluissent, eadem dignum judicaret eum qui curiam cæde, Urbem incendiis, Italiam bello liberasset ! Itaque ego Metello, fratri tuo,

débat sur les affaires publiques, je l'ai traité de manière à lui faire connaître qu'il avait affaire à un homme ferme et courageux. Deux jours après, ayant repris la parole, il ne prononça point trois mots sans me nommer et sans me menacer. Rien ne paraissait l'intéresser autant que ma ruine; et, ne s'arrêtant plus aux voies ordinaires de la justice et du droit, il ne pensait plus qu'à la violence et à l'oppression. Si ma résistance avait été moins ferme et moins résolue, on eût attribué au hasard plus qu'au courage la vigueur déployée dans mon consulat. Comptez, si vous avez ignoré toutes ces circonstances, que votre frère vous en a imposé par des déguisements; ou, s'il vous a dit quelque chose de ses projets, vous devez des louanges à mon caractère et à ma patience, qui ne m'ont pas permis de vous en faire des plaintes. À présent que vous devez être persuadé qu'il n'était pas question, comme vous me l'écrivez, d'un mot échappé à Metellus, mais d'un dessein, d'une volonté acharnée à sa perte, rendez justice à ma douceur, si je puis donner ce nom, après un tel outrage, à ce qui mérite mieux peut-être celui de mollesse et de faiblesse. Je n'ai jamais rien proposé contre votre frère; lorsqu'il a été question de lui au sénat, tranquillement assis, je me rangeai toujours à l'avis de ceux qui m'ont paru les plus modérés. J'ajouterai même, quoiqu'il s'agisse d'une affaire dont je ne de—

---

præsenti restiti. Nam in senatu kalend. januar. sic cum eo de republica disputavi, ut sentiret sibi cum viro forti et constanti esse pugnandum. Ante diem tertium non. januar. quum agere cœpisset, tertio quoque verbo orationis suæ me appellabat, mihi minabatur : neque illi quidquam deliberatius fuit quam me, quacumque ratione posset, non judicio, neque disceptatione, sed vi atque impressione evertere. Hujus ego temeritati si virtute atque animo non restitissem, quis esset qui me in consulatu non casu potius existimaret quam consilio fortem fuisse? Hæc si tu Metellum cogitare de me nescisti, debes existimare te maximis de rebus a fratre esse celatum : sin autem aliquid impertivit tibi sui consilii, lenis a te et facilis existimari debeo, qui nihil tecum de his ipsis rebus expostulem. Et, si intelligis, non me dicto Metelli, ut scribis, sed consilio ejus animoque in me inimicissimo esse commotum, cognosce nunc humanitatem meam, si humanitas appellanda est in acerbissima injuria remissio animi ac dissolutio. Nulla est a me unquam sententia dicta in fratrem tuum : quotiescumque aliquid est actum, sedens iis assensi qui mihi lenissime sentire visi sunt. Addam et illud etiam, quod jam ego curare non debui,

vais pas me soucier, que non-seulement je n'ai pas ressenti de peine lorsqu'on a parlé de décharger mon ennemi de ce sénatus-consulte, mais que j'y ai contribué peut-être, parce qu'il est votre frère. Je ne l'ai point attaqué, je lui ai seulement résisté. Mon amitié pour vous n'a point changé, comme vous le dites ; elle a toujours été si ferme et si constante, qu'elle n'a point reçu d'atteinte de votre abandon.

Et dans ce moment même où dans votre lettre vous allez jusqu'à la menace, voici ce que je vous écris et vous réponds : Non-seulement je pardonne à votre ressentiment, mais je lui accorde de grandes louanges ; car je sais par moi-même quelle est la puissance de l'amour fraternel ; jugez-moi donc avec la même équité : si j'ai été de la part des vôtres l'objet d'attaques amères et cruelles, sans motif, avouez que non-seulement je ne devais pas céder, mais que j'aurais dû pouvoir me servir, dans cette affaire, de votre secours et de celui de votre armée. J'ai constamment désiré votre amitié ; je me suis toujours efforcé de vous prouver la sincérité de la mienne ; je persiste dans cette volonté ; j'y resterai tant que vous le voudrez, et je cesserai plutôt de haïr votre frère, par attachement pour vous, que d'ôter, en haine de lui, quelque chose à notre attachement. Adieu.

sed tamen fieri non moleste tuli, atque etiam ut ita fieret pro mea parte adjuvi, ut senatusconsulto meus inimicus, quia tuus frater erat, sublevaretur. Quare non ego oppugnavi fratrem tuum, sed fratri tuo repugnavi : nec in te, ut scribis, animo fui mobili, sed ita stabili ut in mea erga te voluntate, etiam desertus ab officiis tuis, permanerem.

Atque hoc ipso tempore tibi pœne minitanti nobis per litteras, hoc rescribo atque respondeo : ego dolori tuo non solum ignosco, sed summam etiam laudem tribuo : meus enim me sensus quanta vis fraterni sit amoris admonet. A te peto ut tu quoque æquum te judicem dolori meo præbeas : si acerbe, si crudeliter, si sine causa sum a tuis oppugnatus, ut statuas, mihi non modo non cedendum, sed etiam tuo atque exercitus tui auxilio in ejusmodi causa utendum fuisse. Ego te mihi semper amicum esse volui : me ut tibi amicissimum esse intelligeres, laboravi. Maneo in voluntate, et quoad voles tu, permanebo, citiusque amore tui fratrem tuum odisse desinam, quam illius odio quidquam de nostra benevolentia detrahatur. Vale.

LETTRE XV.
Rome, fin de l'an 691.

CICÉRON A SEXTIUS, PROQUESTEUR

Votre affranchi Decius est venu me prier d'employer mes soins pour empêcher qu'on ne vous donne un successeur; mais, quoique je le croie fort honnête homme et de vos amis, le souvenir de ce que vous m'aviez marqué par vos lettres m'a fait douter que vous ayez pu avoir si fort changé de sentiment. Cependant, depuis que Cornelia, votre femme, a vu là-dessus Terentia, et que je me suis moi-même expliqué avec Q. Cornelius, je n'ai pas manqué de me trouver au sénat chaque fois qu'il s'est assemblé, et je n'ai pas eu peu de peine à persuader à Q. Fusius, tribun du peuple, et à tous ceux à qui vous aviez écrit, de s'en rapporter à moi plutôt qu'à vos lettres. Toute l'affaire a été remise au mois de janvier; elle a passé sans difficulté.

Les félicitations que vous me fîtes, il y a quelque temps, dans la supposition que j'avais acheté la maison de Crassus, ont contribué à me la faire acheter pour quinze millions de sesterces, peu après vos compliments. Apprenez donc que je suis à pré-

EPISTOLA XV
(ad div. V, 6)
Scrib. A. V. C. 691 exeunte.

M. T. CICERO S. D. P. SEXTIO L. F. PROQUÆSTORI.

Quum ad me Decius, libertus tuus venisset, egissetque mecum ut operam darem, ne tibi hoc tempore succederetur : quanquam illum hominem frugi, et tibi amicum existimabam, tamen quod memoria tenebam, cujusmodi ad me litteras antea misisses, non satis credidi homini, tam valde esse mutatam voluntatem tuam. Sed posteaquam et Cornelia tua Terentiam convenit, et ego cum Q. Cornelio sum locutus : adhibui diligentiam, quotiescumque senatus fuit, ut adessem, plurimumque in eo negotii habui, ut Q. Fusium tribunum plebis, et cæteros ad quos tu scripseras cogerem potius mihi credere quam tuis litteris. Omnino res tota in mensem januarium rejecta erat, sed facile obtinebatur.

Ego tua gratulatione commotus, quod ad me pridem scripseras, velle te bene evenire, quod de Crasso domum emissem; emi eam ipsam domum quinquies tricies aliquanto post tuam gratulationem. Itaque nunc me scito tantum

sent si chargé de dettes, que j'entrerais volontiers dans quelque conjuration si l'on consentait à m'y recevoir ; mais entre les gens de cette espèce, les uns m'excluent et haïssent un vengeur de conspiration ; les autres se défient de moi et craignent que je ne leur dresse quelque piége ; enfin ils ne peuvent s'imaginer que celui qui a délivré tant d'usuriers du péril d'un siége, et qui a des six pour cent à sa disposition en grande quantité, soit dans le cas de manquer d'argent. J'ai acquis par mes actions la renommée de bon débiteur.

J'ai examiné soigneusement votre maison et tous les édifices ; j'en suis fort satisfait.

Quoique tout le monde regrette qu'Antoine ne me serve point comme il le devrait, je n'ai pas laissé de le défendre au sénat avec beaucoup de zèle et de force, et je me suis aperçu que mon discours et mon autorité avaient fait une vive impression sur l'assemblée.

Pour vous, je vous exhorte à m'écrire plus souvent. Adieu.

LETTRE XVI
Rome, janv. 692 (sous le consulat de M. V. Messala et M. Pupius Pison).

CICÉRON A ATTICUS

Il est difficile d'en finir avec notre Troyenne. Cornelius n'est

habere æris alieni, ut cupiam conjurare si quis recipiat. Sed partim odio inducti me excludunt, et aperte vindicem conjurationis oderunt ; partim non credunt, et a me insidias metuunt : nec putant ei nummos deesse posse qui ex obsidione fœneratores exemerit et cui semissibus magna copia est. Ego autem meis rebus gestis hoc sum assecutus, ut bonum nomen existimer.

Domum tuam atque ædificationem omnem perspexi et vehementer probavi.

Antonium, etsi ejus in me officia omnes desiderant, tamen in senatu gravissime ac diligentissime defendi, senatumque vehementer oratione mea atque auctoritate commovi.

Tu ad me velim litteras crebrius mittas. Vale.

EPISTOLA XVI
(ad Attic., I, 12)

Scrib. kal. jan. A. V. C. 692 (M. Valerio Messala, M. Pupio Pisone coss.).

CICERO ATTICO SAL.

Teucris illa lentum sane negotium ; neque Cornelius ad Terentiam postea

point revenu trouver Terentia : je vois bien qu'il faudra recourir aux banquiers Considius, Axius, ou Selicius. Pour Cécilius, ses parents mêmes n'en tireraient pas un denier, à moins d'un pour cent par mois. Pour en revenir à ce que je disais, je ne vis jamais rien de plus impudent, de plus fourbe, de plus impatientant que son procédé. *J'envoie un de mes affranchis; j'ai donné mes ordres à Titus;* toujours nouvelles défaites et nouveaux délais.

Mais je ne sais si le hasard.... Car les avant-coureurs de Pompée assurent qu'il demandera hautement le rappel d'Antoine; dans le même temps un préteur doit en faire la proposition au peuple. Cette cause sera de telle nature, que je ne pourrais la défendre sans être blâmé également et par les gens de bien et par la rumeur publique; et, ce qui est encore plus fort, je n'en ai aucune envie : car voici une nouvelle histoire que je vous mande, afin que vous puissiez juger de l'ensemble de l'affaire. J'ai pour affranchi un vrai coquin, nommé Hilarus, votre teneur de livres et votre client. Valerius, l'interprète, me mande à son sujet, et Chilius me marque aussi qu'il a appris qu'Antoine l'a avec lui, et fait entendre que j'ai ma part de l'argent levé sur les peuples de sa province, et que j'ai envoyé un de mes affranchis pour veiller à mes intérêts. Je n'en veux rien croire, mais cela ne me touche pas moins ; car il faut bien qu'il ait échappé

---

rediit. Opinor, ad Considium, Axium, Selicium confugiendum est. Nam a Cæcilio propinqui minore centesimis nummum movere non possunt. Sed ut ad prima illa redeam, nihil ego illa impudentius, astutius, lentius vidi. Libertum mitto; Tito mandavi; σκήψεις atque ἀναβολαί.

Sed nescio an ταὐτόματον ἡμῶν. Nam mihi Pompeiani prodromi nuntiant, aperte Pompeium acturum, Antonio succedi oportere : eodemque tempore aget prætor ad populum. Res ejusmodi est, ut ego nec per bonorum, nec per popularem existimationem honeste possim hominem defendere : nec mihi libeat, quod vel maximum est. Etenim accedit hoc, quod totum cujusmodi sit mando tibi ut perspicias. Libertum ego habeo, sane nequam hominem, Hilarum dico, ratiocinatorem, et clientem tuum. De eo mihi Valerius interpres nuntiat, Chiliusque se audisse scribit hæc; esse hominem cum Antonio; Antonium porro in cogendis pecuniis dictitare, partem mihi quæri, et a me custodem communis quæstus libertum esse missum. Non sum mediocriter commotus : neque tamen credidi; sed certe aliquid sermonis fuit. Totum investiga, cognosce,

à Antoine quelque parole qui ait donné lieu à ce bruit. Informez-vous-en, je vous en prie; suivez cette affaire, tirez-la au clair, et surtout tâchez d'éloigner ce coquin, s'il y a moyen. Valerius me marque qu'il tient tout cela de Cn. Plancius. Je vous recommande instamment de savoir au juste ce qui en est.

Pour Pompée, j'ai lieu de compter entièrement sur son amitié. Son divorce avec Mucia est vivement approuvé.

Vous aurez su sans doute que P. Clodius, fils d'Appius, a été surpris déguisé en femme dans la maison de C. César, pendant le sacrifice qu'on y faisait pour le peuple, et qu'une esclave l'a fait sauver : c'est un grand scandale; je ne doute point que vous n'en soyez fâché.

Je n'ai plus rien à vous écrire, et je n'ai pas même l'esprit assez libre; car je viens de perdre un aimable garçon, nommé Sosithée, qui me servait de lecteur; et j'en suis plus affligé qu'on ne devrait, ce me semble, l'être de la mort d'un esclave. Donnez-moi souvent de vos nouvelles. Quand vous n'aurez rien à me mander, écrivez-moi tout ce qui vous viendra à l'esprit. Le 1er janvier, sous le consulat de M. Messala et de M. Pison.

---

perspice, et nebulonem illum, si quo pacto potes, ex istis locis amove: hujus sermonis Valerius auctorem Cn. Plancium nominabat. Mando tibi plane, totum ut videas cujusmodi sit.

Pompeium nobis amicissimum constat esse. Divortium Muciæ vehementer probatur.

P. Clodium, Appii filium, credo te audisse, cum veste muliebri deprehensum domi C. Cæsaris, quum pro populo fieret, eumque per manus servulæ servatum et eductum; rem esse insigni infamia : quod te moleste ferre certo scio.

Quod præterea ad te scribam non habeo. Et mehercule eram conturbatior. Nam puer festivus, anagnostes noster, Sositheus decesserat, meque plus, quam servi mors debere videbatur, commoverat. Tu velim sæpe ad nos scribas. Si rem nullam habebis, quod in buccam venerit, scribito. Kalend. januar. M. Messala, M. Pisone coss.

LETTRE XVII
Rome, 692.

CICÉRON A C. ANTOINE, IMPERATOR

J'avais résolu de ne plus vous écrire que des lettres de recommandation, nonque je leur crusse beaucoup de pouvoir sur vous, mais pour ne pas faire connaître à ceux qui peuvent m'en demander, que notre amitié est un peu refroidie. Cependant je ne puis voir partir T. Pomponius, l'homme du monde qui sait le mieux ce que je pense de vous et ce que j'ai fait pour vous, votre ami d'ailleurs et le mien, sans me croire obligé de vous écrire, surtout lorsqu'il me fait connaître que ce serait le désobliger lui-même. Quand j'attendrais de vous les plus grands services, personne n'en devrait être surpris. Je n'ai rien négligé de tout ce qui touche à vos intérêts, à votre honneur et à votre dignité. Vous m'êtes témoin vous-même que je suis encore à recevoir la moindre marque de votre reconnaissance. Je sais même de plusieurs personnes, qu'il vous est échappé quelque chose contre moi; car je n'ose dire que *je l'ai appris de bonne part*, de peur d'employer le même terme que vous avez souvent, dit-on, l'injustice de me reprocher. J'aime donc mieux que vous

EPISTOLA XVII
(ad div. V, 5)
Scrib. Romæ A. V. C. 692.

M. CICERO S. D. C. ANTONIO M. F. IMPERATORI

Etsi statueram nullas ad te litteras mittere, nisi commendatitias, non quod eas intelligerem satis apud te valere, sed ne iis qui me rogarent aliquid de nostra conjunctione imminutum esse ostenderem : tamen quum T. Pomponius, homo omnium meorum in te studiorum et officiorum maxime conscius, tui cupidus, nostri amantissimus, ad te proficisceretur, aliquid mihi scribendum putavi : præsertim quum aliter ipsi Pomponio satisfacere non possem. Ego si abs te summa officia desiderem, mirum nemini videri debet : omnia enim a me in te profecta sunt quæ ad tuum commodum, quæ ad honorem, quæ ad dignitatem pertinerent. Pro iis rebus nullam mihi abs te relatam esse gratiam tu es optimus testis. Contra etiam esse aliquid abs te profectum ex multis audivi : nam comperisse me, non audeo dicere, ne forte id ipsum verbum ponam quod abs te aiunt falso in me solere conferri. Sed,

appreniez ce qu'on m'a rapporté, *de la bouche de Pomponius*, que de mes lettres. Il n'en a pas été moins choqué que moi. Le sénat et le peuple romain peuvent rendre témoignage du zèle que j'ai fait éclater pour vos intérêts. Vous savez vous-même quel retour j'ai reçu de vous, que les autres jugent ce que vous me devez. Ce que j'ai fait jusqu'à présent est venu d'abord de mon inclination, ensuite de ma constance ; mais comptez que ce qui reste à faire demande encore plus de zèle, plus de gravité et de travail. J'y emploierai toutes mes forces, si je m'aperçois que ce ne soit pas les prodiguer et les perdre ; mais si j'ai affaire à un ingrat, je ne m'exposerai point à me faire accuser de folie par vous-même. Pomponius vous expliquera le fond de tous ces reproches.

Je ne laisse pas de vous le recommander ; et, quoique je vous croie disposé en sa faveur, je vous demande néanmoins, s'il vous reste un peu d'amitié pour moi, de me le marquer dans l'affaire de Pomponius. Il n'y a rien en quoi vous puissiez m'obliger davantage. Adieu.

ea quæ ad me delata sunt, malo te ex Pomponio, cui non minus molesta fuerunt, quam ex meis litteris cognoscere. Meus in te animus quam singulari officio fuerit et senatus et populus Romanus testis est. Tu quam gratus erga me fueris ipse existimare potes ; quantum mihi debeas, cæteri existiment. Ego quæ tua causa antea feci, voluntate sum adductus, posteaque constantia. Sed reliqua, mihi crede, multo majus studium meum, majoremque gravitatem et laborem desiderant. Quæ ego si non profundere ac perdere videbor, omnibus meis viribus sustinebo. Sin autem ingrata esse sentiam, non committam ut tibi ipsi insanire videar. Ea quæ sint et cujusmodi, poteris ex Pomponio cognoscere.

Atque ipsum tibi Pomponium ita commendo, ut quanquam ipsius causa confido te facturum esse omnia, tamen abs te hoc petam, ut, si quid in te resideat amoris erga me, id omne in Pomponii negotio ostendas. Hoc mihi gratius facere nihil potes. Vale.

LETTRE XVIII
Rome, 25 janvier 692.

CICÉRON A ATTICUS

J'ai déjà reçu trois de vos lettres : l'une par M. Cornelius, que vous lui donnâtes, ce me semble, aux Trois-Tavernes; une autre par votre hôte de Canusium ; et la troisième datée de votre vaisseau, l'ancre étant déjà levée. Elles sont toutes trois de main de maître, d'un style pur, assaisonnées de sel et d'enjouement avec des marques sensibles de votre amitié. Vous ne pouviez pas m'engager plus fortement à vous faire réponse; et je l'aurais fait plus tôt, s'il était aisé de trouver des messagers sûrs. Combien peu de gens se chargent d'une lettre de quelque poids, sans l'alléger en la lisant ! De plus, il arrive souvent que je ne suis pas averti du départ de ceux qui vont en Epire; je crois même qu'après avoir sacrifié dans votre Amalthée, vous serez allé faire le siége de Sicyone. Je ne sais quand vous irez trouver Antoine, ni combien même vous demeurerez en Épire; je n'ose confier des lettres écrites avec quelque liberté, ni à des Achéens, ni à des Epirotes.

EPISTOLA XVIII
(ad Attic., I, 15)

Scrib. Romæ vi kalend. febr. A. V. C. 692.

CICERO ATTICO SAL.

Accepi tuas tres jam epistolas, unam a M. Cornelio, quam Tribus Tabernis, ut opinor, ei dedisti; alteram, quam mihi Canusinus tuus hospes reddidit ; tertiam, quam, ut scribis, ancoris sublatis, de phaselo dedisti : quæ fuerunt omnes rhetorum. Pure loquuntur, quum humanitatis sparsæ sale, tum insignes amoris notis. Quibus epistolis sum equidem abs te lacessitus ad scribendum; sed idcirco sum tardior, quod non invenio fidelem tabellarium. Quotus enim quisque est, qui epistolam paulo graviorem ferre possit, nisi eam pellectione relevarit? Accedit eo, quod mihi non est notum, ut quisque in Epirum proficiscatur. Ego enim te arbitror, cæsis apud Amaltheam tuam victimis, statim esse ad Sicyonem oppugnandam profectum. Neque tamen id ipsum certum habeo quando ad Antonium proficiscare, aut quid in Epiro temporis ponas. Ita neque Achaicis hominibus, neque Epiroticis paulo libe-

T. XII. 3

Il est arrivé, depuis votre départ, des choses qui valent bien la peine de vous être mandées; mais je ne veux point exposer de telles lettres à être ouvertes, perdues, ou interceptées.

Vous saurez d'abord qu'on ne m'a point fait opiner le premier, et qu'on m'a préféré le pacificateur des Allobroges. Le sénat en a murmuré; pour moi, je n'en suis pas fâché. Cela me dispense d'avoir des égards pour un méchant homme, et me laisse plus de liberté pour soutenir le rang que je tiens dans la république. D'ailleurs il est presque aussi honorable d'opiner le second, et cela donne moins d'engagement avec le consul. Catulus parla le troisième, et, si vous en voulez savoir davantage, Hortensius le quatrième. Quant au consul, c'est un petit et méchant esprit, un de ces railleurs chagrins qui ne laissent pas quelquefois de faire rire : plus plaisant par sa figure que par ses bons mots. Il n'est ni dans le parti du peuple, ni dans celui des grands. La république n'en doit espérer rien de bon, il a de trop mauvaises intentions; mais aussi elle n'a point de mal à en craindre; il n'a pas assez de courage. Pour son collègue, il me traite avec beaucoup de distinction, il aime et soutient le bon parti; aussi sont-ils assez mal ensemble.

Mais j'ai peur que certaine affaire encore en suspens n'ait de fâcheuses suites. Vous avez su, je pense, qu'on a trouvé un

---

riores litteras committere audeo. Sunt autem post discessum a me tuum res dignæ litteris nostris, sed non committendæ ejusmodi periculo, ut aut interire, aut aperiri, aut intercipi possint.

Primum igitur scito, primum me non esse rogatum sententiam, præpositumque esse nobis pacificatorem Allobrogum, idque admurmurante senatu, neque me invito esse factum. Sum enim et ab observando homine perverso liber, et ad dignitatem in republica retinendam contra illius voluntatem solutus : et ille secundus in dicendo locus habet auctoritatem pæne principis, et voluntatem non nimis devinctam beneficio consulis. Tertius est Catulus, quartus (si etiam hoc quæris) Hortensius. Consul autem ipse parvo animo et pravo, tantum cavillator genere illo moroso, quod etiam sine dicacitate ridetur, facie magis, quam facetiis, ridiculus : nihil agens cum republica, sejunctus ab optimatibus, a quo nihil speres boni reipublicæ, quia non vult; nihil metuas mali, quia non audet. Ejus autem collega, et in me perhonorificus, et partium studiosus ac defensor bonarum. Quinimo leviter inter se dissident.

Sed vereor ne hoc, quod infectum est, serpat longius. Credo enim te au-

homme déguisé en femme, au sacrifice qui se faisait pour le peuple chez César; ce qui obligea les vestales à recommencer la cérémonie. Q. Cornificius en parla au sénat le premier; ne croyez pas que ce fût quelqu'un de nous. Renvoi de l'affaire aux pontifes, qui conclurent au sacrilége. Là-dessus les consuls, par ordre du sénat, ont proposé au peuple d'en faire informer, et César a répudié sa femme. Le consul Pison, ami particulier de P. Clodius agit sous main pour faire rejeter par le peuple cette proposition que lui-même a faite, qui est autorisée par un décret du sénat, et où la religion est intéressée. Messala fait paraître jusqu'à présent beaucoup de vigueur et de sévérité. Nos gens de bien se laissent fléchir par les prières de Clodius, qui, en attendant, se pourvoit de gens de main. Moi-même, qui, dans les commencements, étais un vrai Lycurgue, je deviens tous les jours plus traitable; Caton seul tient ferme sans démordre. Que vous dirai-je? J'appréhende que cette affaire, négligée par les bons citoyens, et trop bien soutenue par les méchants, n'ait des suites très-fâcheuses pour la république.

Quant à votre ami, m'entendez-vous? celui de qui vous me mandiez que, n'ayant pas osé me blâmer, il avait pris le parti de me louer; cet ami, dis-je, m'aime fort, à ce qu'il témoigne; il me soutient, me caresse, me loue en public, pendant qu'il me porte envie en secret, de telle manière néanmoins que tout le

disse, quum apud Cæsarem pro populo fieret, venisse eo muliebri vestitu virum; ideoque sacrificium quum virgines instaurassent, mentionem a Q. Cornificio in senatu factam (is fuit princeps; ne tu forte aliquem nostrum putes), postea rem ex S. C. ad pontifices relatam, idque ab iis nefas esse decretum; deinde ex S. C. consules rogationem promulgasse; uxori Cæsarem nuntium remisisse. In hac causa Piso, amicitia P. Clodii ductus, operam dat, ut ea rogatio, quam ipse fert, et fert ex S. C. et de religione, antiquetur. Messala vehementer adhuc agit severe. Boni viri precibus Clodii removentur a causa; operæ comparantur, nosmetipsi qui Lycurgei a principio fuissemus, quotidie demitigamur : instat et urget Cato. Quid multa? Vereor, ne hæc, neglecta a bonis, defensa ab improbis, magnorum reipublicæ malorum causa sint.

Tuus autem ille amicus (scin' quem dicam?) de quo tu ad me scripsisti, postea quam non auderet reprehendere, laudare cœpisse, nos, ut ostendit, admodum diligit, amplectitur, amat, aperte laudat; occulte, sed ita ut perspi-

monde s'en aperçoit. On ne voit en lui ni honnêteté, ni franchise, ni noblesse dans ce qui regarde le gouvernement, ni élévation, ni courage, ni liberté. Mais je vous entretiendrai de tout ceci plus à fond une autre fois; aussi bien n'y vois-je pas encore tout à fait clair, et je n'ose confier à je ne sais quel fils de la terre, comme celui qui vous porte cette lettre, de si graves confidences.

Les préteurs n'ont pas encore tiré les provinces au sort; l'affaire en est toujours au point où vous l'avez laissée.

Je ferai entrer dans ma harangue la description de Pouzzoles et de Misènes, que vous me demandez; je m'étais déjà aperçu que je m'étais trompé, en datant du troisième de décembre. Pour vous dire la vérité, ce que vous louez dans mes harangues me plaisait fort aussi, quoique je n'osasse vous le dire ; maintenant que j'ai votre approbation, je les trouverai encore plus attiques. J'ai fait quelques additions à celle contre Metellus ; je vous en enverrai une copie, puisque votre amitié pour moi vous a mis en goût d'éloquence.

Qu'ai-je encore à vous dire? Attendez : le consul Messala a acheté la maison d'Autronius trois millions sept cent mille sesterces. Qu'est-ce que cela me fait? m'allez-vous dire. Le voici : cet achat justifie le mien, et fait voir qu'on peut quelquefois se servir de la bourse de ses amis pour une acquisition qui vous fasse honneur.

cuum sit, invidet : nihil come, nihil simplex, nihil ἐν τοῖς πολιτικοῖς honestum, nihil illustre, nihil forte, nihil liberum. Sed hæc ad te scribam alias subtilius. Nam neque adhuc mihi satis nota sunt : et huic terræ filio, nescio cui, committere epistolam tantis de rebus non audeo.

Provincias prætores nondum sortiti sunt. Res eodem est loco, quo reliquisti.

Τοποθεσίαν, quam postulas, Miseni, et Puteolorum, includam orationi meæ. A. D. III non. decembr. mendose fuisse animadverteram. Quæ laudas ex orationibus, mihi crede, valde mihi placebant; sed non audebam antea dicere. Nunc vero, quod a te probata sunt, multo mihi ἀττικώτερα videntur. In illam orationem Metellinam addidi quædam. Liber tibi mittetur, quoniam te amor nostri φιλορήτορα reddidit.

Novi tibi quidnam scribam? quid? etiam. Messala consul Autronianam domum emit H-S MMM DCC. Quid id ad me? inquies; tantum, quod ea emptione et nos bene emisse judicati sumus : et homines intelligere cœperunt licere amicorum facultatibus in emendo ad dignitatem aliquam pervenire.

Mon affaire avec la Troyenne ne finit point; néanmoins il y a de l'espoir. Poursuivez, terminez l'affaire. A bientôt une lettre plus libre. Le 25 janvier, sous le consulat de Messala et de Pison.

LETTRE XIX
Rome, 15 février 692.

CICÉRON A ATTICUS

Je suis presque honteux de vous dire combien je suis occupé; je le suis au point qu'à peine ai-je le temps de vous écrire une si petite lettre; encore faut-il que je le dérobe à des affaires très-importantes.

Je vous ai déjà mandé quelle fut la première harangue de Pompée; peu satisfaisante pour les malheureux, de nulle force contre les méchants, sans agrément pour les riches et sans force pour les gens de bien; cela fut donc très-froid.

Depuis, un étourdi de tribun, nommé Fusius, à l'instigation du consul Pison, fit monter Pompée à la tribune dans le cirque de Flaminius, un jour de marché, et lui demanda s'il était d'avis que le préteur choisît les juges pour l'affaire

Teucris illa lentum negotium est, sed tamen est in spe. Tu insta, confice. A nobis liberiorem epistolam exspecta. VI kalend. febr. M. Messala et M. Pisone coss.

EPISTOLA XIX
(ad Att., I, 14)

Scrib. Romæ A. V. C. 692.

CICERO ATTICO SAL.

Vereor ne putidum sit scribere ad te, quam sim occupatus : sed tamen distinebar, ut huic vix tantulæ epistolæ tempus habuerim, atque id ereptum e summis occupationibus.

Prima concio Pompeii qualis fuisset, scripsi ad te antea. Non jucunda miseris, inanis improbis, beatis non grata, bonis non gravis. Itaque frigebat.

Tum Pisonis consulis impulsu levissimus tribunus plebis Fusius in concionem produxit Pompeium. Res agebatur in circo Flaminio : et erat in eo ipso loco illo die nundinarum πανήγυρις. Quæsivit ex eo, placeretne ei ju-

de Clodius, conformément à la délibération du sénat. Pompée parla fort à l'avantage des grands, et déclara que l'autorité du sénat lui paraissait et lui avait toujours paru souveraine, et il s'étendit fort là-dessus. Le consul Messala lui ayant depuis demandé dans le sénat son sentiment sur ce sacrilége, et sur la proposition qu'on avait faite au peuple, il répondit en louant tout ce qui était émané de cette auguste compagnie, et, s'étant assis, il me dit qu'il croyait par là s'être assez expliqué sur cette affaire.

Crassus, voyant qu'on avait applaudi Pompée, parce qu'on avait compris qu'il approuvait les actes de mon consulat, se leva à son tour, et s'étendit fort sur mes louanges, jusqu'à dire que, s'il était sénateur, citoyen, libre, s'il vivait encore, il tenait de moi tous ces biens; que toutes les fois qu'il voyait sa femme, sa maison, sa patrie, autant de fois il voyait mes bienfaits. En un mot, il traita fort au long ce grand lieu commun du fer et de la flamme (vous connaissez ces *ficelles*), que je manie comme vous savez en tant de façons différentes, et avec de si vives couleurs, dans ces harangues dont vous êtes l'Aristarque. J'étais assis tout auprès de Pompée, et je vis bien qu'il ne comprenait pas si Crassus avait seulement voulu saisir l'occasion qu'il avait négligée de s'en faire un mérite auprès de moi, ou si, en

dices a prætore legi, quo consilio idem prætor uteretur. Id autem era t de Clodiana religione ab senatu constitutum. Tum Pompeius μαλ' ἀριστοκρατικῶς locutus est; senatusque auctoritatem sibi omnibus in rebus maximam videri, semperque visam esse respondit, et id multis verbis. Postea Messala consul in senatu de Pompeio quæsivit quid de religione, et de promulgata rogatione sentiret. Locutus ita est in senatu, ut omnia illius ordinis consulta γενικῶς laudaret, mihique, ut assedit, dixit, se putare, satis ab se etiam de istis rebus esse responsum.

Crassus postea quam vidit illum excepisse laudem ex eo, quod suspicarentur homines ei consulatum meum placere, surrexit, ornatissimeque de meo consulatu locutus est; ut ita diceret, se, quod esset senator, quod civis, quod liber, quod viveret, mihi acceptum referre; quoties conjugem, quoties domum, quoties patriam videret, toties se beneficium meum videre. Quid multa? totum hunc locum, quem ego varie meis orationibus, quarum tu Aristarchus es, soleo pingere, de flamma, de ferro (nosti illas ληκύθους), valde graviter pertexuit. Proxime Pompeium sedebam : intellexi hominem moveri; utrum Crassum inire eam gratiam, quam ipse prætermisisset; an esse tantas res

effet, mes actions étaient assez illustres pour mériter d'être louées avec l'applaudissement du sénat, surtout par un homme qui y était d'autant moins engagé, que j'avais toujours loué Pompée à ses dépens.

Depuis ce jour-là, je suis fort bien avec Crassus. Je ne laissai pas de recevoir ce que Pompée avait prétendu dire à mon avantage, d'aussi bonne grâce que s'il s'était expliqué plus ouvertement. Mais quand ce fut à moi de parler, grands dieux, quelle carrière je me donnai! avec quelle force je relevai ces mêmes actions devant ce nouvel auditeur! Si jamais les périodes, les tournures et les figures de rhétorique m'ont été de quelque secours, ce fut en cette occasion. Bref, de grands cris. Comme mon sujet était la sagesse du sénat, la bonne intelligence parmi les chevaliers, le consentement unanime de toute l'Italie, les restes de la conjuration dissipés, l'abondance et la tranquillité rétablies; vous savez quelles sont sur ce sujet mes intonations ordinaires : elles furent si grandes qu'elles doivent être allées jusqu'à vous, j'abrége donc.

Voici quel est maintenant, à Rome, l'état des affaires : le sénat est un second aréopage; on ne vit jamais tant de fermeté, tant de sévérité et tant de vigueur. Le jour que la proposition que l'on avait faite au peuple par son ordre devait être confirmée, une troupe de jeunes gens à demi imberbes, reste des amis de Catilina, à la tête desquels était Curion, ce jeune efféminé, allaient

nostras, quæ tam libenti senatu laudarentur, ab eo præsertim, qui mihi laudem illam eo minus deberet, quod meis omnibus litteris in Pompeiana laude perstrictus esset.

Hic dies me valde Crasso adjunxit : et tamen, ab illo aperte, tecte quidquid est datum, libenter accepi. Ego autem ipse, dii boni! quo modo ἐνεπερπερευσάμην novo auditori Pompeio? Si unquam mihi περίοδοι, si καμπαί, si ἐνθυμήματα, si κατασκευαί, suppeditaverunt isto tempore. Quid multa? clamores. Etenim hæc erat ὑπόθεσις, de gravitate ordinis; de equestri concordia, de consensione Italiæ, de immortuis reliquiis conjurationis, de vilitate, de otio. Nosti jam in hac materia sonitus nostros : tanti fuerunt, ut ego eo brevior sim, quod eos usque istinc exauditos putem.

Romanæ autem se res sic habent. Senatus ἄρειος πάγος. Nihil constantius, nihil severius, nihil fortius. Nam quum dies venisset rogationi ex S. C. ferendæ, concursabant barbatuli juvenes, totus ille grex Catilinæ, duce filiola Curionis; et populum, ut antiquaret, rogabant. Piso autem consul, lator ro-

et venaient dans la place, et se tourmentaient fort pour empêcher l'affaire de passer. Le consul Pison, qui en avait fait lui-même la proposition, en dissuadait tout le premier. Les satellites de Clodius s'étaient postés à l'entrée des ponts, et l'on ne donnait point de bulletins pour l'adoption. Là-dessus Caton accourt, monte à la tribune, et fait une invective très-violente contre le consul Pison, si l'on peut appeler invective un discours plein de force et de gravité, et qui n'allait qu'au bien de l'État. Il fut secondé par notre ami Hortensius et par un grand nombre de gens du bon parti, entre lesquels Favonius se signala. Ce concours de personnes d'autorité fit rompre l'assemblée. Le sénat fut convoqué, et se trouva fort nombreux. Malgré l'opposition de Pison, malgré les bassesses de Clodius, qui se jetait aux pieds de tous les sénateurs, on décida que les consuls exhorteraient le peuple à recevoir la proposition qu'on lui avait faite. Curion, qui voulait qu'on ne fît point de décret, n'eut que quinze voix pour lui, et il y en eut au moins quatre cents de l'avis contraire; le décret passa. Le tribun Fusius prit alors le parti de se retirer, et Clodius se mit à haranguer le peuple d'une manière pitoyable, chargeant d'injures Lucullus, Hortensius, Caïus, Pison et le consul Messala : pour moi, il se contentait de me reprocher que j'étais toujours *informé* de tout. Le sénat a déclaré qu'on ne parlerait ni des gouvernements des préteurs, ni des ambassades, ni d'aucune autre affaire, que celle-ci n'eût passé.

<small>gationis, idem erat dissuasor. Operæ Clodianæ pontes occuparant. Tabellæ ministrabantur, ita ut nulla daretur UTI ROGAS. Hic tibi rostra Cato advolat, convicium Pisoni consuli mirificum facit; si id est convicium, vox plena gravitatis, plena auctoritatis, plena denique salutis. Accedit eodem etiam noster Hortensius, multi præterea boni. Insignis vero opera Favonii fuit. Hoc concursu optimatum comitia dimittuntur : senatus vocatur. Quum decerneretur frequenti senatu, contra pugnante Pisone, ad pedes omnium sigillatim accidente Clodio, ut consules populum cohortarentur ad rogationem accipiendam; homines ad xv Curioni nullum S. C. facienti assenserunt : ex altera parte facile cccc fuerunt. Acta res est. Fusius tribunus tum concessit. Clodius conciones miseras habebat, in quibus Lucullum, Hortensium, C. Pisonem, Messalam consulem contumeliose lædebat; me tantum comperisse omnia criminabatur. Senatus et de provinciis prætorum, et de legationibus, et de cæteris rebus decernebat, ut ante, quam rogatio lata esset, ne quid ageretur.</small>

Voilà pour ce qui regarde Rome. Mais il faut vous dire encore une chose, à laquelle je ne m'étais pas attendu. Messala est un fort bon consul; il a beaucoup de vigueur, de fermeté, d'application; il me loue, m'aime et m'imite. Pour son collègue, il serait plus vicieux s'il avait un vice de moins. C'est un bonheur qu'il soit si paresseux, si endormi, si peu habile et si peu actif; pour de la mauvaise volonté, il en a tant qu'il a commencé à haïr Pompée depuis qu'il l'a entendu parler à l'avantage du sénat : aussi tous les gens de bien se sont déclarés hautement contre lui. Et ce n'est pas tant par amitié pour Clodius qu'il le soutient, que par une inclination naturelle pour les mauvaises intrigues et pour les méchantes affaires ; mais heureusement, de tous les magistrats il n'y en a pas qui lui ressemble. Si l'on en excepte Fusius, les tribuns sont bien disposés, et Cornutus en particulier est un petit Caton. Que voulez-vous savoir de plus? mes affaires particulières? la Troyenne m'a enfin payé. Souvenez-vous de faire ce que vous m'avez promis. Mon frère a acheté sept cent vingt-cinq mille sesterces les trois autres parts du bâtiment de l'Argiletum, et il cherche à vendre son bien de Tusculum, pour acheter la maison de Pacilius. Il faut vous raccommoder avec Lucceius; il me paraît qu'il en a fort envie ; je m'emploierai pour cela. Mandez-moi au plus tôt où vous êtes, ce que vous faites, et comment vont vos affaires. Le 15 février.

Habes res Romanas. Sed tamen etiam illud, quod non speraram, audi. Messala consul est egregius, fortis, constans, diligens, nostri laudator, amator, imitator. Ille alter uno vitio minus vitiosus; quod iners, quod somni plenus, quod imperitus, quod ἀπρακτότατος, sed voluntate ita κακέκτης, ut Pompeium post illam concionem, qua ab eo senatus laudatus est, odisse cœperit. Itaque mirum in modum omnes a se bonos alienavit. Neque id magis amicitia Clodii adductus facit, quam studio perditarum rerum, atque partium. Sed habet sui similem in magistratibus neminem. Præter Fusium, bonis utimur tribunis plebis, Cornuto vero Pseudocatone. Quid quæris? Nunc ut ad privata redeam, Τεύκρις promissa patravit. Tu mandata effice, quæ recepisti. Quintus frater, qui Argiletani ædificii reliquum dodrantem emit H-S DCC XXV, Tusculanum venditat, ut si possit, emat Pacilianam domum. Cum Lucceio in gratiam redi. Video hominem valde petiturire. Navabo operam. Tu quid agas, ubi sis, cujusmodi istæ res sint, fac me quam diligentissime certiorem. Idib febr.

5.

LETTRE XX

Rome, 15 mars 692.

CICÉRON A ATTICUS

Vous avez appris que le gouvernement d'Asie est échu par le sort à mon cher frère Quintus; car je ne doute point que vous ne l'appreniez plus tôt par le bruit public que par nos lettres. Vous voyez donc qu'avides de gloire comme nous l'avons toujours été, faisant profession d'aimer la nation grecque, et étant chargés d'ailleurs de tant d'inimitiés pour le service de la république; vous voyez quelle réputation nous avons à soutenir. Employez donc tous vos soins, servez-vous de toute votre prudence, pour que nous puissions mériter une estime et une affection générales. Mais je vous en dirai davantage lorsque je vous écrirai par mon frère même.

Marquez-moi, je vous prie, si vous avez fait ce que je vous a recommandé, et où en est votre affaire. Depuis que vous êtes parti de Brindes, je n'ai point eu de vos nouvelles; j'en attends avec impatience. Le 15 mars.

EPISTOLA XX

(ad Att., I, 15)

Scrib. Romæ A. V. C. 692 idib. mart.

CICERO ATTICO SAL.

Asiam Quinto, suavissimo fratri, obtigisse audisti : non enim dubito, quin celerius tibi hoc rumor, quam ullius nostrum litteræ nuntiarint. Nunc quoniam et laudis avidissimi semper fuimus, et præter cæteros φιλέλληνες et sumus, et habemur, et multorum odia, atque inimicitias reipubl. causa suscepimus, παντοίης ἀρετῆς μιμνήσκεο : curaque effice, ut ab omnibus et laudemur et amemur. His de rebus plura ad te in ea epistola scribam, quam ipsi Quinto dabo.

Tu me velim certiorem facias, quid de meis mandatis egeris : atque etiam, quid de tuo negotio. Nam ut Brundisio profectus es, nullæ mihi abs te sunt redditæ litteræ. Valde aveo scire quid agas. Idibus mart.

LETTRE XXI
Rome, juillet 692.

CICÉRON A ATTICUS

Vors me demandez ce qui s'est passé dans ce jugement qui a si fort surpris tout le monde ; et ensuite, pourquoi j'ai livré dans cette occasion moins de combats qu'à mon ordinaire. Je vais, comme dit Homère, répondre d'abord à votre seconde question. Tant qu'il y a eu lieu de soutenir l'autorité du sénat, j'ai combattu avec tant de force et d'ardeur, que j'ai été suivi et applaudi de tout le monde. Vous avez été plusieurs fois témoin de mon courage dans de pareilles occasions ; mais vous m'auriez admiré dans celle-ci. Clodius tâchant, dans les harangues qu'i faisait au peuple, de le prévenir contre moi, avec quelle chaleur, grands dieux, je m'engageai alors dans la mêlée ! Quels rudes coups je portai à mes ennemis ! Avec quelle force je me jetai sur Pison, sur Curion, et sur toute leur bande ! Que je poursuivis vivement la légèreté de ces vieillards, et les débordements de cette jeunesse ! Je vous le jure, j'ai souvent souhaité de vous avoir autant pour témoin de mes exploits

EPISTOLA XXI
(ad Att., I, 16)

Scrib. Romæ A. V. C. 692 mense quintili.

CICERO ATTICO SAL.

Quænis ex me, quid acciderit de judicio, quod tam præter opinionem omnium factum sit : et simul vis scire, quo modo ego minus quam soleam, præliatus sim : respondebo tibi ὕστερον πρότερον Ὁμηρικῶς. Ego enim, quandiu senatus auctoritas mihi defendenda fuit, sic acriter et vehementer præliatus sum, ut clamor concursusque maxima cum mea laude fierent. Quod si tibi unquam sum visus in republica fortis, certe me in illa causa admiratus esses. Quum enim ille ad conciones confugisset, in iisque meo nomine ad invidiam uteretur, dii immortales, quas ego pugnas, et quantas strages edidi ! Quos impetus in Pisonem, in Curionem, in totam illam manum feci ! Quo modo sum insectatus levitatem senum, libidinem juventutis ! Sæpe, ita me dii juvent, te non solum auctorem consiliorum meorum, verum etiam spectatorem pu-

que pour règle de mes actions. Mais depuis qu'Hortensius eut imaginé cet expédient, que Fusius proposât une loi sur le sacrilége de Clodius, qui ne différait de celle des consuls qu'en ce qu'elle laissait le choix des juges au sort (ce qui était précisément l'essentiel); depuis qu'Hortensius eut obtenu qu'on tournerait l'affaire de cette sorte, parce qu'il s'était persuadé, et qu'il avait persuadé aux autres que le criminel ne pouvait échapper, quelques juges qu'on lui donnât, je carguai la voile, sachant combien il y a peu de juges intègres; et je me contentai de déposer ce qui est si bien prouvé et si public, que je ne pouvais me dispenser de l'attester.

Pour revenir à votre première question, si vous voulez savoir ce qui a fait absoudre Clodius, il n'en faut point chercher d'autre cause que l'indigence et l'infamie de ses juges. Et c'est entièrement la faute d'Hortensius, qui, dans la crainte que Fusius n'arrêtât la poursuite en s'opposant au décret que le sénat avait proposé au peuple, n'a pas compris qu'il valait encore mieux laisser Clodius chargé d'un crime si odieux, dont il ne se serait point purgé, que de lui donner des juges faciles à corrompre. Emporté par sa haine, il s'est trop pressé de le faire juger, persuadé, comme il le disait, qu'il ne fallait qu'un poignard de plomb pour le percer. Que si vous me demandez comment la chose s'est passée, je vous dirai que ç'a été d'une manière fort surprenante

---

gnarum mirificarum desideravi. Postea vero quam Hortensius excogitavit, ut legem de religione Fusius tribunus plebis ferret; in qua nihil aliud a consulari rogatione differebat, nisi judicum genus (in eo autem erant omnia); pugnavitque, ut ita fieret; quod et sibi, et aliis persuaserat, nullis illum judicibus effugere posse : contraxi vela, perspiciens inopiam judicum; neque dixi quicquam pro testimonio, nisi quod erat ita notum, atque testatum, ut non possem præterire.

Itaque, si causam quæris absolutionis (ut jam πρὸς τὸ πρότερον revertar), egestas judicum fuit, et turpitudo. Id autem ut accideret, commissum est Hortensii consilio : qui dum veritus est, ne Fusius ei legi intercederet, quæ ex senatusconsulto ferebatur, non vidit illud, satius esse illum in infamia relinqui ac sordibus, quam infirmo judicio committi. Sed ductus odio properavit rem deducere in judicium; quum illum plumbeo gladio jugulatum iri tamen diceret. Sed judicium, si quæris, quale fuerit, incredibili exitu; sic, uti nunc

pour ceux qui n'ont reconnu la faute d'Hortensius que par l'événement, mais non pas pour moi qui l'avais connue d'abord. La récusation ayant donc été faite, non sans beaucoup de bruit, l'accusateur, comme un censeur exact, ayant rejeté les mauvais juges que le sort présentait ; et l'accusé, comme un maître de gladiateurs qui épargne ses meilleurs esclaves, ayant récusé les plus honnêtes gens ; dès que les juges eurent pris leur place, les gens de bien commencèrent à appréhender beaucoup. En effet, jamais tripot ne vit un si vilain assemblage : des sénateurs diffamés, des chevaliers ruinés, des gardes du trésor qui n'avaient point su garder leur propre bien. Cependant il s'y trouvait quelques juges intègres que notre homme n'avait pu récuser, et qui, tristes et confus de se voir avec des gens qui leur ressemblaient si peu, paraissaient craindre que l'infamie du corps ne retombât sur les particuliers. Aux premiers interrogatoires, il parut d'abord une sévérité incroyable. Nulle variété dans les avis, le criminel n'obtenait rien, l'accusateur avait plus qu'il ne demandait. Je vous laisse à penser si Hortensius s'applaudissait d'avoir vu si clair dans cette affaire. Personne qui ne crût P. Clodius perdu et condamné mille fois. Mais, lorsque je me présentai pour déposer, les cris de ceux qui l'assistaient furent si grands, que vous auriez pu les entendre, et apprendre par là comment les juges se levèrent tous, m'environ-

---

ex eventu ab aliis, a me tamen ex ipso initio consilium Hortensii reprehendatur. Nam ut rejectio facta est clamoribus maximis : quum accusator, tanquam censor bonus, homines nequissimos rejiceret : reus, tanquam clemens lanista, frugalissimum quemque secerneret ; ut primum judices consederunt valde diffidere boni cœperunt. Non enim unquam turpior in ludo talario consessus fuit. Maculosi senatores, nudi equites, tribuni non tam ærati quam, u appellantur, ærarii. Pauci tamen boni inerant, quos rejectione effugere ille non potuerat ; qui mœsti inter sui dissimiles et mœrentes sedebant, et contagione turpitudinis vehementer permovebantur. Hic, ut quæque res ad consilium primis postulationibus referebatur, incredibilis erat severitas, nulla varietate sententiarum ; nihil impetrarat reus ; plus accusatori dabatur, quam postulabat : triumphabat (quid quæris?) Hortensius se vidisse tantum : nemo erat, qui illum reum, ac non millies condemnatum arbitraretur. Me vero teste producto, credo te ex acclamatione Clodii advocatorum audisse, quæ consurrectio judicum facta sit, ut me circumsteterint, ut aperte jugula sua pro meo

nèrent, et présentèrent la gorge à Clodius pour lui faire comprendre qu'ils me défendraient au péril de leur vie. Je vous avoue que cela me parut plus glorieux pour moi que ce qui arriva à Xénocrate lorsque vos concitoyens se contentèrent de sa déposition sans vouloir qu'il la confirmât par un serment, ou lorsque, du temps de nos pères, les juges de Metellus Numidicus, accusé de concussion, détournèrent les yeux lorsqu'on leur présenta ses livres de compte. Les juges ayant donc déclaré qu'ils étaient prêts à me défendre comme le salut de la patrie, Clodius et ceux qui le soutenaient furent également consternés. Le lendemain j'eus dans ma maison une aussi grande foule que lorsque je m'y retirai en sortant du consulat. Notre nouvel aréopage déclare ensuite qu'il ne se rassemblera point qu'on ne lui ait donné des gardes. Ils délibèrent; une seule voix contre. L'affaire est portée au sénat, qui la règle d'une manière fort sage et fort honorable pour eux. On les loue de leur précaution, et l'on charge les magistrats d'y pourvoir. Tout le monde croyait que Clodius n'oserait plus comparaître. Dites-moi maintenant, ô muses! par où le feu commença à prendre. Vous connaissez ce chauve (Crassus), mon panégyriste, qui fit, il y a quelque temps, ce discours à ma louange dont je vous ai rendu compte. C'est lui qui a conduit toute l'affaire, et cela en deux jours, par le ministère d'un seul gladiateur de ses

---

capite P. Clodio ostentarint. Quæ mihi res multo honorificentior visa est, quam aut illa, quum jurare tui cives Xenocratem testimonium dicentem prohibuerunt; aut quum tabulas Metelli Numidici, quum hæ, ut mos est, circumferrentur, nostri judices aspicere noluerunt; multo hæc, inquam, nostra res major. Itaque judicum vocibus, quum ego sic ab iis, ut salus patriæ, defenderer, fractus reus, et una patroni omnes conciderunt. Ad me autem eadem frequentia postridie convenit, qua cum abiens consulatu sum domum reductus. Clamare præclari areopagitæ, se non esse venturos, nisi præsidio constituto. Refertur ad consilium; una sola sententia præsidium non desideravit. Defertur res ad senatum: gravissime ornatissimeque decernitur: laudantur judices: datur negotium magistratibus: responsurum hominem nemo arbitrabatur: ἔσπετε νῦν μοι, Μοῦσαι, ὅπως δὴ πρῶτον πῦρ ἔμπεσε. Nosti calvum, ex Nanneianis illum laudatorem meum, de cujus oratione erga me honorifica ad te scripseram. Biduo per unum servum, et eum ex gladiatorio ludo, confecit to-

esclaves. Il a fait venir chez lui, il a promis, il a cautionné, il a donné. Bien plus, bon dieu, quelle horreur! on a fait avoir par-dessus le marché, à certains juges, les faveurs de quelques femmes et de quelques jeunes gens de qualité. Ainsi, les gens de bien n'osant plus paraître, la place étant pleine d'esclaves armés, il s'est trouvé néanmoins vingt-cinq juges assez courageux pour aimer mieux s'exposer à tout que de perdre la république; les autres, au nombre de trente et un, ont plus redouté la faim que l'infamie. Catulus, en ayant rencontré un, lui dit : Pourquoi nous demandiez-vous des gardes? Craigniez-vous qu'on ne vous volât l'argent que Clodius vous a donné? Voilà, aussi brièvement que possible, comment s'est passée cette affaire, et la cause de l'acquittement.

Vous me demandez ensuite quel est, depuis ce jugement, l'état de la république, et le mien en particulier. Sachez que cet état dans lequel nous la croyions affermie, vous par ma conduite, et moi par la faveur des dieux; qui paraissait fondé si solidement sur la bonne intelligence des gens de bien, et sur l'autorité que mon consulat leur avait donnée; sachez, dis-je, que cet heureux état, si quelque dieu n'y remédie, nous échappe des mains par ce seul jugement, si c'est un jugement, que trente des plus méprisables et des plus méchants hommes de la république aient violé à prix d'argent tout ce qu'il y a de plus sacré, et qu'un fait

tum negotium : accersivit ad se, promisit, intercessit, dedit. Jam vero (o dii boni, rem perditam) etiam noctes certarum mulierum, atque adolescentulorum nobilium introductiones, nonnullis judicibus pro mercedis cumulo fuerunt. Ita, summo discessu bonorum, pleno Foro servorum, xxv judices ita fortes tamen fuerunt, ut summo proposito periculo, vel perire maluerint, quam perdere omnia. xxxi fuerunt quos fames magis, quam fama commoverit. Quorum Catulus quum vidisset quemdam : Quid vos, inquit, præsidium a nobis postulabatis? An, ne nummi vobis eriperentur, timebatis? Habes, ut brevissime potui, genus judicii, et causam absolutionis.

Quæris deinceps, qui nunc sit status rerum, et qui meus. Reipublicæ statum illum, quem tu meo consilio, ego divino confirmatum putabam, qui bonorum omnium conjunctione, et auctoritate consulatus mei fixus et fundatus videbatur, nisi quis nos deus respexerit, elapsum scito esse de manibus uno hoc judicio : si judicium est, triginta homines populi Romani levissimos, ac nequissimos, nummulis acceptis, jus ac fas omne delere, et quod omnes non

dont tous les hommes, et même les animaux, connaissent l'existence, un Talna, un Plautus, un Spongia, et autres pareilles ordures en aient nié l'existence.

Mais apprenez aussi, pour vous consoler, que, malgré la profondeur de cette plaie, la perfidie ne triomphe pas avec tant d'insolence que les méchants se l'étaient promis : car ils s'étaient certainement flattés que la religion, la pudeur, l'intégrité des jugements, l'autorité du sénat ayant été foulées aux pieds, la perversité et la convoitise victorieuses se vengeraient hautement sur les gens de bien, de ce que la rigueur des lois avait fait souffrir aux méchants pendant mon consulat. Ce même consul (car je crois que la modestie ne me défend pas de parler avantageusement de moi, surtout dans une lettre que je ne veux point laisser lire à d'autres qu'à vous), votre ami, dis-je, a consolé les gens de bien; il les a soutenus et encouragés; et, en poursuivant à outrance ces juges à gages, il a fait taire l'insolence de tous ceux qui s'applaudissaient de cette infâme victoire. J'ai empêché qu'on n'accordât quoi que ce fût au consul Pison, je lui ai enlevé le gouvernement de Syrie qu'il croyait tenir. J'ai fait reprendre au sénat sa première sévérité, j'ai relevé son courage. J'ai confondu Clodius en face, en plein sénat, et par un discours en forme, plein de véhémence, et dans une contestation dont je ne

---

modo homines, verumetiam pecudes factum esse sciant, id Talnam, et Plautum, et Spongiam, et cæteras hujusmodi quisquilias statuere, nunquam esse factum.

Sed tamen, ut te de republica consoler, non ita, ut speraront mali, tanto imposito reipublicæ vulnere, alacris exsultat improbitas in victoria. Nam plane ita putaverunt, quum religio, quum pudicitia, quum judiciorum fides, quum senatus auctoritas concidisset, fore, ut aperte victrix nequitia, ac libido pœnas ab optimo quoque peteret sui doloris, quem improbissimo cuique inusserat severitas consulatus mei. Idem ego ille (non enim mihi videor insolenter gloriari, quum de me apud te loquor, in ea præsertim epistola, quam nolo alii legi), idem, inquam, ego recreavi afflictos animos bonorum, unumquemque confirmans, excitans. Insectandis vero, exagitandisque nummariis judicibus, omnem omnibus studiosis, ac fautoribus illius victoriæ παῤῥησίαν eripui : Pisonem consulem nulla in re consistere unquam sum passus : desponsam homini jam Syriam ademi : senatum ad pristinam suam severitatem revocavi, atque abjectum excitavi : Clodium præsentem fregi in senatu, quum oratione perpetua, plenissima gravitatis, tum altercatione ejusmodi, ex qua licet pauca

vous ferai goûter que quelques traits; car le reste n'aurait pas la même force et la même grâce, n'étant plus soutenu par la chaleur de la dispute, ou, comme vous dites, vous autres Grecs, du combat.

Le sénat s'était assemblé le 15 mai; lorsque ce fut à moi d'opiner, je parlai en général des affaires de la république, et j'amenai divinement le discours sur Clodius. Je dis que pour une seule blessure le sénat ne devait pas se décourager, qu'on ne devait ni la dissimuler, ni s'en alarmer; qu'il y aurait de la folie dans le premier cas, de la faiblesse dans l'autre. Que Lentulus et Catilina avaient été absous chacun deux fois; que Clodius n'était que le troisième scélérat lâché par ses juges contre la république. « Vous vous trompez, Clodius; vos juges ne vous ont point réservé pour Rome, mais pour la prison; ils n'ont pas voulu vous retenir dans la cité, mais vous priver de l'exil. Reprenez donc courage, Pères conscrits; soutenez votre dignité; l'union qui régnait entre les gens de bien subsiste toujours : pour avoir un nouveau sujet de douleur, ils n'en ont pas moins de résolution. Il n'est arrivé aucun mal nouveau dans la république : le mal caché n'a fait que paraître; on a découvert dans le jugement d'un seul scélérat plusieurs scélérats semblables. » Mais que fais-je? je mets ici presque toute ma harangue; je reviens à notre dispute. Ce beau mignon se lève et me reproche d'avoir été à Baïes. — Cela est

---

degustes. Nam cætera non possunt habere neque vim, neque venustatem, remoto illo studio contentionis, quem ἀγῶνα vos appellatis.

Nam, ut idibus maii in senatum convenimus, rogatus ego sententiam, multa dixi de summa republica, atque ille locus inductus a me est divinitus ; ne una plaga accepta, patres conscripti conciderent, ne deficerent: vulnus esse ejusmodi, quod mihi nec dissimulandum nec pertimescendum videretur : ne aut metuendo ignavissimi, aut ignorando stultissimi judicaremur. Bis absolutum esse Lentulum, bis Catilinam : hunc tertium jam esse a judicibus in rempublicam immissum. « Erras, Clodi, non te judices Urbi, sed carceri reservarunt, neque te retinere in civitate, sed exsilio privare voluerunt. Quamobrem, Patres conscripti, erigite animos, retinete vestram dignitatem. Manet illa in republica bonorum consensio : dolor accessit bonis viris : virtus non est imminuta : nihil est damni factum novi : sed quod erat, inventum est : in unius hominis perditi judicio plures similes reperti sunt. » Sed quid ago ? pæne orationem in epistolam inclusi. Redeo ad altercationem. Surgit pulchellus puer : objicit mihi, me ad Baias fuisse. — Salsum : sed tamen quid hoc?

spirituel, lui dis-je ; mais c'est comme si vous disiez que j'ai été aux mystères. — Il appartient bien, reprend-il, à un homme d'Arpinum d'aller aux eaux chaudes. — Je m'en rapporte, dis-je, à votre sœur, que l'eau d'Arpinum n'a pas dégoûtée : l'eau de mer est aussi de votre connaissance. — Jusqu'à quand, s'écria-t-il, souffrirons-nous ce roi? — Comment, repris-je, osez-vous prononcer le nom de *Rex*? il ne vous a pas même nommé dans son testament. (Il avait dévoré en espérance la succession d'un homme appelé *Rex*.) — Et la maison que vous avez achetée!. dit-il. — Possible, mais je n'ai pas acheté mes juges. — Et votre serment, les juges n'y ont pas cru. — Il y en a eu vingt-cinq, repartis-je, qui se sont fiés à moi ; et trente et un qui ne se sont pas fiés à vous, puisqu'ils se sont fait payer d'avance. La huée qui s'éleva là-dessus le fit taire, et l'accabla.

Voici maintenant ma situation particulière. Je suis toujours parmi les gens de bien dans la même considération, mais beaucoup mieux qu'à votre départ, parmi ceux qui sont le rebut et la lie de la ville. Le peu d'égards qu'on a eu pour ma déposition n'y a pas nui : c'est un coup en l'air qui n'a pas laissé de contenter mes envieux, et qui n'intéresse point mon honneur; d'autant plus que ceux qui ont conduit cette mauvaise intrigue avouent (ce qui n'est que trop clair) qu'ils n'en sont venus à bout qu'à force d'argent. De plus, cette populace misérable et affamée, qui se plaît tant à entendre haranguer

---

simile est, inquam, quasi dicas in operto fuisse. — Quid, inquit, homini Arpinati cum aquis calidis ? — Narra, inquam, patrono tuo, qui Arpinates aquas concupivit : nosti enim marinas. Quousque, inquit, hunc regem feremus ? — Regem appellas, inquam, quum *Rex* tui mentionem nullam fecerit? (Ille autem Regis hæreditatem spe devorarat.) — Domum, inquit, emisti. — Non potes, inquam, dicere, judices emisti. — Juranti, inquit, tibi non crediderunt. — Mihi vero, inquam, XXV judices crediderunt : XXXI quoniam nummos ante acceperunt, tibi nihil crediderunt. Magnis clamoribus afflictus conticuit, et concidit.

Noster autem status est hic. Apud bonos iidem sumus, quos reliquisti; apud sordem urbis et fæcem multo melius nunc, quam reliquisti; nam et illud nobis non obest, videri nostrum testimonium non valuisse. Missus est sanguis invidiæ sine dolore, atque etiam hoc magis, quod omnes illi fautores illius flagitii, rem manifestam illam redemptam esse a judicibus confitentur. Accedit illud, quod illa concionalis hirudo ærarii, misera ac jejuna plebecula, me ab

ses tribuns, et qui ne cherche qu'à sucer le trésor public, me croit l'ami intime de Pompée; et il est vrai que je suis avec lui dans une société fort étroite; jusque-là que nos jeunes gens à poil follet, les entremetteurs de la conjuration, appellent Pompée, par raillerie, Cnéus Cicéron. Aussi, quand je parais aux jeux publics ou aux combats des gladiateurs, il faut voir comme on bat des mains, sans mélange de sifflet.

Nous sommes à présent dans l'attente des comices consulaires. Pompée pousse le fils d'Aulus en dépit de tout le monde. Ce n'est ni par son crédit, ni par son autorité, mais avec le secret de Philippe de Macédoine, qui disait qu'il n'y avait pas de place imprenable, pourvu qu'on y pût faire entrer un âne chargé d'or. On dit que ce consul, semblable à l'acteur Dotérion, conduit cette intrigue, et qu'il garde chez lui les distributeurs d'argent; mais je n'en crois rien. Cependant le sénat a fait deux décrets qui choquent bien des gens, parce qu'ils paraissent faits contre ce consul en particulier, et c'est à la poursuite de Caton et de Domitius qu'ils ont été faits. Par le premier, il est permis d'aller faire la visite, même chez les magistrats; et le second déclare ennemis de l'État ceux chez qui on trouvera de ces distributeurs d'argent. De plus, le sénat a dispensé le tribun Lurco de suivre à la rigueur ce que portent les lois Elia et Fusia, en vertu desquelles on aurait pu l'empêcher d'en proposer une contre les brigues. Aussi ce boi-

---

hoc Magno unice diligi putat : et hercule multa et jucunda consuetudine conjuncti inter nos sumus, usque eo, ut nostri isti commissatores conjurationis, barbatuli juvenes, illum in sermonibus Cnæum Ciceronem appellent. Itaque et ludis, et gladiatoribus mirandas ἐπισημασίας sine ulla pastoritia fistula auferebamus.

Nunc est exspectatio comitiorum : in quæ omnibus invitis trudit noster Magnus Auli filium : atque in eo neque auctoritate, neque gratia pugnat, sed quibus Philippus omnia castella expugnari posse dicebat, in quæ modo asellus onustus auro posset ascendere. Consul autem ille, Doterionis histrionis similis, suscepisse negotium dicitur, et domi divisores habere; quod ego non credo. Sed senatusconsulta duo jam facta sunt odiosa, quod in consulem facta putantur, Catone et Domitio postulante; unum, ut apud magistratus inquiri liceret : alterum, ut qui domi divisores haberent, adversus rempublicam. Lurco autem, tribunus plebis, qui magistratum simul iniit, solutus est lege et Ælia et Fusia, ut legem de ambitu ferret; quam ille bono auspicio claudus

teux, sous d'excellents auspices, a proposé la sienne, et l'élection des consuls a été renvoyée au 27 juillet. Ce que cette loi a de particulier, c'est qu'elle n'établit aucune peine contre ceux qui auront promis de l'argent au peuple, pourvu qu'ils ne l'aient point donné ; et elle condamne ceux qui l'auront donné effectivement à payer tous les ans pendant leur vie à chaque tribu trois cent mille sesterces : sur quoi j'ai dit que P. Clodius avait observé depuis longtemps cette loi, qu'il s'était souvent dispensé de payer ce qu'il avait promis. Mais, dites-moi, ne trouvez-vous pas que le consulat que Curion appelait une espèce d'apothéose, va devenir une véritable comédie? Il vaut donc bien mieux, à votre exemple, philosopher, et ne pas donner un fétu de tous les consulats du monde.

Quant à ce que vous me marquez, que vous n'irez point en Asie, je vous avoue que j'en suis très-fâché ; et je crains bien que cela n'ait de fâcheuses suites ; mais je ne puis vous blâmer, puisque je n'ai pas voulu non plus aller dans la province.

Il faudra me contenter des inscriptions que vous avez mises à ma louange dans votre *Amalthée*, puisque Chilius m'a manqué, et qu'Archias n'a rien fait pour moi : j'appréhende qu'à présent qu'il a achevé son poëme grec pour les Lucullus, il ne se mette au sujet *Cécilius*.

---

homo promulgavit. Ita comitia in ante diem vi kalend. sext. dilata sunt. Novi est in lege hoc, ut, qui nummos in tribus pronuntiarit, si non dederit, impune sit; sin dederit, ut quoad vivat, singulis tribubus H-S cIɔ cIɔ cIɔ debeat. Dixi, hanc legem P. Clodium jam ante servasse : pronuntiare enim solitum esse, et non dare. Sed heus tu, videsne consulatum illum nostrum, quem Curio antea ἀποθέωσιν vocabat, si hic factus erit, fabulam mimum futurum? Quare, ut opinor φιλοσοφητέον, id quod tu facis, et istos consulatus non flocci φατέον.

Quod ad me scribis, te in Asiam statuisse non ire, equidem mallem ut ires : ac vereor ne quid in ista re minus commode fiat. Sed tamen non possum reprehendere consilium tuum, præsertim quum egomet in provinciam non sim profectus.

Epigrammatis tuis, quæ in Amaltheo posuisti, contenti erimus; præsertim quum et Chilius nos reliquerit, et Archias nihil de me scripserit : ac vereor ne, Lucullis quoniam græcum poema condidit, nunc ad Cæcilianam fabulam spectet.

J'ai écrit à Antoine par Manlius, et je lui ai fait des remercîments de votre part. Je vous ai beaucoup vanté. Si je ne vous ai pas écrit plus souvent, c'est que je n'ai point trouvé d'occasion, et que je manquais de matière.

Je me chargerai de tout ce que Cincius me recommandera de votre part; mais je le crois maintenant plus occupé de son affaire que de la vôtre, et je ne lui suis pas inutile.

Si vous vous fixez en quelque endroit, vous aurez souvent de mes nouvelles; que je n'en aie pas moins des vôtres. Envoyez-moi un plan de votre *Amalthée*, et une description de tous les ornements que vous y avez mis; enfin tout ce que vous avez là-dessus en vers et en prose. J'ai envie de quelque chose de semblable à Arpinum. Je vous enverrai quelque ouvrage de ma façon, mais maintenant je n'ai rien d'achevé.

LETTRE XXII
Rome, 7 décembre 692.
CICÉRON A ATTICUS

Je vois, et par votre lettre, et par les extraits que vous m'avez

---

Antonio tuo nomine gratias egi, eamque epistolam Manlio dedi. Valde te venditavi. Ad te ideo antea rarius scripsi, quod non habebam idoneum, cui darem; nec satis sciebam quod darem.

Cincius si quid ad me tui negotii detulerit, suscipiam. Sed nunc magis in suo est occupatus, in quo ego ei non desum.

Tu, si uno in loco es futurus, crebras a nobis litteras exspecta; ast plures etiam ipse mittito. Velim ad me scribas, cujusmodi sit Ἀμαλθεῖον tuum, quo ornatu, quâ τοποθεσία : et quæ poemata, quasque historias de Ἀμαλθεία habes ad me mittas. Lubet mihi facere in Arpinati. Ego tibi aliquid de meis scriptis mittam. Nihil erat absoluti.

EPISTOLA XXII
(ad Att., I, 17)
Scrib. Romæ A. V. C. 692 nonis decembris.
CICERO ATTICO SAL.

Magna mihi varietas voluntatis, et dissimilitudo opinionis, ac judicii Quinti

envoyés de celles de mon frère, qu'il y a une grande altération dans les sentiments et dans les dispositions où il était à votre égard. J'en suis aussi affligé que ma tendresse pour vous deux le demande, et je ne conçois pas ce qui a pu si fort aigrir mon frère, et causer en lui un si grand changement. J'avais bien remarqué que vous vous étiez aussi aperçu, avant de partir, qu'il avait reçu de fâcheuses impressions, et que son esprit était blessé. Lorsque j'ai travaillé à l'en guérir, et avant qu'il fût nommé gouverneur d'Asie, et surtout depuis, il ne m'a pas paru aussi aigri que vous me le marquez dans votre lettre, quoiqu'à la vérité je n'aie pu obtenir de lui tout ce que j'aurais voulu. Ce qui me consolait, c'était que je comptais qu'il vous verrait à Dyrrachium, ou quelqu'autre part dans vos quartiers; et je me promettais, ou plutôt je ne doutais point que cela ne suffît pour raccommoder tout, non-seulement par la conversation ou par une explication, mais par le seul fait de la vue et de votre réunion : car vous savez, aussi bien que moi, que mon frère est dans le fond le meilleur homme du monde, et que son cœur est prompt à oublier comme à recevoir l'offense. Le malheur est que vous ne vous êtes point vus ; et c'est ce qui a été cause que les artifices de quelques mauvais esprits ont prévalu sur ce qu'il devait à la

---

fratris mei, demonstrata est ex litteris tuis, in quibus ad me epistolarum illius exempla misisti. Qua ex re et molestia sum tanta affectus, quantàm mihi meus amor summus erga utrumque vestrum afferre debuit : et admiratione, quidnam accidisset, quod afferret Quinto fratri meo aut offensionem tam gravem, aut commutationem tantam voluntatis. Atque illud a me jam ante intelligebatur, quod te quoque ipsum discedentem a nobis suspicari videbam, subesse nescio quid opinionis incommodæ, sauciumque ejus animum insedisse quasdam odiosas suspiciones; quibus ego mederi quum cuperem antea sæpe, et vehementius etiam post sortitionem provinciæ, nec tantum intelligebam ei esse offensionis, quantum litteræ tuæ declarant; nec tantum proficiebam, quantum volebam. Sed tamen hoc me ipse consolabar, quod non dubitabam, quin te ille aut Dyrrachii, aut in istis locis uspiam visurus esset : quod quum accidisset, confidebam ac mihi persuaseram fore, ut omnia placarentur inter vos non modo sermone, ac disputatione, sed conspectu ipso, congressuque vestro. Nam, quanta sit in Quinto fratre meo comitas, quanta jucunditas, quam mollis animus et ad accipiendam et ad deponendam offensionem, nihil attinet me ad te qui ea nosti, scribere. Sed accidit perincommode, quod cum nusquam vidisti. Valuit enim plus, quod erat illi nonnullorum artificiis in-

liaison, à l'alliance et à une vieille amitié. A qui en est la faute ? il m'est plus aisé de le deviner que de vous l'écrire : je craindrais de ne pas épargner vos proches en défendant les miens ; je suis persuadé que si l'on n'a pas contribué à l'aigrir, on n'a pas du moins travaillé à l'adoucir comme on aurait pu. Mais je vous expliquerai mieux, quand nous nous reverrons, d'où vient tout le mal ; et il s'étend plus loin qu'il ne semble. Je ne conçois pas ce qui a pu porter mon frère à vous écrire de Thessalonique comme il a fait, et à parler ici à vos amis, et sur la route, dans les termes qu'on vous a rapportés. Quoi qu'il en soit, je n'espère être délivré de ce chagrin que par la confiance que j'ai en votre bonté. Si vous considérez que les meilleures gens sont souvent ceux qui se fâchent le plus aisément, et qui reviennent de même ; et que cette mobilité, ou, pour parler ainsi, cette sensibilité extrême est ordinairement une marque de bon naturel ; et surtout si vous faites réflexion qu'entre amis on doit se pardonner, non-seulement les faiblesses et les défauts, mais même les torts réciproques, j'espère que tout cela se calmera aisément, et je vous le demande en grâce ; car, vous aimant autant que je fais, il m'importe qu'il n'y ait parmi les miens personne qui ne vous aime, ou ne soit aimé de vous.

culcatum, quam aut officium, aut necessitudo, aut amor vester ille pristinus, qui plurimum valere debuit. Atque hujus incommodi culpa ubi resideat, facilius possum existimare, quam scribere. Vereor enim, ne, dum defendam meos, non parcam tuis. Nam sic intelligo, ut nihil a domesticis vulneris factum sit, illud quidem, quod erat, eos certe sanare potuisse. Sed hujusce rei totius vitium, quod aliquanto etiam latius patet, quam videtur, præsenti tibi commodius exponam. De iis litteris, quas ad te Thessalonicam misit, et de sermonibus, quos ab illo et Romæ apud amicos tuos, et in itinere habitos putas ; ecquid tandem causæ sit, ignoro : sed omnis in tua posita est humanitate mihi spes hujus levandæ molestiæ. Nam, si ita statueris, et irritabiles animos esse optimorum sæpe hominum, et eosdem placabiles ; et esse hanc agilitatem, ut ita dicam, mollitiemque naturæ plerumque bonitatis, et, id quod caput est, nobis inter nos nostra sive incommoda, sive vitia, sive injurias esse tolerandas ; facile hæc, quemadmodum spero, mitigabuntur. Quod ego, ut facias, te oro. Nam ad me, qui te unice diligo, maxime pertinet, neminem sse meorum, qui aut te non amet, aut abs te non ametur.

Rien n'était moins nécessaire que l'endroit de votre lettre où vous énumérez tous les emplois qu'il n'a tenu qu'à vous d'avoir, soit dans les provinces, soit à Rome, pendant mon consulat, et en d'autres temps. Je connais la noblesse et la droiture de votre cœur. J'ai toujours compté qu'il n'y avait point d'autre différence entre vous et moi que celle du différent choix de vie; une certaine ambition m'a porté à rechercher les honneurs, au lieu que d'autres motifs, nullement blâmables, vous ont fait prendre le parti d'un honnête loisir. Mais quant à cette gloire véritable, qui vient de la probité, de l'exactitude, de la régularité dans le commerce, je ne mets au-dessus de vous ni moi ni personne au monde; et pour ce qui me regarde en particulier, après mon frère et ma famille, je suis persuadé que personne ne m'aime autant que vous m'aimez. J'ai vu, d'une manière à n'en pouvoir douter, et votre joie et votre inquiétude dans les différentes situations où je me suis trouvé. Lorsque j'ai eu quelque succès, votre joie a augmenté la mienne; et lorsque j'ai couru quelque danger, la part que vous y avez prise m'a rassuré et consolé. Maintenant même que vous êtes absent, je sens combien j'aurais besoin, non-seulement de vos conseils, en quoi personne ne peut vous remplacer, mais encore de la douceur et de l'agrément de votre conversation. Je vous désire, et pour les affaires publiques, qu'il ne m'est pas permis de négliger; et pour mes travaux du Forum, que je continue, afin de me conserver la considération

Illa pars epistolæ tuæ minime fuit necessaria, in qua exponis, quas facultates aut provincialium, aut urbanorum commodorum, et aliis temporibus, et me ipso consule, prætermiseris. Mihi enim perspecta est ingenuitas, et magnitudo animi tui : neque ego inter me, atque te quidquam interesse unquam duxi, præter voluntatem institutæ vitæ; quod me ambitio quædam ad honorum studium, te autem alia minime reprehendenda ratio ad honestum otium duxit. Vera quidem laude probitatis, diligentiæ, religionis. neque me tibi, neque quemquam antepono. Amoris vero erga me, quum a fraterno amore, domesticoque discessi, tibi primas defero. Vidi enim, vidi, penitusque perspexi in meis variis temporibus et sollicitudines, et lætitias tuas. Fuit mihi sæpe et laudis nostræ gratulatio tua jucunda, et timoris consolatio grata. Quin mihi nunc, te absente, non solum consilium, quo tu excellis, sed etiam sermonis communicatio, quæ mihi suavissima tecum solet esse, maxime deest. Quid dicam? in publicane re? quo in genere mihi negligenti esse non licet; an in

qui m'est nécessaire pour soutenir la dignité à laquelle ils m'ont élevé; et pour mes affaires domestiques, où je trouve encore plus à vous dire depuis le départ de mon frère. Enfin, ni dans le travail ni dans le repos, ni dans mes occupations ni dans mon loisir, ni dans mes affaires domestiques ni dans celles du barreau, ni dans les particulières ni dans les publiques, je ne puis plus me passer de la ressource et de l'agrément que je trouve dans les conseils et dans l'entretien d'un ami tel que vous. Nous avions eu jusqu'à présent, l'un et l'autre, quelque honte d'entrer dans un pareil détail; mais il a fallu le faire à cause de cet endroit de votre lettre où vous vous justifiez sur le genre de vie que vous avez choisi. Pour revenir à mon frère, il se trouve heureusement, dans votre brouille, que vous avez déclaré formellement à tous vos amis, aussi bien qu'à moi, la résolution où vous étiez de n'accepter aucun emploi dans la province : de sorte qu'il paraîtra que c'est par cette raison que vous ne l'avez pas accompagné, sans qu'on puisse deviner que vous êtes mal ensemble. Ainsi on pourra réparer cette brèche qui s'est faite à votre union, et la nôtre demeurera toujours inviolable.

Les affaires de la république sont dans un pitoyable état, tout y est faible et incertain. Vous aurez su sans doute que nos che-

---

forensi labore? quem antea propter ambitionem sustinebam, nunc ut dignitatem tueri gratia possim; au in ipsis domesticis negotiis? in quibus ego quum antea, tum vero post discessum fratris te, sermonesque nostros desidero. Postremo non labor meus, non requies, non negotium, non otium, non forenses res, non domesticæ, non publicæ, non privatæ carere diutius tuo suavissimo, atque amantissimo consilio, ac sermone possunt. Atque harum rerum commemorationem verecundia sæpe impedivit utriusque nostrum. Nunc autem ea fuit necessaria propter eam partem epistolæ tuæ, per quam te ac mores tuos mihi purgatos, ac probatos esse voluisti. Atque in ista incommoditate alienati illius animi, et offensi, illud inest tamen commodi, quod et mihi, et cæteris amicis tuis nota fuit, et abs te aliquando testificata tua voluntas omittendæ provinciæ; ut, quod una non estis, non dissensione, ac dissidio vestro, sed voluntate, ac judicio tuo factum esse videatur. Quare et illa, quæ violata expiabuntur; et hæc nostra, quæ sunt sanctissime conservata, suam religionem obtinebunt.

Nos hic in republica infirma, misera, commutabilique versamur. Credo enim

valiers se sont presque détachés du sénat. Il avaient déjà supporté impatiemment qu'on eût fait un décret pour informer contre les juges qui ont reçu de l'argent. J'étais absent quand on le fit; mais ayant reconnu depuis que tout l'ordre des chevaliers en était extrêmement fâché, quoiqu'ils n'osassent pas le témoigner ouvertement, je me déclarai dans le sénat contre ce décret avec beaucoup de force, et je parlai avec assez de poids et de développement pour un sujet si scabreux. Mais voici une autre prétention des chevaliers, qui n'est guère supportable, et que je n'ai pas laissé néanmoins de supporter, et même de soutenir. Ceux à qui les censeurs avaient affermé le domaine d'Asie ont représenté au sénat qu'ils avaient poussé cette ferme trop haut, et ont demandé qu'on rompît le marché. Je suis des premiers à les appuyer, mais je ne suis pourtant que le second; car c'est Crassus qui les a poussés à faire cette requête. La demande est odieuse, elle ne leur fait point honneur, et c'est un aveu public de leur légèreté; mais il était fort à craindre, s'ils n'obtenaient rien, qu'ils ne se détachassent entièrement du sénat. C'est encore moi principalement qui ai ménagé cette affaire; j'ai fait si bien que le sénat s'est trouvé nombreux et favorable les deux premiers jours de décembre. Je m'étendis fort sur la dignité des deux ordres, et sur l'union qui devait exister entre eux. Il n'y a pourtant encore rien de fait, mais le sénat paraît bien disposé; car

te audisse, nostros equites, pæne a senatu esse disjunctos; qui primum illud valde graviter tulerunt, promulgatum ex senatusconsulto fuisse ut de iis, qui ob judicandum pecuniam accepissent, quæreretur. Qua in re decernenda quum ego casu non affuissem, sensissemque id equestrem ordinem ferre moleste, neque aperte dicere; objurgavi senatum, ut mihi visus sum, summa cum auctoritate; et in causa non verecunda admodum gravis et copiosus fui. Ecce aliæ deliciæ equitum, vix ferendæ, quas ego non solum tuli, sed etiam ornavi. Asiani, qui de censoribus conduxerant, questi sunt in senatu, se, cupiditate prolapsos, nimium magno conduxisse : ut induceretur locatio, postulaverunt. Ego princeps in adjutoribus, atque adeo secundus. Nam ut illi auderent hoc postulare, Crassus eos impulit. Invidiosa res, turpis postulatio, et confessio temeritatis. Summum erat periculum, ne, si nihil impetrassent, plane alienarentur a senatu. Huic quoque rei subventum est maxime a nobis, perfectumque, ut frequentissimo senatu, et libentissimo uterentur, multaque a me de ordinum dignitate, et concordia dicta sunt kalend. decemb. et postridie. Neque adhuc res confecta est; sed voluntas senatus perspecta. Unus enim contra-

il n'y a eu que Metellus, consul désigné, qui leur ait été contraire, et c'était à notre héros Caton à opiner, mais la brièveté du jour dans cette saison ne le lui a pas permis. C'est ainsi que, fidèle à mon plan, j'entretiens autant que je puis cette union des deux ordres, que j'ai cimentée pendant mon consulat.

Mais comme il y a peu de fond à faire là-dessus, je me sers, pour maintenir nos forces, de moyens que je crois plus sûrs. Je ne puis pas bien vous en rendre compte par lettres, en voici seulement un échantillon : je suis en grande liaison avec Pompée. Je vous entends d'ici ; allez, je prendrai toutes les précautions nécessaires, et je vous en dirai une autre fois davantage sur mes projets politiques.

Vous saurez que Lucceius pense à demander tout de suite le consulat ; on dit qu'il n'y aura que deux prétendants. César songe à s'entendre avec Lucceius par l'entremise d'Arrius ; et Bibulus s'imagine qu'il pourra, par le moyen de C. Pison, s'entendre avec C. César. Vous riez ; je vous assure qu'il n'y a pas là de quoi rire. Que vous dirai-je encore ? bien des choses, mais ce sera pour une autre fois. Faites-moi savoir jusqu'à quand vous comptez vous faire attendre : quoique je souhaite extrêmement votre arrivée, je n'ose pas vous presser autant que je le désire. Le 5 décembre.

---

dixerat Metellus consul designatus. Quin erat dicturus (ad quem propter diei brevitatem perventum non est) heros ille noster Cato. Sic ego conservans rationem, institutionemque nostram, tueor, ut possum, illam a me conglutinatam concordiam.

Sed tamen, quoniam ista sunt infirma, munitur quædam nobis ad retinendas opes nostras tuta, ut spero, via, quam tibi litteris satis explicare non possum, significatione parva ostendam tamen. Utor Pompeio familiarissime. Video quid dicas. Cavebo, quæ sunt cavenda : ac scribam alias ad te de meis consiliis capessendæ reipublicæ plura.

Lucceium scito consulatum habere in animo statim petere. Duo enim soli dicuntur petituri. Cæsar cum eo coire per Arrium cogitat, et Bibulus cum hoc se putat per C. Pisonem posse conjungi. Rides? non sunt hæc ridicula : mihi crede. Quid aliud scribam ad te? quid? multa sunt : sed in aliud tempus. Te quoad exspectari velis, cures ut sciam. Jam illud modeste rogo, quod maxime cupio, ut quamprimum venias. Nonis decembr.

LETTRE XXIII

Rome, 22 janvier 693, sous le consulat de Q. Metellus Celer et de L. Afranius.

CICÉRON A ATTICUS

Sachez que rien ne me manque tant aujourd'hui qu'un confident à qui je puisse m'ouvrir sur tout ce qui me fait de la peine, qui ait de l'amitié pour moi et de la prudence; avec qui j'ose m'entretenir sans contrainte, sans dissimulation et sans réserve : car je n'ai plus mon frère, qui est si droit, qui m'aime si tendrement. Pour Metellus, ce n'est pas un homme, c'est l'air, c'est le rivage, c'est pure solitude. Où êtes-vous à présent, vous dont l'entretien et les conseils ont adouci tant de fois mes peines et mes chagrins; qui me secondez dans les affaires publiques, et à qui je ne cache pas les plus particulières; que je consulte également sur ce que je dois faire et sur ce que je dois dire? Je suis si dépourvu de toute société, que je ne me trouve en repos et à mon aise qu'avec ma femme, ma fille et mon cher petit Cicéron. Ces amitiés fardées, fruit de l'intérêt et de l'ambition, ne sont bonnes que pour paraître en public avec éclat, et ne sont d'aucun usage dans le particulier. Cela est si vrai, que, quoique ma maison soit remplie tous les matins d'une foule de

EPISTOLA XXIII
(ad Att., I, 18)

Scrib. Romæ A. V. C. 693, xi kal. febr. (Q. Metello Celere, L. Afranio coss.).

CICERO ATTICO SAL.

Nihil mihi nunc scito tam deesse, quam hominem eum, quicum, omnia quæ me cura aliqua afficiunt, una communicem : qui me amet, qui sapiat, quicum ego colloquar, nihil fingam, nihil dissimulem, nihil obtegam. Abest enim frater ἀφελέστατος, et amantissimus : Metellus non homo, sed litus, atque aer, et solitudo mera : tu autem, qui sæpissime curam, et angorem animi mei sermone et consilio levasti tuo, qui mihi et in publica re socius, et in privatis omnibus conscius, et omnium meorum sermonum et consiliorum particeps esse soles, ubinam es? ita sum ab omnibus destitutus, ut tantum requietis habeam, quantum cum uxore, et filiola, et mellito Cicerone consumitur. Nam illæ ambitiosæ nostræ fucosæque amicitiæ sunt in quodam splendore forensi, fructum domesticum non habent. Itaque, quum bene completa

prétendus amis qui m'accompagnent lorsque je vais au Forum, dans un si grand nombre, il ne s'en trouve pas un seul avec qui je puisse, ou rire avec liberté, ou gémir sans contrainte. Aussi, combien j'attends, souhaite et presse votre retour! J'ai mille choses qui m'inquiètent et me chagrinent; que je vous tienne, que je vous parle! une seule promenade avec vous m'en soulagera.

Je ne vous parlerai point ici de plusieurs petits chagrins domestiques, je n'ose les confier au papier, ni au porteur de cette lettre, que je ne connais point : n'en soyez pourtant pas en peine, ils ne sont pas considérables; mais ils ne laissent pas de faire impression, parce qu'ils reviennent souvent, et que je n'ai personne qui m'aime véritablement, dont les conseils ou l'entretien puisse les dissiper. Quant aux affaires de l'État, quoique j'aie autant de courage que jamais, elles semblent se refuser elles-mêmes à toute espèce de remède. Si je reprends en peu de mots ce qui s'est passé depuis votre départ, vous vous écrierez certainement que la république est perdue sans ressource.

Depuis votre départ, ce fut, ce me semble, la belle histoire de Clodius qui ouvrit la scène. Je crus qu'elle me fournissait une occasion de réfréner la licence, et de réprimer notre jeunesse. Je l'entrepris avec vigueur, et j'y employai tout ce que mon courage et mon esprit me donnaient de force, non par animosité per-

---

domus est, tempore matutino, quum ad Forum stipati gregibus amicorum descendimus, reperire ex magna turba neminem possumus, quocum aut jocari libere, aut suspirare familiariter possumus. Quare te exspectamus, te desideramus, te jam etiam arcessimus. Multa enim sunt, quæ me sollicitant anguntque, quæ mihi videor, aures nactus tuas, unius ambulationis sermone exhaurire posse.

Ac domesticarum quidem sollicitudinum aculeos omnes, et scrupulos occultabo : neque ego huic epistolæ, atque ignoto tabellario committam. Atque hi (nolo enim te permoveri) non sunt permolesti, sed tamen insident, et urgent, et nullius amantis consilio aut sermone requiescunt. In republica vero, quanquam animus est præsens et voluntas, tamen ea jam ipsa medicinam refugit. Nam, ut ea breviter, quæ post tuum discessum acta sunt, colligam, jam exclames necesse est, res Romanas diutius stare non posse.

Etenim post profectionem tuam, primus, ut opinor, introitus fuit in causam fabulæ Clodianæ : in qua ego nactus, ut mihi videbar, locum resecandæ libidinis, et coercendæ juventutis, vehemens fui, et omnes profudi vires animi, atque ingenii mei; non odio adductus alicujus, sed spe reipublicæ corrigendæ

4.

sonnelle, mais dans l'espérance de remédier aux maux présents. La république a été déshonorée par un jugement que l'avarice et la prostitution ont dicté. Voyez ce qui est arrivé depuis.

On nous a donné un consul que personne, à moins d'être aussi philosophe que nous, ne peut regarder sans gémir : quelle plaie pour l'État! Le sénat a eu beau faire des décrets sur la brigue et les jugements, on n'a pu les confirmer par une loi. Ce corps a été traité avec mépris, et on lui a aliéné les chevaliers. C'est ainsi qu'une seule année a renversé ces deux boulevards de la république, que j'avais moi seul élevés; elle a avili l'autorité du sénat, et rompu l'union des deux ordres.

Voici maintenant une autre année qui ne promet pas moins. Elle a commencé par l'interruption du sacrifice ordinaire qui se devait faire à Juventas, parce que Memmius a fait voir d'autres mystères à la femme de M. Lucullus. Le nouveau Ménélas l'ayant trouvé mauvais, l'a répudiée. Encore l'ancien Pâris n'offensa que Ménélas; mais celui-ci a outragé également Agamemnon et Ménélas.

De plus, il y a un tribun, nommé C. Herennius, que vous ne connaissez peut-être pas : il pourrait cependant ne vous être pas inconnu; car il est de votre tribu, et son père Sextus était distributeur d'argent. Ce tribun veut faire passer P. Clodius parmi les plébéiens, et il propose que tout le peuple, assemblé au Champ

---

et sanandæ civitatis. Afflicta respublica est empto stupratoque judicio. Vide quæ sint postea consecuta.

Consul est impositus is nobis, quem nemo præter nos philosophos adspicere sine suspirio posset. Quantum hoc vulnus! Facto senatusconsulto de ambitu, de judiciis, nulla lex perlata, exagitatus senatus, alienati equites Romani. Sic ille annus duo firmamenta reipublicæ per me unum constituta evertit; nam et senatus auctoritatem abjecit, et ordinum concordiam disjunxit.

Instat hic nunc ille annus egregius. Ejus initium ejusmodi fuit, ut anniversaria sacra Juventatis non committerentur. Nam M. Luculli uxorem Memmius suis sacris initiavit. Menelaus, ægre id passus, divortium fecit. Quanquam ille pastor Idæus Menelaum solum contempserat : hic noster Paris tam Menelaum, quam Agamemnonem liberum non putavit.

Est autem C. Herennius quidam tribunus plebis quem tu fortasse ne nosti quidem : tametsi potes nosse, tribulis enim tuus est, et Sextus, pater ejus, nummos vobis dividere solebat. Is ad plebem P. Clodium traducit; idemque

de Mars, donne ses suffrages sur cette adoption. Je l'ai accommodé en plein sénat, comme je sais faire; mais c'est un malheureux qui ne sent rien.

Metellus est un très-bon consul, et il a de l'amitié pour moi; mais il se déconsidère, en soutenant la proposition de ce tribun, qu'il trouve fondée. Quant au fils d'Aulus, bon dieu! quel indigne homme! qu'il a peu de cœur pour un soldat! et qu'il mérite bien d'essuyer tous les jours, comme il fait, les vérités que Palicanus lui dit en face!

Flavius a proposé sa loi agraire; elle n'a pas grand poids, et c'est presque la même chose que celle de Plotius. Mais dans tout cela, il ne se trouve pas l'ombre d'un bon politique. Celui qui le pourrait être, c'est Pompée, mon ami, oui mon ami, je veux que vous le sachiez; mais Pompée tâche de conserver par son silence sa toge triomphale. Crassus ne souffle mot contre les gens en crédit. Vous connaissez les autres; ils sont assez fous pour s'imaginer qu'ils conserveront leurs viviers, lorsqu'il n'y aura plus de république. Un seul tient encore bon, mais, à mon avis, avec plus d'intégrité et de fermeté que d'habileté et de prudence : c'est Caton. Il tourmente depuis trois mois ces pauvres fermiers de la république, qui lui ont été si dévoués, et il empêche que le sénat ne réponde à leur requête. D'autre part, on arrête toutes les

---

fert, ut universus populus in Campo Martio suffragium de re Clodii ferat. Hunc ego accepi in senatu, ut soleo : sed nihil est illo homine lentius.

Metellus est consul egregius, et nos amat; sed imminuit auctoritatem suam, quod habere dicit causam promulgatum illud idem de Clodio. Auli autem filius, o dii immortales! quam ignavus, ac sine animo miles! quam dignus, qui Palicano, sicut facit, os ad male audiendum quotidie præbeat!

Agraria autem promulgata est a Flavio, sane levis, eadem fere, quæ fuit Plotia. Sed interea πολιτικὸς ἀνὴρ οὐδ' ὄναρ quisquam interveniri potest. Qui poterat familiaris noster (sic est enim, volo te hoc scire) Pompeius togulam illam pictam silentio tuetur suam. Crassus verbum nullum contra gratiam. Cæteros jam nosti : qui ita sunt stulti, ut amissa republica piscinas suas fore salvas sperare videantur. Unus est qui curet constantia magis, et integritate, quam, ut mihi videtur, consilio, aut ingenio, Cato; qui miseros publicanos, quos habuit amantissimos sui, tertium jam mensem vexat, neque iis a senatu responsum dari patitur. Itaque nos cogimur reliquis de rebus nihil de-

autres affaires jusqu'à ce que celle-là ait passé ; et je crois même que les légations seront renvoyées à un autre temps.

Vous voyez que nous sommes comme au milieu d'une mer agitée, et ce que je vous mande fera deviner à un homme de votre finesse ce que je ne vous mande pas. Songez donc enfin à revenir; il est vrai que tout ce qui se passe ici n'y invite pas beaucoup ; mais si mon amitié vous est chère, le plaisir d'en jouir vous dédommagera. Je ferai bien toutes les déclarations nécessaires pour empêcher que les censeurs ne vous enregistrent avant votre retour ; mais si vous attendez jusqu'à l'extrémité, cela sentira son négociant. Ainsi faites en sorte que nous vous revoyions au plus tôt. Le 22 janvier, sous le consulat de Q. Metellus et de L. Afranius.

LETTRE XXIV
Rome, 15 mars 693.

CICÉRON A ATTICUS

Si j'avais autant de loisir que vous, et si mes lettres étaient aussi courtes que les vôtres le sont d'ordinaire, je vous écrirais beaucoup plus souvent que vous ne faites ; mais outre que je suis

cernere ante, quam publicanis responsum sit. Quare etiam legationes rejectum iri puto.

Nunc vides, quibus fluctibus jactemur : etsi ex iis quæ scripsimus (tanta es perspicacitate) etiam a me non scripta perspicis ; revise nos aliquando, et quanquam sunt hæc loca fugienda, quo te voco, tamen fac ut amorem nostrum tanti æstimes, ut eo vel cum his molestiis perfrui velis. Nam, ne absens censeare, curabo edicendum, et proponendum locis omnibus. Sub lustrum autem censeri, germani negotiatoris est. Quare cura, ut te quamprimum videamus. xi kalend. febr. Q. Metello et L. Afranio consulibus.

EPISTOLA XXIV
(ad Att., I, 19)
Scrib. Romæ A. V. C. 693 idibus mart.

CICERO ATTICO SAL.

Non modo si mihi tantum esset otii, quantum est tibi, verum etiam si tam breves epistolas velim mittere, quam tu soles facere, te superarem, et in

occupé au delà de ce qu'on peut imaginer, nulle de mes lettres ne s'en va sans vous emporter l'expression de ma pensée sur quelque sujet grave. Et, premièrement, comme l'on doit faire en écrivant à un aussi bon citoyen que vous, je commencerai par vous parler de ce qui regarde la république; ensuite, comme après elle vous n'aimez rien tant que moi, je vous rendrai compte de ce qui me regarde en particulier, détail dont je crois que vous ne voudriez pas n'être point instruit.

Quant à la république, ce qu'il y a à présent de plus considérable, c'est la crainte où l'on est de la guerre des Gaules. Elle est déjà chez nos frères les Éduens; les Sequanais se sont mal défendus; et l'on a des nouvelles sûres que les Helvétiens ont pris les armes, et qu'ils font des courses dans la province. Le sénat a ordonné que les consuls tireraient au sort les deux Gaules; qu'on ferait de nouvelles levées; qu'on n'aurait point d'égard aux exemptions; qu'on enverrait des ambassadeurs, avec un plein pouvoir, pour traiter avec les villes des Gaules, et pour les empêcher de se joindre aux Helvétiens. Ces ambassadeurs sont Q. Metellus Creticus, L. Flaccus, et, pour parfumer la lentille, Lentulus, fils de Clodianus.

Il ne faut pas oublier de vous dire que lorsqu'on tira au sort, mon nom étant venu le premier des consulaires, le sénat, qui était fort nombreux, s'y opposa tout d'une voix, et voulut que je

---

scripto multo essem crebrior quam tu : sed ad summas, atque incredibiles occupationes meas accedit, quod nullam a me epistolam ad te sino absque argumento ac sententia pervenire. Et primum tibi, ut æquum est, civi amanti patriam, quæ sunt in republica exponam : deinde, quoniam tibi amore nos proximi sumus, scribemus etiam de nobis ea, quæ scire te non nolle arbitramur.

Atque in republica nunc quidem maxime Gallici belli versatur metus. Nam Edui, fratres nostri, pugnant : Sequani permale pugnarunt : et Helvetii sine dubio sunt in armis, excursionesque in provinciam faciunt. Senatus decrevit, ut consules duas Gallias sortirentur, delectus haberetur, vacationes ne valerent, legati cum auctoritate mitterentur, qui adirent Galliæ civitates, darentque operam, ne hæ cum Helvetiis se jungerent. Legati sunt Q. Metellus Creticus, et L. Flaccus, et, τὸ ἐπὶ τῇ φακῇ μύρον, Lentulus, Clodiani filius.

Atque hoc loco illud non queo præterire, quod, quum de consularibus mea prima sors exisset, una voce senatus frequens retinendum me in urbe censuit.

demeurasse à Rome. La même chose arriva à Pompée après moi. Par là il paraît que l'on nous regarde comme des gages de la sûreté publique, qu'il ne faut pas perdre de vue : car pourquoi attendre des éloges étrangers quand ils naissent si bien chez moi ?

Quant aux affaires de la ville, le tribun Flavius agit vivement pour faire passer sa loi agraire. Pompée le soutient, et ce n'est que grâce à lui que cette loi a quelque chose de populaire. Mon avis, qui fut goûté de tout le peuple lorsque je le proposai, était qu'on en ôtât tout ce qui peut faire tort aux particuliers; qu'on exceptât les terres que la république a vendues depuis le consulat de P. Mucius et de L. Calpurnius; qu'on ne troublât point dans leur possession ceux à qui Sylla en avait donné, et qu'on laissât à ceux de Volaterre et d'Arretium celles que le même Sylla avait confisquées, mais qui n'avaient point été partagées. Le seul article que j'approuvais, c'était qu'on employât à en acheter d'autres tout ce qu'on retirerait, pendant cinq ans, des nouveaux revenus. Le sénat rejetait la loi tout entière sans distinction, dans la crainte qu'elle ne donnât quelque nouvelle autorité à Pompée. Pompée, au contraire, poussait de toutes ses forces à l'adoption. Pour moi, sans offenser ceux qui sont intéressés à cette distribution, j'assurais aux particuliers la possession de leurs fonds, et cela regarde les citoyens les plus aisés qui, comme vous savez, font toute la force de mon parti. Je trouvais aussi le moyen de

---

Hoc idem post me Pompeio accidit : ut nos duo, quasi pignora reipublicæ retineri videremur. Quid enim ego aliorum in me ἐπιφωνήματα exspectem, quum hæc domi nascantur ?

Urbanæ autem res sic se habent. Agraria lex a Flavio tribuno plebis vehementer agitabatur auctore Pompeio; quæ nihil populare habet præter auctorem. Ex hac ego lege, secunda concionis voluntate, omnia illa tollebam quæ ad privatorum incommodum pertinebant : liberabam agrum eum, qui P. Mucio, L. Calpurnio coss. publicus fuisset : Sullanorum hominum possessiones confirmabam : Volaterranos, et Arretinos, quorum agrum Sulla publicarat, neque diviserat, in sua possessione retinebam : unam rationem non rejiciebam, ut ager hac adventitia pecunia emeretur, quæ ex novis vectigalibus per quinquennium reciperetur. Huic toti rationi agrariæ senatus adversabatur, suspicans Pompeio novam quamdam potentiam quæri. Pompeius vero ad voluntatem perferendæ legis incubuerat. Ego autem magna cum agrariorum gratia confirmabam omnium privatorum possessiones (is enim est noster exercitus, ho-

contenter Pompée et le menu peuple par cet achat de nouvelles terres, qui, étant fait convenablement, aurait purgé Rome de toute la canaille, et peuplé les déserts de l'Italie ; mais la guerre a fait presque oublier cette affaire. Metellus est un très-bon consul, et fort de mes amis. Pour son collègue, c'est un si pauvre homme, qu'il ne sait pas même ce que vaut la place qu'il a achetée.

Voilà tout ce qui regarde la république, à moins que vous ne vouliez mettre dans le même rang les tentatives réitérées pour faire agréer P. Clodius parmi les plébéiens, que fait un certain tribun nommé Herennius, membre de votre tribu ; c'est un misérable, un homme ruiné. Plusieurs tribuns s'y opposent.

Pour mon particulier, depuis cette célèbre journée du 5 décembre, où je me suis acquis une gloire immortelle, mais qui m'a attiré aussi beaucoup d'envieux et d'ennemis, je me suis conduit avec la même grandeur d'âme dans toutes les affaires publiques, et j'ai soutenu, sans me démentir en rien, mon rang et ma dignité. Mais depuis que j'ai reconnu, par l'absolution de Clodius, combien les juges avaient peu de courage et de fermeté ; quand j'ai vu avec quelle facilité nos chevaliers s'étaient séparés du sénat, sans néanmoins se détacher de moi ; que d'ailleurs vos bons amis, qui aiment tant leurs viviers, faisaient paraître ou-

minum, ut tute scis, locupletium), populo autem, et Pompeio (nam id quoque volebam) satisfaciebam emptione ; qua constituta diligenter, et sentinam Urbis exhauriri, et Italiæ solitudinem frequentari posse arbitrabar. Sed hæc tota res interpellata bello refrixerat. Metellus est consul sane bonus, et nos admodum diligit. Ille alter ita nihil est, ut plane quid emerit nesciat.

Hæc sunt in republica nisi etiam illud ad rempublicam putes pertinere, Herennium quemdam tribunum plebis, tribulem tuum, sane hominem nequam, atque egentem, sæpe jam de P. Clodio ad plebem traducendo agere cœpisse. Huic frequenter intercedit.

Ego autem, ut semel nonarum illarum decembrium, junctam invidia, ac multorum inimicitiis, eximiam quamdam atque immortalem gloriam consecutus sum ; non destiti eadem animi magnitudine in republica versari, et illam institutam ac susceptam dignitatem tueri. Sed postea quam primum Clodii absolutione levitatem, infirmitatemque judiciorum perspexi ; deinde vidi nostros publicanos facile a senatu disjungi, quanquam a me ipso non divellerentur : tum autem beatos homines (hos piscinarios dico, amicos tuos) non

vertement l'envie qu'ils me portent, j'ai cru devoir chercher de nouvelles ressources et un plus ferme appui.

Dans cette vue j'ai commencé par engager Pompée, qui avait été trop longtemps sans s'expliquer sur mes actions, à déclarer en plein sénat, non pas une fois, mais plusieurs, et fort au long, qu'on m'est redevable du salut de l'empire et de toute la terre. Ce n'était pas intérêt personnel, car mes actions ne sont pas si obscures qu'il faille les faire connaître, ni d'un mérite si douteux qu'elles aient besoin d'approbation; il y allait de l'intérêt de l'État, car certaines personnes mal intentionnées s'imaginaient que ces actions mêmes seraient entre nous deux un sujet de division. Je me suis donc lié si étroitement avec lui, que nous en sommes, et plus autorisés dans les affaires publiques, et mieux soutenus dans ce qui nous regarde en particulier. De plus, j'ai si bien adouci, par mes manières polies, cette jeunesse corrompue et efféminée qu'on avait animée contre moi, qu'il n'y a personne à qui ils marquent plus de considération. Enfin, je ne fais rien qui puisse choquer personne, sans pourtant dégrader ma conduite. Mais je garde un tel tempérament que, sans manquer à la république, je fais plus d'attention à mes intérêts particuliers; et cela parce que je connais la faiblesse des bons, l'injustice de ceux qui me portent envie, et la haine qu'ont pour moi

---

obscure nobis invidere : putavi mihi majores quasdam opes, et firmiora præsidia esse quærenda.

Itaque primum eum, qui nimium diu de rebus nostris tacuerat, Pompeium adduxi in eam voluntatem, ut in senatu non semel, sed sæpe, multisque verbis hujus mihi salutem imperii, atque orbis terrarum adjudicarit. Quod non tam interfuit mea (neque enim illæ res aut ita sunt obscuræ, ut testimonium, aut ita dubiæ, ut laudationem desiderent), quam reipublicæ, quod erant quidam improbi, qui contentionem fore aliquam mihi cum Pompeio, ex rerum illarum dissensione arbitrarentur. Cum hoc ego me tanta familiaritate conjunxi, ut uterque nostrum in sua ratione munitior, et in republica firmior hac conjunctione esse possit. Odia autem illa libidinosæ et delicatæ juventutis, quæ erant in me incitata, sic mitigata sunt comitate quadam mea, me unum ut omnes illi colant. Nihil jam denique a me asperum in quemquam fit, nec tamen quidquam populare ac dissolutum ; sed ita temperata tota ratio est, ut reipublicæ constantiam præstem, privatis rebus meis, propter infirmitatem bonorum, iniquitatem malevolorum, odium in me improborum, adhibeam

les méchants Cependant je ne suis pas si enchaîné par mes nouvelles liaisons, que je n'écoute volontiers ce refrain du rusé Sicilien Épicharme, qui vient me dire à l'oreille : *Veillez, et souvenez-vous de ne pas croire facilement ; en cela consiste toute la prudence.* Voilà, ce me semble, un résumé exact de ma conduite.

Vous m'écrivez souvent sur votre affaire, mais il n'y a pas moyen d'y remédier à présent. Le décret qui vous est contraire passa tout d'une voix parmi les sénateurs *pédaires*, mais aucun de nous n'y eut part. Quoique j'aie été présent lorsqu'on l'a dressé, vous voyez bien, par sa teneur même, que c'est pour d'autres affaires qui y sont comprises. Cet article sur les peuples libres fut ajouté sans nécessité par P. Servilius le fils, qui opina des derniers ; mais il ne faut pas penser à présent à le faire révoquer ; et même les réunions qui avaient lieu d'abord en grand nombre ont cessé depuis longtemps. Mandez-moi néanmoins si par vos manières douces et engageantes, vous n'auriez point tiré quelque argent de vos Sicyoniens.

Je vous envoie l'histoire de mon consulat écrite en grec ; je ne vous dirai point ce que Lucullus vous dit, ce me semble, à Panorme, de la sienne, qu'afin qu'il parût qu'elle était d'un Romain, il avait semé exprès quelques barbarismes et quelques solécismes :

quamdam cautionem, et diligentiam. Atque ita tamen his novis amicitiis implicati sumus, ut crebro mihi vafer ille Siculus insusurret Epicharmus cantilenam illam suam : Νῆφε καὶ μέμνασ' ἀπιστεῖν' ἄρθρα ταῦτα τῶν φρενῶν. Ac nostræ quidem rationis, ac vitæ quasi quamdam formam, ut opinor, vides.

De tuo autem negotio sæpe ad me scribis, cui mederi nunc non possumus. Est enim illud senatusconsultum summa pedariorum voluntate, nullius nostrum auctoritate factum. Nam, quod me esse ad scribendum vides, ex ipso senatusconsulto intelligere potes, aliam rem tum relatam ; hoc autem de populis liberis, sine causa additum, et ita factum est a P. Servilio filio, qui in postremis sententiam dixit : sed immutari hoc tempore non potest. Itaque conventus, qui initio celebrabantur, jamdiu fieri desierunt. Tu si tuis blanditiis tamen a Sicyoniis nummulorum aliquid expresseris, velim, me facias certiorem.

Commentarium consulatus mei græce compositum misi ad te ; in quo si quid erit, quod homini Attico minus græcum eruditumque videatur, non dicam quod tibi, ut opinor, Panormi Lucullus de suis historiis dixerat : se, quo facilius illas probaret Romani hominis esse, idcirco barbara quædam et σό-

car s'il y a quelque chose dans la mienne qui ne paraisse pas assez bien écrit, et d'un assez bon grec à un aussi grand Grec que vous, c'est assurément sans dessein et contre mon intention. Quand j'aurai achevé la même histoire en latin, je vous l'enverrai; et je vous en promets une troisième en vers, afin de me louer de toutes les manières possibles. N'allez pas me dire que cela ne se fait point, car s'il y a dans le monde une action au-dessus de ce que j'ai fait, je consens volontiers qu'on la loue, et qu'on me blâme de ne pas louer autre chose. Mais après tout ce que j'écris sur mon sujet est une histoire, et non pas un éloge.

Mon frère se justifie fort dans les lettres qu'il m'écrit, et proteste qu'il n'a jamais mal parlé de vous à qui que ce soit; mais il faut attendre que nous soyons ensemble, pour éclaircir et approfondir cette affaire. Cossinius, qui vous porte cette lettre, me parait un homme très-honnête, très-sage, et plein d'amitié pour vous; enfin tel que vous me l'aviez annoncé. Le 15 mars.

LETTRE XXV
Rome, mai 693.

CICÉRON A ATTICUS

Comme je revenais de Pompéies à Rome, le 12 mai, Cincius,

λοιλα dispersisse. Apud me si quid erit ejusmodi, me imprudente erit, et invito. Latinum si perfecero, ad te mittam : tertium poema exspectato ; ne quod genus a me ipso laudis meæ prætermittatur. Hic tu cave dicas, τίς πατέρ' αἰνήσει, si est enim apud homines quidquam, quod potius sit, laudetur, nos vituperemur, qui non potius alia laudemus. Quanquam non ἐγκωμιαστικὰ sunt hæc, sed ἱστορικὰ, quæ scribimus.

Quintus frater purgat se multum per litteras, et affirmat nihil a se cuiquam de te secus esse dictum. Verum hæc nobis coram summa cura et diligentia sunt agenda; tu modo nos revise aliquando. Cossinius hic, cui dedi litteras, valde mihi bonus homo, et non levis, et amans tui visus est, et talis, qualem esse cum tuæ mihi litteræ nuntiarant. Idibus mart.

EPISTOLA XXV
(ad Att., I, 20)

Scrib. Romæ A. V. C. 693, mense maio.

CICERO ATTICO SAL.

Quum e Pompeiano me Romam recepissem A. D. IV idus maii, Cincius noster

notre ami, m'a remis votre lettre du 13 février, à laquelle je vais répondre.

Et premièrement, je suis ravi que vous connaissiez ma manière de penser à votre sujet; et je le suis encore davantage de ce que vous avez fait paraître tant de modération dans ce qui s'est passé de si dur et de si désagréable entre vous et mon frère, pour ne pas dire entre vous et nous. Il faut pour cela être aussi bon ami que vous l'êtes, et avoir autant d'élévation d'esprit et de sagesse que vous en avez. Ainsi, après ce que vous m'avez écrit sur ce sujet si en détail, et avec tant de douceur, d'honnêteté et de bonté, que non-seulement il ne reste plus d'observations à vous faire, mais que je ne pouvais souhaiter, ni de vous, ni de qui que ce soit, plus de générosité, le mieux c'est de ne plus nous écrire sur cette matière : quand nous nous reverrons, nous pourrons nous en entretenir, si cela est nécessaire.

Quant à ce que vous me dites sur l'état des affaires, j'y reconnais votre amitié et votre prudence : nous pensons tous deux à peu près de même. Oui, vous avez raison, je ne dois me relâcher en rien de ce que demandent de moi ma dignité et ma réputation, ni passer dans un autre parti sans y porter de quoi m'y soutenir. Je sais que celui dont vous me parlez (Pompée) n'a rien de grand, rien d'élevé, rien de noble, et qu'il se livre trop à la multitude. Cependant il n'était pas inutile, et pour assurer

cam mihi abs te epistolam reddidit, quam tu idibus februariis dederas. Ei nunc epistolæ litteris his respondebo.

Ac primum, tibi perspectum esse judicium de te meum, lætor; deinde te in iis rebus, quæ mihi asperius a nobis atque a nostris, et injucundius actæ videbantur, moderatissimum fuisse, vehementissime gaudeo ; idque neque amoris mediocris, et ingenii summi, ac sapientiæ judico. Qua de re quum ad me ita suaviter, diligenter, officiose, et humaniter scripseris, ut non modo te hortari amplius non debeam, sed ne exspectare quidem abs te; aut ab ullo homine tantum facilitatis ac mansuetudinis potuerim ; nihil duco esse commodius, quam de his rebus nihil jam amplius scribere ; quum erimus congressi, tum, si quid res feret, coram inter nos conferemus.

Quod ad me de republica scribis, disputas tu quidem et amanter, et prudenter ; et a meis consiliis ratio tua non abhorret (nam neque de statu nobis nostræ dignitatis est recedendum, neque sine nostris copiis intra alterius præsidia veniendum : et is, de quo scribis, nihil habet amplum, nihil excelsum, nihil non summissum, atque populare) : verumtamen fuit ratio mihi

mon repos à l'avenir, et encore plus pour les intérêts de la république, que je parasse les coups des méchants citoyens : ce que j'ai fait en fixant en ma faveur les sentiments irrésolus d'un homme dont la fortune, le crédit et le pouvoir sont si grands, et en le déterminant, contre l'attente des gens malintentionnés, à faire mon éloge. Si je n'avais pu l'y engager sans marquer de la légèreté, il n'est point d'avantage que j'eusse voulu acheter si cher ; mais je m'y suis pris de telle sorte que, bien loin de m'être fait tort en m'attachant à lui, il s'est fait honneur en se déclarant pour moi.

Je me conduis et me conduirai dans tout le reste de telle manière, qu'on verra bien que je n'ai rien fait à l'aventure. Non-seulement je n'abandonnerai point ces gens de bien dont vous me parlez, ni cette Sparte que vous dites m'être échue ; mais quand même ils m'abandonneraient, je ne changerais pas pour cela de sentiments. Il faut pourtant que vous sachiez qu'à présent que Catulus est mort, me voilà seul dans le bon parti, sans appui et sans second ; car, comme dit Rhinton, ce me semble, *ceux-ci ne sont bons à rien, et ceux-là ne se soucient de rien*. Je vous marquerai une autre fois jusqu'où va contre moi l'envie de nos amateurs de viviers, ou je vous en entretiendrai à votre retour. Cependant rien ne sera capable de me déta-

fortasse ad tranquillitatem meorum temporum non inutilis ; sed mehercule reipublicæ multo etiam utilior, quam mihi, civium improborum impetus in me reprimi, quum hominis amplissima fortuna, auctoritate, gratia fluctuantem sententiam confirmassem, et a spe malorum ad mearum rerum laudem convertissem. Quod si cum aliqua levitate mihi faciendum fuisset, nullam rem tanti æstimassem ; sed a me ita acta sunt omnia, non ut ego illi assentiens levior, sed ut ille me probans gravior videretur.

Reliqua sic a me aguntur, et agentur, ut non committamus, ut ea, quæ gessimus, fortuito gessisse videamur. Bonos viros, illos quos significas, et eam quam mihi dicis obtigisse, Σπάρταν, non modo nunquam deseram ; sed etiam, si ego ab illa deserar, tamen in mea pristina sententia permanebo. Illud tamen, velim existimes, me hanc viam optimatum post Catuli mortem nec præsidio ullo, nec comitatu tenere. Nam, ut ait Rhinton, ut opinor :

Οἱ μὲν παρ' οὐδέν εἰσιν, οἷς δ' οὐδὲν μέλει.

Mihi vero ut invideant piscinarii nostri, aut scribam ad te alias, aut in congressum nostrum reservabo. A curia autem nulla me res divellet : vel quod ita

cher du sénat; mon devoir et mon intérêt le demandent, et les marques d'estime que je reçois de ce corps m'y engagent.

Pour votre affaire avec les Sicyoniens, il n'y a pas grande espérance du côté du sénat, comme je vous l'ai déjà mandé; car personne ne se plaint plus. Si vous l'attendez, cela sera long; cherchez, si vous pouvez, une autre route. Quand la chose passa, on ne fit point d'attention à ceux qu'elle pouvait intéresser, et les sénateurs *pédaires* se rangèrent tous à cet avis. Il n'est pas encore temps de faire révoquer ce décret, tant parce qu'il n'y a pas réclamation, que parce qu'il y a bien des gens qui l'approuvent, soit par malignité, soit par une fausse opinion d'équité.

Votre ami Metellus est un excellent consul. Tout ce que je trouve à redire, c'est qu'il n'est pas fort aise que les troubles des Gaules soient apaisés. Il convoite apparemment le triomphe, je voudrais qu'il le voulût moins; à cela près il fait merveilles. Pour Afranius, il se conduit de telle manière que son consulat est moins un consulat qu'une tache pour Pompée.

Je vous ai envoyé, par L. Cossinius, l'histoire grecque de mon consulat. Je crois que vous êtes assez content de ce que j'écris en latin; mais je crains bien qu'un Grec comme vous ne voie de mauvais œil les ouvrages grecs. Si quelques autres personnes écrivent sur le même sujet, je vous en ferai part;

---

rectum est, vel quod rebus meis maxime consentaneum; vel quod, a senatu quanti fiam, minime me pœnitet.

De Sicyoniis, ut ad te scripsi antea, non multum spei est in senatu. Nemo est enim jam qui queratur : quare, si id exspectas, longum est. Alia via, si qua potes, pugna. Quum est actum, neque animadversum est ad quos pertineret; et raptim in eam sententiam pedarii cucurrerunt. Inducendi senatusconsulti maturitas nondum est : quod neque sunt qui querantur; et multi partim malevolentia, partim opinione æquitatis delectantur.

Metellus tuus est egregius consul. Unum reprehendo; quod otium e Gallia nuntiari non magnopere gaudet. Cupit, credo, triumphare. Hoc vellem mediocrius : cætera egregia. Auli vero filius ita se gerit, ut ejus consulatus non consulatus sit, sed Magni nostri ὑπώπιον.

De meis scriptis, misi ad te græce perfectum consulatum meum. Eum librum L. Cossinio dedi. Puto te latinis meis delectari : huic autem græco Græcum invidere. Alii si scripserint, mittemus ad te; sed, mihi crede, simulatque

mais, croyez-moi, il arrivera, je ne sais comment, qu'ils en perdront l'envie dès qu'ils auront lu ce que j'ai fait. Maintenant (pour parler un peu de mes affaires) un honnête homme de mes amis, nommé L. Papirius Pétus, m'a offert les livres que Servius Clodius lui a laissés. Votre ami Cincius m'ayant assuré que la loi qui porte son nom ne défendait pas de recevoir de pareils présents, j'ai fait réponse que j'acceptais celui-ci avec plaisir. Je vous prie donc, si vous m'aimez et si vous croyez que je vous aime, d'employer vos amis, vos clients, vos hôtes, vos affranchis et vos esclaves, pour qu'il ne s'en perde pas un feuillet. J'ai extrêmement besoin des livres grecs que j'espère y trouver, et des latins que je sais qui y sont. Je me donne tous les jours de plus en plus à ces sortes d'études, qui me délassent du travail du barreau. Vous me ferez un sensible plaisir d'apporter à cela tout le soin que vous mettez toujours aux affaires que vous croyez me tenir le plus au cœur. Je vous recommande aussi celle de Pétus; il vous remercie mille fois de ce que vous avez déjà fait pour lui. Je ne me contente pas de vous prier de revenir, je vous le conseille.

hoc nostrum legerunt, nescio quo pacto retardantur. Nunc (ut ad rem meam redeam) L. Papirius Pætus, vir bonus, amatorque noster, mihi libros eos, quos Serv. Clodius reliquit, donavit. Quum mihi, per legem Cinciam licere capere, Cincius amicus tuus diceret, libenter dixi, me accepturum, si attulisset. Nunc, si me amas, si te a me amari scis, enitere per amicos, clientes, hospites, libertos denique, ac servos tuos, ut scida ne qua depereat. Nam et græcis his libris, quos suspicor, et latinis, quos scio illum reliquisse, mihi vehementer opus est. Ego autem quotidie magis, quod mihi de forensi labore temporis datur, in his studiis conquiesco. Per mihi, per, inquam, gratum feceris, si in hoc tam diligens fueris, quam soles in his rebus, quas me valde velle arbitraris; ipsiusque Pæti tibi negotia commendo, de quibus tibi ille agit maximas gratias : et ut jam invisas nos, non solum rogo, sed etiam suadeo.

LETTRE XXVI
Rome, juin 693.

CICÉRON A ATTICUS

Comme j'allais le 1ᵉʳ juin à Antium, charmé d'échapper aux combats de gladiateurs de M. Metellus, je rencontrai votre messager qui me remit votre lettre, et les mémoires que vous avez écrits en grec sur mon consulat. Je me sais bon gré de vous avoir envoyé, il y a déjà quelque temps, par L. Cossinius, ce que j'ai écrit sur la même matière et dans la même langue; car si j'avais vu auparavant votre ouvrage, vous n'auriez pas manqué de dire que je l'ai pillé. Mais quoiqu'il m'ait paru trop peu peigné et trop négligé, cette négligence même est un ornement; à peu près comme on dit que les femmes sentent bon lorsqu'elles ne sentent rien. Le mien, au contraire, a vidé toute la boutique d'Isocrate, toutes les boîtes de ses disciples, et employé encore quelques couleurs d'Aristote. Vous m'aviez déjà mandé que vous l'aviez parcouru à Corcyre, et vous devez avoir reçu depuis l'exemplaire que j'ai donné à Cossinius. Je n'aurais pas osé vous l'envoyer, si je ne l'avais revu auparavant avec attention et même avec une sorte de satiété. Je vous dirai cependant que Posidonius, à qui

EPISTOLA XXVI
(ad Att., II, 1)
Scrib. Romæ A. V. C. 693, mense junio.

CICERO ATTICO SAL.

Kalend. jun. eunti mihi Antium et gladiatores M. Metelli cupide relinquenti, venit obviam tuus puer. Is mihi litteras abs te, et commentarium consulatus mei græce scriptum reddidit : in quo lætatus sum, me aliquanto ante de iisdem rebus græce item scriptum librum L. Cossinio ad te perferendum dedisse ; nam, si ego tuum ante legissem, furatum me abs te esse diceres. Quanquam tua illa (legi enim libenter) horridula mihi, atque incompta visa sunt : sed tamen erant ornata hoc ipso, quod ornamenta neglexerant; et ut mulieres, ideo bene olere, quia nihil olebant, videbantur. Meus autem liber totum Isocratis μυροθήκιον, atque omnes ejus discipulorum arculas, ac nonnihil etiam Aristotelica pigmenta consumpsit : quem tu Corcyræ, ut mihi aliis litteris significas, strictim attigisti : post autem, ut arbitror, a Cossinio accepisti, quem tibi ego non essem ausus mittere, nisi cum lente ac fastidiose probavissem. Quanquam ad me rescripsit jam Rhodo Posidonius, se, nostrum illum

j'avais envoyé ces mémoires, pour l'inviter à traiter le même sujet avec plus d'ornement, m'a écrit que bien loin que la lecture de cet ouvrage l'y ait invité, elle lui en fait perdre entièrement le courage. Que voulez-vous que je vous dise? j'ai désolé toute la nation grecque, et je me suis défait ainsi de la folie de ceux qui m'importunaient tous les jours pour obtenir quelque sujet sur lequel ils pussent exercer leur éloquence. Si vous êtes content de l'ouvrage, vous le ferez répandre à Athènes et dans les autres villes de la Grèce, car il me semble qu'il peut jeter quelque lumière sur mes actions.

Je vous enverrai les harangues que vous me demandez, et quelques autres encore, puisque ce que j'écris pour faire plaisir à nos jeunes gens ne vous en fait pas moins qu'à eux. Si votre concitoyen Démosthène s'est principalement distingué par ses *Philippiques*, ayant abandonné l'éloquence chicaneuse du barreau pour traiter des matières plus importantes, et qui eussent rapport au gouvernement, j'ai cru de même qu'il serait honorable pour moi de publier les discours publics qu'on pourra appeler mes harangues consulaires. La première et la seconde sont sur la loi agraire, l'une au sénat, du 1ᵉʳ janvier, et l'autre devant le peuple; la troisième pour Othon; la quatrième pour Rabirius; la cinquième sur les enfants des proscrits; la sixième sur le refus que je fis devant le peuple du gouvernement qui m'était échu; la septième est celle qui chassa Catilina; je fis la huitième de-

ὑπόμνημα quum legeret, quod ego ad eum, ut ornatius de iisdem rebus scriberet, miseram, non modo non excitatum esse ad scribendum, sed etiam plane perterritum. Quid quæris? conturbavi Græcam nationem. Ita, vulgo qui instabant, ut darem sibi quod ornarent, jam exhibere mihi molestiam destiterunt. Tu, si tibi placuerit liber, curabis ut Athenis sit, et in cæteris oppidis Græciæ. Videtur enim posse aliquid nostris rebus lucis afferre.

Oratiunculas autem, et quas postulas, et plures etiam mittam : quoniam quidem ea, quæ nos scribimus adolescentulorum studiis excitati, te etiam delectant. Fuit enim mihi commodum, quod in eis orationibus, quæ Philippicæ nominantur, enituerat civis ille tuus Demosthenes, et quod se ab hoc refractariolo judiciali dicendi genere abjunxerat, ut σεμνότερός τις καὶ πολιτικώτερος videretur curare, ut meæ quoque essent orationes, quæ consulares nominarentur. Quarum una est in senatu kalend. jan.; altera ad populum de lege agraria; tertia de Othone; quarta pro Rabirio; quinta de proscriptorum filiis; sexta quum provinciam in concione deposui; septima qua Catilinam

vant le peuple, le lendemain de sa fuite; la neuvième encore au peuple, le jour de la déposition des Allobroges; et enfin la dixième au sénat, le 5 décembre. Il y en a encore deux petites, qui sont comme des dépendances de la loi agraire. J'aurai soin de vous envoyer tout le recueil; et, puisque vous n'aimez pas moins à entendre parler de mes actions qu'à lire mes écrits, vous trouverez ici tout ensemble, et ce que j'ai dit, et ce que j'ai fait. Si vous ne m'aviez pas demandé ces harangues, je ne me serais pas offert de moi-même.

Vous me demandez pour quel sujet je presse si fort votre retour, et vous ajoutez que, quoique vous ayez encore beaucoup d'affaires, vous êtes prêt à tout quitter et à voler ici si j'ai besoin de vous, ou même si je le souhaite; non : il n'y a pas urgence. Cependant il me semble que vous auriez pu mieux arranger le temps de votre voyage. C'est être trop longtemps absent, étant si peu éloigné; c'est me priver trop longtemps de vous, et vous passer trop longtemps de moi. Pour le présent, on me laisse en repos. Si la fureur de Clodius venait à éclater, je vous appellerais de toute ma force; mais Metellus le contient comme il faut, et le contiendra. En vérité, c'est un consul plein d'amour pour la patrie, et à qui j'ai toujours trouvé de très-bons sentiments.

Pour Clodius, il ne s'en cache plus, il veut absolument être

emisi; octava quam habui ad populum postridie quam Catilina profugit; nona in concione, quo die Allobroges involgarunt; decima in senatu, nonis decembr. Sunt præterea duo breves, quasi ἀποσπασμάτια, legis agrariæ. Hoc totum σῶμα curabo ut habeas. Et quoniam te quum scripta, tum res meæ delectant; iisdem ex libris perspicies, et quæ gesserim, et quæ dixerim : at ni poposcisses, ego me tibi non offerebam.

Quod quæris, quid sit, quod te arcessam, ac simul impeditum te negotiis esse significas, neque recusas, quin, non modo si opus sit, sed etiam si velim, accurras; nihil sane est necesse; verumtamen videbare mihi tempora peregrinationis commodius posse describere. Nimis abes diu, præsertim quum sis in propinquis locis : neque nos te fruimur; et tu nobis cares. Ac nunc quidem otium est : sed si paulo plus furor Pulchelli progredi posset, valde ego te istinc excitarem. Verum præclare Metellus impedit, et impediet. Quid quæris? est consul φιλόπατρις, et, ut semper judicavi, natura bonus.

Ille autem non simulat, sed plane tribunus plebis fieri cupit. Qua de re

5.

tribun du peuple. Comme on en parlait dans le sénat, je le menai rudement, et je lui reprochai sa légèreté, de penser à être tribun après avoir déclaré, en Sicile, qu'il demandait l'édilité. J'ajoutai qu'on ne devait pas s'en mettre fort en peine ; que, quoiqu'il fût plébéien, on saurait bien l'empêcher de bouleverser la république, comme on en avait empêché, sous mon consulat, les patriciens de même trempe. Ensuite, quand il a dit qu'il était venu en sept jours du détroit de Sicile à Rome, pour prévenir ceux qui auraient dû venir au-devant de lui, et que, par cette même raison, il avait affecté d'entrer la nuit, je dis que ces tours de force-là lui étaient familiers ; qu'il était bien allé en trois heures de Rome à Intéramne, ce qui était bien plus merveilleux que de venir en sept jours de Sicile à Rome ; que ce n'était pas la première fois qu'il était entré de nuit ; et qu'il eût été à souhaiter que, dans certaines occasions, il eût trouvé quelqu'un sur son chemin. Que vous dirai-je ? tout insolent qu'il est, je le mets à la raison, non-seulement par des discours sérieux et suivis, mais encore par ces sortes de traits. Cela va même jusqu'à railler et à plaisanter avec lui dans la conversation. L'autre jour nous accompagnions un candidat ; il me demanda si, aux combats des gladiateurs, je donnais des places aux Siciliens. Je lui dis que non. Oh bien, reprit-il, je le ferai, moi qui ne suis leur patron que depuis peu, et cela quoique ma sœur, qui dispose de tant de places, comme

---

quum in senatu ageretur, fregi hominem, et inconstantiam ejus reprehendi, qui Romæ tribunatum plebis peteret, quum in Sicilia ædilitatem se petere dictitasset. Sed neque magnopere dixi esse nobis laborandum : quod nihilo magis ei liciturum esset plebeio rempublicam perdere, quam similibus ejus me consule patriciis esset licitum. Jam, quum se ille septimo die venisse a freto, neque sibi obviam quemquam prodire potuisse et noctu se introisse dixisset, in eoque se in concione jactasset : nihil ei novi dixi accidisse : ex Sicilia septimo die Romam ; tribus horis Roma Interamnam : noctu introisse item ante : non esse itum obviam, ne tum quidem, quum iri maxime debuit. Quid quæris ? hominem petulantem modestum reddo, non solum perpetua gravitate orationis, sed etiam hoc genere dictorum. Itaque jam familiariter cum ipso cavillor, ac jocor. Quin etiam quum candidatum deduceremus, quærit ex me, num consuessem Siculis locum gladiatoribus dare ? Negavi. At ego, inquit, novus patronus instituam. Sed soror, quæ tantum habeat consularis loci

femme de consul, ne m'en donne qu'un pied. Consolez-vous, lui dis-je, vous les lui ferez bien lever tous deux quand il vous plaira. Voilà qui sort de la gravité d'un consul, me direz-vous. J'en conviens; mais tout m'est permis contre une femme de consul comme celle-là, séditieuse et ennemie déclarée, et de son mari, et même de Fabius, parce qu'elle trouve mauvais qu'ils soient de mes amis.

L'affaire de la loi agraire, dont vous me demandez des nouvelles, paraît fort refroidie.

Quant aux reproches que vous me faites tout doucement sur ma liaison avec Pompée, ne croyez pas que j'aie recherché son amitié par besoin de son appui; mais c'est que les affaires étaient à un point tel que, s'il y avait eu entre nous la moindre dissension, de grandes discordes survenaient inévitablement dans la république. Pour l'empêcher, je m'y suis pris de telle sorte que, sans me démentir en rien, je l'ai rendu meilleur, et moins dévoué aux fantaisies du peuple. Sachez qu'il parle plus avantageusement de mes actions, contre lesquelles tant de gens avaient voulu le prévenir, que des siennes propres; il me rend ce témoignage, que s'il a bien servi l'État, je l'ai sauvé. Je ne sais quel avantage je tirerai de tout cela, mais je sais bien que c'en est un grand pour la république; et si je pouvais réussir de même auprès de César, qui à présent a si fort le vent en poupe,

---

unum mihi solum pedem dat. Noli, inquam, de uno pede sororis queri : licet etiam alterum tollas. Non consulare, inquies, dictum ; fateor : sed ego illam odi male consularem. Est enim seditiosa : ea cum viro bellum gerit, neque solum cum Metello, sed etiam cum Fabio, quod eos mihi amicos esse, moleste fert.

Quod de agraria lege quæris, sane quam videtur refrixisse.

Quod me quodam modo molli brachio de Pompeii familiaritate objurgas; nolim ita existimes, me mei præsidii causa cum illo conjunctum esse : sed ita res erat instituta, ut, si inter nos esset aliqua forte dissensio, maximas in republica discordias versari esset necesse : quod a me ita præcautum atque ita provisum est, non ut ego de optima illa mea ratione decederem ; sed ut ille esset melior, et aliquid de populari levitate deponeret : quem de meis rebus, in quas eum multi incitarant, multo scito gloriosius, quam de suis prædicare. Sibi eum bene gestæ, mihi conservatæ reipublicæ dat testimonium : hoc facere illum mihi quam prosit, nescio ; reipublicæ certe prodest. Quid, si etiam Cæsarem, cujus nunc venti valde sunt secundi, reddo meliorem ; num tantum

rendrais-je un mauvais service? Je dis plus, quand je n'aurais point d'envieux, quand tout le monde me rendrait justice, ne vaudrait-il pas toujours mieux guérir ces parties malades de la république, que d'être obligé de les couper? Maintenant donc que nos chevaliers, qui, pendant mon consulat et sous votre drapeau, s'étaient déclarés si hautement pour le sénat, s'en sont détachés; maintenant que nos grands mettent tout leur bonheur à avoir de vieux barbeaux qui viennent manger dans leur main, et ne se soucient nullement des affaires de l'État, croyez-vous que l'on m'ait une médiocre obligation, si je réussis à désarmer ceux qui peuvent nuire? Pour ce qui est de Caton, je ne l'aime pas moins que vous; mais cela ne m'empêche pas de voir qu'avec les meilleures intentions du monde, et malgré tout son zèle, il gâte souvent les affaires; car il opine comme dans la république de Platon, et non dans la lie de Romulus. Quoi de plus juste que de faire le procès à des juges qui se sont laissé corrompre? Caton le proposa, et le sénat y consentit : encore des chevaliers contre la curie, mais non pas contre moi, car je n'avais point été de cet avis. Quoi de plus impudent que le refus des fermiers de la république? Cependant il fallait essuyer cette perte plutôt que d'aliéner cet ordre. Qui s'y est opposé, qui l'a emporté? Caton. Aussi, lorsqu'on a mené en prison le consul, et dans toutes les émotions populaires qui sont arrivées depuis, aucun d'eux n'a soufflé; au lieu que, pendant mon consulat et

---

obsum reipublicæ?. Quin etiam si mihi nemo invideret, si omnes, ut erat æquum, faverent; tamen non minus esset probanda medicina, quæ sanare vitiosas partes reipublicæ, quam quæ exsecaret. Nunc vero, quum equitatus ille, quem ego in clivo Capitolino, te signifero, ac principe, collocaram, senatum deseruerit : nostri autem principes digito se cœlum putent attingere, si mulli barbati in piscinis sint, qui ad manum accedant; alia autem negligant : nonne tibi satis prodesse videor, si perficio, ut nolint obesse, qui possunt? Nam Catonem nostrum non tu amas plus, quam ego. Sed tamen ille, optimo animo utens, et summa fide, nocet interdum reipublicæ. Dicit enim tanquam in Platonis πολιτείᾳ, non tanquam in Romuli fæce, sententiam. Quid verius, quam in judicium venire, qui ob rem judicandam pecuniam acceperit? Censuit hoc Cato. Assensit senatus. Equites curiæ bellum, non mihi : nam ego dissensi. Quid impudentius publicanis renuntiantibus? Fuit tamen, retinendi ordinis causâ, facienda jactura. Restitit, et pervicit Cato. Itaque nunc, consule in carcere incluso; sæpe item seditione commota, adspiravit nemo eorum,

sous mes successeurs, on s'en était servi pour défendre la république.

Quoi! me direz-vous, faut-il les payer pour qu'ils fassent leur devoir? Que voulez-vous? il le faut bien, si l'on ne peut faire autrement. Vaudrait-il mieux nous mettre à la merci des affranchis, ou même des esclaves? Mais, comme vous dites, assez de choses sérieuses.

Ma tribu a été plus favorable à Favonius que la sienne propre; mais il n'a pas eu pour lui celle de Lucceius. Il a plaidé contre Nasica d'une manière fort malhonnête; et il a fait une harangue si médiocre, qu'on dirait qu'il a travaillé à Rhodes plutôt à la meule que sous Molon. Il a été un peu fâché que j'aie plaidé pour Nasica; et il recommence à présent sa poursuite, par zèle, dit-il, pour la république. Je vous donnerai des nouvelles de Lucceius quand j'aurai vu César, qui sera ici dans deux jours.

Le tort que vous font les Sicyoniens, il faut vous en prendre à Caton, et à Servilius, qui se pique de l'imiter. Vous n'êtes pas le seul bon citoyen que ce coup ait frappé: puisqu'il a passé, il faut bien l'approuver; mais, vienne une sédition, nous resterons seuls.

Mon *Amalthée* vous attend, et a besoin de vous. Je suis fort content de mes maisons de Tusculum et de Pompéies, à cela près que je me suis abîmé de dettes pour les bâtir, moi qui ai été le sauveur de tant de créanciers.

quorum ego concursu, itemque consules, qui post me fuerunt, rempublicam defendere solebant.

Quid ergo? istos, inquies, mercede conductos habebimus? Quid faciemus, si aliter non possumus; an libertinis, atque etiam servis serviemus? sed ut tu ais, ἅλις σπουδῆς.

Favonius meam tribum tulit honestius, quam suam; Lucceii perdidit. Nasicam accusavit moleste, ac tamen dixit ita ut Rhodi videretur molis potius, quam Moloni, operam dedisse. Mihi, quod defendissem, leviter succensuit. Nunc tamen petit iterum reipublicæ causa. Lucceius quid agat, scribam ad te, quum Cæsarem videro, qui aderit biduo.

Quod Sicyonii te lædunt, Catoni, et ejus æmulatori attribuas Servilio. Quid? ea plaga nonne ad multos bonos viros pertinet? sed ita placuit, laudemus; deinde in dissensionibus soli relinquamur.

Amalthea mea te exspectat, et indiget tui. Tusculanum et Pompeianum valde me delectant, nisi quod me, illum ipsum vindicem æris alieni, ære non corinthio, sed hoc circumforaneo obruerunt.

J'espère que nous aurons le repos dans les Gaules.

Je vous enverrai au premier jour mes Pronostics et mes harangues. Mandez-moi cependant quand vous comptez partir. Votre sœur m'a fait dire que vous seriez ici au mois de juillet; cela ne s'accorde pas avec ce que vous m'écrivez.

Je vous ai déjà mandé que Pétus m'a fait présent de tous les livres que son frère lui a laissés : pour que j'en profite, vos soins me sont absolument nécessaires. Si vous m'aimez, tâchez qu'il ne s'en perde aucun, et envoyez-moi le tout ; vous ne sauriez me faire un plus grand plaisir. Conservez-moi les grecs, et encore plus les latins ; je vous en saurai autant de gré que s'ils me venaient de vous.

J'ai écrit à Octavius; je ne vous ai point recommandé à lui, parce que je ne croyais pas que vous eussiez des affaires dans son gouvernement, et je ne vous comptais pas parmi les usuriers; mais enfin je lui ai écrit aussi fortement que je le devais.

LETTRE XXVII
Tusculum, au commencement de décembre 693.

CICÉRON A ATTICUS

Ayez bien soin, je vous prie, de notre cher neveu; il me semble que je suis malade avec lui.

In Gallia speramus esse otium.

Prognostica mea cum oratiunculis propediem exspecta. Et tamen, quid cogites de adventu tuo, scribe ad nos. Nam mihi Pomponia nuntiari jussit, te mense quintili Romæ fore. Id a tuis litteris, quas ad me de decessu tuo miseras, discrepabat.

Pætus, ut antea ad te scripsi, omnes libros, quos frater suus reliquisset, mihi donavit. Hoc illius munus in tua diligentia positum est. Si me amas, cura ut conserventur, et ad me perferantur. Hoc mihi nihil potest esse gratius, et, quum Græcos, tum vero diligenter Latinos ut conserves velim. Tuum esse hoc munusculum putabo.

Ad Octavium dedi litteras : cum ipso nihil eram locutus, neque enim ista tua negotia provincialia esse putabam : neque te in tocullionibus habebam. Sed scripsi, ut debui, diligenter.

EPISTOLA XXVII
(ad Att., II, 2)

Scrib. A. V. C. 693, initio decembr. ex Tusculano.

CICERO ATTICO SAL.

Cura, amabo te, Ciceronem nostrum. Ei nos συννοσεῖν videmur.

Je lis à présent *la République des Pelléniens*, et j'ai devant moi une grande pile des ouvrages de Dicéarque. Le grand homme! il y a bien plus à apprendre avec lui qu'avec Procilius. Je crois que j'ai à Rome ce qu'il a écrit sur les républiques de Corinthe et d'Athènes : lisez-le, si vous m'en croyez; c'est un homme merveilleux. Si Hérode avait du sens, il le lirait au lieu de s'amuser à écrire. Il ne m'a attaqué que par lettres; mais je vois qu'il vous a joint de plus près. J'aurais mieux aimé être complice de la conjuration que de m'y opposer, si j'avais cru que cela dût m'engager à l'entendre sur cette matière.

Vous n'êtes pas raisonnable sur l'affaire de Lollius. Sur celle de Vinius, à merveille.

Mais, à propos, voici le premier janvier qui approche : Antoine n'arrive point; le tribunal se rassemble. On m'écrit que Nigidius a déclaré en pleine assemblée qu'il prendrait à partie les juges qui s'absenteraient. Je vous prie donc de me mander ce que vous pourrez savoir de l'arrivée d'Antoine; et puisque vous ne voulez pas me venir voir ici, venez du moins souper chez moi à Rome le dernier jour de ce mois; n'y manquez pas, je vous prie. Ayez soin de votre santé.

Πελληναίων in manibus tenebam ; et hercule magnum acervum Dicæarchi mihi ante pedes exstruxeram. O magnum hominem, et a quo multo plura didiceris, quam de Procilio ! Κορινθίων, et Ἀθηναίων, puto me Romæ habere. Mihi crede, legesis hoc otio; mirabilis vir est. Ἡρώδης, si homo esset, eum potius legeret, quam unam litteram scriberet : qui me epistola petivit, ad te, ut video, cominus accessit. Conjurasse mallem, quam restitisse conjurationi, si illum mihi audiendum putarem.

De Lollio sanus non es. De Vinio laudo.

Sed heus tu, ecquid vides kalendas venire, Antonium non venire? judices cogi? nam ita ad me mittunt, Nigidium minari in concione, se judicem, qui non affuerit compellaturum. Velim tamen, si quid est de Antonii adventu quod audieris, scribas ad me : et quoniam huc non venis, cœnes apud nos utique pridie kalend.; cave aliter facias. Cura, ut valeas.

LETTRE XXVIII

Rome, décembre 693.

CICÉRON A ATTICUS

D'abord, à ce qu'il me semble, bonnes nouvelles! Valerius, défendu par Hortensius, a été absous : on le croyait abandonné au crédit du fils d'Aulus. Je me doute, sur ce que vous me mandez, que Epicrate-Pompée ne s'est guère contraint ; car l'affectation de sa chaussure militaire me plaît aussi peu que ses bandeaux blancs ; mais nous saurons ce qui en est, quand vous viendrez ici.

Sachez qu'en trouvant mes fenêtres trop étroites, vous attaquez la *Cyropédie*. Comme j'étais du même avis que vous, Cyrus, mon architecte, me fit voir que des fenêtres larges ne faisaient pas un si agréable effet pour la vue. En effet, soit A l'œil qui voit, B et C l'objet qu'il voit, D et E les rayons qui vont de l'objet à l'œil ; vous comprenez bien le reste. Il est vrai que si la vision se faisait, comme vous autres épicuriens le prétendez, par les *simulacres* qui se détachent des objets, ces *simulacres* seraient fort pressés en passant par des fenêtres étroites, au lieu que cette *émission* des rayons visuels se fait aisément. Si vous trouvez quelque autre chose à critiquer, j'aurai toujours d'aussi bonnes

EPISTOLA XXVIII
(ad Att., II, 3)

Scrib. Romæ A. V. C. 693, decembri.

CICERO ATTICO SAL.

Primum, ut opinor, εὐαγγέλια. Valerius absolutus est Hortensio defendente. Id judicium Auli filio condonatum putabatur : et Epicratem suspicor, ut scribis, lascivum fuisse. Etenim mihi caligæ ejus, ut fasciæ cretatæ, non placebant. Quid sit, sciemus quum veneris.

Fenestrarum angustias quod reprehendis, scito te Κύρου παιδείαν reprehendere. Nam, quum ego idem istuc dicerem, Cyrus aiebat, radiorum διαφάσεις latis luminibus non tam esse suaves. Etenim ἔστω ὄψις μὲν ἡ α' τὸ δὲ ὁρώμενον β, γ' ἀκτῖνες δὲ δ καὶ ε. Vides enim cætera. Nam si κατὰ εἰδώλων ἐμπτώσεις videremus, valde laborarent εἴδωλα in angustiis ; nunc fit

raisons à vous donner, à moins que je ne puisse y remédier à peu de frais.

Je viens maintenant au mois de janvier et à la situation présente ; sur quoi je vous dirai d'abord, suivant la méthode de Socrate, le pour et le contre, et ensuite quel est mon sentiment. Voici une affaire sur laquelle il n'est pas aisé de se déterminer. Il faut de trois choses l'une : ou s'opposer fortement à la loi agraire, ce qui ne se peut faire sans livrer des combats, mais ce qui me ferait aussi beaucoup d'honneur ; ou se tenir en repos, auquel cas autant vaudrait aller à Solonium ou Antium ; ou se déclarer pour la loi. On dit que César espère, ou plutôt qu'il compte que je prendrai ce dernier parti. En effet, Cornelius est venu chez moi ; je dis Cornelius Balbus, l'ami intime de César. Il m'a assuré qu'il ne ferait rien que de concert avec Pompée et avec moi, et qu'il ferait en sorte de lier Pompée avec Crassus. Voilà l'affaire : je suis déjà étroitement uni avec Pompée ; si je veux l'être avec César, je me réconcilierai par là avec mes ennemis ; je n'aurai plus rien à démêler avec la foule, et je m'assurerai une vieillesse tranquille. D'un autre côté, je me sens combattu par cette exhortation, qui est au troisième livre du poëme que vous savez :

> La carrière, où jeune encore tu t'es élancé,
> Où, consul, tu fis éclater tant de courage et de cœur,
> Restes-y, et fais grandir ta gloire et ton honneur.

lepide illa ἔκχυσις radiorum. Cætera si reprehenderis, non feres tacitum, nisi quid erit ejusmodi, quod sine sumptu corrigi possit.

Venio nunc ad mensem januarium, et ad ὑπόστασιν nostram ac πολιτείαν, in qua σωκρατικῶς εἰς ἑκάτερον : sed tamen ad extremum, ut illi solebant, τὴν ἀρέσκουσαν. Est res sane magni consilii. Nam aut fortiter resistendum est legi agrariæ ; in quo est quædam dimicatio, sed plena laudis : aut quiescendum ; quod est non dissimile, atque ire in Solonium aut Antium : aut etiam adjuvandum ; quod a me aiunt Cæsarem sic exspectare, ut non dubitet. Nam fuit apud me Cornelius ; hunc dico Balbum, Cæsaris familiarem. Is affirmabat, illum omnibus in rebus meo et Pompeii consilio usurum, daturumque operam, ut cum Pompeio Crassum conjungeret. Hic sunt hæc. Conjunctio mihi summa cum Pompeio ; si placet etiam cum Cæsare ; reditus in gratiam cum inimicis, pax cum multitudine ; senectutis otium. Sed me κατάταξις mea illa commovet, quæ est in libro III.

> Interea cursus, quos prima a parte juventæ,
> Quosque ideo consul virtute, animoque petisti,
> Hos retine, atque auge famam laudesque bonorum.

Calliope m'ayant prescrit cette conduite dans ce livre, rempli de si belles maximes politiques, dois-je douter que

> Servir sa patrie ne soit le plus sûr des augures?

mais nous en parlerons en nous promenant ensemble le jour des Compitales.

Souvenez-vous de venir la veille, je ferai chauffer votre bain. Ma femme prie votre sœur, et nous aurons aussi votre mère. Apportez-moi le traité *de l'Ambition*, de Théophraste; il est parmi les livres de mon frère.

LETTRE XXIX

Rome, 693 (sous le consulat de Q. Metellus Celer et L. Afranius).

MARCUS A QUINTUS SON FRÈRE.

Je ne puis douter qu'un grand nombre de messagers et la renommée même ne préviennent ma lettre, et que vous n'appreniez par d'autres que par moi la prolongation pour une troisième année de nos regrets et de votre travail; toutefois je n'ai pas cru pouvoir me dispenser de vous marquer aussi ce nouveau

---

Hæc mihi quum in eo libro, in quo multa sunt scripta ἀριστοκρατικῶς, Calliope ipsa præscripserit, non opinor esse dubitandum, quin semper nobis videatur :

Εἰς οἰωνός ἄριστος ἀμύνεσθαι περὶ πάτρης.

Sed hæc ambulationibus compitalitiis reservemus.

Tu pridie Compitalia memento. Balneum calefieri jubebo : et Pomponiam Terentia rogat ; matrem adjungemus. Θεοφράστου περὶ φιλοτιμίας affer mihi de libris Quinti fratris.

EPISTOLA XXIX
(ad Q. fratrem, I, 1)

Scrib. Romæ A. V. C. 693 (Q. Metello Celere, L. Afranio coss.).

MARCUS QUINTO FRATRI SAL.

Etsi non dubitabam quin hanc epistolam multi nuntii, fama denique esset ipsa sua celeritate superatura, tuque ante ab aliis auditurus esses annum tertium accessisse desiderio nostro et labori tuo, tamen existimavi a me quoque tibi

sujet de chagrin. Je me souviens de vous avoir fait espérer dans plusieurs de mes lettres, et dans un temps où les autres en désespéraient déjà, que vous seriez incessamment rappelé; non-seulement parce que je voulais vous soutenir le plus longtemps qu'il m'était possible dans cette agréable idée, mais parce que mes efforts continuels, joints à ceux des préteurs, me laissaient encore un reste de confiance au succès de nos soins. Aujourd'hui que tout le pouvoir des préteurs et tout mon zèle n'ont pu réussir, il m'est difficile de n'en pas ressentir beaucoup de chagrin ; mais exercés comme nous sommes à manier et à soutenir les plus grandes affaires, il ne conviendrait pas que nous fussions trop abattus par cette disgrâce. Si l'on doit s'affliger beaucoup d'un mal auquel on a contribué par sa faute, il y a quelque chose ici qui doit me causer plus de chagrin qu'à vous. C'est moi qui, malgré ce que vous m'aviez recommandé à votre départ et par vos lettres, ai empêché qu'on ne vous donnât un successeur dès la première année. Ma pensée était de pourvoir au salut de nos alliés, de résister à l'impudence de quelques négociants, et d'augmenter la gloire de notre famille par celle de votre administration ; mais j'ai manqué de prudence, surtout en ce qu'il pouvait arriver de là qu'une seconde année en attirât une troisième.

Puisque je reconnais ma faute, votre sagesse et votre bonté

hujus molestiæ nuntium perferri oportere. Nam superioribus litteris, non unis, sed pluribus, quum jam ab aliis desperata res esset, tamen ego tibi spem maturæ decessionis afferebam ; non solum ut quam diutissime te jucunda opinione oblectarem, sed etiam quia tanta adhibebatur et a nobis et a prætoribus contentio, ut rem posse confici non diffiderem. Nunc quoniam ita accidit ut neque prætores suis opibus, neque nos nostro studio quidquam proficere possemus, est omnino difficile non graviter id ferre. Sed tamen nostros animos maximis in rebus et gerendis et sustinendis exercitatos, frangi et debilitari molestia non oportet. Et quoniam ea molestissime ferre homines debent, quæ ipsorum culpa contracta sunt, est quiddam in hac re mihi molestius ferendum quam tibi. Factum est enim mea culpa, contra quam tu mecum et proficiscens et per litteras egeras, ut priore anno non succederetur. Quod ego, dum sociorum saluti consulo, dum impudentiæ nonnullorum negotiatorum resisto, dum nostram gloriam tua virtute augeri expeto, feci non sapienter : præsertim quum id commiserim ut ille alter annus etiam tertium posset adducere.

Quod quoniam peccatum meum esse confiteor, est sapientiæ atque huma-

vous obligent à la réparer par un renouvellement de zèle dans les fonctions de votre emploi. Si vous vous excitez plus que jamais à ne rien négliger dans la carrière de la gloire, jusqu'à vouloir l'emporter non-seulement sur les autres, mais sur vous-même ; si votre âme s'échauffe et rapporte toutes ses pensées et tous ses soins au désir de mériter en tout des louanges, croyez-moi, une année de plus nous fera recueillir la joie d'un grand nombre d'années, et ne manquera pas d'en répandre l'honneur sur notre postérité. Je commence donc par vous exhorter à soutenir votre esprit dans toute sa force et son étendue. Ne souffrez point que la grandeur des affaires devienne comme un flot qui vous accable ; roidissez-vous, au contraire, pour y résister ; allez de vous-même au-devant ; car la partie de l'administration dont vous êtes chargé n'est guère sujette à la fortune ; mais presque tout y dépend du jugement et du zèle. Si votre emploi se trouvait prolongé pendant le cours de quelque grande et dangereuse guerre, je tremblerais au fond du cœur, parce qu'il me paraîtrait effectivement que ce serait accorder sur nous une prolongation de pouvoir à la fortune ; mais dans l'étendue de votre gouvernement je vois que vous n'avez presque rien à démêler avec elle, et que vous n'avez besoin que de votre vertu et de votre modération naturelle. Nous n'avons à craindre, si je ne me trompe, ni les piéges d'un ennemi, ni les hasards des batailles,

---

nitatis tuæ curare et perficere, ut hoc, minus sapienter a me provisum, diligentia tua corrigatur. Ac si te ipse vehementius ad omnes partes bene audiendi excitaris, non ut cum aliis, sed ut tecum jam ipse certes ; si omnem tuam mentem, curam, cogitationem ad excellentis omnibus in rebus laudis cupiditatem incitaris : mihi crede, unus annus additus labori tuo multorum annorum lætitiam nobis, gloriam vero etiam posteris nostris afferet. Quapropter hoc te primum rogo, ne contrahas ac dimittas animum, neve te obrui, tanquam fluctu, sic magnitudine negotii sinas : contraque erigas ac resistas, sive etiam ultro occurras negotiis. Neque enim ejusmodi partem reipublicæ geris, in qua fortuna dominetur, sed in qua plurimum ratio possit et diligentia. Quod si tibi, bellum aliquod magnum et periculosum administranti, prorogatum imperium viderem, tremerem animo, quod eodem tempore esse intelligerem etiam fortunæ potestatem in nos prorogatam. Nunc vero ea pars tibi reipublicæ commissa est, in qua aut nullam aut perexiguam partem fortuna tenet, et quæ mihi tota in tua virtute ac moderatione animi posita esse videatur. Nullas, ut opinor, insidias hostium, nullam prælii dimicationem

ni la défection de nos alliés, ni la disette des munitions et des vivres, ni les séditions militaires; accidents qui ont forcé souvent les plus grands hommes de céder à l'impétuosité de la fortune, comme le meilleur pilote est quelquefois emporté par la violence des flots. Vous jouissez d'un calme profond, capable de submerger le pilote qui s'endort, ou de l'occuper agréablement s'il veille. Votre province est composée, premièrement, de l'espèce d'alliés la plus douce et la plus sociable dans toute l'espèce humaine; en second lieu, de citoyens romains qui, en qualité de publicains, ont une étroite liaison avec nous, et, en qualité de riches négociants, se croient redevables à mon consulat de la conservation de leur fortune. Vous me répondez qu'il s'élève entre eux des différends considérables, et qu'il se commet des injustices qui ne manquent pas de faire naître de violentes querelles. Je n'ai pas voulu dire non plus que vous fussiez sans embarras : je conçois que c'en est un, et qui demande beaucoup de prudence; mais souvenez-vous que je le crois du ressort de la raison plus que de celui de la fortune. Est-il difficile de contenir ceux qu'on gouverne, lorsqu'on sait se contenir soi-même. Supposons qu'il y ait beaucoup de difficulté pour les autres, et je confesse, en effet, qu'il y en a beaucoup; mais vous n'y en avez jamais trouvé, et jamais vous

---

nullam defectionem sociorum, nullam inopiam stipendii aut rei frumentariæ, nullam seditionem exercitus pertimescimus : quæ persæpe sapientissimis viris acciderunt, ut quemadmodum gubernatores optimi vim tempestatis, sic illi fortunæ impetum superare non possent. Tibi data est summa pax, summa tranquillitas : ita tamen ut ea dormientem gubernatorem vel obruere, vigilantem etiam delectare possit. Constat enim ea provincia primum ex eo genere sociorum, quod est ex hominum omni genere humanissimum : deinde ex eo genere civium, qui aut quod publicani sunt, nos summa necessitudine attingunt, aut, quod ita negotiantur, ut locupletes sint, nostri consulatus beneficio se incolumes fortunas habere arbitrantur. At enim inter hos ipsos existunt graves controversiæ, multæ nascuntur injuriæ, magnæ contentiones consequuntur. Quasi vero ego id putem, non te aliquantum negotii sustinere. Intelligo permagnum esse negotium et maximi consilii : sed memento, consilii me hoc negotium esse magis aliquanto, quam fortunæ putare. Quid est enim negotii continere eos, quibus præsis, si te ipse contineas ? Id autem sit magnum et difficile cæteris, sicut est difficillimum : tibi et fuit hoc semper facil-

n'y en avez dû trouver, vous dont il semble que le caractère naturel n'avait pas besoin du secours de l'éducation pour être capable de modération, et qui avez l'esprit si cultivé que le plus vicieux naturel serait capable de se modérer avec ce secours. Quoi! vous résistez à l'argent, au plaisir, à toutes les passions déréglées, et vous ne pourriez réprimer un négociant de mauvaise foi, un publicain avide! Votre conduite causera tant d'admiration à tous les Grecs, qu'ils vous regarderont comme un héros sorti de leurs annales ; ou comme un homme divin, tombé du ciel dans leur province. Ne prenez point ce que je vous écris pour une exhortation à bien faire ; je ne pense qu'à vous causer de la joie par l'image de ce que vous faites et de ce que vous avez fait. Il est beau, croyez-moi, d'avoir joui pendant trois ans du gouvernement absolu dans l'Asie, sans avoir été tenté de s'écarter un moment de la modération et de la probité, ni par les ouvrages de sculpture et de peinture, ni par aucun vase ou par aucune étoffe précieuse, ni par les charmes de la beauté, ni par l'argent ou par les esclaves ; richesse dont on sait que cette province est remplie. Que peut-on s'imaginer de plus grand, de plus désirable que de voir tant de vertu, tant de modération et de tempérance, placé, non dans les ténèbres, mais à la lumière de l'Asie, aux yeux d'une si belle province, et proposé par la

---

limum et vero esse debuit ; cujus natura talis est, ut etiam sine doctrina videatur moderata esse potuisse : ea autem adhibita doctrina est, quæ vel vitiosissimam naturam excolere possit. Tu quum pecuniæ, quum voluptati, quum omnium rerum cupiditati resistes, ut facis; erit, credo, periculum, ne improbum negotiatorem, paulo cupidiorem publicanum comprimere non possis. Nam Græci quidem sic te ità viventem intuebuntur, ut quemdam ex annalium memoria, aut etiam de cœlo divinum hominem esse in provinciam delapsum putent. Atque hæc nunc, non ut facias, sed ut te facere et fecisse gaudeas, scribo. Præclarum est enim summo cum imperio fuisse in Asia triennium, sic ut nullum te signum, nulla pictura, nullum vas, nulla vestis, nullum mancipium, nulla forma cujusquam, nulla conditio pecuniæ (quibus rebus abundat ista provincia); ab summa integritate continentiaque deduxerit. Quid autem reperiri tam eximium aut tam expetendum potest, quam istam virtutem, moderationem animi, temperantiam, non latere in tenebris neque esse abditam; sed in luce Asiæ, in oculis clarissimæ provinciæ atque in auribus omnium gentium ac nationum esse positam? non itineribus

renommée à tous les peuples du monde, comme un objet d'admiration ; de voir que vos sujets ne sont point alarmés de vos voyages et ruinés par les frais de vos marches ; qu'ils ne redoutent point votre arrivée ; que de quelque côté que vous paraissiez, la joie particulière et publique est égale, parce que c'est un gardien et non un tyran qu'on croit recevoir dans les villes ; un hôte, et non un voleur auquel on croit ouvrir l'entrée des maisons ?

En ces sortes de choses, l'expérience vous a sans doute appris qu'il ne suffit pas de vos propres vertus, mais que vous devez répondre aux alliés, aux citoyens, à la république, de tous les ministres de votre autorité. A la vérité, du caractère dont on connaît vos lieutenants, ils répondent assez d'eux-mêmes. Tubero, qui est le plus distingué par son âge et par la dignité de sa personne, peut trouver, je m'imagine, puisqu'il entreprend d'écrire l'histoire, plus d'un modèle à suivre dans ses propres annales. Alliénus nous est attaché, non-seulement par l'inclination de son cœur, mais par la ressemblance de ses mœurs avec les nôtres. Que dirai-je de Gratidius ? ne sais-je pas qu'en travaillant à sa propre gloire, l'affection fraternelle qu'il a pour nous le porte à s'occuper aussi de la nôtre ? Vous n'avez pas choisi votre questeur, c'est le sort qui vous l'a donné : il est à souhaiter qu'il se porte de lui-même à la modération, et qu'il

tuis perterreri homines? non sumptu exhauriri? non adventu commoveri? esse, quocumque veneris, et publice et privatim, maximam lætitiam : quum urbs custodem, non tyrannum ; domus hospitem, non expilatorem, recepisse videatur?

His autem in rebus jam te usus ipse profecto erudivit, nequaquam satis esse, ipsum hasce habere virtutes, sed esse circumspiciendum diligenter, ut in hac custodia provinciæ non te unum, sed omnes ministros imperii tui, sociis, et civibus, et reipublicæ præstare videare. Quanquam legatos habes eos, qui ipsi, per se habituri sint rationem dignitatis suæ ; de quibus honore, et dignitate, et ætate præstat Tubero ; quem ego arbitror, præsertim quum scribat historiam, multos ex suis annalibus posse deligere, quos velit et possit imitari. Alienus autem noster est, quum animo et benivolentia, tum vero etiam imitatione vivendi. Nam quid ego de Gratidio dicam ? quem certo scio ita laborare de existimatione sua, ut propter amorem in nos fraternum etiam de nostra laboret. Quæstorem habes, non tuo judicio delectum, sed eum, quem sors dedit : Hunc oportet et sua sponte esse moderatum, et tuis institutis ac

sache se conformer à vos maximes et à vos principes. S'il se trouvait quelqu'un parmi vos officiers qui eût l'âme trop intéressée, vous fermeriez les yeux sur les négligences qu'il pourrait commettre dans l'exercice de ses devoirs, mais vous ne lui permettriez jamais d'abuser, pour satisfaire sa cupidité, du pouvoir que vous lui auriez vous-même accordé : car je ne suis point d'avis que, dans un temps où les mœurs se sont fort amollies et où l'ambition prévaut, vous entrepreniez d'éplucher toutes les petites bassesses et de descendre dans toutes sortes de détails ; mais je voudrais que votre confiance pour vos gens fût toujours proportionnée à leur fidélité. A l'égard de ceux qui ne sont que vos associés dans les affaires, et que la république même vous a donnés à ce titre, vous devez vous renfermer dans les bornes que je viens de vous prescrire.

Pour ceux que vous avez choisis vous-même, soit pour composer votre maison, soit pour les offices extérieurs, et qui sont regardés comme les gens de votre suite, vous êtes comptable, non-seulement de leurs actions, mais même de tous leurs discours : heureusement vous n'avez près de vous que des gens à qui vous pouvez sans peine accorder votre amitié lorsqu'ils font leur devoir, et qu'il vous est aisé de réprimer s'ils oubliaient ce qu'ils doivent à votre honneur. La bonté de votre caractère a pu vous exposer à quelque tromperie dans les premiers temps ; car plus on a de probité, moins on se défie de celle d'autrui ; mais

---

præceptis obtemperare. Quorum si quis forte esset sordidior, ferres eatenus, quoad per se negligeret eas leges, quibus esset adstrictus : non ut ea potestate, quam tu ad dignitatem permisisses, ad quæstum uteretur. Neque enim mihi sane placet, præsertim quum hi mores tantum jam ad nimiam lenitatem et ambitionem incubuerint, scrutari te omnes sordes, excutere unumquemque eorum : sed, quanta sit in quoque fides, tantum cuique committere. Atque inter hos, eos quos tibi comites et adjutores negotiorum publicorum dedit ipsa respublica, duntaxat finibus his præstabis, quos ante præscripsi.

Quos vero aut ex domesticis convictionibus, aut ex necessariis apparitionibus tecum esse voluisti, qui quasi ex cohorte prætoris appellari solent ; horum non modo facta, sed etiam dicta omnia præstanda nobis sunt, sed habes eos tecum quos possis recte facientes facile diligere, minus consulentes existimationi tuæ facillime coercere ; a quibus, rudis quum esses, videtur potuisse tua liberalitas decipi ; nam ut quisque est vir optimus, ita difficillime esse alios improbos

dans cette troisième année, magistrat aussi intègre que dans les deux précédentes, vous devez vous montrer encore plus soigneux et plus vigilant. Faites-vous la réputation de n'entendre que ce que vous entendez, et de ne pas prêter l'oreille à des insinuations intéressées. Que votre anneau ne soit pas regardé comme un instrument, mais comme un autre vous-même : qu'il soit le témoin de votre volonté, et non pas le ministre de celle d'autrui. Que l'*accensus* reste au rang que nos ancêtres ont voulu qu'il tînt en effet : ils ne regardaient point cet office comme un emploi de la faveur, mais comme une charge qui obligeait au travail. Ils ne le donnaient point au hasard, et c'était à leurs seuls affranchis, qui n'étaient point alors moins dépendants que leurs esclaves. Que votre licteur soit le ministre, non de votre rigueur, mais de votre bonté. Que vos faisceaux et vos haches soient plutôt le symbole de votre dignité que de votre puissance. Que personne n'ignore dans votre province que le salut, les enfants, l'honneur et les biens des peuples que vous gouvernez vous sont extrêmement chers. Enfin, que tout le monde soit persuadé que ceux qui auront pris ou donné vous déplairont également, si vous apprenez leur corruption. Comptez que personne ne donnera, lorsqu'il paraîtra certain qu'on n'obtient rien par l'entremise de ceux qui se disent tout-puissants auprès de vous. Cependant ne croyez pas que je veuille vous inspirer trop de dureté ou de

suspicatur. Nunc vero tertius hic annus habeat integritatem eamdem quam superiores; cautiorem etiam ac diligentiorem. Sint aures tuæ, quæ, id quod audiunt, existimentur audire, non in quas ficte et simulate quæstus causa insusurretur. Sit annulus tuus, non ut vas aliquod, sed tanquam ipse tu; non minister alienæ voluntatis, sed testis tuæ. Accensus sit eo numero quo eum majores nostri esse voluerunt : qui hoc non in beneficii loco, sed in laboris ac muneris, non temere, nisi libertis suis, deferebant; quibus illi quidem non multo secus ac servis imperabant. Sit lictor, non sævitiæ, sed tuæ lenitatis apparitor; majoraque præferant fasces illi ac secures dignitatis insignia, quam potestatis. Toti denique sit provinciæ cognitum, tibi omnium, quibus præsis salutem, liberos, famam, fortunas esse carissimas. Denique hæc opinio sit, non modo iis qui aliquid acceperint, sed iis etiam qui dederint, te inimicum (si id cognoveris) futurum. Neque vero quisquam dabit, quum erit hoc perspectum; nihil per eos qui simulant se apud te multum posse, abs te solere impetrari. Nec tamen est hæc oratio mea hujusmodi, ut te in tuos aut durum

défiance. Si vous avez quelqu'un qui n'ait point été soupçonné d'avarice pendant l'espace de vos deux ans (comme Césius, Chérippus et Labéon, dont j'ai cette opinion, d'après ce qu'on me dit et ce que je connais d'eux), il n'y a rien que vous ne puissiez leur confier sans reproche, et dont vous ne puissiez vous reposer sur eux et sur ceux qui leur ressemblent. Mais ne confiez aucune partie de votre administration à celui que vous avez déjà trouvé coupable, ou qui vous paraîtra suspect; ne laissez pas votre réputation à sa merci.

Entre les habitants de la province, s'il en est un qui s'insinue dans votre familiarité sans être anciennement de notre connaissance, ne vous livrez pas légèrement à lui; non qu'il ne se puisse trouver quantité d'honnêtes gens parmi ceux qui habitent les provinces; mais, si l'on peut l'espérer, il n'est pas moins dangereux de le croire au hasard. Le vrai caractère des hommes est couvert d'une multitude de fausses apparences, et se cache comme sous un voile : le front, les yeux, la physionomie en imposent fort souvent, et la langue encore plus. Comment vous flatteriez-vous que parmi des gens à qui l'avidité des richesses fait supporter la privation de mille choses dont nous ne pouvons nous arracher, il s'en puisse trouver qui vous aiment sincèrement, vous qui leur êtes étranger, et qui ne feignent point de vous aimer par quelque vue d'intérêt? Pour moi, rien ne me paraît si difficile, surtout

esse nimium, aut suspiciosum velim. Nam si quis est eorum, qui tibi biennii spatio nunquam in suspicionem avaritiæ venerit (ut ego Cæsium, et Chærippum, et Labeonem, et audio, et quia cognovi existimo), nihil est quod non et iis, et si quis est alius ejusdem modi, et committi, et credi rectissime putem. Sed si quis est, in quo quiddam offenderis, de quo aliquid senseris; huic nihil credideris, nullam partem existimationis tuæ commiseris.

In provincia vero ipsa si quem es nactus, qui in tuam familiaritatem penitus intrarit, qui nobis ante fuerit ignotus; huic quantum credendum sit vide : non quin possint multi esse provinciales boni viri; sed hoc sperare licet, judicare periculosum est. Multis enim simulationum involucris tegitur et quasi velis quibusquam obtenditur uniuscujusque natura : frons, oculi, vultus, persæpe mentiuntur; oratio vero sæpissime. Quamobrem, qui potes reperire ex eo genere hominum, qui quum pecuniæ cupiditate adducti, careant his rebus omnibus a quibus nos divulsi esse non possumus, tamen te alienum hominem ament ex animo, ac non sui commodi causa simulent? Mihi quidem permagnum videtur; præsertim si iidem homines privatum non fere quemquam, prætores

quand je vois que les mêmes gens n'ont presque jamais d'amitié pour une personne privée, et qu'ils ne manquent point d'aimer tous les préteurs. Si vous connaissiez quelqu'un néanmoins qui aimât plus votre personne que votre dignité, car je ne prétends pas que cela soit impossible, ne faites pas difficulté de le mettre au rang de vos amis; mais si vous n'en êtes pas bien sûr, comptez qu'il n'y a point de gens contre lesquels vous deviez être plus en garde, parce qu'ils connaissent tous les moyens de gagner de l'argent, et sont toujours disposés à s'en servir. D'ailleurs ils s'embarrassent peu du soin de votre honneur, lorsqu'ils ont si peu de temps à vivre avec vous. Il faut même se défier beaucoup de certaines familiarités avec les Grecs, du moins s'ils ne sont pas de ce petit nombre qui sont dignes encore de l'ancienne Grèce; mais la plupart sont trompeurs, légers, accoutumés à la flatterie par une longue servitude. Je veux dire qu'il faut les recevoir tous avec honnêteté; mais que votre amitié et votre maison ne doivent être que pour ceux dont vous connaîtrez bien le mérite. Il y a peu de fruit à tirer de leur familiarité, parce qu'ils n'osent jamais nous contredire. Ajoutez qu'ils sont jaloux, non-seulement de nous, mais même les uns des autres.

Après avoir prêché tant de défiance et tant de précaution sur tous ces articles, que je crains d'être un peu trop dur, comment croyez-vous que je suis disposé à l'égard des esclaves? Il est certain d'abord que dans toutes sortes de lieux, et particulièrement

semper omnes amant. Quo ex genere, quem forte tui cognosti amantiorem (fieri enim potuit) quam temporis; hunc vero ad tuum numerum libenter adscribito. Sin autem id non perspicies, nullum erit genus in familiaritate cavendum magis; propterea quod et omnes vias pecuniæ norunt, et omnia pecuniæ causa faciunt; et, quicum victuri non sunt, ejus existimationi consulere non curant. Atque etiam e Græcis ipsis diligenter cavendæ sunt quædam familiaritates, præter hominum perpaucorum, si qui sunt vetere Græcia digni. Sic vero fallaces sunt permulti, et leves, et diuturna servitute ad nimiam assentationem eruditi : quos ego universos adhiberi liberaliter, optimum quemque hospitio amicitiaque conjungi, dico oportere : nimiæ familiaritates eorum, neque tam fideles sunt (non enim audent adversari nostris voluntatibus) et invident non nostris solum, verum etiam suis.

Jam qui in ejusmodi rebus, in quibus vereor etiam ne durior sim, cautus esse velim ac diligens, quo me animo in servos esse censes? Quos quidem quum omnibus in locis, tum præcipue in provinciis regere debemus : quo de

dans les provinces, c'est le ton de l'autorité qu'il faut prendre avec eux : on pourrait donner là-dessus quantité de bonnes règles; mais je m'arrête à ce qui est plus court et qui peut être observé facilement. Je voudrais que, dans ces grandes marches que vous faites en Asie, ils se conduisissent comme s'ils marchaient sur la voie Appienne, et qu'ils ne missent point de différence entre le voyage de Tralles et celui de Formies. Si vous avez quelque esclave d'une fidélité distinguée, employez-le dans vos affaires domestiques et vos intérêts particuliers; mais qu'il ne se mêle jamais de ce qui concerne les devoirs de votre emploi et l'administration publique. Un esclave fidèle pourrait s'acquitter fort bien de mille choses, que la crainte des discours et du blâme ne permet pas de lui confier. Je ne sais comment j'ai pris par degrés le ton du précepte : ce n'était pas mon dessein en commençant ma lettre; car je sens qu'il me convient peu avec vous, particulièrement dans un genre où votre prudence ne le cède point à la mienne, et où l'expérience vous donne même sur moi quelque avantage; mais je me suis imaginé que vous seriez encore plus content de vous-même lorsque vous verriez votre conduite confirmée par mon approbation. Donnez donc pour fondement à votre dignité, premièrement votre propre intégrité et votre modération; ensuite la modestie de ceux qui composent votre suite; une précaution extrême dans le choix des habitants de la province et des Grecs à qui vous accorderez

---

genere multa præcipi possunt. Sed hoc et brevissimum est et facillime teneri potest, ut ita se gerant in istis Asiaticis itineribus, ut si iter Appia via faceres : neve interesse quidquam putent utrum Tralles an Formias venerint. At si quis est ex servis egregie fidelis, sit in domesticis rebus et privatis : quæ res ad officium imperii tui atque ad aliquam partem reipublicæ pertinebunt, de his rebus ne quid attingat. Multa enim quæ recte committi servis fidelibus possunt, tamen, sermonis et vituperationis vitandæ causa, committenda non sunt. Sed nescio quo pacto ad præcipiendi rationem delapsa est oratio mea, quum id mihi propositum initio non fuisset. Quid enim ei præcipiam quem ego, in hoc præsertim genere, intelligam prudentia non esse inferiorem quam me; usu vero etiam superiorem. Sed tamen si ad ea quæ faceres auctoritas accederet mea, tibi ipsi illa putavi fore jucundiora. Quare sint hæc fundamenta dignitatis tuæ : tua primum integritas et continentia; deinde omnium, qui tecum sunt, pudor; delectus in familiaritatibus, et provincialium

votre familiarité ; enfin l'entretien du bon ordre dans votre maison.

Si la pratique de ces règles est honorable à Rome dans la vie privée et dans le commerce ordinaire, elle doit paraître divine dans un gouvernement si vaste, parmi des mœurs si corrompues, et dans un emploi si propre à les corrompre. Cette méthode, cette discipline servira dans les lois et les jugements que vous porterez, à soutenir la sévérité que vous y avez fait paraître. Elle nous a peut-être attiré quelque haine ; mais je me félicite de la cause : à moins que vous ne me croyez touché des plaintes de Paconius, d'un je ne sais qui, que je ne prends pas même pour un Grec, mais pour un Mysien, ou plutôt pour un Phrygien ; ou des emportements de Tuscenius, homme furieux et méprisable, de la gueule impure duquel vous avez arraché fort justement son infâme passion. Ces actions et d'autres règlements fort sévères, que vous avez faits dans votre province, ne se soutiendraient pas aisément sans une extrême intégrité. Ne craignez donc pas d'apporter trop de sévérité dans vos jugements, pourvu qu'elle ne se démente point et qu'elle ne soit jamais corrompue par la faveur. Mais il servirait peu que votre justice fût sévère et constante, si ceux à qui vous confiez une partie de votre autorité n'imitaient votre exemple. Il me semble, d'ailleurs, que dans l'administra-

---

hominum et Græcorum, percautus et diligens; familiæ gravis et constans disciplina.

Quæ quum honesta sint in his privatis nostris quotidianisque rationibus; in tanto imperio, tam depravatis moribus, tam corruptrice provincia, divina videantur necesse est. Hæc institutio, atque hæc disciplina potest sustinere in rebus statuendis et decernendis eam severitatem, qua tu in iis rebus usus es, ex quibus nonnullas simultates cum magna mea lætitia susceptas habemus. Nisi forte me Paconii nescio cujus, hominis ne Græci quidem, at Mysii, aut Phrygis potius, querelis moveri putas; aut Tuscenii, hominis furiosi ac sordidi vocibus, cujus tu ex impurissimis faucibus inhonestissimam cupiditatem eripuisti summa cum æquitate. Hæc et cætera plena severitatis, quæ statuisti in ista provincia, non facile sine summa integritate sustineremus. Quare sit summa in jure dicendo severitas; dummodo ea ne varietur gratia, sed conservetur æquabilis. Sed tamen parvi refert abs te ipso jus dici æquabiliter et diligenter, nisi idem ab iis fiet quibus tu ejus muneris aliquam partem concesseris. Ac mihi quidem videtur non sane magna varietas esse negotiorum in

6.

tion de l'Asie, la variété des affaires n'est pas grande, et qu'elles se réduisent à celles de la juridiction : la méthode en est aisée, surtout celle des provinces. L'essentiel est d'y apporter de la fermeté et de la gravité pour se mettre, non-seulement au-dessus de la faveur, mais au-dessus même du soupçon.

Il faut joindre de la facilité à écouter, de la douceur dans les décisions, du soin dans les discussions et dans les réponses. Cn. Octavius s'est fait aimer récemment par ces qualités. On a vu pour la première fois le licteur immobile auprès de lui et l'*accensus* garder le silence. Chacun avait la liberté de parler autant de fois et aussi longtemps qu'il le souhaitait. On lui aurait peut-être reproché d'être trop doux, si cette sorte de douceur ne servait à soutenir la sévérité dont j'ai parlé. Les partisans de Sylla se voyaient contraints de restituer ce qu'ils avaient enlevé par la terreur et la violence. Ceux qui avaient porté des décrets injustes dans les magistratures étaient forcés par le même droit de s'y soumettre dans l'état privé. Une sévérité de cette nature paraîtrait excessive si elle n'était adoucie par de grands ménagements d'humanité. Mais si la douceur se fait goûter à Rome, où l'arrogance est si grande, la liberté si immodérée, la licence même sans bornes; à Rome, où les magistrats sont en si grand nombre, et leur pouvoir si bien soutenu par la force; où l'autorité du sénat a tant d'ascendant; combien doit-on trouver de charmes en Asie dans la bonté d'un préteur, au milieu d'une multitude de

---

administranda Asia, sed ea tota jurisdictione maxime sustineri. In qua scientiæ præsertim provincialis ratio ipsa expedita est ; constantia est adhibenda et gravitas, quæ resistat non solum gratiæ, verum etiam suspicioni.

Adjungenda etiam est facilitas in audiendo, lenitas in decernendo, in satisfaciendo ac disputando diligentia. His rebus nuper Cn. Octavius jucundissimus fuit : apud quem, primum lictor quievit ; tacuit accensus : quoties quisque voluit, dixit ; et quam voluit diu. Quibus ille rebus fortasse nimis lenis videretur, nisi hæc lenitas illam severitatem tueretur. Cogebantur Syllani homines, quæ per vim et metum abstulerant, reddere : qui in magistratibus injuriose decreverant, eodem ipsis privatis erat jure parendum. Hæc illius severitas acerba videretur, nisi multis condimentis humanitatis mitigaretur. Quod si hæc lenitas grata Romæ est, ubi tanta arrogantia est, tam immoderata libertas, tam infinita hominum licentia, denique tot magistratus, tot auxilia, tanta vis, tanta senatus auctoritas; quam jucunda tandem prætoris comitas in Asia potest esse, in qua tanta multitudo civium, tanta sociorum, tot urbes,

citoyens, d'alliés, de villes, de cités qui ont les yeux attachés sur un seul homme, et lorsqu'il n'y a point de secours à espérer, ni de plainte à faire entendre, ni de sénat, ni d'assemblée du peuple? Il est donc d'un grand homme, d'un homme naturellement modéré, et qui s'est formé l'esprit par l'éducation et par l'étude, d'user si bien de cette supériorité de puissance, que ses sujets n'aient pas besoin d'en implorer d'autres. Tel fut le Cyrus de Xénophon; mais il nous représente moins une vérité historique que l'image d'un empire gouverné par la justice. Xénophon associe dans son héros une extrême gravité avec une douceur aimable. Ce n'est pas sans raison que notre Scipion l'Africain avait continuellement cet ouvrage entre les mains; car on y trouve toutes sortes d'exemples de diligence et de modération dans la puissance suprême. Si ces vertus étaient si familières à Cyrus, qui était né pour demeurer constamment sur le trône, combien devraient-elles l'être à ceux qui ont reçu le commandement pour le rendre, et qui doivent rentrer sous l'empire des lois desquelles ils l'ont reçu?

Pour moi, c'est mon principe que le devoir de ceux qui commandent est de rapporter tout au bonheur de ceux qui vivent sous leur empire. Tout le monde s'est accordé constamment à publier que vous avez et que, dès votre arrivée dans l'Asie, vous aviez toujours eu cette maxime devant les yeux. En effet, la raison

tot civitates unius hominis nutum intuentur; ubi nullum auxilium est, nulla conquestio, nullus senatus, nulla concio? Quare quum permagni hominis est, et quum ipsa natura moderati, tum vero etiam doctrina atque optimarum artium studiis eruditi, sic se adhibere in tanta potestate, ut nulla alia potestas ab iis, quibus ipse præsit, desideretur. Cyrus ille a Xenophonte non ad historiæ fidem scriptus, sed ad effigiem justi imperii; cujus summa gravitas ab illo philosopho cum singulari comitate conjungitur; quos quidem libros non sine causa noster ille Africanus de manibus ponere non solebat. Nullum est enim prætermissum in iis officium diligentis et moderati imperii; eaque, si sic coluit ille, qui privatus futurus nunquam fuit, quonam modo retinenda sunt iis, quibus imperium ita datum est, ut redderent; et ab iis legibus datum est ad quas revertendum est?

At mihi quidem videtur huc omnia esse referenda iis qui præsunt aliis; ut ii, qui erunt eorum in imperio sint quam beatissimi: quod tibi esse et antiquissimum et ab initio fuisse, ut primum Asiam attigisti, constante fama atque

ne demande-t-elle pas que non-seulement celui qui gouverne des alliés et des villes, mais que celui même qui commande à des esclaves et à des animaux muets, cherche l'utilité et le bien de ceux qui lui sont soumis? Je vois que de ce côté-là tout le monde vous rend justice, et qu'on applaudit généralement à l'activité de vos soins ; que vous n'avez pas laissé contracter de nouvelles dettes aux villes ; que vous avez délivré plusieurs villes du fardeau écrasant de leurs anciennes dettes ; que vous en avez rétabli d'autres qui étaient ruinées et presque désertes, entre lesquelles on nomme Samos, ville très-noble de l'Ionie, et Halicarnasse dans la Carie ; qu'on n'entend point parler de discordes et de séditions ; que vous avez soin de remettre le gouvernement particulier des villes à la prudence de leurs chefs ; que le vol n'est plus connu dans la Mysie, ni le meurtre dans une infinité d'autres lieux ; que la tranquillité est bien établie dans toute la province ; que ce n'est pas seulement dans les campagnes et sur les chemins que vous avez réprimé le vol et le meurtre, mais jusque dans les villes et les temples, où l'on en commettait plus souvent et de plus considérables ; que vous avez mis la fortune, l'honneur et le repos des personnes riches à couvert de la calomnie, ce cruel ministre de l'avidité des préteurs ; que les répartitions des frais et des impôts sont égales entre les habitants ; que l'accès est toujours facile

---

omnium sermone celebratum est. Est autem non modo ejus, qui sociis et civibus, sed etiam ejus qui servis, qui mutis pecudibus præsit, eorum quibus præsit commodis utilitatique servire. Cujus quidem generis constare inter omnes video, abs te summam adhiberi diligentiam : nullum æs alienum novum contrahi civitatibus ; vetere autem magno et gravi multas abs te esse liberatas ; urbes complures dirutas, ac pæne desertas (in quibus unam Ioniæ nobilissimam, alteram Cariæ, Samum et Halicarnassum) per te esse recreatas ; nullas esse in oppidis seditiones, nullas discordias ; provideri abs te ut civitates optimatium consilio administrentur ; sublata Mysiæ latrocinia ; cædes multis locis repressas ; pacem tota provincia constitutam ; neque solum illa itinerum atque agrorum, sed multo etiam plura et majora oppidorum et fanorum furta et latrocinia esse depulsa : remotam a fama et a fortunis et ab otio locupletum, illam acerbissimam ministram prætorum avaritiæ calumniam : sumptus et tributa civitatum ab omnibus qui earum civitatum fines incolant, tolerari æquabiliter ; facillimos esse aditus ad te ; patere aures tuas querelis omnium ;

auprès de vous, et que vous avez l'oreille ouverte aux plaintes de tous ; que l'indigence et le défaut de protection n'excluent personne, non-seulement de votre tribunal, qui est fait pour le public, mais de votre maison même et de votre cabinet ; enfin que dans toute l'étendue de votre empire on ne voit rien qui sente la rigueur et la cruauté, et qu'au contraire tout y respire la clémence, la douceur et l'humanité.

Quelle obligation ne vous a-t-on pas, quoique ce ne soit pas sans avoir fait ici des mécontents, d'avoir délivré l'Asie du poids des présents qu'elle faisait aux édiles ! Un de nos nobles se plaint que vous lui avez enlevé deux cent mille sesterces, en ordonnant, par votre édit, qu'on ne fournira plus d'argent pour les jeux ; jugeons par là combien il en coûterait à votre province, si tous ceux qui doivent représenter des jeux obtenaient de si grosses sommes, comme l'usage avait déjà commencé à s'en établir. Cependant j'ai fait cesser ici ces plaintes, par la résolution que j'ai prise et que vous connaissez : je ne sais ce qu'on en pense dans l'Asie, mais elle m'attire à Rome beaucoup de louanges et d'admiration. Les villes, comme vous savez, avaient résolu de m'élever un temple et un monument ; leur seule raison était leur ardente inclination, fondée sur les grands services que je leur ai rendus et sur les bienfaits extraordinaires qu'elles ont reçus de vous. La loi permettait, par une exception, qu'on pût lever de l'argent pour un temple et pour un monument ; et comme il ne

---

nullius inopiam ac solitudinem, non modo illo populari accessu ac tribunali, sed ne domo quidem et cubiculo esse exclusam ; tuo toto denique imperio nihil acerbum esse, nihil crudele ; atque omnia plena clementiæ, mansuetudinis, humanitatis.

Quantum vero illud est beneficium tuum, quod iniquo et gravi vectigal ædilitiorum, magnis nostris simultatibus, Asiam liberasti ? Enimvero si unus homo nobilis queritur palam, te, quod edixeris ne ad ludos pecuniæ decernerentur, H-S cc sibi eripuisse, quanta tandem pecunia penderetur, si omnium nomine, quicumque Romæ ludos facerent, quod erat jam institutum, erogaretur ? Quanquam has querelas hominum nostrorum illo consilio oppressimus, quod in Asia nescio quonam modo, Romæ quidem non mediocri cum admiratione laudatur ; quod quum ad templum monumentumque nostrum, civitates pecunias decrevissent, quumque id et pro magnis meis meritis, et pro tuis maximis beneficiis summa sua voluntate fecissent ; nominatimque lex exciperet ut ad templum monumentumque capere liceret, quumque id quod

devait point être employé à des usages périssables, mais à l'ornement d'un temple, il semblait que la gloire en appartînt moins à moi qu'au peuple romain, et même aux dieux immortels. Je n'ai pas laissé de refuser une proposition où ma dignité ne s'accordait pas moins avec la loi qu'avec le penchant de ceux qui m'offraient cet honneur; et de toutes les raisons qui m'ont fait prendre ce parti, la plus forte a été l'envie de consoler par mon exemple ceux à qui la même faveur n'est pas due, et qui ne peuvent légitimement l'accepter. Attachez-vous donc de toutes vos forces à la conduite que vous avez tenue jusqu'à présent. Aimez ceux que le sénat et le peuple romain ont commis, ont confiés à votre fidélité et à votre pouvoir. Ne négligez rien pour leur conservation, et faites votre étude de les rendre heureux. Si le sort vous avait fait tomber en partage le gouvernement des Africains, des Espagnols ou des Gaulois, nations grossières et barbares, l'humanité ne vous obligerait pas moins de travailler à leur avantage et à leur conservation. Mais vous commandez à des hommes, non-seulement doux et humains, mais chez qui l'on prétend que les autres ont puisé la douceur et l'humanité. Ne sommes-nous pas obligés d'exercer sur eux des vertus qu'ils nous ont transmises? Je n'ai pas honte de le dire, surtout lorsque ma conduite et les actions par lesquelles je me suis fait connaître ne me laissent craindre aucun soupçon d'indolence ou de légèreté;

---

dabatur non esset interiturum, sed in ornamentis templi futurum, ut non mihi potius, quam populo Romano ac diis immortalibus datum videretur: tamen id, in quo erat dignitas, erat lex, erat eorum, qui faciebant, voluntas, accipiendum non putavi; tum aliis de causis, tum etiam ut animo æquiore ferrent ii, quibus nec deberetur nec liceret. Quapropter incumbe toto animo et studio omni in eam rationem qua adhuc usus es, ut eos quos tuæ fidei potestatique senatus populusque Romanus commisit et credidit, diligas et omni ratione tueare, ut esse quam beatissimos velis. Quid si te sors Afris aut Hispanis aut Gallis præfecisset, immanibus ac barbaris nationibus, tamen esset humanitatis tuæ consulere eorum commodis et utilitati, salutique servire. Quum vero ei generi hominum præsimus, non modo in quo ipsa sit, sed etiam a quo ad alios pervenisse putetur humanitas, certe iis eam potissimum tribuere debemus, a quibus accepimus. Non enim me hoc jam dicere pudebit, præsertim in ea vita atque iis rebus gestis, in quibus non potest residere inertiæ aut levitatis ulla suspicio, nos ea, quæ consecuti sumus, his studiis et

tout ce que nous avons acquis, nous le devons aux sciences et aux arts qui nous ont été transmis par les Grecs. Ainsi, avec la probité commune dont nous sommes redevables à tout le monde, il est juste que, nous étant cultivé l'esprit par les préceptes des Grecs, nous leur rendions particulièrement ce que nous avons pris d'eux.

Platon, ce maître en fait de génie et de savoir, était persuadé que les États seraient heureux s'ils étaient gouvernés par des hommes sages et savants, ou si ceux qui les gouvernent s'attachaient fortement à l'étude et à la sagesse. Il regardait ainsi l'union de la puissance et de la doctrine comme la source du salut des citoyens. Ce bonheur est peut-être arrivé quelquefois à toute la république romaine ; mais votre province peut se flatter d'en jouir aujourd'hui, puisqu'elle est sous les lois d'un homme qui a donné dès son enfance beaucoup de temps et d'application à l'étude des sciences, de la politesse et de la vertu. Qu'il paraisse donc que cette année qu'on ajoute à la durée de votre travail est une prolongation de salut pour l'Asie. Puisque l'Asie a réussi mieux à vous retenir que nous à vous rappeler, il faut que sa joie serve à diminuer notre regret : car si vous vous êtes efforcé plus que personne de mériter les honneurs extraordinaires et peut-être sans exemple qui vous ont été décernés, vous n'en devez apporter que plus de soins à

artibus esse adeptos, quæ sint nobis Græciæ monumentis disciplinisque tradita. Quare præter communem fidem, quæ omnibus debetur, hoc nos isti hominum generi præcipue debere videmur, ut, quorum præceptis sumus eruditi, apud eos ipsos, quod ab iis didicerimus, velimus expromere.

Atque ille quidem princeps ingenii et doctrinæ Plato, tum denique fore beatas respublicas putavit; si aut docti ac sapientes homines eas regere cœpissent; aut ii qui regerent, omne suum studium in doctrina ac sapientia collocassent. Hanc conjunctionem videlicet potestatis ac sapientiæ, saluti censuit civitatibus esse posse : quod fortasse aliquando universæ reipublicæ nostræ; nunc quidem profecto isti provinciæ contigit, ut is in ea summam potestatem haberet, cui in doctrina, cui in virtute atque humanitate percipienda, plurimum a pueritia studii fuisset, et temporis. Quare cura, ut hic annus, qui ad laborem tuum accessit, idem ad salutem Asiæ prorogatus esse videatur. Quoniam in te retinendo fuit Asia felicior quam nos in deducendo; perfice, ut lætitia provinciæ desiderium nostrum leniatur. Etenim si in promerendo, ut tibi tanti honores haberentur, quanti haud scio an nemini, fuisti omnium di-

les conserver. Je vous ai déjà marqué ce que je pense de cette espèce d'honneurs. Je les ai toujours crus méprisables lorsqu'ils sont trop communs, et légers lorsqu'ils ne sont accordés qu'aux circonstances; mais s'ils se donnent au mérite, comme il est arrivé dans votre personne, je crois qu'ils doivent être conservés avec toutes sortes de soins. Ainsi, jouissant du bonheur suprême dans les villes où vous voyez vos vertus consacrées et placées au rang des dieux, proposez-vous dans toutes vos actions ce que vous devez à l'opinion glorieuse qu'on a de vous, au jugement qu'on en a porté et aux honneurs qu'on vous a rendus. Vous vous acquitterez de cette dette en étendant vos soins à tout le monde, en remédiant aux maux de vos peuples, en veillant à leur conservation, en vous efforçant d'être considéré et nommé le père de l'Asie.

Je me figure que les publicains ne sont pas un petit obstacle à de si louables intentions : prendre parti contre eux, c'est aliéner de la république et de nous un corps à qui nous avons des obligations considérables, et que nous avons attaché à la république; leur lâcher la bride, c'est consentir à la ruine de ceux dont nous devons non-seulement assurer le salut, mais dont les moindres intérêts doivent nous être chers. A parler sincèrement, je ne vois que cette difficulté dans votre administration. Il est

ligentissimus, multo majorem in his honoribus tuendis adhibere diligentiam debes. Et quidem de isto genere honorum quid sentirem, scripsi ad te antea. Semper eos putavi, si vulgares essent, viles; si temporis causa constituerentur, leves : si vero (id quod ita factum est) meritis tuis tribuerentur, existimabam multam tibi in his honoribus tuendis operam esse ponendam. Quare, quoniam in istis urbibus cum summo imperio et potestate versaris, in quibus tuas virtutes consecratas et in deorum numero collatas vides ; in omnibus rebus, quas statues, quas decernes, quas ages, quid tantis hominum opinionibus, tantis de te judiciis, tantis honoribus debeas, cogitabis. Id autem erit ejusmodi, ut consulas omnibus, ut medeare incommodis hominum, provideas saluti, ut te parentem Asiæ et dici et haberi velis.

Atque hic tuæ voluntati ac diligentiæ difficultatem magnam afferunt publicani : quibus si adversamur, ordinem de nobis optime meritum, et per nos cum republica conjunctum, et a nobis et a republica dijungemus. Sin autem omnibus in rebus obsequemur, funditus eos perire patiemur quorum non modo saluti, sed etiam commodis consulere debemus. Hæc est una (si vere cogitare volumus) in toto imperio tuo difficultas. Nam esse abstinentem, continere

plus glorieux que difficile de savoir s'abstenir, de maîtriser toutes ses passions, de mettre un frein à celles des gens qui nous appartiennent, d'administrer la justice avec une modération constante, de prendre une connaissance exacte des affaires, de donner à tous audience et facile accès; il faut, pour cela, moins de travail que de dispositions naturelles et de bonne intention. Mais je juge des mortifications que nos alliés reçoivent des publicains par les derniers mouvements de nos citoyens, qui, lorsqu'il était question d'abolir les péages d'Italie, se plaignirent moins des péages mêmes que de certains abus de la perception. Après avoir entendu les plaintes des citoyens en Italie, je ne puis ignorer de quelle manière on traite nos alliés à l'extrémité de l'empire. Il semble ici que, pour satisfaire tout à la fois les publicains, surtout dans un bail qui leur est si désavantageux, et pour empêcher la ruine des alliés, il ne faut pas moins qu'une vertu divine. Premièrement, les Grecs ne doivent pas supporter les impôts avec autant d'impatience qu'ils en font paraître, puisque, avant d'être sujets de l'empire romain, l'usage en était établi parmi eux. Il ne faut pas non plus que le nom de publicain leur paraisse si méprisable ; car ils n'ont pu, sans le ministère d'un publicain, faire payer le tribut que Sylla leur avait imposé, quoique la répartition en fût égale. Il paraît même que les Grecs ne lèvent pas les impôts avec plus de ménagement que nos publicains, puisque les Cauniens et tous les habitants des îles

---

omnes cupiditates, suos coercere, juris æquabilem tenere rationem, facilem te in rebus cognoscendis, in hominibus audiendis admittendisque præbere, præclarum magis est quam difficile : non est enim positum in labore aliquo, sed in quadam inductione animi atque voluntate. Illa causa publicanorum, quantam acerbitatem afferat sociis, intelleximus ex civibus, qui nuper in portoriis Italiæ tollendis, non tam de portorio quam de nonnullis injuriis portitorum querebantur. Quare non ignoro quid sociis accidat in ultimis terris, quum audierim in Italia querelas civium. Hic te ita versari ut et publicanis satisfacias (præsertim publicis male redemptis) et socios perire non sinas, divinæ cujusdam virtutis esse videtur. Ac primum Græcis, id quod acerbissimum est, quod sunt vectigales, non ita acerbum videri debet; propterea quod sine imperio populi Romani, suis institutis, per se ipsi ita fuerunt. Nomen autem publicani aspernari non possunt, qui pendere ipsi vectigal sine publicano non potuerunt, quod iis æqualiter Sylla descripserat. Non esse autem leniores in exigendis vectigalibus Græcos quam nostros publicanos, hinc intelligi potest, quod Caunii nuper,

que Sylla avait renfermés dans le département de Rhodes, eurent recours au sénat pour obtenir que leur payement se fît directement à nous plutôt qu'aux Rhodiens. Ainsi ce n'est point à ceux qui ont toujours été chargés d'impôts à marquer tant d'horreur pour le nom de publicain; ni à ceux qui n'ont pu se passer du secours des publicains, à les mépriser; ni à ceux enfin qui en ont demandé volontairement au sénat,
les refuser. Que l'Asie fasse attention, d'ailleurs, qu'il n'y a point de guerre extérieure, ni de troubles domestiques auxquels elle ne fût exposée, si elle n'était soumise à notre empire; et puisque cet empire ne peut se soutenir que par le moyen des impôts, elle doit acheter sans regret, de quelque partie de ses revenus, le bonheur d'une tranquillité perpétuelle.

Dès qu'ils souffriront sans peine le nom de publicain et la nature de cet office, votre prudence et vos ménagements leur rendront le reste plus supportable. Ils peuvent, dans leurs conventions, considérer moins la loi des censeurs que les facilités qu'on a voulu leur donner pour terminer les affaires et pour sortir d'embarras. Il est à propos aussi de leur représenter, comme vous avez toujours fait et comme vous faites encore, quelle est la dignité des publicains, et combien nous avons d'obligations à cet ordre. Ainsi, sans employer votre autorité, ni la violence du pouvoir et des faisceaux, vous parviendrez à mettre

---

omnesque ex insulis, quæ erant ab Sylla Rhodiis attributæ, confugerunt ad senatum, nobis ut potius vectigal quam Rhodiis penderent. Quare nomen publicani neque ii debent horrere, qui semper vectigales fuerunt, neque ii aspernari qui per se pendere vectigal non potuerunt; neque ii recusare qui postulaverunt. Simul et illud Asia cogitet, nullam a se neque belli externi, neque discordiarum domesticarum calamitatem abfuturam fuisse, si hoc imperio non teneretur. Id autem imperium quum retineri sine vectigalibus nullo modo possit, æquo animo parte aliqua suorum fructuum, pacem sibi sempiternam redimat atque otium.

Quod si genus ipsum et nomen publicani non iniquo animo sustinebunt; poterunt iis, consilio et prudentia tua, reliqua videri minora. Possunt in pactionibus faciendis, non legem spectare censoriam, sed potius commoditatem conficiendi negotii et liberationem molestiæ. Potes etiam tu id facere, quod et fecisti egregie, et facis, ut commemores quanta sit in publicanis dignitas, quantum nos illi ordini debeamus; ut remoto imperio ac vi potestatis et fa-

la paix et la bonne intelligence entre les publicains et les Grecs. Ne manquez point aussi d'engager ceux que vous avez obligés et qui vous doivent tout, à maintenir par leur facilité les liens qui nous unissent aux publicains. Mais pourquoi vous exhorter à ce que vous pouvez faire de vous-même sans le secours d'aucun précepte, et à ce que vous avez déjà fait presque sans exception? D'honnêtes et nombreuses compagnies de publicains ne cessent tous les jours de m'en remercier; et j'en ai d'autant plus de joie, que les Grecs ne me font pas moins de remercîments. Mais je conviens qu'il est difficile d'accorder d'inclination ceux dont les intérêts, les avantages et le caractère même sont si opposés. Encore une fois, ce n'est pas l'envie de vous instruire qui m'a fait entrer dans ce détail; vos lumières peuvent se passer de conseils; mais j'ai pris plaisir à retracer l'image de votre vertu, et je ne me reproche que d'avoir été plus long que je ne voulais et que je ne l'avais prévu.

Il n'y a qu'un point sur lequel je ne cesserai de vous donner mes avis, parce qu'autant qu'il me sera possible je ne souffrirai point qu'on vous loue avec restriction. En louant votre vertu, votre intégrité, votre humanité, tous ceux qui arrivent ici n'exceptent du témoignage qu'ils vous rendent que la seule colère. Si dans le commerce de la vie privée ce vice est une

---

scium, publicanos cum Græcis gratia atque auctoritate conjungas. Sed et ab iis, de quibus optime tu meritus es, et qui tibi omnia debent, hoc petas; ut facilitate sua, nos eam necessitudinem, quæ est nobis cum publicanis, obtinere et conservare patiantur. Sed quid ego te hæc hortor, quæ tu non modo facere potes tua sponte, sine cujusquam præceptis, sed etiam magna jam ex parte perfecisti? Non enim desistunt nobis agere quotidie gratias honestissimæ et maximæ societates; quod quidem mihi idcirco jucundius est, quod idem faciunt Græci. Difficile est autem ea quæ commodis, utilitate, et natura diversa sunt, voluntate conjungere. At ea quidem, quæ supra scripta sunt, non ut te instituerem scripsi (neque enim prudentia tua cujusquam præcepta desiderat); sed me in scribendo commemoratio tuæ virtutis delectavit : quanquam in his litteris longior fui, quam aut vellem, aut quam me putavi fore.

Unum est, quod tibi ego præcipere non desinam; neque te patiar (quantum in me erit) cum exceptione laudari. Omnes enim qui istinc veniunt, ita de tua virtute, integritate, humanitate commemorant, ut in tuis summis laudibus excipiant unam iracundiam : quod vitium, quum in hac privata quoti-

marque de légèreté et de faiblesse, il faut avouer que rien n'est si déplacé dans l'exercice du pouvoir absolu. Je n'entreprendrai point de vous rapporter tout ce que les savants ont dit de la colère : ce détail serait infini, et vous n'avez qu'à jeter les yeux sur leurs ouvrages. Je me borne à l'office d'une lettre, qui est d'informer ceux à qui l'on écrit de ce qu'ils ignorent. Tout le monde nous rapporte que rien n'est plus aimable que vous lorsque vous n'êtes point dominé par la colère; mais qu'aussitôt que la méchanceté et la mauvaise foi de quelqu'un ont remué votre bile, vous devenez si furieux qu'on ne vous reconnait plus. Songez que c'est moins une passion déréglée pour la gloire, que le cours de notre fortune et les circonstances qui nous ont engagés dans une carrière où nous devons nous attendre qu'on ne cessera jamais de parler de nous, et prenons garde, autant que nous le pouvons, qu'on n'ait point de vice trop signalé à nous reprocher. Je ne prétends point qu'on puisse changer de caractère, ni se défaire tout d'un coup de ses anciennes habitudes; j'en connais la difficulté, surtout à notre âge ; mais si la colère est plus prompte à s'emparer de votre âme que votre raison à l'arrêter, je vous exhorte à vous fortifier d'avance, en pensant tous les jours qu'il faut résister à la colère, et, chose aussi difficile que de la vaincre, que c'est dans ses accès les plus violents que vous

dianaque vita levis esse animi atque infirmi videtur : tum vero nihil est tam deforme quam ad summum imperium etiam acerbitatem naturæ adjungere. Quare illud non suscipiam, ut, quæ de iracundia dici solent a doctissimis hominibus, ea tibi nunc exponam, quum et nimis longus esse nolim et ex multorum scriptis ea facile possis cognoscere; quod est epistolæ proprium, ut is ad quem scribitur, de iis rebus quas ignorat, certior fiat, prætermittendum esse non puto. Sed ad nos omnes fere deferunt, nihil, quum absit iracundia, te fieri posse jucundius : sed quum te alicujus improbitas perversitasque commoverit, sic te animo incitari ut ab omnibus tua desideretur humanitas. Quare quum in eam rationem vitæ nos non tam cupiditas quædam gloriæ quam res ipsa ac fortuna deduxit, ut sempiternus sermo hominum de nobis futurus sit; caveamus quantum efficere et consequi possumus, ut ne quid in nobis insigne vitium fuisse dicatur. Neque ego nunc hoc contendo, quod fortasse quum in omni natura, tum jam in nostra ætate difficile est, mutare animum, et si quid est penitus insitum moribus, id subito evellere : sed te illud admoneo, ut, si hoc plene vitare non potes, quod ante occupatus animus iracundia quam providere ratio potuit ne occuparetur ; ut te ante compares quotidieque meditere, resistendum esse iracundiæ; quumque ea maxime animum

devez apporter plus de soin à contenir votre langue. La gravité seule, et quelquefois la lenteur d'esprit suffisent pour vaincre la colère ; mais se rendre maître de son esprit et de sa langue dans la chaleur de l'emportement, être capable de se taire et de faire violence à l'impétuosité de ses mouvements, c'est l'effet, sinon d'une parfaite sagesse, du moins d'une force d'esprit extraordinaire. On nous assure que vous avez déjà pris beaucoup sur vous-même, et nous n'entendons plus parler ni de ces violentes agitations, ni de ces discours injurieux et de ces outrages, qui sont aussi contraires à la dignité du commandement qu'incompatibles avec la politesse et la culture de l'esprit. La colère, quand elle est implacable, marque dans l'âme un excès de dureté ; elle marque de la légèreté si elle est facile à s'apaiser. J'aimerais mieux néanmoins le dernier de ces deux vices, parce qu'entre deux maux il faut préférer le moindre. Pendant votre première année on vous a fait là-dessus bien des reproches, et je m'imagine que, si vous y avez donné occasion, c'est que l'injustice, l'insolence, la cupidité, choses nouvelles pour vous, vous semblaient insupportables. Vous avez paru plus doux l'année suivante, parce que l'expérience, la raison et même mes lettres vous ont rendu plus patient. Mais vous devez être si parfaitement corrigé dans votre troisième année, qu'on vous trouve irréprochable.

moveat, tum tibi esse diligentissime linguam continuendam : quæ quidem mihi virtus non interdum minor videtur quam omnino non irasci. Nam illud non solum est gravitatis, sed nonnunquam etiam lentitudinis : moderari vero et animo et orationi quum sis iratus, aut etiam tacere et tenere in sua potestate motum animi et dolorem, etsi non est sapientiæ, tamen est non mediocris ingenii. Atque in hoc genere multo te esse jam commodiorem mitioremque nuntiant. Nullæ tuæ vehementiores animi concitationes, nulla maledicta ad nos, nullæ contumeliæ perferuntur : quæ quum abhorrent a litteris, ab humanitate, tum vero contraria sunt imperio ac dignitati. Nam si implacabiles iracundiæ sint, summa est acerbitas : sin autem exorabiles, summa levitas ; quæ tamen, ut in malis, acerbitati anteponenda est. Sed quoniam primus annus habuit de hac reprehensione plurimum sermonis, credo propterea quod tibi hominum injuriæ, quod avaritiæ, quod insolentia præter opinionem accidebat et intolerabilis videbatur : secundus autem multo lenior, quod et consuetudo et ratio et (ut ego arbitror) meæ quoque litteræ te patientiorem lenioremque fecerunt : tertius annus ita esse debet emendatus, ut ne minimam quidem rem quisquam possit ullam reprehendere.

Ce ne sont plus ici des exhortations ni des préceptes; ce sont les instances d'un frère, qui vous conjure d'apporter tous les efforts de votre âme, tous vos soins, toutes vos pensées à mériter de tous côtés des éloges. Si notre situation ne nous attirait qu'une réputation ordinaire, on ne vous demanderait rien qui surpassât l'usage et les exemples communs; mais dans l'éclat du rang où nous sommes, après nous être distingués dans les plus grandes affaires, je ne sais s'il y a quelque tempérament à espérer pour votre administration entre beaucoup de gloire ou beaucoup de blâme. Nous devons compter que tous les honnêtes gens nous favorisant de leur estime, ils exigent et ils attendent de nous de la diligence et de la vertu; et que les méchants, parce que nous leur avons déclaré une guerre éternelle, prendront occasion de nos moindres défauts pour exercer leur censure. Voyez quel champ est ouvert à vos vertus! Théâtre immense, éclairé, et si retentissant, que le bruit s'en répand jusqu'à Rome : efforcez-vous, je vous conjure, n'épargnez rien pour paraître digne d'une si belle carrière, et supérieur même à votre objet par votre mérite et vos soins. Le sort, qui a réglé notre partage, m'a chargé d'une partie de l'administration dans la magistrature de Rome, tandis qu'il vous a donné le même soin dans les provinces. Si dans mon rôle je ne suis inférieur à per-

---

Ac jam hoc loco non hortatione, neque præceptis, sed precibus tecum fraternis ago; totum ut animum, curam, cogitationemque tuam ponas in omnium laude undique colligenda. Quod si in mediocri statu sermonis ac prædicationis nostræ res essent; nihil abs te eximium, nihil præter aliorum consuetudinem postularetur : nunc vero propter earum rerum in quibus versati sumus, splendorem et magnitudinem, nisi summam laudem ex ista provincia assequimur, vix videmur summam vituperationem posse vitare. Ea nostra ratio est, ut omnes boni quum faveant, tum etiam a nobis omnem diligentiam virtutemque et postulent et exspectent : omnes autem improbi (quod cum iis bellum suscepimus sempiternum) vel minima re ad reprehendendum contenti esse videantur. Quare quoniam ejusmodi theatrum tuis virtutibus est datum, celebritate refertissimum, magnitudine amplissimum, judicio eruditissimum, natura autem ita resonans, ut usque Romam significationes, vocesque referantur : contende quæso atque elabora, non modo ut his rebus dignus fuisse, sed etiam ut illa omnia tuis artibus superasse videare. Et quoniam mihi casus urbanam in magistratibus administrationem reipublicæ, tibi provincialem dedit, si mea pars nemini cedit, fac ut tua cæteros vincat. Simul et illud cogita, nos non

sonne, il faut que dans le vôtre vous l'emportiez sur tout le monde. Souvenez-vous aussi que l'objet de notre travail n'est plus une gloire en espérance qui nous reste à mériter : nous l'avons acquise; et nous n'avons pas eu tant de raison de la souhaiter que de la défendre. Si j'avais quelque chose qui ne me fût pas commun avec vous, mes désirs se borneraient à la possession de l'état où je me suis élevé ; mais nos intérêts son si mêlés, que si du lieu où vous êtes vos actions et vos discours ne répondaient point aux miens, je croirais n'avoir rien acquis par tant de travaux et de dangers que vous avez partagés avec moi. Après avoir servi plus que tous les autres à nous faire une réputation brillante, vous êtes obligé de faire plus aussi pour la conserver ; et ce n'est pas seulement l'estime et l'approbation de notre siècle, c'est celle des siècles futurs que vous devez vous proposer, d'autant plus qu'étant purgés de la malignité et de l'envie, leur jugement sera plus véridique. Enfin, souvenez-vous aussi que vous ne travaillez pas pour votre seule gloire (quoiqu'il ne vous soit pas permis de la négliger, surtout depuis que vous avez voulu perpétuer votre mémoire par des monuments glorieux), mais que vous devez me la communiquer et la transmettre à nos enfants : la négliger, c'est non-seulement vous manquer à vous-même, mais ravir à votre famille un droit qui lui appartient. Loin de vous croire endormi et de vouloir vous

---

de reliqua et sperata gloria jam laborare, sed de parta dimicare : quæ quidem non tam expetenda nobis fuit quam tuenda est. Ac si mihi quidquam esset abs te separatum, nihil amplius desiderarem hoc statu, qui mihi jam partus est. Nunc vero res sic sese habet, ut nisi omnia tua facta atque dicta nostris rebus istinc respondeant, ego me meis tantis laboribus tantisque periculis, quorum tu omnium particeps fuisti, nihil consecutum putem. Quod si ut amplissimum nomen consequeremur unus præter cæteros adjuvisti, certe idem, ut id retineamus, præter cæteros elaborabis. Non est tibi his solis utendum existimationibus ac judiciis, qui nunc sunt, hominum; sed iis etiam qui futuri sunt : quanquam illorum erit verius judicium, obtrectatione et malevolentia liberatum. Denique illud etiam debes cogitare, non te tibi solum gloriam quærere; quod si esset, tamen non negligeres; præsertim quum in amplissimis monumentis consecrare voluisses memoriam nominis tui : sed ea tibi est communicanda mecum, prodenda liberis nostris. In quo cavendum est, ne, si negligentior fueris, non solum tibi parum consuluisse, sed etiam tuis invidisse videaris. Atque hæc non eo dicuntur, ut te oratio mea dormientem

réveiller par mes instances, je ne pense qu'à vous exciter dans votre course. Vous ne vous démentirez pas, vous ferez toujours admirer votre équité, votre tempérance, la sévérité de votre justice et votre intégrité ; mais la tendresse que j'ai pour vous m'inspire une avidité insatiable pour votre gloire. Au reste, vous devez connaître à présent l'Asie comme on connaît sa propre maison. Avec tant d'expérience jointe aux lumières de votre sagesse, je suis persuadé que vous n'ignorez rien qui touche à la gloire, et que vous n'avez pas besoin d'exhortation pour vous rappeler tous les jours ces idées. Mais moi, qui crois vous entendre quand je lis vos lettres, et vous parler lorsque je vous écris, celles que je reçois avec le plus de plaisir sont toujours les plus longues, et j'oublie souvent que les miennes peuvent l'être trop. Je finis par une prière, que vous regarderez aussi comme une exhortation : à l'exemple des bons poëtes et des habiles acteurs, recueillez toutes vos forces pour la dernière partie et pour le dénoûment de votre rôle et de votre ouvrage, afin qu'il ne manque rien à la perfection et à la gloire de votre troisième année, comme à celle d'un troisième acte. C'est à quoi vous réussirez aisément, si, avec le désir particulier que vous avez toujours eu de me plaire, vous vous imaginez que vous m'avez continuellement avec vous, et que je suis sans cesse témoin de vos actions et de vos discours. Il ne me reste qu'à vous prier de prendre soin

excitasse, sed potius ut currentem incitasse videatur. Facies enim perpetuo, quæ fecisti, ut omnes æquitatem tuam, temperantiam, severitatem, integritatemque laudent. Sed me quædam tenet, propter singularem amorem, infinita in te aviditas gloriæ. Quanquam illud existimo, quum jam tibi Asia, sicut unicuique sua domus, nota esse debeat : quum ad tuam summam prudentiam tantus usus accesserit : nihil esse, quod ad laudem attineat, quod non tu optime perspicias, et tibi non, sine cujusquam hortatione, in mentem veniat quotidie. Sed ego, qui, quum tua lego, te audire, et qui, quum ad te scribo, tecum loqui videor, idcirco et tua longissima quoque epistola maxime delector, et ipse in scribendo sæpe sum longior. Illud te ad extremum et oro et hortor, ut tanquam poetæ boni, et actores industrii solent, sic tu in extrema parte, et conclusione muneris ac negotii tui, diligentissimus sis : ut hic tertius annus imperii tui, tanquam tertius actus, perfectissimus atque ornatissimus fuisse videatur. Id facillime facies, si me cui semper uni magis quam universis, placere voluisti, tecum semper esse putabis, et omnibus iis rebus quas dices aut facies interesse. Reliquum est ut te orem

de votre santé, si vous vous intéressez à la mienne et à celle de tous ceux qui vous aiment.

LETTRE XXX

Tusculum, an de Rome 694.

CICÉRON A ATTICUS

Vous m'avez fait grand plaisir de m'envoyer le livre de Sérapion ; entre nous, je n'en entends pas la millième partie. J'ai ordonné qu'on vous le payât comptant, de peur que vous ne le mettiez sur vos livres de compte, à titre de présent.

Mais, à propos d'argent, finissez, je vous prie, à quelque prix que ce soit, avec Titinius. S'il ne veut pas s'en tenir aux conditions du marché, je suis fort d'avis de lui rendre ce qu'on a acheté trop cher, pourvu toutefois que votre sœur y consente ; sinon, j'aime mieux qu'on lui donne quelque chose de plus, pour ne point mettre d'obstacle à cette affaire : je voudrais bien qu'avant de partir, vous la terminassiez avec cette affection et cette exactitude qui vous sont ordinaires.

ut valetudini tuæ, si me et tuos omnes valere vis, diligentissime servias.

EPISTOLA XXX

(ad Att., II, 4)

Scrib. in Tusculano A. V. C. 694.

CICERO ATTICO SAL.

Fecisti mihi pergratum, quod Serapionis ad me librum misisti : ex quo quidem ego, quod inter nos liceat dicere, millesimam partem vix intelligo. Pro eo tibi præsentem pecuniam solvi imperavi ; ne tu expensum muneribus ferres.

At quoniam nummorum mentio facta est, amabo te, cura, ut cum Titinio, quoquo modo poteris transigas. Si in eo, quod ostenderat, non stat ; mihi maxime placet, ea, quæ male empta sunt, reddi, si voluntate Pomponiæ fieri poterit : si ne id quidem, nummi potius reddantur, quam ullus sit scrupulus. Valde hoc velim ante quam proficiscare, amanter, ut soles, diligenterque conficias.

7.

Clodius va donc en ambassade chez Tigrane? je voudrais qu'il y eût le destin de Sceptius; mais je m'en console. Il vaut mieux que j'attende, pour me faire donner une légation libre, que mon frère soit revenu de son gouvernement, comme je l'espère, et que l'on puisse savoir ce que prétend faire ce nouveau pontife de la Bonne Déesse. En attendant, je me divertirai avec les Muses, non-seulement sans inquiétude, mais avec joie ; il ne me viendra point dans l'esprit de porter envie à Crassus, et je ne me repentirai jamais de ne m'être point démenti.

Je tâcherai de vous contenter sur cette géographie ; je ne vous en réponds pas néanmoins; c'est un grand travail ; mais, puisque vous le voulez, il faudra tâcher de vous faire voir quelque production de ce voyage à la campagne.

Mandez-moi tout ce que vous pourrez découvrir des affaires de l'État, et principalement quels consuls vous croyez que nous aurons, quoique je devienne tous les jours moins curieux là-dessus ; car j'ai résolu de ne plus m'occuper de ce qui regarde le gouvernement.

Nous avons été voir la forêt qui appartient à ma femme; l'auriez-vous cru? S'il y avait seulement quelques chênes comme ceux de Dodone, nous n'envierions point votre Épire.

Nous serons à Formies ou à Pompéi vers le commencement du

Clodius, ergo, ut ais, ad Tigranem? velim Sceptii conditione; sed facile patior. Accommodatius enim nobis erit ad liberam legationem tempus illud quum et Quintus noster jam, ut speramus, in otio consederit, et iste sacerdos Bonæ Deæ cujusmodi futurus sit sciemus. Interea quidem cum Musis nos delectabimus animo æquo, immo vero etiam gaudenti, ac libenti. Neque mihi unquam veniet in mentem Crasso invidere, neque pœnitere, quod a me ipse non desciverim.

De geographia dabo operam ut tibi satisfaciam : sed nihil certi polliceor. Magnum opus est; sed tamen, ut jubes, curabo, ut hujus peregrinationis aliquod tibi opus exstet.

Tu quidquid indagaris de republica et maxime quos consules futuros putes, facito ut sciam : tametsi minus sum curiosus. Statui enim nihil jam de republica cogitare.

Terentiæ saltum perspeximus. Quid quæris? præter quercum Dodonæam nihil desideramus, quo minus Epirum ipsam possidere videamur.

Nos circiter kalend. aut in Formiano erimus, aut in Pompeiano. Tu, si in

mois prochain. Si vous ne nous trouvez pas à Formies, je vous prie instamment de venir jusqu'à Pompéi ; cela me fera un très-grand plaisir, et vous détournera peu.

J'ai ordonné à Philotime de laisser faire cette muraille comme vous le trouverez à propos ; je suis pourtant d'avis que vous y appeliez Vettius. Dans ce temps où les bons citoyens ont tant à craindre pour leur vie, je compte pour beaucoup de pouvoir encore, pendant un été, jouir de ma palestre du mont Palatin ; mais en donnant ce plaisir à votre sœur et à notre neveu, il faut du moins les mettre à l'abri d'une chute.

LETTRE XXXI

De sa maison de campagne près d'Antium, an de Rome 694.

CICÉRON A ATTICUS

Oui, j'ai envie depuis longtemps de visiter Alexandrie et le reste de l'Égypte. Aussi bien ne serais-je pas fâché de quitter ce pays-ci, où l'on est las de moi, et où mon absence pourrait me faire souhaiter. Mais, dans la conjoncture présente, devoir cette faveur à de telles gens ! comme Hector, je redoute l'opinion

---

Formiano non erimus, si nos amas, in Pompeianum venito. Id et nobis erit perjucundum, et tibi non sane devium.

De muro imperavi Philotimo ne impediret, quo minus id fieret, quod tibi videretur. Censeo tamen adhibeas Vettium. His temporibus, tam dubia vita optimi cujusque, magni æstimo unius æstatis fructum palestræ palatinæ ; sed ita tamen, ut nihil minus velim, quam Pomponiam, et puerum versari in timore ruinæ.

EPISTOLA XXXI

(ad Att., II, 5)

Scrib. in villa prope Antium A. V. C. 694.

CICERO ATTICO SAL.

Cupio equidem, et jam pridem cupio Alexandriam, reliquamque Ægyptum visere, et simul ab hac hominum satietate nostri discedere, et cum aliquo desiderio reverti. Sed hoc tempore, et his mittentibus Αἰδέομαι Τρῶας, καὶ

des Troyens et des Troyennes au long voile. En effet, que ne diraient point nos gens de bien, s'il en reste encore? que j'ai sacrifié les intérêts de la république pour obtenir cette grâce. *Polydamas serait le premier à me le reprocher* ; je veux parler de notre cher Caton, dont le jugement me tient lieu de cent mille. Que diraient de moi les histoires et la postérité? voilà ce que je crains plus que tous les murmures de ceux qui vivent à présent. Je crois donc qu'il est plus à propos d'attendre et de les voir venir. Si l'on m'offre cet emploi, je serai le maître de l'accepter ou de le refuser, et il sera toujours honorable pour moi de le refuser. Ainsi, en cas que Théophane vous en parle, ne rejetez pas tout à fait sa proposition.

J'attends vos lettres sur tout ce qui se passe à Rome. Que dit Arrius? Est-il bien piqué de se voir abandonné? Quels consuls nous destine-t-on? Est-ce Pompée et Crassus, comme le dit le peuple; ou, comme on me l'écrit, Gabinius et Servius Sulpicius? Ne parle-t-on point de lois nouvelles? Enfin, n'y a-t-il rien de nouveau? Et puisque Népos s'en va, pour qui sera la place d'augure? C'est le seul endroit par où ceux qui gouvernent pourraient me tenter, je vous avoue ma faiblesse. Mais, après tout, pourquoi rechercherais-je de nouveaux honneurs, moi qui veux renoncer à toute ambition, et ne plus penser qu'à philosopher? J'y pense tout de bon, et je voudrais y avoir pensé

Τρωάδας ἑλκεσιπέπλους. Quid enim nostri optimates, si qui reliqui sunt, loquentur? an me aliquo præmio de sententia esse deductum? Πολυδάμας μοι πρῶτος ἐλέγχειην ἀναθήσει. Cato ille noster, qui mihi unus est pro centum millibus. Quid vero historiæ de nobis ad annos DC prædicarint? Quas quidem ego multo magis vereor, quam eorum hominum qui hodie vivunt, rumusculos. Sed opinor, excipiamus, et exspectemus. Si enim deferetur, erit quædam nostra potestas, et tum deliberabimus. Etiam est in non accipiendo nonnulla gloria. Quare si quid Θεοφάνης tecum forte contulerit, ne omnino repudiaris.

De istis rebus exspecto tuas litteras : quid Arrius narret ; quo animo se destitutum ferat ; ecqui consules parentur ; utrum, ut populi sermo, Pompeius et Crassus; an, ut mihi scribitur, cum Gabinio Servius Sulpicius : et num quæ novæ leges : et, num quid novi omnino : et quoniam Nepos proficiscitur, cuinam auguratus deferatur : quo quidem uno ego ab istis capi possum. Vide levitatem meam. Sed quid ego hæc, quæ cupio deponere, et toto animo, atque omni cura φιλοσοφεῖν? sic, inquam, in animo ; etsi vellem ab initio. Nunc

plus tôt ; mais enfin, puisque l'expérience m'a fait connaître que ce que je croyais si merveilleux n'est que vanité, je ne veux plus de commerce qu'avec les Muses.

Ne laissez pas de m'informer exactement de ce qui regarde Curtius, et si l'on destine sa place à quelqu'un ; et que deviendra P. Clodius ? Enfin, écrivez-moi à votre commodité tout ce qu'il y aura de nouveau, comme vous me le promettez. Mandez-moi quel jour vous croyez partir de Rome, afin que je vous marque où je serai alors. Faites-moi réponse au plus tôt ; j'attends de vos nouvelles avec impatience.

LETTRE XXXII

Près d'Antium, an de Rome 694.

CICÉRON A ATTICUS

Je vous avais promis dernièrement que vous verriez quelque production de ma campagne, mais je ne vous en réponds plus. Je me suis tellement livré à la paresse, que je ne saurais m'en détacher. Je me divertis donc avec mes livres, car j'en ai un assez bon nombre à Antium, où je m'amuse à compter les vagues, le temps n'étant pas bon pour la pêche. Mais, pour composer, je ne

vero, quoniam, quæ putavi esse præclara, expertus sum, quam essent inania, cum omnibus Musis rationem habere cogito.

Tu tamen de Curtio ad me rescribe certius ; et, num quis in ejus locum paretur ; et, quid de P. Clodio fiat : et omnia, quemadmodum polliceris, ἐπὶ σχολῆς scribe ; et, quo die Roma te exiturum putes, velim ad me scribas ; ut certiorem te faciam, quibus in locis futurus sim ; epistolamque statim des de iis rebus, de quibus ad te scripsi. Valde enim exspecto tuas litteras.

EPISTOLA XXXII

(ad Att., II, 6)

Scrib. in Antiati A. V. C. 694.

CICERO ATTICO SAL.

Quod tibi superioribus litteris promiseram, fore, ut opus exstaret hujus peregrinationis ; nihil jam magnopere confirmo. Sic enim sum complexus otium, ut ab eo divelli non queam. Itaque aut libris me delecto, quorum habeo Antii festivam copiam : aut fluctus numero. Nam ad lacertos captandos tempestates

saurais m'y mettre. Cette géographie que j'avais projetée est une grande entreprise. Ératosthène, que je voulais suivre, est contredit à tout moment par Sérapion et par Hipparchus. Que serait-ce, si Tyrannion se mettait de la partie? Certainement c'est une matière difficile à débrouiller, trop uniforme, et moins susceptible d'ornements que je ne pensais; et par-dessus tout cela, toute raison m'est bonne pour ne rien faire. Je ne sais même si je ne m'établirai point ici ou à Antium, pour y passer le reste de cette malheureuse année. Je sais bien du moins que j'aimerais mieux y avoir été duumvir, que consul à Rome. Vous avez été encore plus habile de vous aller établir à Buthrote. Je vous assure néanmoins qu'Antium en approche plus que vous ne pensez. Le croiriez-vous, qu'il se trouvât si près de Rome un lieu où il y a mille gens qui n'ont jamais vu Vatinius? où il n'y a que moi qui ne voudrais pas voir noyer les vingt commissaires de la loi agraire? où personne ne m'importune? où tout le monde m'aime? C'est ici un véritable endroit pour traiter de politique. A Rome, je ne le puis, ni ne le veux. Je m'en vais donc écrire des anecdotes, que je ne lirai qu'à vous, dans le genre de Théopompe, et même plus satiriques encore. Toute ma politique se réduit à présent à haïr les méchants; haine sans indignation, mais non sans plaisir d'écrivain.

---

non sunt idoneæ. A scribendo prorsus abhorret animus. Etenim γεωγραφικὰ, quæ constitueram, magnum opus est : ita valde Eratosthenes, quem mihi proposueram, a Serapione et ab Hipparcho reprehenditur. Quid censes, si Tyrannio accesserit? et hercule sunt res difficiles ad explicandum, et ὁμοειδεῖς : nec tam possunt ἀνθηρογραφεῖσθαι quam videbatur : et, quod caput est, mihi quævis satis justa causa cessandi est. Quin etiam dubitem, an hic, an Antii considam, et hoc tempus omne consumam : ubi quidem ego mallem duumvirum, quam Romæ me fuisse. Tu vero sapientior Buthroti domum parasti. Sed, mihi crede, proxima est illi municipio hæc Antiatium civitas. Esse locum tam prope Romam, ubi multi sint, qui Vatinium nunquam viderint? ubi nemo sit, præter me, qui quemquam ex xx viris vivum et salvum velit? ubi me interpellet nemo, diligant omnes? hic nimirum πολιτευτέον. Nam istic non solum non licet, sed etiam tædet. Itaque ἀνέκδοτα, quæ tibi uni legamus, Theopompino genere, aut etiam asperiore multo pangentur. Neque aliud jam quidquam πολιτεύομαι, nisi odisse improbos, et id ipsum nullo cum stomacho, sed potius cum aliqua scribendi voluptate.

Pour parler d'affaires, j'ai écrit de celle de mon frère aux questeurs de la ville. Voyez ce qu'ils diront ; s'il y a quelque espérance qu'ils nous payent à Rome, ou s'il faudra se contenter des cistophores de Pompée. Réglez aussi ce qu'il y a à faire pour cette muraille. Qu'ai-je encore à vous dire ? mandez-moi quand vous comptez partir.

LETTRE XXXIII
Près d'Antium, an de Rome 694.

CICÉRON A ATTICUS

Je penserai tout à loisir à cette géographie. Des deux harangues que vous me demandez, je n'ai guère envie de refaire l'une, que j'ai déchirée, ni de laisser paraître l'autre, où je louais un homme dont je ne suis pas content ; mais j'y penserai aussi. Enfin, je ferai quelque chose, de peur que vous ne me croyiez tout à fait paresseux.

Ce que vous me mandez de Clodius me fait un grand plaisir. Tâchez, je vous prie, de suivre cette affaire à la piste, pour m'en instruire quand vous viendrez ici ; et mandez-moi, en attendant, tout ce que vous en pourrez apprendre ou deviner, surtout s'il

Sed ut ad rem, scripsi ad quæstores urbanos de Quinti fratris negotio. Vide, quid narrent ; ecqua spes sit denarii, an cistophoro Pompeiano jaceamus. Præterea de muro statue quid faciendum sit. Aliud quid ? etiam. Quando te proficisci istinc putes, fac ut sciam.

EPISTOLA XXXIII
(ad Att., II, 7)
Scrib. in Antiati A. V. C. 694.

CICERO ATTICO SAL.

De geographia etiam atque etiam deliberabimus. Orationes autem me duas postulas : quarum alteram non libebat mihi scribere, quia abscideram : alteram, ne laudarem eum, quem non amabam. Sed id quoque videbimus. Denique aliquid exstabit ; ne tibi plane cessasse videamur.

De Publio quæ ad me scribis, sane mihi jucunda sunt : eaque etiam velim, omnibus vestigiis indagata, ad me afferas, quum venies ; et interea scribas, si quid intelliges, aut suspicabere : et maxime de legatione quid sit acturus.

acceptera cette ambassade. Avant votre lettre, je souhaitais son départ; non que je craigne une lutte avec lui : j'y suis, au contraire, tout préparé; mais c'est qu'il me paraissait que, s'il s'est fait un mérite auprès du peuple en se faisant plébéien, il le perdrait par là. Quoi donc? lui aurais-je dit, vous êtes-vous fait plébéien pour aller saluer Tigrane? Est-ce que les rois d'Arménie ne rendent pas le salut aux patriciens? Que vous dirai-je? je m'étais aiguisé l'esprit pour tourner en ridicule cette ambassade. Mais s'il la refuse, et si, comme vous me le marquez, cela déplaît à ceux qui ont le plus contribué à le faire plébéien, nous allons avoir une belle scène. Et, à dire le vrai, il faut avouer qu'on le maltraite un peu trop. Premièrement, est-il juste qu'ayant été seul d'homme dans la maison de César, il ne puisse être aujourd'hui l'un des vingt? Ensuite on lui promet une ambassade, et on lui en donne une autre. Peut-être réserve-t-on pour Drusus le Pisaurien, ou pour Vatinius le beau mangeur, celle qui est lucrative, pendant qu'on en donne une où il n'y a rien à gagner, et qui est dans le fond un honnête exil, à un homme comme Clodius, dont le tribunat devait être pour eux d'une si grande ressource. Aigrissez-le, je vous prie, le plus que vous pourrez; on ne peut sauver la république qu'en mettant de la division entre ces gens-là, et il y a déjà un bon commencement, comme j'ai lieu d'en juger par ce que m'a dit Curion. Arrius, d'une part, enrage d'avoir manqué le consulat. Cette jeunesse sanguinaire est fort opposée à Megaboc-

Equidem antequam tuas legi litteras, hominem ire cupiebam; non mehercule, ut differrem cum eo vadimonium (nam mira sum alacritate ad litigandum); sed videbatur mihi, si quid esset in eo populare, quod plebeius factus esset, id amissurus. Quid enim ad plebem transisti? ut Tigranem ires salutatum? Narra mihi, reges Armenii patricios salutare non solent? quid quæris? acueram me ad exagitandam hanc ejus legationem. Quam si ille contemnit, et si, ut scribis, bilem id commovet latoribus, et auspicibus legis curiatæ, spectaculum egregium. Hercule, verum ut loquamur, subcontumeliose tractatur noster Publius : primum, qui quum in domo Cæsaris quondam unus vir fuerit, nunc ne in viginti quidem esse potuerit : deinde, alia legatio dicta erat, alia data est; illa opima ad exigendas pecunias Druso, ut opinor, Pisaurensi, an epuloni Vatinio reservatur : hæc jejuna, tabellarii legatio datur ei, cujus tribunatus ad istorum tempora reservatur. Incende hominem, amabo te, quod potest. Una spes est salutis, istorum inter istos dissensio, cujus ego quædam initia sensi ex Curione. Jam vero Arrius consulatum sibi ereptum fremit. Megabocchus, et hæc sangui-

chus (Pompée). S'il pouvait encore arriver qu'ils ne s'accordassent pas sur cette place d'augure, j'aurais alors de belles lettres à vous écrire. Mais je suis fort curieux de savoir ce que vous voulez me faire entendre, par ces mots énigmatiques, que quelques-uns même des cinq commencent à parler. Qu'est-ce que cela peut être? Si c'est ce que je pense, cela va mieux que je n'aurais cru. Au reste, n'allez pas vous imaginer que je m'informe de tout ceci par envie d'être quelque chose. Il y avait déjà longtemps que j'étais las de m'en mêler, lorsque j'en avais la liberté. Maintenant donc que j'ai été contraint de sortir du vaisseau, non que j'aie abandonné le gouvernail, mais parce qu'on me l'a ôté des mains, je suis bien aise de voir les naufrages du bord ; je suis bien aise, comme dit votre ami Sophocle, de sommeiller, tranquillement et à couvert, au bruit de la pluie qui tombe au dehors.

Vous verrez ce qu'il y a à faire à cette muraille. Je corrigerai l'erreur de Castricius. Mon frère m'a écrit que c'était 15,000 sesterces, et maintenant il écrit à votre sœur que c'est 30,000. Ma femme vous salue, et mon fils vous prie de lui servir de caution auprès d'Aristodemus, comme vous en avez servi à notre neveu. Je profiterai de vos avis pour mon *Amalthée*. Ayez soin de votre santé.

naria juventus inimicissima est. Accedat vero, accedat etiam ista rixa auguratus. Spero me præclaras de istis rebus epistolas ad te sæpe missurum. Sed illud, quid sit, scire cupio, quod jacis obscure, jam etiam ex ipsis quinqueviris loqui quosdam. Quidnam id est? si est enim aliquid, plus est boni, quam putaram. Atque hæc, sic velim existimes non me abs te κατὰ τὸ πρακτικὸν quærere; quod gestiat animus aliquid agere in republica. Jam pridem gubernare me tædebat, etiam quum licebat : nunc vero quum cogar exire de navi : non abjectis, sed ereptis gubernaculis; cupio istorum naufragia ex terra intueri, cupio, ut ait tuus amicus Sophocles, καὶ ὑπὸ στέγῃ Πυκνᾶς ἀκούειν ψεκάδος εὑδούσῃ φρενί.

De muro, quid opus sit, videbis. Castricianum mendum nos corrigemus : et tamen ad me Quintus ccɔɔ ɔɔ scripserat, nunc ad sororem tuam H-S xxx. Terentia tibi salutem dicit. Cicero tibi mandat, ut Aristodemo idem de se respondeas, quod de fratre suo, sororis tuæ filio, respondisti. De Amalthea quod me admones, non negligemus. Cura ut valeas.

LETTRE XXXIV

Auprès d'Antium, an de Rome 694, au mois d'avril.

CICÉRON A ATTICUS

Comme j'attendais le soir de vos nouvelles avec mon impatience ordinaire, on vint me dire que quelques-uns de mes gens étaient arrivés de Rome. Je les fais venir, je leur demande s'ils n'ont point de lettres; ils répondent que non. Comment, leur dis-je, il n'y en a point d'Atticus? Épouvantés de l'air et du ton que je pris, ils m'avouèrent que vous leur en aviez donné une, mais qu'ils l'avaient perdue en chemin. Que vous dirai-je? J'en fus très-fâché, car tous ces jours-ci vous ne m'en avez point écrit sans m'instruire ou m'intéresser. S'il y avait donc dans cette lettre du 15 avril quelque nouvelle importante, ne me la laissez pas ignorer plus longtemps; et s'il n'y avait que des plaisanteries, récrivez-les-moi toujours. Vous saurez que le jeune Curion est venu me voir : ce qu'il m'a dit de Clodius s'accorde parfaitement avec ce que vous m'en avez écrit. Il paraît fort ennemi de nos tyrans, et il m'a assuré que tous les jeunes gens n'étaient pas moins animés que lui, et qu'ils ne pouvaient

EPISTOLA XXXIV

(ad Att., II, 8)

Scrib. in villa prope Antium A. V. C. 694, mense aprili.

CICERO ATTICO SAL.

Epistolam quum a te avide exspectarem ad vesperum, ut soleo, ecce tibi nuntius, pueros venisse Roma. Voco, quæro, ecquid litterarum? negant. Quid ais, inquam, nihilne a Pomponio? Perterriti voce et vultu, confessi sunt se accepisse, sed excidisse in via. Quid quæris? permoleste tuli. Nulla enim abs te per hos dies epistola inanis aliqua re utili et suavi venerat. Nunc, si quid in ea epistola, quam ante diem xvi kalend. maii dedisti, fuit historia dignum, scribe quamprimum, ne ignoremus : sin nihil præter jocationem, redde id ipsum. Et scito Curionem adolescentem venisse ad me salutatum. Valde ejus sermo de Publio cum tuis litteris congruebat. Ipse vero mirandum in modum reges odisse superbos. Peræque narrabat incensam esse juventutem, neque

souffrir tout ce qui se passe. A la bonne heure ! si nous pouvons nous en reposer sur eux, je serai ravi de me faire d'autres occupations, et je vais me mettre à écrire l'histoire. Cependant il faut avouer que personne n'est plus paresseux que moi, quoique vous me preniez pour un Saufeius.

Écoutez mon itinéraire, afin que vous voyiez où vous pourrez me venir voir. Je compte être à Formies le 21 avril. Ensuite (puisque vous croyez que dans un si malheureux temps je ne dois point aller dans un endroit aussi délicieux que Baïes) je partirai de Formies le 1er mai, pour être le 3 à Antium, où il doit y avoir des jeux depuis le 4 jusqu'au 7 ; ma fille a envie de les voir. De là, j'irai à Tusculum, ensuite à Arpinum, et je serai à Rome le 1er juin. Faites en sorte de me venir voir ou à Formies, ou à Antium, ou à Tusculum. Récrivez-moi cette lettre qui a été perdue et ajoutez-y quelque chose de nouveau.

LETTRE XXXV

Près d'Antium, an de Rome 694, au mois d'avril.

CICÉRON A ATTICUS

Si vous vous portez bien, je m'en réjouis. — Le questeur Céci-ferre hæc posse. Bene habet; nos, si in his spes est, opinor, aliud agamus. Ego me do historiæ. Quanquam, licet me Saufeium putes esse, nihil me est inertius.

Sed cognosce itinera nostra, ut statuas, ubi nos visurus sis. In Formianum volumus venire Parilibus ; inde (quoniam putas prætermittendum nobis esse hoc tempore cratera illum delicatum), kalend. maiis de Formiano proficiscemur, ut Antii simus, a. d. v. non. maii. Ludi enim Antii futuri sunt a iv ad prid. non. maii. Eos Tullia spectare vult. Inde cogito in Tusculanum, deinde Arpinum, Romam ad kalend. junii. Te aut in Formiano, aut Antii, aut in Tusculano, cura ut videamus. Epistolam superiorem restitue nobis, et appinge aliquid novi.

EPISTOLA XXXV

(ad Att., II, 9)

Scrib. in Antiati A. V. C. 694, mense aprili.

CICERO ATTICO SAL.

S. V. B. E. — Quum mihi dixisset Cæcilius quæstor puerum se Romam mit-

lius m'ayant averti qu'il envoyait à Rome, je vous écris à la hâte, pour tirer de vous ces merveilleux entretiens que vous avez eus avec Clodius, soit ceux dont vous me faites quelque détail, soit celui dont vous me dites seulement qu'il serait trop long de m'écrire tout le détail de vos réponses. Mais n'oubliez pas surtout celui que vous ne pouviez pas encore savoir, et dont cette Junon moderne devait vous rendre compte à son retour de Solonium : vous ne sauriez me faire un plus grand plaisir. Si Clodius ne tient pas la parole qu'il a donnée à Pompée sur mon sujet, je triomphe. Il verra alors, ce héros de Judée, qui se mêle de faire agréger des patriciens parmi le peuple, quelle reconnaissance il a eue de ces harangues où je lui ai donné des louanges si outrées : attendez-vous à me voir chanter la palinodie de la belle manière.

Au reste, autant que j'en puis juger, si ce brouillon demeure uni avec nos tyrans, il n'aura que faire de rien entreprendre, ni contre moi, qu'il appelle le cynique consulaire, ni contre ces Tritons amoureux de leurs viviers; puisque nous ne pouvons plus faire ombrage à personne, étant dépouillé de notre crédit et de notre autorité dans le sénat. Que s'il se déclare contre ceux qui gouvernent, il serait alors ridicule qu'il se déclarât aussi contre nous ; mais qu'il fasse comme il lui plaira.

En vérité, cette révolution s'est faite dans la république d'une jolie manière, et avec beaucoup moins de bruit que je n'aurais

---

tere, hæc scripsi raptim, ut tuos elicerem mirificos cum Publio dialogos, quum eos de quibus scribis : tum illum, quem abdis, et ais longum esse, quæ ad ea responderis, perscribere ; illum vero, qui nondum habitus est, quem illa βοῶπις, quum e Solonio redierit, ad te est relatura, sic velim putes, nihil hoc posse mihi esse jucundius. Si vero, quæ de me pacta sunt, ea non servantur, in cœlo sum : ut sciat hic noster Hierosolymarius traductor ad plebem, quam bonam meis putissimis orationibus gratiam retulerit ; quarum exspecta divinam παλινῳδίαν.

Etenim, quantum conjectura auguramur, si erit nebulo iste cum his dynastis in gratia, non modo de cynico consulari, sed ne de istis quidem piscinarum Tritonibus poterit se jactare. Non enim poterimus ulla esse in invidia, spoliati opibus, et illa senatoria potentia. Sin autem ab his dissentiet, erit absurdum in nos invehi. Verumtamen invehatur.

Festive, mihi crede, et minore sonitu, quam putaram, orbis hic in republica

cru. Les choses sont allées plus vite qu'il n'eût fallu par la faute de Caton. Mais il faut s'en prendre encore plus à ceux qui ont négligé les auspices, et violé les lois Élia, Junia-Licinia, Cécilia-Didia; qui ont épuisé toutes les ressources de l'État; qui ont donné des provinces de l'empire comme des fermes aux tétrarques, et à des particuliers des sommes immenses. Je vois d'ici sur qui vont tomber la haine et l'envie, et où elles se fixeront. Croyez que ni l'expérience ni Théophraste ne m'ont rien appris, si l'on ne regrette bientôt le temps de mon consulat. Puisque la manière dont le sénat usa alors de son autorité parut odieuse, que sera-ce maintenant qu'elle est passée non pas au peuple, mais à trois particuliers qui ne gardent aucun ménagement. Ainsi, qu'ils fassent tels consuls et tels tribuns qu'il leur plaira, qu'ils parent même, s'ils veulent, de la pourpre d'augure le goître de Vatinius, vous verrez, dis-je, dans peu de temps, non-seulement ceux qui n'ont jamais bronché, mais Caton même, plus puissants que jamais. Pour moi, je ne pense qu'à philosopher, pourvu que votre ami Clodius me le permette; sinon je me contenterai de me défendre, et je déclare que, comme les philosophes sont toujours prêts à disputer, je serai aussi prêt à combattre contre tous ceux qui m'attaqueront. Ma patrie doit me le pardonner : si je n'ai pas fait pour elle plus que je ne devais, j'en ai du moins fait plus qu'elle n'exigeait.

est conversus : citius omnino, quam oportuit culpa Catonis, sed rursus improbitate istorum, qui auspicia, qui Æliam legem, qui Juniam et Liciniam, qui Cæciliam et Didiam neglexerunt; qui omnia remedia reipublicæ effuderunt; qui regna, qui prædia populi Romani tetrarchis, qui immanes pecunias paucis dederunt. Video jam quo invidia transeat; et ubi sit habitatura. Nihil me existimaris, neque usu, neque a Theophrasto didicisse, nisi brevi tempore desiderari nostra illa tempora videris. Etenim si fuit invidiosa senatus potentia; quum ea non ad populum, sed ad tres homines immoderatos redacta sit, quidnam censes fore? Proinde isti licet faciant, quos volent, consules, tribunos plebis : deinde etiam Vatinii strumam sacerdotii διβάφῳ vestiant; videbis brevi tempore magnos non modo eos, qui nihil titubarunt, sed etiam illum ipsum, qui peccavit, Catonem. Nam nos quidem, si per istum tuum sodalem Publium licebit σοφιστεύειν, cogitamus ; si ille cogit ἄντα, tum duntaxat nos defendere et quod est proprium artis hujus, ἐπαγγέλλομαι

Ἀνδρ' ἀπαμύνεσθαι, ὅτε τις πρότερος χαλεπήνῃ.

Patria propitia sit : habet a nobis, etiam si non plus, quam debitum est, plus

J'aime mieux être mal conduit par d'autres, que de conduire une barque remplie de passagers si ingrats.

Mais nous en parlerons ensemble plus à loisir. Pour répondre à ce que vous me demandez, je compte revenir de Formies à Antium le 5 mai, et aller le 7 d'Antium à Tusculum; mais lorsque je serai parti de Formies, où je compte rester jusqu'au dernier avril, je vous le ferai aussitôt savoir. Ma femme vous salue; le petit Cicéron salue, à la grecque, Atticus l'Athénien.

LETTRE XXXVI

Du marché d'Appius, an de Rome 694.

CICÉRON A ATTICUS

Admirez la solidité de mes principes; je ne veux pas aller voir les jeux d'Antium; car il me paraît qu'il ne conviendrait pas que, faisant profession de fuir tous les plaisirs, j'en allasse chercher de si indignes de moi. Je vous attendrai donc à Formies jusqu'au 7 mai. Mandez-moi quel jour nous vous y verrons. J'écris cette

certe, quam postulatum est. Male vehi malo alio gubernante, quam tam ingratis vectoribus bene gubernare.

Sed hæc coram commodius. Nunc audi, quod quæris. Antium me ex Formiano recipere cogito a. d. v. non. maias. Antio volo non. maiis proficisci in Tusculanum. Sed quum e Formiano rediero (ibi esse usque ad pridie kalend. maias volo) faciam statim te certiorem. Terentia tibi salutem. Κικέρων ὁ μικρὸς ἀσπάζεται Τίτον Ἀθηναῖον.

EPISTOLA XXXVI

(ad Att., II, 10)

Scrib. ab Appii foro A. V. C. 694.

CICERO ATTICO SAL.

Voto ames meam constantiam: Ludos Antii spectare non placet. Est enim ὑπόσολοικον, quum velim vitare omnium deliciarum suspicionem, repente ἀναφαίνεσθαι, non solum delicate, sed etiam inepte peregrinantem. Quare usque ad non. maias te in Formiano exspectabo. Nunc fac, ut sciam, quo die

lettre au marché d'Appius, sur les dix heures du matin ; je vous en ai écrit une autre un peu auparavant, des Trois-Tavérnes.

LETTRE XXXVII

Auprès de Formies, an de Rome 694.

CICÉRON A ATTICUS

Je vous le dis ; depuis que je suis dans ma maison de Formies, je crois être au bout du monde. A Antium, il n'y avait point de jour que je ne fusse mieux informé de tout ce qui se passait à Rome, que les habitants de Rome. Vos lettres m'apprenaient, non-seulement les nouvelles de la ville, mais ce qu'il y avait de plus particulier dans le gouvernement. Je savais par vous, et ce qui se passait, et ce qui devait arriver. A présent, nous ne pouvons savoir que ce que nous tirons de quelques passants. C'est pour cela que, malgré votre prochain retour, je vous envoie cet exprès, avec ordre de repartir dès qu'il aura votre réponse. Donnez-lui une lettre bien remplie, et joignez aux nouvelles vos réflexions et vos conjectures. Marquez-moi quel jour vous quitterez Rome.

te visuri simus. Ab Appii foro, hora quarta. Dederam aliam paulo ante Tribus Tabernis.

EPISTOLA XXXVII

(ad Att., II, 11)

Scrib. in Formiano A. V. C. 694.

CICERO ATTICO SAL.

Narro tibi, plane relegatus mihi videor, postea quam in Formiano sum. Dies enim nullus erat, Antii quum essem, quo die non melius scirem Romæ quid ageretur, quam ii qui erant Romæ. Etenim litteræ tuæ, non solum quid Romæ, sed etiam quid in republica, neque solum quid fieret, verum etiam quid futurum esset, indicabant. Nunc, nisi si quid ex prætereunte viatore exceptum est, scire nihil possumus. Quare quanquam jam te ipsum exspecto, tamen isti puero, quem ad me statim jussi recurrere, da ponderosam aliquam epistolam, plenam omnium non modo actorum, sed etiam opinionum tuarum. Ac diem, quo Roma sis exiturus, cura ut sciam.

Je compte rester à Formies jusqu'au 6 mai. Si vous ne pouvez y venir avant ce temps, vous pourrez bien être encore à Rome lorsque j'y arriverai. Je ne vous propose point de venir à Arpinum : « C'est un pays sauvage, mais propre à former une belle jeunesse, et il n'y en a point au monde qui me plaise davantage. » Voilà tout ce que j'avais à vous dire. Ayez soin de votre santé.

LETTRE XXXVIII

Aux Trois-Tavernes, le 9 avril 694.

CICÉRON A ATTICUS

Quoi ! ceux même qui ont fait Clodius plébéien lui en contesteront la qualité ! C'est là une tyrannie insupportable. Que Clodius m'envoie seulement quelqu'un pour recevoir ma déposition. J'attesterai que Pompée, collègue de Balbus, m'a dit lui-même à Antium qu'il avait servi d'augure dans cette affaire.

Les agréables lettres que les deux que j'ai reçues de vous en même temps ! Je ne sais que vous envoyer en revanche; je

Nos in Formiano esse volumus usque ad prid. nonas maias. Eo si ante eam diem non veneris, Romæ te fortasse videbo. Nam Arpinum quid ego te invitem?

Τρηχεῖ, ἀλλ' ἀγαθὴ κουροτρόφος· οὔτι ἔγωγε
Ἧς γαίης δύναμαι γλυκερώτερον ἄλλο ἰδέσθαι.

Hæc igitur. Cura ut valeas.

EPISTOLA XXXVIII

(ad Att., II, 12)

Scrib. Tribus Tabernis ix april. A. V. C. 694.

CICERO ATTICO SAL.

Negent illi Publium plebeium factum esse. Hoc vero regnum est, et ferri nullo pacto potest. Emittat ad me Publius qui obsignent : jurabo Cnæum nostrum, collegam Balbi, Antii mihi narrasse, se in auspicio fuisse.

O suaves epistolas tuas, uno tempore mihi datas, duas ! quibus εὐαγγέλια

sais du moins que cela mériterait quelque chose. Apprenez une rencontre ; comme j'arrivais d'Antium aux Trois-Tavernes par le grand chemin d'Appius, j'ai trouvé mon cher Curion, qui venait de Rome, et en même temps l'esclave qui m'apportait vos lettres. Curion me demande si je n'ai rien appris de nouveau ; je réponds que non. Clodius, reprit-il, demande la charge de tribun : que pensez-vous de cela ? il est le plus grand ennemi de César, et c'est pour faire casser tout ce qu'il aura fait pendant son consulat. Et que dit à cela César ? lui demandai-je. Il prétend qu'il n'a point fait confirmer l'adoption de Clodius. Curion s'est déclaré ensuite sur la haine que lui, Memmius et Metellus Nepos ont pour le même César. Je l'ai embrassé là-dessus, et je m'en suis défait pour courir à vos lettres.

Qu'on a tort de dire qu'on s'instruit beaucoup mieux de vive voix que par lettres ! Combien l'ai-je été mieux par les vôtres que par cet entretien, de tout ce qui se passe, des nouveaux projets que l'on médite chaque jour, des desseins de Clodius, des mouvements que sa sœur se donne pour l'animer encore davantage, du porte-enseigne de la sédition, des lettres écrites à Pompée, de la conversation de Théophane avec Memmius ! Que vous me donnez d'envie d'apprendre le détail de ce festin, ou plutôt de cette débauche ! j'en suis dans la dernière impatience. Cependant je consens que vous ne m'en écriviez point, j'aime mieux attendre que vous m'en entreteniez.

quæ reddam, nescio : deberi quidem plane fateor. Sed vide συγκύρημα. Emerseram commode ex Antiati in Appiam ad Tres Tabernas ipsis Cerealibus, quum in me incurrit Roma veniens Curio meus. Ibidem illico puer abs te cum epistolis. Ille ex me, nihilne audissem novi ? ego negare. Publius, inquit, tribunatum pleb. petit. Quid ais ? et inimicissimus quidem Cæsaris, et ut omnia, inquit, ista rescindat. Quid Cæsar ? inquam. Negat se quidquam de illius adoptione tulisse. Deinde suum, Memmii, Metelli Nepotis exprompsit odium. Complexus juvenem dimisi, properans ad epistolas.

Ubi sunt, qui aiunt ζώσης φωνῆς μείζω ἐνέργειαν εἶναι ? quanto magis vidi ex tuis litteris, quam ex illius sermone, quid ageretur ; de ruminatione quotidiana, de cogitatione Publii, de lituis βοώπιδος, de signifero Athenione, de litteris missis ad Cnæum, de Theophanis, Memmiique sermone ! Quantam porro mihi exspectationem dedisti convivii istius ἀσελγοῦς ! sum in curiositate ὀξύπεινος : sed tamen facile patior te id ad me συμπόσιον non scribere ; præsentem audire malo.

Vous m'exhortez à composer, et il est vrai que la matière croît, mais elle n'est pas encore reposée, elle bout toujours; quand elle sera bien éclaircie, alors je verrai mieux ce qu'on en peut faire. Si je ne vous le communique pas d'abord, du moins serez-vous le premier, et peut-être longtemps le seul à qui je le ferai voir. Vous avez raison d'aimer Dicéarque; c'est un excellent homme, et un citoyen un peu meilleur que nos injustes *antidi-céarques*. J'écris ceci le 19 avril à quatre heures du soir, aussitôt après votre lettre reçue; mais je compte n'envoyer celle-ci que demain, par la première occasion. Ma femme a lu avec bien du plaisir ce que vous m'écrivez; elle vous fait mille compliments. Cicéron le philosophe salue en grec Atticus le politique.

LETTRE XXXIX

Auprès de Formies, le 15 avril 694.

CICÉRON A ATTICUS

C'est une abomination : on ne vous a point remis la lettre que je vous écrivis des Trois-Tavernes, dans le moment où je reçus les vôtres! Vous saurez que le paquet où je l'avais mise fut porté

Quod me ut scribam aliquid hortaris : crescit mihi quidem materies, ut dicis : sed tota res etiam nunc fluctuat : κατ' ὀπώρην τρύξ : quæ si desederit, magis erunt judicata quæ scribam : quæ si statim a me ferre non potueris, primus habebis tamen, et aliquandiu solus. Dicæarchum recte amas. Luculentus homo est, et civis haud paulo melior, quam isti nostri ἀδικαίαρχοι. Litteras scripsi hora decima Cerealibus, statim ut tuas legeram : sed eas eram daturus, ut putaram, postridie ei, qui mihi primus obvenisset. Terentia delectata est tuis litteris : impertit tibi multam salutem, καὶ Κικέρων ὁ φιλόσοφος τὸν πολιτικὸν Τίτον ἀσπάζεται.

EPISTOLA XXXIX

(ad Att., II, 15)

Scrib. in Formiano acta xv april. A. V. C. 694.

CICERO ATTICO SAL.

Facinus indignum! epistolam αὐθωρεὶ tibi a Tribus Tabernis rescriptam ad tuas suavissimas epistolas neminem reddidisse. At scito eum fasciculum, quo

le même jour chez moi à Rome, d'où on me l'a rapporté à Formies. J'ai ordonné qu'on vous renvoyât cette lettre; vous y verrez combien les vôtres m'avaient fait de plaisir.

Vous me mandez qu'on ne dit mot à Rome; je m'en doutais bien. En récompense, on ne se tait pas ici, et les campagnes ne peuvent plus souffrir la tyrannie que vous souffrez. Si vous venez dans cette antique Lestrigonie, quels murmures n'entendrez-vous point! que les esprits sont courroucés! qu'on est irrité contre notre ami Pompée, dont le surnom de *Grand* vieillit aussi bien que celui du *Riche* Crassus! Je puis vous assurer que je n'ai encore trouvé personne ici qui souffre tout cela si doucement que moi. Ainsi philosophons, si vous m'en croyez; il n'est rien de tel, je vous le jure. Si vous avez les lettres que vous attendiez pour vos Sicyoniens, accourez ici. Je compte en partir le 6 mai.

LETTRE XL
Près de Formies, an de Rome 694.
CICÉRON A ATTICUS

Que vous me donnez l'envie de savoir le détail de ce discours

illam conjeceram, domum eo ipso die latum esse, quo ego dederam, et ad me in Formianum relatum esse. Itaque tibi illam epistolam jussi referri, ex qua intelligeres, quam mihi tuæ illæ gratæ fuissent.

Romæ quod scribis sileri; ita putabam. At hercule, in agris non siletur : nec jam ipsi agri regnum vestrum ferre possunt. Si vero in hanc τηλέπυλον veneris Λαιστρυγονίην, qui fremitus hominum! quam irati animi! quanto in odio noster amicus Magnus! cujus cognomen una cum Crassi Divitis cognomine consenescit. Credas mihi velim; neminem adhuc offendi, qui hæc tam lente, quam ego fero; ferret. Quare mihi crede, φιλοσοφῶμεν : juratus tibi possum dicere, nihil esse tanti. Tu si litteras ad Sicyonios habes, advola in Formianum ; unde nos prid. non. maii cogitamus.

EPISTOLA XL
(ad Att., II, 14)
Scrib. in Formiano A. V. C. 694.
CICERO ATTICO SAL.

Quantam tu mihi moves exspectationem de sermone Bibuli! quantam de

de Bibulus, de votre entretien avec Clodia, et de ce festin si voluptueux ! ainsi préparez-vous à bien contenter ma curiosité. Après tout, ce qui me paraît à présent le plus à craindre, c'est que notre Sampsiceramus (Pompée), voyant tout le monde déchaîné contre lui, et combien il est aisé de renverser tout ce qui a été fait pendant son consulat, ne s'emporte tout à fait.

Pour moi, je me sens si peu d'énergie, que j'aime mieux croupir en repos sous une injuste domination, que de combattre, même avec une espérance de vaincre.

Vous m'exhortez toujours à composer, cela n'est pas possible ici, grâce aux assiduités des gens de ce pays. Ma maison est une basilique. non une villa ; il semble que toute leur tribu soit venue fondre ici. Passe encore pour cette foule de gens qui me viennent saluer le matin, j'en suis délivré sur les dix heures : mais malheureusement C. Arrius est mon plus proche voisin, ou pour mieux dire nous logeons ensemble, car il ne me quitte point ; il dit même que c'est pour philosopher tout le jour avec moi, qu'il ne va point à Rome. Je suis assiégé d'un autre côté par Sebosus, le bon ami de Catulus : où me sauver ? Je vous assure que s'il n'était pas plus commode pour vous que je me tienne ici, je m'enfuirais à Arpinum ; mais je ne vous attendrai que jusqu'au 6 mai, car vous voyez à quels gens je suis livré. La belle occasion, pendant qu'ils sont ici, d'avoir ma maison à bon mar-

colloquio βοώπιδος ! quantam etiam de illo delicato convivio ! proinde ita fac venias ad sitientis aures. Quanquam nihil est jam quod magis timendum nobis putem, quam ne ille noster Sampsiceramus, quum se omnium sermonibus sentiet vapulare, et quum has actiones εὐανατρέπτους videbit, ruere incipiat.

Ego autem usque eo sum enervatus, ut hoc otio, quo nunc tabescimus, malim ἐντυραννεῖσθαι, quam cum optima spe dimicare.

De pangendo quod me crebro adhortaris, fieri nihil potest. Basilicam habeo, non villam, frequentia Formianorum. At quam parem basilicæ ? tribum Æmiliam ? omitto vulgus, post horam iv molesti cæteri non sunt. C. Arrius proximus est vicinus. Immo ille quidem jam contubernalis ; qui etiam se idcirco Romam ire negat, ut hic mecum totos dies philosophetur. Ecce ex altera parte Sebosus, ille Catuli familiaris. Quo me vertam ? statim mehercule Arpinum irem, ni te in Formiano commodissime exspectari viderem, duntaxat ad prid. non. maii. Vides enim quibus hominibus aures sint deditæ meæ. Occasionem mirificam, si quis nunc, dum hi apud me sunt, emere de me fundum Formianum

ché! Le moyen avec cela d'entreprendre un ouvrage de longue haleine, et qui demande du loisir? Je tâcherai néanmoins de vous contenter, et je n'épargnerai pas ma peine.

LETTRE XLI

De Formies, 694.

CICÉRON A ATTICUS

Je conçois, comme vous me le dites, l'incertitude de la situation, peinte dans votre lettre; cependant cette variété même de discours et de sentiments me fait plaisir. Lorsque je lis vos lettres, il me semble que je suis à Rome et qu'on me dit antôt une chose et tantôt une autre, comme il arrive dans]une conjoncture aussi importante que celle-ci. Mais ce que je ne puis imaginer, c'est quel expédient l'on peut trouver pour exécuter la loi agraire de manière à contenter tout le monde. Quant au courage avec lequel Bibulus entreprend de différer les comices, cela ne servira qu'à faire voir ce qu'il pense, sans y remédier. Apparemment que l'on attend tout de Clodius. Eh bien, qu'on le fasse tribun du peuple, ne fût-ce que pour vous faire revenir plus tôt d'Épire; car je ne vois pas comment vous pourriez alors vivre sans lui, surtout

velit. Et tamen illud probem? Magnum quid aggrediamur, et multæ cogitationis, atque otii. Sed tamen satisfiet a nobis, neque parcetur labori.

EPISTOLA XLI

(ad Att., II, 15)

Scrib. in Formiano A. V. C. 694.

CICERO ATTICO SAL.

Ut scribis, ita video, non minus incerta in republica quam in epistola tua sed tamen ista ipsa me varietas sermonum, opinionumque delectat. Romæ enim videor esse, quum tuas litteras lego : et, ut fit in tantis rebus, modo hoc, modo illud audire. Illud tamen explicare non possum; quidnam inveniri possit, nullo recusante, ad facultatem agrariam. Bibuli autem ista magnitudo animi in comitiorum dilatione, quid habet, nisi ipsius judicium sine ulla correctione reipublicæ? Nimirum in Publio spes est : fiat, fiat tribunus plebis : si nihil aliud, ut eo citius tu ex Epiro revertare. Nam, ut illo tu careas, non video

8.

s'il entreprend quelque chose contre moi. En ce cas, je ne doute point que vous ne voliez aussitôt ici. Mais quand il me laisserait en repos, soit qu'il achève de perdre la république, ou qu'il la relève, je m'attends à de belles scènes; je voudrais vous avoir à côté de moi pour spectateur.

Dans le temps que j'écrivais ceci, on m'annonce Sebosus; je n'avais pas achevé d'en gémir : Bonjour, me dit Arrius. Est-ce là quitter Rome? je n'y essuierais pas de plus grands fâcheux. Pour m'en délivrer, il faudra que je me sauve dans les montagnes natales vers mon berceau. Enfin, si je ne puis être seul, j'aime mieux vivre avec des paysans qu'avec tous ces beaux esprits. Cependant, comme vous ne me dites rien de certain sur le jour de votre départ, je vous attendrai ici jusqu'au 5 mai.

Ma femme vous est très-obligée de l'application avec laquelle vous poursuivez son affaire contre Mulvius. Elle ne sait pas qu'en la servant vous soutenez les intérêts de tous ceux qui tiennent, comme vous, des terres de la république. Toute la différence, c'est ce que vous payez quelque chose pour les vôtres, et qu'elle ne veut rien payer pour les siennes. Elle vous salue, comme fait aussi le petit Cicéron, grand partisan de l'aristocratie.

posse fieri, præsertim si mecum aliquid volet disputare. Sed id quidem non dubium est, quin, si quid erit ejusmodi, sis advolaturus. Verum ut hoc non sit, tamen seu ruet, seu eriget rempublicam, præclarum spectaculum mihi propono, modo te consessore spectare liceat.

Quum hæc maxime scriberem, ecce tibi Sebosus. Nondum plane ingemueram, Salve, inquit Arrius. Hoc est, Roma decedere? quos ego homines effugi, quum in hos incidi? Ego vero IN MONTES PATRIOS, ET AD INCUNABULA NOSTRA PERGAM. Denique, si solus non potuero, cum rusticis potius, quam cum his perurbanis : ita tamen, ut quoniam tu certi nihil scribis, in Formiano tibi præstoler usque ad III non. maias.

Terentiæ pergrata est assiduitas tua, et diligentia in controversia Mulviana. Nescit omnino, te communem causam defendere eorum, qui agros publicos possideant. Sed tamen tu aliquid publicanis pendis; hæc etiam id recusat. Ea tibi igitur, et Κικέρων, ἀριστοκρατικώτατος παῖς, salutem dicunt.

LETTRE XLII

Formies, au commencement de mai 694.

CICÉRON A ATTICUS

Je venais de souper le dernier jour d'avril, et je commençais à m'assoupir : on m'a remis la lettre où vous me parlez des terres de la Campanie. Que voulez-vous ? D'abord cela m'a si fort tourmenté, que j'en ai perdu le sommeil, plutôt néanmoins par application que par inquiétude ; et voici ce qui m'est venu dans l'esprit en rêvant là-dessus. Premièrement, sur ce que vous me mandiez dans votre dernière lettre, qu'un des amis de César vous avait dit qu'il ferait une proposition que personne ne désapprouverait, j'appréhendais quelque chose de pire, et je ne m'attendais à rien de pareil. J'ai considéré ensuite, pour me consoler, que si toutes les grandes espérances que la loi agraire avait données se trouvent réduites aux terres de la Campanie, il n'y en aura, à dix arpents chacun, que pour cinq mille personnes, et c'est le moyen d'aliéner tous ceux qui n'auront point de part à cette division. D'ailleurs, s'il y a quelque chose qui puisse achever d'animer contre César les esprits des gens de bien, qui sont déjà fort émus, c'est assurément cette affaire ; d'autant plus

EPISTOLA XLII

(ad Att., II, 16)

Scrib. in Formiano, initio mensis maii A. V. C. 694.

CICERO ATTICO SAL.

Cœnato mihi, et jam dormitanti prid. kalend. maias, epistola est illa reddita, in qua de agro Campano scribis. Quid quæris ? primum ita me pupugit, ut somnum mihi ademerit, sed id cogitatione magis quam molestia. Cogitanti autem hæc fere succurrebant. Primum ex eo, quod superioribus litteris scripseras, ex familiari te illius audisse, prolatum iri aliquid, quod nemo improbaret ; majus aliquid timueram : hoc mihi ejusmodi non videbatur. Deinde, ut me ego consoler, omnis exspectatio largitionis agrariæ in agrum Campanum videtur esse derivata : qui ager, ut dena jugera sint, non amplius hominum quinque millia potest sustinere. Reliqua omnis multitudo ab illis abalienetur, necesse est. Præterea, si ulla res est, quæ bonorum animos, quos jam video esse commotos, vehementius possit incendere, hæc certe est, et eo magis, quod

que les péages de l'Italie étant déjà supprimés, si l'on aliène encore les terres de la Campanie, il ne restera plus dans l'Italie d'autre revenu à la république que le *vingtième;* encore ne faudra-t-il qu'une petite harangue, soutenue des applaudissements de la canaille, pour le faire supprimer. Pour notre ami Pompée, je ne sais en vérité à quoi il pense ; ce n'est plus dans de petites flûtes qu'il souffle, mais dans les plus rauques, et sans ménagement ; comment en est-il venu là? Auparavant il se tirait d'affaire, en disant qu'il approuvait les lois de César, mais que c'était à César, et non pas à lui, à répondre des voies dont on s'était servi pour les faire passer ; que la loi agraire en particulier lui avait paru bonne, mais que si on avait eu droit ou non de s'y opposer, ce n'était pas son affaire; qu'il avait aussi été d'avis qu'on terminât celle du roi d'Égypte, mais qu'il n'était pas obligé de savoir si Bibulus avait consulté les auspices ou non ; quant à celle des fermiers de la république, qu'il avait été bien aise de faire plaisir à l'ordre des chevaliers, mais qu'il n'avait pas pu deviner ce qui arriverait au même Bibulus, s'il allait à la place. Mais maintenant que direz-vous, grand conquérant de la Judée ? qu'ayant ôté à la république les terres de la Campanie, vous lui avez rendu le mont Antiliban tributaire? croyez-vous qu'on se paye de cette raison ? Je saurai bien, dira-t-il, la faire trouver bonne avec les troupes de César. En mon

portoriis Italiæ sublatis, agro Campano diviso, quod vectigal superest domesticum, præter vicesimam? quæ mihi videtur una conciuncula, clamore pedissequorum nostrorum, esse peritura. Cnæus quidem noster jam plane quid cogitet, nescio :

Φυσᾷ γὰρ οὐ σμικροῖσιν αὐλίσκοις ἔτι,
Ἀλλ' ἀγρίαις φύσαισι φορβείας ἄτερ·

qui quidem etiam istuc adduci potuerit. Nam adhuc hoc ἐσοφίζετο, se leges Cæsaris probare; actiones ipsum præstare debere : agrariam legem sibi placuisse; potuerit intercedi necne, nihil ad se pertinere, de rege Alexandrino placuisse sibi aliquando confici : Bibulus de cœlo tum servasset necne, sibi quærendum non fuisse : de publicanis, voluisse illi ordini commodare; quid futurum fuerit, si Bibulus tum in forum descendisset, se divinare non potuisse. Nunc vero, Sampsicerame, quid dices? vectigal te nobis in monte Antilibano constituisse? agri Campani abstulisse? quid, hoc quemadmodum obtinebis? Oppressos vos, inquit, tenebo exercitu Cæsaris. Non mehercule me tu quidem

particulier, lui répondrai-je, je les crains bien moins que je ne suis rebuté par l'ingratitude de ces prétendus gens de bien, qui, loin de me donner des marques effectives de leur reconnaissance, ne m'ont pas même rendu la justice que méritaient mes actions.

Si je voulais me déclarer contre ceux qui gouvernent à présent, il me serait certes facile de leur tenir tête. Mais mon parti est pris; et puisque votre Dicéarque s'accorde si mal avec mon Théophraste, le vôtre étant pour la vie active, et le mien pour la spéculative, je veux qu'ils soient tous deux contents de moi. Je crois en avoir assez fait pour contenter Dicéarque; il est temps que je satisfasse à son tour cette autre secte, qui non-seulement me permet de me reposer, mais qui me blâme même de ne l'avoir pas toujours fait. Donnons-nous donc tout entiers, mon cher Atticus, à nos charmantes études, et revenons enfin à une occupation qu'il ne fallait jamais quitter.

Pour ce qui est de la lettre de mon frère, elle m'a paru, comme à vous, composée de parties toutes contraires; lion d'un côté et de l'autre, je ne sais qu'en dire. Il se plaint, au commencement, de manière à faire pitié à tout le monde, sur sa prorogation; puis il oublie tout d'un coup sa douleur, pour me prier de revoir et de publier ses mémoires. Faites attention, s'il vous plaît, à ce qu'il me dit sur le péage du simple

tam isto exercitu, quam ingratis animis eorum hominum, qui appellantur boni : qui mihi non modo præmiorum, sed ne sermonum quidem unquam fructum ullum, aut gratiam retulerunt.

Quod si in eam me partem incitarem, profecto jam aliquam reperirem resistendi viam. Nunc prorsus hoc statui, ut quoniam tanta controversia est Dicæarcho, familiari tuo, cum Theophrasto amico meo, ut ille tuus τὸν πρακτικὸν βίον longe omnibus anteponat, hic autem τὸν θεωρητικὸν, utrique a me mos gestus esse videatur. Puto enim me Dicæarcho affatim satisfecisse : respicio nunc ad hanc familiam, quæ mihi non modo ut requiescam permittit, sed reprehendit, quia non semper quierim. Quare incumbamus, o noster Tite, ad illa præclara studia : et eo, unde discedere non oportuit, aliquando revertamur.

Quod de Quinti fratris epistola scribis, ad me quoque fuit πρόσθε λέων, ὄπιθεν δὲ; quid dicam, nescio. Nam ita deplorat primis versibus mansionem suam, ut quemvis movere possit : ita rursus remittit, ut me roget, ut annales suos emendem, et edam. Illud tamen, quod scribit, animadvertas velim, de

transport des marchandises ; il a, dit-il, renvoyé l'affaire au sénat, de l'avis de son conseil. Sans doute il n'avait pas encore reçu la lettre où je lui ai mandé, après conseil et mûr examen, que ce péage n'est point dû aux fermiers. Sachez un peu s'il n'est point encore venu de Grecs à Rome pour solliciter cette affaire ; vous pouvez, si vous le jugez à propos, leur dire ce que j'en pense. Si je puis leur faire rendre justice par le sénat, et en même temps faire entendre raison aux fermiers de la république, à la bonne heure ; mais s'ils ne veulent pas l'entendre, j'aime mieux, je l'avoue, contenter toute l'Asie, et en particulier tous les négociants de cette province, qui y sont aussi fort intéressés. Il me semble qu'il y va de notre honneur ; cependant je m'en rapporte à vous. Dites-moi, je vous prie, les questeurs font-ils encore quelques difficultés sur ces monnaies d'Asie ? S'il n'y a pas moyen d'en tirer autre chose, après avoir tenté toutes sortes de voies, il faudra bien nous réduire à notre pis-aller.

Je vous attends à Arpinum, où vous recevrez une rustique hospitalité, puisque vous n'avez point voulu goûter celle du bord de la mer.

portorio circumvectionis ; ait se de consilii sententia rem ad senatum rejecisse. Nondum videlicet meas litteras legerat, quibus ad eum, re consulta et explorata, perscripseram, non deberi. Velim, si qui Græci jam Romam ex Asia de ea causa venerunt, videas, et, si tibi videbitur, his demonstres, quid ego de ea re sentiam. Si possum discedere, ne causa optima in senatu pereat, ego satisfaciam publicanis ; εἰ δὲ μή (vere tecum loquar) in hac re malo universæ Asiæ, et negotiatoribus. Nam eorum quoque vehementer interest. Hoc ego sentio valde nobis opus esse. Sed tu id videbis. Quæstores autem, quæso, num etiam de cistophoro dubitant ? nam si aliud nihil erit, quum erimus omnia experti, ego illud ne quidem contemnam, quod extremum est.

Te in Arpinati videbimus, et hospitio agresti accipiemus ; quoniam maritimum hoc contempsisti.

LETTRE XLIII

Formies, au commencement de mai 694.

CICÉRON A ATTICUS

Je le vois, comme vous me le dites, Pompée ne garde plus de mesures; tout est à craindre; il prépare ouvertement la tyrannie. Que conclure autre chose de son mariage inopiné, de l'affaire de la Campanie, de la profusion des deniers publics? Quand le mal ne devrait pas aller plus loin, c'en serait toujours trop; mais il est d'une nature à n'en pouvoir pas demeurer là. En effet, que leur reviendrait-il de tout ceci, s'ils n'avaient pas d'autres vues? Ils n'en sont venus là que pour s'ouvrir le chemin à des entreprises encore plus pernicieuses. Grands Dieux!

Mais, comme vous me le dites, vers le 10 de mai nous ne pleurerons pas pour cela ensemble à Arpinum. Ce serait avoir bien mal employé la peine et l'huile que nous a coûtées la philosophie; nous nous entretiendrons tranquillement de tout cela. C'est moins à présent l'espérance qui me soutient, que l'indifférence profonde à laquelle je suis parvenu, surtout en matière de politique. Je vous avouerai même (car c'est quelque chose de con-

EPISTOLA XLIII
(ad Att., II, 17)

Scrib. in Formiano, initio mensis maii A. V. C. 694.

CICERO ATTICO SAL.

Prorsus, ut scribis, ita sentio. Turbat Sampsiceramus. Nihil est quod non timendum sit. Ὁμολογουμένως τυραννίδα συσκευάζεται. Quid enim ista repentina affinitatis conjunctio, quid ager Campanus, quid effusio pecuniæ significant? quæ, si essent extrema, tamen esset nimium mali; sed ea natura rei est, ut hæc extrema esse non possint. Quid enim eos hæc ipsa per se delectare possunt? nunquam huc venissent, nisi ad alias res pestiferas aditus sibi compararent. Dii immortales!

Verum, ut scribis, hæc in Arpinati a. d. vi circiter id. maias non deflebimus, ne et opera et oleum philologiæ nostræ perierit, sed conferemus tranquilio animo. Neque tam me εὐελπιστία consolatur, ut antea, quam ἀδιαφορία; qua nulla in re tam utor quam in hac civili et publica. Quinetiam

naître ses défauts) que ma vanité et ce faible que j'ai pour la gloire trouvent ici leur compte. J'appréhendais quelquefois que les services rendus par Pompée ne parussent à la postérité plus grands que les miens : il m'a bien délivré de cette peur ; car il est si fort tombé, qu'à côté de lui la chute de Curion est une élévation ; mais nous en parlerons tête à tête. Vous pourriez être à Rome quand j'y arriverai, et je n'en serai point fâché, pourvu que cela vous convienne. Mais si, comme vous me le marquez, vous venez ici auparavant, tâchez de savoir par Théophane les dispositions d'Alabarches à mon égard. Vous vous en informerez avec votre exactitude ordinaire ; et ce que vous m'en rapporterez me servira de règle pour ma conduite : nous pourrons juger de la situation générale des affaires par ce qu'il vous dira.

LETTRE XLIV
Rome, juin 694.

CICÉRON A ATTICUS

J'ai reçu quelques lettres de vous, où je vois avec quelle in-

quod est subinane in nobis, et non ἀφιλόδοξον (bellum est enim sua vitia nosse), id afficitur quadam delectatione : solebat enim me pungere, ne Sampsicerami merita in patriam ad annos ne majora viderentur, quam nostra : hac quidem cura certe jam vacuus sum. Jacet enim ille sic, ut πτῶσις Curiana stare videatur. Sed hæc coram. Tu tamen videris mihi Romæ fore ad nostrum adventum, quod sane facile patiar, si tuo commodo fieri possit. Sin, ut scribis, ita venies ; velim e Theophane expiscere, quonam in me animo sit Alabarches. Quæres scilicet, ut soles κατὰ τὸ κηδεμονικὸν, et ad me ab eo quasi ὑποθήκας afferes, quemadmodum me geram. Aliquid ex ejus sermone poterimus περὶ τῶν ὅλων suspicari.

EPISTOLA XLIV
(ad Att., II, 18)
Scrib. Romæ, mense junio A. V. C. 694.

CICERO ATTICO SAL.

Accepi aliquot epistolas tuas, ex quibus intellexi quam suspenso animo et

quiétude, quelle impatience vous attendez des nouvelles. Nous sommes pris de tous côtés, et résignés à la servitude ; la mort et l'exil, qui sont des maux bien moins à craindre, nous effrayent davantage. Voilà en quel état sont les choses. Tout le monde en gémit, et personne n'ose dire un mot pour y remédier. La tactique des chefs est de ne rien laisser à donner. Le jeune Curion est le seul qui parle et qui agisse ouvertement contre eux. Il reçoit de grands applaudissements, on s'empresse pour lui faire honneur lorsqu'il paraît au Forum, et les gens du bon parti lui témoignent toute l'affection imaginable ; au lieu qu'ils accablent Fufius de huées, de sifflements et d'injures. Tout cela ne nous donne aucune espérance et augmente, au contraire, notre douleur, puisqu'il paraît par là que nos citoyens ne manquent pas de bonne volonté, mais de courage. Enfin, sans entrer dans aucun détail, je me contenterai de vous dire que les choses sont venues à un point tel, qu'il n'y a plus de liberté d'action ni pour les particuliers, ni même pour les magistrats. Malgré cette oppression, on parle plus hardiment que jamais, mais seulement dans les conversations particulières et à table. La douleur commence à l'emporter sur la crainte ; cela n'empêche pas que le désespoir ne soit toujours général.

Vous saurez aussi qu'il est ordonné, par un article de la loi agraire, que tous les prétendants aux magistratures promettront

---

sollicito scire averes, quid esset novi. Tenemur undique : neque jam quo minus serviamus, recusamus ; sed mortem et ejectionem, quasi majora, timemus : quæ multo sunt minora. Atque hic status, qui una voce omnium gemitur, neque verbo cujusquam sublevatur. Σκοπὸς est, ut suspicor, illis, qui tenent, nullam cuiquam largitionem relinquere. Unus loquitur, et palam adversatur adolescens Curio. Huic plausus maximi, consalutatio forensis perhonorifica, signa præterea benivolentiæ permulta a bonis impertiuntur : Fufium clamoribus, et conviciis, et sibilis consectantur. His ex rebus non spes, sed dolor est major ; quum videas civitatis voluntatem solutam, virtutem alligatam Ac ne forte quæras κατὰ λεπτὸν de singulis rebus, universa res eo est deducta, spes ut nulla sit, aliquando non modo privatos, verum etiam magistratus liberos fore. Hac tamen in oppressione sermo in circulis duntaxat, et conviviis est liberior, quam fuit. Vincere incipit timorem dolor ; sed ita, ut omnia sint plenissima desperationis.

Habet enim campana lex exsecrationem candidatorum, in concione si men-

avec serment, en pleine assemblée, de ne rien proposer contre cette loi. Tout le monde a juré, excepté Laterensis; et on l'approuve fort d'avoir mieux aimé renoncer au tribunat. Mais je ne veux plus vous parler de la république, cela me coûte trop, et je ne puis écrire sans une extrême douleur. Je me soutiens sans bassesse par rapport à l'oppression générale, mais non pas avec le courage convenable à mes actions passées.

César me propose, le plus honnêtement du monde, d'aller servir sous lui en qualité de lieutenant; on m'offre aussi une légation libre pour aller accomplir quelque vœu; mais cette dernière manière de m'absenter ne me garantirait pas assez contre Clodius, et m'empêcherait de me trouver ici à l'arrivée de mon frère. L'autre, au contraire, me mettrait plus à couvert et me laisserait la liberté de revenir quand je voudrais. Je ne la refuse pas, je ne crois pas néanmoins que j'en profite; en vérité, je ne sais que faire. Je n'ai point envie de fuir, je suis résolu à combattre; il y a bien des gens disposés à me défendre, mais je ne vous assure de rien; silence sur ce point.

Il est vrai que j'ai lieu d'être fâché de l'affranchissement de Statius, et de quelques autres choses; mais je me suis endurci. Je voudrais bien que vous fussiez ici; je ne manquerais ni de conseil ni de consolation. Mais du moins tenez-vous prêt à voler ici au premier cri.

tionem fecerint, quo aliter ager possideatur, atque ut ex legibus Juliis. Non dubitant jurare cæteri. Laterensis existimatur laute fecisse, quod tribunatum plebis petere destitit, ne juraret. Sed de republica non libet plura scribere. Displiceo mihi, nec sine summo scribo dolore. Me tueor, ut oppressis omnibus, non demisse; ut tantis rebus gestis, parum fortiter.

A Cæsare valde liberaliter invitor in legationem illam, sibi ut sim legatus : atque etiam libera legatio voti causa datur. Sed hæc et præsidii apud pudorem Pulchelli non habet satis, et a fratris adventu me ablegat : illa et munitior est, et non impedit, quo minus adsim, quum velim. Hanc ego teneo, sed usurum me non puto. Neque tamen scio quid agam. Non lubet fugere : aveo pugnare. Magna sunt hominum studia. Sed nihil affirmo : tu hoc silebis.

De Statio manumisso, et nonnullis aliis rebus, angor quidem, sed jam prorsus occallui. Tu vellem, adesses : nec mihi consilium, nec consolatio deesset. Sed ita te para, ut, si inclamaro, advoles.

LETTRE XLV

Rome, juin 694.

CICÉRON A ATTICUS

J'ai bien des sujets d'inquiétude : les troubles de la république, les dangers dont je suis menacé personnellement, sans compter mille autres chagrins ; mais rien ne m'en donne plus que cet affranchissement de Statius. Quoi ! si peu d'empire sur l'esprit de mon frère ! Que dis-je empire ? si peu de souci de me déplaire. Je ne sais quel parti prendre ; le plus fâcheux de l'affaire, c'est qu'on en parle. Pour moi, je ne sais point me fâcher contre les personnes que j'aime ; tout ce que je sais faire, c'est de m'affliger, et je m'y j'entends à merveille. Ces autres chagrins qui viennent des grandes affaires, comme les menaces de Clodius, et les assauts auxquels il faut que je me prépare, ne me touchent que médiocrement. Je puis, en effet, ou les soutenir de façon à me faire beaucoup d'honneur, ou les éviter sans peine. Il ne s'agit pas ici de gloire, me direz-vous peut-être ; pensez, si vous m'aimez, à votre sûreté. Quel malheur pour moi que vous ne soyez pas ici ! rien ne vous échapperait assurément. Pour moi, peut-être

EPISTOLA XLV
(ad Att., II, 19)

Scrib. Romæ mense quintili A. V. C. 694.

CICERO ATTICO SAL.

Multa me sollicitant, et ex reipublicæ tanto motu, et ex iis periculis, quæ mihi ipsi intenduntur. Ea sexcenta sunt. Sed mihi nihil est molestius, quam Statium manumissum. Nec meum imperium ? ac mitto imperium, non simultatem meam revereri saltem ? nec, quid faciam, scio : neque tantum est in re, quantus est sermo. Ego autem ne irasci possum quidem iis, quos valde amo : tantum doleo, ac mirifice quidem. Cætera in magnis rebus ; minæ Clodii contentionesque, quæ mihi proponuntur, modice me tangunt. Etenim vel subire eas videor mihi summa cum dignitate, vel declinare nulla cum molestia posse. Dices fortasse dignitatis ἄλις tanquam δρυός : saluti, si me amas, consule. Me miserum, cur non ades ? nihil te profecto præteriret : ego fortasse τυφλώττω

que je ne vois pas assez clair, et que je suis trop scrupuleux sur la vertu. Apprenez qu'il n'y eut jamais rien de si honteux, de si décrié et de si détesté par les gens de toutes sortes de rang, de profession et d'âge, que le gouvernement présent. Cela va plus loin que je n'aurais cru, et même que je ne voudrais. Ces gens, qui cherchent tant à plaire au peuple, ont appris aux plus modérés à les siffler. On élève Bibulus jusqu'aux cieux, je ne sais pourquoi; mais enfin on le loue, comme si « lui seul sauvait la république en temporisant.. »

Pompée, mon idole, s'est perdu lui-même : je ne saurais m'en consoler, il n'a personne pour lui. Je crains bien que le parti ne l'oblige à se servir d'eux, quand même il en aurait envie. Pour moi, je n'agis point contre eux à cause de cette ancienne amitié; et aussi je n'approuve point ce qu'ils font, parce que ce serait condamner tout ce que j'ai fait : je prends un biais. Les dispositions du peuple ont paru au théâtre et aux autres spectacles. Aux derniers gladiateurs, le maître et tous ceux qui l'accompagnaient furent criblés de sifflets. Aux jeux Apollinaires, le comédien Diphilus désigna Pompée d'une manière fort insolente; le peuple lui fit répéter vingt fois ces mots : *Vous n'êtes grand que par notre misère;* tout le monde s'écria aussi à cet endroit : *Vous vous repentirez un jour de cet excès de force,* et

---

et nimium τῷ καλῷ προσπέπονθα. Scito nihil unquam fuisse tam infame, tam turpe, tam peræque omnibus generibus, ordinibus, ætatibus offensum, quam hunc statum, qui nunc est : magis mehercule quam vellem, non modo quam putaram. Populares isti jam etiam modestos homines sibilare docuerunt. Bibulus in cœlo est : nec quare, scio ; sed ita laudatur, quasi

Unus homo nobis cunctando restituat rem.

Pompeius, nostri amores, quod mihi summo dolori est, ipse se afflixit ; neminem tenet voluntate ; ne metu necesse sit iis uti, vereor. Ego autem neque pugno cum illa causa propter illam amicitiam : neque approbo, ne omnia improbem, quæ antea gessi : utor via. Populi sensus maxime theatro, et spectaculis perspectus est. Nam gladiatoribus, qua dominus, qua advocati sibilis conscissi : ludis Apollinaribus Diphilus tragœdus in nostrum Pompeium petulanter invectus est : Nostra miseria tu es magnus, millies coactus est dicere; Eamdem virtutem istam, veniet tempus quum graviter gemes, totius theatri

le reste; car il semble que tout ce rôle ait été fait exprès contre Pompée par quelqu'un de ses ennemis. Il s'éleva aussi un grand bruit à l'endroit qui commence par ces mots : *Si vous allez contre les lois et contre les mœurs.* Lorsque César parut, il fut accueilli par un morne silence ; et le jeune Curion ayant paru ensuite, on applaudit comme on faisait autrefois pour Pompée au bon temps de la république. César en a été fort piqué, et on dit qu'il a envoyé une lettre à Pompée, qui est à Capoue. Ils ne peuvent pardonner aux chevaliers qui se levèrent pour faire honneur à Curion, et ils en veulent à tout le monde ; ils menacent d'abroger la loi Roscia, et celle pour la distribution du blé. Les affaires sont fort brouillées. Pour moi, j'aurais mieux aimé qu'on eût laissé passer sans faire de bruit tout ce qu'ils ont entrepris; mais je doute que cela se puisse. On veut du moins se plaindre de ce qu'on ne saurait empêcher, et tout conspire dans un même sentiment, qui n'est soutenu que par la haine.

Cependant Clodius se conduit envers moi d'une manière hostile : nous allons voir éclater l'affaire, qui vous fera sans doute voler ici. Il me semble que je suis assuré de tous les gens du bon parti, qui me secondèrent pendant mon consulat, et même des moins zélés. Pompée me témoigne beaucoup d'affection. Il m'assure toujours que Clodius ne soufflera mot contre moi ; et en cela il ne me trompe pas, mais il est trompé. César m'a offert la

---

clamore dixit, itemque cætera. Nam et ejusmodi sunt ii versus, ut in tempus ab inimico Pompeii scripti esse videantur. Si neque leges, neque mores cogunt, et cætera magno cum fremitu et clamore sunt dicta. Cæsar quum venisset, mortuo plausu, Curio filius est insecutus. Huic ita plausum est, ut salva republica Pompeio plaudi solebat. Tulit Cæsar graviter. Litteræ Capuam ad Pompeium volare dicebantur. Inimici erant equitibus, qui Curioni stantes plauserant ; hostes omnibus. Rosciæ legi, etiam frumentariæ, minitabantur. Sane res erat perturbata. Equidem malueram, quod erat susceptum ab illis, silentio transire : sed vereor ne non liceat. Non ferunt homines, quod videtur esse tamen ferendum. Sed est jam una vox omnium, magis odio firmata, quam præsidio.

Noster autem Publius mihi inimicatur : impendet negotium, ad quod tu scilicet advolabis. Videor mihi nostrum illum consularem exercitum bonorum omnium, etiam satis bonorum, habere firmissimum. Pompeius significat studium erga me non mediocre. Idem affirmat, verbum de me illum non esse

place vacante par la mort de Cosconius. Ce serait n'être choisi qu'à la place d'un mort ; cela m'aurait fait le plus grand tort dans tous les esprits, et rien n'était moins propre à me mettre à couvert ; car cette commission est odieuse aux gens de bien : elle ne diminuerait pas la haine que les méchants citoyens ont pour moi, et elle me chargerait de celle que les honnêtes gens ont pour eux. César souhaite toujours m'avoir pour lieutenant ; c'est une manière plus honnête d'éviter le péril, mais elle n'est point à présent de mon goût. Que veux-je donc? je veux combattre ; cependant je n'ai encore rien d'arrêté. Je le répète, que n'êtes-vous ici? Attendez néanmoins, pour venir, que je vous mande. Qu'ai-je encore à vous dire? rien, sinon qu'il faut compter que la république est perdue sans ressource ; car pourquoi le dissimuler davantage ? J'ai écrit ceci à la hâte, et non sans défiance. Une autre fois, si je puis trouver une personne sûre, je vous manderai toutes choses clairement ; ou, si je ne m'explique qu'à demi, vous ne laisserez pas de m'entendre. Je m'appellerai Lélius, et vous Furius. Le reste sera énigmatique.

Je fais ma cour à Cécilius et le ménage avec soin. J'apprends qu'on vous a envoyé les édits de Bibulus ; ils ont allumé la colère de Pompée et l'ont mis en fureur.

facturum. In quo non me ille fallit, sed ipse fallitur. Cosconio mortuo, sum in ejus locum invitatus. Id erat vocari in locum mortui. Nihil me turpius apud homines fuisset ; neque vero ad istam ipsam ἀσφάλειαν quidquam alienius. Sunt enim illi apud bonos invidiosi : ego apud improbos meam retinuissem invidiam, alienam assumpsissem. Cæsar me sibi vult esse legatum. Honestior hæc declinatio periculi. Sed ego hoc nunc repudio. Quid ergo est? pugnare malo : nihil tamen certi. Iterum dico, utinam adesses! sed tamen, si erit necesse, arcessemus. Quid aliud? quid? hoc opinor. Certi sumus periisse omnia. Quid enim ἀκκιζόμεθα tandiu? Sed hæc scripsi properans, et mehercule timide. Posthac ad te, aut, si perfidelem habebo cui dem, scribam plane omnia : aut, si obscure scribam, tu tamen intelliges. In iis epistolis me Lælium, te Furium faciam : cætera erunt ἐν αἰνιγμοῖς.

Hic Cæcilium colimus, et observamus diligenter. Edicta Bibuli audio ad te missa. Iis ardet dolore, et ira noster Pompeius.

LETTRE XLVI.

Rome, juin 694.

CICÉRON A ATTICUS

J'ai rendu service en tout ce que j'ai pu à Anicatus, que vous m'aviez recommandé. J'ai reçu volontiers au nombre de mes amis Numestius, sur le témoignage avantageux que vous m'en avez rendu. Je sers ici Cécilius en tout ce que je puis.

Je suis content de Varron. Pompée m'aime et me chérit. Vous le croyez? me direz-vous. Oui, je le crois; il m'a entièrement persuadé. Mais puisque les politiques, dans leurs histoires, dans leurs préceptes, et jusque dans leurs vers, nous avertissent qu'il faut se tenir sur ses gardes et ne pas croire légèrement, je sais bien me précautionner, mais il ne dépend pas de moi de ne pas croire.

Clodius me menace toujours. Pompée m'assure avec serment que je n'ai rien à craindre; et il ajoute même qu'il se fera plutôt tuer par Clodius que de lui permettre de m'attaquer. Cette affaire est donc encore incertaine. Dès que je saurai à quoi m'en tenir,

EPISTOLA XLVI

(ad Att., II, 20)

Scrib. Romæ mense quintili A. V. C. 694.

CICERO ATTICO SAL.

Anicato, ut te velle intellexeram, nullo loco defui. Numestium ex litteris tuis studiose scriptis, libenter in amicitiam recepi. Cæcilium, quibus rebus possum, tueor diligenter.

Varro satisfacit nobis. Pompeius amat nos, carosque habet. Credis? inquies: credo: prorsus mihi persuadet. Sed quia, ut video, pragmatici homines omnibus historiis, præceptis, versibus denique cavere jubent, et vetant credere, alterum facio, ut caveam : alterum, ut non credam, facere non possum.

Clodius adhuc mihi denuntiat periculum. Pompejus affirmat non esse periculum, adjurat; addit etiam, se prius occisum iri ab eo, quam me violatum iri. Tractatur res. Simulac quid erit certi, scribam ad te. Si erit pugnandum,

je vous le ferai savoir : s'il faut combattre, je vous appellerai pour me seconder; si on me laisse en repos, je ne vous tirerai point de votre *Amalthée*.

Je vous dirai peu de chose des affaires de la république. Je commence à craindre que le *papier* ne nous trahisse : dans la suite, lorsque je voudrai vous écrire plus en détail, je le ferai à mots couverts. La république se meurt d'une maladie nouvelle. Tout le monde blâme, se plaint, s'afflige, il n'y a qu'une voix là-dessus; on parle haut, on ne se cache point pour gémir, et cependant on n'apporte aucun remède. Aussi je crois que si l'on se mettait en devoir de se défendre, on s'exposerait à un massacre général; et s'il commençait une fois, je ne vois pas comment il pourrait finir, que par l'entière ruine des deux partis. Il n'est rien de plus glorieux pour Bibulus, que l'estime et l'affection que tout le monde lui témoigne. On ne fait que copier et lire ses édits et ses harangues. Il est parvenu, par un chemin tout nouveau, au comble de la gloire. Il n'y a maintenant rien de plus populaire que la haine des hommes populaires. Je crains fort les suites. Quand j'y verrai plus clair, je vous en parlerai plus ouvertement.

Pour vous, si vous m'aimez autant que vous m'aimez en effet, tenez-vous prêt à accourir ici en cas que je vous appelle; mais je fais et je ferai mon possible pour vous en épargner la peine.

---

arcessam ad societatem laboris : si quies dabitur, ab Amalthea te non commovebo.

De republica breviter ad te scribam. Jam enim charta ipsa ne nos prodat, pertimesco. Itaque posthac, si erunt mihi plura ad te scribenda, ἀλληγορίαις obscurabo. Nunc quidem novo quodam morbo civitas moritur ; ut, quum omnes ea quæ sunt acta improbent, querantur, doleant, varietas in re nulla sit, aperteque loquantur, et jam clare gemant; tamen medicina nulla afferatur. Neque enim resisti sine internecione posse arbitramur : nec videmus qui finis cedendi, præter exitium, futurus sit. Bibulus, hominum admiratione et benivolentia, in cœlo est : edicta ejus et conciones describunt et legunt. Novo quodam genere in summam gloriam venit. Populare nunc nihil tam est, quam odium popularium. Hæc quo sint eruptura, timeo. Sed, si dispicere quid cœpero, scribam ad te apertius.

Tu, si me amas tantum, quantum profecto amas; expeditus facito, ut sis, si inclamaro, ut accurras. Sed do operam et dabo ne sit necesse. Quod scri-

Je vous avais dit de prendre dans vos lettres le nom de Furius, mais cela n'est pas nécessaire ; je m'appellerai bien Lélius dans les miennes, mais vous serez toujours Atticus. Je n'écrirai rien de ma main, et je ne me servirai point de mon cachet, du moins, si je vous écris des lettres que je ne veuille point qui soient vues par d'autres.

Diodotus est mort ; il m'a laissé environ cent mille sesterces.

Bibulus a renvoyé l'élection des consuls au 18 octobre, par un édit en style d'Archiloque.

J'ai reçu les ouvrages que Vibius m'a envoyés : ils sont d'un mauvais poëte ; mais il sait quelque chose, et n'est pas tout à fait inutile. Je les fais copier, et je les renvoie.

LETTRE XLVII

Rome, fin de juin 694.

CICÉRON A ATTICUS

Pourquoi le déguiser? La république est perdue sans ressource, elle est dans un état bien plus fâcheux que celui où vous l'avez laissée. Elle semblait alors tomber sous une domi-

pseram te Furium scripturum, nihil necesse est tuum nomen mutare. Me faciam Lælium, et te Atticum ; neque utar meo chirographo, neque signo, si modo erunt ejusmodi litteræ, quas in alienum incidere nolim.

Diodotus mortuus est, reliquit nobis H-S fortasse centies.

Comitia Bibulus cum Archilochio edicto in ante diem xv kalend. novembr. distulit.

A Vibio libros accepi. Poeta ineptus : nec tamen scit nihil : et est non inutilis. Describo et remitto.

EPISTOLA XLVII

(ad Att., II, 21)

Scrib. Romæ exeunte quintili A. V. C. 694.

CICERO ATTICO SAL.

De republica quid ego tibi subtiliter? Tota periit : atque hoc est miserior, quam reliquisti, quod tum videbatur ejusmodi dominatio civitatem oppres-

9.

nation agréable à la multitude, et peu nuisible aux bons citoyens à qui elle ne plaisait pas, au lieu que cette domination est devenue tout à coup si généralement odieuse, qu'on ne saurait penser sans frémir à ce qui en peut arriver. Nous avons éprouvé la colère et l'emportement de ceux qui, portés contre Caton, ont bouleversé la république ; mais ils s'étaient d'abord servis de poisons si doux, qu'il semblait que nous pourrions du moins en mourir sans douleur. A présent je crains bien que les sifflets du peuple, les plaintes des honnêtes gens et le murmure de toute l'Italie ne les portent aux dernières extrémités. J'espérais, comme je vous l'ai dit plusieurs fois, que cette révolution se ferait si doucement, qu'à peine en entendrait-on le bruit, à peine en verrait-on la trace; et cela serait arrivé, si l'on avait pu attendre la fin de l'orage. Mais, après avoir soupiré longtemps en secret, on a commencé à gémir, puis à parler, puis à crier.

Et notre ami, qui ne savait encore ce que c'était que d'être blâmé, et qui s'était toujours vu comblé de louanges et couvert de gloire, la tête basse et le cœur brisé, ne sait de quel côté se tourner. Marcher en avant? quel précipice ! en arrière? quelle inconséquence ! Il a les bons pour ennemis, et n'est pas même aimé des méchants. Voyez ma faiblesse ; je ne pus retenir mes larmes lorsque je le vis, le 25 juillet, haranguer contre les édits de Bibulus ; lui qui autrefois ne paraissait à la tribune que pour

sisse, quæ jucunda esset multitudini, bonis autem ita molesta, ut tamen sine pernicie : nunc repente tanto in odio est omnibus, ut quorsum eruptura sit, horreamus. Nam iracundiam atque intemperantiam illorum sumus experti, qui Catoni irati omnia perdiderunt. Sed ita lenibus uti videbantur venenis, ut posse videremur sine dolore interire. Nunc vero sibilis vulgi, sermonibus honestorum, fremitu Italiæ, vereor ne exarserint. Equidem sperabam, ut sæpe etiam loqui tecum solebam, sic orbem reipublicæ esse conversum, ut vix sonitum audire, vix impressam orbitam videre possemus : et fuisset ita, si homines transitum tempestatis exspectare potuissent : sed quum diu occulte suspirassent, postea jam gemere, ad extremum vero loqui omnes, et clamare cœperunt.

Itaque ille amicus noster, insolens infamiæ, semper in laude versatus, circumfluens gloria, deformatus corpore, fractus animo, quo se conferat, nescit: progressum præcipitem, inconstantem reditum videt : bonos inimicos habet : improbos ipsos non amicos. Ac vide mollitiem animi : non tenui lacrymas, quum illum ante vIII kalend. sext vidi de edictis Bibuli concionantem, qui antea

parler de lui-même en termes magnifiques, adoré du peuple et applaudi de tout le monde ! Qu'il était alors bas et déchu ! et qu'on voyait bien qu'il n'était pas plus content de lui que ses auditeurs ! Le triste spectacle agréable pour le seul Crassus ! Il est tombé du ciel en homme qui ne descend pas, mais qu'on précipite. Pour ma part, comme Apelles et Protogène auraient été désolés de voir, l'un sa Vénus, l'autre son Jalyse couverts de boue; de même ne puis-je sans une extrême douleur voir si étrangement défiguré un homme que je m'étais complu à peindre de mes plus belles couleurs. Il est vrai qu'il n'y a personne qui ne pense que, depuis l'affaire de Clodius, je ne dois plus être de ses amis; mais j'avais tant de tendresse pour lui, que les plus grands sujets de plainte n'ont pu l'épuiser. Les sanglants édits de Bibulus-Archiloque contre lui plaisent au peuple au point qu'on ne saurait passer dans l'endroit où ils sont affichés, à cause de la foule de gens qui s'empressent pour les lire. Pompée en sèche de dépit. J'en suis aussi très-fâché, et parce qu'ils traitent trop cruellement un homme que j'ai toujours aimé, et parce que je crains qu'un guerrier si impétueux, si terrible l'épée à la main, si peu fait pour souffrir des injures, ne s'abandonne tout entier à sa colère et à son ressentiment.

Je ne sais ce qui arrivera à Bibulus ; pour le présent il est cou-

solitus esset jactare se magnificentissime illo in loco, summo cum amore populi, cunctis faventibus. Ut ille tum humilis, ut demissus erat ! ut ipse etiam sibi, non iis solum qui aderant, displicebat ! O spectaculum uni Crasso jucundum ! cæteris non item. Nam, quia deciderat ex astris, lapsus quam progressus potius videbatur. Et, ut Apelles, si Venerem, aut si Protogenes Jalysum illum suum cœno oblitum videret, magnum, credo, acciperet dolorem : sic ego hunc, omnibus a me pictum et politum artis coloribus, subito deformatum, non sine magno dolore vidi. Quanquam nemo putabat, propter Clodianum negotium, me illi amicum esse debere. Tamen tantus fuit amor, ut exhauriri nulla posset injuria. Itaque Archilochia in illum edicta Bibuli populo ita sunt jucunda, ut eum locum ubi proponuntur, præ multitudine eorum qui legunt, transire nequeant ; ipsi ita acerba, ut tabescat dolore; mihi mehercule molesta, quod et eum, quem semper dilexi, nimis excrucianti; et timeo, tam vehemens vir, tamque acer in ferro, et tam insuetus contumeliæ, ne omni animi impetu dolori et iracundiæ pareat.

Bibuli qui sit exitus futurus, nescio. Ut nunc res se habet, admirabili

vert de gloire ; jusque-là que lorsqu'il eut renvoyé les élections au mois d'octobre, comme ces sortes de délais ne plaisent jamais au peuple, César crut qu'il serait aisé de l'animer contre son collègue ; mais il eut beau haranguer l'assemblée sur un ton séditieux, il n'en put tirer aucune parole. Que vous dirai-je ? ils sentent bien que tous les partis leur sont également contraires ; et c'est ce qui me fait encore plus craindre l'emploi de la violence.

Clodius est toujours mon ennemi. Pompée m'assure qu'il n'entreprendra rien contre moi ; mais il y aurait danger à s'y fier. Je me prépare à la défense ; j'espère que tous les ordres de l'État me soutiendront avec chaleur. Je souhaite fort vous revoir, et, de plus, vous me serez nécessaire pour ce temps-là. Je ne manquerai ni de sang-froid, ni de courage, ni de force, pourvu que vous veniez à temps. Je suis content de Varron. Pompée parle divinement. Je me flatte que je me tirerai de cette affaire, ou avec beaucoup d'honneur, ou du moins sans déplaisir.

Mandez-moi ce que vous faites, comment vous vous divertissez, et où vous en êtes avec vos Sicyoniens.

gloria est. Quin quum comitia in mensem octobr. distulisset ; quod solet ea res populi voluntatem offendere, putarat Cæsar oratione sua posse impelli concionem, ut iret ad Bibulum ; multa quum seditiosissime diceret, vocem exprimere non potuit. Quid quæris ? sentiunt se nullam ullius partis voluntatem tenere : eo magis vis nobis est timenda.

Clodius inimicus est nobis. Pompeius confirmat eum nihil esse facturum contra me. Mihi periculosum est credere : ad resistendum me paro. Studia spero me summa habiturum omnium ordinum. Te quum ego desidero, tum vero res ad tempus illud vocat. Plurimum consilii, animi, præsidii denique mihi, si te ad tempus videro, accesserit. Varro mihi satisfacit. Pompeius loquitur divinitus. Spero nos aut certe cum summa gloria, aut sine molestia etiam discessuros.

Tu, quid agas, quemadmodum te oblectes, quid cum Sicyoniis egeris, ut sciam cura.

LETTRE XLVIII

Rome, juillet 694.

CICÉRON A ATTICUS

Que n'êtes-vous demeuré à Rome ! vous y seriez demeuré sans doute, si nous avions prévu tout ce que je vois. Nous maintiendrions facilement Clodius, ou du moins nous pourrions savoir quels sont ses desseins. Pour le présent, il s'agite, il s'emporte, il ne sait ce qu'il veut ; il menace bien des gens, et ne fera probablement que saisir l'occasion que le sort lui offrira. Quand il considère à quel point le gouvernement présent est odieux, on dirait qu'il va se jeter sur ceux qui ont mis les choses en cet état ; mais quand il songe à leur puissance et aux forces de l'armée, il se rabat sur nous ; il me menace en particulier de voies de fait, et de poursuites. Pompée lui a parlé là-dessus, et parlé très-fortement, à ce que le même Pompée m'a assuré, car je n'en ai point d'autre témoin. Je lui ai représenté, m'a-t-il dit, que je passerais pour un ami sans foi et sans honneur, si vous étiez inquiété par un homme à qui j'ai mis les armes à la main, en le laissant se faire plébéien ; que j'avais sa

EPISTOLA XLVIII

(ad Att., II, 22)

Scrib. Romæ mense sextili A. V. C. 694.

CICERO ATTICO SAL.

Quam vellem Romæ mansisses : mansisses profecto, si hæc fore putassemus. Nam Pulchellum nostrum facillime teneremus ; aut certe, quid esset facturus, scire possemus. Nunc se res sic habet : volitat, furit, nihil habet certi, multis denuntiat ; quod sors obtulerit, id acturus videtur. Quum videt quo sit in odio status hic rerum, in eos qui hæc egerunt impetum facturus videtur ; quum autem rursus opes eorum et vim exercitus recordatur, convertit se in nos. Nobis autem ipsis quum vim, tum judicium minatur. Cum hoc Pompeius egit, et, ut ad me ipse referebat (alium enim habeo neminem testem) vehementer egit, quum diceret, in summa se perfidiæ, et sceleris infamia fore, si mihi periculum crearetur ab eo, quem ipse armasset, quum plebeium fieri passus

parole et celle de son frère Appius pour gage de votre sûreté; et que s'il ne la tenait pas, il ferait connaître à tout le monde que rien ne lui est plus cher que mon amitié. Sur cela, et sur plusieurs autres choses qu'il a ajoutées dans le même sens, il dit que Clodius lui a fait d'abord bien des difficultés; mais qu'à la fin il s'est rendu, et qu'il a promis de ne faire rien contre ses intentions. Cependant il n'a pas cessé depuis de se déchaîner contre moi; mais quand il ne le ferait pas, je ne m'en fierais pas davantage à lui, et je n'en disposerais pas moins toutes choses pour me défendre. Je me conduis donc de telle manière que mes forces augmentent de jour en jour, avec l'affection de tous. Je ne touche pas aux affaires de l'État, et je me donne tout entier à celles du barreau; ce qui ne me rend pas moins agréable au peuple en général, qu'à ceux qui ont recours à mon ministère. Ma maison ne désemplit point, on vient au-devant de moi; tout me rappelle mon consulat, tout le monde fait paraître de bonnes dispositions. Enfin, j'ai si bonne espérance, qu'il me semble quelquefois que je ne devrais pas éviter le combat dont je suis menacé.

C'est à présent que j'ai besoin des conseils d'un ami aussi dévoué, aussi sûr que vous. Volez donc, rien ne m'embarrassera quand je vous aurai. Notre ami Varron peut m'être d'un grand

---

esset : sed fidem recepisse sibi et ipsum, et Appium de me : hanc si ille non servaret, ita laturum, ut omnes intelligerent, nihil sibi antiquius amicitia nostra fuisse. Hæc, et in eam sententiam quum multa dixisset, aiebat illum primo sane diu multa contra : ad extremum autem manus dedisse, et affirmasse nihil se contra ejus voluntatem esse facturum. Sed postea tamen ille non destitit de nobis asperrime loqui. Quod si non faceret, tamen ei nihil crederemus : atque omnia sicut facimus, pararemus. Nunc ita nos gerimus, ut in dies singulos et studia in nos hominum, et opes nostræ augeantur. Rempublicam nulla ex parte attingimus. In causis, atque in illa opera nostra forensi, summa industria versamur. Quod egregie non modo iis, qui utuntur opera, sed etiam in vulgus gratum esse sentimus. Domus celebratur, occurritur, renovatur memoria consulatus. Studia significantur : in eam spem adducimur, ut nobis ea contentio, quæ impendet, interdum non fugienda videatur.

Nunc mihi et consiliis opus est tuis, et amore, et fide. Quare advola. Expedita mihi erunt omnia, si te habebo. Multa per Varronem nostrum agi possunt,

secours, et il s'y portera plus vivement lorsque vous le presserez. On peut aussi découvrir et tirer de Clodius même bien des choses qui ne vous échapperont point. Beaucoup d'autres... Mais à quoi bon entrer dans ces détails quand j'ai besoin de vous pour le tout. Je me contenterai donc de vous dire que je verrai clair quand je vous aurai. L'essentiel, c'est que vous arriviez avant que Clodius entre en charge. Je vois que si Crassus presse Pompée, quand vous serez ici, vous pourrez vous servir de la sœur de Clodius, et découvrir s'ils sont de bonne foi à mon égard ; je compte que je me tirerai d'affaire, ou du moins d'erreur. Il n'est pas nécessaire que je vous prie et que je vous presse ; vous voyez assez ce que je souhaite, et ce que la conjoncture et l'importance de l'affaire exigent.

Je n'ai rien à vous dire de la république, sinon que tout le monde fait paraître une grande haine contre ceux qui gouvernent, sans qu'il y ait néanmoins aucune espérance de changement. Vous n'aurez pas de peine à croire que Pompée en est au dégoût de lui-même, et au regret de tout ce qu'il a fait. Je ne vois pas bien comment tout finira ; mais il faut pourtant que cela aboutisse à quelque éclat.

Je vous ai renvoyé les ouvrages d'Alexandre, auteur peu exact, et mauvais poëte ; mais on ne laisse pas d'y trouver du bon.

quæ te urgente erunt firmiora; multa ab ipso Publio elici, multa cognosci, quæ tibi occulta esse non potuerunt : multa etiam... Sed absurdum est singula explicare : tum ego requiram te ad omnia. Unum illud tibi persuadeas velim, omnia mihi fore explicata, si te videro : sed totum est in eo, si ante, quam ille ineat magistratum. Puto Pompeium Crasso urgente, si tu aderis, qui per βοῶπιν ex ipso intelligere possis qua fide ab illis agatur, nos aut sine molestia, aut certe sine errore futuros. Precibus nostris et cohortatione non indiges. Quid mea voluntas, quid tempus, quid rei magnitudo postulet, intelligis.

De republica nihil habeo ad te scribere, nisi summum odium omnium hominum in eos qui tenent omnia, mutationis tamen spes nulla. Sed, quod facile sentias, tædet ipsum Pompeium, vehementerque pœnitet. Non provideo satis quem exitum futurum putem. Sed certe videntur hæc aliquo eruptura.

Libros Alexandri, negligentis hominis, et non boni poetæ, sed tamen non inutilis, tibi remisi.

J'ai reçu volontiers au nombre de mes amis Numerius Numestius ; je le trouve sensé, prudent et digne enfin de votre recommandation.

LETTRE XLIX

Rome, juillet 694.

CICÉRON A ATTICUS

Voici, je crois, la première lettre que vous recevrez de moi, écrite d'une autre main que de la mienne. Vous pouvez juger par là de mes occupations! c'est au point, que n'ayant aucun moment de reste, et étant obligé, pour remettre ma voix, de faire de l'exercice, je dicte cette lettre en me promenant.

Je vous dirai d'abord que notre Sampsiceramus se trouve fort mal de la situation où il s'est mis ; il voudrait bien revenir à celle d'où il est tombé, il me fait confidence de sa douleur, et laisse même voir quelquefois qu'il voudrait y apporter quelque remède ; mais je n'en vois aucun. Je vous dirai ensuite que les chefs de ce parti et tous leurs adhérents s'affaiblissent, puisqu'ils

---

Numerium Numestium libenter accepi in amicitiam : et hominem gravem et prudentem, et dignum tua commendatione cognovi.

EPISTOLA XLIX

(ad Att., II, 23)

Scrib. Romæ mense sextili A. V. C. 694.

CICERO ATTICO SAL.

Nunquam ante arbitror te epistolam meam legisse, nisi mea manu scriptam. Ex eo colligere poteris, quanta occupatione distinear. Nam quum vacui temporis nihil haberem, et quum recreandæ voculæ causa necesse esset mihi ambulare, hæc dictavi ambulans.

Primum igitur illud te scire volo, Sampsiceramum nostrum amicum vehementer sui status pœnitere, restituique in eum locum cupere ex quo decidit, doloremque suum impertire nobis, et medicinam interdum aperte quærere; quam ego possum invenire nullam ; post deinde omnes illius partis auctores

ne trouvent aucune opposition ; et que tout le monde est d'accord plus que jamais sur les sentiments qu'on a d'eux, et sur la liberté avec laquelle on en parle.

Pour moi (car je suis sûr que vous souhaitez de savoir ce qui me regarde), je ne me trouve à aucune délibération publique, et je me donne entièrement aux fonctions du barreau. Jugez si cela renouvelle en moi la mémoire et le regret de mes actions passées.

Mais le frère de notre Junon ne me fait pas de petites menaces ; et pendant qu'il nie à Sampsiceramus qu'il ait aucun dessein contre moi, il s'en fait gloire et s'en vante à tout le monde. C'est pourquoi, si vous m'aimez, ou pour mieux dire, puisque vous m'aimez, si vous dormez, éveillez-vous ; si vous êtes éveillé, marchez ; si vous marchez, courez ; si vous courez, volez. Je ne saurais vous dire ce que je me promets de vos conseils, de vos lumières, et plus encore de votre amitié. L'importance de l'affaire demanderait peut-être que je vous en dise davantage ; mais entre amis comme nous un mot suffit. Il est essentiel pour moi que vous soyez ici dès que Clodius sera désigné tribun, si vous ne pouvez pas y être pour le temps des élections. Portez-vous bien.

ac socios, nullo adversario, consenescere ; consensionem universorum nec voluntatis, nec sermonis majorem unquam fuisse.

Nos autem (nam id te scire cupere certo scio) publicis consiliis nullis intersumus, totosque nos ad forensem operam, laboremque contulimus. Ex quo, quod facile intelligi possit, in multa commemoratione earum rerum, quas gessimus, desiderioque versamur.

Sed βοώπιδος nostræ consanguineus non mediocres terrores jacit atque denuntiat, et Sampsiceramo negat ; cæteris præ se fert, et ostentat. Quamobrem, si me amas tantum, quantum profecto amas, si dormis, expergiscere ; si stas, ingredere ; si ingrederis, curre ; si curris, advola. Credibile non est, quantum ego in consiliis, et prudentia tua, quod maximum est, quantum in amore et fide ponam. Magnitudo rei longam orationem fortasse desiderat, conjunctio vero nostrorum animorum brevitate contenta est. Permagni nostra interest, te, si comitiis non potueris, at declarato illo, esse Romæ. Cura ut valeas.

LETTRE L.

Rome, juillet 694.

CICÉRON A ATTICUS

Je vous appelais avec tant de force dans la lettre dont j'ai chargé Numestius, qu'il ne se pouvait rien de plus pressant. Venez, s'il se peut, encore plus vite; mais que cela ne vous effraye point, car je vous connais, et je sais que lorsque l'on aime, on s'alarme aisément. Voici une affaire qui, à ce que je crois, ne fera pas tant de mal que de bruit.

Nous avons découvert que ce Vettius, mon donneur d'avis, avait promis à César de compromettre le jeune Curion dans quelque mauvaise affaire. S'étant insinué dans sa familiarité, après avoir eu plusieurs entretiens avec lui, comme il a paru par la suite, cet homme en vint au point de lui faire confidence qu'il avait résolu de se jeter avec ses esclaves sur Pompée et de le tuer. Curion le redit à son père, et le père à Pompée. L'affaire fut portée au sénat. On fit entrer Vettius, qui nia d'abord tout commerce avec le jeune Curion; mais cela ne dura pas longtemps : car aussitôt après il offrit de dire tout, pourvu qu'on

EPISTOLA L

(ad Att., II, 24)

Scrib. Romæ mense sextili A. V. C. 694.

CICERO ATTICO SAL.

Quas Numestio litteras dedi, sic te iis evocabam, ut nihil acrius, neque incitatius fieri posset. Ad illam κέλευσιν adde etiam si quid potes. Ac ne sis perturbatus; novi enim te, et non ignoro quam sit amor omnis sollicitus atque anxius : sed res est, ut spero, non tam exitu molesta quam auditu.

Vettius ille, ille noster index, Cæsari, ut perspicimus, pollicitus est, se curaturum, ut in aliquam suspicionem facinoris Curio filius adduceretur. Itaque insinuatus in familiaritatem adolescentis, et cum eo, ut res indicat, sæpe congressus, rem in eum locum deduxit, ut diceret sibi certum esse cum suis servis in Pompeium impetum facere, eumque occidere. Hoc Curio ad patrem detulit, ille ad Pompeium. Res delata ad senatum est; introductus Vettius primo negabat se unquam cum Curione restitisse; neque id sane diu. Nam statim fidem

lui promit impunité. On le lui promit, et alors il déclara qu'il y avait un complot formé entre plusieurs jeunes gens qui avaient pour chef Curion, dont Paullus avait été d'abord, et dont Brutus (Q. Cépion) et Lentulus, le fils du flamine, étaient encore, ce dernier du consentement de son père. Il ajouta que C. Septimius, greffier de Bibulus, lui avait apporté un poignard de la part de ce consul. On se moqua de tout cela, comme si Vettius n'avait pu trouver un poignard sans que Bibulus lui en fournît un ; et ce qui rendait encore la chose moins vraisemblable, c'est que Bibulus avait fait avertir Pompée, le 13 mai, de se tenir sur ses gardes, et Pompée l'en avait remercié. On fit entrer le jeune Curion, qui répondit à tout ce que Vettius avait avancé, et le confondit particulièrement sur ce point : ces jeunes gens, disait-il, avaient choisi le jour que Gabinius avait donné des gladiateurs au peuple, pour attaquer Pompée, et Paullus devait se mettre à leur tête : or, il est prouvé que Paullus était alors en Macédoine. On fit donc un décret par lequel Vettius fut condamné à être mis aux fers, comme avouant qu'il avait porté des armes; et on ajouta que quiconque l'en tirerait serait déclaré ennemi de la république. Voici ce que l'on pense de cette affaire. On croit que l'on voulait faire surprendre cet homme dans la place avec ses esclaves, eux et lui armés en gens qui veulent faire un mauvais coup ; que là-dessus il aurait promis de découvrir tout : et la

---

publicam postulavit : haud reclamatum est. Tum exposuit, manum fuisse juventutis duce Curione, in qua Paullus initio fuisset, et Q. Cæpio hic Brutus, et Lentulus, flaminis filius, conscio patre. Postea C. Septimium scribam Bibuli pugionem sibi a Bibulo attulisse : quod totum irrisum est; Vettio pugionem defuisse, nisi ei consul dedisset : eoque magis id ejectum est, quod ante diem III idibus maii Bibulus Pompeium fecerat certiorem ut caveret insidias, in quo ei Pompeius gratias egerat. Introductus Curio filius dixit ad ea, quæ Vettius dixerat ; maximeque in eo tum quidem Vettius est reprehensus, quod dixerat adolescentium consilium, ut in Foro cum gladiatoribus Gabinii Pompeium adorirentur : in eo principem Paullum fuisse; quem constabat eo tempore in Macedonia fuisse. Fit senatusconsultum ut Vettius, quod confessus esset se cum telo fuisse, in vincula conjiceretur : qui eum emisisset, contra rempublicam esse facturum. Res erat in ea opinione, ut putarent id esse actum, ut Vettius in Foro cum pugione, et item servi ejus comprehenderentur cum telis : deinde ille se diceret indicaturum ; idque ita actum esset, nisi Curiones

chose aurait été exécutée de la sorte, si les Curion n'avaient auparavant averti Pompée. Le décret du sénat fut lu ensuite devant le peuple. Le lendemain, César, lui qui, étant préteur, avait empêché Q. Catulus de parler à la tribune, y produisit Vettius, pendant que l'autre consul n'osait s'y montrer. Là cet homme dit tout ce qu'il voulut sur les affaires de l'État, en homme bien endoctriné. Premièrement, il supprima le nom de Cépion, quoique dans le sénat il l'eût chargé très-fortement ; ce qui fit voir que la nuit et des sollicitations nocturnes étaient intervenues. Ensuite il accusa d'autres gens dont il n'avait pas donné le moindre soupçon le jour précédent, comme Lucullus, qui, à ce qu'il dit, lui avait souvent envoyé ce C. Fannius, l'un des accusateurs de P. Clodius. Il accusa aussi L. Domitius, disant que c'était de sa maison qu'on devait sortir pour se jeter sur Pompée. Pour moi, il ne me nomma pas ; il dit seulement qu'un consulaire beau parleur, voisin de l'un des consuls, lui avait dit qu'on aurait grand besoin d'un Servilius Ahala ou d'un Brutus. Enfin, ayant été rappelé par Vatinius, quoique le peuple fût déjà congédié, il ajouta qu'il avait ouï dire à Curion que Pison, mon gendre, et M. Laterensis en étaient aussi. A présent, Vettius est accusé de voies de fait devant Crassus le Riche. Si Vettius est condamné, il doit encore demander grâce, en offrant de décou-

---

rem ante ad Pompeium detulissent. Tum senatusconsultum in concione recitatum est. Postero autem die Cæsar, is, qui olim prætor quum esset, Q. Catulum ex inferiore loco jusserat dicere, Vettium in Rostra produxit ; eumque in eo loco constituit, quo Bibulo consuli aspirare non liceret. Hic ille omnia quæ voluit, de republica dixit ; et, qui, illuc factus institutusque venisset, primum Cæpionem de oratione sua sustulit, quem in senatu acerrime nominarat ; ut appareret noctem, et nocturnam deprecationem intercessisse ; deinde, quos in senatu ne tenuissima quidem suspicione attigerat, eos nominavit ; Lucullum, a quo solitum esse ad se mitti C. Fannium illum, qui in P. Clodium subscripserat ; L. Domitium, cujus domum constitutam fuisse, unde eruptio fieret : me non nominavit : sed dixit, consularem disertum, vicinum consulis, sibi dixisse Ahalam Servilium aliquem, aut Brutum opus esse reperiri. Addidit ad extremum, quum, jam dimissa concione, revocatus a Vatinio fuisset, se audisse a Curione, his de rebus conscium esse Pisonem, generum meum et M. Laterensem. Nunc reus erat apud Crassum Divitem Vettius de vi : et, quum esset

vrir de nouveaux complices ; et s'il l'obtient, il fera des affaires à bien des gens.

Pour moi, qui d'ordinaire ne néglige rien, je ne m'en mets point en peine. Tout le monde me témoigne beaucoup de zèle et d'affection ; mais je suis fort las de la vie, on n'y voit que peine et misère. Dernièrement, nous étions menacés d'un massacre, la vigoureuse repartie du généreux vieillard Q. Considius nous en a seule tirés ; et voici un nouveau genre de danger que nous n'avions pas prévu, et auquel nous pouvons être exposés tous les jours. Que vous dirai-je ? je me trouve aussi malheureux que je trouve Catulus heureux d'avoir rempli si glorieusement sa carrière et de l'avoir finie si à propos. Cependant, parmi tant de malheurs, j'ai toujours la même fermeté et la même tranquillité d'esprit, et je me soutiens avec honneur et avec dignité. Pompée m'assure toujours que je n'ai rien à craindre de Clodius, et en toute occasion parle de moi dans les termes les plus affectueux.

Je vous désire pour me conduire par vos conseils, pour me soulager avec vous de toutes mes peines, et pour vous communiquer mes plus secrètes pensées. Volez donc ici sans retard, j'ai déjà chargé Numestius de vous presser, et je le fais, s'il se peut, avec encore plus d'instance. Votre vue seule me fera respirer.

damnatus, erat indicium postulaturus : quod si impetrasset, judicia fore videbantur.

Ea nos, qui nihil contemnere solemus, non pertimescebamus. Hominum quidem summa erga nos significabantur : sed prorsus vitæ tædet, ita sunt omnia omnium miseriarum plenissima. Modo cladem timueramus, quam oratio fortissimi senis Q. Considii discusserat : ea, quam quotidie timere potueramus, subito exorta est. Quid quæris? nihil me infortunatius, nil fortunatius est Catulo, quum splendore vitæ, tum occasus tempore. Nos tamen in his miseriis erecto animo, et minime perturbato sumus : honestissimeque dignitatem nostram et magna cura tuemur. Pompeius de Clodio jubet nos esse sine cura, et summam in nos benivolentiam omni oratione significat.

Te habere consiliorum auctorem, sollicitudinum socium, omni in cogitatione conjunctum cupio. Quare, ut Numestio mandavi, tecum ut ageret, item atque eo, si potest, acrius te rogo ut plane ad nos advoles. Respiraro si te videro.

LETTRE LI
Rome, juillet 694.

CICÉRON A ATTICUS

Quand je vous parle avec éloge de quelqu'un de vos amis, c'est afin que cela lui revienne par vous; ainsi je vous écrivis l'autre jour que j'étais content de Varron : au lieu de me répondre que vous en étiez ravi, j'aurais voulu que vous le lui eussiez mandé. Ce n'est pas que je sois fort content de lui, mais c'est afin qu'il me donne sujet de l'être. Il a admirablement bien pénétré la pensée de ces gens qui, comme dit Euripide, *ne sont que dissimulation et fourberie;* mais je suis cette maxime du même poëte : *Il faut tout souffrir de ceux qui sont les maîtres.*

Pour votre ami Hortalus, avec quelle franchise et quelle éloquence il a relevé la gloire de mes actions, parlant de la préture de Flaccus et des ambassadeurs allobroges! Vous pouvez compter qu'il n'aurait su le faire ni plus en détail, ni d'une manière qui me fût plus honorable, et qui marquât mieux son amitié ; je vous prie de lui mander que je vous en ai écrit en ces termes.

EPISTOLA LI
(ad Att., II, 25)
Scrib. Romæ mense sextili A. V. C. 694.

CICERO ATTICO SAL.

Quum aliquem apud te laudaro tuorum familiarium, volam illum scire ex te me id fecisse; ut nuper me scis scripsisse ad te de Varronis erga me officio, te ad me rescripsisse, eam rem summæ tibi voluptati esse. Sed ego mallem ad illum scripsisses, nihil illum satisfacere, non quo faceret, sed ut faceret. Mirabiliter enim odoratus est, sicut nosti ἑλικτὰ καὶ οὐδέν. Sed nos tenemus præceptum illud, τὰς τῶν κρατούντων.

At hercule alter tuus familiaris Hortalus quam plena manu, quam ingenue, quam ornate nostras laudes in astra sustulit quum de Flacci prætura, et de illo tempore Allobrogum diceret ? Sic habeto, nec amantius, nec honorificentius, nec copiosius potuisse dici. Ei te hoc scribere a me tibi esse missum sane volo.

Mais pourquoi [vous prier d'écrire ici, puisque je vous crois déjà en chemin et prêt à arriver? Du moins j'ai lieu de le penser, sur ce que je vous ai mandé dans ma dernière lettre. Je vous souhaite fort, je vous attends avec impatience, et la conjoncture où je me trouve vous le dit assez. Que vous manderai-je des affaires de la république? ce que je vous ai déjà mandé souvent. Elles ne sauraient être plus désespérées, ni la haine plus grande contre ceux qui les ont mises dans cet état. Pour moi, je crois, j'espère et j'ai lieu de juger que j'ai un fort appui dans l'affection que tout le monde me témoigne. Volez donc : ou vous me tirerez d'embarras, ou vous y aurez part. Je ne vous en dis pas davantage, parce que je compte que dans peu nous nous entretiendrons ensemble de tout ce que nous avons à nous dire. Ayez soin de votre santé.

LETTRE LII
Novembre 694.
M. CICÉRON A QUINTUS SON FRÈRE

Statius est arrivé le 25 octobre. Comme vous m'avez écrit que pendant son absence vous seriez pillé par les vôtres, je n'ai pu me réjouir de sa venue. D'un autre côté, il me paraît qu'il arrive

Sed quid tu scribas? quem jam ego venire atque adesse arbitror: Ita enim egi tecum superioribus litteris. Valde te expecto, valde desidero; neque ego magis, quam ipsa res et tempus poscit. Ilis de negotiis quid scribam ad te, nisi idem quod sæpe? Republica nihil desperatius : iis, quorum opera, nihil majore odio. Nos, ut opinio, et spes et conjectura nostra fert, firmissima benivolentia hominum muniti sumus. Quare advola. Aut expedies nos omni molestia, aut eris particeps. Ideo sum brevior, quod, ut spero, coram brevi tempore conferre quæ volumus, licebit. Cura ut valeas.

EPISTOLA LII
(ad Q. fratrem, I, 2)
Scrib. mense novembr. A. V. C. 694.
M. CICERO QUINTO FRATRI SAL.

Statius ad me venit, a. d. viii kalend. novembr. Ejus adventus, quod ita scripsisti, direptum iri te a tuis, dum is abesset, molestus mihi fuit. Quod

assez à propos, puisque sa présence a fait évanouir la curiosité où l'on était sur votre compte, et les observations qu'on n'aurait pas manqué de faire, si, n'étant parti qu'avec vous, il ne s'était pas fait voir avant que vous fussiez ici. A présent, les discours sont épuisés. Quantité de gens ont déjà dit, comme Polyphème : *J'attendais toujours un homme grand*; et je suis charmé que cela soit fini dans votre absence. Au reste, vous auriez pu vous dispenser de l'envoyer, comme vous me le dites, pour se justifier dans mon esprit. Il ne m'a jamais été suspect, et ce que je vous en ai marqué ne contenait pas mes propres idées. Mais l'honneur, et même la sûreté de ceux qui sont employés comme nous dans l'administration, dépendant autant de l'opinion que de la vérité, je vous ai toujours communiqué les discours d'autrui plutôt que mes propres jugements. Statius a reconnu lui-même, à son arrivée, combien on parlait de lui, et dans quels termes. Il s'est trouvé présent à quelques plaintes qu'on faisait de lui chez moi, et dans cette occasion il a pu comprendre que la malignité s'attachait particulièrement à lui. Ce qui me chagrinait le plus, c'était d'entendre dire que vous lui aviez laissé prendre sur vous plus d'ascendant qu'il ne convenait à la gravité de votre âge et même à la prudence du commandement. Vous ne sauriez croire combien de gens m'ont prié de les recommander à Sta-

---

autem exspectationem sui, concursumque cum qui erat futurus, si una tecum decederet neque antea visus esset, sustulit ; id mihi non incommode visum est accidisse. Exhaustus enim est sermo hominum, et multis emissæ jam ejusmodi voces,

Ἀλλ' αἰεί τινα φῶτα μέγαν·

quæ te absente confecta esse lætor. Quod autem idcirco a te missus est, mihi ut se purgaret, id necesse minime fuit. Primum enim nunquam ille mihi fuit suspectus : neque ego, quæ ad te de illo scripsi meo judicio : sed quum ratio salusque omnium nostrum, qui ad rempublicam accedimus, non veritate solum, sed etiam fama niteretur, sermones ad te aliorum semper, non mea judicia perscripsi : qui quidem quam frequentes essent et quam graves adventu suo Statius ipse cognovit. Etenim intervenit nonnullorum querelis, quæ apud me de illo ipso habebantur : et sentire potuit, sermones iniquorum in suum potissimum nomen erumpere. Quod autem me maxime movere solebat, quum audiebam illum plus apud te posse, quam gravitas istius ætatis et imperii prudentia postularet : quam multos enim mecum egisse putas, ut se Statio

tius, et combien il lui est échappé là-dessus d'indiscrétions à lui-même dans nos entretiens. *Ceci ne m'a pas plu; je l'ai averti : je le lui ai conseillé; je l'en ai détourné.* En supposant même dans ces choses-là une parfaite fidélité, comme l'opinion que vous avez de lui ne m'en laisse aucun doute, la seule idée d'un affranchi ou d'un esclave aussi favorisé a quelque chose qui blesse la bienséance. Incapable, comme je dois l'être également, de rien avancer au hasard et de manquer de franchise, je puis vous assurer que c'est Statius qui a donné sujet à tous les discours qu'on a tenus contre vous. On a pu juger auparavant que votre sévérité vous avait fait quelques ennemis ; mais depuis que vous avez affranchi cet esclave, vos ennemis n'ont pas manqué de matière.

Passons aux lettres que m'a données L. Césius, à qui je ne manquerai aucune occasion de rendre service, puisque vous paraissez le désirer. L'une regarde Zeuxis de Blandus : et vous êtes surpris que j'aie pu vous recommander avec tant d'instances un homme qui a tué certainement sa mère. Je veux m'expliquer avec vous, et là-dessus, et sur toute cette nation, pour vous rendre raison de mon empressement à plaire aux Grecs. M'étant aperçu que les plaintes des Grecs faisaient trop d'impression, parce qu'ils ont le génie du mensonge, je me suis efforcé d'apaiser par toutes sortes de voies ceux qui se plaignaient de-

commendarem? quam multa autem ipsum ἀφελῶς mecum in sermone ita protulisse? Id mihi non placuit : monui, suasi, deterrui. Quibus in rebus etiam si fidelitas summa est (quod prorsus credo, quoniam tu ita judicas), tamen species ipsa tam gratiosi liberti, aut servi, dignitatem habere nullam potest. Atque hoc sic habeto (nihil enim nec temere dicere, nec astute reticere debeo) materiam omnem sermonum eorum qui de te detrahere vellent, Statium dedisse : et antea tantum intelligi potuisse, iratos tuæ severitati esse nonnullos : hoc manumisso, iratis, quod loquerentur, non defuisse.

Nunc respondebo ad eas epistolas, quas mihi reddidit L. Cæsius (cui quoniam ita te velle intelligo, nullo loco deero); quarum altera est de Blandeno Zeuxide, quem scribis certissimum matricidam tibi a me intime commendari. Qua de re et de hoc genere toto, ne forte me in Græcos tam ambitiosum factum esse mirere, pauca cognosce. Ego, quum Græcorum querelas nimium valere sentirem, propter hominum ingenia ad fallendum parata, quoscumque de te queri

vous. J'ai commencé par adoucir les Dionysipolitains, qui étaient vos ennemis déclarés. Hermippus est un de leurs principaux chefs : je me le suis attaché non-seulement par mes discours, mais encore par un commerce familier. J'ai traité aussi avec toutes sortes d'honnêtetés Hephestus d'Apamée, Mégariste d'Antandre, esprit fort léger; Nicias de Smyrne, et d'autres gens qui ne méritent guère mes soins, sans oublier Nymphon le Colophonien. Comptez que si j'ai tenu cette conduite, ce n'est point par goût pour eux, ni pour toute leur espèce : car je suis fatigué de leur légèreté, de leurs flatteries, et de ce caractère intéressé qui les rend attentifs non aux devoirs, mais aux circonstances. Mais revenons à Zeuxis. Il commençait à publier tout ce que vous m'écrivez vous-même de l'entretien que M. Cascellius avait eu avec lui. J'ai coupé court à tous ces propos, et je me suis fait un ami de Zeuxis. Je ne comprends pas d'où vous vient, comme vous me l'écrivez, cette passion si vive, après avoir fait coudre à Smyrne deux Mysiens dans le sac des parricides, de vouloir donner un exemple de la même sévérité dans la partie supérieure de la province, et de ne rien épargner dans cette vue pour attirer Zeuxis entre vos mains. Peut-être n'aurait-il pas fallu le renvoyer absous s'il était tombé entre les mains de la justice; mais je ne vois pas qu'il ait été nécessaire de le rechercher, ni d'employer, suivant les termes de

audivi, quacumque potui ratione placavi. Primum Dionysipolitas, qui erant inimicissimi, lenivi : quorum principem, Hermippum, non solum sermone meo, sed etiam familiaritate devinxi. Ego Apamensem Hephæstum, ego levissimum hominem, Megaristum Antandrium; ego Niciam Smyrnæum, ego nugas maximas omni mea comitate sum complexus, Nymphontem etiam Colophonium : quæ feci omnia; non quod me aut ii homines aut tota natio delectaret; pertæsum est enim levitatis, assentationis, animorum, non officiis, sed temporibus servientium. Sed ut ad Zeuxim revertar; quum is de M. Cascellii sermone secum habito, quæ tu scribis, ea ipsa loqueretur, obstiti ejus sermoni, et hominem in familiaritatem recepi. Tua autem quæ fuerit cupiditas tanta nescio, quod scribis cupiisse te, quoniam Smyrnæ duos Mysios insuisses in culeum, simile in superiore parte provinciæ edere exemplum severitatis tuæ; et idcirco Zeuxim elicere omni ratione voluisse : quem adductum in judicium fortasse dimitti non oportuerit : conquiri vero et elici blanditiis (ut tu scribis) ad judicium

votre lettre, les caresses pour le faire tomber dans le piége, lui, que je connais, par le témoignage de ses concitoyens et de quantité d'autres, pour un homme plus noble, pour ainsi dire, que sa ville natale.

Je n'ai, dites-vous, d'indulgence que pour les Grecs. Quoi! n'ai-je pas trouvé le moyen d'apaiser L. Cécilius? Et quel homme que ce Cécilius! quelle colère! quel emportement! Enfin, nommez quelqu'un que je n'aie point apaisé, à l'exception de Tuscenius, dont la plaie est incurable. Voici encore sur mes épaules Catienus, homme léger et méprisable, mais de rang équestre néanmoins. Je saurai l'apaiser aussi. Je ne vous condamne point d'avoir traité si sévèrement son père, je sais que vous ne l'avez pas fait sans raison ; mais pourquoi lui écrire comme vous avez fait? pourquoi dire qu'il dresse lui-même le gibet dont vous l'avez arraché, et que vous vous chargez de le faire brûler vif, aux applaudissements de toute la province? Qu'est-ce encore qu'une lettre de vous, que T. Catienus fait voir de tous côtés, où vous marquez à je ne sais quel C. Fabius, que Licinius le plagiaire exige des tributs avec son *petit milan de fils*, et où vous priez ce Fabius de brûler vifs, s'il le peut, le père et le fils ; mais, s'il ne peut faire lui-même cette exécution, de vous les envoyer tous deux pour les faire brûler par les mains de la justice. Ces lettres, en les supposant de vous, ne sont qu'un badinage entre

---

necesse non fuit, eum præsertim hominem quem ego et ex suis civibus et ex multis aliis quotidie magis cognosco nobiliorem esse prope, quam civitatem suam.

At enim Græcis solis indulgeo. Quid L. Cæcilium? Nonne omni ratione placavi? Quem hominem! qua ira, quo spiritu! Quem denique præter Tuscenium, cujus causa sanari non potest, non mitigavi? Ecce supra caput homo levis ac sordidus, sed tamen equestri censu Catienus; etiam is lenietur. Cujus tu in patrem quod fuisti asperior, non reprehendo : certo enim scio te fecisse cum causa. Sed quid opus fuit ejusmodi litteris quas ad ipsum misisti? Illum crucem sibi ipsum constituere, ex qua tu eum ante detraxisses, te curaturum fumo ut combureretur, plaudente tota provincia. Quid vero ad C. Fabium, nescio quem (nam eam quoque epistolam T. Catienus circum gestat)? renuntiari tibi Licinium plagiarium cum suo pullo milvino tributa exigere. Deinde rogas Fabium ut et patrem et filium vivos comburat, si possit: sin minus, ad te mittat, uti judicio comburantur. Hæ litteræ abs te per jocum missæ ad

vous et C. Fabius; mais lorsqu'elles deviennent publiques, des termes si durs ont quelque chose d'odieux.

Cependant, si vous vous rappelez tous les avis contenus dans les miennes, vous trouverez que mes reproches tombent uniquement sur l'aigreur et l'emportement de vos expressions, ou quelquefois peut-être sur la négligence qui règne dans vos lettres d'affaires. Je ne regretterais point ma peine, si dans quelques occasions le poids de mes conseils avait prévalu, soit sur votre naturel, qui est un peu violent, soit sur un certain plaisir qu'on peut trouver dans la colère, soit sur la satisfaction d'avoir dit un bon mot, quoique offensant. Croyez-vous que je suis médiocrement affligé lorsque j'apprends quelle est la réputation de Virgilius, et celle de Cn. Octavius, votre voisin ? Si vous vous préférez à deux voisins plus proches, celui de Cilicie et de Syrie, la gloire ne me paraît pas grande. Mais ce qui fait ma douleur, c'est que ceux que j'ai nommés ne l'emportant point sur vous du côté de l'intégrité, ils vous surpassent dans l'art de gagner les cœurs. Ils ne connaissent néanmoins ni le *Cyrus* de Xénophon, ni l'*Agésilas*, deux rois, comme vous savez, qui, en possession d'un empire absolu, ne laissèrent jamais échapper une parole offensante.

Je ne fais que répéter ici les conseils que je vous ai donnés dès le commencement de votre administration, et je n'ignore pas

---

C. Fabium, si modo sunt tuæ, quum leguntur, invidiosam atrocitatem verborum habent.

Ac si omnium mearum præcepta litterarum repetes, intelliges esse nihil a me nisi orationis acerbitatem et iracundiam, et, si forte, raro litterarum missarum indiligentiam reprehensam: Quibus quidem in rebus si apud te plus auctoritas mea quam tua sive natura paulo acrior, sive quædam dulcedo iracundiæ, sive dicendi sal facetiæque valuissent, nihil sane esset quod nos pœniteret. Et mediocri me dolore putas affici, quum audiam qua sit existimatione Virgilius? qua tuus vicinus Cn. Octavius? Nam si te interioribus vicinis tuis Cilicensi et Syriaco anteponis, valde magnam facis! Atque is dolor est, quod quum ii quos nominavi te innocentia non vincant, vincunt tamen artificio benivolentiæ colligendæ, qui neque Cyrum Xenophontis, neque Agesilaum noverint : quorum regum summo imperio nemo unquam verbum ullum asperius audivit.

Sed hæc a principio tibi præcipiens, quantum profecerim non ignoro. Nunc

l'effet qu'ils ont produit. Mais, si près de votre départ, je vous exhorte à laisser après vous un heureux souvenir de votre conduite, et je crois remarquer que c'est le soin qui vous occupe. Vous avez un successeur aimable. Pour tout le reste, il vous fera regretter. Vos lettres, comme je vous l'ai souvent marqué, ont été trop dures. Supprimez, s'il est possible, celles qui sont injustes, extraordinaires ou contradictoires. Statius m'a dit qu'après qu'elles avaient été écrites, il les lisait; et que s'il y trouvait quelque chose d'injuste, il ne manquait pas de vous en avertir; mais qu'avant qu'il fût près de vous, on n'y apportait aucun choix, et que de là venait le grand nombre de celles dont on faisait des plaintes. Je n'ai plus de conseils à vous donner sur cet article. Il est trop tard, et vous savez que je vous ai marqué souvent mes idées sous plusieurs formes. Cependant je répète ce que j'ai écrit à Théopompe, sur l'avis qu'il m'a donné. Rien n'est si facile chargez quelques personnes qui vous aiment de supprimer toutes ces lettres; c'est-à-dire, d'abord, celles qui sont injustes; ensuite celles qui se contredisent, celles qui sont mal écrites ou mal conçues; enfin, celles qui sont injurieuses. Je ne saurais croire le mal aussi grand qu'on le dit; mais si vos occupations ne vous ont pas permis d'y regarder de plus près, jetez-y les yeux aujourd'hui, et corrigez tout ce qui vous est échappé.

---

tamen decedens (id quod mihi jam facere videris), relinque, quæso, quam jucundissimam memoriam tui. Successorem habes perblandum : cætera valde illius adventu tua requirentur. In litteris mittendis (ut sæpe ad te scripsi) nimium te inexorabilem præbuisti. Tolle omnes, si potes, iniquas, tolle inusitatas, tolle contrarias. Statius mihi narravit scriptas a te solere afferri, ab se legi, et si iniquæ sint, fieri te certiorem; antequam vero ipse ad te venisset, nullum delectum litterarum fuisse; ex eo esse volumina selectarum epistolarum quæ reprehendi solerent. Hoc de genere nihil te nunc quidem moneo : sero est enim, ac scire potes multa me varie diligenterque monuisse. Illud tamen quod Theopompo mandavi quum essem admonitus ab ipso, vide per homines amantes tui, quod est facile, ut hæc genera tollantur epistolarum; primum iniquarum, deinde contrariarum, tum absurde et inusitate scriptarum, postremo in aliquem contumeliosarum. Atque ego hæc tam esse quam audio, non puto; et si sunt occupationibus tuis minus animadversa, nunc

J'ai lu une lettre attribuée à Sylla le nomenclateur et qui ne peut être approuvée. J'en ai lu quelques-unes qui respiraient la colère.

Mais voici qui vient bien, à propos de vos lettres : je tenais encore cette page quand arrive L. Flavius, préteur désigné, et mon ami intime. Il m'a dit que vous défendez à ses agents, par une lettre qui m'a paru très-injuste, d'aliéner rien de la succession de L. Octavius Naso dont il est héritier, avant qu'ils aient payé C. Fundanius, et que vous avez écrit de même aux Apollonidiens de ne pas laisser toucher aux biens d'Octavius avant que Fundanius ait été satisfait. En vérité, ce récit s'accorde si mal avec l'opinion que j'ai de votre prudence, qu'il ne m'a pas paru vraisemblable. Vous ne voulez pas que l'héritier touche à sa succession? Et s'il niait la dette? et s'il ne devait rien? Est-ce donc au préteur à juger si l'on doit? Mais je ne veux pas de bien à Fundanius? je ne suis pas son ami? je n'ai point pitié de lui? Personne, plus que moi; pourvu que vous conveniez aussi que dans certaines choses la justice a des droits qui ne laissent aucune place à la faveur. Flavius ajoute que dans cette même lettre, qu'il vous attribue, vous assurez ceux à qui vous écrivez, ou de votre reconnaissance en qualité d'amis, ou des effets de votre ressentiment comme vos ennemis. Enfin, il en est extrêmement offensé; il m'en a fait des plaintes, et m'a prié de vous écrire là-

---

perspice et purga. Legi epistolam quam ipse scripsisse Sylla nomenclator dictus est, non probandam : legi nonnullas iracundas.

Sed tempore ipso de epistolis : nam quum hanc paginam tenerem, L. Flavius prætor designatus ad me venit, homo mihi valde familiaris. Is mihi, te ad procuratores suos litteras misisse, quæ mihi visæ sunt iniquissimæ, ne quid de bonis quæ L. Octavii Nasonis fuissent, cui L. Flavius hæres est, deminuerent antequam C. Fundanio pecuniam solvissent : itemque misisse ad Apolloniedienses, ne de bonis quæ Octavii fuissent deminui paterentur, priusquam Fundanio debitum solutum esset. Hæc mihi verisimilia non videntur. Sunt enim a prudentia tua remotissima. Ne diminuat hæres? Quid si inficiatur? Quid si omnino non debetur? Quid! prætor solet judicare deberi? Quid! ego Fundanio non cupio? non amicus sum? non misericordia moveor? Nemo magis. Sed via uris ejusmodi est quibusdam in rebus, ut nihil sit loci gratiæ. Atque ita mihi dicebat Flavius, scriptum in ea epistola quam tuam esse dicebat, te aut quasi amicis tuis gratias acturum, aut quasi inimicis incommoda laturum. Quid multa? ferebat graviter; id mecum vehementer querebatur, orabatque ut ad

dessus avec force. J'entre dans ses sentiments, et je vous supplie très-instamment de révoquer d'un côté la défense que vous avez faite aux agents, et de ne rien prescrire aux Apollonidiens contre les intérêts de Flavius. Bien plus, je demande que vous fassiez tout ce qui dépendra de vous en faveur de Flavius, ou, ce qui revient au même, en faveur de Pompée. Assurément je serais fâché que vous fissiez quelque injustice à Fundanius, et que vous me crussiez capable de m'en faire un mérite pour obliger ici mes amis. Mais, dans une affaire de cette nature, je vous prie de laisser, par un décret ou par une lettre, quelque monument qui puisse être utile à Flavius et au succès de sa cause. Il est affligeant pour un homme qui m'est si parfaitement attaché, et qui n'est pas moins jaloux de sa dignité que de ses droits, de vous avoir trouvé si peu sensible à l'amitié et à la justice. Pompée et César, si je m'en souviens, nous ont recommandé autrefois ses intérêts. Il vous en avait écrit lui-même, et je suis sûr du moins de l'avoir fait. Si vous croyez donc que ma recommandation doive me faire obtenir quelque chose de vous, ce sera, s'il vous plaît, dans cette occasion. M'aimez-vous ? il faut apporter tous vos soins, et ne rien épargner pour mettre Flavius dans le cas de nous faire à tous deux de très-grands remercîments. Enfin, c vous le demande avec toute l'ardeur dont je suis capable.

Ce que vous m'écrivez au sujet d'Hermias m'a causé un véritable chagrin. Je vous avais écris d'un style peu fraternel. Le

---

te quam diligentissime scriberem ; quod facio, et te prorsus vehementer etiam atque etiam rogo, ut et procuratoribus Flavii remittas de deminuendo, et Apollonidiensibus ne quid præscribas quod contra Flavium sit : amplius, et Flavii causa et scilicet Pompeii facias omnia. Nolo, medius fidius, ex tua injuria in illum tibi liberalem me videri. Sed et te oro ut tu ipse auctoritatem et monumentum aliquod decreti, aut litterarum tuarum, relinquas, quod sit ad Flavii rem et ad causam accommodatum. Fert enim graviter homo, et mei observantissimus, et sui juris dignitatisque retinens, se apud te neque amicitia nec ure valuisse: et, ut opinor, Flavii aliquando rem et Pompeius et Cæsar tibi commendarunt, et ipse ad te scripserat Flavius, et ego certe. Quare, si ulla res est quam tibi me faciendam petente putas, hæc ea sit. Si me amas, cura, elabora, perfice, ut Flavius et tibi et mihi quam maximas gratias agat. Hoc te ita rogo, ut majore studio rogare non possim.

Quod ad me de Hermia scribis, mihi mehercule valde molestum fuit. Litte-

discours de Diodote, affranchi de Lucullus, m'avait échauffé la bile, cette transaction m'irritait ; ma lettre s'est ressentie de mon humeur chagrine, mais j'aurais souhaité ensuite de pouvoir la rappeler. Il faut me pardonner fraternellement une lettre qui n'était pas trop fraternelle. A l'égard de Censorinus, d'Antonius, de Cassius et de Scévola, je me réjouis beaucoup que vous en soyez autant aimé que vous me le marquez. Le reste de cette même lettre est plus fort que je ne voudrais : *Mon vaisseau droit au milieu des flots;* et : *On ne meurt qu'une fois.* Ce sont de grands mots. Au reste, mes reproches étaient remplis de tendresse ; et sans les désavouer, je puis dire qu'ils étaient médiocres ou plutôt tout petits. Comptez que si nous n'avions pas beaucoup d'ennemis, je ne vous aurais jamais cru digne du moindre reproche, lorsque vous vous conduisez avec une parfaite intégrité. Si je vous ai donné quelques avis, ou si j'ai quelquefois grondé, je l'ai fait par un excès de précaution à laquelle j'étais obligé pour moi-même. Je le fais observer encore, je ne me relâcherai point là-dessus, et je ne cesserai point de vous recommander la même chose.

Attalus Iphimenus s'est adressé à moi pour vous engager à ne point empêcher qu'on ne fournisse la somme réglée par un décret pour la statue de Q. Publicenus. Je vous en prie et je vous le recommande, car il ne conviendrait pas que vous vous oppo-

---

ras ad te parum fraterne scripseram, quas oratione Diodoti Luculli liberti commotus, de pactione statim quod audieram, iracundius scripseram, et revocare cupiebam : huic tu epistolæ, non fraterne scriptæ, fraterne debes ignoscere. De Censorino, Antonio, Cassio, Scævola, te ab iis diligi (ut scribis) vehementer gaudeo. Cætera fuerunt in eadem epistola graviora quam vellem. Ὀρθὰν τὰν ναῦν, et ἅπαξ θανεῖν. Majora ista erunt. Meæ objurgationes fuerunt amoris plenissimæ ; quæ sunt nonnullæ, sed tamen mediocres, et parvæ potius. Ego te nunquam ulla in re dignum minima reprehensione putassem, quum te sanctissime gereres, nisi inimicos multos haberemus. Quæ ad te aliqua admonitione aut objurgatione scripsi, scripsi propter diligentiam cautionis meæ, in qua et maneo et manebo ; et, idem ut facias, non desistam rogare.

Attalus Iphimenus mecum egit ut se ne impedires quominus quod ad Q. Publiceni statuam decretum est, erogaretur : quod ego te rogo et admoneo, ne

sassiez ou que vous fissiez retrancher quelque chose à l'honneur d'un homme de ce mérite, et qui nous est si particulièrement attaché. Autre grâce qu'on attend de vous. Licinius, que vous connaissez, esclave du comédien Ésope notre ami, a pris la fuite. S'étant rendu dans la ville d'Athènes, il s'y est donné pour affranchi, chez Patron l'épicurien. Il est passé de là en Asie. Un certain Platon, de Sardes, épicurien, qui est souvent à Athènes, et qui s'y était trouvé lorsque Licinius y avait paru, ayant appris ensuite par les lettres d'Ésope que cet homme était un esclave fugitif, l'a fait arrêter et renfermer à Éphèse; mais nous n'avons pas bien compris par sa lettre si c'est dans la prison publique ou dans quelque moulin. Quoi qu'il en soit, je vous prie de le faire chercher, puisqu'il est à Éphèse, et d'employer même tous vos soins pour l'amener avec vous. Ne mesurez pas votre zèle sur ce que vaut cet homme; car il est de peu de prix, ou même il n'est plus d'aucun prix. Mais Ésope est si affligé du crime et de l'audace de son esclave, que vous ne pouvez l'obliger plus sensiblement qu'en le remettant entre ses mains.

Venons à ce que vous souhaitez le plus connaître. La république est entièrement perdue. Voyez jusqu'où va le désordre. Caton, qui n'est à la vérité qu'un jeune étourdi, mais qui n'en est pas moins citoyen de Rome, ni moins Caton, s'est à peine sauvé vivant de la tribune, parce qu'ayant eu dessein d'accuser Gabinius de brigue, et n'ayant pu trouver pendant quelques

talis viri, tamque nostri necessarii, honorem minui per te aut impediri velis. Præterea Æsopi tragœdi, nostri familiaris, Licinius servus tibi notus aufugit. Is Athenis apud Patronem epicureum pro libero fuit. Inde in Asiam venit postea Plato quidam Sardianus epicureus, qui Athenis solet esse multum, et qui tum Athenis fuerat quum Licinius eo venisset, quum eum fugitivum esse postea ex Æsopi litteris cognosset, hominem comprehendit, et in custodiam Ephesi tradidit; sed in publicam, an in pistrinum, non satis ex litteris ejus intelligere potuimus. Tu quoquo modo, quoniam Ephesi est, hominem investiges velim, summaque diligentia vel tecum deducas. Noli spectare quanti homo sit; parvi enim pretii est, qui jam nihili sit : sed tanto dolore Æsopus est affectus propter servi scelus et audaciam, ut nihil ei gratius facere possis quam si illum per te recuperarit.

Nunc ea cognosce quæ maxime exoptas. Rempublicam funditus amisimus adeo ut Cato, adolescens nullius consilii, sed tamen civis Romanus, et Cato, vix vivus effugeret. Quod quum Gabinium de ambitu vellet postulare, neque

jours l'accès libre auprès des préteurs, qui affectaient de ne pas se montrer, il a déclaré Pompée dictateur, quoiqu'il ne soit qu'un particulier. Il s'en est peu fallu qu'il n'ait été massacré. Vous pouvez juger par ce seul trait quel est l'état de toute la république.

Cependant notre cause ne paraît pas sans défenseurs. Je leur vois même une ardeur admirable à se déclarer, à s'offrir et à promettre. Mes espérances et mon courage en augmentent beaucoup. Ma confiance va si loin que, dans la situation présente, je n'appréhende plus rien des événements.

Voici le vrai. Si Clodius nous accuse, l'Italie entière accourra, et je sortirai d'affaire plus glorieux. S'il essaye de la force, j'espère que non-seulement le zèle de nos amis, mais celui même d'une infinité de gens qui nous sont étrangers, nous rendra capables de résister par la même voie. Tous nous promettent, avec leur propre secours, celui de leurs enfants, de leurs amis, de leurs clients, de leurs affranchis, de leurs esclaves, et s'engagent à ne point épargner leur bourse. Il ne manque rien à l'ardeur et à l'affection de notre ancienne troupe d'honnêtes gens. La haine qu'on porte à ces sots qui veulent nous opprimer réunit aux gens de bien ceux qui s'étaient éloignés de moi ou qui s'étaient refroidis. Pompée et César promettent tout, mais je me fie à leurs promesses de manière à ne rien diminuer de mes préparatifs. Les tribuns désignés sont nos amis. Les consuls se montrent à

prætores diebus aliquot adiri possent, vel potestatem sui facerent, in concionem ascendit, et Pompeium privatum dictatorem appellavit. Propius nihil est factum quam ut occideretur. Ex hoc, qui sit status totius reipublicæ videre potes.

Nostræ tamen causæ non videntur homines defuturi : mirandum in modum profitentur, offerunt se, pollicentur : et quidem quum spe sum summa, maxima, tum majore etiam animo, ut in hac re ne casum quidem ullum pertimescam.

Sed tamen se res sic habet : si diem nobis Clodius dixerit, tota Italia concurret, ut multiplicata gloria discedamus ; sin autem vi agere conabitur, spero fore studiis, non solum amicorum, sed etiam alienorum, ut vi resistamus. Omnes et se, et suos liberos, amicos, clientes, libertos, servos, pecunias denique suas, pollicentur. Nostra antiqua manus bonorum ardet studio nostri et amore. Si qui antea aut alieniores fuerant aut languidiores, nunc horum regum odio se cum bonis conjungunt. Pompeius omnia pollicetur, et Cæsar : quibus ita credo, ut nihil mea comparatione diminuam. Tribuni plebis desi-

merveille. Nous avons dans les préteurs des amis dévoués et des citoyens pleins d'énergie, tels sont Domitius, Nigidius, Memmius, Lentulus : il y a d'autres gens de bien encore, mais ceux-là se distinguent entre tous. Ayez donc bon courage et bon espoir : cependant je vous informerai fréquemment de ce qui se passera chaque jour.

gnati sunt nobis amici. Consules se optime ostendunt. Prætores habemus amicissimos, et acerrimos cives, Domitium, Nigidium, Memmium, Lentulum ; bonos etiam alios, sed hos singulares. Quare magnum fac animum habeas et spem bonam. De singulis tamen rebus quæ quotidie gerantur, faciam te crebro certiorem.

LETTRES
DE M. T. CICÉRON

ÉCRITES PENDANT SON EXIL, DE L'AN DE ROME 695 A 696

LETTRE LIII

En route, commencement d'avril 695, sous le consulat de L. Calpurnius Pison Césonius et de A. Gabinius.

CICÉRON A ATTICUS

Puissé-je voir le jour où je vous remercierai de m'avoir contraint à vivre ! jusqu'à présent j'ai tout lieu de m'en repentir. Quoi qu'il en soit, je vous prie de venir au plus tôt me trouver à Vibone. J'ai eu plusieurs raisons pour me diriger de ce côté : lorsque vous m'aurez joint, je me déterminerai plus faci-

M. T. CICERONIS
EPISTOLÆ

IN EXSILIO AB A. V. C. DCXCV-DCXCVI SCR.

EPISTOLA LIII
(ad Att., III, 3)

Scrib. in itinere, initio mensis aprilis A. V. C. 695 (L. Calpurnio Pisone Cæsonio, A. Gabinio coss.).

CICERO ATTICO SAL.

Utinam illum diem videam, quum tibi agam gratias, quod me vivere coegisti ; adhuc quidem valde me pœnitet. Sed te oro, ut ad me Vibonem statim venias, quo ego multis de causis converti iter meum. Sed eo si veneris, de

lement sur le chemin que je dois prendre, et sur le lieu de ma retraite. Un refus de vous me surprendrait fort, mais j'ai la certitude que vous viendrez.

LETTRE LIV

Des rivages de Lucanie, le 8 avril 695.

CICÉRON A ATTICUS

Ce qui a déterminé la direction de ma route, c'est qu'il n'y a point d'endroit où je puisse demeurer plus longtemps en sûreté que dans la terre de Sica, surtout jusqu'à ce qu'on ait réformé le décret de mon exil. Nous pouvons d'ailleurs reprendre facilement le chemin de Brindes, où j'irai m'embarquer, pourvu que vous soyez avec moi. Sans cela je ne me hasarderai point de ce côté, à cause d'Autronius; mais, comme je vous l'ai écrit, il me sera aisé de me déterminer lorsque vous serez venu me joindre. Je sais que c'est un voyage pénible; mais un malheur en contient en lui beaucoup d'autres. L'accablement où je suis ne me permet pas de vous en dire davantage. Ayez soin de votre santé. Le 8 avril, sur les confins de la Lucanie.

toto itinere ac fuga mea consilium capere potero. Si id non feceris, mirabor; sed confido te esse facturum.

EPISTOLA LIV

(ad Att., III, 2)

Scrib. in oris Lucaniæ vi id. apr. A. V. C. 695.

CICERO ATTICO SAL.

Itineris nostri causa fuit, quod non habebam locum, ubi pro meo jure diutius esse possem quam in fundum Sicæ, præsertim nondum rogatione correcta : et simul intelligebam ex eo loco, si te haberem, posse me Brundisium referre; sine te autem, non esse nobis illas partes tenendas propter Autronium. Nunc, ut ad te antea scripsi, si ad nos veneris, consilium totius rei capiemus. Iter esse molestum scio, sed tota calamitas omnes molestias habet. Plura scribere non possum; ita sum animo perculso et abjecto. Cura ut valeas. Dat. vi id. apr. in oris Lucaniæ.

LETTRE LV

De la route de Vibone à Brindes, le 9 avril 695.

CICÉRON A ATTICUS

Attribuez à mon misérable état, non à un caprice, mon brusque départ de Vibone, ville où je vous avais donné rendez-vous. J'y ai reçu le décret qui consomme ma perte. Mon bannissement est limité, par la correction que j'attendais, à quatre cents milles. Comme la Sicile, où je voulais aller, et même l'île de Malte, sont comprises dans cet espace, j'ai pris le chemin de Brindes avant que le décret fût publié, de peur d'attirer à Sica une mauvaise affaire. Si vous faites diligence, vous pouvez me joindre, si toutefois on me reçoit. Bon accueil jusqu'ici : j'ai peur pour l'avenir. Que la vie me pèse, ô mon cher Atticus ! La confiance, l'amitié que j'ai pour vous ont prévalu. Mais nous ferons ensemble ces tristes réflexions. Venez au plus tôt, je vous en conjure.

EPISTOLA LV

(ad Att., III, 4)

Scrib. in itinere, a Vibone Brundisium versus, v id. aprilis A. V. C. 695.

CICERO ATTICO SAL.

Miseriæ nostræ potius velim, quam inconstantiæ tribuas, quod a Vibone, quo te arcessebamus, subito discessimus. Allata est enim nobis rogatio de pernicie mea; in qua, quod correctum esse audieramus, erat ejusmodi, ut mihi ultra quadringinta millia liceret esse. Illo quum pervenire non liceret, statim iter Brundisium versus contuli ante diem rogationis ; ne et Sica, apud quem eram, periret; et quod Melitæ esse non licebat. Nunc tu propera ut nos consequare, si modo recipiemur. Adhuc invitamur benigne. Sed, quod superest, timemus. Me, mi Pomponi, valde pœnitet vivere. Qua in re apud me tu plurimum valuisti. Sed hæc coram. Fac modo, ut venias.

LETTRE LVI

Avril 695.

CICÉRON A ATTICUS

J'ai toujours cru que je ne pourrais me passer de vous dans l'état où je suis; mais depuis que j'ai vu le décret de mon exil, et que je suis fixé sur la route que je dois prendre, je conçois encore mieux qu'il m'est de la dernière importance de vous avoir avec moi : car, si je passe par l'Épire, j'ai besoin, pour ma sûreté, d'y être soutenu de votre crédit et de celui de vos amis; et s'il me faut prendre quelque autre route, j'ai également besoin de vos conseils pour me déterminer. Je vous prie donc de partir le plus tôt que vous pourrez, rien ne vous arrête maintenant qu'on a donné le gouvernement de Macédoine. Je vous ferais plus d'instance si la chose ne parlait d'elle-même auprès d'un ami tel que vous.

EPISTOLA LVI

(ad Att., III, 1)

Scrib. april. A. V. C. 695.

CICERO ATTICO SAL.

Quum antea maxime nostra interesse arbitrabar, te esse nobiscum; tum vero, ut legi rogationem, intellexi ad iter id, quod constitui, nihil mihi optatius cadere posse, quam ut tu me quamprimum consequare, ut, quum ex Italia profecti essemus, sive per Epirum iter esset faciendum, tuo tuorumque præsidio uteremur; sive aliud quid agendum esset, certum consilium de tua sententia capere possemus. Quamobrem, te oro, des operam ut me statim consequare. Facilius potes, quoniam de provincia Macedonia perlata lex est. Pluribus verbis tecum agerem, nisi pro me apud te res ipsa loqueretur.

LETTRE LVII
Thurium, 10 avril 695.

CICÉRON A ATTICUS

Ma femme me marque dans toutes ses lettres qu'elle vous a mille obligations; je vous en remercie fort. L'accablement et la tristesse dans lesquels je suis plongé me permettent à peine d'écrire, et je ne vois pas ce que je pourrais vous mander; car si vous êtes encore à Rome, vous ne pouvez plus me joindre; et si vous êtes en chemin, nous raisonnerons ensemble sur tout ce qui me regarde. Je vous conjure seulement de me conserver cette amitié qui ne s'est jamais démentie. Pour moi, je suis toujours le même; mes ennemis ont pu m'ôter mes biens, ils ne m'ont pas enlevé à moi-même. Ayez soin de votre santé. Le 10 avril, à Thurium.

LETTRE LVIII
Du pays de Tarente, le 24 avril 695.

CICÉRON A ATTICUS

Je ne doutais pas que vous dussiez venir me trouver à Ta-

EPISTOLA LVII
(ad Att., III, 5)

Scrib. Thurii iv id. april. A. V. C. 695.

CICERO ATTICO SAL.

Terentia tibi et sæpe, et maximas agit gratias : id est mihi gratissimum. Ego vivo miserrimus, et maximo dolore conficior, ad te quid scribam nescio. Si enim es Romæ, jam me assequi non potes : sin es in via, quum eris me assecutus, coram agemus quæ erunt agenda. Tantum te oro, ut quoniam me ipsum semper amasti, eodem amore sis. Ego enim idem sum. Inimici mei mea mihi, non me ipsum, ademerunt. Cura ut valeas. Dat. iv id. april. Thurii.

EPISTOLA LVIII
(ad Att., III, 6)

Scrib. de Tarentino, viii kal. maii A. V. C. 695.

CICERO ATTICO SAL.

Non fuerat mihi dubium, quin te Tarenti, aut Brundisii visurus essem :

rente ou à Brindes : je le souhaitais pour plusieurs raisons, et surtout parce que j'avais dessein de faire avec vous quelque séjour en Épire, et je voulais régler par vos conseils toutes les autres mesures que j'ai à prendre. Puisqu'il en est autrement, c'est une nouvelle affliction à ajouter à une infinité d'autres. Je vais m'embarquer pour l'Asie, et je m'arrêterai à Cyzique. Je vous recommande les miens ; je traîne une vie misérable et languissante. Le 24 avril, auprès de Tarente.

LETTRE LIX

Brindes, 30 avril 695.

CICÉRON A TULLIUS, A TERENTIA ET A TULLIOLA

Je vous écris le moins possible, car s'il n'y a point de moments qui ne soient fort tristes pour moi, ceux que j'emploie à vous écrire ou à lire vos lettres me font verser tant de larmes, que cet état m'est insupportable. Que n'ai-je eu moins d'attachement pour la vie ! Nous n'aurions rien eu à souffrir, ou nos malheurs seraient médiocres. Si la fortune nous réserve quelque espérance de rétablissement, je suis moins coupa-

idque ad multa pertinuit ; in eis, et ut in Epiro consisteremus, et de reliquis rebus tuo consilio uteremur. Quoniam id non contigit, erit hoc quoque in magno numero nostrorum malorum. Nobis iter est in Asiam, maxime Cyzicum. Meos tibi commendo ; me vix misereque sustento. Dat. viii kal. maii. De Tarentino.

EPISTOLA LIX
(ad div., XIV, 4)

Scrib. Brundisii prid. kal. maii A. V. C. 695.

TULLIUS TERENTIÆ, TULLIOLÆ ET CICERONI SUIS S. P. D.

Ego minus sæpe ad vos do litteras quam possum, quod quum omnia mihi tempora sunt misera, tum vero quum aut scribo ad vos, aut vestras lego, conficior lacrymis, sic ut ferre non possim. Quod utinam minus vitæ cupidi fuissemus ! Certe nihil, aut non multum in vita mali vidissemus. Quod si nos ad aliquam alicujus commodi aliquando recuperandi spem fortuna reservavit,

ble; mais si nos maux sont irrévocables, je ne souhaite plus, ma chère vie, que de vous revoir incessamment et de mourir dans vos bras, puisque ni les dieux que vous avez servis religieusement, ni les hommes à qui je me suis attaché, ne nous récompensent pas mieux.

J'ai passé treize jours à Brindes chez M. Lenius Flaccus, homme plein de bonté. Le soin de mon salut lui a fait négliger ses propres périls et celui de sa fortune. Sans craindre les rigueurs d'une détestable loi, il m'a rendu tous les devoirs et les services de l'hospitalité. Puissé-je lui en marquer un jour toute ma reconnaissance! Le sentiment du moins vivra toujours dans mon cœur. Je suis parti de Brindes le 30 avril. Mon dessein est de me rendre à Cyzique par la Macédoine.

Quel malheur! quelle affliction! Vous prierai-je de me suivre? Hélas! une femme malade comme vous êtes, épuisée de force et de courage! Faut-il aussi que je ne vous en prie pas? Je serai donc sans vous! Voici, je crois, le parti à prendre. S'il me reste quelque espérance de retour, mettez tous vos soins à la fortifier, à la réaliser. Mais si c'en est fait, comme je le crains, venez, par quelque voie que ce soit. Soyez sûre que si je vous ai près de moi, je ne me croirai pas tout à fait perdu. Mais que deviendra ma chère Tulliola? Voyez vous-même. Le conseil me manque. Mais de quelque manière que les choses

minus est erratum a nobis. Si hæc mala fixa sunt, ego vero te quamprimum, mea vita, cupio videre, et in tuo complexu emori : quum neque dii, quos tu castissime coluisti, neque homines, quibus ego servivi, nobis gratiam retulerunt.

Nos Brundisii apud M. Lenium Flaccum dies XIII fuimus, virum optimum ; qui periculum fortunarum et capitis sui pro mea salute neglexit, neque legis improbissimæ pœna deductus est, quominus hospitii et amicitiæ jus officiumque præstaret. Huic utinam aliquando gratiam referre possimus! Habebimus quidem semper. Brundisio profecti sumus pridie kalend. maias. Per Macedoniam Cyzicum petebamus.

O me perditum! o me afflictum! Quid nunc rogem te ut huc venias, mulierem, ægram, et corpore et animo confectam? Non rogem? Sine te igitur sim? Opinor, sic agam. Si est spes reditus nostri, eam confirmes, et rem adjuves. Sin, ut ego metuo, transactum est, quoquo modo potes, ad me fac venias. Unum hoc scito : si te habebo, non mihi videbor plane periisse. Sed quid de Tulliola mea fiet? Jam id vos videte. Mihi deest consilium. Sed certe, quoquo

tournent, il faut ménager la réputation et le mariage de cette pauvre petite. Et mon cher Cicéron? qu'en ferons-nous? Ah! pour lui, qu'il ne s'éloigne jamais de mes bras et de mon sein. Je ne saurais écrire davantage ; la douleur m'en empêche. J'ignore où vous en êtes, s'il vous reste quelque chose, ou si, comme je le crains, vous avez été tout à fait dépouillée. Vous m'écrivez que Pison nous sera toujours dévoué. J'ai de lui cette espérance.

Pour cette affaire d'esclaves affranchis, ne vous en mettez pas en peine. On a promis aux vôtres que vous les récompenseriez suivant leur mérite. Orphée exerce encore son office; mais il n'y a guère que lui. A l'égard des autres, supposé que nos affaires ne se rétablissent point, ils seront nos affranchis, s'ils peuvent l'obtenir; s'ils ne l'obtenaient point, ils nous appartiendraient et continueront de servir, à la réserve d'un petit nombre. Mais tout cela est secondaire.

Vous m'exhortez à conserver de la grandeur d'âme, et vous ne voulez pas que je désespère de notre salut. Je souhaite qu'il reste quelque fondement à nos espérances. Hélas! quand recevrai-je à présent de vos lettres? Qui me les apportera? J'en aurais attendu à Brindes, si les matelots l'eussent permis ; mais ils n'ont pas voulu manquer la saison. Soutenez-vous, ma chère Terentia, autant qu'il sera possible. Nous avons vécu avec honneur, nous

---

modo se res habebit, illius misellæ et matrimonio et famæ serviendum est. Quid? Cicero meus, quid aget? Iste vero sit in sinu semper et complexu meo. Non queo plura jam scribere. Impedit mœror. Tu quid egeris, nescio : utrum aliquid teneas, an, quod metuo, plane sis spoliata. Pisonem, ut scribis, spero fore semper nostrum.

De familia liberata nihil est quod te moveat. Primum, tuis ita promissum est, te facturam esse ut quisque esset meritus. Est autem in officio adhuc Orpheus : præterea magnopere nemo. Cæterorum servorum ea causa est, ut, si res a nobis abesset, liberti nostri essent, si obtinere potuissent : sin ad nos pertinerent, servirent, præterquam oppido pauci. Sed hæc minora sunt.

Tu quod me hortaris ut animo sim magno, et spem habeam recuperandæ salutis, id velim sit ejusmodi ut recte sperare possimus. Nunc miser, quando tuas litteras accipiam? Quis ad me perferet? Quas ego exspectassem Brundisi si esset licitum per nautas, qui tempestatem prætermittere noluerunt. Quod reliquum est, sustenta te, mea Terentia, ut potes. Honestissime viximus, flo-

avons vu notre situation brillante ; c'est notre vertu qui nous a ruinés et non notre faute. L'unique reproche que nous ayons à nous faire, est de n'avoir pas perdu la vie avec tout ce qui en faisait le prix. Mais s'il est plus avantageux pour nos enfants que nous l'ayons conservée, il faut supporter tout le reste, quelque insupportable qu'il soit. Je vous console, et ne puis me consoler moi-même.

Clodius Philetérus est un homme fidèle, que je vous ai renvoyé parce qu'il a mal aux yeux. Personne n'égale Sallustius pour le zèle. Pescennius m'est extrêmement attaché, et j'espère que vous serez toujours contente de ses services. Sica m'avait promis de me suivre ; mais il m'a quitté à Brindes. N'épargnez rien pour conserver votre santé, et ne doutez pas que vos disgrâces ne me touchent plus que les miennes. Adieu, chère Terentia, la plus fidèle et la meilleure des femmes ; adieu la plus aimée des filles ; et toi, Cicéron, mon unique espérance, adieu. Le 30 avril, à Brindes.

ruimus. Non vitium nostrum, sed virtus nostra nos afflixit. Peccatum est nullum, nisi quod non una animam cum ornamentis amisimus. Sed si hoc fuit liberis nostris gratius nos vivere, cætera, quanquam ferenda non sunt, feramus. Atque ego qui te confirmo, ipse me non possum.

Clodium Philetærum, quod valetudine oculorum impediebatur, hominem fidelem, remisi. Sallustius officio vincit omnes. Pescennius est perbenevolus nobis : quem semper spero tui fore observantem. Sica dixerat se mecum fore ; sed Brundisio discessit. Cura, quoad potes, ut valeas, et sic existimes, me vehementius tua miseria quam mea commoveri. Mea Terentia, fidissima atque optima uxor, et mea carissima filiola, et spes reliqua nostra Cicero, valete. Pridie kalendas maias. Brundisio.

LETTRE LX.

Brindes, 30 avril 695.

CICÉRON A ATTICUS

Je suis arrivé à Brindes le 17 avril. Je reçus ce jour-là même une de vos lettres, et une autre encore trois jours après. Vous me pressez de me retirer dans votre maison d'Épire : c'est une marque de votre amitié qui m'est très-chère, quoiqu'elle ne soit pas nouvelle. Si je pouvais demeurer chez vous pendant tout le temps de mon exil, j'accepterais très-volontiers vos offres. Je hais la foule ; je fuis le commerce des hommes ; mes yeux supportent à peine la lumière ; ainsi je goûterais quelque douceur dans une solitude que notre amitié me ferait trouver encore plus agréable. Ce qui m'empêchera de passer par l'Épire, c'est d'abord le détour avec la crainte de rencontrer Antonius et les autres conjurés ; enfin votre éloignement. Comme habitation, un château fort me conviendrait ; ne faisant que passer, à quoi bon? J'irais en Achaïe, si j'osais. Ce parti serait fort de mon goût ; mais mes ennemis y sont et vous me manquez. Je crains aussi qu'on ne

EPISTOLA LX

(ad Att., III, 7)

Scrib. Brundisii prid. kal. maii A. V. C. 695.

CICERO ATTICO SAL.

Brundisium veni a. d. xiv kalendas maias. Eo die pueri tui mihi a te litteras reddiderunt : et alii pueri post diem tertium ejus diei alias litteras attulerunt. Quod me rogas et hortaris, ut apud te in Epiro sim, voluntas tua mihi valde grata est, et minime nova : sed et consilium mihi quidem optatum, si liceret ibi omne tempus consumere. Odi enim celebritatem ; fugio homines ; lucem aspicere vix possum. Esset mihi ista solitudo, præsertim tam familiari in loco, non amara. In itineris causa ut devorterem, primum est devium ; deinde ab Autronio, et cæteris quatridui ; deinde sine te. Nam castellum munitum habitanti mihi prodesset ; transeunti non est necessarium. Quod si auderem, Achaiam peterem : sane ita cadebat, ut vellem. Nunc et nostri hostes ibi sunt,

11.

trouve pas cette province assez éloignée de l'Italie : vous ne me marquez point quel jour je puis vous attendre.

En m'exhortant à vivre, vous pouvez bien obtenir que je ne tourne pas mes mains contre moi-même; mais je ne m'en repentirai pas moins du parti que j'ai pris : car enfin, qu'est-ce qui peut encore m'attacher à la vie, surtout si je n'ai plus les espérances qui me restaient en partant? Je ne vous ferai point ici une longue énumération de tous les malheurs où m'a plongé indignement moins le crime de mes ennemis, que celui de mes envieux. Je ne veux ni aigrir ma douleur, ni renouveler la vôtre ; mais j'affirme que jamais personne ne fut plus infortuné que moi, et n'eut plus de raison pour souhaiter la mort. J'ai pu, en la cherchant, ou triompher, ou du moins périr avec gloire; elle ne peut plus maintenant que finir et non guérir mes maux.

Vous recueillez tous les faits qui semblent promettre quelque prompt changement dans la république : ce sont de légères conjectures; mais, puisque vous le voulez, il faut attendre jusqu'à la fin. Au reste, en vous hâtant, vous pouvez encore me joindre ; ou je marcherai vers l'Épire ; ou si je passe par la Candavie, j'irai à petites journées. Ce n'est point par inconséquence que j'hésite si j'irai en Épire, c'est que je ne sais où

---

et te non habemus ; et veremur, ne interpretentur, illud quoque oppidum ab Italia non satis abesse; nec scribis quam ad diem te exspectemus.

Quod me ad vitam vocas, unum efficis, ut a me manus abstineam; alterum non potes, ut me non nostri consilii vitæque pœniteat. Quid enim est quod me retineat, præsertim si spes ea non est, quæ nos proficiscentes prosequebatur? Non faciam ut enumerem miserias omnes, in quas incidi per summam injuriam, et scelus non tam inimicorum meorum, quam invidorum, ne et meum mœrorem exagitem, et te in eumdem luctum vocem. Hoc affirmo, neminem unquam tanta calamitate esse affectum, nemini mortem magis optandam fuisse : cujus oppetendæ tempus honestissimum prætermissum est. Reliqua tempora non sunt jam ad medicinam, sed ad finem doloris.

De republica video te colligere omnia, quæ putes aliquam spem mihi posse afferre mutandarum rerum : quæ quanquam exigua sunt; tamen, quoniam placet, exspectemus. Tu nihilominus, si properaris, nos consequere. Nam aut accedemus in Epirum, aut tarde per Candaviam ibimus. Dubitationem autem de Epiro non inconstantia nostra afferebat; sed quod de fratre, ubi eum vi-

rencontrer mon frère ; mais je sais encore moins comment je pourrai soutenir une si triste entrevue, et une si cruelle séparation ; c'est la peine, la douleur la plus sensible de toutes celles que j'éprouve. Je ne vous en dis pas davantage ; dans l'accablement où je me trouve, je puis à peine penser, et encore moins écrire. Je vous attends avec impatience. Prenez soin de votre santé. Le 30 avril, à Brindes.

LETTRE LXI

Thessalonique, 29 mai 695.

CICÉRON A ATTICUS

Je vous ai écrit, en partant de Brindes, les raisons pour lesquelles je n'irai pas en Épire : c'est que l'Achaïe est pleine de gens audacieux animés contre moi, et que les passages de cette province sont difficiles. Depuis mon arrivée à Dyrrachium, j'ai une nouvelle raison. J'y ai reçu deux avis opposés sur la route que tient mon frère : l'un, qu'il s'était embarqué à Éphèse pour Athènes ; et l'autre, qu'il viendrait par terre et passerait par la Macédoine. J'ai donc envoyé de Dyrrachium à Athènes,

suri essemus, nesciebamus. Quem quidem nec ego, nec quo modo visurus, nec qui dimissurus sim, scio. Id est maximum et miserrimum mearum omnium miseriarum. Ego et sæpius ad te, et plura scriberem, nisi mihi dolor meus quum omnes partes mentis, tum maxime hujus generis facultatem ademisset. Videre te cupio. Cura ut valeas. Dat. pridie kalend. maii. Brundisii.

EPISTOLA LXI
(ad Att., III, 8)

Scrib. Thessalonicæ iv kalend. jun. A. V. C. 695.

CICERO ATTICO SAL.

Brundisio proficiscens scripseram ad te, quas ob causas in Epirum non essemus profecti ; quod et Achaia prope esset plena audacissimorum inimicorum, et exitus difficiles haberet, quum inde proficisceremur. Accessit, quum Dyrrachii essemus, ut duo nuntii afferrentur ; unus classe fratrem Epheso Athenas ; alter pedibus per Macedoniam venire. Itaque illi obviam misimus Athenas, ut

pour qu'il vînt me trouver à Thessalonique, où je suis arrivé le 25 mai. Tout ce que j'ai pu en apprendre depuis, c'est qu'il est parti d'Éphèse depuis quelque temps. Je suis fort alarmé de ce qui se passe là-bas. Dans une de vos lettres, vous me marquiez que vous aviez entendu dire, le 15 mai, qu'on se préparait à l'attaquer vivement; et vous me dites dans l'autre que les choses se calment et s'adoucissent; mais cette lettre, qui pourrait me rassurer, est de date plus ancienne que celle qui me fait craindre. Ce nouveau chagrin achève de m'accabler, et redouble la tristesse mortelle qui me consume. La mer a été fort mauvaise depuis quelque temps, et peut-être mon frère, ne sachant point où j'étais, aura pris une autre route. Phaéthon, son affranchi, ne l'a pas vu; repoussé par le vent sur les côtes de la Macédoine, il m'est venu trouver à Pella, et m'a dit qu'il ne l'avait point rencontré. Je vois bien que nous ne sommes point à la fin de nos malheurs; je n'ai plus rien à vous écrire, mais j'ai tout à craindre. Il n'est point de maux qui ne se trouvent rassemblés dans mon infortune : ces nouvelles alarmes, qui n'en font pas la moindre partie, me retiennent à Thessalonique, et me laissent une incertitude que je ne puis vaincre.

Pour répondre maintenant à votre lettre, je n'ai point vu Tryphon Cécilius. Vos lettres m'ont fait connaître votre conversa-

---

inde Thessalonicam veniret. Ipsi processimus, et Thessalonicam ante diem x kalend. juniar. venimus, neque de illius itinere quidquam certi habebamus, nisi eum ab Ephoso ante aliquanto profectum. Nunc istic quid agatur, magnopere timeo : quanquam tu altera epistola scribis idibus maiis audiri, fore ut acrius postularetur; altera jam esse mitiora. Sed hæc est pridie data, quam illa; quo conturbor magis. Itaque, quum meus me mœror quotidianus lacerat et conficit, tum vero hæc addita cura vix mihi vitam reliquam facit. Sed et navigatio perdifficilis fuit : et ille incertus ubi ego essem, fortasse alium cursum petivit. Nam Phaetho libertus cum non vidit; vento rejectus ab illo in Macedoniam; Pellæ mihi præsto fuit. Reliqua quam mihi timenda sint video, nec quid scribam habeo, et omnia timeo : nec tam miserum est quidquam, quod non in nostram fortunam cadere videatur. Equidem adhuc miser in maximis meis ærumnis et luctibus, hoc metu adjecto, maneo Thessalonicæ suspensus, nec audeo quidquam.

Nunc ad ea quæ scripsisti, Tryphonem Cæcilium non vidi. Sermonem tuum,

tion avec Pompée. Je ne prévois pas d'aussi grands changements que vous le croyez, ou que vous me le voulez faire croire pour me consoler. On n'en doit plus attendre depuis que l'enlèvement de Tigrane n'a point eu de suites. J'écrirai à Varron et à Hypséus des lettres de remerciment, puisque vous le jugez à propos. Je suivrai aussi le conseil que vous me donnez, de ne pas m'éloigner davantage jusqu'à ce que j'aie appris ce qui se sera passé pendant le mois de mai; mais je ne sais encore où je dois attendre ces nouvelles. L'affaire de mon frère m'a jeté dans un si grand trouble, que je suis incapable de prendre aucune résolution : sitôt que je me serai déterminé, je vous le ferai savoir.

Vous jugerez aisément de l'agitation de mon esprit par l'incohérence de mes lettres. Mais, quoique mes malheurs ne puissent être ni plus grands ni en plus grand nombre, j'en souffre cependant beaucoup moins que du seul souvenir de la faute qui les a causés : car je crois que vous avez enfin reconnu la perfidie de ceux qui m'ont poussé dans le précipice; et plût aux dieux que vous l'eussiez reconnue lorsqu'il était encore temps de m'en garantir, et que vous ne vous fussiez pas, comme moi, abandonné tout entier à la douleur! Quand donc vous entendrez parler de la tristesse mortelle dans laquelle je suis plongé, souvenez-vous que je m'en prends moins à la fortune qu'à moi-même, pour m'être livré à un homme dont je ne soupçonnais pas la perfidie. Je suis si occupé, et de mes propres

---

et Pompeii, cognovi ex tuis litteris. Motum in republica non tantum ego impendere video, quantum tu aut vides, aut ad me consolandum affers : Tigrane enim neglecto, sublata sunt omnia. Varroni me jubes agere gratias : faciam : item Hypsæo. Quod suades ne longius discedamus, dum acta mensis maii ad nos perferantur, puto me ita esse facturum; sed ubi, nondum statui : atque ita perturbato sum animo de Quinto, ut nihil queam statuere. Sed tamen statim te faciam certiorem.

Ex epistolarum mearum inconstantia puto te mentis meæ motum videre; qui, etsi incredibili et singulari calamitate afflictus sum, tamen non tam est ex miseria, quam ex culpæ nostræ recordatione commotus. Cujus enim scelere impulsi ac proditi simus, jam profecto vides : atque utinam jam ante vidisses, neque totum animum tuum mœrori mecum simul dedisses. Quare, quum me afflictum, et confectum luctu audies, existimato me stultitiæ meæ pœnam ferre gravius, quam eventi; quod ei crediderim, quem esse nefarium non putarim.

maux, et de ceux que je crains pour mon frère, que je ne puis vous en dire davantage. Veillez à tous mes intérêts, gouvernez-les. Ma femme vous a toutes les obligations imaginables. Je vous envoie une copie de ma lettre à Pompée. Le 29 mai, à Thessalonique.

LETTRE LXII

Thessalonique, 15 juin 695.

CICÉRON A ATTICUS

Mon frère est parti d'Asie sur la fin d'avril, et est arrivé à Athènes le 15 mai. Il a fallu qu'il se rendît à Rome en toute hâte, afin de prévenir les entreprises de ceux dont ma disgrâce n'aurait pas contenté la haine. Aussi n'ai-je point voulu qu'il retardât son arrivée à Rome pour me venir voir. Mais voici encore une autre raison, qui vous fera connaître l'étendue de mon malheur. Il faut donc vous avouer que je ne me suis pas senti assez de force pour soutenir la vue d'un frère qui a tant d'amitié pour moi, et qui m'aurait si fort attendri. Je n'ai point voulu qu'il vît de près le renversement de ma fortune et l'excès de ma douleur. J'appréhendais encore, et avec beaucoup de raison, qu'il ne pût se résoudre

Me et meorum malorum memoria, et metus de fratre in scribendo impedit. Tu ista omnia vide et guberna. Terentia tibi maximas gratias agit. Litterarum exemplum, quas ad Pompeium scripsi, misi tibi. Dat. iv kal. jun. Thessalonicæ.

EPISTOLA LXII

(ad Att., III, 9)

Scrib. Thessalonicæ idib. jun. A. V. C. 695.

CICERO ATTICO SAL.

Quintus frater quum ex Asia discessisset ante kalend. maias, et Athenas venisset idibus valde fuit ei properandum, ne quid absens acciperet calamitatis, si quis forte fuisset, qui contentus nostris malis non esset. Itaque eum malui properare Romam, quam ad me venire : et simul (dicam enim, quod verum est; ex quo magnitudinem miseriarum mearum perspicere possis) animum inducere non potui, ut aut illum, amantissimum mei, mollissimo animo, tanto in mœrore aspicerem; aut meas miserias luctu afflictas, ac perditam fortunam illi offerrem, et ab illo aspici paterer. Atque etiam illud timebam, quod pro-

à me quitter. Je me représentais ce triste moment, quand il serait obligé de renvoyer ses licteurs, ou de s'arracher d'entre mes bras : je me suis privé du plaisir de le voir, pour ne point m'exposer à une si cruelle séparation. Voilà les maux où vous m'avez plongé en me forçant à vivre. Je paye chèrement ma faute.

Ce que vous m'écrivez me donne quelque espérance, quoique je m'aperçoive bien que vous n'en avez pas tant que vous me le voulez faire croire. J'ai trouvé néanmoins dans la lecture de votre lettre quelque soulagement, lorsque, après avoir parlé de Pompée, vous en venez à ces mots, *il faut maintenant gagner Hortensius et les gens de ce parti*. Quoi donc, mon cher Atticus, êtes-vous encore à découvrir les traîtres qui m'ont perdu, les moyens dont ils se sont servis, les piéges qu'ils m'ont dressés? Mais je vous éclaircirai là-dessus de vive voix : ce qui est sûr, et ce que vous savez aussi bien que moi, c'est qu'on doit moins attribuer ma disgrâce à mes ennemis qu'à mes envieux. Si les choses tournent comme vous l'espérez, je suivrai vos conseils, et j'en attendrai avec patience le succès. Mais si, comme j'ai lieu de le craindre, je me flatte en vain, il faudra revenir à ce qu'on m'a empêché de faire. Mais le moment était mieux choisi alors qu'après.

Térentia ne cesse de vous rendre grâces. La crainte où je suis pour mon malheureux frère redouble tous mes chagrins : je ne puis me déterminer à rien, que je ne sache ce que deviendra son

---

ecto accidisset, ne a me digredi non posset. Versabatur mihi tempus illud ante oculos, quum ille aut lictores dimitteret, aut vi avelleretur ex complexu meo. Hujus acerbitatis eventum altera acerbitate non videndi fratris vitavi. In hunc me casum vos, vivendi auctores, impulistis. Itaque mei peccati luo pœnas.

Quanquam me tuæ litteræ sustentant, ex quibus, quantum tu ipse speres, facile perspicio. Quæ quidem tamen aliquid habebant solatii ante, quam eo venisti, « A Pompeio, nunc Hortensium allice, et ejusmodi viros. » Obsecro, mi Pomponi, nondum perspicis, quorum opera, quorum insidiis, quorum scelere perierimus? sed tecum hæc coram agemus. Tantum dico, quod scire te puto, nos non inimici, sed invidi perdiderunt. Nunc, si ista sunt quæ speras, sustinebimus nos, et spe, qua jubes, nitemur. Sin, ut mihi videntur, infirma sunt, quod optimo tempore facere non licuit, minus idoneo fiet.

Terentia tibi sæpe agit gratias. Mihi etiam unum de malis in metu est, fratris miseri negotium ; quod si sciam cujusmodi sit, sciam quid agendum mihi

affaire. Je demeurerai à Thessalonique, comme vous me conseillez, jusqu'à ce que j'aie appris ce que l'on a fait pour moi, et reçu les lettres que j'attends; il me sera ensuite plus aisé de prendre de justes mesures. Si vous êtes parti de Rome le 1er de juin, comme vous me l'écrivez, vous me verrez dans peu de jours. Je vous ai envoyé la lettre que j'ai écrite à Pompée. Le 15 juin, à Thessalonique.

LETTRE LXIII

Thessalonique, 15 juin 695.

M. T. CICÉRON A QUINTUS SON FRÈRE

Mon frère, mon frère, mon frère, avez-vous pu craindre que ce ne fût quelque sentiment de colère qui m'ait empêché de vous écrire par ces messagers, ou que je n'aie pas voulu vous voir? Moi, je serais, moi, je pourrais être en colère contre vous? C'est vous, apparemment, qui êtes la cause de ma chute; ce sont vos ennemis, c'est l'envie qu'on vous portait, qui m'ont perdu, et ce n'est pas moi-même qui ai causé votre ruine. Ce consulat si vanté m'a tout ravi, un frère, des enfants, une patrie, une fortune : puisse-t-il ne vous avoir enlevé que moi! Il est certain que vous ne m'avez jamais donné que des sujets de satisfaction

sit. Me etiam nunc illorum beneficiorum, et litterarum exspectatio, ut tibi placet, Thessalonicæ tenet. Si quid erit novi allatum, sciam de reliquo quid agendum sit. Tu, si, ut scribis, kalend. jun. Roma profectus es, propediem nos videbis. Litteras, quas ad Pompeium scripsi, tibi misi. Dat. id. jun. Thessalonicæ.

EPISTOLA LXIII

(ad Q. fratrem, I, 3)

Scrib. Thessalonicæ idib. jun. A. V. C. 695.

M. CICERO QUINTO FRATRI SAL.

Mi frater, mi frater, mi frater; tune id veritus es, ne ego iracundia aliqua adductus pueros ad te sine litteris miserim? aut etiam ne te videre noluerim? Ego tibi irascerer? tibi ego possem irasci? Scilicet; tu enim me afflixisti; tu, me inimici, tua me invidia, ac non ego te misere perdidi. Meus ille laudatus consulatus mihi te, liberos, patriam, fortunas; tibi velim ne quid eripuerit, præter unum me. Sed certe a te mihi omnia semper honesta et jucunda ceci-

et d'honneur; et que me devez-vous? larmes sur mes maux, inquiétude pour vous, regrets, tristesse, solitude. Je n'ai pas voulu vous voir! Dites plutôt que je n'ai pas voulu être vu par vous; car vous n'auriez pas vu votre frère, vous n'auriez pas vu celui que vous aviez laissé à Rome, celui que vous connaissiez, celui qui, tout pleurant, vous avait conduit, pleurant vous-même; non, vous n'auriez pas vu le moindre reste de ce qu'il était, pas même son image, mais une vaine ombre qui respire. Et plût aux dieux que vous eussiez vu ou appris ma mort avant ma disgrâce! plût au ciel que vous eussiez survécu, non-seulement à moi, mais à ma gloire! Je prends les dieux à témoin que si quelque chose m'a rappelé à la vie, c'est qu'on m'assurait que la vôtre dépendait en partie de la mienne. J'ai donc fait une faute, j'ai commis un crime. Si j'avais péri, ma mort prouverait du moins ma piété et mon affection pour vous, tandis que je vous ai réduit, moi vivant, à réclamer le secours d'autrui, et que cette voix, si souvent utile à des étrangers, est muette pour ma famille. Non, si j'ai envoyé vers vous sans vous écrire, ce n'est point la colère qu'il en faut accuser, c'est la paresse et l'abondance infinie de mes douleurs et de mes larmes. Cette lettre même, de combien de pleurs n'est-elle pas arrosée! j'en verse autant à l'écrire que vous en verserez sans doute en la lisant. Puis-je m'empêcher de penser

---

derunt; a me tibi luctus meæ calamitatis, metus tuæ, desiderium, mœror, solitudo. Ego te videre noluerim? Immo vero me a te videri nolui. Non enim vidisses fratrem tuum; non eum, quem reliqueras; non eum, quem noras; non eum, quem flens flentem, prosequentem proficiscens dimiseras; ne vestigium quidem ejus, nec simulacrum, sed quamdam effigiem spirantis mortui. Atque utinam me mortuum prius vidisses, aut audisses! utinam te non solum vitæ, sed etiam dignitatis meæ superstitem reliquissem! Sed testor omnes deos, me hac una voce a morte esse revocatum, quod omnes in mea vita partem aliquam tuæ vitæ repositam esse dicebant. Quare peccavi, scelerateque feci. Nam si cecidissem, mors ipsa meam pietatem amoremque in te facile defenderet. Nunc commisi, ut vivo me carerem, vivo me aliis indigerem; mea vox in domesticis periculis potissimum occideret, quæ sæpe alienissimis præsidio fuisset. Nam quod ad te pueri sine litteris venerunt, quoniam vides non fuisse iracundiæ causa, certe pigritia fuit, et quædam infinita vis lacrymarum et dolorum. Hæc ipsa me quo fletu putas scripsisse? eodem, quo te legere certo scio. An ego possum aut non cogitare

souvent à vous? et comment y penser sans larmes? Quand je vous regrette, est-ce un frère seulement que je regrette? non, mais pour le charme de la société, un ami presque du même âge; pour la déférence, un fils; pour la sagesse, un père. Quels plaisirs avons-nous jamais goûtés l'un sans l'autre? Mais n'ai-je pas à regretter en même temps ma fille? Que de piété! que de modestie! que d'intelligence! une fille en qui je retrouve mes traits, mes discours, mes pensées! Que dirai-je de mon cher et aimable fils? hélas! j'ai eu la dureté de le renvoyer d'entre mes bras. Plus pénétrant que je n'eusse voulu, il avait déjà, l'infortuné! le sentiment de ma situation! Parlerai-je de votre fils, de votre vivant portrait, que mon petit Cicéron aimait comme un frère et respectait déjà comme un aîné? Ce n'est pas tout : je n'ai pas laissé à la plus malheureuse et à la plus fidèle des femmes la liberté de me suivre, parce qu'il fallait quelqu'un à Rome pour prendre soin de nos enfants et des débris échappés à notre commune catastrophe? Cependant je vous ai écrit de mon mieux, et j'ai chargé de ma lettre Philogonus, votre affranchi : je me flatte que vous l'avez reçue. Je vous priais, je vous pressais, comme je l'ai fait encore par mes messagers, de ne pas perdre un moment pour vous rendre à Rome. D'abord je vous y désirais pour m'y servir d'appui, si j'ai des ennemis dont mon malheur n'ait pas encore rassasié la cruauté. J'appréhendais

---

aliquando de te, aut unquam sine lacrymis cogitare? Quum enim te desidero, fratrem solum desidero? Ego vero suavitate prope æqualem, obsequio filium, consilio parentem. Quid mihi sine te unquam, aut tibi sine me jucundum fuit? Quid, quod eodem tempore desidero filiam? qua pietate, qua modestia, quo ingenio? effigiem oris, sermonis, animi mei? Quid filium venustissimum, mihique dulcissimum? quem ego ferus ac ferreus e complexu dimisi meo, sapientiorem puerum, quam vellem; sentiebat enim miser jam, quid ageretur. Quid vero tuum filium? quid imaginem tuam, quam meus Cicero et amabat, ut fratrem, et jam, ut majorem fratrem, verebatur? Quid, quod mulierem miserrimam, fidelissimam conjugem, me prosequi non sum passus, ut esset, quæ reliquias communis calamitatis, communes liberos tueretur? Sed tamen quoquo modo potui, scripsi, et dedi litteras ad te Philogono, liberto tuo, quas credo tibi postea redditas esse : in quibus idem te hortor et rogo, quod pueri tibi verbis meis nuntiarunt, ut Romam protinus pergas et properes. Primum enim te præsidio esse volui, si qui essent inimici, quorum crudelitas nondum esset nostra calamitate satiata. Deinde congressus nostri lamentationem per-

ensuite la douleur des premiers moments de notre entrevue, et je prévoyais toute la peine que j'aurais à me séparer de vous : je craignais que vous ne pussiez, comme vous me l'écrivez, vous arracher de mes bras. Par toutes ces raisons, le malheur de ne pas nous voir, ce malheur si cruel pour deux frères tendrement unis l'un à l'autre, a dû nous paraître moins triste que celui de nous voir et de nous quitter.

Maintenant, si vous pouvez ce que je ne puis, malgré l'opinion que vous avez toujours eue de mes forces, reprenez courage pour soutenir au besoin le combat. J'espère (si l'on peut se fier à mes espérances) que votre probité, l'affection de vos concitoyens, et la pitié même que doit inspirer ma situation, vous seront de quelque secours. Si vous n'avez rien à craindre, vous agirez pour moi autant que vous le jugerez convenable. Je reçois de toutes parts des lettres pleines d'espérances ; mais je vois mal moi-même ce qui me reste à espérer, lorsque mes ennemis sont tout-puissants, que la plupart de mes amis m'ont abandonné, que d'autres m'ont trahi, et qu'ils craignent peut-être qu'à mon retour je ne les fasse rougir de leur crime. Examinez l'état des choses et rendez-moi compte de tout. Je vous promets de vivre aussi longtemps que vous aurez besoin de ma vie, si vous prévoyez quelque péril ; mais je ne m'engage point à vivre plus

---

timui ; digressum vero non tulissem ; atque etiam id ipsum, quod tu scribis, metuebam, ne a me distrahi non posses. His de causis hoc maximum malum, quod te non vidi, quo nihil. amantissimis et conjunctissimis fratribus acerbius ac miserius videtur accidere potuisse, minus acerbum, minus miserum fui quam fuisset quum congressio, tum vero digressio nostra.

Nunc, si potes, id quod ego, qui fortis tibi semper videbar, non possum, erige te, et confirma, si qua subeunda dimicatio erit. Spero, si quid mea spes habet auctoritatis, tibi et integritatem tuam, et amorem in te civitatis, et aliquid etiam misericordiam nostri, præsidii laturam. Sin eris ab isto periculo vacuus, ages scilicet, si quid agi posse de nobis putabis. De quo scribunt ad me quidem multi multa, et se sperare demonstrant : sed ego, quid sperem non dispicio, quum inimici plurimum valeant, amici partim deseruerint me, partim etiam prodiderint ; qui in meo reditu fortasse reprehensionem sui sceleris pertimescant. Sed ista qualia sint, tu velim perspicias, mihique declares. Ego tamen, quandiu tibi opus erit, si quid periculi subeundum videbis, vivam. Diutius in hac vita esse non possum : neque enim tantum virium habet

longtemps; il n'y a pas de lumière, il n'y a pas de philosophie à l'épreuve de tant de douleurs. Je sais qu'il y avait une occasion de mourir, plus glorieuse et plus utile; mais ce n'est pas la seule faute que j'ai à me reprocher; et si je voulais déplorer le passé, je ne ferais qu'augmenter votre chagrin et découvrir mon aveuglement. Ce que je ne dois ni ne puis faire, c'est de vivre dans la honte et la misère où je suis plus longtemps que ne l'exigeront vos intérêts, ou nos espérances. Après avoir vu mon bonheur si bien établi par un frère, des enfants, une femme, une fortune suffisante et honorable; après m'être vu l'égal des plus grands du côté du crédit, de la dignité et de la réputation, je ne me sens point la force de pleurer plus longtemps et moi et les miens, dans une situation si triste et si désastreuse. Pourquoi donc me parler d'un échange, comme si ce n'était pas votre bien qui sert maintenant à me soutenir? Et je ne vois que trop ici combien je me suis rendu coupable, moi qui ai dissipé mal à propos les sommes que j'avais reçues du trésor sous votre nom, et qui vous ai mis dans la nécessité d'employer pour le payement de vos dettes le plus pur de votre sang et le bien de votre fils. Cependant on a payé, suivant vos ordres, M. Antoine et Cépion. Ce qui me reste suffit aux projets que je forme pour l'avenir : que mes affaires se rétablissent, ou qu'elles soient désespérées, je n'ai besoin de rien de plus.

ulla aut prudentia, aut doctrina, ut tantum dolorem possit sustinere. Scio fuisse et honestius moriendi tempus, et utilius : sed non hoc solum, multa alia prætermisi; quæ si queri velim præterita, nihil agam, nisi ut augeam dolorem tuum, indicem stultitiam meam. Illud quidem nec faciendum est, nec fieri potest, me diutius, quam aut tuum tempus, aut firma spes postulabit, in tam misera, tamque turpi vita commorari : ut, qui modo fratre fuerim, liberis, conjuge, copiis, genere ipso pecuniæ beatissimus, dignitate, auctoritate, existimatione, gratia non inferior, quam qui unquam fuerunt amplissimi; is nunc, in hac tam afflicta perditaque fortuna, neque me, neque meos lugere diutius possim. Quare quid ad me scripsisti de permutatione? quasi vero nunc me non tuæ facultates sustineant. Qua in re ipsa video miser, et sentio, quid sceleris admiserim, quum de visceribus tuis et filii tui satisfacturus sis, quibus debes; ego acceptam ex ærario pecuniam tuo nomine frustra dissiparim. Sed tamen et M. Antonio, quantum tu scripseras, et Cœpioni tantumdem solutum est ; mihi ad id, quod cogito, hoc, quod habeo, satis est. Sive enim restituimur, sive desperamur, nihil amplius opus est.

Pour vous, si l'on vous inquiète, je vous conseille de vous adresser à Crassus et à Calidius. Je ne sais quelle confiance mérite Hortensius : sous les apparences de l'affection et d'une assiduité continuelle à me voir, il m'a traité, lui et Q. Arrius, avec autant de méchanceté que de perfidie. C'est la folle confiance que j'ai mise dans leurs conseils, leurs promesses, leurs maximes, qui m'a précipité dans tous ces maux. Mais il importe que ceci reste entre nous. Je crois même que vous devez cultiver Hortensius par le moyen d'Atticus, de peur qu'on ne rappelle injustement ce vers dont la malignité vous fit l'application, à propos de la loi Aurelia, lorsque vous sollicitiez l'édilité; car je ne crains rien tant que de voir tourner contre vous toutes les attaques, lorsqu'on s'apercevra que vos prières et votre sécurité auront produit quelque effet en ma faveur. Je suis persuadé que Messala vous aime; Pompée en fera du moins semblant. Mais puissiez-vous ne pas les mettre à l'épreuve! j'en prierais les dieux, s'ils n'étaient devenus sourds à mes prières. Je les prie cependant de se contenter des maux infinis que nous avons déjà soufferts : non que notre malheur ait eu de quoi nous faire rougir; mais je souffre de nous voir si cruellement punis pour de belles actions. Il n'est pas besoin, mon cher frère, que je vous recommande ma fille, qui n'est pas moins la vôtre, et notre cher Cicéron. Ma douleur augmente quand je songe que vous êtes aussi affligé que

Tu, si forte quid erit molestiæ, te ad Crassum et ad Calidium conferas, censeo. Quantum Hortensio credendum sit, nescio. Me summa simulatione amoris, summaque assiduitate quotidiana, sceleratissime insidiosissimeque tractavit, adjuncto quoque Arrio; quorum ego consiliis, promissis, præceptis destitutus, in hanc calamitatem incidi. Sed hæc occultabis, ne quid obsint. Illud caveto (et eo puto, per Pomponium fovendum tibi esse ipsum Hortensium), ne ille versus, qui in te erat collatus, quum ædilitatem petebas, de lege Aurelia, falso testimonio confirmetur. Nihil enim tam timeo, quam ne, quum intelligant homines, quantum misericordiæ nobis tuæ preces et tua salus allatura sit, oppugnent te vehementius. Messalam tui studiosum esse arbitror; Pompeium etiam simulatorem puto. Sed hæc utinam non experiare! quod precarer deos, nisi meas preces audire desiissent. Verumtamen precor, ut his infinitis nostris malis contenti sint : in quibus non modo tamen nullius inest peccati infamia; sed omnis dolor est, quod optime factis pœna est maxima constituta. Filiam meam et tuam, Ciceronemque nostrum, quid ego, mi frater, tibi commendem? Quin illud mœreo, quod tibi non minorem dolorem illorum orbitas

moi de les voir orphelins; mais ils ne le sont pas tant que vous leur resterez. Que je n'obtienne jamais mon retour, ni la liberté de mourir dans ma patrie, si mes larmes ne m'empêchent de continuer! Prenez soin de Terentia; informez-moi de tout ce qui se passe, et soutenez votre courage autant qu'il sera possible. Le 13 juin, à Thessalonique.

LETTRE LXIV

Thessalonique, 17 juin 695.

CICÉRON A ATTICUS

Vos lettres m'ont appris tout ce qui s'est passé à Rome jusqu'au 25 mai. J'attendrai le reste à Thessalonique, comme vous me le conseillez. Je me déterminerai ensuite plus facilement sur le lieu de mon séjour. Si mon affaire devient meilleure, si l'on fait quelque chose pour moi, si je vois quelque espérance, ou je demeurerai ici, ou j'irai chez vous, comme vous le voulez; si, au contraire, tout vient à me manquer, il faudra prendre d'autres mesures. Ce que vous me mandez de plus favorable se réduit à la division de mes ennemis; mais, comme elle roule sur tout autre chose que sur moi, je ne vois pas ce que je m'en puis promettre.

affert, quam mihi. Sed, te incolumi, orbi non erunt. Reliqua, ita mihi salus aliqua detur, potestasque in patria moriendi, ut me lacrymæ non sinunt scribere. Etiam Terentiam velim tueare, mihique de omnibus rebus rescribas. Sis fortis, quoad rei natura patiatur. Idibus juniis, Thessalonicæ.

EPISTOLA LXIV
(ad Att., III, 10)

Dat. Thessalonicæ xiv kalend. quint. A. V. C. 695.

CICERO ATTICO SAL.

Acta quæ essent usque ad viii kalend. jun. cognovi ex tuis litteris. Reliqua exspectabam, ut tibi placebat, Thessalonicæ : quibus allatis, facilius statuere potero ubi sim. Nam si erit causa, si quid agetur, si spem videro, aut ibidem opperiar, aut me ad te conferam, ut tu scribis ; sin ista evanuerint, aliquid aliud videbimus. Omnino adhuc nihil mihi significatis, nisi discordiam istorum, quæ tamen inter eos de omnibus potius rebus est, quam de me. Itaque,

Je veux bien cependant régler jusqu'à la fin ma confiance sur la vôtre.

Quant aux reproches continuels que vous me faites sur mon abattement et sur ma faiblesse, croyez-vous donc que le poids et le nombre des maux qui accompagnent ma disgrâce ne m'excusent pas assez? Vit-on jamais personne, pour une si bonne cause, tomber d'un si haut rang, avec les ressources et l'appui que je devais trouver dans mes talents, dans mon expérience, dans mon crédit et dans l'amitié de tous les gens de bien? Puis-je oublier ce que j'ai été, et ne pas sentir ce que je suis? de quelle gloire, de quels honneurs je suis privé? de quels biens, de quels enfants, de quel frère! d'un frère que j'aime et que j'ai toujours aimé plus que moi-même, et dont il a fallu, par un nouveau genre de supplice, éviter l'entrevue, de peur d'augmenter mon affliction par le spectacle de la sienne, et plus encore pour ne pas me montrer à lui dans un état si déplorable et si différent de celui où il m'avait laissé? Je passe sous silence tant de maux insupportables, car je ne puis retenir mes larmes. Jugez maintenant lequel des deux est le moins excusable, ou de donner quelques plaintes à de tels malheurs, ou de me les être attirés par ma faute, en laissant perdre des biens que je ne devais me voir enlever qu'avec la vie, et que j'aurais pu même conserver facilement, si des amis infidèles n'avaient pas conspiré contre moi dans ma propre maison. Je justifie ma douleur pour vous porter

quid ea mihi prosit, nescio. Sed tamen, quoad me vos sperare vultis, vobis obtemperabo.

Nam quod me tam sæpe, et tam vehementer objurgas, et animo infirmo esse dicis, quæso ecquod tantum malum est, quod in mea calamitate non sit? ecquis unquam tam ex amplo statu, in tam bona causa, tantis facultatibus ingenii, consilii, gratiæ, tantis præsidiis bonorum omnium, concidit? possum oblivisci qui fuerim? non sentire qui sim? quo caream honore? qua gloria? quibus liberis? quibus fortunis? quo fratre? quem ego (ut novum calamitatis genus attendas) quum pluris facerem quam me ipsum, semperque fecissem, vitavi, ne viderem, ne aut illius luctum squaloremque aspicerem, aut me, quem ille florentissimum reliquerat, perditum illi afflictumque offerrem. Mitto cætera intolerabilia. Etenim fletu impedior. Hic utrum tandem sum accusandus, quod doleo; an quod commisi, ut hæc aut non retinerem (quod facile fuisset, nisi intra parietes meos de mea pernicie consilia inirentur), aut certe vivus amitterem? Hæc eo scripsi ut potius relevares me, quod facis, quam aut castiga-

à la soulager avec votre amitié ordinaire, au lieu de l'aigrir par vos reproches. L'accablement où je suis ne me permet pas de vous en dire davantage : je n'ai d'ailleurs aucune nouvelle à vous mander. Quand j'aurai des nouvelles de Rome, je vous marquerai mes résolutions : je vous prie de continuer à m'écrire fort en détail tout ce qui se passe. A Thessalonique, le 17 juin.

LETTRE LXV

Thessalonique, 27 juin 695.

CICÉRON A ATTICUS

Votre lettre, de bonnes nouvelles, malheureusement peu sûres, l'attente de vos lettres et votre volonté me retiennent à Thessalonique. Si je reçois la lettre que j'attends, et que les bruits venus jusqu'ici se trouvent véritables, j'irai dans votre maison d'Épire ; sinon, je vous ferai savoir quel lieu j'aurai choisi pour ma retraite. Vous voulez bien que je compte toujours sur vos soins, sur votre prudence et sur votre crédit. Épargnez-vous la peine de me consoler, mais épargnez-moi aussi des reproches

---

tione, aut objurgatione dignum putares : eoque ad te minus multa scribo, quod et mœrore impedior ; et quid exspectem istinc, magis habeo quam quid ipse scribam. Quæ si erunt allata, faciam te consilii nostri certiorem. Tu, ut adhuc fecisti, quam plurimis de rebus ad me velim scribas, ut prorsus ne quid ignorem. Dat. xiv kalend. quint. Thessalonicæ.

EPISTOLA LXV
(ad Att., III, 11)

Thessalonicæ iv kal. quint. A. V. C. 695.

CICERO ATTICO SAL.

Me et tuæ litteræ, et quidam boni nuntii, non optimis tamen auctoribus, et exspectatio vestrarum litterarum et quod tibi ita placuerat, adhuc Thessalonicæ tenebant. Si accepero litteras, quas exspecto, si spes erit ea quæ rumoribus afferebatur, ad te me conferam ; si non erit, faciam te certiorem quid egerim. Tu me, ut facis, opera, consilio, gratia juva : consolari jam desine : objurgare

affligeants. Que je reconnais peu, dans ceux que vous me faites, un ami tendre et compatissant! vous que je crois néanmoins inconsolable de ma disgrâce. Je vous recommande Quintus, le meilleur, le plus dévoué des frères, et je vous prie de me donner des nouvelles certaines. Le 27 juin.

LETTRE LXVI
Thessalonique, 17 juillet 695.

CICÉRON A ATTICUS

Vous déduisez complaisamment toutes les raisons que j'ai d'espérer, surtout de la part du sénat, où l'on aurait déjà proposé mon affaire, s'il n'avait fallu auparavant délibérer sur cette clause de la loi de Clodius qui le défend expressément. Vous me grondez ensuite de ce que je suis, dites-vous, ingénieux à m'affliger, quoique vous sachiez bien vous-même que jamais douleur n'eut un plus juste motif que la mienne. Vous me donnez de bonnes espérances pour le temps qui suivra les comices. Mais que puis-je espérer tant que Clodius sera tribun, et mon ennemi consul désigné?

vero noli : quod quum facis, ut ego tuum amorem, et dolorem desidero ! quem ita affectum mea ærumna esse arbitror, ut te ipsum consolari nemo possit. Quintum fratrem optimum humanissimumque sustenta. Ad me, obsecro te, ut omnia certa perscribas. Dat. IV kalend. quint.

EPISTOLA LXVI
(ad Att., III, 12)

Thessalonicæ XVI kal. sext. A. V. C. 695.

CICERO ATTICO SAL.

Tu quidem sedulo argumentaris, quid sit sperandum, et maxime per senatum : idemque caput rogationis proponi scribis, quare in senatu dici nihil liceat; itaque siletur. Hic tu me accusas quod me afflictem; quum ita sim afflictus, ut nemo unquam, quod tute intelligis. Spem ostendis secundum comitia. Quæ ista est eodem tribuno plebis et inimico consule designato?

J'ai été atterré de cette harangue dont on a répandu des copies ; remédiez au mal le mieux possible, comme vous le promettez. Il est vrai que je l'ai écrite dans un mouvement de colère, pour répondre à celle que l'homme que vous savez avait faite contre moi ; mais je l'avais supprimée avec tant de soin, que je comptais n'en voir jamais rien transpirer ; je ne sais comment elle a pu m'échapper. Au reste, comme je n'ai jamais eu en public la moindre dispute avec la personne dont il s'agit, et que le style de cette harangue est beaucoup plus négligé que celui de mes autres pièces, on peut faire croire aisément qu'elle n'est pas de moi. Je vous recommande fort cette affaire, si vous croyez que les miennes ne soient pas désespérées ; si elles le sont entièrement, je m'en soucie peu.

Je suis toujours ici dans un abattement qui ne me laisse la liberté de m'entretenir ni avec les autres, ni avec moi-même. Je vous avais donné rendez-vous, mais je n'en ferai rien ; je comprends que vous me rendez à Rome des services effectifs, et qu'ici vous ne pourriez pas même me donner de vaines consolations. Je ne saurais vous écrire plus au long, et n'ai rien à vous mander, au lieu que vous avez mille choses à m'apprendre. Le 17 juillet, à Thessalonique.

Percussisti autem me etiam de oratione prolata. Cui vulneri, ut scribis, medere, si quid potes. Scripsi equidem olim iratus, quod ille prior scripserat ; sed ita compresseram, ut nunquam emanaturam putarem. Quomodo exciderit, nescio. Sed quia nunquam accidit, ut cum eo verbo uno concertarem ; et quia scripta mihi videtur negligentius, quam cæteræ, puto posse probari non esse meam. Id, si putas me posse sanari, cures velim : sin plane perii, minus laboro.

Ego etiamnunc eodem in loco jaceo, sine sermone ullo, sine cogitatione ulla. Licet tibi significarim ut ad me venires, id omittam tamen ; intelligo te, ut scribis, re istic prodesse, hic ne verbo quidem levare me posse. Non queo plura scribere, nec est quod scribam, vestra magis exspecto. Dat. xvi kalend. sext. Thessalonicæ.

LETTRE LXVII

Thessalonique, 21 juillet 695.

CICÉRON A ATTICUS

Votre dernière lettre me fait attendre avec impatience les effets de la bonne volonté de Pompée. Les comices doivent être finis; vous me marquiez qu'il ferait proposer mon affaire immédiatement après. Peut-être vous semblé-je insensé d'espérer, mais c'est à vous-même que j'obéis. Il faut avouer néanmoins que vos lettres encouragent peu mes espérances. De grâce, écrivez-moi là-dessus sans dissimulation. Ma disgrâce est une suite d'un grand nombre de fautes : si quelque heureux hasard les réparait, du moins en partie, je me consolerais de n'avoir pas mis, de ne pas mettre encore fin à mes jours.

Je n'ai pas bougé de Thessalonique, parce que c'est un passage très-fréquenté, où je puis recevoir plus promptement les nouvelles que j'attends; mais l'on me chasse. Ce n'est pas, comme vous jugez bien, Plancius qui m'y oblige; il fait, au contraire, tout ce qu'il peut pour me retenir : je m'en bannis moi-même, pour aller porter dans quelque lieu plus obscur mon affliction

EPISTOLA LXVII

(ad Att., III, 15.)

Thessalonicæ, xii kal. sext. A. V. C. 695.

CICERO ATTICO SAL.

Ex tuis litteris plenus sum exspectatione de Pompeio, quidnam de nobis velit, aut ostendat : comitia enim credo esse habita : quibus absolutis, scribis, illi placuisse agi de nobis. Si tibi stultus esse videor qui sperem, facio tuo jussu; etsi scio te me iis epistolis potius et meas spes solitum esse remorari. Nunc velim mihi plane perscribas quid videas. Scio nos nostris multis peccatis in hanc ærumnam incidisse. Ea si qui casus aliqua ex parte correxerit, minus moleste feremus nos vixisse, et adhuc vivere.

Ego propter viæ celebritatem, et quotidianam exspectationem rerum novarum, non commovi me adhuc Thessalonica. Sed jam extrudimur, non a Plancio (nam is quidem retinet), verum ab ipso loco, minime apposito ad tolerandam

et mon infortune. J'aurais été en Épire, comme je vous l'avais écrit, mais j'ai reçu de tous côtés des lettres, où l'on me marquait que je ferais mieux de ne pas m'approcher si fort de l'Italie. Je partirai pour l'Asie dès que je saurai si l'on a fait quelque chose pour moi après les élections. Je ne sais pas bien encore où je m'arrêterai, mais je vous le manderai dans la suite. Le 21 juillet, à Thessalonique.

LETTRE LXVIII

Thessalonique, 5 août 695.

CICÉRON A ATTICUS

Je vous avais écrit que je passerais en Épire; mais depuis que j'ai vu mes espérances décroître et s'évanouir, j'ai changé de résolution, et je ne bougerai de Thessalonique que je n'aie appris si l'on a proposé mon affaire dans le sénat après les élections, selon les espérances que vous en avait données Pompée. Elles sont faites maintenant; et puisque vous ne m'avez point écrit, j'en conclus que vous n'avez rien de bon à m'apprendre. Il faudra me consoler de m'être jusqu'ici laissé repaître si vaine-

in tanto luctu calamitatem. In Epirum ideo, ut scripseram, non veni, quod subito mihi universi nuntii venerant et litteræ, quare nihil esset necesse quam proxime Italiam esse. Hinc, si aliquid a comitiis audierimus, nos in Asiam convertemus; neque adhuc stabat quo potissimum, sed scies. Dat. XII kalend. sext. Thessalonicæ.

EPISTOLA LXVIII
(ad Att., III, 14)

Scrib. Thessalonicæ non. sext. A. V. C. 695.

CICERO ATTICO SAL.

Quod ad te scripseram me in Epiro futurum, posteaquam extenuari spem nostram, et evanescere vidi, mutavi consilium; nec me Thessalonica commovi, ubi esse statueram, quoad aliquid ad me de eo scriberes, quod proximis litteris scripseras; fore, uti secundum comitia aliquid de nobis in senatu ageretur; id tibi Pompeium dixisse. Qua de re, quoniam comitia habita sunt, tuque nihil ad me scribis proinde habebo ac si scripsisses nihil esse; neque me

ment de l'idée d'un prochain retour. Quant au mouvement qui devait, selon vous, me servir, ceux qui viennent ici de Rome m'assurent tous qu'il n'aura point de suites. Je n'ai plus de ressource que dans la bonne volonté des nouveaux tribuns. Si j'attends qu'ils entrent en charge, vous ne pourrez pas dire après cela que je me suis trop découragé, et que j'ai mal secondé le zèle de ceux qui s'emploient pour moi.

Lorsque vous me reprochez ma faiblesse et mon abattement, vous devriez faire réflexion que jamais on ne vit, que jamais on n'entendit parler d'une douleur égale à la mienne. Mais l'on prétend, dites-vous, que mon affliction va jusqu'à m'affaiblir l'esprit. Non, grâce aux dieux, il n'est point affaibli, et je voudrais qu'il ne l'eût pas été davantage lorsqu'il était encore temps de me sauver. Je n'aurais pas pris pour des amis zélés et sincères mes ennemis les plus cruels, qui, profitant de ma terreur, se servirent des artifices les plus indignes pour achever de m'accabler.

J'irai bientôt à Cyzique, où je recevrai plus rarement de vos lettres ; je vous prie donc de m'instruire avec d'autant plus de soin de tout ce qu'il m'est important de savoir. Aimez toujours mon cher frère Quintus. Qu'il échappe à mon infortune, je ne me croirai pas entièrement perdu. Le 5 août.

temporis non longinqui spe ductum esse moleste feram. Quem autem motum te videre scripseras, qui nobis utilis fore videretur, eum nuntiant, qui veniunt, nullum fore. In tribunis plebis designatis reliqua spes est : quam si exspectaro, non erit quod putes me causæ meæ, ac voluntati meorum defuisse.

Quod me sæpe accusas, cur hunc meum casum tam graviter feram, debes ignoscere, quum ita me afflictum videas, ut neminem unquam nec videris nec audieris. Nam quod scribis te audire, me etiam mentis errore ex dolore affici ; mihi vero mens integra est ; atque utinam tam in periculo fuisset, quum ego iis, quibus meam salutem carissimam esse arbitrabar, inimicissimis crudelissimisque usus sum : qui, ut me paululum inclinari timore viderunt, sic impulerunt, ut omni suo scelere et perfidia abuterentur ad exitium meum.

Nunc, quoniam est Cyzicum nobis eundum, quo rarius ad me litteræ perferentur, hoc velim diligentius omnia quæ putaris me scire opus esse, perscribas. Quintum fratrem meum fac diligas : quem ego miser si incolumem relinquo, non me totum periisse arbitrabor. Dat. non. sext.

LETTRE LXIX
Année 695.

M. CICÉRON A QUINTUS SON FRÈRE

Si par une seule action j'ai causé votre ruine et celle de tous les miens, de grâce, mon cher frère, ne m'en faites point un crime, et rejetez-le seulement sur mon imprudence et ma faiblesse. L'unique reproche que j'ai à me faire est de m'être reposé sur ceux qui, dans mon opinion, ne pouvaient me tromper sans crime, et n'avaient nul intérêt à le faire. Mes amis les plus proches, les plus intimes, les plus familiers, ont tremblé pour eux-mêmes, ou m'ont regardé d'un œil jaloux. Ainsi, malheureux que je suis, rien n'est échappé à mes précautions que l'infidélité de mes amis.

Si votre innocence et la compassion publique vous mettent à couvert dans ces conjonctures, vous devez voir ce qui peut me rester d'espérance. Pomponius, Sextius et notre cher Pison m'arrêtent encore à Thessalonique. Ils allèguent je ne sais quels mouvements, pour m'empêcher d'aller plus loin ; mais je n'ai pas d'autres motifs de confiance que leurs lettres. Qu'espérer en

EPISTOLA LXIX
(ad Q. fratrem, I, 4)
A. V. C. 695.

M. CICERO QUINTO FRATRI SAL.

Amabo te, mi frater, ne, si uno meo facto, et tu et omnes mei corruistis, improbitati et sceleri meo potius quam imprudentiæ miseriæque assignes. Nullum est meum peccatum, nisi quod iis credidi a quibus nefas putaram esse me decipi, aut etiam quibus ne id expedire quidem arbitrabar. Intimus, proximus, familiarissimus quisque aut sibi pertimuit aut mihi invidit. Ita mihi nihil misero, præter fidem amicorum, cautum, meum consilium defuit.

Quod si te satis innocentia tua et misericordia hominum vindicat hoc tempore a molestia, perspicis profecto ecquænam nobis spes salutis relinquatur. Nam me Pomponius et Sextius et Piso noster adhuc Thessalonicæ retinuerunt, quum longius discedere, propter nescio quos motus, vetarent : verum ego magis exitum illorum litteris quam spe certa exspectabam. Nam quid sperem

effet, lorsque mon ennemi est tout-puissant, lorsque mes accusateurs sont en possession de l'autorité, lorsque mes amis sont infidèles, et que tant d'hommes sont jaloux de moi?

Entre les nouveaux tribuns du peuple, Sextius est, à la vérité, fort disposé à me servir, et je n'espère pas moins de Curtius, de Milon, de Fadius et de Fabricius; mais ils auront toujours Clodius en face d'eux, et je ne doute pas que dans la condition même privée il ne puisse former des assemblées avec la même troupe; d'ailleurs il me suscitera quelque opposition.

Ce n'est pas là ce qu'on me faisait envisager à mon départ; avant trois jours, je ne pouvais manquer d'être glorieusement rappelé. Pourquoi donc suis-je parti? me direz-vous. Pourquoi? c'est que les circonstances m'ont troublé l'esprit : la désertion subite de Pompée, l'hostilité des consuls, la crainte des préteurs même, les armes des publicains. Les larmes de ma famille m'ont empêché de courir à la mort, seul parti qui convenait à l'honneur, et qui pouvait me garantir d'une foule de maux insupportables. Mais je me suis assez étendu là-dessus dans la lettre dont j'ai chargé Phaéthon. Aujourd'hui que je vous ai précipité dans la plus grande affliction et le plus fâcheux embarras, si vous pouvez profiter de la compassion publique pour nous relever l'un et l'autre, vous ferez un miracle. Mais si

---

potentissimo inimico, dominatione obtrectatorum, infidelibus amicis, plurimis invidis?

De novis autem tribunis plebis est ille quidem in me officiosissimus Sextius, et spero Curtius, Milo, Fadius, Fabricius; sed valde adversante Clodio, qui etiam privatus eadem manu poterit conciones concitare : deinde etiam intercessor parabitur.

Hæc mihi proficiscenti non proponebantur; sed sæpe triduo summa cum gloria dicebar esse rediturus. Quid tu igitur? inquies. Quid? multo convenerunt quæ mentem exturbarent meam: subita defectio Pompeii, alienatio consulum, etiam prætorum timor, publicanorum arma. Lacrymæ meorum me ad mortem ire prohibuerunt : quod certe et ad effugiendos intolerabiles dolores fuit aptissimum. Sed de hoc scripsi ad te in ea epistola quam Phaethonti dedi. Nunc tu, quoniam in tantum luctum et laborem detrusus es, quantum nemo unquam, si relevare potes communem casum misericordia hominum, scilicet incredibile quiddam assequeris. Sin plane occidimus (me

notre perte est sans ressource, hélas! il ne sera que trop vrai que j'aurai à me reprocher la ruine de tous les miens, moi qui auparavant ne leur faisais pas déshonneur. Tâchez néanmoins, comme je vous l'ai déjà écrit, de tout observer et de tout pressentir. Marquez-moi tout en consultant moins votre amitié que la vérité. Je vivrai aussi longtemps que je croirai ma vie utile à vos intérêts, ou que j'entreverrai une lueur d'espérance. Vous reconnaîtrez que Sextius nous est fort dévoué. Je crois qu'en votre faveur nous devons beaucoup espérer aussi de Lentulus qui va être consul. A la vérité les actions coûtent plus que les paroles.

Voyez ce qu'il faut faire, et de quoi il est question. Si notre abandon et notre calamité commune n'inspirent de mépris à personne, c'est dans vos soins que nous trouverons quelque ressource : autrement je crois qu'il faut renoncer à toute espérance. Quand vos ennemis auraient commencé à vous persécuter aussi, il ne faudrait pas vous rebuter. Ce ne sera point l'épée qu'on tournera contre moi, on prendra la voie du procès. Puissé-je me tromper dans mes craintes! Ne manquez pas de m'écrire l'état des choses. Vous pouvez me croire moins de courage ou de prudence que je n'en avais autrefois, mais rien ne diminue pour vous mon zèle et mon amitié.

miserum!), ego omnibus meis exitio fuero, quibus ante dedecori non eram. Sed tu, ut ante ad te scripsi, perspice rem, et pertenta : et ad me, ut tempora nostra, non ut amor tuus fert, vere perscribe. Ego vitam, quoad putabo tua interesse, aut ad spem servandam esse, retinebo. Tu nobis amicissimum Sextium cognosces, credo tua causa, velle Lentulum, qui erit consul. Quanquam sunt facta verbis difficiliora.

Tu et quid opus sit, et quid sit, videbis omnino. Si tuam solitudinem communemque calamitatem nemo dospexerit, aut per te aliquid confici, aut nullo modo poterit : sin te quoque inimici vexare cœperint, ne cessaris. Non enim gladiis mecum, sed litibus agetur. Verum hæc absint velim. Te oro ut ad me de omnibus rebus scribas, et in me animi potius aut consilii putes minus esse, quam antea; amoris vero et officii non minus.

LETTRE LXX

Thessalonique, 17 août 695.

CICÉRON A ATTICUS

J'ai reçu, le 13 août, quatre de vos lettres. Dans la première, vous me querellez sur mon peu de constance. Dans la seconde, vous me parlez de la peinture que l'affranchi de Crassus vous a faite de ma tristesse et de ma maigreur. Dans la troisième, vous m'apprenez ce qui s'est passé dans le sénat; et vous me marquez, dans la quatrième, que Varron vous a donné de nouvelles assurances des bonnes intentions de Pompée.

Pour répondre à la première, mon esprit n'est nullement affaibli; j'en jouis au contraire si parfaitement, que c'est un nouveau chagrin pour moi de ne trouver ici personne avec qui j'en puisse faire usage. Si vous ne pouvez, sans quelque peine, vous passer de moi, combien plus dois-je souffrir éloigné de vous et de tous mes amis? et si, au milieu de votre sécurité, vous sentez que je vous manque, combien plus dois-je souffrir de la perte de tant de biens? Je ne vous en ferai point ici une longue énumération, elle ne vous apprendrait rien, et ne servirait qu'à renouveler ma douleur;

EPISTOLA LXX
(ad Att., III, 15)

Data Thessalonicæ xiv kal. sept. A. V. C. 695.

CICERO ATTICO SAL.

Accepi idib. sext. quatuor epistolas a te missas : unam qua me objurgas, ut sim firmior; alteram, qua Crassi libertum ais tibi de mea sollicitudine macieque narrasse; tertiam qua demonstras acta in senatu; quartam de eo, quod a Varrone scribis tibi esse confirmatum de voluntate Pompeii.

Ad primam tibi hoc scribo, me ita dolere, ut non modo a mente non deserar, sed id ipsum doleam me, tam firma mente ubi utar, et quibuscum, non habere. Nam si tu me uno non sine mœrore cares, quid me censes, qui et te et omnibus? et si tu incolumis me requiris, ecquo modo a me ipsam incolumitatem desiderari putas? nolo commemorare quibus rebus sim spoliatus, non solum quia non ignoras, sed etiam ne scindam ipse dolorem meum. Hoc

mais je puis vous assurer que jamais personne n'est tombé d'un état si florissant dans des malheurs pareils. Le temps augmente mon affliction, loin de la soulager; les autres chagrins s'adoucissent à la longue, mais les miens sont de nature à croître de plus en plus, et par le sentiment de mes maux, et par le souvenir de mon bonheur passé. Je me vois privé non-seulement de mes biens et de ma famille, mais encore de moi-même; car, enfin, que m'en reste-il? Mais je ne cherche point à vous affliger, et je dois craindre de rouvrir trop souvent mes plaies.

Il était inutile de justifier Caton avec ceux que j'ai accusés de jalousie : bien loin de le soupçonner d'une telle indignité, je me reproche d'avoir donné plus de poids aux fausses caresses de ceux-ci qu'à la droiture de celui-là. Je veux bien néanmoins croire les autres innocents, puisqu'ils vous paraissent tels; mais toutes ces réflexions viennent un peu tard. Je ne crois pas à la sincérité de l'affranchi de Crassus.

Vous m'écrivez que tout s'est bien passé dans le sénat : et Curion? N'aurait-il point lu cette harangue, qui m'est échappée sans que je puisse dire comment? Axius ne me fait pas entendre dans sa lettre que je sois si redevable à Curion; mais il a pu oublier quelque particularité; je suis sûr que vous ne m'écrivez rien que de véritable. Ce que vous a dit Varron me fait

confirmo, neque tantis bonis esse privatum quemquam, neque in tantas miserias incidisse. Dies autem non modo non levat luctum hunc, sed etiam auget. Nam cæteri dolores mitigantur vetustate; hic non potest non et sensu præsentis miseriæ, et recordatione præteritæ vitæ quotidie augeri. Desidero enim non mea solum, neque meos, sed me ipsum. Quid enim sum? sed non faciam ut aut tuum animum angam querelis, aut meis vulneribus sæpius manus afferam.

Nam quod purgas eos, quos ego mihi scripsi invidisse, et in eis Catonem; ego vero tantum illum puto ab isto scelere abfuisse, ut maxime doleam plus apud me simulationem aliorum, quam istius fidem, valuisse. Cæteri quos purgas, debent mihi purgati esse, tibi si sunt. Sed hæc sero agimus. Crassi libertum nihil puto sincere locutum.

In senatu rem probe scribis actam : sed quid Curio? an illam orationem non legit, quæ unde sit prolata, nescio? Sed Axius ejusdem diei scribens ad me acta, non ita laudat Curionem : at potuit ille aliquid prætermittere. Tu, nisi quod erat, profecto non scripsisti. Varronis sermo facit exspectationem Cæ-

bien augurer de César; mais il faut que Varron lui-même s'emploie pour moi : vos sollicitations l'y détermineront aisément.

Si jamais la fortune me rend votre présence et ma patrie, vous pouvez compter qu'aucun de mes amis n'y gagnera autant que vous. Je confesse que je vous ai été inutile jusqu'à présent; mais je me promets de vous faire voir alors, par mon attachement et par mes services, que je ne vous suis pas moins dévoué qu'à mon frère et à toute ma famille. Si mon amitié ne vous a pas été assez avantageuse, comme il en faut convenir, vous devez me pardonner, j'y ai perdu plus que vous. Je ne prétends pas que vous n'ayez été sensible à mon malheur autant qu'on le pouvait être; mais si vous aviez eu pour moi, par engagement et par reconnaissance, cette même amitié que vous n'avez eue que par choix et par inclination, auriez-vous souffert que j'écoutasse de si mauvais conseils, vous, le meilleur des conseillers? Non, vous ne m'auriez jamais laissé croire qu'il était de mon intérêt de ne point m'opposer à la loi sur les corporations. Mais vous avez cru remplir les devoirs de l'amitié, en mêlant vos larmes avec les miennes. Si vous ne m'avez point donné tout votre temps et toute votre application, mes services ne me mettaient point en droit de l'exiger, et je ne m'en dois prendre qu'à moi-même. Il ne fallait qu'un seul de mes amis pour remettre mon esprit alarmé de la froide ré-

---

suris : atque utinam ipse Varro incumbat in causam : quod profecto, cum sua sponte, tum te instante, faciet.

Ego, si me aliquando vestri et patriæ compotem fortuna fecerit, certe efficiam ut maxime lætere unus ex omnibus amicis; meaque officia et studia, quæ parum antea luxerunt (fatendum est enim), sic exsequar, ut me æque tibi, ac fratri, et liberis nostris restitutum putes. Si quid in te peccavi, ac potius quoniam peccavi ignosce : in me enim ipsum peccavi vehementius. Neque hæc eo scribo, quo te non meo casu maximo dolore esse affectum sciam : sed profecto, si, quantum me amas et amasti, tantum amare deberes ac debuisses, nunquam esses passus me, quo tu abundabas, egere consilio; nec esses passus mihi persuaderi, utile nobis esse legem de collegiis perferri. Sed tu tantum lacrymarum præbuisti dolori meo, quod erat amoris, tanquam ipse ego : quod meritis meis perfectum esse potuit, ut dies et noctes quid mihi faciendum esset cogitares, id abs te, nico, non tuo scelere prætermissum est. Quod si non modo tu, sed quisquam fuisset, qui me Pompei

ponse de Pompée, et pour me faire abandonner l'indigne résolution que j'avais prise. Vous le pouviez plus aisément que personne : et si je l'avais fait, ou je serais mort glorieusement, ou je jouirais maintenant de ma victoire. Pardonnez-moi ces reproches; ils tombent d'abord sur moi plus que sur vous, qui êtes un autre moi-même; car je cherche à diminuer ma faute en vous y associant; elle me paraîtra encore plus légère, si mon rétablissement la répare; vous m'aimerez alors, parce que je devrai tout à vos bienfaits.

Quant à ce que Culéon vous a dit sur le décret personnel, cela a quelque fondement; je crois néanmoins qu'il vaudrait mieux qu'il fût abrogé : car si l'on peut obtenir cette abrogation, c'est le parti le plus sûr; et si quelque tribun s'y oppose, on pourra toujours faire intervenir le décret du sénat, auquel il voudrait que je tinsse. Il suffit d'abroger ce qui me regarde en particulier. Pour la première loi, elle ne m'attaquait point directement; et si, lorsqu'on la proposa, j'avais voulu l'approuver, ou du moins la négliger, comme je le devais faire, on n'aurait pu en aucune manière s'en servir contre moi. Les vaines précautions et les fausses mesures que je pris alors contribuèrent beaucoup à ma perte. Oui, nous fûmes aveuglés lorsque nous prîmes des habits de deuil, et que nous allâmes solliciter le peuple; il fallait attendre, pour faire cette démarche, qu'on m'attaquât en personne. Mais pourquoi rappeler inutilement le passé? Cela peut servir néan-

---

minus liberali responso perterritum a turpissimo consilio revocaret, quod unus tu facere maxime potuisti : aut occubuissem honeste, aut victores hodie viveremus. Hic mihi ignosces : me enim ipsum multo magis accuso; deinde te quasi me alterum, et simul meæ culpæ socium quæro : ac si restituor, etiam minus videbimur deliquisse; abs teque certe, quoniam nullo nostro, tuo ipsius beneficio diligemur.

Quod te quum Culeone scribis de privilegio locutum, est aliquid; sed multo est melius abrogari : si enim nemo impediet, quid erit firmius? sin erit qui ferri non sinat; idem S. C. intercedet, nec quidquam aliud opus est quam abrogari. Nam prior lex nos nihil lædebat; quam si, ut erat promulgata, laudare voluissemus, aut, ut erat negligenda, negligere, nocere omnino nobis non potuisset. Hic mihi primum non modo consilium defuit, sed etiam obfuit : cæci, cæci, inquam, fuimus in vestitu mutando, in populo rogando. Quod, nisi nominatim mecum agi cœptum esset, fieri perniciosum fuit; sed pergo

moins à vous faire comprendre que si l'on agit pour mon rétablissement, il ne faut point toucher à cette loi, qui contient plusieurs points très-avantageux au peuple. C'est peut-être une folie à moi de régler ce qu'il faut faire, et comment il faut s'y prendre : je serai trop heureux de quelque manière qu'on agisse; et je vois bien que vous ne me dites pas là-dessus tout ce que vous pensez, de peur que je ne m'abandonne au désespoir. Car, enfin, quel jour voyez-vous à mon affaire, et par quelle voie? Par le sénat? Mais ne m'avez-vous pas mandé que Clodius avait fait afficher à la porte du sénat même l'article de sa loi qui défend d'en parler ni d'en référer? Comment donc Domitius s'en est-il chargé? et comment Clodius a-t-il écouté sans rien dire ceux qui ont demandé qu'on en fît la proposition? Si l'on va droit au peuple, l'opposition d'un seul tribun ne suffira-t-elle pas pour tout arrêter? Mes biens me seront-ils rendus? ma maison sera-t-elle rebâtie? et si elle ne l'est pas, pourrais-je être rétabli? Si vous ne voyez pas qu'on puisse lever toutes ces difficultés, quelle espérance me reste-t-il? et que deviendrai-je s'il ne m'en reste plus? J'attends à Thessalonique des nouvelles de ce qui se sera passé le 1ᵉʳ août, et là-dessus je déterminerai si je dois aller à Cyzique, ou me retirer dans vos terres. Je serais chez vous plus à portée si l'on faisait quelque chose pour moi; je pourrais avoir le plaisir de vous y voir, et j'éviterais des gens que je ne vou-

---

præterita. Verumtamen ob hanc causam, ut, si quid ageretur, legem illam, in qua popularia multa sunt, ne tangatis. Verum est stultum me præcipere quid agatis, aut quo modo. Utinam modo agatur aliquid! in quo ipso multa occultant tuæ litteræ : credo ne vehementius desperatione perturber. Quid enim vides agi posse, aut quo modo? per senatumne? at tute scripsisti ad me, quoddam caput legis Clodium in curiæ poste fixisse, ne referri, neve dici liceret. Quomodo igitur Domitius se dixit relaturum? quomodo autem iis, quos tu scribis, et de re dicentibus, et, ut referretur, postulantibus, Clodius tacuit? ac, si per populum, poteritne nisi de omnium tribunorum plebis sententia? quid de bonis? quid de domo? poteritne restitui? aut, si non poterit, egomet quomodo potero? hæc nisi vides expediri, quam in spem me vocas? sin autem spei nihil est, quæ est mihi vita? itaque exspecto Thessalonicæ acta kalend. sext. ex quibus statuam, in tuosne agros confugiam, ut neque videam homines, quos nolim, et te, ut scribis, videam, et propius sim, si quid agatur (id

drais pas voir. J'ai compris que vous souhaitez, aussi bien que mon frère, que je prenne ce dernier parti.

Au reste, mon cher Atticus, souvenez-vous que votre prudence m'a manqué, soit que vous ayez eu trop bonne opinion de la mienne, ou que vous ne vous soyez cru obligé qu'à me seconder; souvenez-vous que, trompé par de faux amis et livré à leurs artifices, j'accusais tous les secours qui m'étaient offerts; j'a abandonné toute l'Italie prête à s'armer pour ma défense; j'ai laissé porter contre moi et contre les miens tous les coups de mes ennemis; tout cela sous vos yeux, et vous gardiez le silence! Quand vous n'auriez pas eu naturellement plus de force d'esprit que j'en ai, du moins étiez-vous alors moins troublé que moi; travaillez maintenant à me relever; et si vous ne voyez pour cela aucune ouverture, ne craignez pas de me le dire. Je vous demande de mettre fin et à vos reproches et à vos consolations. Si j'accusais votre fidélité, je ne choisirais pas votre maison pour mon asile : c'est uniquement ma faute, de m'être imaginé que vous m'aimiez autant que je le souhaitais. S'il en eût été ainsi, vous eussiez déployé non pas plus d'attachement, mais plus d'activité. Vous m'auriez alors empêché de courir à ma perte, et vous vous seriez épargné tout ce qui vous en coûtera de peine pour me sauver du naufrage. Mandez-moi ce que vous savez de clair et de certain sur ce qui me regarde; puisque je ne puis plus

---

que intellexi quum tibi, tum Quinto fratri placere); an abeam Cyzicum.

Nunc, Pomponi, quoniam nihil impertisti tuæ prudentiæ ad salutem meam, quod aut in me ipso satis esse consilii decreveras, aut te nihil plus mihi debere quam ut præsto esses; quoniamque ego proditus, inductus, conjectus in fraudem, omnia mea præsidia neglexi; totam Italiam in me erectam ad me defendendum, destitui et reliqui; me, meos, meis tradidi inimicis, inspectante et tacente te, qui si non plus ingenio valebas quam ego, certe timebas minus : si potes, erige afflictos, et in eo nos juva : sin omnia sunt obstructa, id ipsum fac ut sciamus : et nos aliquando aut objurgare, aut comiter consolari desine. Ego, si tuam fidem accusarem, non me potissimum tuis tectis crederem : meam amentiam accuso, quod a te tantum amari quantum ego vellem, putavi : quod si fuisset, fidem eamdem, curam majorem adhibuisses; me certe ad exitium præcipitantem retinuisses; istos labores, quos nunc in naufragiis nostris suscipis, non subisses. Quare fac ut omnia ad me perspecta et explorata perscribas; meque, ut facis, velis esse aliquem; quoniam, qui fui, et qui esse

espérer de me revoir dans ma première fortune, tâchez du moins de m'en faire une médiocre. Si vous croyez qu'il soit à propos que j'écrive à quelques personnes, je vous prie de le faire en mon nom. Le 17 août.

LETTRE LXXI
Thessalonique, 19 août 695.

CICÉRON A ATTICUS

J'ATTENDS les lettres que vous m'aurez sans doute écrites le 1er août, pour me déterminer sur le lieu de mon séjour. Si je reçois de bonnes nouvelles, je passerai en Épire, sinon j'irai à Cyzique, ou dans quelque autre lieu. Plus je lis vos lettres, et plus mes espérances diminuent; car, en les relisant j'y trouve toujours de quoi balancer l'espoir dont elles m'avaient flatté dans la première lecture; et l'on voit bien que vous cherchez à me consoler sans me tromper. Mais je vous prie de m'écrire avec moins de ménagement, de me donner pour certain ce que vous croyez tel, et pour conjecture ce qui n'est que conjecture. Le 19 août.

potui, jam esse non possum; et ut his litteris non te, sed me ipsum a me esse accusatum putes. Si qui erunt, quibus putes opus esse meo nomine litteras dari, velim conscribas, curesque dandas. Dat. xiv kalend. sept.

EPISTOLA LXXI
(ad Att., III, 16)
Scrib. Thessalonicæ, xii kal. sept. A. V. C. 695.

CICERO ATTICO SAL.

TOTUM iter mihi incertum facit exspectatio litterarum vestrarum kalend. sext. datarum; non aliud aliquid : si spes erit; Epirum; sin minus, Cyzicum, aut aliud quid, sequemur. Tuæ quidem litteræ, quo sæpius a me leguntur hoc spem faciunt minorem : quod quum lectæ sunt, tum id; quod attulerunt ad spem, infirmant; ut facile appareat, te et consolationi servire et veritati; idque te rogo plane, ut ad me quæ scis, ut erunt; quæ putabis, ita scribas ut putabis. Dat. xii kalend. sept.

LETTRE LXXII

Thessalonique, 4 septembre 695.

CICÉRON A ATTICUS

J'ai reçu de tous côtés de fort mauvaises nouvelles touchant mon frère, depuis le 5 juin jusqu'au 31 août, jour où Livineius, affranchi de M. Regulus, m'est venu trouver de la part de son maître. Il m'a remis des lettres de mon frère, et m'a dit qu'il avait bien couru un bruit que le fils de C. Clodius pensait à l'accuser, mais que cela n'avait point eu de suites. Votre lettre, que je reçus le lendemain par les gens de Sextius, m'a beaucoup moins rassuré. Ce qui augmente fort mon inquiétude, c'est que cette affaire sera portée devant Appius.

Je vois bien par ce que vous me mandez que ceux qui s'emploient pour moi n'agissent pas si vivement qu'on veut me le faire croire. Mais puisque mon sort doit être bientôt décidé, il faut attendre. Ou j'irai dans votre maison d'Épire, ou je me tiendrai dans le voisinage de Thessalonique. Mon frère me marque qu'il ne trouve de ressource et d'appui qu'en vous seul. Je ne

EPISTOLA LXXII
(ad Att., III, 17)

Scrib. Thessalonicæ, prid. non. sept. A. V. C. 695.

CICERO ATTICO SAL.

De Quinto fratre nuntii nobis tristes nec varii venerant ex ante diem non. jun. usque ad prid. kalend. sept. Eo autem die Livineius, M. Reguli libertus, ad me a Regulo missus venit. Is omnino mentionem nullam factam esse nuntiavit : sed fuisse tamen sermonem de C. Clodii filio, isque mihi tum a fratre litteras attulit. Sed postridie Sextii pueri venerunt, qui a te litteras attulerunt, non tam exploratas a timore, quam sermo Livineii fuerat. Sane sum in meo infinito mœrore sollicitus ; et eo magis, quod Appii quæstio est.

Cætera, quæ ad me iisdem litteris scribis de nostra spe, intelligo esse languidiora quam alii ostendunt. Ego autem, quoniam non longe ab eo tempore absumus, in quo res dijudicabitur, aut ad te conferam me, aut etiam nunc circum hæc loca commorabor. Scribit ad me frater, omnia sua per te udum

vous ferai là-dessus ni nouvelles instances ni remercîments; vous n'en attendez pas. Je souhaite seulement que la fortune nous laisse jouir un jour mutuellement des fruits de cette amitié. Écrivez-moi le plus souvent que vous pourrez; mandez-moi les mauvaises nouvelles comme les bonnes, et ne craignez pas que les détails me fatiguent ou que la vérité me soit trop amère. Le 4 septembre.

LETTRE LXXIII

Thessalonique, mi-septembre 695.

CICÉRON A ATTICUS

J'ESPÉRAIS assez bien de mon affaire depuis que vous m'aviez écrit que Varron, à titre d'ami, vous aurait assuré de nouveau que Pompée se déclarait en ma faveur, et qu'il ferait proposer mon rappel, dès qu'il aurait reçu là-dessus des lettres de César. Ces lettres m'ont-elles été contraires? n'était-ce qu'une vaine espérance, ou subsiste-t-elle encore? Vous m'aviez aussi marqué qu'on agirait pour moi après les élections. Je vous conjure par les maux qui m'accablent, et par votre bonté naturelle, d'éclaircir

sustineri. Quid te aut horter? quod facis; aut agam gratias, quod non exspectas, tantum velim, fortuna det nobis potestatem ut incolumes amore nostro perfruamur. Tuas litteras semper maxime exspecto, in quibus cave vereri, ne aut diligentia tua mihi molesta, aut veritas acerba sit. Dat. prid. non. sept.

EPISTOLA LXXIII

(ad Att., III, 18)

Scrib. Thessalonicæ, medio sept. 695.

CICERO ATTICO SAL.

EXSPECTATIONEM nobis non parvam attuleras, quum scripseras Varronem tibi pro amicitia confirmasse, causam nostram Pompeium certe suscepturum: et simul a Cæsare litteræ, quas exspectaret, remissæ essent, auctorem etiam daturum. Utrum id nihil fuit, an adversatæ sunt Cæsaris litteræ? an est aliquid in spe? etiam illud scripseras, eumdem secundum comitia dixisse. Tu, si vides, quantis in malis jaceam, et si putas esse humanitatis tuæ, me fac de tota

tous mes doutes. Mon frère me mande les plus belles choses du monde, mais je connais son caractère : je crains que sa tendresse n'aide à le tromper, ou qu'il ne me trompe, pour ne pas me décourager entièrement. Vos lettres sont moins rassurantes, vous me laissez quelque espérance, mais vous ne voulez pas que j'en conçoive trop aisément. Mandez-moi, je vous prie, tout ce que vous pourrez découvrir de certain.

LETTRE LXXIV

Thessalonique, 15 septembre 695.

CICÉRON A ATTICUS

Tant que j'ai reçu de Rome des nouvelles qui semblaient me promettre que mon rappel ne serait pas longtemps différé, je suis demeuré à Thessalonique ; j'en pars maintenant que me voilà renvoyé à l'année prochaine. Je n'irai point en Asie, et parce que je fuis les lieux trop fréquentés, et parce que je serais trop éloigné si les nouveaux magistrats faisaient quelque chose pour moi. J'ai donc résolu de me retirer chez vous en Épire : ce n'est point l'agrément du site qui m'y détermine, moi qui souffre à peine la lumière! Mais du port que vous m'offrez je reprendrai

---

causa nostra certiorem. Nam Quintus frater, homo mirus, qui me iam valde amat, omnia mittit spei plena, metuens, credo, defectionem animi mei. Tuæ autem litteræ sunt variæ; neque enim me desperare vis, nec temere sperare. Fac, obsecro te, ut omnia quæ perspici a te possunt, sciamus.

EPISTOLA LXXIV

(ad Att., III, 19)

Scrib. Thessalonicæ, xiv kal. oct. A. V. C. 695.

CICERO ATTICO SAL.

Quoad ejusmodi litteræ a vobis afferebantur, ut aliquid ex iis esset expectandum, spe et cupiditate Thessalonicæ retentus sum : posteaquam omnis actio hujus anni confecta nobis videbatur, in Asiam ire nolui : quod et celebritas mihi odio est, et, si fieret aliquid a novis magistratibus, abesse longe nolebam. Itaque in Epirum ad te statui me conferre; non quo mea interesset loci natura, qui lucem omnino fugerem : sed et ad salutem libentissime ex tuo

avec joie le chemin du salut; et si ce chemin m'est fermé, je ne connais nul autre lieu où je puisse plus convenablement supporter cette misérable vie, ou plutôt la finir. Je garderai peu de monde, je congédierai la foule.

Vous ne m'avez jamais donné tant d'espérance que mes autres amis, et j'en ai conçu encore moins que n'en contenaient vos lettres; mais, puisque nous avons une fois commencé, quelque succès que nous ayons eu, et quelle qu'en puisse être la cause, je ne dois point manquer ni au zèle ardent que vous me témoignez, ni aux bonnes intentions de Sextius et de mes autres amis, ni aux espérances de l'infortunée Terentia, ni aux prières de ma malheureuse fille Tullia. L'Épire m'ouvrira donc ou le chemin du salut ou ce que je vous ai marqué plus haut.

Je vous conjure, mon cher Atticus, vous qui m'avez vu ravir, par la plus insigne trahison, tout ce que les hommes ont de plus cher et de plus précieux; qui m'avez vu trompé par ceux que je consultais, poussé dans le précipice, et obligé enfin à me perdre avec tous les miens; je vous conjure, par tant de malheurs, de me prêter une main secourable et compatissante; de défendre mon frère, puisqu'il est encore temps de le sauver, et d'assister de vos conseils et de votre crédit ma femme et mes enfants. Si vous n'espérez point me revoir à Rome, je vous prie de me venir trouver dans votre maison d'Épire; peut-être qu'il ne

portu proficiscar : et, si ea præcisa erit, nusquam facilius hanc miserrimam vitam vel sustentabo, vel, quod multo est melius, abjecero. Ero cum paucis, multitudinem dimittam.

Me tuæ litteræ nunquam in tantam spem adduxerunt, in quantam aliorum. Attamen mea spes etiam tenuior semper fuit, quam tuæ litteræ. Sed tamen, quoniam cœptum est agi, quoquo modo cœptum est, et qualicumque de causa, non deseram neque optimi atque unici fratris miseras ac luctuosas preces; nec Sextii, cæterorumque promissa; nec spem ærumnosissimæ mulieris Terentiæ; nec miserrimæ filiolæ Tulliolæ obsecrationem, et fideles litteras tuas. Mihi Epirus aut iter ad salutem dabit, aut quod scripsi supra.

Te oro et obsecro, T. Pomponi, si me omnibus amplissimis, carissimis, jucundissimisque rebus perfidia hominum spoliatum; si me a meis consiliariis proditum et projectum vides; si intelligis me coactum ut ipse me, et meos perderem, ut me tua misericordia juves, et Quintum fratrem, qui potest esse salvus, sustentes : Terentiam, liberosque meos tueare; me, si putas te istic visurum, exspectes; si minus, invisas, si potes, mihique ex agro tuo tantum

m'y faudra bientôt de place que ce que mon corps en peut occuper. Envoyez-moi des exprès le plus tôt et le plus souvent que vous pourrez. Le 15 septembre.

LETTRE LXXV

Thessalonique, 4 octobre 695.

CICÉRON A ATTICUS

Cicéron *salue Quintus Cécilius, fils de Quintus Pomponianus Atticus.*

Je vous fais mon compliment, et je sais bon gré à votre oncle de vous avoir rendu justice; je dirais que je m'en réjouis, si ce mot était possible dans ma bouche. Ah! que tout irait selon mes vœux, si ceux dont j'ai suivi aveuglément les conseils n'avaient manqué, ou de prudence, ou de fidélité, ou de courage. Je ne veux point aigrir ma douleur, en rappelant de si tristes idées; mais je crois que vous n'avez pas oublié la situation où la fortune m'avait mis, et avec combien d'agrément et de dignité je passais mes jours. Je vous conjure, par votre propre fortune, travaillez toujours avec le même zèle à me faire tout recouvrer. Que je cé-

---

assignes, quantum meo corpore occupari potest; et pueros ad me cum litteris quamprimum, et quam sæpissime mittas. Dat. xiv kalend. octobr.

EPISTOLA LXXV
(ad Att., III, 20)

Dat. Thessalonicæ iv, non oct., A. V. C. 695.

CICERO ATTICO SAL.

Cicero S. D. Q. Cæcilio, Q. F. Pomponiano Attico.

Quod quidem ita esse, et avunculum tuum functum esse officio, vehementissime probo; gaudere me tum dicam, si mihi hoc verbo licebit uti. Me miserum! quam omnia essent ex sententia, si nobis animus, si consilium, si fides eorum, quibus credidimus, non defuisset; quæ colligere nolo, ne augeam mœrorem. Sed tibi venire in mentem certo scio, quæ vita esset nostra, quæ suavitas, quæ dignitas. Ad quæ recuperanda, per fortunas! incumbe, ut facis,

lèbre bientôt, s'il se peut, le jour de mon rappel avec vous et avec tous les miens, dans l'agréable maison dont vous venez d'hériter.

En attendant ce bonheur dont on me flatte beaucoup, j'aurais bien voulu aller en Épire; mais, par tout ce qu'on me mande, je juge qu'il est plus à propos que je me tienne ici.

Ce que Curion vous a dit par rapport à ma maison me paraît fort juste. Je crois, comme lui, que si je suis rappelé, je rentrerai dans tous mes biens. Ma maison m'est plus chère que tout le reste; mais je ne vous recommande rien en particulier, je me remets de tout à votre amitié et à votre zèle. Je suis ravi qu'une si grande succession vous ait laissé si peu d'affaires et d'embarras. Quant aux obligeantes instances que vous me faites de disposer de votre bien, et de m'adresser à vous préférablement à tout autre, je conçois que ces offres me sont aussi avantageuses qu'elles sont sincères; je sais que personne ne s'emploie pour moi avec plus d'ardeur, et n'est plus capable de le faire avec succès. Puisque vous me défendez de croire que je vous aie jamais donné occasion de vous refroidir à mon égard, je vous obéirai volontiers, et je demeurerai en repos là-dessus; mais il sera toujours vrai que je vous ai d'autant plus d'obligation, que vous faites tout pour moi avec une générosité parfaite, sans que j'aie jamais rien fait pour vous.

diemque natalem reditus mei cura ut in tuis ædibus amœnissimis agam tecum et cum meis.

Ego huic spei et exspectationi, quæ nobis proponitur quum maxime, volui præstolari apud te in Epiro : sed ita ad me scribitur, ut putem esse commodius nos eisdem in locis esse.

De domo, et Curionis oratione, ut scribis, ita est. In universa salute, si ea modo nobis restituetur, inerunt omnia, ex quibus nihil malo quam domum. Sed tibi nihil mando nominatim : totum me tuo amori fideique commendo. Quod te in tanta hæreditate ab omni occupatione expedisti, valde mihi gratum est. Quod facultates tuas ad meam salutem polliceris, ut omnibus rebus a te præter cæteros juver, id quantum sit præsidium video ; intelligoque te multas partes meæ salutis et suscipere et posse sustinere : neque, ut ita facias, rogandum esse. Quod me vetas quidquam suspicari accidisse ad animum tuum, quod secus a me erga te commissum, aut prætermissum videretur, geram tibi morem, et liberabor ista cura : tibi tamen eo plus debeo, quo tua in me humanitas fuerit excelsior, quam in te mea.

13.

Écrivez-moi tout ce qui se passe, et en quel état sont mes affaires. Tâchez aussi de mettre tous vos amis dans mes intérêts. La loi que Sextius veut proposer en ma faveur n'est ni assez sûre, ni assez honorable; il faut me nommer expressément, et parler de mes biens d'une manière plus circonstanciée. Je vous prie d'y prendre garde. Le 4 octobre, à Thessalonique.

LETTRE LXXVI

Thessalonique, 5 octobre 695.

TULLIUS A TERENTIA SA FEMME, A TULLIA SA FILLE, ET A CICÉRON SON FILS

Ne vous imaginez point que j'écrive à d'autres des lettres plus longues qu'à vous, à moins qu'on ne me marque des choses auxquelles je me crois obligé de répondre. La matière manque pour écrire, et je ne fais rien à présent qui me coûte davantage. Pour vous et notre chère Tulliola, je ne puis vous écrire sans fondre en larmes. Je vous vois dans un état misérable, vous que j'ai toujours souhaité de voir si heureuse, vous à qui je devais le bonheur. Vous en jouiriez si nous n'avions été si timides. Les services de Pison m'inspirent pour lui beaucoup de tendresse. Je

Velim, quid videas, quid intelligas, quid agatur, ad me scribas : tuosque omnes ad nostram salutem adhortere. Rogatio Sextii neque dignitatis satis habet, nec cautionis. Nam et nominatim ferri oportet, et de bonis diligentius scribi : et id animadvertas velim. Dat. iv nonis octobr. Thessalonicæ.

EPISTOLA LXXVI
(ad div., XIV, 2)

Scrib. Thessalonicæ, iii non. oct. A. V. C. 695.

TULLIUS TERENTIÆ SUÆ, TULLIOLÆ ET CICERONI SUIS S. D.

Noli putare me ad quemquam longiores epistolas scribere, nisi si quis ad me plura scripsit, cui puto rescribi oportere. Nec enim habeo quid scribam ; nec hoc tempore quidquam difficilius facio. Ad te vero et ad nostram Tulliolam non queo sine plurimis lacrymis scribere. Vos enim video esse miserrimas, quas ego beatissimas semper esse volui, idque præstare debui; et nisi jam timidi fuissemus, præstitissem. Pisonem nostrum merito ejus

l'ai exhorté autant que je l'ai pu par mes lettres, et je l'ai remercié comme je le devais. Vous me faites entendre que votre espérance est dans les nouveaux tribuns du peuple. J'y compte si Pompée nous est favorable; mais je redoute Crassus. Je vois éclater dans tout ce que vous faites le courage et la tendresse; et je ne m'en étonne point. Ce qui m'afflige, c'est que ma situation soit telle qu'il vous faille souffrir tant de maux pour soulager les miens. P. Valerius, le plus obligeant des hommes, m'a écrit de quelle manière vous aviez été conduite du temple de Vesta à la table Valérienne. Que ce récit m'a fait répandre de pleurs! Hélas! vous, ô mon âme, objet de mes affections, vous dont tout le monde implorait l'assistance, voilà donc, ma chère Terentia, les indignités, les peines et les larmes auxquelles vous êtes exposée! Et c'est par ma faute que nous sommes perdus, moi qui conservais les autres!

A l'égard de ce que vous m'écrivez touchant notre maison, c'est-à-dire touchant le terrain, s'il nous est rendu, c'est alors que je me croirai véritablement rétabli. Mais la chose n'est pas en notre main. Un de mes plus grands chagrins, c'est que, ruinée et dépouillée comme vous êtes, vous supportiez une partie des dépenses. Songez que si mes affaires se rétablissent, nous obtiendrons tout ; mais si nous ne voyons point la fin de notre disgrâce, malheureuse, voulez-vous prodiguer les restes de votre fortune? Pour ce qui est de la dépense, je vous con-

amo plurimum. Eum ut potui per litteras cohortatus sum, gratiasque egi ut debui. In novis tribunis plebis intelligo spem te habere. Id erit firmum, si Pompeii voluntas erit. Sed Crassum tamen metuo. A te quidem omnia fieri fortissime et amantissime video : nec miror. Sed mœreo casum ejusmodi, ut tantis tuis miseriis meæ miseriæ subleventur. Nam ad me P. Valerius, homo officiosus, scripsit, id quod ego maximo cum fletu legi, quemadmodum a Vestæ ad tabulam Valeriam ducta esses. Hem, mea lux, meum desiderium, unde omnes opem petere solebant, te nunc, mea Terentia, sic vexari, sic jacere in lacrymis et sordibus! Idemque fieri mea culpa, qui cæteros servavi, ut nos periremus !

Quod de domo scribis, hoc est de area, ego vero tum denique mihi videbor restitutus, si illa nobis erit restituta. Verum hæc non sunt in nostra manu Illud doleo, quæ impensa facienda est, in ejus partem te miseram et despoliatam venire. Quod si conficitur negotium, omnia consequemur. Sin eadem nos fortuna premet, etiamne reliquias tuas misera projicies? Obsecro te, mea

jure, ma chère âme, de laisser ce fardeau à ceux qui le peuvent soutenir, du moins s'ils en ont la volonté; et, si vous m'aimez, ne tourmentez pas une santé déjà faible. Nuit et jour vous êtes présente à mes yeux. Je vois que toutes les fatigues tombent sur vous. Je crains que vous n'y résistiez pas; tout repose en effet sur vous. Prenez donc soin de votre santé, si vous voulez que nous obtenions ce que vous espérez et ce que vous vous proposez. Je ne sais à qui je dois écrire, si ce n'est à ceux qui m'écrivent eux-mêmes, ou bien à ceux dont vous me parlez dans vos lettres.

Je ne m'éloignerai pas davantage, puisque vous le désirez; mais je vous prie de m'écrire fort souvent, surtout si vous voyez quelque raison de nous fier davantage à nos espérances. Adieu, objet de mes affections, adieu. Le 5 octobre à Thessalonique.

LETTRE LXXVII

Thessalonique, 28 octobre 695.

CICÉRON A ATTICUS

En écrivant cette lettre, je compte qu'il y a un mois entier que je n'en ai reçu de vous. Je suis toujours, comme je vous l'ai déjà

vita, quod ad sumptum attinet, sine alios, qui possunt, si modo volunt, sustinere : et valetudinem istam infirmam, si me amas, noli vexare. Nam mihi ante oculos dies noctesque versaris. Omnes labores te excipere video. Timeo ut sustineas. Sed video in te esse omnia. Quare ut id, quod speras et quod agis, consequamur, servi valetudini. Ego ad quos scribam nescio, nisi ad eos qui ad me scribunt, aut ad eos de quibus ad me vos aliquid scribitis.

Longius, quum ita vobis placet, non discedam. Sed velim quam sæpissime litteras mittatis; præsertim si quid est firmius quod speremus. Valete, mea desideria, valete. Ad III non. octobr. Thessalonicæ.

EPISTOLA LXXVII

(ad Att., III, 21)

Scrib. Thessalonicæ, v kal. nov. A. V. C. 695.

CICERO ATTICO SAL.

Triginta dies erant ipsi, quum has dabam litteras, per quos nullas a vobis acceperam. Mihi autem erat in animo, jam, ut antea ad te scripsi, ire in Epi-

mandé, dans la résolution d'aller en Épire, pour y attendre la décision de mon sort Je vous prie de me marquer sans déguisement tout ce que vous pensez de mes affaires, et de continuer à écrire des lettres en mon nom, comme vous le jugerez à propos. Le 28 octobre.

LETTRE LXXVIII

Écrite en partie à Thessalonique, en partie à Dyrrachium,
26 novembre 695.

CICÉRON A ATTICUS

Quoique mon frère et Pison m'aient écrit fort exactement tout ce qui s'est passé, j'aurais bien voulu néanmoins que vos occupations vous eussent permis de m'apprendre, selon votre habitude, ce qui se fait et ce que vous en pensez. Plancius m'a retenu jusqu'ici de la manière la plus obligeante, et s'est opposé chaque fois à mon départ pour l'Épire. Il se berce d'un espoir que je ne partage pas : il croit que nous pourrons retourner à Rome ensemble, et il se persuade que cela lui fera beaucoup d'honneur. Mais, comme j'ai appris qu'il arrivait ici des soldats, il faut me

rum, et ibi omnem casum potissimum exspectare. Te oro, ut si quid erit, quod perspicias, quamcumque in partem, quam planissime ad me scribas : et meo nomine, ut scribis, litteras, quibus putabis opus esse, ut des. Dat. v kalend. novembr.

EPISTOLA LXXVIII

(ad Att., III, 2?)

Scrib. partim Thessalonicæ, partim Dyrrachii, vi kalend. decembr.
A. V. C. 695.

CICERO ATTICO SAL.

Etsi diligenter ad me Quintus frater et Piso, quæ essent acta, scripserant : tamen vellem tua te occupatio non impedisset, quo minus, ut consuesti, ad me quid ageretur, et quid intelligeres, perscriberes. Me adhuc Plancius liberalitate sua retinet, jam aliquoties conatum ire in Epirum. Spes homini est injecta, non eadem quæ mihi, posse nos una decedere : quam rem sibi magno honori sperat fore. Sed jam, quum adventare milites dicantur, faciendum

résoudre à le quitter. Quand je serai parti, je vous ferai savoir aussitôt le lieu de ma retraite.

Assuré des bonnes intentions de Lentulus, par ses lettres, par ce qu'il promet de faire, et par ce qu'il a déjà fait, je commence à croire à la bonne volonté de Pompée ; car vous m'avez marqué plusieurs fois qu'il avait un pouvoir absolu sur son esprit. Pour Metellus, mon frère m'écrit que c'est à vous qu'il attribue tout ce que nous pouvons espérer de son côté. Courage, mon cher Atticus, obtenez-moi de pouvoir vivre avec vous et les miens. Accablé de chagrin, je n'ai qu'un désir : revoir ma famille et tous ceux qui me furent toujours plus chers que moi-même. Mandez-moi tout ce qui se passe. Ayez soin de votre santé.

J'avais commencé cette lettre à Thessalonique, et je l'achève à Dyrrachium. J'ai pris ce chemin, et parce que les habitants de cette ville me sont fort affectionnés, et parce que j'aurais été trop longtemps sans recevoir des nouvelles, si j'avais passé par la Thessalie, pour me rendre en Épire. Lorsque je me dirigerai vers vous, je vous le ferai savoir. Je vous prie encore une fois de me mander tout ce qui se passe, de quelque nature que ce soit. Si mon affaire traîne encore longtemps, je n'en espérerai plus rien. Le 26 novembre, à Dyrrachium.

nobis erit ut ab eo discedamus. Quod quum faciemus, ad te statim mittemus, ut scias ubi simus.

Lentulus suo in nos officio, quod et re, et promissis, et litteris declarat, spem nobis nonnullam affert Pompeii voluntatis. Sæpe enim tu ad me scripsisti, eum totum esse in illius potestate. De Metello scripsit ad me frater, quantum speraret, perfectum esse per te. Mi Pomponi, pugna ut tecum et cum meis liceat vivere, et scribe ad me omnia. Premor luctu et desiderio tum meorum omnium, tum eorum qui mihi me cariores semper fuerunt. Cura ut valeas.

Ego, quod per Thessaliam si irem in Epirum, perdiu nihil eram auditurus, et quod mei studiosos habeo Dyrrachinos, ad eos perrexi, quum illa superiora Thessalonicæ scripsissem. Inde, quum ad te me convertam, faciam ut scias. Tuque ad me velim omnia quam diligentissime, cuicuimodi sunt, scribas. Ego jam aut rem, aut ne spem quidem exspecto. Dat. vi kalend. decembr. Dyrrachii.

LETTRE LXXIX

Dyrrachium, 26 novembre 695.

TULLIUS A TERENTIA SA FEMME, A TULLIA SA FILLE, ET A CICÉRON SON FILS

J'apprends par un grand nombre de lettres et par les récits de tout le monde, que votre vertu et votre courage sont incroyables, et que vous êtes supérieure aux fatigues de l'esprit et du corps. Que je suis malheureux d'être la cause de tant de peines, pour une femme si vertueuse, si honnête et si fidèle; et que notre chère Tulliola reçoive tant de sujets de pleurs d'un père près de qui elle goûtait tant de plaisirs! Que dirai-je de mon fils Cicéron, qui a commencé à sentir la misère et la douleur aussitôt qu'il s'est trouvé capable de sentiment? Si je pouvais attribuer, comme vous dites, mes malheurs au destin, je les supporterais plus facilement. Mais je n'en accuse que moi-même, qui me suis cru aimé de ceux qui me portaient envie, et qui n'ai pas écouté ceux qui me recherchaient. Si j'avais suivi mes propres idées, je n'aurais pas laissé prendre tant d'ascendant sur moi aux discours d'une troupe d'amis insensés ou méchants : notre vie serait heureuse.

EPISTOLA LXXIX
(ad div., XIV, 1)

Scrib. Dyrrachii, vi kal. decembr. A. V. C. 695.

TULLIUS TERENTIÆ SUÆ, TULLIOLÆ SUÆ, CICERONI SUO S. D.

Et litteris multorum et sermone omnium perfertur ad me, incredibilem tuam virtutem, et fortitudinem esse; teque nec animi nec corporis laboribus defatigari. Me miserum, te ista virtute, fide, probitate, humanitate in tantas ærumnas propter me incidisse, Tulliolamque nostram, ex quo patre tantas voluptates capiebat, ex eo tantos percipere luctus. Nam ego quid de Cicerone dicam, qui quum primum sapere cœperit, acerbissimos dolores, miseriasque percepit? Quæ si, ut tu scribis, fato facta putarem, ferrem paulo facilius. Sed omnia sunt mea culpa commissa, qui ab his me amari putabam, qui invidebant, eos non sequebar, qui petebant. Quod si nostris consiliis usi essemus, neque apud nos tantum valuisset sermo aut stultorum amicorum, aut improborum, beatissimi viveremus.

Mais, puisque nos amis veulent que j'espère, je tâcherai que ma santé du moins réponde à vos efforts. Je conçois toute la difficulté de mes affaires, et combien il était plus facile de ne pas sortir de Rome que d'y rentrer. Cependant, si nous avons pour nous tous les tribuns du peuple; si le zèle de Lentulus est aussi ardent qu'il le semble; si Pompée et César même sont pour moi, il ne faut pas perdre l'espérance.

Nous suivrons pour nos esclaves le sentiment de nos amis, tel que vous me le marquez.

La maladie contagieuse s'est ici dissipée, et pendant toute sa durée je m'en suis garanti. Plancius, le plus obligeant de tous les hommes, ne veut pas que je le quitte, et me retient encore. Mon dessein était de me retirer en Épire, dans quelque lieu plus désert, où l'on ne verrait venir ni lui-même, ni soldats. Mais Plancius me retient. Il se flatte même qu'il pourra retourner en Italie avec moi. Si je vois cet heureux jour, si je me retrouve dans vos bras, et que je puisse rétablir notre fortune, je ne désire pas d'autre fruit de votre piété et de la mienne.

Pison nous témoigne une bonté, une vertu, une tendresse au-dessus de tout. Puisse-t-il en retirer de la satisfaction! Pour la gloire, elle lui est assurée. Je ne vous ai pas fait de reproche par rapport à mon frère Quintus; mais j'ai souhaité que vous fussiez bien unis, surtout avec le petit nombre que vous êtes. J'ai fait

Nunc quum sperare nos amici jubent, dabo operam ne mea valetudo labori desit. Res quanta sit intelligo; quantoque fuerit facilius manere domi quam redire. Sed tamen si omnes tribunos plebis habemus, si Lentulum tam studiosum quam videtur, si vero etiam Pompeium et Cæsarem, non est desperandum.

De familia, quomodo placuisse amicis scribis, faciemus.

De loco nunc quidem jam abiit pestilentia, sed quandiu fuit, me non attigit. Plancius, homo officiosissimus, me cupit esse secum et adhuc retinet. Ego volebam loco magis deserto esse in Epiro, quo nec ipse veniret, nec milites; sed adhuc Plancius me retinet. Sperat posse fieri ut mecum in Italiam decedat. Quem ego diem si videro, et si in vestrum complexum venero, ac si et vos et me ipsum recuperaro, satis magnum mihi fructum videbor percepisse et vestræ pietatis et meæ.

Pisonis humanitas, virtus, amor, in omnes nos tantus est, ut nihil supra possit. Utinam ea res ei voluptati sit; gloriæ quidem video fore. De Q. fratre nihil ego te accusavi : sed vos, quum præsertim tam pauci sitis, volui esse

mes remercîments à ceux que vous m'avez marqués, et je leur ai témoigné que je savais de vous ce que je leur dois.

Vous m'écrivez, ma chère Terentia, que vous vendrez une terre; mais, hélas! que deviendrons-nous, je vous le demande? Et si la fortune ne cesse pas de nous tenir dans l'abattement où nous sommes, que deviendra ce pauvre enfant? L'abondance de mes larmes m'empêche d'écrire, je crains de vous faire pleurer aussi. J'ajoute seulement que, si nos amis font leur devoir, l'argent ne manquera pas. S'ils ne le font point, de quoi serez-vous capable avec votre argent? Au nom de notre misérable fortune, prenez garde que nous ne perdions sans ressource un enfant déjà perdu. Qu'il soit seulement au-dessus de l'indigence, il ne lui faudra qu'un bonheur et une vertu médiocres pour obtenir tout le reste. Ayez soin de votre santé, et n'épargnez pas les messagers pour m'apprendre ce qui se passe et ce que vous faites vous-même. Mon incertitude ne saurait durer longtemps. J'embrasse Tulliola et Cicéron. Adieu. Le 26 novembre, à Dyrrachium.

Je suis venu à Dyrrachium parce que cette ville est libre et bien disposée pour moi, et qu'elle est proche de l'Italie; mais si je me trouve mal de la multitude qui fréquente ce lieu, je chercherai une autre retraite et vous en donnerai avis.

---

quam conjunctissimos. Quibus ne voluisti agere gratias, egi, et me a te certiorem factum esse scripsi.

Quod ad me, mea Terentia, scribis, te vicum venditurum, quid, obsecro te, me miserum! quid futurum est? Et, si nos premat eadem fortuna, quid puero misero fiet? Non queo reliqua scribere, tanta vis lacrymarum est, neque te in eumdem fletum adducam. Tantum scribo, si erunt in officio amici, pecunia non deerit. Si non erunt, tu efficere pecunia tua non poteris. Per fortunas miseras nostras, vide ne puerum perditum perdamus. Cui si aliquid erit, ne egeat, mediocri virtute opus est, et mediocri fortuna ut cætera consequatur. Fac valeas, ad me tabellarios mittas, ut sciam quid agatur, et vos quid agatis. Mihi omnino jam brevis exspectatio est. Tulliolæ et Ciceroni salutem dic. Valete. D. ad vi kalend. decembr. Dyrrachii.

Dyrrachium veni, quod et libera civitas est, et in me officiosa, et proxima Italiæ. Sed si me offendat loci celebritas, alio me conferam, ad te scribam.

LETTRE LXXX

Dyrrachium, 30 novembre 695.

CICÉRON A ATTICUS

J'ai reçu, le 27 novembre, trois de vos lettres. Dans la première, datée du 25 octobre, vous m'exhortez à attendre avec courage le commencement de janvier, et vous me rendez compte de tout ce qui peut me donner quelque espérance, du zèle de Lentulus, des bonnes dispositions de Metellus, et de toutes les démarches de Pompée. Vous n'avez point, contre votre ordinaire, daté la seconde lettre; mais vous y suppléez en me marquant qu'elle est du jour même où fut promulguée la loi des huit tribuns, c'est-à-dire du 29 octobre. Vous me faites voir ensuite tous les avantages que je puis tirer de cette loi, quoiqu'elle n'ait point passé. Si le mauvais succès de cette première tentative a perdu mon affaire sans ressource, et que tout ce que je vais vous recommander ne puisse plus avoir lieu, je me flatte que votre amitié vous portera plutôt à me plaindre qu'à me blâmer. Mais si les choses ne sont pas entièrement désespérées, veillez, je vous prie, à ce que les nouveaux magistrats me servent mieux une autre fois.

EPISTOLA LXXX
(ad Att., III, 23)

Dat. Dyrrachii, prid. kalend. decembr. A. V. C. 695.

CICERO ATTICO SAL.

A. d. v kalend. decembr. tres epistolas a te accepi : unam datam a. d. viii kalend. nov. in qua me hortaris, ut forti animo mensem januarium exspectem : eaque, quæ ad spem putas pertinere, de Lentuli studio, de Metelli voluntate, de tota Pompeii ratione perscribis. In altera epistola, præter consuetudinem tuam diem non adscribis : sed satis significas tempus. Lege enim ab octo trib. pleb. promulgata, scribis te eas litteras eo ipso die dedisse, id est a. d. iv kalend. nov., et quid putes utilitatis eam promulgationem attulisse, scribis. In quo si etiam hæc nostra salus cum hac lege desperata erit, velim pro tuo in me amore hanc inanem meam diligentiam, miserabilem potius, quam ineptam putes : sin est aliquid spei, des operam ut majore diligentia posthac a novis magistratibus defendamur.

Des trois articles qui sont compris dans la loi des tribuns de cette année, le premier, celui qui regarde mon retour, n'est pas rédigé avec prudence ; on me rend mes droits civils et mon rang : c'est quelque chose par rapport à l'état déplorable où je suis ; mais vous savez bien ce qu'il y fallait ajouter, et dans quels termes. Le second article ne contient que la clause ordinaire d'impunité, en cas qu'il y ait dans cette loi quelque chef contraire aux anciennes. Mais pour le troisième article, tâchez de découvrir, mon cher Atticus, par qui et dans quel dessein il a été inséré. Vous savez qu'il y a dans la loi de Clodius un article qui porte qu'elle ne pourra être infirmée, ni par le sénat, ni par le peuple ; mais vous savez aussi qu'on n'a jamais d'égard à ces sortes de défenses ; sans cela on ne pourrait presque abroger aucune loi ; car elles sont toutes munies de pareilles clauses, qui se trouvent nécessairement abrogées avec la loi dont elles font partie. Ce principe étant incontestable, et ayant toujours été suivi dans la pratique, nos huit tribuns n'en disent pas moins dans le troisième paragraphe : *Si cette loi contient quelque chose que les lois et les plébiscites défendent, sous peine de punition, de proposer ; si elle est contraire à quelque autre loi ; si elle l'abroge, ou en tout, ou en partie, quoique cela soit défendu sous les mêmes peines, on ne prétend point qu'elle ait d'effet à cet égard.*

Nam ea veterum tribunorum plebis rogatio tria capita habuit ; unum de reditu meo, scriptum incaute : nihil enim restituitur, præter civitatem et ordinem ; quod mihi pro meo casu satis est : sed quæ cavenda fuerint, et quo modo, te non fugit. Alterum caput est tralatitium de impunitate, si quid contra alias leges ejus legis ergo, factum sit. Tertium caput, mi Pomponi, quo consilio, et a quo sit inculcatum, vide. Scis enim Clodium sanxisse, ut vix, aut omnino non posset, nec per senatum, nec per populum, infirmari sua lex. Sed vides nunquam esse observatas sanctiones earum legum, quæ abrogarentur : nam si id esset, nulla fere abrogari posset (neque enim ulla est, quæ non ipsa se sepiat difficultate abrogationis) : sed, quum lex abrogatur, illud ipsum abrogatur, quo non eam abrogari oporteat. Hoc quum et revera ita sit, et quum semper ita habitum observatumque sit, octo nostri tribuni plebis caput posuerunt hoc : Sɪ QUID ɪN HAC ROGATIONE SCRIPTUM EST, QUOD PER LEGES, PLEBISVE SCITA, PROMULGARE, ABROGARE, DEROGARE, OBROGARE, SINE FRAUDE SUA NON LICEAT, NON LICUERIT ; QUODVE EI QUI PROMULGAVIT, ABROGAVIT, DEROGAVIT, OBROGAVIT, OB EAM REM PŒNÆ MULTÆVE SIT, E. H. L. N. R.

La punition dont il est parlé ne peut tomber sur ces tribuns, puisque la loi de Clodius n'a point été proposée du consentement de tous ses collègues. J'appréhende donc que cette précaution, qui leur était aussi inutile qu'elle m'est contraire, ne soit un piége dans lequel on veuille faire tomber les nouveaux tribuns, qui, s'ils étaient gens à se laisser intimider, auraient plus de raison d'insérer cette clause dans leur loi. Aussi Clodius n'a pas manqué de s'en prévaloir, et a dit en pleine assemblée, le 3 novembre, que cette clause devait servir de règle et de modèle aux tribuns désignés : vous savez cependant qu'on n'en trouve point de semblable dans aucune autre abrogation, et c'est une marque certaine qu'elle est absolument inutile. Tâchez donc de découvrir qui est auteur de celle-ci, et comment Ninnius et ses collègues ont pu s'y tromper; pourquoi ils n'ont point fait de difficulté de proposer mon rappel au sénat, contre les défenses expresses de la loi de Clodius; et, s'ils ont cru qu'on ne devait point y avoir d'égard, pourquoi, en abrogeant cette loi, ils ont pris des précautions inutiles même à ceux qui ne seraient pas, comme eux, exempts de l'observer?

Je serais bien fâché que les tribuns de l'année prochaine insérassent cette clause dans leur loi; mais, de quelque manière qu'elle soit conçue, pourvu qu'on la propose et qu'elle puisse passer, je serai trop heureux. Ce n'est pas sans scrupule que je vous écris là-dessus une si longue lettre. J'appréhende que

Atque hoc in illis tribunis pleb. non lædebat : lege enim collegæ sui non tenebantur ; quo major est suspicio malitiæ alicujus, quum id, quod ad ipsos nihil pertinebat, erat autem contra me, scripserunt; ut novi tribuni pleb., si essent timidiores, multo magis sibi eo capite utendum putarent. Neque id a Clodio prætermissum est : dixit enim in concione a. d. III non. nov. hoc capite designatis tribunis plebis præscriptum esse quid liceret. Tamen in lege nulla esse ejusmodi caput te non fallit. Quod si opus esset, omnes in abrogando uterentur. Ut Ninnium, aut cæteros fugerit, investiges velim; et quis attulerit; et quare octo tribuni plebis ad senatum de me referre non dubitarint; scilicet quod observandum illud caput non putabant, iidem in abrogando tam cauti fuerint, ut id metuerent, soluti quum essent ; quod ne iis quidem, qui lege tenentur, est curandum?

Id caput sane nolim novos tribunos plebis ferre : sed perferant modo quidlibet : uno capite, quo revocabor, modo res conficiatur, ero contentus. Jamdudum pudet tam multa scribere : vereor enim, ne re jam desperata

mes affaires ne soient sans ressource quand vous la recevrez, et que ce soin de ma part ne vous paraisse digne de pitié, à d'autres de risée. Mais, s'il me reste encore quelque espérance, je vous prie de lire la loi que Visellius a rédigée pour T. Fadius; je la trouve fort bien. Pour celle de Sextius, je n'en suis pas aussi content que vous.

Votre troisième lettre est du 12 novembre. Vous y exposez avec beaucoup d'exactitude et de lumière tout ce qui peut retarder mon rappel, tant du côté de Crassus que de celui de Pompée et de quelques autres de la même faction. Mais il faut, s'il se peut, l'emporter par le zèle des gens de bien, par l'autorité des personnes puissantes, et même en s'assurant le concours de la multitude. Travaillez-y avec ardeur, inspirez-en à tous mes amis. Mais si, comme je l'ai toujours cru, et comme vous le semblez croire, mes espérances sont vaines, je vous conjure d'aimer toujours mon frère, dont j'ai causé seul et par ma faute tous les malheurs; empêchez-le, autant pour les intérêts de votre neveu que pour les siens, de s'abandonner au désespoir. Je vous recommande aussi l'infortunée Terentia, et mon malheureux fils, à qui je laisse pour tout héritage un nom flétri et odieux. Je partirai pour l'Épire quand je saurai ce que les nouveaux tribuns auront fait pour moi en entrant en charge. Je vous prie de m'en

---

legas : ut hæc mea diligentia miserabilis tibi, aliis irridenda videatur. Sed si est aliquid in spe, vide legem, quam T. Fadio scripsit Visellius : ea mihi perplacet. Nam Sextii nostri, quam tu tibi probari scribis, mihi non placet.

Tertia est epistola prid. id. novembr. data : in qua exponis prudenter et diligenter, quæ sint, quæ rem distinere videantur, de Crasso, de Pompeio, de cæteris. Quare oro te ut, si qua spes erit posse studiis bonorum, auctoritate, multitudine comparata rem confici, des operam ut uno impetu perfringatur : in eam rem incumbas, cæterosque excites. Sin, ut ego perspicio quum tua conjectura, tum etiam mea, spei nihil est; oro, obtestorque te, ut Quintum fratrem ames : quem ego miserum misere perdidi ; neve quid cum patiare gravius consulere de se, quam expediat sororis tuæ filio ; meum Ciceronem, cui nihil misello relinquo præter invidiam et ignominiam nominis mei, tueare quoad poteris; Terentiam, unam omnium ærumnosissimam, sustentes tuis officiis. Ego in Epirum proficiscar, quum primorum dierum nun

donner des nouvelles dans la première lettre que vous m'écrirez. Le 30 novembre.

LETTRE LXXXI

Dyrrachium, 30 novembre 695.

TULLIUS A TERENTIA, A TULLIOLA ET A CICÉRON SON FILS

Aristocrite m'a remis trois lettres, que j'ai presque effacées avec mes larmes ; car le chagrin me consume, ma chère Terentia, et mes propres maux me tourmentent moins que les vôtres et ceux de nos enfants.

Si malheureuse que vous soyez, je le suis bien plus encore ; notre disgrâce est commune entre nous, mais la faute en tombe sur moi seul. Mon devoir était de me soustraire au danger par une légation, ou de résister par la force, ou de périr glorieusement. Aussi n'y a-t-il rien de si misérable, de si vil et de si indigne que moi. La honte me mine autant que la douleur. Je rougis de n'avoir pas eu plus de courage et de promptitude à secourir la meilleure des femmes et nos chers enfants. Nuit et jour j'ai devant les yeux votre abattement, votre affliction

---

tios excepero. Tu ad me velim proximis litteris, ut se initia dederint, perscribas. Dat. prid. kalend. decembr.

EPISTOLA LXXXI

(ad div., XIV, 3)

Dat. Dyrrachii, prid. kalend. decembr. A. V. C. 695.

TULLIUS TERENTIÆ, TULLIOLÆ ET CICERONI SUIS S. D.

Accepi ab Aristocrito tres epistolas, quas ego lacrymis prope delevi. Conficior enim mœrore, mea Terentia; nec meæ me miseriæ magis excruciant quam tuæ vestræque. Ego autem hoc miserior sum quam tu, quæ es miserrima, quod ipsa calamitas communis est utriusque nostrum; sed culpa mea propria est. Meum fuit officium, vel legatione vitare periculum, vel diligentia et copiis resistere, vel cadere fortiter. Hoc miserius, turpius, indignius nobis nihil fuit. Quare quum dolore conficior, tum etiam pudore. Pudet enim me uxori meæ optimæ, suavissimis liberis, virtutem et diligentiam non præstitisse. Nam mihi ante oculos dies noctesque versatur squalor vester, et mœror

et le mauvais état de votre santé. Mes espérances de salut se réduisent presque à rien. J'ai beaucoup d'ennemis, et presque tout le monde pour envieux. S'il n'a pas été facile de me chasser, il est aisé d'empêcher mon retour. Cependant, aussi longtemps que vous ne perdrez point tout espoir, je n'y renoncerai pas non plus, de peur qu'on ne m'accuse d'avoir tout perdu par ma faute.

Ne soyez point inquiète pour ma sûreté; elle n'est pas difficile à présent, puisque, dans cet excès de misère, le désir de mes ennemis mêmes est que je vive. Je ferai néanmoins ce que vous m'ordonnez. J'ai fait mes remercîments aux amis que vous m'avez nommés. C'est Dexippus que j'ai chargé de ces lettres. Notre cher Pison est d'un zèle admirable à me rendre service. Tout le monde le publie, et je m'en aperçois moi-même. Fasse le ciel que je puisse vivre quelque jour librement avec vous et nos enfants dans le commerce d'un tel gendre! Toute mon espérance est à présent dans les nouveaux tribuns du peuple : encore faut-il que ce soit les premiers jours; car, si la chose vieillit, j'en désespère. Je me suis hâté de vous envoyer Aristocrite, afin que vous puissiez m'écrire aussitôt les commencements et tout le plan de l'affaire. Dexippus avait ordre aussi de revenir promptement, et j'ai fait prier d'un autre côté mon frère Quintus de m'envoyer souvent des courriers. Je ne suis actuellement à Dyr=

---

et infirmitas valetudinis tuæ : spes autem salutis pertenuis ostenditur. Inimici sunt multi, invidi pæne omnes. Ejicere nos magnum fuit : excludere facile est. Sed tamen, quandiu vos eritis in spe, non deficiam, ne omnia mea culpa cecidisse videantur.

Ut tuto sim quod laboras, id mihi nunc facillimum est; quem etiam inimici volunt vivere in his tantis miseriis. Ego tamen faciam quæ præcipis. Amicis, quibus voluisti, egi gratias et eas litteras Dexippo dedi, meque de eorum officio scripsi a te certiorem esse factum. Pisonem nostrum mirifico esse studio in nos et officio, et ego perspicio et omnes prædicant. Dii faxint ut tali genero, mihi præsenti, tecum simulac cum liberis nostris frui liceat! Nunc spes reliqua est in novis tribunis plebis, et in primis quidem diebus; nam si inveterarit, actum est. Ea re ad te statim Aristocritum misi, ut ad me continuo initia rerum et rationem totius negotii posses scribere; etsi Dexippo quoque ita imperavi, statim ut recurreret; et ad fratrem misi, ut crebro tabellarios mitteret. Nam ego eo nomine sum Dyrrachii hoc tempore, ut quam

rachium que pour apprendre plus vite ce qui se passe en ma faveur, et j'y suis en sûreté; car cette ville a toujours été sous ma protection. Lorsque j'apprendrai que nos ennemis s'approchent, je passerai dans l'Épire. Vous m'offrez de venir me joindre, si je le désire; mais, n'ignorant point que c'est vous qui vous êtes chargée du principal fardeau de mes affaires, je souhaite que vous restiez à Rome. Si vos soins réussissent, c'est moi qui dois vous rejoindre; si le contraire arrive..... Mais il n'est pas besoin que j'achève; je jugerai par votre première lettre, ou du moins par la seconde, du parti que je dois prendre. Ayez soin seulement de m'écrire tout ce qui se fait, quoique ce soit moins des lettres que la chose même que je doive attendre à présent. Conservez votre santé, et soyez persuadée que je n'ai rien et n'ai jamais rien eu de plus cher que vous. Adieu, chère Terentia, je m'imagine vous voir, et mes larmes m'épuisent. Adieu. Le 30 novembre.

LETTRE LXXXII

Dyrrachium, 30 novembre 695.

CICÉRON A ATTICUS

Quand vous m'écrivites que c'était de votre consentement qu'on

celerrime quid agatur audiam, et sum tuto. Civitas enim hæc semper a me defensa est. Quum inimici nostri venire dicentur, tum in Epirum ibo. Quod scribis te, si velim, ad me venturam; ego vero, quum sciam magnam partem istius oneris abs te sustineri, te istic esse volo. Si perficitis quod agitis, me ad vos venire oportet : sin autem... Sed nihil opus est reliqua scribere : ex primis, aut, ad summum, secundis litteris tuis constituere poterimus, quid nobis faciendum sit. Tu modo ad me velim omnia diligentissime perscribas; etsi magis jam rem quam litteras debeo exspectare. Cura ut valeas, et ita tibi persuadeas, mihi te carius nihil esse nec unquam fuisse. Vale, mea Terentia, quam ego videre videor : itaque debilitor lacrymis. Vale. Pridie kalend. decembr.

EPISTOLA LXXXII

(ad Att., III, 24)

Scrib. Dyrrachii, iv id. decembr. A. V. C. 695.

CICERO ATTICO SAL.

Antea, quum ad me scripsissetis vestro consensu consulum provincias orna-

avait réglé l'état des provinces des consuls désignés, quoique j'appréhendasse les suites, je crus néanmoins que vous aviez vu juste. Mais depuis qu'on m'a dit et mandé que tout le monde vous condamne, je suis inconsolable d'avoir perdu par cette faute la faible espérance qui me restait : car enfin quelle ressource aurai-je encore si les tribuns du peuple sont irrités contre nous? Et n'ont-ils pas sujet de l'être? On ne les a pas seulement consultés, eux qui se sont déclarés pour moi si ouvertement; et nous avons souffert qu'on leur ôtât toute la part qu'ils devaient naturellement avoir à cette affaire. Ils disent de plus que, s'ils ont souhaité que les consuls eussent besoin d'eux, c'était afin de les mettre dans mes intérêts en les servant ; que les consuls, n'ayant plus personne à ménager, pourront, sans rien hasarder, m'être contraires; et que, s'ils sont bien intentionnés, ils ne peuvent rien pour moi que de concert avec les tribuns. Nous aurions, dites-vous, refusé en vain notre consentement; ils se seraient adressés au peuple, et ils auraient obtenu ce qu'ils demandaient. Mais que pouvaient-ils obtenir malgré ces mêmes tribuns? J'appréhende donc que la bonne volonté de ces derniers ne soit refroidie ; et quand elle ne le serait pas, nous leur avons toujours ôté le moyen le plus infaillible pour s'assurer des consuls.

Un autre inconvénient, qui n'est guère moins considérable,

---

tas esse; etsi verebar quorsum id casurum esset, tamen sperabam vos aliquid aliquando vidisse prudentius : posteaquam mihi et dictum est et scriptum, vehementer consilium vestrum reprehendi, sum graviter commotus; quod illa ipsa spes exigua, quæ erat, videtur esse sublata. Nam si tribuni plebis nobis succensent, quæ potest spes esse? ac videntur jure succensere : quum et expertes consilii fuerint, qui causam nostram susceperant, et nostra concessione omnem vim sui juris amiserint : præsertim quum ita dicant, se nostra causa voluisse suam potestatem esse de consulibus ornandis, non ut eos impedirent, sed ut ad nostram causam adjungerent. Nunc si consules a nobis alieniores esse velint, posse id libere facere : sin vellent nostra causa, nihil posse se invitis. Nam, quod scribis ni ita vobis placuisset, illos hoc idem per populum assecuturos fuisse; invitis tribunis plebis fieri nullo modo potuit. Ita vereor, ne et studia tribunorum amiserimus : et, si studia maneant, vinclum illud adjungendorum consulum amissum sit.

Accedit aliud non parvum incommodum, quod gravis illa opinio, ut quidem

c'est que cette déclaration si importante que le sénat avait faite, de ne délibérer sur aucune affaire avant la mienne, perd toute sa force depuis qu'on en a négligé une, qui non-seulement n'était pas nécessaire, mais qui était même sans exemple; car je ne crois pas qu'on ait jamais réglé l'état des provinces des consuls désignés. Maintenant qu'on s'est relâché sur cette résolution qu'on avait prise en ma faveur, il n'y a rien qu'on ne puisse mettre en délibération par préférence.

D'un autre côté, je conçois bien les raisons qui ont déterminé ceux de mes amis dont on a pris conseil : il était difficile de trouver quelqu'un qui voulût se déclarer contre un décret si avantageux aux deux consuls. On ne pouvait guère d'ailleurs se dispenser d'avoir des égards, et pour Lentulus, qui a toujours été dans mes intérêts, et pour Metellus, qui m'a sacrifié avec tant de générosité tous ses ressentiments. J'appréhende néanmoins que nous n'ayons aliéné les tribuns, et que les consuls ne nous manquent. Écrivez-moi, je vous prie, comment cette affaire aura tourné, et en quel état sont toutes les miennes; mais continuez comme vous avez commencé, ne me déguisez rien; je suis bien aise d'avoir des nouvelles certaines, lors même qu'elles sont fâcheuses. Le 10 décembre.

ad nos perferebatur, senatum nihil decernere antequam de nobis actum esset, amissa est; præsertim in ea causa, quæ non modo necessaria non fuit, sed etiam inusitata ac nova. Neque enim unquam arbitror ornatas esse provincias designatorum : ut, quum in hoc illa constantia, quæ erat mea causa suscepta, imminuta sit, nihil jam possit non decerni.

Iis ad quos relatum est, amicis placuisse, non mirum; erat enim difficile reperire, qui contra tanta commoda duorum consulum palam sententiam diceret : fuit omnino difficile non obsequi, vel amicissimo homini Lentulo, vel Metello, qui simultatem humanissime deponeret. Sed vereor ne hos tamen tenere potuerimus, tribunos plebis amiserimus. Hæc res quemadmodum ceciderit, et tota res quo loco sit, velim ad me scribas; et ita ut instituisti : nam ista veritas, etiamsi jucunda non est, mihi tamen grata est. Dat. iv id. decembr.

LETTRE LXXXIII

Dyrrachium, décembre 695.

CICÉRON A ATTICUS

Depuis votre départ de Rome j'ai reçu des lettres qui me font juger qu'il me faut pourrir ici dans mon infortune. En effet (je vous prie de prendre en bonne part ce que je vais vous dire), s'il me restait encore quelque ressource, m'aimant autant que vous m'aimez, auriez-vous jamais quitté Rome dans la conjoncture présente? Mais je n'en dirai pas davantage, de peur de paraître ingrat ou injuste, jusqu'à vouloir que le monde se sacrifie avec moi. Je vous prie seulement de venir, comme vous me l'avez promis, me trouver avant le 1er janvier.

LETTRE LXXXIV

Dyrrachium, décembre 695.

CICÉRON A ATTICUS

J'ai reçu des lettres de mon frère, avec le décret qu'on a fait

EPISTOLA LXXXIII
(ad Att., III, 25)

Scrib. Dyrrachii, mense decembr. A. V. C. 695.

CICERO ATTICO SAL.

Post tuum discessum litteræ mihi Roma allatæ sunt, ex quibus perspicio nobis in hac calamitate tabescendum esse : neque enim (sed bonam in partem accipies), si ulla spes saluti nostræ subesset, tu, pro tuo amore in me, hoc tempore discessisses. Sed ne ingrati, aut ne omnia velle nobiscum una interire videamur, hoc omitto : illud abs te peto, des operam, id quod mihi affirmasti, ut te, ante kalend. jan., ubicumque erimus, sistas.

EPISTOLA LXXXIV
(ad Att., III, 26)

Scrib. Dyrrachii, mense decembr. A. V. C. 695.

CICERO ATTICO SAL.

Litteræ mihi a Quinto fratre, cum senatusconsulto quod de me est factum,

en ma faveur. J'attendrai qu'il soit confirmé par une loi ; mais si l'on ne peut l'obtenir, j'userai de l'autorité du sénat : plutôt renoncer à la vie qu'à ma patrie. Hâtez-vous, je vous prie, de vous rendre auprès de moi.

LETTRE LXXXV

Dyrrachium, fin de décembre 695.

CICÉRON A ATTICUS

Je juge, et par ce que vous me mandez, et par la manière dont mes affaires tournent, qu'elles ne se rétabliront jamais. Je vous prie d'accorder à ma famille tous les secours dont elle aura besoin dans l'état déplorable où je la laisse. Je compte vous voir au premier jour, comme vous me le faites espérer. Je ne vous en écris pas davantage. Ayez soin de votre santé.

allatæ sunt. Mihi in animo est legum lationem exspectare; et si obtrectabitur, utar auctoritate senatus, et potius vita quam patria carebo. Tu, quæso, festina ad nos venire.

EPISTOLA LXXXV

(ad Att., III, 27.)

Scrib. Dyrrachii, exeunte decembr. A. V. C. 695.

CICERO ATTICO SAL.

Ex tuis litteris, et ex re ipsa, nos funditus perisse video. Te oro ut, quibus in rebus mei tui indigebunt, nostris miseriis ne desis. Ego te, ut scribis, cito videbo. Plura non scribo. Cura ut valeas.

LETTRE LXXXVI

Au commencement de l'année 696 (sous le consulat de P. Cornelius Lentulus Spinther et de C. Cécilius Metellus).

CICÉRON A Q. METELLUS NEPOS, CONSUL.

Quintus, mon frère, et T. Pomponius, mon ami, m'avaient inspiré tant de confiance en vous par leurs lettres, que je ne faisais pas moins de fond sur votre secours que sur celui de votre collègue. Dans cette idée, n'ayant pas manqué de vous écrire aussitôt, je vous fis des remercîments, et je vous demandai votre assistance pour l'avenir, comme j'y étais obligé par ma situation. Ensuite, ayant appris par les discours de ceux qui passaient par ici, plutôt que par les informations de mes amis, que vous aviez changé de dispositions, je n'ai plus osé vous importuner de mes lettres. Aujourd'hui mon frère me rend compte des favorables sentiments que vous avez marqués dans votre discours au sénat, je me sens porté à vous écrire et à vous supplier, autant que votre inclination vous le permettra, de vous unir plutôt à moi pour conserver les personnes qui vous appartiennent, que de vous prêter à leurs cruelles intentions pour me nuire.

EPISTOLA LXXXVI
(ad div., V, 4)

Scrib. post initium A. V. C. 696 (P. Cornelio Lentulo Spinthere et C. Cæcilio Metello coss.)

M. T. C. METELLO NEPOTI COS. S. D.

Litteræ Q. fratris, et T. Pomponii, necessarii mei, tantum mihi spei dederant, ut in te non minus auxilii quam in tuo collega mihi constitutum fuerit. Itaque litteras ad te statim misi; per quas et gratias tibi egi, et, ut fortuna postulabat, de reliquo tempore auxilium petii. Postea mihi non tam meorum litteræ quam sermones eorum qui hoc iter faciebant, animum tuum immutatum significabant : quæ res fecit ut tibi litteris obstrepere non auderem. Nunc mihi Quintus, frater meus, mitissimam tuam orationem quam in senatu habuisses, perscripsit : qua inductus ad te scribere sum conatus, et abs te, quantum tua fert voluntas, peto quæsoque, ut tuos mecum serves potius quam propter arrogantem crudelitatem tuorum me oppugnes.

14.

Après avoir fait à la république le sacrifice de vos inimitiés, vous avez triomphé de vous-même. Vous laisserez-vous entraîner à soutenir contre son intérêt d'autres querelles? Si votre bienveillance me seconde, je serai, soyez-en assuré, votre ami en toute occasion. Si, au contraire, la puissance qui m'a vaincu, moi et la république, ne permet ni aux magistrats, ni au sénat, ni au peuple de me secourir, craignez qu'un jour, quand vous regretterez le temps où l'on pouvait tout sauver, vous ne le puissiez, parce qu'il n'y aura plus personne à sauver. Adieu.

LETTRE LXXXVII

Rome, 5 août 696.

CICÉRON A ATTICUS

A peine arrivé à Rome, dès qu'il s'est présenté une voie sûre pour vous écrire, j'ai cru devoir, avant toutes choses, me réjouir avec vous de mon retour. Car, pour vous parler franchement, lorsque j'eus besoin de vos conseils, vous manquâtes aussi bien que moi de résolution et de prudence; il me parut même que vous ne travailliez pas à me sauver avec autant d'ardeur que

---

Tu, tuas inimicitias ut reipublicæ donares, te vicisti; alienas ut contra rempublicam confirmes, adduceris? Quod si mihi tua clementia opem tuleris, omnibus in rebus me fore in tua potestate, tibi confirmo. Sin mihi neque magistratus, neque senatum, neque populum auxiliari, propter eam vim quæ me cum republica vicit, licuerit : vide ne, quum velis revocare tempus omnium servandorum, quum qui servetur non erit, non possis. Vale.

EPISTOLA LXXXVII

(ad Att., IV, 1)

Scrib. Romæ non. sext. A. V. C. 696.

CICERO ATTICO SAL.

Quum primum Romam veni, fuitque cui recte ad te litteras darem, nihil prius faciendum mihi putavi, quam ut tibi absenti de reditu nostro gratularer. Cognoram enim (ut vere scribam) te in consiliis mihi dandis nec fortiorem nec prudentiorem, quam me ipsum : nec etiam pro præterita mea in te

semblait le mériter l'attachement inviolable que j'ai toujours eu pour vous. Mais si vous vous laissâtes abuser comme moi, si mes vaines terreurs, si les fausses alarmes qu'on me donna passèrent jusqu'à vous, vous ne fûtes que trop puni par l'affliction que mon éloignement vous a causée, et par toutes les peines que vous donna mon retour. Je puis donc vous assurer que, dans le plus fort d'une joie si vivement souhaitée, lorsque j'ai vu tous nos citoyens la partager avec moi, j'ai toujours senti qu'il me manquait, pour être heureux, de vous voir et de vous embrasser. Si je puis une fois avoir ce plaisir, je le goûterai sans cesse ; et si je ne me dédommage avec intérêt de tout ce que notre séparation m'a fait perdre de douceur et d'agrément, je croirai que la fortune ne m'a pas jugé digne d'un tel bonheur.

Quant à ma position actuelle, j'ai recouvré bien plus facilement que je ne l'osais espérer, notre ancien éclat au Forum, le crédit dans le sénat, et, parmi tous les bons citoyens, l'estime dont je jouissais avant ma disgrâce. Mais pour mes biens, qui, comme vous savez, ont été en proie à l'avidité et à la fureur de mes ennemis, il ne me sera pas si aisé d'en sauver les restes et d'en réparer les ruines. J'aurai plus besoin pour cela de vos conseils que de votre bourse, dont je crois néanmoins que je puis disposer. On vous a mandé sans doute tout ce qui s'est passé à mon retour, ou le bruit public en aura porté les nouvelles jus-

---

observantia, nimium in custodia salutis meæ diligentem, eumdemque te, qui primis temporibus erroris nostri, aut potius furoris particeps, et falsi timoris socius fuisses, acerbissime dissidium nostrum tulisse, plurimumque operæ, studii, diligentiæ, laboris ad conficiendum reditum meum contulisse. Itaque hoc tibi vere affirmo, in maxima lætitia, et exoptatissima gratulatione, unum ad cumulandum gaudium conspectum, aut potius complexum mihi tuum defuisse; quem semel nactus, nunquam dimisero : ac, nisi etiam prætermissos fructus tuæ suavitatis omnes exegero, profecto hac restitutione fortunæ me ipse non satis dignum judicabo.

Nos adhuc in nostro statu, quod difficillime recuperari posse arbitrati sumus, splendorem nostrum illum forensem, et in senatu auctoritatem, et apud viros bonos gratiam magis quam optaramus, consecuti sumus. In re autem familiari, quæ quemadmodum fracta, dissipata, direpta sit, non ignoras, valdè laboramus; tuarumque non tam facultatum, quas ego nostras esse judico, quam consiliorum ad colligendas et constituendas reliquias nostras indigemus; nunc, etsi omnia aut scripta esse a tuis arbitror, aut etiam nuntiis ac rumore

qu'à vous : je vais cependant vous écrire en peu de mots quelques particularités, que vous serez bien aise d'apprendre par moi-même.

Je partis de Dyrrachium le 4 août, le jour même qu'on publia le décret de mon rappel. J'arrivai le lendemain à Brindes, où ma chère Tullia m'attendait ; justement c'était le jour même de sa naissance, celui de la fondation de la colonie de cette ville, et celui de la dédicace du temple du Salut, voisin de votre demeure. Le peuple observa cette coïncidence, et m'en félicita avec de grandes démonstrations de joie. Le 8 du même mois, je reçus une lettre de mon frère, qui m'apprit que le décret de mon rappel avait passé dans une assemblée par centuries, où tous les peuples de l'Italie étaient accourus, où tous les ordres et tous les âges avaient fait paraître une ardeur incroyable. Je partis de Brindes escorté par les personnes les plus recommandables de cette ville. Je rencontrai sur ma route des députés de toutes les villes voisines, qui me venaient féliciter. Quand on sut que j'approchais de Rome, il n'y eut pas un seul citoyen d'aucun ordre, dont le nomenclateur put savoir le nom, qui ne vînt au-devant de moi, excepté ceux qui s'étaient déclarés mes ennemis trop ouvertement pour feindre ou se démentir. Lorsque je fus arrivé à la porte Capène, tous les degrés des temples furent aussitôt remplis par le petit peuple, qui me témoigna sa joie par ses

---

perlata, tamen ea scribam brevi, quæ te puto potissimum ex meis litteris velle cognoscere.

Pridie nonas sext. Dyrrachio sum profectus, illo ipso die quo lex est lata de nobis. Brundisium veni nonis sext.; ibi mihi Tulliola mea fuit præsto natali suo ipso die, qui casu idem natalis erat et Brundisinæ coloniæ, et tuæ vicinæ Salutis : quæ res, animadversa a multitudine, summa Brundisinorum gratulatione celebrata est. Ante diem vi id. sext. cognovi litteris Quinti fratris, mirifico studio omnium ætatum atque ordinum, incredibili concursu Italiæ, legem comitiis centuriatis esse perlatam. Inde a Brundisinis honestissimis ornatus, iter ita feci, ut undique ad me cum gratulatione legati convenerint. Ad urbem ita veni, ut nemo ullius ordinis homo nomenclatori notus fuerit, qui mihi obviam non venerit, præter eos inimicos, quibus id ipsum non liceret aut dissimulare, aut negare. Quum venissem ad portam Capenam, gradus templorum ab infima plebe completi erant : a qua plausu maximo quum esset mihi

applaudissements, et les continua jusqu'au Capitole, où il m'accompagna, et où je trouvai, aussi bien que dans la place publique, une foule infinie.

Le lendemain, 5 septembre, je fis mes remercîments au sénat. Pendant ces deux jours, la populace, excitée par Clodius, à l'occasion de la grande cherté de blé qui était à Rome, s'étant attroupée d'abord au théâtre, et ensuite à la porte du sénat, criait que j'étais la cause de la disette. Le sénat s'assembla pour examiner la question des subsistances. Les honnêtes gens, aussi bien que la multitude, nommaient pour cette commission Pompée, qui de son côté la souhaitait. Le peuple s'adressait à moi, et voulait que je proposasse cet avis : je le proposai donc, et je l'appuyai le mieux qu'il me fut possible. Tous les consulaires, excepté Messalla et Afranius, s'étaient absentés, prétendant qu'ils ne pouvaient opiner librement et en sûreté. On fit, conformément à mon avis, un décret par lequel on offrait à Pompée la commission des blés, et l'on se chargeait de la lui faire confirmer par le peuple, à qui on lut aussitôt ce décret. Lorsqu'il m'entendit nommer, il se mit à applaudir d'une manière toute nouvelle et toute ridicule. Je le haranguai ensuite, après en avoir reçu la permission des magistrats, qui tous étaient présents, excepté un préteur et deux tribuns du peuple. Le lendemain le sénat fut très-nombreux; tous les consulaires s'y rendirent, et

---

gratulatio significata, similis et frequentia, et plausus me usque ad Capitolium celebravit ; in Foroque, et in ipso Capitolio miranda multitudo fuit.

Postridie in senatu, qui fuit dies non. sept. senatui gratias egimus. Eo biduo quum esset annonæ summa caritas, et homines ad theatrum primo, deinde ad senatum concurrissent impulsu Clodii, mea opera frumenti inopiam esse clamarent ; quum per eos dies senatus de annona haberetur; et ad ejus procurationem sermone non solum plebis, verum etiam bonorum Pompeius vocaretur : idque ipse cuperet; multitudoque a me nominatim, ut id decernerem, postularet; feci et accurate sententiam dixi; quum abessent consulares, quod tuto se negarent posse sententiam dicere, præter Messallam et Afranium. Factum est S. C. in meam sententiam, ut cum Pompeio agaretur, ut eam rem susciperet, lexque ferretur : quo S. C. recitato quum continuo populus, mor hoc insulso et novo, plausum, meo nomine recitando, dedisset, habui concionem ; omnes magistratus præsentes, præter unum prætorem, et duos tribunos pleb. dederunt. Postridie senatus frequens, et omnes consulares, nihil Pom-

l'on ne refusa rien à Pompée de ce qu'il demanda. Entre les quinze lieutenants qu'il a souhaité avoir, il me nomma le premier, et ajouta qu'en tout je serais un autre lui-même.

Les consuls ont rédigé un décret qui donne à Pompée, pour cinq ans, dans tout l'empire, la haute main sur le commerce des blés. Messius en a dressé un autre, qui y joint le pouvoir de disposer de tout l'argent de l'épargne, de lever des troupes, d'armer une flotte, et de commander dans les provinces au-dessus même des gouverneurs. Ce décret fait paraître le nôtre fort modéré. Celui de Messius est intolérable. Pompée dit qu'il est content du premier, ses amis soutiennent le second. Les consulaires murmurent fort haut, Favonius en tête. Pour moi, je me tais, surtout parce que les pontifes n'ont point encore prononcé touchant ma maison. S'ils déclarent que la consécration est nulle, j'aurai une fort belle place. Les consuls, conformément au décret du sénat, estimeront la surface, ou bien ils feront démolir le portique de Clodius, traiteront avec des entrepreneurs pour rebâtir et estimeront tout le reste en bloc.

Voilà donc l'état où je me trouve maintenant, assez mal par rapport à ma fortune passée, mais assez bien par rapport aux malheurs qui l'ont suivie. Il y a, comme vous le savez, un grand désordre dans mes affaires. Je ne vous parle pas de quelques chagrins de famille, que je n'ose confier à une lettre. J'ai pour mon frère toute l'amitié que méritent sa vertu et l'attachement invio-

peio postulanti negarunt. Ille legatos quindecim quum postularet, me principem nominavit, et ad omnia me alterum se fore dixit.

Legem consules conscripserunt, qua Pompeio per quinquennium omnis potestas rei frumentariæ toto orbe terrarum daretur : alteram Messius, qui omnis pecuniæ dat potestatem, et adjungit classem et exercitum et majus imperium in provinciis, quam sit eorum, qui eas obtineant. Illa nostra lex consularis nunc modesta videtur, hæc Messii non ferenda. Pompeius illam velle se dicit, familiares hanc; consulares, duce Favonio, fremunt, nos tacemus; et eo magis, quod de domo nostra nihil adhuc pontifices responderunt. Qui si sustulerint religionem, arcam præclaram habebimus; superficiem consules ex S. C. æstimabunt : sin aliter, demolientur, suo nomine locabunt, rem totam æstimabunt.

Ita sunt res nostræ, ut in secundis fluxæ, ut in adversis bonæ. In re familiari valde sumus, ut scis, perturbati. Præterea sunt quædam domestica, quæ litteris non committo. Quintum fratrem, insigni pietate, virtute, fide prædi-

lable qu'il a pour moi. Je vous attends avec impatience pour régler ma conduite par vos conseils. Il faut que je me fasse un nouveau plan de vie. Quelques-uns de ceux qui m'ont servi pendant mon absence commencent à murmurer dans l'ombre contre moi, et ne peuvent cacher l'envie qu'ils me portent. Vous m'êtes ici fort nécessaire.

LETTRE LXXXVIII
Rome, octobre 696.

CICÉRON A ATTICUS

Si je vous écris moins souvent que quelques autres de vos amis, vous ne devez ni me soupçonner de négligence, ni même chercher dans mes occupations de quoi m'excuser. Quoiqu'elles soient très-grandes, elles ne le seront jamais assez pour interrompre un commerce auquel l'inclination me porte autant que l'amitié m'y oblige. La véritable raison, c'est que depuis que je suis de retour à Rome, voici la seconde fois seulement que je trouve une occasion pour vous écrire.

Je vous ai marqué, dans ma première lettre, quels honneurs

tum, sic amo, ut debeo. Te exspecto, et oro, ut matures venire; eoque animo venias, ut me tuo consilio egere non sinas. Alterius vitæ quoddam initium ordimur. Jam quidam, qui nos absentes defenderunt, incipiunt præsentibus occulte irasci, aperte invidere. Vehementer te requirimus.

EPISTOLA LXXXVIII
(ad Att., IV, 2)

Scrib. Romæ mense octobr. A. V. C. 696.

CICERO ATTICO SAL.

Si forte rarius tibi a me quam a cæteris litteræ redduntur; peto a te, ut id non modo negligentiæ meæ, sed ne occupationi quidem tribuas : quæ etsi summa est, tamen nulla esse potest tanta, ut interrumpat iter amoris nostri et officii mei. Nam ut veni Romam, iterum nunc sum certior factus, esse cui darem litteras : itaque has alteras dedi.

Prioribus tibi declaravi adventus noster qualis fuisset, et quis esset status

on m'avait rendus à mon arrivée, et dans quel état je me trouvais, *assez mal par rapport à ma fortune passée, assez bien par rapport aux malheurs qui l'ont suivie.* On a agité depuis, avec beaucoup de chaleur, l'affaire de ma maison. J'ai plaidé moi-même devant les pontifes, le 30 septembre; ma harangue était fort travaillée. Si jamais j'ai eu quelque éloquence, et si elle a paru dans quelque occasion, ç'a été surtout dans celle-ci, où ma douleur et l'importance du sujet prêtaient à mon discours plus de force et de véhémence. Cette harangue mérite d'être mise entre les mains de notre jeunesse, et je vous l'enverrai au premier jour, quand même vous n'en seriez pas curieux.

Les pontifes décidèrent que *si celui qui disait avoir dédié à la Liberté la place où était ma maison n'avait point eu pour cela une commission expresse, et qu'il n'eût eu en général aucun ordre du peuple, on pouvait sans intéresser la religion me rendre cette place.* Là-dessus tout le monde me fit des compliments; car on ne doutait point que par cette réponse ma maison ne m'eût été adjugée. Cependant Clodius, qui en avait la permission de son frère Appius, monta à la tribune : il dit au peuple que la décision des pontifes m'est entièrement contraire, et que je veux me mettre par force en possession; il l'exhorte à les suivre, lui et son frère, et à défendre la déesse de la Liberté. Parmi la populace, les uns regardaient avec étonnement cette fureur in-

atque omnes res nostræ quemadmodum essent, ut in secundis fluxæ, ut in adversis bonæ. Post illas datas litteras, secuta est summa contentio de domo. Diximus apud pontifices pridie kal. octobres. Acta res est accurate a nobis : et si unquam in dicendo fuimus aliquid, aut etiam si unquam alias fuimus, tum profecto dolor et magnitudo vim quamdam nobis dicendi dedit. Itaque oratio juventuti nostræ deberi non potest ; quam tibi, etiam si non desideras, tamen mittam cito.

Quum pontifices decresscnt, ita : Si neque populi jussu, neque plebiscito, is qui se dedicasse diceret, nominatim ei rei præfectus esset, neque populi jussu, aut plebiscito, id facere jussus esset; videri posse sine religione eam partem areæ mihi restitui; mihi facta statim est gratulatio. Nemo enim dubitat, quin domus nobis esset adjudicata. Tum subito ille in concionem ascendit, quam Appius ei dedit : nuntiat jam populo, pontifices secundum se decrevisse; me autem vi conari in possessionem venire. Hortatur ut se et Appium sequantur, et suam Libertatem ut defendant. Hic quum etiam illi infini par-

sensée, et les autres ne faisaient qu'en rire; pour moi, j'avais résolu de ne paraître dans la place qu'après que les consuls, en exécution d'un décret du sénat, auraient adjugé les travaux du portique de Catulus.

Le 1ᵉʳ octobre, l'assemblée du sénat fut très-nombreuse : tous les sénateurs pontifes y furent appelés. Marcellinus, qui est fort dans mes intérêts, ayant parlé le premier, leur demanda d'expliquer leur décision. M. Lucullus répondit, au nom de tous ses collègues, qu'ils n'avaient examiné que la validité de la consécration ; que c'était au sénat à prononcer sur la loi ; qu'ils avaient jugé le premier chef comme pontifes, et qu'ils jugeraient le second comme sénateurs. Ayant ensuite opiné chacun à leur tour, ils parlèrent tous pour moi avec beaucoup de force. Le rang de Clodius étant venu, il tâcha de traîner en longueur par un discours interminable. On l'écouta pendant trois heures ; mais il s'éleva ensuite un si grand bruit et l'on témoigna tant d'indignation, qu'il fut obligé de conclure.

On fit alors un décret, conformément à l'avis de Marcellinus, et il n'y eut qu'une seule voix contraire. Serranus s'étant opposé au décret, les deux consuls prirent aussitôt les avis sur cette opposition. Il fut arrêté qu'on n'y aurait point égard, qu'on ferait rebâtir ma maison, qu'on relèverait le portique de Catulus, qu'on chargerait tous les magistrats de faire exécuter cette délibéra-

tim admirarentur, partim irriderent hominis amentiam; ego statueram illuc non accedere, nisi quum consules ex S. C. porticum Catuli restituendam locassent.

Kal. octobr. habetur senatus frequens : adhibentur omnes pontifices, qui erant senatores : a quibus Marcellinus, qui erat cupidissimus mei, sententiam primus rogatus, quæsivit, quid essent in decernendo secuti. Tum M. Lucullus de omnium collegarum sententia respondit, religionis judices pontifices fuisse, legis senatum : se et collegas suos de religione statuisse, in senatu de lege statuturos : quisque horum loco sententiam rogatus, multa secundum causam nostram disputavit. Quum ad Clodium ventum est, cupiit diem consumere; neque ei finis est factus : sed tamen, quum horas tres fere dixisset, odio et strepitu senatus coactus est aliquando perorare.

Quum fieret S. C. in sententiam Marcellini, omnibus præter unum assentientibus, Serranus intercessit : de intercessione statim ambo consules referre cœperunt. Quum sententiæ gravissimæ dicerentur, senatui placere mihi domum restitui, porticum Catuli locari, auctoritatem ordinis ab omnibus magis-

tion du sénat; que si quelqu'un se servait de voies de fait pour l'empêcher, on s'en prendrait au tribun qui s'opposait au décret. Ces avis intimidèrent Serranus. Son beau-père Cornicinus, commençant à jouer sa comédie ordinaire, quitte sa robe et se jette aux pieds de son gendre. Celui-ci demande une nuit pour se déterminer; mais on ne voulait pas la lui accorder : on se souvenait du 1er janvier; et il ne l'aurait point obtenue, si je n'y avais consenti.

Le lendemain on fit le décret que je vous envoie. Les consuls traitèrent ensuite avec les entrepreneurs pour rebâtir le portique de Catulus, et l'on abattit aussitôt celui de Clodius; ce qui causa une joie universelle. Les consuls, à dire d'experts, m'ont adjugé 2,000,000 sesterces [1] pour ma maison de Rome; mais ils ont mis mes autres biens à fort bas prix; ma maison de Tusculum à 500,000 sesterces [2], et celle de Formies à 250,000 [3]. D'où vient cette injustice? me direz-vous. Ils disent encore que c'est ma faute; que je ne devais point avoir honte de demander ce qui m'était dû, et que je devais insister plus que je n'ai fait. Mais cette retenue, au lieu de me nuire, devait parler en ma faveur : c'est plutôt que certaines gens, que vous devinerez sans peine, ne veulent pas laisser repousser les ailes qu'ils m'ont coupées; cependant, malgré leurs jalouses précautions, elles repous-

---

tratibus defendi : si quæ vis esset facta, senatum existimaturum, ejus opera factum esse, qui S. C. intercessisset : Serranus pertimuit; et Cornicinus ad suam veterem fabulam rediit : abjecta toga se ad generi pedes abjecit : ille noctem sibi postulavit : non concedebant; reminiscebantur enim kal. jan. : vix tamen de mea voluntate concessum est.

Postridie S. C. factum est id quod ad te misi. Deinde consules porticum Catuli restituendam locarunt : illam porticum redemptores statim sunt demoliti libentissimis omnibus. Nobis superficiem ædium consules de consilii sententia æstimarunt H.-S. vicies; cætera valde illiberaliter; Tusculanam villam quingentis millibus; Formianum H.-S. ducentis quinquaginta millibus : quæ æstimatio, non modo vehementer ab optimo quoque, sed etiam a plebe reprehenditur. Dices, quid igitur causæ fuit? dicunt illi quidem, pudorem meum, quod neque negarim, neque vehementius postularim. Sed non est id ; nam hoc quidem etiam profuisset. Verum iidem, mi T. Pomponi, iidem inquam illi, quos ne tu quidem ignoras, qui mihi pennas inciderant, nolunt

[1] Environ 409,100 fr. — [2] Environ 102,250 fr. — [3] Environ 51,125 fr.

sent tous les jours. Tout ira bien pourvu que je vous aie avec moi ; mais j'appréhende que Varron, notre ami commun, ne vous retienne plus longtemps que je ne voudrais.

Voilà tout ce qui s'est passé à mon sujet ; il faut maintenant vous expliquer mes vues. J'ai accepté la lieutenance de Pompée, à condition que si les consuls de l'année tenaient l'assemblée pour l'élection des censeurs, il me serait libre de demander cette charge, et que cette lieutenance ne serait pas incompatible avec une mission religieuse et libre. J'ai mes raisons pour cela ; j'ai voulu être maître ou de demander la charge de censeur, ou de m'absenter de Rome au commencement de l'été ; et je suis bien aise, en attendant, de soutenir par ma présence le zèle et l'affection que nos citoyens viennent de me témoigner.

Ce sont là toutes les mesures que j'ai prises par rapport à ma position dans l'État. Mes affaires domestiques me donnent beaucoup plus de peine ; on rebâtit ma maison de Rome ; vous jugez bien jusqu'où ira cette dépense ; les réparations que je fais à celle de Formies ne m'embarrassent pas moins ; je ne puis ni la voir ni l'abandonner. J'ai mis en vente celle de Tusculum, mais je ne puis guère me passer d'une maison de campagne aux portes de la ville. Mes amis se sont épuisés pour moi dans cette occasion, où je pris un parti qui me fut aussi peu utile qu'il était peu honnête ; et si ceux dont le crédit a le plus contribué à mon rappel l'avaient voulu, j'aurais, grâce à leur zèle et à leur générosité,

---

easdem renasci ; sed, ut spero, jam renascuntur : tu modo ad nos veni, quod vereor ne tardius interventu Varronis tui nostrique facias.

Quoniam acta quæ sint, habes ; de reliqua nostra cogitatione cognosce. Ego me a Pompeio legari ita sum passus, ut nulla re impedirer, quin, si vellem, mihi esset integrum, aut si comitia censorum proximi consules haberent, petere, aut votivam legationem sumere : sic enim nostræ rationes postulabant ; sed volui meam potestatem esse vel petendi, vel ineunte æstate exeundi : et interea me esse in oculis civium de me optime meritorum, non alienum putavi.

Ac forensium quidem rerum hæc nostra consilia sunt, domesticarum autem valde impedita. Domus ædificatur. Scis quo sumptu, qua molestia reficiatur Formianum ; quod ego nec relinquere possum, nec videre. Tusculanum proscripsi ; suburbano non facile careo. Amicorum benignitas exhausta est in ea re, quæ nihil habuit præter dedecus ; quorum studiis ego, et copiis, si esset

obtenu tout ce que je pouvais prétendre : ce qui m'aurait épargné beaucoup de soins et d'embarras. Mes autres chagrins ont quelque chose de plus secret. Je suis aimé de mon frère et de ma fille. Nous vous attendons.

LETTRE LXXXIX.

Rome, 24 novembre 696.

CICÉRON A ATTICUS

Je ne doute pas que vous ne souhaitiez avoir des nouvelles de tout ce qui se passe, et encore plus d'en avoir par moi-même de tout ce qui me regarde. Ce n'est pas que vous ne puissiez apprendre aussi sûrement par d'autres voies des affaires qui s'accomplissent sous les yeux de tout le monde ; mais vous serez bien aise de savoir ce que j'en pense, et dans quelles dispositions, dans quelle situation d'esprit, enfin dans quel état je me trouve.

Le 3 novembre, des gens armés vinrent chasser les ouvriers qui travaillaient à ma maison. Ils abattirent le portique de Catulus, que les consuls faisaient relever par l'ordre du sénat, et qui était presque achevé. S'étant ensuite postés dans la place où

per meos defensores licitum, facile essem omnia consecutus. Quo in genere nunc vehementer laboratur. Cætera, quæ me sollicitant μυστικώτερα sunt. Amamur a fratre et a filia. Te exspectamus.

EPISTOLA LXXXIX.

(ad Att., IV, 3)

Scrib. Romæ, viii kal. decembr. A. V. C. 696.

CICERO ATTICO SAL.

Avere te certo scio, quum scire quid hic agatur, tum mea a me scire; non quod certiora sint ea quæ in oculis omnium geruntur, si a me scribantur, quam quum ab aliis aut scribuntur tibi, aut nuntiantur : verum ut perspicias ex meis litteris, quo animo ea feram, quæ geruntur, et qui sit hoc tempore aut mentis meæ sensus, aut omnino vitæ status.

Armatis hominibus ante diem tertium non. novembr. expulsi sunt fabri de area nostra, disturbata porticus Catuli, quæ ex S. C. consulum locatione ædiciebatur, et ad tectum pæne pervenerat. Quinti fratris domus primo fracta

était ma maison, ils jetèrent des pierres contre celle de mon frère, et y mirent le feu. Ces torches, allumées en plein jour aux yeux de toute la ville, firent gémir, je ne dirai pas tous les gens de bien, s'en trouve-t-il encore, mais tout le monde sans exception. Clodius soutint ensuite par d'autres emportements cette première fureur. Il n'y avait plus que le sang de ses ennemis qui pût l'assouvir. Il courait de quartier en quartier, et il promettait aux esclaves la liberté.

Avant cela, lorsqu'il refusait le jugement, son affaire était peu soutenable. Mais, à défaut de raisons solides, il pouvait trouver quelque excuse. il pouvait nier les faits, les rejeter sur d'autres, en soutenir la légalité. Mais ces maisons pillées, abattues, brûlées, font que ses amis, ses parents l'ont abandonné ; il est trop heureux de retenir encore Gellius avec le crieur Decimus, et n'a plus pour conseil que des esclaves. Il voit bien qu'il peut dorénavant tuer en public tous ceux qu'il lui plaira, sans que son affaire en devienne plus mauvaise.

Sur cette assurance, comme je passais le 11 novembre par la voie Sacrée, il me poursuivit avec ses gens. Nous entendons tout d'un coup un grand bruit ; pierres, bâtons, épées nues. Nous nous sauvons dans le vestibule de Tettius Damion ; les gens qui m'accompagnaient empêchèrent aisément ceux de Clodius de me forcer. Il ne tint qu'à moi de le faire tuer lui-même ; mais je commence à me guérir par le régime, et j'ai de l'éloignement

conjectu lapidum ex area nostra, deinde inflammata jussu Clodii, inspectante urbe, conjectis ignibus, magna querela et gemitu, non dicam bonorum omnium, qui nescio an ulli sint, sed plane hominum omnium. Ille ruere : post hunc furorem nihil nisi cædem inimicorum cogitare ; vicatim ambire ; servis aperte spem libertatis ostendere.

Etenim antea, quum judicium nolebat, habebat ille quidem difficilem, manifestamque causam, sed tamen causam : id poterat inficiari ; poterat in alios derivare ; poterat etiam aliquid jure factum defendere. Post has ruinas, incendia, rapinas, desertus a suis, vix jam Decimum designatorem, vix Gellium retinet : servorum consiliis utitur : videt, si omnes quos vult palam occiderit, nihilo suam causam difficiliorem, quam adhuc sit, in judicio futuram.

Itaque ante diem tertium idus novembr. quum Sacra via descenderem, insecutus est me cum suis. Clamor, lapides, fustes, gladii, hæc improvisa omnia. Discessimus in vestibulum Tettii Damionis; qui erant mecum, facile operas aditu prohibuerunt. Ipse occidi potuit. Sed ego diæta curari incipio,

pour les opérations de la chirurgie. Clodius, voyant tout le peuple demander, non plus son procès, mais son supplice, rappela toutes les horreurs des Catilina et des Acidinus. Le 12 novembre, il se mit à la tête d'une troupe de gens armés de boucliers, qui vinrent l'épée à la main attaquer la maison que Milon a sur le mont Germalus; d'autres tenaient des flambeaux pour y mettre le feu : il se posta dans la maison de Sylla pour faire cette attaque. Flaccus sortit tout à coup de celle que Milon a eu de la succession d'Annius, avec des hommes hardis et vigoureux, qui repoussèrent cette troupe de brigands, et tuèrent les plus signalés. On chercha Clodius, et on ne l'aurait pas épargné; mais il se cacha dans l'endroit le plus reculé de la maison.

Sylla vint le 14 au sénat. Clodius n'osa se montrer; Marcellinus fit merveille, on était fort excité; Metellus fit traîner son discours artificieusement. Il fut secondé par Oppius, et même par votre bon ami : ce qui prouve tout à fait, ce que vous m'en dites dans vos lettres, que c'est un homme plein de vertu, et sur lequel on peut compter. Fureur de Sextius. Clodius menace Rome de quelque malheur, si l'on ne procède à l'élection des édiles. Lorsqu'on lut l'avis que Marcellinus avait rédigé, et qui portait qu'on connaîtrait dans un même jugement des incendies et de toutes les violences qui avaient été commises contre mes ouvriers et contre ma personne, et qu'on jugerait cette affaire

---

chirurgiæ tædet. Ille omnium vocibus quum se non ad judicium, sed ad supplicium præsens trudi videret, omnes Catilinas, Acidinos postea reddidit : nam Milonis domum, eam quæ in Germalo, pridie idus novembr. expugnare et incendere ita conatus est, ut palam hora v cum scutis homines, eductis gladiis, alios cum accensis facibus adduxerit : ipse domum P. Sullæ pro castris sibi ad eam impugnationem sumpserat : tum ex Anniana Milonis domo Q. Flaccus eduxit viros acres; occidit homines ex omni latrocinio Clodiano nolissimos : ipsum cupivit ; sed ille in interiorem ædium.

Sulla in senatu postridie idus : domi Clodius : egregius Marcellinus : omnes acres. Metellus calomnia dicendi tempus exemit, adjuvante Oppio; etiam hercule familiari tuo ; de cujus constantia, virtute, tuæ verissimæ litteræ. Sextius furere. Ille postea, si comitia sua non fierent, urbi minari. Proposita Marcellini sententia, quam ille de scripto ita dixerat, ut totam nostram causam areæ, incendiorum, periculi mei, judicio complecteretur, eaque omnia

avant les élections, Sextius déclara que si cet avis ne passait pas, il observerait les auspices tous les jours d'assemblée.

Metellus fait au peuple des harangues séditieuses ; celles d'Appius le sont encore davantage, et celles de Clodius ne respirent que la fureur. Pour conclusion, enfin, l'assemblée devait se tenir le 19 novembre, à moins que Milon ne l'empêchât, en déclarant qu'il observerait les auspices. Il vint pour cela dès minuit dans le Champ de Mars, avec un bon nombre de gens armés. Clodius n'osa s'y montrer, quoiqu'il eût une troupe choisie d'esclaves fugitifs. Les vains efforts de Metellus et des deux Clodius ses cousins tournèrent à leur honte ; leur audace désarmée n'inspira que du mépris. Metellus se contenta de dire qu'il n'était pas nécessaire de venir la nuit dans le Champ de Mars, qu'il serait le jour suivant dans la place de Rome à six heures du matin, et que là on pourrait faire ses déclarations. Milon y vint le lendemain 20 novembre avant le jour ; peu après il aperçut Metellus qui courait au Champ de Mars par des rues détournées, il l'atteignit dans le lieu appelé *entre les bois*, et lui déclara qu'il observerait les auspices. Le consul fut obligé de se retirer, ce qui donna lieu à Q. Flaccus de l'insulter d'une manière sanglante.

Le 21, il y eut marché, et le peuple ne s'assembla pas ce jour-là ni le suivant. Aujourd'hui 24, tandis que j'écris cette lettre à trois heures du matin, Milon s'est déjà posté dans le Champ de Mars. Marcellus, mon voisin, l'un des candidats, ronfle

comitiis anteferret ; proscripsit Sextius se per omnes dies comitiales de cœlo servaturum.

Conciones turbulentæ Metelli, temerariæ Appii, furiosissimæ Publii. Hæc tamen summa ; nisi Milo in Campum obnuntiasset, comitia futura ante diem XII ka.. decembr. Milo media nocte cum magna manu in Campum venit. Clodius, quum haberet fugitivorum delectas copias, in Campum ire non est ausus. Milo permansit ad meridiem mirifica hominum lætitia, summa cum gloria. Contentio fratrum trium turpis, fracta vis, contemptus furor. Metellus tamen postulat, ut sibi postero die in foro obnuntietur : nihil esse quod in Campum nocte veniretur ; se hora prima in comitio fore. Itaque ante diem XI kal. in comitium Milo de nocte venit. Metellus cum prima luce furtim in Campum itineribus prope deviis currebat : assequitur inter lucos hominem Milo ; obnuntiat : ille se recepit, magno et turpi Q. Flacci convicio.

Ante diem X kal. nundinæ. Concio biduo nulla. Ante diem VIII kal. hæc ego scribebam hora noctis nona. Milo Campum jam tenebat. Marcellus candidatus

si fort que je l'entends de chez moi. On m'est venu dire qu'il n'y a dans le vestibule de Clodius que quelques malheureux déguenillés avec une méchante lanterne. Les gens de sa faction disent partout que Milon ne fait que ce que je lui fais faire. Ils devraient savoir que ce héros est aussi capable d'entreprendre que d'exécuter. Sa valeur est inconcevable, il fait tous les jours des merveilles. Mais sans m'arrêter à ce détail, je vous dirai qu'il n'y a pas d'apparence qu'on fasse l'élection des édiles; que Clodius sera mis en accusation par Milon, à moins qu'il ne soit tué auparavant, et qu'il pourra bien l'être par le même Milon, s'il se rencontre quelque part sur la route. C'est une affaire résolue, il se charge de l'exécution. Mon exemple ne l'effraye point : c'est qu'il n'eut jamais d'amis jaloux et perfides, et qu'il n'a garde de se reposer sur un nonchalant protecteur.

Je ne manque pas de courage, j'en ai même encore plus qu'avant ma disgrâce, mes biens seuls sont diminués. Je me suis servi de la bourse de mes amis pour payer à mon frère l'argent que je lui devais. Il ne voulait point absolument que j'empruntasse, mais j'ai eu peur qu'il ne s'épuisât pour moi. Je ne puis, sans vous, prendre de justes mesures sur tout ce qui me regarde; venez donc au plus tôt.

ita stertebat, ut ego vicinus audirem. Clodii vestibulum vacuum sane mihi nuntiabatur, paucis pannosis, linea laterna. Meo consilio omnia illi fieri querebantur, ignari quantum in illo heroe esset animi, quantum etiam consilii : miranda virtus est, nova quædam divina mitto : sed hæc summa est. Comitia fore non arbitror : reum Publium, nisi ante occisus erit, fore a Milone puto : si se inter viam obtulerit, occisum iri ab ipso Milone video. Non dubitat facere; præ se fert; casum illum nostrum non extimescit. Nunquam enim cujusquam invidi, et perfidi consilio est usus : nec inerti nobili crediturus.

Nos animo duntaxat vigemus, etiam magis quam quum florebamus : re familiari comminuti sumus : Quinti fratris tamen liberalitati pro facultatibus nostris, ne omnino exhaustus esset, illo recusante, et subsidiis amicorum respondemus. Quid consilii de omni nostro statu capiamus, te absente rescimus; quare appropera.

LETTRE XC

Rome, décembre 696.

CICÉRON A QUINTUS SON FRÈRE

J'avais remis ce matin la lettre que vous avez reçue; mais, après le sénat, Licinius est venu m'offrir fort obligeamment l'occasion de vous marquer ce qui s'y est passé. L'assemblée était plus nombreuse que je ne m'y serais attendu au mois de décembre et après les fêtes. Sans me compter non plus que les consuls désignés, il y avait en fait de consulaires P. Servilius, M. Lucullus, Lepidus, Volcatius et Glabrio, préteurs. Enfin, nous étions fort nombreux, deux cents environ en tout. Lupus avait excité l'attente. Il a traité fort exactement l'affaire des terres de Campanie, et s'est fait écouter dans un grand silence. Vous n'ignorez pas le fond du sujet. Lupus n'a point oublié les moindres circonstances de mes actions. Il a lancé quelques traits contre César; il s'est emporté en injures contre Gellius, il a fait quelques plaintes de Pompée, qui est absent. Cette cause ayant fini fort tard, il a déclaré qu'il ne recueillerait point les avis, pour éviter tous les sujets de division. Il croyait pouvoir juger, a-t-il ajouté, par la violence des discus-

EPISTOLA XC

(ad Q. fratrem II, 1)

Scrib. Romæ, mense decembri 696.

M. CICERO QUINTO FRATRI SAL.

Epistolam quam legisti, mane dederam; sed fecit humaniter Licinius, quod ad me, misso senatu, vesperi venit, ut si quid esset actum, ad te, si mihi videretur, perscriberem. Senatus fuit frequentior quam putabamus esse posse mense decembri sub dies festos : consulares nos fuimus, et duo consules designati, P. Servilius, M. Lucullus, Lepidus, Volcatius, Glabrio, prætores. Sane frequentes fuimus; omnino ad ducentos. Commorat exspectationem Lupus. Egit causam agri Campani, sane accurate. Auditus est magno silentio. Materiam rei non ignoras. Nihil ex nostris actionibus prætermisit. Fuerunt nonnulli aculei in C. Cæsarem, contumeliæ in Gellium, expostulationes cum absente Pompeio. Causa sero perorata, sententias se rogaturum negavit, ne quod onus simultatis nobis imponeret. Ex superiorum temporum conviciis et ex

15.

sions précédentes et par le silence présent, quel était le sentiment du sénat. Il a commencé là-dessus à congédier l'assemblée. Alors Marcellinus : Il ne faut pas, Lupus, lui a-t-il dit, que vous preniez droit de notre silence pour juger, dans cette occasion, de ce que nous pensons et de ce que nous ne pensons pas. Pour moi (et je m'imagine la même chose de tous les autres), si je me tais, c'est que, dans l'absence de Pompée, je ne trouve pas qu'il soit convenable de traiter l'affaire de Campanie. Lupus a répondu qu'il ne retenait plus le sénat. Mais Racilius, s'étant levé aussitôt, a proposé l'affaire des jugements. C'est à Marcellinus qu'il s'est d'abord adressé.

Ce consulaire, après avoir fait des plaintes fort graves au sujet des incendies, des meurtres et des pillages de Clodius, a dit sans détour que son avis était de charger le préteur de la ville de tirer les juges au sort, et de tenir les comices lorsque les juges seraient tirés; avec la clause que celui qui mettrait quelque empêchement aux fonctions des juges porterait atteinte au salut de la république. Cet avis ayant été reçu avec beaucoup d'approbation, C. Caton et Cassius le combattirent ; mais quand ils préférèrent fixer les comices, de grandes clameurs se firent entendre dans le sénat. Philippus s'est déclaré pour le sentiment de Marcellinus. Parmi ceux qui n'ont point de charges, Racilius s'est adressé d'abord à moi, pour me demander mon avis. J'ai parlé longtemps sur toutes les fureurs et sur le brigandage continuel

---

præsenti silentio, quid senatus sentiret se intelligere dixit. In illo cœpit dimittere. Tum Marcellinus : Noli, inquit, ex taciturnitate nostra, Lupe, quid aut probemus hoc tempore, aut improbemus judicare: Ego quod ad me attinet, idemque arbitror cæteros, idcirco taceo, quo non existimo, quum Pompeius absit, causam agri Campani agi convenire. Tum ille se senatum negavit tenere. Racilius surrexit, et de judiciis referre cœpit. Marcellinum quilem primum rogavit.

Is quum graviter de Clodianis incendiis, trucidationibus, lapidationibus questus esset, sententiam dixit ut ipse judices per prætorem urbanum sortiretur; judicum sortitione facta, comitia haberentur; qui judicia impedivisset, eum contra rempublicam esse facturum. Approbata valde sententia, C. Cato contradixit et Cassius, maxima acclamatione senatus, quum comitia judiciis anteferret. Philippus assensit Lentulo. Postea Racilius de privatis me prinum sententiam rogavit. Multa feci verba de toto furore latrocinioque P. Clodii.

de Clodius. Je l'ai accusé comme un criminel public, au milieu des murmures approbateurs de toute l'assemblée. Vetus Antistius, qui a pris la parole après moi, a fait un éloge assez long de mon discours, et non sans éloquence. Il a repris la cause des jugements, en protestant qu'il l'avait fort à cœur. Il entraînait tout le monde dans son sentiment, lorsque Clodius, invité aussi à parler, nous a menés jusqu'à la fin du jour. Il était furieux d'avoir été poussé si vigoureusement et avec tant d'esprit par Racilius. A la fin, ses créatures ont fait entendre tout d'un coup un grand bruit sur la Grécostasis et sur les degrés; c'était, si je ne me trompe, contre Q. Sextilius et les amis de Milon. Tout le monde s'en est plaint, mais la crainte nous a fait prendre aussitôt le parti de nous retirer. Voilà tout ce qui s'est passé dans une séance.

Je m'imagine que le reste sera rejeté au mois de janvier. Racilius est le mieux disposé de tous les tribuns. Il me semble qu'Antistius sera aussi de nos amis. Pour Plancius, il est tout à nous. Si vous m'aimez, conduisez-vous avec beaucoup de circonspection et de prudence dans une navigation que vous entreprenez au mois de décembre.

Eum tanquam reum accusavi, multis et secundis admurmurationibus cuncti senatus. Orationem meam collaudavit satis multis verbis, non mehercule indiserte Vetus Antistius, isque judiciorum causam suscepit, antiquissimamque se habiturum dixit. Ibatur in eam sententiam. Tum Clodius rogatus diem dicendo eximere cœpit. Furebat, a Racilio se contumaciter urbaneque vexatum. Deinde ejus operæ repente a Græcostasi et gradibus clamorem satis magnum sustulerunt, opinor in Q. Sextilium et amicos Milonis incitatæ. Eo metu injecto, repente magna querimonia omnium discessimus. Habes acta unius diei.

Reliqua, ut arbitror, in mensem januarium rejicientur. De tribunis plebis longe optimum Racilium habemus. Videtur etiam Antistius amicus nobis fore. Nam Plancus totus noster est. Fac, si me amas, ut considerate diligenterque naviges de mense decembri.

LETTRE XCI.

Tusculum, 696 (sans date certaine).

CICÉRON A GALLUS

Il y a dix jours que je suis attaqué d'une colique violente ; et ne pouvant prouver à ceux qui ont besoin de moi que je me porte mal, parce que je n'ai pas la fièvre, je me suis sauvé dans ma maison de Tusculum. Depuis deux jours j'avais déjà observé une diète si sévère, que je n'avais pas même pris une goutte d'eau. Ainsi accablé, comme je dois l'être, de langueur et de faim, je me crois plus en droit d'attendre quelque témoignage de votre souvenir que vous de m'en demander du mien. En général je crains beaucoup toutes sortes de maladies, mais surtout celles que les stoïciens reprochent à votre Épicure, c'est-à-dire les douleurs d'entrailles et dans la vessie, parce qu'ils attribuent les unes à la gourmandise, et celles-ci à quelque intempérance encore plus honteuse. Franchement, je me croyais menacé de la dyssenterie ; mais je me trouve bien d'avoir changé de séjour, et d'avoir donné un peu de relâche à mon esprit, si je n'en ai pas plutôt l'obligation à la longueur du mal, qui dimi-

EPISTOLA XCI
(ad div., VII, 26)

Scrib. in Tusculano A. V. C. 696, ut videtur, incertum tamen quo mense.

CICERO S. D. GALLO

Quum decimum jam diem graviter ex intestinis laborarem ; neque iis qui mea opera uti volebant, me probarem non valere, quia febrim non haberem, fugi in Tusculanum, quum quidem biduum ita jejunus fuissem, ut ne aquam quidem gustarem. Itaque confectus languore et fame, magis tuum officium desideravi quam abs te requiri putavi meum. Ego autem quum omnes morbos reformido, tum quod Epicurum tuum stoici male accipiunt, quia dicat δυσουρικὰ καὶ δυσεντερικὰ πάθη sibi molesta esse : quorum alterum morbum edacitatis esse putant, alterum etiam turpioris intemperantiæ. Sane δυσεντερίαν pertimueram. Sed visa est mihi vel loci mutatio, vel animi etiam relaxatio, vel ipsa jam fortasse senescentis morbi remissio profuisse. Attamen,

nue toujours en vieillissant. Mais pour prévenir l'étonnement que vous auriez de la cause, ou vous épargner la peine de la chercher, je vous confesserai que je dois m'en prendre à la loi somptuaire, qui semblait avoir introduit la frugalité. Les voluptueux voulant mettre en honneur les légumes, parce que la loi les excepte, ont inventé des assaisonnements si délicats pour les mousserons et pour les autres espèces d'herbes, qu'on ne peut rien voir de plus délicieux. Je suis tombé sur un de ces mets, au festin augural de Lentulus; la diarrhée m'a pris avec tant de violence, qu'elle ne commence que d'aujourd'hui à s'arrêter un peu. Ainsi, moi qui m'abstenais sans peine de manger des huîtres et des lamproies, je me suis laissé prendre par des cardons et des mauves; mais cet accident me rendra plus prudent. Anicius, qui m'a vu dans les conditions du mal, vous en a fait le récit : n'était-ce pas assez pour m'attirer quelqu'un de votre part, ou même votre visite? Je compte demeurer ici jusqu'au rétablissement de mes forces; car je les ai perdues presque toutes avec l'embonpoint. Mais lorsque je serai délivré du mal, je me flatte que tout le reste reviendra facilement. Adieu.

ne mirere unde hoc acciderit, quomodove commiserim : lex sumptuaria quæ videtur λιτότητα attulisse, ea mihi fraudi fuit. Nam dum volunt isti lauti terra nata, quæ lege excepta sunt, in honorem adducere, fungos, helvellas, herbas omnes ita condiunt, ut nihil possit esse suavius. In eas quum incidissem, in cœna augurali apud Lentulum, tanta me διάρροια arripuit, ut hodie primum videatur cœpisse consistere. Ita ego, qui me ostreis et murænis facile abstinebem, a beta et a malva deceptus sum. Posthac igitur erimus cautiores. Tu tamen quum audisses ab Anicio (vidit enim me nauseantem) non modo mittendi causam justam habuisti, sed etiam visendi. Ego hic cogito commorari quoad me reficiam. Nam et vires et corpus amisi. Sed, si morbum depulero, facile, ut spero, illa revocabo. Vale.

LETTRE XCII

Le 13 février 697, sous le consulat de C. Cornelius Lentulus Marcellinus
et L. Marcius Philippus.

M. T. CICÉRON A P. LENTULUS, PROCONSUL

Quoique le public paraisse satisfait de l'ardeur, ou plutôt de la piété avec laquelle je cherche à m'acquitter de vos bienfaits par mes services, je ne suis jamais content de moi-même : vous vous êtes acquis des droits si puissants à ma reconnaissance, en ne cessant de me servir qu'après avoir heureusement terminé mes affaires, que le chagrin de n'en pouvoir faire autant pour vous empoisonne ma vie. Voici l'état des vôtres. Ammonius, ministre du roi, nous attaque ouvertement à force d'argent. Ceux qui agissent sont les mêmes créanciers que vous avez vus agir avant votre départ. Les partisans du roi, en petit nombre, demandent Pompée. Le sénat approuve l'objection religieuse, moins par religion que par mauvaise volonté, et parce qu'il ne voit pas de bon œil les libéralités du roi. Nous ne cessons d'exhorter, de prier Pompée; nous joignons même les reproches aux instances pour lui faire honte d'une telle infamie : mais nous pourrions nous dispenser de ce soin ; car, soit au

EPISTOLA XCII
(ad div., I, 1.)

Scrib. A. V. C. 697, 1 id. febr. (C. Cornelio Lentulo Marcellino,
L. Marcio Philippo, coss.)

M. T. CICERO P. LENTULO PROCOS. S. D.

Ego omni officio, ac potius pietate erga te cæteris satisfacio omnibus, mihi ipsi numquam satisfacio. Tanta enim magnitudo est tuorum erga me meritorum, ut, quoniam tu, nisi perfecta re, de me non conquiesti, ego, quia non idem in tua causa efficio, vitam mihi esse acerbam putem. In causa hæc sunt. Ammonius, regis legatus, aperte pecunia nos oppugnat. Res agitur per eosdem creditores per quos, quum tu aderas, agebatur. Regis causa si qui sunt qui velint, qui pauci sunt, omnes rem ad Pompeium deferri volunt. Seratus religionis calumniam non religione, sed malevolentia, et illius regiæ largitionis invidia comprobat. Pompeium et hortari et orare, et jam liberius accusare, et monere, ut magnam infamiam fugiat, non desistimus. Sed plane nec pre-

sénat, soit dans ses entretiens ordinaires, il plaide votre cause avec plus d'éloquence, d'autorité, de chaleur et d'affection que personne, en faisant valoir les bons offices qu'il a reçus de vous, et l'amitié qu'il vous porte. Vous savez que Marcellinus est irrité contre vous; cependant il fait connaître qu'à l'exception de l'affaire du roi, son zèle dans tout le reste sera toujours fort ardent pour votre défense. Nous nous contentons de cette promesse. Comme il s'est chargé du rapport sur la question de religion, et qu'il l'a déjà fait plusieurs fois, on ne peut l'y faire renoncer.

Tout cela s'est passé avant les ides; car je vous écris le jour même des ides au matin. Hortensius, Lucullus et moi, nous sommes forcés de nous rendre au prétexte de la religion, dans ce qui regarde l'armée, sans quoi il faudrait perdre toute espérance ; mais nous insistons sur le décret adopté par votre rapport, décret par lequel vous avez été choisi pour rétablir le roi. Nous faisons valoir votre situation, qui est favorable à cette entreprise; et, consentant qu'on supprime l'armée par respect pour la religion, nous demandons que le sénat continue de remettre l'affaire à votre conduite. Crassus propose de nommer trois commissaires, sans exclure Pompée, parce qu'il ne veut point que d'autres commandements soient une raison d'exclusion. Bibulus en veut trois qui ne soient point revêtus de magistratures. Son opinion est suivie par tout le reste des consulaires, à la réserve de Servilius, qui est absolument opposé au

cibus nostris, nec admonitionibus relinquit locum. Nam quum in sermone quotidiano, tum in senatu palam sic egit causam tuam, ut neque eloquentia majore quisquam, neque gravitate, nec studio, nec contentione agere potuerit, curâ summâ testificatione tuorum in se officiorum et amoris erga te sui. Marcellinum tibi esse iratum scis: Is, hac regia causa excepta, cæteris in rebus se acerrimum tui defensorem fore ostendit. Quod dat accipimus : quod instituit referre de religione, et sæpe jam retuli, ab eo deduci non potest.

Res ante idus sic acta est, nam hæc idibus mane scripsi. Hortensii et mea et Luculli sententia cedit religioni de exercitu (teneri enim res aliter non potest), sed ex illo senatusconsulto, quod te referente factum est, tibi decernit, ut regem reducas : quod commode facere possis : ut exercitum religio tollat, te auctorem senatus retineat. Crassus tres legatos decernit, nec excludit Pompeium : censet enim etiam ex iis, qui cum imperio sint. Bibulus tres legatos, ex iis qui privati sunt. Huic assentiuntur reliqui consulares, præter Servi-

rétablissement, et de Volcatius qui, suivant la proposition de Lupus, embrassée aussi par Afranius, veut que Pompée soit choisi : ce qui rend les intentions de Pompée encore plus suspectes; car on a remarqué que ses amis étaient d'accord avec Volcatius. On s'agite vivement : la balance commence à pencher. Les mouvements assez clairs de Libon et d'Hypséus, leurs instances et les efforts de tous les autres amis de Pompée, ont conduit les choses au point que Pompée même ne paraît plus faire mystère de ses désirs. Ceux qui ne veulent pas de lui ne sont pas de vos amis non plus, parce que vous l'avez élevé ; pour moi, je puis d'autant moins en votre faveur, que je vous ai plus d'obligations. L'envie qu'on a de favoriser Pompée sert encore à nourrir des soupçons contre moi.

Enfin, ma situation est telle que vous devez l'imaginer dans des conjonctures qui étaient déjà fâcheuses longtemps avant votre départ, tant par les pratiques secrètes du roi et de ses confidents que par celles des gens de Pompée; elles n'ont fait ensuite que s'aigrir ouvertement par la conduite des consulaires, et sont devenues plus difficiles que jamais. Comptez que ma fidélité dans les services que je vous dois éclatera aux yeux de tout le monde, et que vos amis présents connaîtront combien je vous aime absent. Si nous avions trouvé de la bonne foi dans ceux de qui nous avions le droit d'en attendre, nous ne serions pas dans l'embarras. Adieu.

lium, qui omnino reduci negat oportere : et Volcatium, qui, Lupo referente, Pompeio decernit ; et Afranium, qui assentitur Volcatio : quæ res auget suspicionem Pompeii voluntatis ; nam advertebatur Pompeii familiares assentire Volcatio. Laboratur vehementer. Inclinata res est. Libonis et Hypsæi non obscura concursatio et contentio, omniumque Pompeii familiarium studium, in eam opinionem rem adduxerunt, ut pæne is cupere videatur : cui, qui nolunt, iidem tibi, quod eum ornasti, non sunt amici. Nos in causa auctoritatem eo minorem habemus, quod tibi debemus. Gratiam autem nostram extinguit hominum suspicio, quod Pompeio se gratificari putant.

Ut in rebus, multo ante quam profectus es, ab ipso rege et ab intimis, ac domesticis Pompeii clam exulceratis, deinde palam a consularibus exagitatis, et in summam invidiam adductis, ita versamur. Nostram fidem omnes, amorem tui absentis præsentes tui cognoscent. Si esset in iis fides, in quibus summa esse debebat, non laboraremus. Vale.

LETTRE XCIII

Rome, 17 janvier 697.

M. T. CICÉRON A P. LENTULUS, PROCONSUL

Il ne se fit rien au sénat le 15 janvier, parce que le démêlé du consul Lentulus et de Caninius, tribun du peuple, fit perdre une grande partie du jour. J'ai parlé beaucoup aussi dans cette séance; et m'étant étendu sur votre attachement pour le sénat, je crus m'apercevoir qu'il en était ébranlé. Le lendemain, on prit le parti de demander à chacun son avis en peu de mots. Les inclinations étaient en notre faveur : j'avais fait cette remarque, non-seulement pendant mon discours, mais encore par les interpellations et les questions adressées à chacun en particulier. Après qu'on eut exposé les trois opinions, c'est-à-dire, en premier lieu, celle de Bibulus, qui voulait trois députés pour le rétablissement; celle d'Hortensius, qui proposait de vous en charger sans armée; et celle de Volcatius, qui voulait qu'on choisît Pompée; on demanda que l'opinion de Bibulus fût considérée sous deux aspects : l'un, qui regardait la religion; et comme elle ne souffrait pas d'objections

EPISTOLA XCIII
(ad div., I, 2)

Scrib. Romæ, a. d. xvi kal. febr. A. V. C. 697.

M. T. CICERO P. LENTULO PROCOS. S. D.

Idibus januariis in senatu nihil est confectum, propterea quod dies magna ex parte consumptus est altercatione Lentuli consulis et Caninii tribuni plebis. Eo die nos quoque multa verba fecimus : maximaque visi sumus senatum commemoratione tuæ voluntatis erga illum ordinem commovere. Itaque postridie placuit, ut breviter sententias diceremus. Videbatur enim reconciliata nobis voluntas senatus esse : quod quum dicendo, tum singulis appellandis rogandisque perspexeram. Itaque quum sententia prima Bibuli pronuntiata esset, ut tres legati regem reducerent : secunda Hortensii, ut tu sine exercitu reduceres : tertia Volcatii, ut Pompeius reduceret : postulatum est ut Bibuli sententia divideretur. Quatenus de religione dicebat, cuique rei jam obsisti

de ce côté-là, tout le monde donna son assentiment à Bibulus. A l'égard des trois députés, la plupart se déclarèrent pour tout autre parti. On allait discuter l'avis d'Hortensius, lorsque Lupus, tribun du peuple, prétendit que comme auteur de la proposition regardant Pompée, il devait faire la division des voix avant les consuls. Tout le monde se récria beaucoup contre cette prétention, qui était tout à la fois injuste et nouvelle. Si les consuls n'y consentirent point, ils ne la rejetaient pas non plus trop fortement, parce qu'ils ne cherchaient qu'à perdre le temps, comme ils y réussirent en effet. Ils voyaient fort bien que plusieurs personnes de différents partis embrasseraient le sentiment d'Hortensius, quoiqu'elles parussent de celui de Volcatius. On commençait à recueillir les voix, malgré les consuls, qui souhaitaient que l'avis de Bibulus prévalût.

Le débat ayant duré jusqu'à la nuit, on congédia l'assemblée. Le hasard me fit cette même nuit souper chez Pompée. Je jugeai l'occasion d'autant plus favorable, que depuis votre départ il n'y avait point eu pour moi de séance plus honorable au sénat. Je m'expliquai si fortement avec Pompée, que je crus lui avoir fait abandonner toute autre vue, pour embrasser la défense de votre dignité. Il est certain que toutes les fois que je l'entends, je ne puis le soupçonner d'aucune arrière-pensée. Mais

---

non poterat, Bibulo assensum est : de tribus legatis frequenter ierunt in alia omnia. Proxima erat Hortensii sententia, quum Lupus, tribunus plebis, quod ipse de Pompeio retulisset, intendere cœpit, ante se oportere discessionem facere quam consules. Cujus orationi vehementer ab omnibus reclamatum est ; erat enim iniqua et nova. Consules neque concedebant, neque valde repugnabant, diem consumi volebant : id quod est factum. Perspiciebant enim it Hortensii sententiam multis partibus plures ituros; quanquam aperte Volcatio assentirentur. Multi rogabantur, atque idipsum consulibus invitis. Nam ii Bibuli sententiam valere cupiebant.

Hac controversia usque ad noctem ducta, senatus est dimissus. Et ego 20 ille casu apud Pompeium cœnavi : nactusque tempus hoc magis idoneum quam unquam antea, quod post tuum discessum is dies honestissimus nobis uerat in senatu, ita sum cum illo locutus, ut mihi viderer animum hominis ab omni alia cogitatione ad tuam dignitatem tuendam traducere : quem ego ipsum quum audio, prorsus eum libero omni suspicione cupiditatis. Quum autem

lorsque je vois ses amis de toute espèce, je sens bien, ce qui n'est plus un secret pour personne, que, par le ministère de certaines gens, et de l'aveu sans doute du roi et de ses conseillers, la corruption a depuis longtemps beaucoup de part à toute cette affaire.

Je vous écris le 17 janvier, avant le jour. Le sénat doit s'assembler aujourd'hui ; j'espère y soutenir notre dignité, autant qu'il est possible, au milieu de tant de fourberie et de mauvaise foi. A l'égard des habitudes populaires, il semble qu'on soit parvenu à ne pouvoir plus traiter avec le peuple sans blesser les auspices ou les lois, ou sans que la violence s'en mêle. Hier, le sénat prit sérieusement connaissance de ces désordres, et les oppositions de Caton et de Caninius n'empêchèrent pas qu'il n'y pourvût par une résolution : je suppose qu'on n'aura pas manqué de vous l'envoyer. J'aurai soin de vous écrire tout ce qui se passera ; comptez sur mes soins, mes efforts, mon crédit pour que tout se passe bien. Adieu.

---

ejus familiares omnium ordinum video, perspicio id, quod jam omnibus est apertum, totam rem istam jam pridem a certis hominibus, non invito rege ipso, consiliariisque ejus, esse corruptam.

Hæc scripsi ad xvi kal. februar. ante lucem. Eo die senatus erat futurus. Nos in senatu, quemadmodum spero, dignitatem nostram, ut potest in tanta hominum perfidia, et iniquitate, retinebimus. Quod ad popularem rationem attinet, hoc videmur esse consecuti, ut ne quid agi cum populo aut salvis auspiciis, aut salvis legibus, aut denique sine vi possit. De his rebus, pridie quam hæc scripsi senatus auctoritas gravissima intercessit : cui quum Cato et Caninius intercessissent, tamen est perscripta. Eam ad te missam esse arbitror. De cæteris rebus, quidquid erit actum scribam ad te : utque quam rectissime agantur omnia mea cura, opera, diligentia, gratia, providebo. Vale.

LETTRE XCIV

Rome, vers le 19 janvier 697.

M. T. CICÉRON A P. LENTULUS, PROCONSUL

Il y a plusieurs années que je vis dans une liaison fort étroite avec Aulus Trebonius, qui a, dans votre province, des affaires considérables et très-nettes. Quoiqu'il y ait toujours obtenu, jusqu'à présent, beaucoup de considération, autant par son propre caractère que par ma recommandation et celle de ses autres amis, il se flatte particulièrement qu'étant chargé de cette lettre, l'amitié que vous avez pour moi lui procurera de vous un accueil favorable. Je vous demande instamment qu'il ne soit point trompé dans cette espérance, et je vous recommande toutes ses affaires, ses affranchis, ses agents, en un mot tout ce qui lui appartient. Je vous prie surtout d'approuver ce que T. Ampius a déjà réglé à l'avantage de ses affaires, et de le traiter enfin avec tant de bonté, qu'il s'aperçoive que ma recommandation n'a rien eu de banal.

EPISTOLA XCIV

(ad div., I. 3)

Scrib. Romæ circa xiv kal. febr. A. V. C. 697.

M. T. CICERO P. LENTULO PROCOS. S. D.

Aulo Trebonio, qui in tua provincia magna negotia, et ampla et expedita habet, multos annos utor valde familiariter. Is quum antea semper et suo splendore et nostra cæterorumque amicorum commendatione gratiosissimus in provincia fuit : tum hoc tempore propter tuum in me amorem, nostramque necessitudinem vehementer confidit his meis litteris se apud te gratiosum fore. Quæ ne spes eum fallat vehementer rogo te : commendoque tibi ejus omnia negotia, libertos, procuratores, familiam : imprimisque ut quæ T. Ampius de ejus re decreverit ea comprobes, omnibusque rebus eum ita tractes, ut intelligat meam apud te commendationem non vulgarem fuisse. Vale.

LETTRE XCV

Rome, 1ᵉʳ février 697.

M. T. CICÉRON A P. LENTULUS, PROCONSUL

Le 17 janvier, dans la joie d'avoir détruit la veille l'opinion de Bibulus, et de n'avoir plus à combattre que celle de Volcatius, nous faisions fort bonne contenance au sénat; mais nos adversaires trouvèrent le moyen de prolonger les discusssions par divers moyens. Ce fut leur unique ressource, lorsqu'ils se furent aperçus que tous leurs efforts et leurs mouvements pour vous nuire ne servaient qu'à les rendre odieux, et que nous étions prêts à l'emporter. Curion nous maltraita beaucoup dans cette séance. Bibulus marqua plus d'équité, et parut presque de nos amis. Caninius et Caton déclarèrent qu'ils ne porteraient aucune loi avant les comices. Vous savez que la loi Pupia ne permet point que le sénat puisse s'assembler avant le mois de février, ni même dans tout le cours de ce mois, avant qu'on ait expédié ou rejeté les députations. Cependant le public est persuadé que le but de vos ennemis et de vos envieux, en suscitant l'obstacle prétendu de la religion, a moins été de vous nuire que d'empê-

EPISTOLA XCV
(ad div., I, 4)

Scrib. Romæ, kal. febr. A. V. C. 697.

M. T. CICERO P. LENTULO PROCOS. S. D.

Ad xvi kal. febr. quum in senatu pulcherrime staremus, quod jam sententiam Bibuli de tribus legatis pridie ejus diei fregeramus, unumque certamen esset relictum sententia Volcatii, res ab adversariis nostris extracta est variis calumniis. Causam enim frequenti senatu, in magna varietate magnaque invidia corum qui a te causam regiam alio transferebant, obtinebamus. Eo die acerbum habuimus Curionem : Bibulum multo justiorem, pæne etiam amicum. Caninius et Cato negarunt se legem ullam ante comitia esse laturos. Senatus haberi ante kal. febr., per legem Pupiam, id quod scis, non potest : neque mense febr., nisi perfectis aut rejectis legationibus. Hæc tamen opinio est populi Romani a tuis invidis atque obtrectatoribus nomen inductum fictæ religionis, non tam ut te impedirent, quam ut ne quis propter exercitus cupi-

cher qui que ce fût d'aller à Alexandrie avec une armée : et l'on reconnaît généralement que le sénat a eu de justes égards pour votre dignité ; car personne n'ignore que ce sont vos ennemis qui ont empêché la mise aux voix. Mais s'ils entreprennent à présent quelque chose au nom du peuple pour déguiser leurs intentions, qui ne sont au fond qu'un vrai brigandage, on a pris soin qu'ils ne puissent rien faire avec les auspices et de l'aveu des lois, ou sans recourir à la violence. Je ne crois pas devoir m'arrêter à vous faire valoir ici mon zèle, ni à vous apprendre ce que certaines personnes ont fait d'injurieux contre vous. Je n'aurais pas bonne grâce de vanter mes soins, moi que le sacrifice de ma vie n'acquitterait pas même envers vous ; et je ne pourrais vous entretenir, sans une extrême douleur, des mauvais procédés d'autrui. Je ne vous réponds de rien contre la violence, surtout dans un temps où nos magistrats marquent tant de faiblesse ; mais, dans tout autre cas, je vous réponds du zèle du sénat et du peuple pour maintenir votre dignité. Adieu.

ditatem Alexandriam vellet ire. Dignitatis autem tuæ nemo est quin existimet habitam esse rationem ab senatu. Nemo est enim qui nesciat, quominus discessio fieret, per adversarios tuos esse factum, qui nunc, populi nomine, re autem vera sceleratissimo latrocinio, si qua conabuntur agere, satis mihi provisum est ut ne quid salvis auspiciis aut legibus, aut jam sine vi agere possint. Ego neque de meo studio, neque de nonnullorum injuria scribendum mihi esse arbitror ; quid enim aut me ostentem, qui, si vitam pro tua dignitate profundam, nullam partem videar tuorum meritorum assecutus ? aut de aliorum injuriis querar, quod sine summo dolore facere non possum ? Ego tibi a vi, hac præsertim imbecillitate magistratuum, præstare nihil possum. Vi excepta, possum confirmare, te, et senatus et populi Romani summo studio, amplitudinem tuam retenturum. Vale.

LETTRE XCVI

Rome, au commencement de février 697.

M. T. CICÉRON A P. LENTULUS, PROCONSUL

Quoique je ne souhaitasse rien avec plus d'ardeur que de vous prouver ma vive reconnaissance et de la faire éclater aux yeux du public, je suis néanmoins fort affligé que les événements survenus depuis votre départ vous aient mis dans le cas d'éprouver pendant votre absence la fidélité de mon affection et celle de tous vos autres amis. Vous voyez, vous sentez, comme vos lettres me le disent, que les hommes sont aujourd'hui pour votre dignité ce qu'ils ont été pour mon salut. Lorsque notre prudence, notre zèle, tous nos efforts, tout notre crédit s'employaient pour cette affaire du roi, on a vu paraître tout d'un coup cette indigne motion de C. Caton, qui a traversé nos espérances, et qui nous a fait passer d'une inquiétude médiocre à l'excès de la crainte. Dans un trouble de cette nature, tout est sans doute à redouter; mais rien ne me paraît si dangereux que la perfidie. De quelque manière que les choses tournent, nous ne cessons pas de faire face à Caton. Touchant l'affaire d'Alexandrie, je puis du moins

EPISTOLA XCVI

(ad div., I, pars prima)

Scrib. Romæ A. V. C. 697, initio mensis februarii.

M. T. CICERO P. LENTULO PROCOS. S. D.

Tametsi mihi nihil fuit optatius quam ut primum abs te ipso, deinde a cæteris omnibus quam gratissimus erga te esse cognoscerer, tamen afficior summo dolore ejusmodi tempora post tuam profectionem consecuta esse ut et meam et cæterorum erga te fidem et benivolentiam absens experirere. Te autem videre et sentire, eamdem fidem esse hominum in tua dignitate, quam ego in mea salute sum expertus, ex tuis litteris intellexi. Nos quum maxime consilio, studio, labore, gratia, de causa regia niteremur, subito exorta est nefaria Catonis promulgatio, quæ nostra studia impediret, et animos a minore cura ad summum timorem traduceret. Sed tamen in ejusmodi perturbatione rerum, quanquam omnia sunt metuenda, nihil magis quam perfidiam timemus. Et Catoni quidem, quoquo modo se res habeat, profecto resistimus. De Alexan-

vous promettre que vous, qui êtes absent, et vos amis qui sont témoins ici de ma conduite, vous serez parfaitement satisfaits; mais je crains de deux choses l'une : ou que cette commission ne nous soit enlevée, ou même que l'entreprise ne soit abandonnée tout à fait; et j'aurais peine à dire ce qui me chagrinerait le plus.

Cependant, si nous y sommes forcés, il y a un troisième parti, pour lequel Selicius et moi n'avons point d'éloignement : c'est de ne pas laisser le roi dans l'infortune, et de ne pas souffrir que la commission de le rétablir soit donnée malgré nous à celui qu'on croit déjà presque sûr de l'obtenir. Nous nous conduirons avec tant d'habileté, que nous ne resterons pas oisifs si nous pouvons obtenir quelque chose, et que, si nous n'obtenons rien, il ne paraîtra pas que nous ayons essuyé un refus. Il est de votre sagesse et de votre grandeur d'âme de prendre pour règle de votre dignité et de l'opinion que vous devez avoir de vous-même, votre vertu, vos belles actions et la gravité de votre caractère. Persuadez-vous bien que si la perfidie vous fait perdre un peu des avantages que vous devez à la fortune, la honte en retombera moins sur vous que sur eux. Comptez que je ne cesse ni de penser, ni d'agir pour vos intérêts. J'emploie dans toutes sortes d'occasions Q. Selicius, parce que, de tous vos amis, je n'en connais aucun qui ait plus de prudence, plus de fidélité, ou plus d'attachement pour vous.

drina re causaque regia tantum habeo polliceri, me tibi absenti, tuisque præsentibus cumulate satisfacturum. Sed vereor ne aut eripiatur nobis, aut deseratur : quorum utrum minus velim, non facile possum existimare.

Sed si res coget, est quiddam tertium, quod neque Selicio, nec mihi displicebat : ut neque jacere regem pateremur, nec nobis repugnantibus ad eum deferri ad quem prope jam delata existimatur. A nobis agentur omnia diligenter; ut nec, si quid obtineri poterit, non contendamus; nec, si quid non obtinuerimus, repulsi esse videamur. Tuæ sapientiæ magnitudinisque animi est omnem amplitudinem et dignitatem tuam in virtute, atque in rebus gestis tuis, atque in tua gravitate, positam existimare : si quid ex iis rebus quas tibi fortuna largita est, nonnullorum hominum perfidia detraxerit, id majori illis fraudi, quam tibi futurum. A me nullum tempus prætermittitur de tuis rebus et agendi et cogitandi; utorque ad omnia Q. Selicio : neque enim prudentiorem quemquam ex tuis, neque fide majore esse judico, neque amantiorem tui.

LETTRE XCVII

Rome, 19 janvier 697.

CICÉRON A QUINTUS SON FRÈRE

Ce ne sont pas mes occupations, quoique je n'en manque pas à présent, qui m'obligent de dicter cette lettre, et qui m'empêchent de vous écrire, comme à l'ordinaire, de ma propre main. C'est une petite fluxion qui m'est tombée sur les yeux. Je commence par me justifier sur le point même dont je vous accuse. Personne ne m'a encore demandé mes commissions pour la Sardaigne; et je m'imagine que vous avez, sinon toujours, du moins assez souvent, des gens qui vous offrent leurs services pour Rome.

J'ai parlé à Cincius de ce que vous m'avez écrit de la part de Lentulus et de Sextus. En quelque état que soit cette affaire, elle n'est pas des plus aisées. Mais je m'aperçois que la Sardaigne a quelque chose de propre à rappeler le souvenir des choses passées. Gracchus, l'augure, se ressouvint dans cette province de ce qui lui était arrivé de contraire aux auspices, tandis qu'il tenait les comices consulaires au Champ de Mars; de même, il me semble

EPISTOLA XCVII
(ad. Q. fratrem, II, 2)

Scrib. Romæ xiv kal. febr. A. V. C. 697.

CICERO QUINTO FRATRI SAL.

Non occupatione qua eram sane impeditus, sed parvula lippitudine adductus sum, ut dictarem hanc epistolam, et non, ut ad te soleo, ipse scriberem. Et primum me tibi excuso, in eo ipso in quo te accuso. Me enim adhuc nemo rogavit numquid in Sardiniam vellem : te puto sæpe habere, etsi non semper, qui numquid Romam velis quærant.

Quod ad me de Lentuli et Sexti nomine scripsisti, locutus sum cum Cincio. Quoquo modo res se habet, non est facillima : sed habet profecto quiddam Sardinia appositum ad recordationem præteritæ memoriæ. Nam ut ille Gracchus augur, posteaquam in istam provinciam venit, recordatus est, quid sibi in campo Martio comitia consulum habenti, contra auspicia accidisset, sic tu

que la Sardaigne vous a fait rappeler, dans votre loisir, le plan de Minucius et les comptes de Pomponius.

La vente de Culléon est finie. Mais je n'ai encore rien acheté. Il ne s'est présenté personne pour acquérir Tusculum. Si les offres étaient avantageuses, peut-être ne laisserais-je pas échapper l'occasion.

Je ne cesse de presser Cyrus pour vos bâtiments, j'espère qu'il remplira ses promesses; mais tout est retardé par la crainte d'une furieuse édilité: car il paraît que les élections se feront incessamment. Elles sont indiquées pour le 22 janvier. Soyez néanmoins sans inquiétude. Nous ne négligerons ici aucune précaution.

A l'égard du roi d'Égypte, le sénat a déclaré, par un décret, qu'il paraît dangereux pour la république de le rétablir à main armée. Le reste de la discussion se réduisant à choisir pour la conduite de cette entreprise entre Pompée et Lentulus, c'est Lentulus qui a paru l'emporter. Je crois avoir fort bien accordé, dans cette occasion, ce que je dois à Lentulus avec le désir de Pompée. Cependant les ennemis de Lentulus ont trouvé le moyen de faire retarder la décision. Les comices étant arrivés immédiatement, le sénat n'a pu s'assembler dans cet intervalle. Je ne devine pas ce qu'on doit attendre du brigandage des tribuns; mais je soupçonne que Caninius l'emportera par la violence. Les

---

mihi videris in Sardinia de forma Minuciana et de nominibus Pomponianis in otio recogitasse.

Culleonis auctio facta est. Sed ego adhuc emi nihil. Tusculano emptor nemo fuit. Si conditio valde bona fuerit, fortasse non omittam.

De ædificatione tua Cyrum urgere non cesso. Spero eum in officio fore. Sed omnia sunt tardiora, propter furiosæ ædilitatis exspectationem. Nam comitia sine mora futura videntur. Edicta sunt ad XI kalendas febr. Te tamen sollicitum esse nolo. Omne genus a nobis cautionis adhibebitur.

De rege Alexandrino factum est senatusconsultum, cum multitudine eum reduci periculosum reipublicæ videri. Reliqua quum esset in senatu contentio, Lentulusne an Pompeius reduceret; obtinere causam Lentulus videbatur. In ea re nos et officio erga Lentulum mirifice, et voluntati Pompeii præclare satisfecimus. Sed per obtrectatores Lentuli res calumnia extracta est. Consecuti sunt dies comitiales, per quos senatus haberi non poterat. Quid futurum sit latrocinio tribunorum, non divino : sed tamen suspicor, per vim rogatio-

vues de Pompée ne me paraissent pas claires ; mais celles de ses amis frappent les yeux de tout le monde. D'un autre côté, les créanciers du roi fournissent ouvertement de l'argent contre Lentulus, et ses espérances me paraissent reculées. J'en ressens un vif chagrin, quoiqu'il ait fait bien des choses qui nous mettraient en droit, si cela était possible, d'être fâchés contre lui.

Pour vous, si vos affaires le permettent, choisissez promptement un temps favorable pour vous embarquer, et ne tardez pas à nous rejoindre. Je sens tous les jours, dans mille occasions, le besoin que j'ai de votre présence. Votre famille et la mienne sont en bonne santé. Le 19 janvier.

LETTRE XCVIII

Rome, 30 janvier 697.

CICÉRON A ATTICUS

Aimable Cincius d'être venu exprès chez moi, le 30 janvier, pour m'apprendre que vous étiez en Italie, et qu'il vous envoyait quelqu'un de vos gens. Je n'ai pas voulu manquer

nem Caninium perlaturum. In ea re Pompeius quid velit, non dispicio. Familiares ejus quid cupiant, omnes vident. Creditores vero regis aperte pecunias suppeditant contra Lentulum. Sine dubio res a Lentulo remota videtur esse, cum magno meo dolore : quanquam multa fecit, quare, si fas esset, jure ei succensere possemus.

Tu, si ita expedisti, velim quamprimum bona et certa tempestate conscendas ad meque venias : innumerabiles enim res sunt, in quibus te quotidie in omni genere desiderem. Tui nostrique valent. xiv kal.

EPISTOLA XCVIII

(ad Att., IV, 4, pars prima)

Scrib. Romæ, iii kal. febr. A. V. C. 697.

CICERO ATTICO SAL.

Perjucundus mihi Cincius fuit ante diem tertium kal. febr. ante lucem. Dixit enim mihi, te esse in Italia, seseque ad te pueros mittere : quos sine

cette occasion. Ce n'est pas que j'aie rien de pressé à vous écrire et que je ne puisse attendre aisément jusqu'à votre arrivée, qui est si prochaine; mais j'ai cru ne pas pouvoir trop tôt vous témoigner la joie que j'aurai de vous revoir après une si longue absence. Venez donc au plus vite, et sachez que nous payons votre amitié de retour. Nous parlerons du reste de vive voix. J'ai écrit ces mots à la hâte. Ne manquez pas de venir chez moi avec votre famille.

LETTRE XCIX

Rome, 13 février 697.

CICÉRON A QUINTUS, SON FRÈRE

Je vous ai marqué ce qui s'était passé auparavant : en voici les suites. L'affaire des légations, n'ayant point été terminée le 1er février, a été renvoyée au 13. Le 3, Milon s'est rendu à l'assemblée, et Pompée l'y a accompagné. Marcellus a parlé, sur mon invitation. Nous nous sommes séparés convenablement, et l'affaire a été rejetée au 6. Celle des légations étant remise au 13, on a traité les jours suivants des provinces des questeurs, et des honneurs dus aux préteurs; mais quantité de plaintes, qui sont venues à la traverse sur l'état de la république, ont empêché

---

meis litteris ire nolui, non quo haberem, quod tibi præsertim jam prope præsenti scriberem ; sed ut hoc ipsum significarem, mihi tuum adventum suavissimum, exspectatissimumque esse. Quare advola ad nos eo animo, ut nos ames, te amari scias. Cætera coram agemus. Hæc properantes scripsimus. Quo die venies, utique cum tuis apud me sis.

EPISTOLA XCIX

(ad Q. fratrem, II, 3)

Scrib. Romæ, id. febr. A. V. C. 697.

CICERO QUINTO FRATRI SAL.

Scripsi ad te antea superiora : nunc cognosce postea quæ sint acta. A kal. febr. legationes in idus febr. rejiciebantur. Eo die res confecta non est. Ad III nonas febr. Milo affuit. Ei Pompeius advocatus venit. Dixit Marcellus, a me rogatus. Honeste discessimus. Producta dies est in VIII idus febr. Interim rejectis legationibus in idus, referebatur de provinciis quæstorum et de ornandis prætoribus. Sed res, multis querelis de republica interponendis, nulla

qu'on pût rien terminer. Caton a porté une loi qui ôte le commandement à Lentulus. Le fils a pris le deuil. Enfin, le 6, Milon s'est rendu au sénat. Pompée a parlé en sa faveur, ou plutôt il en a eu l'intention; car, aussitôt qu'il s'est levé, la cabale de Clodius a poussé des cris; et pendant tout son discours, ce fut un concert de clameurs injurieuses. Cependant il a marqué beaucoup de fermeté : rien n'a pu le troubler. Il a prononcé toute sa harangue; et, dans quelques moments où le bruit l'a forcé au silence, son air d'autorité ne l'a point abandonné. Après sa péroraison, Clodius s'est levé pour parler. Mais nos gens ont fait tant de bruit à leur tour (il fallait bien leur rendre la pareille), que son esprit, sa langue et son visage ont paru également troublés. Il était à peine midi lorsque Pompée avait cessé de parler. La scène de Clodius a duré jusqu'à deux heures. Il n'y a point de reproches injurieux qu'il n'ait essuyés. On a même récité des vers très-obscènes sur lui et sur Clodia sa sœur. Furieux et pâle, il affectait, au milieu même du bruit, de demander à ses suppôts quel était celui qui faisait mourir le peuple de faim. Ils répondaient Pompée. Quel était celui qui souhaitait d'aller en Égypte. Pompée, répondaient-ils. Sur qui ils désiraient que pût tomber le choix du sénat. Ils répondaient, sur Crassus. Crassus était de l'assemblée, et n'était pas bien disposé pour Milon. Vers trois heures, les gens de Clodius, comme avertis par quelque signal, ont commencé à cracher

---

transacta est. Cato legem promulgavit de imperio Lentuli abrogando. Vestitum filius mutavit. Ad viii idus februarii Milo affuit. Dixit Pompeius, sive voluit. Nam ut surrexit, operæ Clodianæ clamorem sustulerunt; idque ei perpetua oratione contigit, non modo ut acclamatione, sed ut convicio et maledictis impediretur. Qui ut peroravit (nam in eo sane fortis fuit), non est deterritus : dixit omnia, atque interdum etiam silentio, cum auctoritate semper egerat : sed ut peroravit, surrexit Clodius ; et tantus clamor a nostris (placuerat enim referre gratiam), ut neque mente, neque lingua, neque ore consisteret. Ea res acta est, quum hora vi vix Pompeius perorasset, usque ad horam viii; quum omnia maledicta, versus denique obscenissimi in Clodium et Clodiam dicerentur. Ille furens et exsanguis interrogabat suos in clamore ipso, quis esset qui plebem fame necaret? Respondebant operæ, Pompeius. Quis Alexandriam ire cuperet? Respondebant, Pompeius. Quem ire vellent? Respondebant, Crassum. Is aderat, tum Miloni animo non amico. Hora fere ix quasi signo dato, Clodiani nostros consputare cœperunt. Exarsit dolor. Urgere illi,

16.

sur les nôtres. L'indignation s'est échauffée. Nos ennemis sont devenus plus pressants pour nous faire quitter la place ; mais nos gens, fondant brusquement sur eux, les ont forcés de prendre la fuite. Clodius a été chassé de la tribune ; et j'ai pris aussi le parti de fuir, de peur d'accident. Le sénat s'est rendu à la curie, et Pompée à sa maison. Je n'ai pas cru devoir me trouver au sénat, parce que je n'aurais pu me taire dans une occasion de cette importance, ou qu'en prenant la défense de Pompée, qui était attaqué par Bibulus, Curion, Favonius et Servilius le fils, j'aurais craint de déplaire aux gens de bien. L'affaire fut remise au lendemain ; mais Clodius a remis son accusation aux Quirinales.

Le 8 février, le sénat s'assembla au temple d'Apollon, afin que Pompée pût s'y trouver. Pompée parla avec beaucoup de force, mais il n'y eut rien de conclu ce jour-là. Le 9, l'assemblée se tint dans le même temple, et déclara, par un décret, *que tout ce qui s'était passé le 6 était un attentat contre la république.* Le même jour, Caton s'emporta contre Pompée, et ne cessa point, dans tout son discours, de le charger d'accusations. Il s'étendit beaucoup sur moi, et, à mon grand regret, me combla de louanges. Lorsqu'il lui reprocha sa perfidie à mon égard, les malveillants écoutèrent dans un grand silence. Pompée répondit avec force. Il fit le portrait de Crassus, et, sans ménager les termes, il protesta qu'il apporterait plus de soin à défendre sa vie que n'avait fait

---

ut loco nos moverent. Factus est a nostris impetus, fuga operarum. Ejectus de rostris Clodius : ac nos quoque tum fugimus, ne quid in turba. Senatus vocatus in curiam : Pompeius domum. Neque ego tamen in senatum, ne aut de tantis rebus tacerem, aut in Pompeio defendendo (nam is carpebatur a Bibulo, Curione, Favonio, Servilio filio) animos bonorum virorum offenderem. Res in posterum delata est. Clodius in Quirinalia produxit diem.

Ad vi idus febr. senatus ad Apollinis fuit, ut Pompeius adesset. Acta res est graviter a Pompeio. Eo die nihil perfectum est. Ad v idus, ad Apollinis, senatusconsultum factum est, ea quæ facta essent ad viii idus febr. contra rempublicam esse facta. Eo die Cato est vehementer in Pompeium invectus, et cum oratione perpetua tanquam reum accusavit. De me multa, me invito, cum mea summa laude dixit. Quum illius in me perfidiam increparet, auditus est magno silentio malevolorum. Respondit ei vehementer Pompeius, Crassumque descripsit, dixitque aperte se munitiorem ad custodiendam vitam suam

Scipion l'Africain, qui fut assassiné par C. Carbon. Ainsi, je ne doute pas qu'il ne se prépare des événements d'importance. Pompée en a la même opinion. Il s'ouvre à moi. Il me dit qu'on en veut à sa vie; que C. Caton est soutenu par Crassus; qu'on fournit de l'argent à Clodius; que l'un et l'autre trouvent de l'appui non-seulement dans Crassus, mais encore dans Curion, Bibulus et ses autres ennemis; qu'il est obligé de prendre de fortes mesures pour ne pas se laisser opprimer; que la partie tumultueuse du peuple est presque tournée contre lui; qu'il est haï de la noblesse; que le sénat est prévenu, et la jeunesse pleine d'un mauvais esprit. Aussi se tient-il prêt, et rassemble-t-il beaucoup de monde des environs de Rome. De son côté, Clodius anime l'audace de ses agents : il les attroupe pour les fêtes Quirinales. Jusqu'à présent, nous l'emportons par le nombre. Cependant nous attendons du Picenum et de la Gaule un renfort considérable, qui puisse nous mettre en état de résister aussi aux demandes de Caton contre Milon et Lentulus.

Le 10 février, Sextius fut accusé de brigue par Cn. Nerius, de la tribu Pupinia, et de violence le même jour par un certain M. Tullius. Il était malade. Je n'ai pas manqué, comme je le devais, de me rendre chez lui, et de m'offrir tout entier à son service. Personne ne s'y attendait, parce qu'on était persuadé que j'avais de justes raisons de me plaindre de lui. Mais j'ai voulu faire connaître, à lui-même et au public, que j'étais capable de pous-

fore, quam Africanus fuisset, quem C. Carbo interemisset. Itaque magnæ mihi res jam moveri videbantur. Nam Pompeius hæc intelligit, nobiscumque communicat insidias vitæ suæ fieri; C. Catonem a Crasso sustentari ; Clodio pecuniam suppeditari ; utrumque et ab eo, et a Curione, Bibulo, cæterisque suis obtrectatoribus confirmari : vehementer esse providendum ne opprimatur, concionario illo populo a se prope alienato, nobilitate inimica, non æquo senatu, juventute improba. Itaque se comparat, homines ex agris accersit. Operas autem suas Clodius confirmat, manus ad Quirinalia paratur. In eo multo sumus superiores ipsius copiis. Sed magna manus Piceno et Gallia exspectatur ut etiam Catonis rogationibus de Milone et Lentulo resistamus.

Ad iv idus febr. Sextius ab indice Cn. Nerio Pupinia de ambitu est postulatus, et eodem die a quodam M. Tullio de vi. Is erat æger; domum, ut debuimus, ad eum statim venimus, eique nos totos tradidimus; idque fecimus præter hominum opinionem, qui nos ei jure succensere putabant, ut humanissimi

ser l'humanité et la reconnaissance au delà des bornes ordinaires. Aussi tiendrai-je ma promesse. Le même Nerius a mis en jeu Cn. Lentulus Vaccia et C. Cornelius.

Le même jour, l'assemblée ordonna, par un décret, *que les confréries et toutes les factions attroupées sortissent de Rome et qu'on fît une loi en vertu de laquelle ceux qui ne seraient pas sortis tombassent sous le coup des peines prononcées contre les actes de violence.*

Le 11, je plaidai pour Bestia, contre une accusation de brigue, devant le préteur Cn. Domitius, en plein Forum, devant une assemblée nombreuse. Je rappelai dans mon discours le temps où Sextius, après avoir reçu plusieurs blessures dans le temple de Castor, fut redevable de son salut au secours de Bestia. Cette digression a produit un fort bon effet, par rapport aux accusations qui se préparaient contre Sextius. Je lui ai donné en même temps de justes louanges, avec l'applaudissement de tout le monde. Il a paru très-sensible à ce procédé. Je vous rends compte de cet incident, parce que vous m'avez souvent exhorté par vos lettres à nous conserver l'amitié de Sextius.

Je vous écris le 12 avant le jour. Ce soir je dois assister au festin de noces de Pomponius. A l'égard du reste des affaires, je n'y vois de toute part que de la dignité et de l'agrément. Je n'osais tout à fait me le promettre ; mais vous me l'avez prédit, et je reconnais, mon cher frère, que c'est à

gratissimique et ipsi et omnibus videremur. Itaque faciemus. Sed idem Nerius index edidit ad allegatos Cn. Lentulum Vacciam et C. Cornelium.

Eodem die senatusconsultum factum est, ut SODALITATES DECURIATIQUE DISCEDERENT; LEXQUE DE IIS FERRETUR, UT QUI NON DISCESSISSENT, EA POENA, QUÆ EST DE VI, TENERENTUR.

Ad III idus febr. dixi pro Bestia de ambitu apud prætorem Cn. Domitium in Foro medio, maximo conventu : incidique in eum locum in dicendo, quum Sextius multis, in templo Castoris, vulneribus acceptis, subsidio Bestiæ servatus esset. Hic προῳκονομησάμην quiddam εὐκαίρως de his quæ in Sextium apparabantur crimina, et eum ornavi veris laudibus, magno assensu omnium. Res homini fuit vehementer grata. Quæ tibi eo scribo, quod me de retinenda Sextii gratia litteris sæpe monuisti.

Pridie idus hæc scripsi ante lucem ; eo die apud Pomponium in ejus nuptiis eram cœnaturus. Cætera sunt in rebus nostris hujusmodi (ut tu mihi fere diffidenti prædicabas) plena dignitatis et gratiæ : quæ quidem tua, mi frater,

votre prudence, à votre vertu, à votre affection, à votre douceur que j'en ai l'obligation. On a loué pour vous la maison de Licinius, près des allées de Pison; mais j'espère que dans peu de mois, c'est-à-dire après les calendes de juillet, vous entrerez dans la vôtre. Celle que vous avez sur la place des Carènes a été louée à des locataires de la famille Lamia. Je n'ai reçu aucune lettre de vous depuis celle d'Olbie. Je désire bien savoir ce que vous faites et comment vous passez votre temps; surtout je voudrais vous revoir au plus tôt. Prenez soin de votre santé, mon cher frère, et, quoique nous soyons en hiver, songez que le lieu où vous êtes est la Sardaigne. 15 février.

LETTRE C

Rome, février 697.

M. T. CICÉRON A P. LENTULUS, PROCONSUL

On ne manque point, sans doute, de vous informer par des messagers et par des lettres, de ce qui se passe ici; mais je crois devoir me réserver le soin de vous écrire ce qui n'existe encore qu'en conjecture, et qui me paraît devoir exister.

prudentia, patientia, virtute, pietate, suavitate, etiam tibi mihique sunt restituta. Domus tibi ad Lucum Pisonis Liciniana conducta est; sed ut spero paucis mensibus post kal. quint. in tuam commigrabis. Tuam, in Carinis Mundi, habitatores Lamiæ conduxerunt. A te, post illam Olbiensem epistolam, nullas litteras accepi. Quid agas et ut te oblectes, scire cupio, maximeque te ipsum videre quamprimum. Cura, mi frater, ut valeas, et, quanquam est hiems, tamen Sardiniam istam esse cogites. xv kal. mart.

EPISTOLA C

(ad div., I, 5, pars altera)

Scrib. Romæ, A. V. C. 697, mense februario.

M. T. CICERO P. LENTULO PROCOS. S. D.

Hic quæ agantur, quæque acta sint, ea te et litteris multorum, et nuntiis cognoscere arbitror : quæ autem posita sunt in conjectura, quæque mihi videntur fore, ea puto tibi a me scribi oportere.

Lorsque Pompée, parlant pour Milon dans l'assemblée du peuple, le 6 février, fut interrompu par des cris et des injures, et qu'il se vit accusé au sénat par Caton avec beaucoup d'amertume et de dureté, sans que personnne rompît le silence en sa faveur, je m'aperçus qu'il était consterné : depuis ce temps-là j'ai cru remarquer qu'il renonce entièrement à l'affaire d'Alexandrie, qui est toujours dans le même état par rapport à nous; car le sénat ne vous ôte jusqu'à présent que ce que les mêmes raisons ne lui permettent d'accorder à personne. Notre espérance et le but de notre travail est que le roi, ne comptant plus, comme il faisait, de pouvoir être rétabli par Pompée, et voyant que, s'il ne l'est par vous, il demeurera vraisemblablement malheureux et abandonné, prendra le parti de recourir à vous. Il le prendra, n'en doutez point, pour peu que Pompée fasse connaître qu'il le peut sans lui déplaire ; mais vous connaissez l'homme, son humeur lente et taciturne. Nous n'oublierons rien de ce qui peut faire réussir cette affaire. Il nous sera aisé, comme je l'espère, de faire face à tous les autres procédés injurieux de Caton. Entre les consulaires, je ne vois que Hortensius et Lucullus qui vous soient affectionnés : des autres, la moitié vous traverse en secret, et le reste vous en veut ouvertement ; mais il faut que votre courage et votre fermeté se soutiennent. Espérons qu'après avoir réprimé les violences du plus inconséquent des hommes,

Posteaquam Pompeius est apud populum ad viii idus febr., quum pro Milone diceret, clamore convicioque jactatus, in senatuque a Catone aspere et acerbe nimium, magno silentio, est accusatus : visus est mihi vehementer esse perturbatus. Itaque Alexandrina causa, quæ nobis adhuc integra es. (nihil enim tibi detraxit senatus, nisi id quod per eamdem religionem dare alteri non potest), videtur ab illo plane esse deposita. Nunc id speramus, idque molimur, ut quum rex intelligat, sese id, quod cogitabat, ut a Pompeio reducatur, assequi non posse, et, nisi per te sit restitutus, desertum se atque aljectum fore, proficiscatur ad te. Quod sine ulla dubitatione, si Pompeius paulum modo ostenderit sibi placere, faciet. Sed nosti hominis tarditatem et aciturnitatem. Nos tamen nihil, quod ad eam rem pertineat, prætermittemus. Cæteris injuriis, quæ propositæ sunt a Catone, facile, ut spero, resistemus. Amicum ex consularibus neminem tibi esse video, præter Hortensium, et Lucullum : cæteri sunt partim obscurius iniqui, partim non dissimulante irati.

vous verrez votre gloire et votre dignité rétablies dans leur ancien éclat.

LETTRE CI

Rome, mars 697.

M. T. CICÉRON A P. LENTULUS, PROCONSUL

Vous apprendrez de Pollion ce qui se passe. Non-seulement il a eu part à toutes les affaires, mais il y a présidé. Dans la douleur extrême où me jettent les vôtres, je me console par l'espérance que la sage conduite de vos amis, et le temps même, en affaiblissant les desseins des ennemis et des traîtres, l'emporteront sur la malignité de vos persécuteurs. Je trouve encore un sujet de consolation dans le souvenir de mes propres disgraces, dont je vois l'image dans les vôtres. Quoique le tort qu'on fait à votre dignité n'approche pas de celui qui menaçait alors mon salut, la ressemblance est néanmoins si grande, que vous devez me pardonner de ne m'être point abandonné à des frayeurs dont vous m'avez dit vous-même qu'on doit toujours se défendre. Soyez tel aujourd'hui que je vous ai connu dès vos premières

Tu fac animo forti magnoque sis, speresque fore ut, fracto impetu levissimi hominis tuam pristinam dignitatem et gloriam consequare.

EPISTOLA CI
(ad div., I, 6.)

Scrib. Romæ, A. V. C. 697, mense martio.

M. T. CICERO P. LENTULO PROCOS. S. D.

Quæ gerantur accipies ex Pollione, qui omnibus negotiis non interfuit solum, sed præfuit. Me in summo dolore, quem in tuis rebus capio, maxime scilicet consolatur spes, quod valde suspicor fore, ut infringatur hominum improbitas et consiliis tuorum amicorum, et ipsa die: quæ debilitat cogitationes et inimicorum et proditorum. Facile secundo loco me consolatur recordatio meorum temporum, quorum imaginem video in rebus tuis. Nam etsi minore in re violatur tua dignitas, quam mea salus afflicta sit; tamen est tanta similitudo, ut sperem te mihi ignoscere, si ea non timuerim, quæ ne tu quidem unquam timenda duxisti. Sed præsta te eum qui mihi a teneris (ut Græci di-

années. Les injustices qu'on vous fait ne serviront, croyez-moi, qu'à relever votre gloire. Attendez de moi tout le zèle et tous les services possibles : ils ne tromperont pas votre espoir. Adieu.

LETTRE CII

Rome, mars 697.

M. CICÉRON A QUINTUS, SON FRÈRE

Notre cher Sextius a été absous le 13 mars, et tout d'une voix, ce qui était fort important pour la république. Vous souhaitiez beaucoup, comme vous me l'avez souvent fait entendre, que je supportasse assez patiemment quelques mauvais procédés que je suis en droit de lui reprocher, pour ne pas donner lieu à nos ennemis de m'accuser d'ingratitude; apprenez que dans ce jugement je me suis acquis la réputation du plus reconnaissant de tous les hommes. Non-seulement j'ai satisfait pleinement au devoir, en défendant un homme d'aussi mauvaise humeur ; mais, ce qu'il désirait ardemment, j'ai traité à mon gré, avec l'applaudissement des dieux et des hommes, Vatinius, qui l'attaquait oucunt) unguiculis est cognitus. Illustrabit, mihi crede, tuam amplitudinem hominum injuria. A me omnia summa in te studia, officiaque exspecta. Non fallam opinionem tuam. Vale.

EPISTOLA CII

(ad Q. fratrem, II, 4)

Scrib. Romæ, A. V. C. 697, mense martio.

M. CICERO QUINTO FRATRI SAL.

Sextius noster absolutus est ad iii idus mart., et quod vehementer interfuit reipublicæ nullam videri in ejusmodi causa dissensionem esse, omnibus sententiis absolutus est. Illud quod tibi curæ sæpe esse intellexeram, nec mi iniquo relinqueremus vituperandi locum, qui nos ingratos esse diceret, nisi illius perversitatem quibusdam in rebus quam humanissime ferremus, scito hoc nos in eo judicio consecutos esse, ut omnium gratissimi judicaremur. Jam in defendendo moroso homine cumulatissime satisfecimus, et, id quod ille maxime cupiebat, Vatinium, a quo palam oppugnabatur, arbitratu nostro concilimus

vertement. Bien plus, notre ami Paullus, qui avait été produit pour témoin contre Sextius, déclara qu'il était résolu d'accuser Vatinius, si Macer Licinius paraissait balancer; et Macer, s'étant levé du banc de Sextius, protesta qu'il ne lui manquerait pas au besoin. En un mot, Vatinius, malgré sa pétulance et son audace, sortit fort troublé et fort humilié.

On n'épargne rien pour l'instruction de votre cher Quintus, qui est un enfant d'excellent caractère. Je m'aperçois mieux de ses progrès, parce que Tyrannion l'instruit à présent chez moi. Votre maison et la mienne avancent beaucoup. J'ai fait payer à votre entrepreneur la moitié de la somme. Je me flatte qu'avant l'hiver nous serons réunis sous le même toit. Notre chère Tullia, qui certes vous aime très-tendrement, épouse Crassipès, et je crois l'affaire terminée. Voici, après les fêtes latines, deux jours qui passent pour religieux. Mais, au moment où j'écris, la fête du Latiar touche à sa fin.

LETTRE CIII
Rome, 6 avril 697.
M. CICÉRON A QUINTUS, SON FRÈRE

Vous avez dû recevoir une de mes lettres, où je vous marquais

diis hominibusque plaudentibus. Quin etiam Paullus noster, quum testis productus esset in Sextium, confirmavit se nomen Vatinii delaturum, si Macer Licinius cunctaretur : et Macer a Sextii subselliis surrexit, ac se illi non defuturum affirmavit. Quid quæris? Homo petulans et audax Vatinius, valde perturbatus debilitatusque, discessit.

Quintus filius tuus, puer optimus, eruditur egregie. Hoc nunc magis animadverto, quod Tyrannio docet apud me. Domus utriusque nostrum ædificatur strenue. Redemptori tuo dimidium pecuniæ curavi. Spero nos ante hiemem contubernales fore. De nostra Tullia tui mehercule amantissima, spero cum Crassipede nos confecisse. Dies erant duo, qui post latinas habentur religiosi; cæterum, qui confectum erat Latiar, erat exiturus.

EPISTOLA CIII
(ad Q. fratrem, II, 5)
Scrib. Romæ postridie non. apr. A. V. C. 697.
M. CICERO QUINTO FRATRI SAL.

Dederam ad te litteras antea, quibus erat scriptum, Tulliam nostram Crassi-

que notre chère Tullia avait été fiancée à Crassipès le 4 avril. Je vous y ai rendu compte aussi de toutes les affaires publiques et particulières. Reprenons-en le fil. L'assemblée du sénat, par un décret du 5, assigna à Pompée la somme de quarante millions de sesterces pour la provision du blé [1]. Le même jour, les discussions furent très-vives sur l'affaire des terres de Campanie, et le tumulte du sénat ne le cédait guère à celui du Forum. La disette d'argent et la cherté des vivres augmentaient encore la chaleur de la dispute. Je ne veux rien oublier, pas même l'aventure de M. Furius Flaccus, chevalier romain, mais grand fripon, que le collége Capitolin et le Mercurial ont chassé de leurs corps, en sa présence même, et quoiqu'il demandât grâce aux genoux de tout le monde.

LETTRE CIV

Rome, 9 avril 697.

M. CICÉRON A QUINTUS, SON FRÈRE

J'AI donné le souper nuptial à Crassipès le 6 avril. L'excellent Quintus, qui m'est aussi cher qu'à vous, ne fut pas de cette fête, parce qu'il se trouva légèrement indisposé. J'allai le voir le 7,

---

pedi pridie non. apriles esse desponsatam; cæteraque de republica privataque perscripseram. Postea sunt hæc acta. Non. april. senatusconsulto Pompeio pecunia decreta in rem frumentariam ad H.-S. cccc. Sed eodem die vehementer actum de agro Campano, clamore senatus prope concionali. Acriorem causam opinio pecuniæ faciebat et annonæ caritas. Non prætermittam ne illud quidem : M. Furium Flaccum, equitem Romanum, hominem nequam, Capitolini et Mercuriales de collegio ejecerunt, præsentem, ad pedes uniuscujusque jacentem.

EPISTOLA CIV

(ad Q. fratrem, II, 6)

Scrib. Romæ. v id. apr. A. V. C. 697.

M. CICERO QUINTO FRATRI SAL.

AD VIII idus apriles sponsalia Crassipedi præbui. Huic convivio puer optimus, Quintus tuus meusque, quod perleviter commotus fuerat, defuit. Ad

[1] 7,370,000 fr.

et le trouvai parfaitement rétabli. Il me parla longtemps et fort plaisamment des querelles de nos femmes. Que vous dirai-je? il n'y avait rien de plus drôle. Pomponia se plaint aussi de vous; mais je remets ce détail à votre retour.

En quittant votre fils, je me suis rendu sur votre terrain. Le travail est poussé par un grand nombre d'ouvriers. J'ai fortement exhorté Longilius, votre entrepreneur; il m'a protesté que nous serions contents de lui. La maison sera très-belle; car il est plus aisé à présent d'en juger que sur le plan. La mienne n'avance pas avec moins de diligence. Je soupai le même jour dans les jardins de Crassipès. En sortant de table, je me fis porter en litière chez Pompée. Je n'avais pu voir Lucceius, parce qu'il était absent. Mais j'étais résolu néanmoins de le voir, parce que je devais le lendemain sortir de Rome, et qu'il partait pour la Sardaigne. J'allai chez lui, et je lui demandai en grâce de vous rendre promptement à nous. Il me le promit. Suivant ce qu'il me dit, il devait partir le 11 pour aller s'embarquer à Pise ou à Salébron. Vous, cher frère, ne manquez pas de vous mettre en mer immédiatement après son arrivée. Prenez la première occasion, pourvu que le temps soit favorable. Je désire avec assez de modération l'abondance dont vous me parlez; c'est-à-dire que je la recevrai volontiers, si elle se présente, mais que, ne la voyant point encore paraître, je ne fais rien pour cela. Je bâtis

---

vii idus apriles veni ad Quintum, cumque vidi plane integrum ; multumque is mecum sermonem habuit et perhumanum de discordiis mulierum nostrarum. Quid quæris? nihil festivius. Pomponia autem etiam de te questa est : sed hæc coram agemus.

A puero ut discessi, in aream tuam veni; res agebatur multis structoribus. Longilium redemptorem cohortatus sum ; fidem mihi faciebat se velle nobis placere. Domus erit egregia : magis enim cerni jam poterat, quam quantum ex forma judicabamus. Itemque nostra celeriter ædificabatur. Eo die cœnavi apud Crassipedem in hortis. Cœnatus, ad Pompeium lectica latus sum. Lucceium convenire non potueram, quod abfuerat. Videre autem volebam, quod eram postridie Roma exiturus, et quod ille in Sardiniam iter habebat. Hominem conveni, et ab eo petivi, ut quamprimum te nobis redderet. Statim dixit. Eram autem iturus, ut aiebat, ad iii idus apriles ut aut Salebrone aut Pisis conscenderet. Tu, mi frater, simul ac ille venerit, primam navigationem (dummodo idonea tempestas sit) ne omiseris. Ἀμφιλάφειαν autem illam, quam tu soles dicere, bono modo desidero; sic prorsus ut advenientem exci-

sur trois points différents. Je fais des réparations dans les autres lieux. Je vis avec un peu moins d'économie que je ne faisais. Si je vous avais ici, il faudrait donner un peu d'exercice aux ouvriers; mais j'espère que nous traiterons bientôt cette matière ensemble.

Voici l'état des affaires romaines. Lentulus est un excellent consul, et son collègue ne le traverse point; mais si bon, vous dis-je, que je n'en ai jamais vu de meilleur. Il nous a retranché tous les jours des comices. Il fait recommencer les fêtes latines; et cependant les supplications ne manquent point. C'est ainsi qu'il s'oppose à quantité de lois pernicieuses, surtout à celles de Caton, qui a trouvé, d'un autre côté, à qui parler dans notre cher Milon. Ce vengeur des gladiateurs et des bestiaires avait acheté de Cosconius et de Pomponius plusieurs de ces derniers, et jamais il ne paraissait en public sans les avoir à sa suite bien armés. Comme il n'était point en état de les nourrir, il avait peine à les retenir sous son ordre. Milon qui s'en aperçut, chargea quelqu'un d'acheter à Caton cette *familia*, et, pour ne faire naître aucune défiance, il chargea un étranger de cette commission. Aussitôt que la troupe eut été livrée, Racilius, qui est à présent seul tribun du peuple, rendit la chose publique, et, déclarant, comme on était convenu, que les bestiaires avaient été achetés pour lui, il fit afficher qu'il voulait revendre la familia de Caton. On a beaucoup ri de cette affiche.

piam libenter, latentem etiam nunc non excitem. Tribus locis ædifico. Reliqua reconcinno; vivo paulo liberalius quam solebam. Opus erat, si te haberem, paulisper fabris locum dare : sed et hæc, ut spero, brevi inter nos communicabimus.

Res autem Romanæ sic sese habent. Consul est egregius Lentulus, non impediente collega : sic, inquam, bonus, ut meliorem non viderim. Dies comitiales exemit omnes; nam etiam latinæ instaurantur, nec tamen deerant supplicationes. Sic legibus perniciosissimis obsistitur, maxime Catonis : cui tamen egregie imposuit Milo noster. Nam ille vindex gladiatorum et bestiarorum emerat de Cosconio et Pomponio bestiarios, nec sine his armatis unquam in publico fuerat : hos alere non poterat, itaque vix tenebat. Sensit Milo. Dedit cuidam non familiari negotium, qui sine suspicione emeret eam familiam a Catone : quæ simul atque abducta est, Racilius, qui unus est hoc tempore tribunus plebis, rem patefecit, eosque homines sibi emptos esse dixit (sic enim placuerat) et tabulam proscripsit se familiam Catonianam venditurum. In eam tabulam magni risus consequebantur.

Lentulus ôte enfin le pouvoir de faire des lois, et à Caton, et à ceux qui faisaient d'étranges motions au sujet de César, sans que personne s'y opposât. Ce que Caninius avait entrepris pour Pompée tombe dans une extrême langueur. Cette affaire trouve peu d'approbateurs. Notre cher Pompée lui-même est blâmé pour sa conduite avec Lentulus; et, pour m'expliquer de bonne foi, il n'est plus le même. Il s'est mis assez mal dans l'esprit de cette vile et misérable lie du peuple, à l'occasion de Milon, et les honnêtes gens trouvent tout à la fois bien des choses à blâmer et à désirer dans sa conduite. Marcellinus (et c'est l'unique plainte que j'aie à faire de lui) le traite trop durement. On s'aperçoit bien que ce n'est pas malgré le sénat, et cette raison me fait renoncer plus volontiers, non-seulement aux assemblées, mais à toutes les affaires publiques. Dans celles du barreau, je suis ce que j'étais. Ma maison est aussi fréquentée que jamais. Il ne m'est arrivé qu'un contre-temps, par l'imprudence de Milon, dans l'affaire de S. Clodius. Je n'étais pas d'avis que l'accusation fût formée dans les circonstances présentes, ni par des adversaires si faibles. Néanmoins cela aurait fort mal tourné pour lui si trois voix seulement lui avaient manqué. Aussi est-il rappelé par le peuple, et rien ne pourra empêcher son retour; parce qu'on l'a presque vu condamné d'avance par ses propres amis, on s'est imaginé que sa condamnation était inévitable. D'ailleurs,

Hunc igitur Catonem Lentulus a legibus removit, et eos qui de Cæsare monstra promulgarunt, quibus intercederet nemo. Nam quod de Pompeio Caninius agit sane quam refrixit : neque enim res probatur : et Pompeius noster in amicitia P. Lentuli vituperatur, et, mehercule non est idem. Nam apud illam perditissimam atque infimam fæcem populi, propter Milonem, suboffendit ; et boni multa ab eo desiderant, multa reprehendunt. Marcellinus autem hoc uno mihi quidem non satisfacit, quod eum nimis aspere tractat; quanquam id senatu non invito facit : quo ego me libentius a Curia, et ab omni parte reipublicæ subtraho. In judiciis ii sumus qui fuimus. Domus celebratur, ita ut quum maxime. Unum accidit, imprudentia Milonis, incommode de S. Clodio, quem neque hoc tempore, neque ab imbecillis accusatoribus mihi placuit accusari : ei tres sententiæ teterrimo in consilio defuerunt. Itaque hominem populus revocat, et retrahatur necesse est. Non enim ferunt homines ; et quia, quum apud suos diceret, pæne damnatus est, vident damnatum. Ea ipsa in re

le mécontentement qu'on a de Pompée était un autre obsstacle. Les suffrages déposés dans l'urne du sénat étaient pour l'absollution. Celle des chevaliers rétablit la balance; les tribuns du trésor condamnaient. Mais je suis consolé tous les jours de ce désagrément par la condamnation de mes ennemis. Je n'ai pas été fâché, par exemple, de voir Servius confondu. D'autres n'ont pas un meilleur sort. C. Caton a déclaré à la tribune qu'il s'opposerait à l'assemblée des comices, si on lui retranchait les jours où il peut parler au peuple. Appius n'a pas encore quitté César.

J'attends des lettres de vous avec toute l'impatience possible. Je sais que la navigation n'est point encore ouverte. Cependant on assure qu'il est arrivé d'Olbie plusieurs personnes qui vous comblent d'éloges, et qui rapportent que vous êtes fort estimé dans votre province. Ils ajoutent que vous vous proposez de partir par le premier vaisseau. Je le souhaite ardemment; mais, quoique ma plus forte impatience soit de vous voir, je me flatte auparavant de recevoir encore de vos lettres. Adieu, mon cher frère.

Pompeii offensio nobis obstitit. Senatorum enim urna copiose absolvit, equitum adæquavit, tribuni ærarii condemnarunt. Sed hoc incommodum consolantur quotidianæ damnationes inimicorum, in quibus, me perlubente, Servius allisus est, cæteri conciduntur. C. Cato concionatus est, comitia haberi non siturum, si sibi cum populo dies agendi essent exempti. Appius a Cæsare nondum redierat.

Tuas mirifice litteras exspecto, atque adhuc clausum marum fuisse scio, sed quosdam venisse tamen Olbia dicebant, qui te unice laudarent, plurimique in provincia fieri dicerent. Eosdem aiebant nuntiare te prima navigatione transmissurum. Id cupio ; et quanquam te ipsum scilicet maxime, tamen etiam litteras tuas ante exspecto. Mi frater, vale.

LETTRE CV

Antium, 8 avril 697.

CICÉRON A ATTICUS

Vous ne sauriez mieux faire que de venir ici. Vous arriverez à propos pour voir le beau catalogue que Tyrannion a fait de ma bibliothèque, dont les restes se sont trouvés beaucoup meilleurs que je ne pensais. Je vous prie, en attendant, de m'envoyer deux de vos copistes pour travailler sous Tyrannion à coller les livres, et à tout ce qui est de leur métier. Vous leur direz d'apporter de ce petit parchemin dont on fait les tables, que vous autres Grecs appelez, si je ne me trompe, συλλάβα. Mais il ne faut pas que cela vous embarrasse. Si vous pouvez passer quelques jours ici, je vous prie d'amener avec vous Pilia. Ma fille souhaite fort de la voir, et vous ne pouvez guère le lui refuser.

Les gladiateurs que vous avez achetés m'ont paru fort beaux : on dit qu'ils sont très-bien exercés ; et si vous les aviez voulu louer dans les deux dernières occasions, vous auriez retiré en deux fois ce qu'ils vous ont coûté. Je ne vous en dis pas maintenant davantage. Je vous prie encore une fois de me venir voir, et de vous souvenir des deux copistes que je vous demande.

EPISTOLA CV
(ad Att., IV, 4 pars altera)

Scrib. in Antiati, vi id. apr. A. V. C. 697.

CICERO ATTICO SAL.

Perbelle feceris si ad nos veneris : offendes designationem Tyrannionis mirificam librorum meorum ; quorum reliquiæ multo meliores sunt, quam putaram. Et velim mihi mittas de tuis librariolis duos aliquos, quibus Tyrannio utatur glutinatoribus, ad cætera administris, iisque imperes, ut sumant membranulam, ex qua indices fiant, quos, vos Græci, ut opinor, συλλάβους appellatis. Sed hæc, si tibi erit commodum : ipse vero utique fac venias, si potes in his locis adhærescere, et Piliam adducere : ita enim et æquum est, et cupit Tullia.

Medius fidius, næ tu emisti ludum præclarum : gladiatores audio pugnare mirifice ; si locare voluisses, duobus his muneribus liberasses. Sed hæc posterius. Tu fac venias ; et de librariis, si me amas, diligenter.

LETTRE CVI

Antium, 10 avril 697.

CICÉRON A ATTICUS

Quoi donc? croyez-vous qu'il y ait personne au monde à qui j'aime mieux faire lire mes ouvrages qu'à vous? Pourquoi? me direz-vous d'abord, n'ai-je pas vu le premier celui-ci? C'est que je n'en avais qu'une copie, et je n'ai pu la refuser aux empressements de la personne à qui je l'ai envoyée. De plus (car il n'y a plus moyen de reculer, il faut vous dire la véritable raison), je vous avouerai que j'ai eu quelque honte de changer si subitement de langage. Mais tous ces grands sentiments, ces maximes rigides, cette probité austère ne sont plus de saison. Vous ne sauriez croire combien l'on trouve peu de sûreté avec ces gens qui se disent les chefs du bon parti, et qui mériteraient de l'être, s'il leur restait quelque droiture. Je les connaissais à mes dépens; je m'étais vu engagé par eux dans le péril, abandonné, poussé dans le précipice. Malgré tout, j'étais résolu de me tenir attaché à leur parti : rien ne les a changés, et vous m'avez enfin ouvert les yeux.

Je vous ai marqué, me direz-vous, quelle conduite vous deviez tenir, mais je ne vous ai point conseillé cette lettre. J'ai

EPISTOLA CVI

(ad Att., IV, 5)

Scrib. in Antiati. iv id. apr. A. V. C. 697.

CICERO ATTICO SAL.

Ain' tu? an me existimas ab ullo malle mea legi probarique, quam a te? cur igitur cuiquam misi prius? urgebar ab eo, ad quem misi, et non habebam exemplar. Quid? etiam (dudum enim circumrodo, quod devorandum est) subturpicula mihi videbatur esse παλινῳδία : sed valeant recta, vera, honesta consilia. Non est credibile, quæ sit perfidia in istis principibus, ut volunt esse, et ut essent, si quidquam haberet fidei : senseram, noram, inductus, relictus, projectus ab iis : tamen hoc erat in animo, ut cum iis in republica consentirem. Iidem erant qui fuerant. Vix aliquando te auctore resipivi.

Dices, ea te monuisse, suasisse, quæ facerem; non etiam ut scriberem. Ego

voulu par là m'engager sans retour, et rompre pour jamais avec des gens qui me portent envie, dans le temps même où je devrais plutôt exciter leur compassion. Mais, comme je vous l'ai déjà écrit, il n'y a rien dans ma lettre d'outré : je traiterai ce sujet avec plus d'étendue, si César en est content, et si cela mortifie, autant que je le souhaite, ces esprits jaloux, qui trouvent mauvais que j'aie acheté une maison de campagne venant de Catulus, et qui ne considèrent pas qu'elle a passé depuis par les mains de Vettius ; qui prétendent qu'au lieu de rebâtir ma maison de Rome, je devais en vendre le terrain. Mais voici bien un autre trait : lorsque j'ai été, dans le sénat, de quelque avis conforme au leur, ils ont été ravis de me mettre en opposition avec Pompée. Halte-là ! puisque ces impuissants ne veulent pas de mon amitié, gagnons l'amitié des puissants. Il fallait s'y prendre plus tôt, me direz-vous. C'était votre idée, je le sais : je me suis conduit comme une bête. Mais il est temps enfin que je travaille pour moi, puisque je ne puis rien tirer de ces gens-là.

Vous me faites grand plaisir d'avoir l'œil sur ma maison. Crassipès m'a pris l'argent de mon voyage. Venez tout droit me trouver dans ses jardins : cela m'est plus commode ; le lendemain j'irai chez vous ; mais nous y penserons. Vos ouvriers ont arrangé mes livres, — ils ont mis les étiquettes. Félicitez-les de ma part.

---

mehercule mihi necessitatem volui imponere hujus novæ conjunctionis ; ne qua mihi liceret labi ad illos, qui etiam tum, quum misereri mei debent, non desinunt invidere. Sed tamen modici fuimus ὑποθέσει, ut scripsi. Erimus uberiores, si et ille libenter accipiet, et hi subringentur, qui villam me moleste ferunt habere, quæ Catuli fuerat, a Vettio me emisse non cogitant ; qui domum negant oportuisse me ædificare, vendere aiunt oportuisse. Sed quid ad hoc ? si quibus sententiis dixi, quod et ipsi probarent, lætati sunt tamen me contra Pompeii voluntatem dixisse. Finis ; sed quoniam, qui nihil possunt, ii me nolunt amare, demus operam ut ab iis, qui possunt, diligamur. Dices : vellem jampridem. Scio te voluisse ; et me asinum germanum fuisse ; sed jam tempus est me ipsum a me amari, quando ab illis nullo modo possum.

Domum meam quod crebro invisis, est mihi valde gratum. Viaticum Crassipes præripit. Tu de via recta in hortos : videtur commodius ; ad te postridie scilicet : quid enim tua ? sed videbimus. Bibliothecam mihi tui pinxerunt constructione et sittybis. Eos velim laudes.

LETTRE CVII

Antium, 11 avril 697.

M. T. CICÉRON A QUINTUS, SON FRÈRE

J'ai dicté cette lettre le 11 avril avant le jour, j'étais en route pour aller passer la journée chez T. Titius, dans sa maison d'Anagnia. Mon dessein est de passer le jour suivant à Laterium, de demeurer ensuite cinq jours à Arpinum, de me rendre de là à Pompeium, de jeter l'œil à mon retour sur ma maison de Cumes, et, puisque l'affaire de Milon est remise au 7 mai, d'être la veille à Rome, où je compte, mon très-cher frère, vous embrasser ce jour-là. J'ai fait suspendre jusqu'à votre arrivée l'ouvrage de votre maison d'Arcanum. Portez-vous bien, mon frère, et revenez promptement.

EPISTOLA CVII

(ad Q. fratrem, II, 7)

Scrib. Antii, III id. apr. A. V. C. 697.

M. CICERO QUINTO FRATRIS

Ad III id. april. ante lucem, hanc epistolam dictaveram scripseramque in itinere, et eo die apud T. Titium in Anagnino manerem : postridie autem in Laterio cogitabam : inde quum in Arpinati quinque dies fuissem, ire in Pompeianum, rediens aspicere Cumanum, ut, quoniam in nonas maias Miloni dies prodita est, pridie nonas Romæ essem, teque, mi carissime et suavissime frater, ad eam diem, ut sperabam, viderem. Ædificationem Arcani ad tuum adventum sustentari placebat. Fac, mi frater, ut valeas, quamprimumque venias.

LETTRE CVIII

Mai 697.

CICÉRON A L. LUCCEIUS, FILS DE Q.

J'ai plus d'une fois voulu vous faire à vous-même certaine demande : mais une honte mêlée de gaucherie m'en a empêché. Votre absence m'enhardit à m'expliquer. Une lettre ne rougit point. Je me sens une passion extrême, et fort innocente, à mon avis, de voir mon nom illustré et célébré par vos écrits. Vous m'avez témoigné plus d'une fois que c'était votre dessein; mais vous me ferez la grâce de pardonner à mon impatience. Avec quelque empressement que j'aie toujours attendu vos ouvrages, ils ont surpassé l'opinion que j'en avais. Je suis charmé, ou plutôt enflammé, au point de désirer vous voir commencer au plus vite l'histoire de mes actions. Et ce n'est pas seulement la pensée de l'avenir qui me fait concevoir une certaine espérance de l'immortalité; mais je souhaiterais de jouir pendant ma vie de l'autorité de votre témoignage, ou, si vous voulez, d'une telle marque de votre amitié et d'un si doux fruit de vos talents. En vous fai-

EPISTOLA CVIII

(ad div., V, 12)

Scrib. mense maio A. V. C. 697.

CICERO S. D. L. LUCCEIO Q. F.

Coram me tecum eadem hæc agere sæpe conantem deterruit pudor quidam pæne subrusticus; quæ nunc expromam absens audacius. Epistola enim non erubescit. Ardeo cupiditate incredibili neque, ut ego arbitror, reprehendenda, nomen ut nostrum scriptis illustretur et celebretur tuis. Quod etsi mihi sæpe ostendis te esse facturum, tamen ignoscas velim huic festinationi meæ. Genius enim scriptorum tuorum, etsi erat semper a me vehementer exspectatum; tamen vicit opinionem meam; meque ita vel cepit, vel incendit, ut cuperem quam celerrime res nostras monumentis commendari tuis. Neque enim me solum commemoratio posteritatis ad spem quamdam immortalitatis rapit; sed etiam illa cupiditas, ut vel auctoritate testimonii tui, vel indicio benivolentiæ, vel suavitate ingenii, vivi perfruamur. Neque tamen, hæc quum

sant cette prière, je n'ignore pas quel fardeau d'ouvrages entrepris et commencés vous accable. Mais voyant que vous avez presque achevé l'histoire de la guerre italique et civile, et que vous êtes prêt à traiter la suite, je croirais me manquer à moi-même, si je ne vous portais à examiner lequel vaut le mieux, ou de mêler ce qui me regarde avec le reste de votre narration, ou bien, à l'exemple des Grecs, qui ont tous traité à part les guerres particulières, Callisthène celle de Troie, Timée celle de Pyrrhus, Polybe celle de Numance, de séparer la conjuration de Catilina des autres événements qui regardent nos guerres étrangères. J'y vois peu d'importance par rapport à ma réputation; mais, par rapport à mon empressement, il importe assez de ne point attendre que vous soyez au véritable lieu des affaires qui me touchent, et d'en commencer dès aujourd'hui l'histoire. D'ailleurs, je conçois qu'en vous attachant à une seule personne et à un seul sujet, vous aurez plus de facilité et d'abondance. Il y a peut-être de l'impudence à vous imposer un fardeau que vos occupations peuvent vous empêcher de recevoir; et peut-être n'y en a-t-il pas moins à vous demander des louanges. Qui m'assurera même que vous m'en jugiez tout à fait digne? Mais quand une fois on a passé les bornes de la pudeur, il n'est plus question d'être effronté à demi. Je vous demande donc en grâce

---

scribebam, eram nescius quantis oneribus premere susceptarum rerum et jam institutarum : sed quia videbam Italici belli et civilis historiam jam a te pæne esse perfectam, dixeras autem mihi te reliquas res ordiri, deesse mihi nolui quin te admonerem ut cogitares, conjunctane malles cum reliquis rebus nostra contexere, an, ut multi Græci fecerunt, Callisthenes Troicum bellum, Timæus Pyrrhi, Polybius Numantinum, qui omnes a perpetuis suis historiis ea quæ dixi bella superaverunt : tu quoque item civilem conjurationem ab hostilibus externisque bellis sejungeres. Equidem ad nostram laudem non multum video interesse : sed ad properationem meam quiddam interest, non te exspectare dum ad locum venias, ac statim causam illam totam et tempus arripere. Et simul si uno in argumento unaque in persona mens tua tota versabitur, cerno jam animo quanto uberiora atque ornatiora futura sint omnia. Neque tamen ignoro quam impudenter faciam, qui primum tibi tantum oneris imponam (potest enim mihi denegare occupatio tua), deinde etiam ut ornes me postulem. Quid si illa tibi non tantopere videntur ornanda? Sed tamen, qui semel verecundiæ fines transierit, eum bene et naviter deet esse.

d'embellir les faits au delà même de vos impressions, et de ne pas vous arrêter si exactement aux lois de l'histoire ; et si vous sentiez quelque mouvement de cette faveur dont vous parlez agréablement dans une de vos préfaces, et par laquelle vous déclarez que vous ne vous êtes pas laissé plus ébranler que l'Hercule de Xénophon ne le fut par la volupté, je vous prie de vous y livrer un peu en souvenir de notre amitié, et de ne pas même vous arrêter trop scrupuleusement aux bornes de la vérité. Si je puis vous engager à commencer l'ouvrage, je suis persuadé que vous trouverez le sujet digne de votre riche et facile génie.

Depuis le commencement de la conspiration jusqu'à mon retour, il me semble qu'il y a la matière d'un volume raisonnable. Vous pourrez vous y faire honneur de la parfaite connaissance que vous avez de toutes nos révolutions civiles, lorsque, en expliquant les différentes causes des changements et les remèdes apportés au désordre, vous relèverez les fautes commises, et vous appuyerez sur des raisonnements ce qui mérite votre approbation. Si vous croyez devoir parler librement, suivant votre usage, vous flétrirez sans doute les perfidies, les piéges, les trahisons dirigées contre nous. Mes disgrâces ont une variété qui en mettra beaucoup dans votre ouvrage, et lui prêtera une sorte d'attrait propre à piquer vivement l'esprit du lecteur. En effet,

---

impudentem. Itaque te plane etiam atque etiam rogo, ut et ornes ea vehementius etiam quam fortasse sentis, et in eo leges historiæ negligas : gratiamque illam de qua suavissime quodam in proœmio scripsisti, a qua te affici non magis potuisse demonstras quam Herculem Xenophontium illum a voluptate, ea si me vehementius commendabit, ne aspernere ; amorique nostro, plusculum etiam quam concedit veritas, largiare. Quod si te adducemus ut hoc suscipias, erit, ut mihi persuadeo, materies digna facultate et copia tua.

A principio enim conjurationis usque ad reditum nostrum videtur mihi modicum quoddam corpus confici posse : in quo et illa poteris uti civilium commutationum scientia, vel in explicandis causis rerum novarum, vel in remediis incommodorum, quum et reprehendes ea quæ vituperanda duces, et, quæ placebunt, exponendis rationibus comprobabis : et si liberius, ut consuesti, agendum putabis, multorum in nos perfidiam, insidias, proditionem notabis. Multam etiam casus nostri tibi varietatem in scribendo suppeditabunt, plenam cujusdam voluptatis, quæ vehementer animos hominum in le-

si quelque chose est capable d'attacher un lecteur, c'est cette multiplicité de circonstances et ces vicissitudes de fortune qu'il n'est point agréable d'éprouver soi-même, mais qu'on trouve de la douceur à lire; car le souvenir d'une douleur passée a son charme; et la seule compassion est un sentiment fort doux pour ceux qui n'ont eu rien à souffrir, et qui considèrent les infortunes d'autrui sans y être eux-mêmes exposés. Qui pourrait se défendre d'une pitié délicieuse, à la vue d'Épaminondas mourant au champ de Mantinée, lorsque, après s'être fait assurer qu'on a sauvé son bouclier, il ordonne enfin qu'on arrache le trait dont il est percé, et que, dans la douleur de sa blessure, il expire avec autant de fermeté que de gloire? Qui ne sentirait pas son attention soutenue par le récit de la fuite et du retour de Thémistocle? Le seul ordre des années ne fait trouver qu'un plaisir médiocre dans le dénombrement des fastes. Mais les aventures et les dangers de la vie d'un grand homme font ressentir tour à tour l'admiration, l'attente, la joie, la tristesse, l'espérance et la crainte; et si la catastrophe finale est extraordinaire, la lecture remplit l'âme d'une délicieuse volupté.

C'est ce qui me fait souhaiter ardemment que vous preniez le parti de séparer du corps de votre histoire ce que je puis appeler la *fable* de mes actions. Croyez-moi, elle aura plus d'un

---

gendo tenere possit. Nihil est enim aptius ad delectationem lectoris, quam temporum varietates, fortunæque vicissitudines : quæ etsi nobis optabiles in experiendo non fuerunt, in legendo tamen erunt jucundæ. Habet enim præteriti doloris secura recordatio delectationem. Cæteris vero nulla perfunctis propria molestia, casus autem alienos sine ullo dolore intuentibus, etiam ipsa misericordia est jucunda. Quem enim nostrum ille moriens apud Mantineam Epaminondas non cum quadam miseratione delectat? Qui tum denique sibi avelli jubet spiculum, posteaquam ei percontanti dictum est clypeum esse salvum : ut etiam in vulneris dolore æquo animo cum laude moreretur. Cujus studium in legendo non erectum Themistoclis fuga redituque tenetur? Etenim ordo ipse annalium mediocriter nos retinet, quasi enumeratione fastorum. At viri sæpe excellentis ancipites variique casus habent admirationem, exspectationem, lætitiam, molestiam, spem, timorem. Si vero exitu notabili concluduntur, expletur animus jucundissima lectionis voluptate.

Quo mihi acciderit optatius, si in hac sententia fueris ne a continentibus tuis scriptis; in quibus perpetuam rerum gestarum historiam complecteris; seternes hanc quasi fabulam rerum eventorumque nostrorum. Habet enim

acte où la prudence et la fortune joueront bien des rôles différents. Au reste, lorsque je vous marque un désir si pressant d'être loué par votre plume, je ne crains pas qu'on m'accuse de vouloir piper votre faveur par une petite flatterie. Un homme tel que vous ne peut ignorer son mérite, et doit plutôt traiter de jaloux ceux qui lui refusent leur admiration, que ceux qui le louent, de flatteurs. Je ne suis pas non plus assez insensé pour confier le soin de ma gloire à quelqu'un qui n'aurait pas d'honneur à attendre pour lui-même de ce qu'il entreprendrait pour le mien. Ce ne fut point par faveur pour Apelles et pour Lysippe qu'Alexandre voulut être peint de la main du premier, et sculpté par l'autre; mais parce qu'il espérait recueillir autant de gloire qu'eux de leur habileté. Cependant le mérite de ces artistes ne consistait qu'à faire connaître la véritable figure du corps; supprimez ces images, ces hommes illustres n'en auront pas moins d'éclat. Le Spartiate Agésilas, qui ne souffrit point que la peinture ni la sculpture le représentassent, mérite-t-il moins d'éloges que ceux qui ont employé le secours de ces deux arts? Un seul petit livre de Xénophon, consacré à l'éloge de ce prince, a plus fait que toutes les statues et les peintures du monde. Mais ce qui me fait espérer de votre plume beaucoup plus de satisfaction que de celle d'un autre, et plus de dignité pour ma mémoire, c'est que je ne profiterai pas seulement de votre esprit, comme Ti-

---

varios actus multasque actiones et consiliorum et temporum. Ac non vereor ne assentatiuncula quadam aucupari tuam gratiam videar, quum hoc demonstrem, me a te potissimum ornari celebrarique velle. Neque enim tu is es qui, qui sis, nescias ; et qui non eos magis, qui te non admirentur, invidos, quam eos, qui laudent, assentatores arbitrere. Neque autem ego sum ita demens, ut me sempiternæ gloriæ per eum commendari velim, qui non ipse quoque in me commendando propriam ingenii gloriam consequatur. Neque enim Alexander ille gratiæ causa ab Apelle potissimum pingi, et a Lysippo fingi volebat : sed quod illorum artem, quum ipsis, tum etiam sibi gloriæ fore putabat. Atque illi artifices corporis simulacra ignotis nota faciebant : quæ vel si nulla sint, nihilo sunt tamen obscuriores clari viri. Nec minus est Spartiates Agesilaus ille perhibendus, qui neque pictam neque fictam imaginem suam passus est esse, quam qui in eo genere laborarunt. Unus enim Xenophontis libellus in eo rege laudando facile omnes imagines omnium statuasque superavit. Atque hoc præstantius mihi fuerit et ad lætitiam animi et ad memoriæ dignitatem, si in tua scripta pervenero; quam si in cæterorum, quod non ingenium

moléon de celui de Timée, et Thémistocle de celui d'Hérodote, mais encore de votre autorité, qui est celle d'un homme célèbre et respectable, dont le nom s'est fait connaître, et dont le mérite est éprouvé dans les plus importantes affaires de la république. Ainsi, avec un éloge tel qu'Achille le reçut d'Homère, comme Alexandre en félicita sa mémoire lorsqu'il vint à Sigée, j'aurais en ma faveur le témoignage d'un homme illustre et grand lui-même. J'aime cet Hector de Névius, qui ne se réjouit pas seulement des louanges qu'il reçoit, mais encore de les recevoir d'un homme qui en avait lui-même reçu.

Si je n'obtiens pas de vous cette grâce, ou plutôt si quelque obstacle s'y opposait, car je ne vous crois point capable de refuser quelque chose à ma prière, peut-être serai-je forcé de prendre un parti qui n'est point approuvé de tout le monde : je serai mon propre historien, plusieurs grands hommes en ont donné l'exemple. Cependant, vous le savez, il y a à cela deux inconvénients : la modestie commande beaucoup de réserve sur les louanges, quand on écrit ses propres actions, et l'amour-propre porte l'écrivain à taire ses actes blâmables, sans compter que la vérité perd de son poids et de son autorité. Enfin, l'on ne manque point de censeurs et de gens qui vous accusent d'être moins modestes que les hérauts des jeux publics : quand ils ont couronné les vainqueurs et publié leurs noms à haute voix, s'ils

mihi solum suppeditatum fuerit tuum, sicut Timoleonti a Timæo, aut ab Herodoto Themistocli, sed etiam auctoritas clarissimi et spectatissimi viri, et in reipublicæ maximis gravissimisque causis cogniti, atque in primis probati : ut mihi non solum præconium, quod, quum in Sigæum venisset Alexander, ab Homero Achilli tributum esse dixit; sed etiam grave testimonium inperitum clari hominis magnique videatur. Placet enim Hector ille mihi Nævianus, qui non tantum laudari se lætatur, sed addit etiam, a laudato viro.

Quod si a te non impetro, hoc est si quæ te res impedierit (neque enim fas esse arbitror quidquam me rogantem a te non impetrare), cogar fortasse facere quod nonnulli sæpe reprehendunt : scribam ipse de me : multorum tamen exemplo et clarorum virorum. Sed, quod te non fugit, hæc sunt in hoc genere vitia, et verecundius ipsi de sese scribant necesse est, si quid es laudandum, et prætereant, si quid reprehendendum est. Accedit etiam ut minor sit fides, minor auctoritas; multi denique reprehendant, et dicant, verecundiores esse præcones ludorum gymnicorum, qui quum cæteris coronas inposuerint victoribus, eorumque nomina magna voce pronuntiarint, quum ipsi

ont eux-mêmes une couronne à recevoir avant de clore les jeux, ils se servent de la voix d'autrui, évitant de publier leur propre victoire. Voilà le ridicule que je veux éviter, et je l'éviterai effectivement, si vous vous chargez de mon affaire, comme je vous en conjure. Si vous étiez surpris que, m'ayant promis tant de fois d'écrire avec soin l'histoire de mon consulat, je ne laisse pas de vous en presser si ardemment et de m'étendre beaucoup là-dessus, je répondrais que c'est l'impatience dont je vous ai parlé qui m'échauffe. Je suis naturellement empressé dans mes désirs; je souhaite que mon histoire paraisse écrite de votre main pendant ma vie, afin que je puisse jouir avant ma mort du peu de gloire que j'ai acquis.

Faites-moi le plaisir, si vous le pouvez sans vous gêner, de m'écrire votre résolution. Si vous vous chargez de mon affaire, je rassemblerai toutes les notes relatives aux événements; ou, si vous me remettez à quelque autre temps, j'attendrai l'occasion de vous entretenir de bouche. Ne vous relâchez point dans l'intervalle. Revoyez avec soin ce que vous avez commencé, et conservez-moi votre amitié. Adieu.

---

ante ludorum missionem corona donentur, alium præconem adhibeant, ne sua voce ipsi se victores esse prædicent. Hæc nos vitare cupimus, et, si recipis causam nostram, vitabimus, idque ut facias rogamus. Ac, ne forte mirere, cur, quum mihi sæpe ostenderis te accuratissime nostrorum temporum consilia atque eventus litteris mandaturum, a te id nunc tanto opere et tam multis verbis petamus : illa nos cupiditas incendit, de qua initio scripsi, festinationis, quod alacres animo sumus ; ut et cæteri viventibus nobis ex litteris tuis nos cognoscant, et nosmetipsi vivi gloriola nostra perfruamur.

His de rebus quid acturus sis, si tibi non est molestum, rescribas mihi velim. Si enim suscipis causam, conficiam commentarios rerum omnium. Sin autem differs me in tempus aliud, coram tecum loquar. Tu interea non cessabis, et ea quæ habes instituta perpolies, nosque diliges. Vale.

LETTRE CIX

Écrite à l'une de ses maisons de campagne, en 697.

CICÉRON A ATTICUS

Je ressens comme je le dois la mort de Lentulus. Sa perte nous enlève un homme plein de vertu, qui joignait à beaucoup de noblesse et d'élévation d'esprit des manières faciles et engageantes. Il nous reste une triste, mais sérieuse consolation ; c'est que son sort n'est point à plaindre : et je ne l'entends point comme Saufeius et tous vos épicuriens ; je veux dire qu'il semble que les dieux, connaissant l'amour qu'il avait pour sa patrie, aient voulu lui épargner la douleur d'en voir la ruine et l'embrasement. En effet, quelle existence plus odieuse que la nôtre, surtout la mienne ? Pour vous, quoique vous ayez tout ce qu'il faut pour être homme politique, vous n'avez pas de joug particulier, vous partagez le sort commun. Mais moi, dont le zèle pour le bien de l'État est regardé comme une folie, les moindres ménagements comme une honteuse servitude, et le silence même comme une lâcheté et une trahison, que n'ai-je pas à souffrir ? Je souffre d'autant plus que je ne puis me plaindre, sans passer pour ingrat.

EPISTOLA CIX

(ad Att., IV, 6)

Scrib. in villa, incertum qua, A. V. C. 697.

CICERO ATTICO SAL.

De Lentulo scilicet sic fero, ut debeo : virum bonum et magnum hominem, et in summa magnitudine animi multa humanitate temperatum perdidimus ; nosque malo solatio, sed nonnullo tamen, consolamur, quod ipsius vicem minime dolemus, non ut Saufeius et vestri ; immo mehercule quia sic amabat patriam, ut mihi aliquo deorum beneficio videatur ex ejus incendio esse ereptus. Nam quid fœdius nostra vita, præcipue mea ? nam tu quidem, etsi es natura πολιτικὸς, tamen nullam habes propriam servitutem : communi frueris nomine. Ego vero qui, si loquor de republica quod oportet, insanus ; si quod opus est, servus existimor ; si taceo, oppressus et captus : quo dolore esse debeo ? quo sum scilicet, hoc etiam acriore, quod ne dolere quidem possum, ut non ingratus videar.

Encore si je pouvais me retirer, et chercher un port dans le repos; vœu superflu : il faut, au contraire, m'armer et combattre. Je serai donc subalterne, moi qui n'ai pas voulu commander en chef; je m'y résous, puisque je suivrai en cela vos conseils; et plût aux dieux que je l'eusse toujours fait! Il est aisé de dire : « Tu as pris la Spartiate, garde-la. » Je ne saurais, et je pardonne à Philoxène d'avoir mieux aimé retourner en prison. Je travaille ici néanmoins à me faire d'autres maximes, et vous achèverez de me changer quand nous serons ensemble. Vous m'écrivez fort souvent, mais je reçois plusieurs de vos lettres à la fois; ce qui a été cause que la mort de Lentulus m'a frappé encore davantage; car j'en ai lu d'abord trois, où vous me marquiez qu'il se portait un peu mieux; voici la quatrième qui est pour moi un coup de foudre. Mais, je le répète, son sort n'est point à plaindre, le nôtre, c'est l'esclavage.

Quant à cet *Hortensiana* que vous me conseillez d'écrire, je n'y ai point travaillé, non que j'eusse oublié votre conseil; mais je vous avoue que j'ai été rebuté dès l'abord. Je me suis dit que c'était bien assez d'avoir supporté avec une patience excessive toutes les mauvaises manières d'un homme qui se disait mon ami, sans aller encore mal à propos lui donner des louanges propres à mettre au jour son injustice; que ma sensibilité avait assez paru dans ma conduite, sans en donner de nouvelles preuves par cet écrit; qu'on pourrait le prendre pour une espèce de

---

Quid si cessare libeat, et in otii portum confugere? nequidquam : immo etiam in bellum et in castra. Ergo erimus ὀπαδοί, qui ταγοί esse noluimus? sic faciendum est : tibi enim ipsi, cui utinam semper paruissem, sic video placere. Reliqui est, Σπάρταν ἔλαβες, ταύταν κόσμει : non mehercule possim; et Philoxeno ignosco, qui reduci in carcerem maluit. Verumtamen idipsum mecum in his locis commentor, ut ista improbem; idque tu, quum una erimus, confirmabis. A te litteras crebro ad me scribi video; sed omnes uno tempore accepi. Quæ res etiam auxit dolorem meum : casu enim trinas ante legeram, quibus meliuscule Lentulo esse scriptum erat : ecce quartæ fulmen. Sed ille, ut scripsi, non miser; nos vero servi.

Quod me admones, ut scribam illa Hortensiana, in alia incidi : non immemor istius mandati tui; sed mehercule incipiendo refugi; ne, qui videar stulte illius amici temperiem non tulisse, rursus stulte injuriam illius faciam illustrem, si quid scripsero; et simul ne βαθύτης mea, quæ in agendo appa-

satisfaction dont on conclurait, ou que j'ai été injuste, ou que je suis inconstant. Mais j'y penserai encore. Donnez-moi souvent de vos nouvelles.

Demandez à Luccèius une copie de la lettre dans laquellle je le prie d'écrire l'histoire de mon consulat; n'est-elle pas fort lbelle? Il m'a fait réponse qu'il travaillerait pour moi; encouragez-le à le faire au plus tôt et remerciez-le. Je vous prie d'aller faire un tour à ma maison le plus souvent que vous pourrez; assurez Vestorius que je suis très-sensible à toutes ses honnêtetés.

LETTRE CX

De sa terre d'Arpinum, en mai 697.

CICÉRON A ATTICUS

Votre lettre est venue à propos pour me remettre de l'alarme que Cherippus m'avait donnée deux heures auparavant, sur la maladie de notre cher et excellent petit Quintus; à l'entendre, tout était perdu. Quant à ce que vous me mandez d'Apollonius, que les dieux confondent ce Grec, qui croit pouvoir impunément, comme les chevaliers romains, se moquer de ses créanciers! Encore pour Terentius, il n'y a rien à dire; c'est un privilége

ruit, in scribendo sit oculatior; et aliquid satisfactio levatis habere videatur. Sed viderimus. Tu modo quam sæpissime ad me aliquid.

Epistolam, Lucceio nunc quam misi, qua meas res ut scribat rogo, fac ut ab eo sumas : valde bella est : eumque, ut approperet, adhorteris : et, quod mihi se ita facturum rescripsit, agas gratias. Domum nostram, quoad poteris, invisas. Vestorio aliquid significes : valde enim est in me liberalis.

EPISTOLA CX

(ad Att., IV, 7)

Scrib. in villa Arpinati, mense maio A. V. C. 697.

CICERO ATTICO SAL.

Nihil εὐκαιρότερον epistola tua, quæ me sollicitum de Quinto nostro, puero optimo, valde levavit. Venerat horis duabus ante Cherippus; mera monstra nuntiarat. De Apollonio quod scribis, cui illi dii irati, homini Græco, qui conturbare quidem putat sibi licere : quod equitibus Romanis. Nam Te-

acquis à ces messieurs. Quant à Metellus, il n'est point mort depuis longtemps de citoyen qui.....; mais il faut laisser les morts en repos. Au reste, je vous réponds de la somme qu'il vous doit. Qu'avez-vous à craindre? S'il a fait un testament, Clodius sera sans doute son héritier, et il n'y a rien en cela qui ne soit d'un honnête homme, quoiqu'il ne le fût guère. Cette somme ne rentrera guère dans vos coffres : une autre fois vous placerez mieux votre argent.

Vous penserez à ce qui regarde ma maison : il faudra la faire garder, et avertir Milon. Les Arginates murmurent très-haut pour la maison de Laterium. Que voulez-vous? j'en ai gémi : mais mon frère se moque du qu'en dira-t-on. Quoi encore? Ayez toujours bien soin de notre petit Cicéron.

LETTRE CXI

Antium, en mai 697.

CICÉRON A ATTICUS

J'AI trouvé dans votre lettre plusieurs traits fort agréables, mais surtout ce que vous dites de mes poissons aux œufs et au

---

rentius suo jure. De Metello, οὐχ ὁσίη Φθιμένοισιν. Sed tamen multis annis civis nemo erat mortuus, qui... Tui quidem tibi nummi meo periculo sint : quid enim vereris, quemcumque hæredem fecit; nisi Publium fecit? verum fecit non improbum, quanquam fuit ipse. Quare in hoc thecam nummariam non retexeris : in aliis eris cautior.

Mea mandata de domo curabis : præsidia locabis : Milonem admonebis. Arpinatium fremitus est incredibilis de Laterio. Quid quæris? equidem dolui : ὁ δὲ οὐκ ἐμπάζετο μύθων. Quid superest? Etiam puerum Ciceronem curabis, et amabis, ut facis.

EPISTOLA CXI

(ad Att., IV, 8 pars prima)

Scrib. Antii, mense maio A. V. C. 697.

CICERO ATTICO SAL.

MULTA me in epistola tua delectarunt, sed nihil magis, quam patina tyro-

fromage. Quant à ce que vous dites de mon petit trésor, il faut attendre qu'un homme soit mort pour le déclarer grand.

Je ne trouve pas aux environs de maison toute bâtie, comme vous la voulez; il y en a une dans Antium même qui vous conviendrait assez, et qui est fort près de la mienne; mais il n'est pas sûr qu'elle soit à vendre. Sachez qu'Antium est, par rapport à Rome, ce que Buthrote est par rapport à l'île de Corcyre. Rien n'est plus tranquille, plus frais, plus agréable : on est tout prêt de haïr sa propre maison. Depuis que Tyrannion a arrangé ma bibliothèque, ma demeure paraît douée d'intelligence. Denys et Menophile lui ont été d'un secours merveilleux. Rien n'est plus élégant que vos rayons et les étiquettes dont ils ont orné mes livres. Dites-moi quelque chose de vos gladiateurs, si toutefois ils s'acquittent bien de leur devoir : s'ils se conduisent mal, je n'en veux rien savoir.

LETTRE CXII

Écrite d'Espagne en 697.

Q. METELLUS NEPOS A CICÉRON

Vos bons offices me consolent des outrages que j'essuie tous

tarichi. Nam de raudusculo, quod scribis, μήπω μέγαν εἴπῃς πρὶν τελευτήσαντ' ἴδῃς.

Ædificati tibi in agris nihil reperio : in oppido est quiddam, de quo est dubium sitne venale; ac proximum quidem nostris ædibus : hoc scito, Antium esse Romæ, ut Corcyræ Buthrotum illum tuum : nihil quietius, nihil altius, nihil amœnius : εἴη μισητὸς Φίλος οἶκος. Postea vero quam Tyrannio mihi libros disposuit, mens addita videtur meis ædibus : qua quidem in re mirifica opera Dionysii et Menophili tui fuit. Nihil venustius quam illa tua pegmata : postquam mihi sittybis libros illustrarunt. Valde velim scribas ad me de gladiatoribus; sed ita, bene si rem gerunt : non quæro, male si se gessere.

EPISTOLA CXII

(ad div., V, 5)

Scrib. in Hispania, A. V. C. 697.

Q. METELLUS NEPOS M. T. CICERONI S. D.

Hominis importunissimi contumeliæ, quibus, crebris concionibus, me onerat,

les jours dans les harangues du plus odieux de tous les hommes. Je les compte pour rien, je les méprise de la part d'un tel ennemi, tandis que la reconnaissance me porte à vous regarder comme un frère. Je l'ai sauvé deux fois malgré lui; mais je ne veux pas même en conserver le souvenir. La crainte de vous être importun, par un trop grand nombre de lettres, m'a fait écrire le détail de mes affaires à Lollius, avec ordre de vous communiquer mes intentions par rapport aux comptes de la province. Je vous prie, si rien ne s'y oppose dans votre cœur, de conserver pour moi votre ancienne affection. Adieu.

LETTRE CXIII

Rome, vers le mois de mai 697.

M. T. CICÉRON A P. LENTULUS, PROCONSUL

J'AI lu la lettre où vous m'écrivez que vous êtes charmé d'apprendre souvent par mes lettres tout ce qui se passe ici, et de reconnaître facilement la sincérité de mon affection; mais dois-je ne pas vous aimer beaucoup, si je veux répondre à l'idée que vous avez eue de moi? Et séparés, comme nous sommes, par les

tuis erga me officiis leniuntur : et, ut sunt leves ab ejusmodi homine, a me despiciuntur; libenterque commutata persona, te mihi fratris loco esse duco. De illo ne meminisse quidem volo, tametsi bis eum invitum servavi. De meis rebus, ne vobis multitudine litterarum molestior essem, ad Lollium perscripsi, de rationibus provinciæ quid vellem fieri, ut id vos doceret et commonefaceret. Si poteris, velim pristinam tuam erga me voluntatem conserves. Vale.

EPISTOLA CXIII

(ad div., 1, 7)

Scrib. Romæ, mense circiter maio A. V. C. 697.

M. T. CICERO P. LENTULO PROCOS.

LEGI tuas litteras quibus ad me scribis, gratum tibi esse, quod crebro certior per me fias omnibus rebus, et meam erga te benivolentiam facile perspicias, quorum alterum mihi, ut te plurimum diligam, facere necesse est, si volo is esse quem tu me esse voluisti : alterum facio libenter, ut, quoniam

temps et les lieux, ne doit-il pas m'être fort agréable de m'entretenir souvent avec vous par écrit? S'il arrivait que mes lettres fussent moins fréquentes que vous ne vous y attendez, il faudrait vous en prendre au sujet, qui ne me permet pas de les risquer témérairement. Toutes les fois qu'il se présentera des occasions sûres, je ne les laisserai point échapper.

Quant à savoir, comme vous le souhaitez, le degré de fidélité et d'affection de chacun à votre égard, le détail en est difficile à dire. Je n'ose vous marquer là-dessus que ce que je vous ai mandé plusieurs fois ; mes observations m'en rendent plus sûr que jamais. Certaines gens, et ceux en particulier qui pouvaient et devaient vous rendre le plus de services, n'ont vu votre dignité qu'avec des yeux jaloux ; de sorte qu'il y a beaucoup de ressemblance, quoique la nature des faits soit différente, entre ma disgrâce et la vôtre. Ceux contre qui l'intérêt de la république vous avait armé vous attaquent ouvertement ; ceux dont vous avez défendu l'autorité, l'honneur et les intentions, se souviennent moins de votre vertu qu'ils ne sont jaloux de votre gloire. Cependant j'ai reconnu, comme je vous l'ai déjà marqué, qu'Hortensius est fort zélé pour vous, et que Lucullus est plein d'affection. Entre les magistrats, L. Racilius vous est particulièrement attaché et dévoué ; car je ne dois point parler de moi, qui, après l'im-

---

intervallo locorum et temporum disjuncti sumus, per litteras tecum quam sæpissime colloquar. Quod si rarius fiet quam tu exspectabis, id erit causæ, quod non ejus generis meæ litteræ sunt, ut eas audeam temere committere. Quoties mihi certorum hominum potestas erit, quibus recte dem, non prætermittam.

Quod scire vis qua quisque in te fide sit et voluntate, difficile dictu est de singulis. Unum illud audeo, quod antea tibi sæpe significavi, nunc quoque re perspecta et cognita scribere : vehementer quosdam homines et eos maxime, qui te et maxime debuerunt et plurimum juvare potuerunt, invidisse dignitati tuæ, simillimamque, in re dissimili, tui temporis nunc, et nostri quondam fuisse rationem ; ut quos tu reipublicæ causa læseras, palam te oppugnarent ; quorum auctoritatem, dignitatem, voluntatemque defenderas, non tam memores essent virtutis tuæ quam laudis inimici. Quo quidem tempore ut perscripsi ad te antea, cognovi Hortensium percupidum tui, studiosum Lucullum ; ex magistratibus autem L. Racilium et fide et animo in te singulari. Nam nostra propugnatio ac defensio dignitatis tuæ, propter magnitudi-

portant service que vous m'avez rendu, dois craindre qu'en prenant la défense de vos intérêts, mon zèle ne passe plutôt pour l'effet de ma reconnaissance que pour le véritable fruit de mon opinion. Je ne vois point d'autre consulaire au zèle, aux services ou à l'affection duquel je puisse rendre témoignage.

Pompée m'a parlé très-souvent de vous, et lorsque je lui en fais naître l'occasion, et de son propre mouvement; mais vous savez que dans ces derniers temps il ne s'est guère trouvé au sénat. D'ailleurs, j'ai remarqué aisément que votre dernière lettre lui a fait beaucoup de plaisir. Pour moi, non-seulement j'en ai ressenti beaucoup de vous voir cette bonté de caractère, ou plutôt cette haute sagesse, mais je vous ai trouvé digne d'admiration. Vous vous êtes conservé par cette lettre l'amitié d'un homme éminent, qui vous était attaché par la reconnaissance qu'il doit à vos services, mais qui vous soupçonnait de quelque hostilité, depuis qu'on a pris ombrage sur ses intentions. Il m'a toujours paru bien disposé pour vos intérêts, pendant l'affaire même de Caninius, où la défiance était très-naturelle; et, depuis qu'il a reçu votre lettre, j'ai reconnu qu'il s'occupe sans réserve de vous, de votre gloire et de vos intérêts. Soyez donc persuadé que ce que je vais ajouter sur votre situation, je ne vous l'écris qu'après en avoir souvent conféré avec lui.

Puisqu'il n'existe aucun décret du sénat qui vous ôte la restau-

---

nem beneficii tui, fortasse plerisque officii majorem auctoritatem habere videatur quam sententiæ. Præterea quidem de consularibus nemini possum aut studii erga te, aut officii, aut amici animi esse testis.

Etenim Pompeium, qui mecum sæpissime, non solum a me provocatus, sed etiam sua sponte de te communicare solet, scis temporibus illis non sæpe in senatu fuisse. Cui quidem litteræ tuæ, quas proxime miseras, quod facile intellexerim, perjucundæ fuerunt. Mihi quidem humanitas tua, vel summa potius sapientia, non jucunda solum, sed etiam admirabilis visa est. Virum enim excellentem et tibi tua præstanti in eum liberalitate devinctum, nonnihil suspicantem, propter aliquorum opinionem suæ cupiditatis, te ab se abalienatum, illa epistola retinuisti. Qui mihi quum semper tuæ laudi favere visus est, etiam ipso suspiciosissimo tempore Caniniano; tum vero, lectis tuis litteris, perspectus est a me toto animo de te, ac de tuis ornamentis, et commodis cogitare. Quare ea quæ scribam sic habeto, me, cum illo re sæpe communicata, de illius ad te sententia atque auctoritate scribere.

Quoniam senatusconsultum nullum exstet, quo reductio regis Alexandrini

ration du roi d'Alexandrie, et que l'ordre par lequel on a déclaré (mais, comme vous savez, avec opposition) que personne ne serait chargé de cette entreprise, doit passer pour un emportement de quelques personnes irritées, plutôt que pour le véritable jugement du sénat, et n'a point, par conséquent, d'autre force : nous pensions, lui et moi, que c'est à vous, qui commandez dans la Cilicie et dans l'île de Chypre, à voir de quoi vous êtes capable et ce que vous pouvez vous promettre ; et, si les circonstances vous permettent de vous rendre le plus fort en Égypte et dans Alexandrie, il est de votre dignité et de celle de l'empire romain, après avoir placé le roi à Ptolémaïde ou dans quelque autre lieu voisin, de vous rendre à Alexandrie avec une flotte et une armée, d'y rétablir la paix, de l'assurer par des garnisons, et de faire rentrer ensuite Ptolémée dans ses États. Ainsi, le premier décret du sénat, qui vous chargeait de cette entreprise, vous trouverez le moyen de le concilier avec la déclaration que les gens religieux attribuent à la sibylle, et qui veut que le roi soit rétabli sans armée. Cependant, lorsque je vous donne cet avis pour le sentiment de Pompée et pour le mien, il nous paraît aussi que le public jugera de votre entreprise par le succès ; c'est-à-dire que, si elle réussit, comme nous le souhaitons, tout le monde louera votre prudence et votre courage ; mais que, si vous manquez en quelque chose, on vous accusera de cupidité et d'imprudence. Il nous est bien moins facile de juger

tibi adempta sit : eaque, quæ de ea scripta est, auctoritas, cui scis intercessum esse, ut ne quis omnino regem reduceret, tantam vim habet, ut magis iratorum hominum studium, quam constantis senatus consilium esse videatur : te perspicere posse, qui Ciliciam Cyprumque teneas, quid efficere et quid consequi possis : et si res facultatem habitura videatur, ut Alexandriam atque Ægyptum tenere possis, esse et tuæ, et nostri imperii dignitatis, Ptolemaide, aut aliquo propinquo loco rege collocato, te cum classe atque exercitu proficisci Alexandriam ; ut, quum eam pace præsidiisque firmaris, Ptolemæus redeat in regnum : ita fore ut per te restituatur, quemadmodum senatus initio censuit, et sine multitudine reducatur, quemadmodum homines religiosi Sibyllæ placere dixerunt. Sed hæc sententia sic et illi et nobis probabatur, ut ex eventu homines de tuo consilio existimaturos videremus : si cecidisset, ut volumus et optamus, omnes te sapienter et fortiter : sin aliquod esset offensum, eosdem illos et cupide et temere fecisse dicturos. Quare

de la possibilité d'une telle expédition qu'à vous, qui avez l'Égypte presque à portée de vue.

En un mot, voici notre sentiment : s'il vous paraît certain que vous puissiez vous rendre maître de l'Égypte, vous ne devez pas hésiter ; si l'entreprise est douteuse, il faut y renoncer. Réussissez-vous ; vous serez loué de quantité de gens durant votre absence, et de tout le monde à votre retour : mais je vois du danger dans la moindre disgrâce, à cause de l'autorité du sénat et de la religion, engagées dans cette affaire. Ainsi, je vous exhorte à recueillir une gloire certaine ; mais je vous détourne au contraire d'une entreprise douteuse, et que le public, je le répète, ne jugera que par le succès.

Si vous croyez qu'il y ait trop à risquer, voici l'autre parti qui nous agrée : que le roi donne des sûretés à ceux de vos amis qui lui ont fait des avances dans les pays de votre gouvernement ; l'aidant alors de votre secours et de celui de vos troupes, il nous semble que la situation et la nature de votre province vous rendraient presque sûr de faire réussir son entreprise avec la moindre assistance, ou de la faire manquer en négligeant de le secourir. Vous prendrez là-dessus vos résolutions, suivant la nature des circonstances ; mais j'ai cru devoir vous communiquer ce que nous en avons pensé.

quid assequi possis, non tam facile est nobis, quam tibi, cujus prope in conspectu Ægyptus est, judicare.

Nos quidem hoc sentimus : si exploratum tibi sit, posse te illius regni potiri, non esse cunctandum : si dubium, non esse conandum. Illud tibi affirmo, si rem istam ex sententia gesseris, fore ut absens a multis, quum redieris ab omnibus collauderis : offensionem esse periculosam, propter interpositam senatus auctoritatem religionemque, video. Sed ego te, ut ad certam laudem adhortor, sic a dimicatione deterreo, redeoque ad illud quod initio scripsi, totius facti tui judicium non tam ex consilio tuo, quam ex eventu, homines esse facturos.

Quod si hæc ratio rei gerendæ periculosa tibi esse videbitur, placebat illud, ut, si rex amicis tuis, qui per provinciam atque imperii tui provincias ei credidissent, fidem suam præstitisset, et auxiliis cum tuis et copiis adjuvares ; eam esse naturam et regionem provinciæ tuæ, ut illius reditum vel adjuvando confirmares, vel negligendo impedires. In hac ratione quid res, quid causa, quid tempus ferat, tu facillime optimeque perspicies : quid nobis placuisset, ex me potissimum putavi te scire oportere.

A l'égard des félicitations que vous me faites sur ma situation, sur l'amitié de Milon, sur la légèreté et l'imbécillité de Clodius, je ne suis pas étonné qu'en excellent artiste vous vous réjouissiez de pareil chef-d'œuvre. Cependant je trouve une perversité incroyable, pour ne rien dire de plus, dans ceux qui nous ont aliénés par leurs jalousies, lorsqu'ils pouvaient se conserver notre amitié en nous favorisant dans une cause commune. Je ne vous le cacherai point, leurs mauvais procédés ont presque eu la force de me faire abandonner ces anciens principes auxquels je suis attaché depuis si longtemps, et si cela ne va point jusqu'à me faire oublier le soin de ma dignité, je commence à songer que je dois quelque chose à ma sûreté. Ces deux intérêts pouvaient se concilier honnêtement, s'il y avait de la bonne foi et de la gravité dans nos consulaires; mais la plupart sont si peu capables de penser juste, qu'ils sont moins satisfaits de notre constance à servir la république que choqués de notre gloire. Je vous fais d'autant plus volontiers cette ouverture, que, non-seulement dans les temps où j'ai tout reçu de vous, mais dès mes débuts dans la gloire vous m'avez été favorable. D'ailleurs, je vois que ce qui m'a exposé à l'envie n'était pas, comme je l'ai cru jusqu'à présent, ma qualité d'homme nouveau, puisqu'un homme d'une aussi noble origine que vous n'a pu éviter les mêmes traits. Vos ennemis vous ont souffert dans un certain degré de distinction,

Quod mihi de nostro statu, de Milonis familiaritate, de levitate et imbecillitate Clodii gratularis, minime miramur, te tuis, ut egregium artificem, præclaris operibus lætari : quanquam est incredibilis hominum perversitas (graviori enim verbo uti non libet), qui nos, quos favendo in communi causa retinere potuerunt, invidendo abalienarunt : quorum malevolentissimis obtrectationibus nos cito de vetere illa nostra diuturnaque sententia prope jam esse depulsos, non nos quidem ut nostræ dignitatis simus obliti, sed ut habeamus rationem aliquando etiam salutis. Poterat utrumque præclare, si esset fides, si gravitas in hominibus consularibus. Sed tanta est in plerisque levitas, ut eos non tam constantia in republica nostra delectet, quam splendor offendat. Quod eo liberius ad te scribo, qui non solum temporibus his, quæ per te sum adeptus, sed etiam olim nascenti prope nostræ laudi, dignitatique favisti : simul quod video, non, ut antea putabam, novitati esse invisum meæ; in te enim, homine omnium nobilissimo, similia invidorum vitia perspexi, quem tametsi illi esse in principibus facile sunt passi, evolare altius certe noluerunt. Gaudeo tuam dissimilem fuisse fortunam ; multum enim interest

mais ils n'ont pu vous voir prendre un vol plus élevé. Je me
réjouis néanmoins que votre fortune n'ait pas ressemblé tout
à fait à la mienne; car il y a bien de la différence entre perdre
quelque chose de sa gloire, ou voir attaquer son salut. Après
tout, votre vertu m'a mis en état de ne pas regretter les dangers que j'ai courus : l'honneur dont je suis redevable à vos
services l'emporte beaucoup sur celui que la fortune m'avait ôté.
C'est dans le souvenir de vos bienfaits, et dans le sentiment
d'une vive amitié, que je vous exhorte à conquérir par toutes
sortes d'efforts et de soins la gloire pour laquelle vous avez brûlé
dès votre enfance, et que je vous presse de ne pas laisser vaincre
par les outrages cette grandeur d'âme qui m'a toujours inspiré
autant d'admiration que de tendresse. L'opinion que le public a de
vous n'est pas médiocre : il lui reste une grande impression de
votre caractère, et un souvenir fort glorieux de votre consulat.
Jugez combien cette idée se fortifierait, si les circonstances vous
faisaient trouver l'occasion d'acquérir une nouvelle gloire dans
votre gouvernement. Cependant je veux toujours que, si vous
entreprenez quelque chose, vous ne le fassiez qu'après l'avoir longtemps médité, après vous y être préparé, après vous y être exercé;
et soyez persuadé, comme vous devez le comprendre, étant parvenu au point où vous avez toujours aspiré, que vous pouvez obtenir sans peine le premier rang dans Rome. Ne regardez pas
cette exhortation comme inutile ou faite au hasard. J'ai voulu

---

utrum laus imminuatur, an salus deseratur. Me meæ tamen ne nimis pœniteret, tua virtute perfectum est. Curasti enim ut plus additum ad memoriam
nominis nostri, quam demptum de fortuna videretur. Te vero moneo, quum
beneficiis tuis, tum amore incitatus meo, ut omnem gloriam, ad quam a pueritia inflammatus fuisti, omni cura atque industria consequare; magnitudi-
nemque animi tui, quam ego semper sum admiratus semperque amavi, ne
unquam inflectas cujusquam injuria. Magna est hominum opinio de te, magna
commendatio liberalitatis, magna memoria consulatus tui. Hæc profecto vides
quanto expressiora, quantoque illustriora futura sint, quum aliquantum, ex
provincia atque ex imperio, laudis accesserit. Quanquam te ita gerere volo
quæ per exercitum atque imperium gerenda sunt, ut hæc multo ante meditere, huc te pares, hæc cogites, ad hæc te exerceas, sentiasque id, quod quia
semper sperasti, non dubito quin adeptus intelligas, te facillime posse obtinere summum atque altissimum gradum civitatis. Quæ quidem mea cohorta-
tio, ne tibi inanis, aut sine causa suscepta videatur, illa me ratio movit, ut te

que nos disgrâces communes devinssent un avertissement qui vous fasse considérer, pendant tout le reste de votre vie, en qui vous devez prendre confiance, et de qui vous devez vous défier.

Puisque vous voulez savoir quel est l'état des affaires publiques, la division est extrême; mais il n'y a point d'égalité entre les partis. Ceux qui l'emportent par les richesses, les armes et la puissance, ont tiré tant d'avantage de la folie et de l'inconstance de leurs adversaires, qu'ils sont parvenus à l'emporter encore en autorité. Aussi n'ont-ils eu à surmonter que l'opposition d'un fort petit nombre de voix, pour obtenir du sénat ce qu'ils ne s'étaient pas flattés d'obtenir du peuple, même sans le secours de quelque sédition. Ils ont fait décerner de fortes sommes à César avec dix lieutenants; et rien ne leur a été si facile que d'empêcher la succession établie par la loi Sempronia. Je ne m'étendrai pas beaucoup sur l'état de la république, parce qu'il ne me satisfait guère; mais j'en touche néanmoins quelque chose, pour amener une réflexion que je dois à l'expérience plutôt qu'aux lumières que j'ai tirées des meilleures études depuis mon enfance. Je veux que vous sachiez, tandis que vous n'avez point encore souffert d'atteintes, que le soin de notre salut ne doit point aller sans celui de notre dignité, ni celui-ci sans l'autre.

Je reconnais votre bonté dans vos félicitations sur le mariage de ma fille avec Crassipès. Je souhaite que cette alliance tourne à notre satisfaction, et je l'espère.

ex nostris eventis communibus admonendum putarem, ut considerares in omni reliqua vita quibus crederes, quos caveres.

Quod scribis te velle scire qui sit reipublicæ status, summa dissensio est, sed contentio dispar. Nam qui plus opibus, armis, potentia valent, profecisse tantum mihi videntur stultitia et inconstantia adversariorum, ut etiam auctoritate jam plus valeant. Itaque perpaucis adversantibus, omnia, quæ ne per populum quidem sine seditione se assequi posse arbitrabantur, per senatum consecuti sunt : nam et stipendium Cæsari decretum est, et decem legati; et, ne lege Sempronia succederetur, facile perfectum est. Quod ad te brevius scribo, quia me status hic reipublicæ non delectat, scribo tamen ut te admoneam quod ipse, litteris optimis a pueritia deditus, experiendo tamen magis, quam discendo cognovi : tu rebus tuis integris discas, neque salutis nostræ rationem habendam nobis esse sine dignitate, neque dignitatis sine salute.

Quod mihi de filia et de Crassipede gratularis, agnosco humanitatem tuam; speroque et opto nobis hanc conjunctionem voluptati fore.

Notre cher Lentulus est un jeune homme dont on ne peut former de trop hautes espérances. Instruisez-le dans tous les arts que vous avez toujours cultivés vous-même; mais apprenez-lui surtout à vous imiter, car il n'y a point de méthode dont il puisse tirer plus d'utilité. Il est votre fils, et est digne de l'être ; il m'aime et il m'a toujours aimé : voilà trois raisons qui me le font aimer et chérir.

LETTRE CXIV

Rome, 697, mois incertain.

CICÉRON A Q. VALERIUS ORCA, FILS DE Q , PROCONS.

Si vous vous portez bien, tant mieux ; je me porte bien aussi. — Vous n'aurez point oublié qu'en personne, sous les yeux même de P. Cuspius, lorsque je vous conduisais déjà revêtu de l'habit de guerre, et, dans la suite, par mes lettres, je vous ai prié de regarder tous ses amis comme les miens, lorsque je leur accorderais auprès de vous ma recommandation. L'amitié et la considération que vous avez toujours eues pour moi vous portèrent généreusement à me le promettre. Cuspius, qui est toujours plein de zèle pour ses amis, s'intéresse beaucoup à quel-

---

Lentulum nostrum, eximia spe summæ virtutis adolescentem, quum cæteris artibus, quibus studuisti semper ipse, tum imprimis imitatione tui, fac erudias : nulla enim erit hac præstantior disciplina; quem nos, et quia tuus, et qui te dignus est filius, et qui nos diligit, semperque dilexit, in primis amamus carumque habemus.

EPISTOLA CXIV

(ad div., XIII, 6, pars prima)

Scrib. Romæ A. V. C. 697, incertum quo mense.

M. T. CICERO Q. VALERIO Q. F. ORCÆ PROC. S. P. D.

Si vales, bene est, valeo. — Credo te memoria tenere, me et coram P. Cuspio tecum locutum esse, quum te prosequerer paludatum, et item postea pluribus verbis tecum egisse, ut, quoscumque tibi ejus necessarios commendarem, haberes eos in numero meorum necessariorum. Id tu pro tua summa erga me benivolentia, perpetuaque observantia, mihi liberalissime atque humanissime recepisti. Cuspius, homo in omnes suos officiosissimus, mirifice

ques personnes de votre province, pour lesquelles il a pris une vive affection dans ses deux voyages en Afrique, lorsqu'il avait la conduite des plus grandes affaires au nom de sa compagnie. Je l'aide de mes soins et de mon crédit à leur rendre service autant qu'il m'est possible. Mon intention, dans cette lettre, est de vous apprendre en général la raison qui me porte à vous recommander tous les amis de Cuspius. Dans la suite je me contenterai de la marquer comme j'en suis convenu avec vous, et de vous faire connaître que celui dont je vous parlerai sera de ce nombre. Cependant je commence, dès aujourd'hui, par une recommandation des plus fortes. P. Cuspius me prie, avec des instances extraordinaires, de vous recommander très-vivement L. Julius. Je crains de ne pouvoir répondre à l'ardeur de ses sentiments par les termes qu'on emploie pour ce qu'on désire le plus. Il me demande quelque tour nouveau, et, s'il faut l'en croire, j'ai des secrets tout particuliers dans cet art. J'ai promis d'en tirer, pour lui, un genre merveilleux de recommandation. Mais, comme je ne m'en trouve pas capable, je vous prie de lui faire juger, par les effets, que j'ai employé réellement des moyens tout à fait incroyables. C'est ce que vous pouvez faire, en lui marquant non-seulement par vos services, mais encore par vos discours et par votre air, toutes les bontés qu'il peut attendre de votre politesse et de votre pouvoir. Vous ne sauriez croire combien ces distinc-

---

quosdam homines ex ista provincia tuetur et diligit, propterea quod fuit in Africa bis, quum maximis societatis negotiis præesset. Itaque hoc ejus officium, quod adhibet erga illos, ego mea facultate, et gratia soleo quantum possum adjuvare. Quare Cuspianorum omnium commendationis causam hac tibi epistola exponendam putavi. Reliquis epistolis tantum faciam, ut notam apponam eam, quæ mihi tecum convenit, et simul significem de numero esse Cuspii amicorum. Sed hanc commendationem, quam his litteris consignare volui, scito esse omnium gravissimam. Nam P. Cuspius singulari studio contendit a me, ut tibi quam diligentissime L. Julium commendarem. Ejus ego studio vix videor mihi satisfacere posse, si utar verbis iis, quibus, quumdiligentissime quod agimus, uti solemus. Nova quædam postulat, et putat ne ejus generis artificium quoddam tenere. Et ego pollicitus sum, me ex intima nostra arte deprompturum mirificum genus commendationis. Id quando assequi non possum, tu re velim efficias, ut ille genere mearum litterarum incredibili quiddam perfectum arbitretur. Id facies, si omne genus liberalitatis, quod et ab humanitate et potestate tua proficisci poterit, non modo re, sed etiam ver-

tions produisent d'effet dans les provinces. Au fond je suis porté à croire que la personne que je vous recommande est très-digne de votre amitié; et ce qui me le persuade n'est pas seulement ce que dit Cuspius, quoique cette raison doive suffire; mais, le connaissant comme je le connais, je sais quelle est sa pénétration dans le discernement des hommes et dans le choix de ses amis. L'avenir m'apprendra bientôt ce qu'aura produit ma lettre, et je me flatte que je n'aurai que des grâces à vous rendre. De mon côté je prendrai soin, avec autant de diligence que d'affection, de tout ce qui pourra vous faire plaisir et vous intéresser. Ne négligez pas votre santé.

LETTRE CXV

Rome, 697.

CICÉRON A Q. VALERIUS ORCA, FILS DE Q., PROCONS.

P. Cornelius, qui vous remet cette lettre, m'est recommandé par P. Cuspius, et je vous ai assez fait connaître combien je souhaite et je dois souhaiter que vous lui rendiez service. Je vous prie donc instamment de vous conduire de sorte que Cuspius

bis, vultu denique exprompseris : quæ quantum in provincia valeant, vellem expertus esses. Sed tamen suspicor ipsum hominem, quem tibi commendo, perdignum esse tua amicitia, non solum quia mihi Cuspius dicit, credo (tametsi id satis esse debebat), sed qui novi ejus judicium in hominibus et amicis deligendis. Harum litterarum vis quanta fuerit, propediem judicabo : tibique, ut confido, gratias agam. Ego, quæ te velle, quæque ad te pertinere arbitrabor, omnia studiose diligenterque curabo. Cura ut valeas.

EPISTOLA CXV

(ad div., XIII, 6 pars altera)

Scrib. Romæ, A. V. C. 697.

M. T. CICERO Q. VALERIO Q. F. ORCÆ PROC. S. P. D.

P. Cornelius, qui tibi has litteras dedit, est mihi a P. Cuspio commendatus; cujus causa quanto opere cuperem deberemque, profecto ex me facile cognosti. Vehementer te rogo ut cures ut ex hac commendatione mihi Cus-

ait à me faire bientôt de grands et de fréquents remercîments. Adieu.

LETTRE CXVI

Année 697, fin de juin.

CICÉRON A QUINTUS, SON FRÈRE

L'agréable lettre que je reçois de vous! Mais qu'elle s'est fait attendre longtemps! C'était d'abord avec tous les désirs de l'impatience; ensuite c'était même avec crainte. Apprenez que c'est la première et la seule depuis celle que j'ai reçue d'Olbie par votre matelot. Mais remettons le reste, comme vous dites, au moment de notre réunion. Voici néanmoins ce que je ne puis remettre. L'assemblée du 15 mai, qui était nombreuse, fut véritablement divine d'avoir refusé à Gabinius la supplication qu'il demandait. Procilius jure que cela est sans précédent. Au dehors, tout le monde applaudit. Pour moi, si je suis charmé de la chose même, je le suis encore plus de ce qu'elle est arrivée en mon absence, par un jugement unanime, sans résistance, sans intrigues de ma part. J'étais à Antium. Ce qu'on avait annoncé tou-

pius quam maximas, quam primum, quam sæpissime gratias agat. Vale.

EPISTOLA CXVI

(ad Q. fratrem, II, 8)

Scrib. A. V. C. 697.

M. CICERO QUINTO FRATRI SAL.

O litteras mihi tuas jucundissimas, exspectatas ac primo quidem cum desiderio, tum vero etiam cum timore. Atque has scito litteras me solas accepisse post illas, quas tuus nauta attulit Olbia datas. Sed cætera, ut scribis, præsenti sermoni reserventur. Hoc tamen non queo differre : idibus maiis senatus frequens divinus fuit in supplicatione Gabinio deneganda. Adjurat Procilius hoc nemini accidisse. Foris valde plauditur. Mihi quum sua sponte jucundum, tum jucundius, quod me absente (est enim εἰλικρινὲς judicium), sine oppugnatione, sine gratia nostra. Eram Antii. Quod idibus et postridie

chant l'affaire de Campanie pour le 15 et pour le jour suivant est demeuré sans effet. Je suis très-incertain sur cette affaire. Mais j'en dis plus que je ne voulais. La suite à votre arrivée. Adieu, mon excellent frère, mon frère tant désiré. Accourez, volez. Nos enfants vous demandent la même grâce, c'est-à-dire qu'à votre arrivée vous soupiez avec nous.

LETTRE CXVII

Antium, 697, vers l'automne.

CICÉRON A ATTICUS

Apenas était à peine parti, quand je reçus votre lettre. Qu'en pensez-vous? Croyez-vous qu'on ne portera pas cette loi devant le peuple? Exprimez-vous plus clairement, je vous prie, car je crois ne vous avoir pas bien compris. Mais faites-le-moi savoir sur-le-champ, si cela ne vous gêne pas. Puisque l'on a ajouté un jour de votre avis sur Trebonius. Quant à Domitius, aux fêtes, je les passerai d'autant mieux ici avec Denys. Je suis

« Non, par Cérès, jamais figue ne ressembla plus à une autre figue »

fuerat dictum, de agro Campano actum iri, non est actum. In hac causa mihi aqua hæret. Sed plura quam constitueram; coram enim. Vale, mi optime et optatissime frater, et advola. Idem te nostri rogant pueri; illud scilicet, cœnabis quum veneris.

EPISTOLA CXVII

(ad Att., IV, 8, pars altera)

Scrib. in Antiati, circa autumnum 697.

CICERO ATTICO SAL.

Apenas vix discesserat, quum epistola. Quid ais? putasne fore, ut legem non ferat? Dic, oro te, clarius : vix enim mihi exaudisse videor. Verum statim fac ut sciam, si modo tibi est commodum. Ludis quidem quoniam dies est additus, eo etiam melius hic eum diem cum Dionysio contereremus. De Trebonio prorsus tibi assentior. De Domitio,

Σῦκῳ, μὰ τὴν Δήμητρα, σῦκον οὐδὲ ἓν
Οὕτω ὁμοῖον γέγονεν,

que ce qui lui arrive ne ressemble à ma destinée. Mêmes ennemis, mêmes surprises, même absence de gens de bien. La seule différence, c'est que Domitius s'est attiré son sort. Du reste, c'est encore une question de savoir s'il s'en est mieux tiré. Qu'y a-t-il, en effet, de plus triste que de voir qu'un homme, qui est consul désigné depuis autant d'années qu'il en a, ne puisse arriver au consulat, surtout quand il le demande seul, ou qu'il n'a tout au plus qu'un compétiteur? Mais s'il est vrai, ce que j'ignore, que pour l'avenir nos maîtres aient sur leurs tablettes autant de noms de consuls à faire que dans le passé ils ont eu de consuls faits, qu'y aura-t-il de plus misérable que lui, si ce n'est la république, qui ne peut plus même espérer quelque chose de mieux?

Ce n'est que par votre lettre que j'ai su d'abord ce qui concerne Natta; cet homme ne m'a jamais plu. Quant au poëme que vous me demandez, quoi? s'il voulait se montrer, le permettriez-vous? Pour reprendre la suite de votre lettre, Fabius Luscus m'a toujours témoigné beaucoup d'amitié, et je n'ai jamais eu d'éloignement pour lui : c'est un esprit très-fin, avec de la modestie et une conduite réglée. Ne le voyant plus, je le croyais absent. Mais j'ai appris par Gavius le Firmien qu'il était à Rome, et qu'il y avait toujours été. Cette nouvelle m'a frappé. Cela n'en vaut pas la peine, me direz-vous; mais j'ai mes raisons : je découvrais sûrement par son moyen plusieurs choses qui regar-

---

quam est ista περίστασις nostræ : vel quod ab iisdem, vel quod præter opinionem, vel quod viri boni nusquam. Unum dissimile, quod huic merite. Nam de ipso casu nescio, an illud melius. Quid enim hoc miserius, quam eum, qui tot annos, quot habet, designatus consul fuerit, fieri consulem non posse? præsertim quum aut solus, aut certe non plus quam cum altero petat. Si vero id est, quod nescio an sit, ut non minus longas jam in codicillorum fastis futurorum consulum paginulas habeat, quam factorum, quid illo miserius? nisi respublica, in qua ne speratur quidem melius quidquam?

De Natta ex tuis primum scivi litteris : oderam hominem. De poemate quod quæris; quid, si cupiat effugere? quid? sinas? De Fabio Lusco quod eram exorsus, homo peramans semper nostri fuit, nec mi unquam odio. Satis enim modestus et peracutus, ac bonæ frugi. Eum quia non videbam, abesse putabam. Audivi ex Gavio hoc Firmano, Romæ esse hominem, et fuisse assiduum. Percussit animum. Dices, tantulane causa? Permulta ad me detulerat

daient ces deux frères de Firmum. Je ne vois pas ce qui a pu l'éloigner de moi.

Je suis bien résolu, comme vous me le conseillez, à me conduire politiquement, à garder un juste milieu. Mais cela demande une extrême prudence : j'aurai, comme toujours, recours à vous. Tâchez donc de flairer Fabius, si vous avez quelque accès : sondez aussi cet homme, votre convive habituel, et écrivez-moi tous les jours sur ces affaires, et sur toutes celles qui se présenteront. Quand il n'y aura pas de nouvelles, écrivez-moi qu'il n'y en a point. Ayez soin de votre santé.

LETTRE CXVIII

De sa terre de Cumes, 22 avril 698.

CICÉRON A ATTICUS

Le bruit court à Pouzzoles que Ptolémée est rétabli dans son royaume : si vous en savez quelque chose de certain, je vous prie de me le mander. Je dévore ici la bibliothèque de Faustus. Vous pensiez peut-être que je dévorais tout autre chose, dans les environs de Pouzzoles et du lac Lucrin ; nous n'y manquons pas

---

non dubia de Firmanis fratribus. Quid sit, quod se a me removit, ignoro. De eo quod me mones, ut et πολιτικῶς me geram et τὴν ἔσω γραμμὴν teneam ; ita faciam. Sed opus est majore prudentia, quam a te, ut soleo, petam. Tu velim e Fabio, si quem habes aditum, odorere, et istum convivam tuum degustes ; et ad me de his rebus, et de omnibus quotidie scribas. Ubi nihil erit, quod scribas, id ipsum scribito. Cura ut valeas.

EPISTOLA CXVIII

(ad Att., IV, 10)

Scrib. in Cumano, x kal maias A. V. C.

CICERO ATTICO SAL.

Puteolis magnus est rumor Ptolemæum esse in regno : si quid habes certius, velim scire. Ego hic pascor bibliotheca Fausti : fortasse tu putabas, his rebus Puteolanis et Lucrinensibus : ne ista quidem desunt; sed mehercule a

non plus. Mais, depuis que la république est dans un état si déplorable, les amusements et les plaisirs de la vie n'ont plus d'attraits pour moi, et je ne trouve de ressource que dans les livres. J'aime mieux être assis dans votre bibliothèque, sur ce petit banc qui est au-dessous de l'image d'Aristote, que dans leurs chaises curules, et me promener avec vous, que de marcher avec celui que je vois bien qu'il faudra suivre. Mais remettons-nous-en au sort ou aux dieux, s'il en est un qui se soucie de nous.

Je vous prie d'aller, le plus souvent que vous pourrez, voir travailler à la galerie, aux bains et autres ouvrages dont l'architecte Cyrus a donné le dessin. Pressez Philotime de hâter les ouvriers, afin que je puisse à mon tour vous recevoir chez moi.

Pompée est arrivé à sa maison de Cumes, le 21 avril, et il m'a envoyé aussitôt faire ses compliments. Je vais aujourd'hui le voir, et j'ai écrit cette lettre de grand matin avant de partir.

LETTRE CXIX

Naples, 28 avril 698.

CICÉRON A ATTICUS

Je voudrais bien savoir s'il est vrai que les tribuns observent

cæteris oblectationibus ut deseror et voluptatibus propter rempublicam, sic litteris sustentor et recreor; maloque in illa tua sedecula, quam habes sub imagine Aristotelis, sedere, quam in istorum sella curuli; tecumque apud te ambulare, quam cum eo, quocum video esse ambulandum. Sed de illa ambulatione fors viderit, aut si quis est qui curet deus.

Nostram ambulationem, et Laconicum, eaque quæ Cyrea sunt, velim quod poteris, invisas; et urgeas Philotimum ut properet, ut possim tibi aliquid in eo genere respondere.

Pompeius in Cumanum Parilibus venit : misit ad me statim qui salutem nuntiaret. Ad eum postridie mane vadebam, quum hæc scripsi.

EPISTOLA CXIX

(ad Att., IV, 9)

Scrib. Neapoli, iv kal. maias A. V. C. 698.

CICERO ATTICO SAL.

Sane velim scire num censum impediant tribuni diebus vitiandis (es enim

tous les jours les auspices pour empêcher le recensement, et quelles sont en général leurs démarches et leurs vues par rapport aux censeurs. J'ai passé quelques jours avec Pompée, et nous avons eu plusieurs conférences sur les affaires de la république. J'ai remarqué dans tous ses discours un air de dégoût ; le gouvernement de Syrie n'est pas à sa convenance; celui d'Espagne ne le tente que médiocrement, du moins à ce qu'il dit (cette restriction est nécessaire lorsqu'on est sur le chapitre du personnage). Le même Pompée, à ce que je crois et à ce qu'il dit (voilà la formule dont il faut nous servir en parlant de lui, comme Phocylide en avait une à son usage), le même Pompée, dis-je, vous remercie d'avoir fait placer ses statues. Il m'a fait aussi de fort grandes caresses, et m'est venu voir à ma maison de Cumes. Il m'a paru qu'il serait très-fâché que Messalla fût, comme on le dit, du nombre des prétendants au consulat : si vous savez ce qui en est, je vous prie de me le mander.

Vous me marquez que vous recommanderez à Lucceius les intérêts de ma gloire, et que vous allez souvent voir travailler à ma maison ; je vous suis bien obligé de votre zèle et de votre assiduité. Mon frère m'écrit que, maintenant que vous avez auprès de vous notre cher neveu, il compte aller vous voir le 7 mai. Je partis de Cumes hier 28 avril ; j'ai couché à Naples chez Pétus, et j'ai écrit cette lettre le lendemain de grand matin, en allant à ma maison de Pompéi.

hic rumor); totaque de censura quid agant, quid cogitent. Nos hic cum Pompeio fuimus : multa mecum de republica, sane sibi displicens, ut loquebatur (sic est enim in hoc homine dicendum), Syriam spernens, Hispaniam jactans : hic quoque, ut loquebatur, et opinor (usquequaque de hoc quum dicemus, sit hoc quasi καὶ τόδε Φωκυλίδου), tibi etiam gratias agebat, quod signa componenda suscepisses : in nos vero suavissime hercule effusus. Venit etiam ad me in Cumanum a se. Nihil minus velle mihi visus est quam Messallam consulatum petere : de quo ipso, si quid scis, velim scire.

Quod Lucceio scribis te nostram gloriam commendaturum, et ædificium nostrum quod crebro invisis, gratum. Quintus frater ad me scripsit, se, quoniam Ciceronem suavissimum tecum haberes, ad te nonis maiis venturum. Ego me de Cumano movi ante diem v kal. maias : eo die Neapoli apud Pætum; ante diem iv kal. maias iens in Pompeianum, bene mane hæc scripsi.

LETTRE CXX

Rome, vers le 13 février 698.

M. CICÉRON A QUINTUS, SON FRÈRE

Je me doutais que mon livre ne vous déplairait pas. Mais je me réjouis qu'il vous ait plu autant que vous me le marquez. Vous me renvoyez à mon *Uranie* et vous me rappelez le discours que je prête à Jupiter, vers la fin de ce livre. Non, je ne l'ai point oublié, et c'est pour moi-même plus que pour autrui que j'ai écrit tout cela.

Cependant le lendemain de votre départ je me rendis chez Pompée avec Vibullius, au milieu de la nuit. Je lui parlai de ces ouvrages et de ces inscriptions. Il me répondit avec beaucoup de bonté, et me donna de grandes espérances. Son dessein, dit-il, est d'en conférer avec Crassus. Il m'a conseillé de faire la même chose. J'ai reconduit le consul Crassus à la sortie du sénat. Crassus se charge de l'entreprise. Il m'a dit que Clodius souhaitait quelque chose à quoi il voulait arriver par ses soins et ceux de Pompée; et, si je n'y mettais point d'obstacle, il était persuadé que je pouvais réussir sans effort. Je lui ai abandonné toute cette

EPISTOLA CXX
(ad Q. fratrem, II, 9)
Scrib. Romæ, circiter id. febr. A. V. C. 698.

M. CICERO QUINTO FRATRI SAL.

Placiturum tibi esse librum meum suspicabar : tam valde placuisse quam scribis, valde gaudeo. Quod me admones de nostra Urania, suadesque ut meminerim Jovis orationem, quæ est in extremo illo libro : ego vero memini, et illa omnia mihi magis scripsi quam cæteris.

Sed tamen postridie quam tu es profectus, multa nocte cum Vibullio veni ad Pompeium. Quumque ego egissem de istis operibus, atque inscriptionibus, perbenigne mihi respondit. Magnam spem attulit; cum Crasso se dixit loqui velle, mihique, ut idem facerem, suasit. Crassum consulem ex senatu domum reduxi; suscepit rem : dixitque esse quod Clodius hoc tempore cuperet per se et per Pompeium consequi : putare se, si ego eum non impedirem, posse me adipisci sine contentione quod vellem : totum ei negotium permisi, meque in

affaire, et je lui ai dit que je m'abandonnais moi-même à lui. Le jeune P. Crassus, qui a, comme vous le savez, beaucoup d'attachement pour moi, était présent à cet entretien. Ce que Clodius veut obtenir du peuple ou du sénat, c'est une légation libre, ou à Byzance, ou vers Brogitarus, ou les deux ensemble. C'est une mine d'or. Je ne m'en embarrasse pas beaucoup, quand je n'obtiendrais pas même ce que je me propose. Cependant Pompée a parlé à Crassus, et je crois qu'ils se réunissent en ma faveur. Si l'affaire réussit, tant mieux ; sinon, nous en reviendrons à notre Jupiter.

Le 11 février, on a porté sur la brigue, et suivant l'avis d'Afranius, un décret que j'avais aussi proposé lorsque vous étiez ici, mais qui ne produisit alors que des gémissements du sénat. Ceux qui ont embrassé l'opinion d'Afranius voulaient que les préteurs, après leur création, fussent tenus de demeurer soixante jours dans la condition privée; mais les consuls ont rejeté cette partie de leur suffrage. Le même jour, ils ont entièrement repoussé Caton. Que vous dirai-je? ils sont les maîtres, et ils veulent que tout le monde s'en aperçoive.

---

ejus potestate dixi fore. Interfuit huic sermoni P. Crassus adolescens, nostri, ut scis, studiosissimus. Illud autem quod cupit Clodius est legatio aliqua, si minus per senatum, per populum, libera, aut Byzantium, aut ad Brogitarum, aut utrumque. Plena res nummorum. Quod ego non nimium laboro, etiamsi minus assequor quod volo. Pompeius tamen cum Crasso locutus est. Videntur negotium suscepisse. Si perficiunt, optime; sin minus, ad nostrum Jovem revertamur.

Ad iii idus februarias S. C. est factum de ambitu in Afranii sententiam, quam ego dixeram quum tu adesses, sed magno cum gemitu senatus. Consules non sunt persecuti eorum sententias, qui, Afranio quum essent assensi, addiderunt ut praetores ita crearentur, ut dies lx privati essent. Eo die Catonem plane repudiarunt. Quid multa? tenent omnia; idque omnes intelligere volunt.

LETTRE CXXI

De sa terre de Pouzzoles ou de Cumes, en avril ou en mai 698.

M. CICÉRON A QUINTUS, SON FRÈRE

Quoi! vous craignez de m'importuner? Premièrement, s'il en était question, vous savez ce que c'est qu'importuner. Est-ce qu'Ateius vous importune? Assurément votre exemple serait capable de m'inspirer cette sorte de politesse. Je ne l'exerce pas néanmoins à l'égard de tout le monde. Quant à vous, je vous demande en grâce de me troubler, de m'interrompre, de me parler et de m'entretenir. Que pouvez-vous faire qui me cause plus de plaisir? L'amour-propre d'un poëte ne lui fait pas lire ses nouveaux ouvrages avec plus de satisfaction, que je n'en ressens à vous entendre parler sur les affaires publiques et privées, sur ce qui se passe à la ville et à la campagne. Mais une certaine retenue, qui m'est naturelle, m'a empêché de vous enlever à mon départ. Vous m'avez allégué une fois la maladie de notre cher Cicéron; cette raison était sans réplique : je me suis tu. Une autre fois nos deux jeunes gens étaient indisposés : je suis demeuré tranquille. Aujourd'hui, malgré tout ce que je trouve

EPISTOLA CXXI
(ad Q. fratrem, II, 10)

Scrib. in Puteolanis vel Cumano, mense apr. vel maio A. V. C. 698.

M. CICERO QUINTO FRATRI SAL.

Tu metuis ne me interpelles? Primo, si in isto essem, tu scis quid sit interpellare. An te Ateius? Mehercule mihi docere videbaris istius generis humanitatem; qua quidem ego nihil utor abs te. Tu vero, ut me et appelles et interpelles, et obloquare et colloquare velim. Quid enim mihi suavius? Non mehercule quisquam μουσοπάτακτος libentius sua recentia poemaa legit, quam ego te audio quacumque de re publica, privata, rustica, urbana. Sed mea factum est insulsa verecundia, ut te proficiscens non tollerem. Opposuisti semel, ἀναντίλεκτον causam, Ciceronis nostri valetudinem, conticui : iterum Cicerones; quievi. Nunc mihi jucunditatis plena epistola hoc aspersi moles-

d'aimable dans votre lettre, j'ai le chagrin d'y voir que vous avez appréhendé de m'être incommode, et que cette crainte dure encore. Je vous querellerais, si je le pouvais ; mais je vous assure que si vous me donnez jamais occasion de vous soupçonner de la même crainte, ma seule réponse sera que je craindrai de vous être incommode aussi, lorsque je me trouverai avec vous.

Vous n'en seriez pas content, je le prévois. Mais, pour en venir à notre ami Marius, je l'aurais jeté dans une litière. Non dans la litière Anicienne du roi Ptolomée ; car je me souviens que, le conduisant de Naples à Baïes dans une litière d'Anicius à huit porteurs, avec cent hommes armés à notre suite, il nous divertit merveilleusement, lorsque, ayant ouvert notre voiture sans savoir quel était son cortége, il pensa tomber de frayeur à cette vue, et moi tomber de rire. J'aurais, dis-je, enlevé Marius, pour goûter une fois l'agrément de ses plaisanteries de l'ancien goût et de ses charmants propos. Mais, infirme comme il est, je n'ai pas voulu l'inviter en cette occasion à m'accompagner dans une maison ouverte et informe. Le principal agrément de ces terres, c'est le voisinage de Marius. Je ferai en sorte que chez Anicius tout soit prêt pour sa réception. Nous verrons quels préparatifs on y a faits pour me recevoir. Pour moi, je suis si studieux, que le bruit des ouvriers ne me troublerait pas. Cette philosophie me vient, non d'Hymettus, mais de mon atelier de construction.

tiæ, quod videris, ne mihi molestus esses, veritus esse, atque etiam nunc vereri. Litigarem tecum, si fas esset : sed mehercule istuc si unquam suspicatus ero, nihil dicam aliud, nisi verebor ne quando ego tibi, quum sum una, molestus sim.

Video te ingemuisse. Sic fit, εἰ δ᾽ ἐν αἴα ἔζησας, nunquam enim dicam, ἔα πάσας. Marium autem nostrum in lecticam, mehercule, conjecissem, non illam regis Ptolemæi Anicianam. Memini enim, quum hominem portarem ad Baias Neapoli octophoro Aniciano, machærophoris centum sequentibus, miros risus nos edere ; quum ille ignarus sui comitatus repente aperuit lecticam, et pæne ille timore, ego risu corrui. Hunc, ut dico, certe sustulissem, ut aliquando subtilitatem veteris urbanitatis, et humanissimi sermonis attingerem : sed hominem infirmum in villam apertam, ac ne rudem quidem, etiam nunc, invitare nolui. Hoc vero mihi peculiare fuerit, hic etiam isto frui. Nam illorum prædiorum scito mihi vicinum Marium lumen esse. Apud Anicium videbimus ut paratum sit. Nos enim ita philologi sumus, ut vel cum fabris habitare possimus. Habemus hanc philosophiam, non ab Hymetto, sed ab Arce

Marius est d'une santé et d'un tempérament très-faibles. Je profiterai, pour vous écrire, du temps que vos importunités me laisseront de reste; et je souhaite qu'elles ne m'en laissent point, afin que mon silence vienne de vos importunités plutôt que de ma paresse. Je suis fâché que vous preniez les affaires publiques trop à cœur, et que vous soyez meilleur citoyen que Philoctète, qui, après avoir été outragé, recherchait les spectacles, dont je vois que vous ressentez du chagrin. Hâtez-vous de venir; je vous consolerai, et je vous promets de guérir toutes vos douleurs. Amenez Marius avec vous, et dépêchez-vous d'arriver.

LETTRE CXXII
Cumes, 29 avril 698.

CICÉRON A ATTICUS

J'AI reçu, le dernier du mois passé, deux de vos lettres, qui m'ont fort intéressé : écrivez-moi la suite; je brûle de tout savoir. Je voudrais bien encore être éclairci sur un point que vous pourrez savoir par Demetrius : Pompée m'a dit qu'il avait donné rendez-vous à Crassus dans sa maison d'Albe, pour le 28 de ce mois, et que de là ils iraient ensemble à Rome, faire rendre

Syria. Marius et valetudine est et natura imbecillior. De interpellatione tantum sumam a vobis temporis ad scribendum, quantum dabitis : utinam nihil detis, ut potius vestra injuria, quam ignavia mea cessem. De republica nimium te laborare doleo, et meliorem civem esse quam Philocletem, qui, accepta injuria, illa spectacula quærebat quæ tibi acerba esse video. Amabo te, advola : consolabor te, et omnem abstergebo dolorem; et adduc, si me amas, Marium, sed approperate. Hortus domi est.

EPISTOLA CXXII
(ad Att., IV, 11)
Scrib. in Cumano, II kal. maias A. V. C. 698.

CICERO ATTICO SAL.

DELECTARUNT me epistolæ tuæ : quas accepi uno tempore duas ante diem II kalend. Perge reliqua : gestio scire ista omnia. Etiam illud, cujusmodi sit, velim perspicias (potes a Demetrio) : dixit mihi Pompeius, Crassum a se in Albano exspectari ante diem IV kal. : is quum venisset, Romam esse statim

compte à ceux qui tiennent les fermes de la république. Je lui ai demandé si c'était le jour des gladiateurs. Il m'a répondu que ce serait avant. Si vous pouvez savoir, ou dès maintenant, ou lorsqu'il sera de retour à Rome, ce qui en est, je vous prie de me le mander. Je dévore ici les livres avec Dionysius, qui est en vérité un homme merveilleux. Il vous fait ses compliments et à tous nos amis. Il n'est rien de si agréable que de pouvoir contenter sa curiosité; et la mienne, comme vous savez, n'est pas petite. Mandez-moi donc fort en détail ce qui s'est passé le premier et le second jour du mois, ce que les censeurs ont obtenu, comment va la brigue d'Appius, et ce que fait son frère, cet Apuleius femelle. Parlez-moi aussi de vous-même ; car je puis vous assurer, sans compliment, que je tiens moins aux nouvelles qu'à vos lettres.

Je n'ai mené avec moi que Dionysius ; je ne crains pas néanmoins que notre conversation languisse : nous parlerons souvent de vous, et rien ne peut me faire plus de plaisir. Donnez, je vous prie, mon livre à Lucceius. Je vous envoie le traité de Demetrius Magnès, afin que vous puissiez me répondre par le porteur.

venturos, ut rationes cum publicanis putarent. Quæsivi gladiatoribusne? respondit, ante quam inducerentur. Id cujusmodi sit, aut quum Romam is venerit, ad me mittas velim. Nos hic voramus litteras cum homine mirifico (ita mehercule sentio) Dionysio, qui te omnesque vos salutat. Οὐδὲν γλυκύτερον ἢ πάντ' εἰδέναι. Quare ut homini curioso ita perscribe ad me quid primus dies, quid secundus, quid censores, quid Appius, quid illa populi Apuleia. De nique etiam quida te fiat, ad me velim scribas : non enim (ut vere loquamur) tum rebus novis, quam tuis litteris delector.

Ego mecum, præter Dionysium, duxi neminem : nec metuo tamen ne nihil sermo desit; abs te, opere delector. Tu Lucceio nostrum librum dabis. Demetrii Magnetis tibi mitto ; statim ut sit, qui a te mihi epistolam referat.

LETTRE CXXIII

A Tusculum ou à Antium, vers la fin de mai 698.

CICÉRON A ATTICUS

Egantius est à Rome; mais je l'ai vu à Antium, et je lui ai parlé fortement pour Halimetus : il m'a promis d'agir puissamment sur Aquilius. Voyez-le donc, si vous voulez. Je doute que je puisse servir Macron : nous avons, aux ides, à Larinum, une vente qui durera deux jours de plus. Vous qui tenez tant à Macron, pardonnez-le-moi. Mais, si vous avez de l'affection pour moi, venez avec Pilia souper chez moi le 2 du mois prochain. J'arriverai le 1er; mais je veux souper dans les jardins de mon gendre Crassipès, comme un voyageur à une auberge. Je fausserai compagnie au sénatus-consulte. Après souper j'irai chez moi, afin d'être le lendemain à la disposition de Milon. Nous nous y verrons, et je vous ferai bien venir. Tous les miens vous saluent.

EPISTOLA CXXIII

(ad Att., IV, 12)

Scrib. in Tusculano, ut videtur, vel in Antiati, exeunte maio A. V. C. 698.

CICERO ATTICO SAL.

Egnatius Romæ est; sed ego cum eo de re Halimeti vehementer Antii egi; graviter se acturum cum Aquilio confirmavit : videbis ergo hominem, si voles. Macroni vix videor præsto esse. Idibus enim auctionem Larini video, et biduum præterea : id tu, quoniam Macronem tanti facis, ignoscas mi velim. Sed, si me diligis, postridie kalend. cœna apud me cum Pilia : prorsus id facies. Kalend. cogito in hortis Crassipedis, quasi in diversorio, cœnare. Facio fraudem S. C. Inde domum cœnatus, ut sim mane præsto Miloni. Ibi te igitur videbo; et promovebo. Domus te nostra tota salutat.

LETTRE CXXIV

Rome, année incertaine; peut-être cependant en 698, après son retour d'Arpinum.

CICÉRON A FABIUS GALLUS

Je ne faisais qu'arriver d'Arpinum, lorsqu'on m'a remis votre lettre. J'en ai reçu par le même courrier une d'Avianus, où il me marquait fort honnêtement que nous ferions nos comptes à son arrivée, et que je serais le maître du terme. Mettez-vous à ma place : seriez-vous plus capable que moi, premièrement de demander un terme; en second lieu, de le demander au delà de l'année? Mais je ne serais point dans cet embarras, mon cher Gallus, si vous n'aviez acheté que ce que je souhaitais, et au prix que je voulais : ce qui ne m'empêchera pas néanmoins de ratifier votre marché, et de vous en avoir de la reconnaissance. Je suis persuadé que vous avez choisi avec tout le zèle de l'amitié ce qui vous a paru le plus agréable; et, vous ayant toujours connu beaucoup de goût, je ne doute point que tout ce que vous avez acheté, vous ne l'ayez jugé digne de moi. Mais je ne serais pas fâché que Damasippus fût toujours dans la même disposition;

EPISTOLA CXXIV
(ad div., VII, 23)

Scrib. Romæ, anno incerto quidem, sed fortasse tamen A. V. C. 698, post reditum ex Arpinati.

CICERO S. D. FABIO GALLO

Tantum quod ex Arpinati veneram, quum mihi a te litteræ redditæ sunt: ab eodemque accepi Aviani litteras, in quibus hoc inerat liberalissimum, nomina se facturum, quum venisset, qua ego vellem die. Fac, quæso, qui ego sum, esse te. Estne aut tui pudoris, aut nostri primum rogare de die : deinde plus annua postulare? Sed essent, mi Galle, omnia facilia, si et ea mercatus esses, quæ ego desiderabam, et ad eam summam quam volueram. Attamen ista ipsa, quæ te emisse scribis, non solum recta mihi erunt, sed etiam grata. Plane enim intelligo te non modo studio, sed etiam amore usum, quæ te delectarint hominem, ut ego semper judicavi, in omni judicio elegantissimum, quæque me digna putaris, coemisse. Sed velim maneat Damasippus in sen-

car je n'ai point de passion pour toutes ces emplettes. Ignorant mes vues, vous avez donné pour ces quatre ou cinq pièces plus que ne valent à mes yeux toutes les statues du monde. Vous comparez ces prêtresses de Bacchus avec les Muses de Metellus. Quelle comparaison! D'abord, je ne donnerais pas ce prix pour les muses mêmes et je m'imagine que celles du Parnasse ne m'en blâmeraient pas. Direz-vous que des bacchantes conviennent à ma bibliothèque et à mes études? mais à quel titre? Elles sont fort belles, ajouterez-vous. Je sais ce qu'elles sont et je les ai vues plus d'une fois; si elles m'avaient plu, je n'aurais pas manqué de vous les désigner, puisque je les connaissais. Mon usage est d'acheter des statues qui puissent donner, au lieu où je les destine, l'air des gymnases grecs. Que fera la statue de Mars chez un partisan de la paix? Fort heureusement il n'y en a point de Saturne; je m'imaginerais que ces deux pièces m'ont apporté des dettes. Il serait à souhaiter que ce fût plutôt quelque Mercure; j'en aurais peut-être plus de facilité à régler le marché avec Avianus. Vous aurez le Trapézophore que vous aviez destiné pour vous, s'il vous fait plaisir; ou je le garderai, si vous avez changé de sentiment. Je vous avoue que j'aurais cru cette somme mieux employée à m'acheter un pied à terre à Terracine, pour n'être pas toujours incommode à mon hôte. C'est uniquement la faute de mon affranchi, à qui j'avais marqué positivement mes volontés,

tentia. Prorsus enim ex istis emptionibus nullam desidero. Tu autem ignarus instituti mei, quanti ego genus omnino signorum omnium non æstimo, tanti ista quatuor aut quinque sumpsisti. Bacchas istas cum Musis Metelli comparas. Quid simile? Primum ipsas ego Musas nunquam tanti putassem : atque id fecissem Musis omnibus approbantibus. Sed tamen erat aptum bibliothecæ, studiisque nostris congruens. Bacchis vero ubi est apud me locus? At pulchellæ sunt. Novi optime et sæpe vidi. Nominatim tibi signa mihi notanandassem, si probassem. Ea enim signa ego emere soleo, quæ ad similitudinem gymnasiorum exornent mihi in palæstra locum. Martis vero signum quo mihi pacis auctori? Gaudeo nullum Saturni signum fuisse. Hæc enim duo signa putarem mihi æs alienum attulisse. Mercurii mallem aliquod fuisset. Felicius, puto, cum Aviano transigere possemus. Quod tibi destinaras Trapezophoron, si te delectat, habebis. Sin autem sententiam mutasti, ego habebo scilicet. Ista quidem summa næ ego multo libentius emerim diversorium Terradnæ, ne semper hospiti molestus sim. Omnino liberti mei video esse culpam, cui

et celle aussi de Junius, que vous connaissez, je crois, et qui est ami d'Avianus.

J'ai construit quelques exhèdres d'un goût nouveau, pour mon portique de Tusculum, et je voulais les orner de tableaux. Il n'y a rien, dans ce genre, qui me plaise tant que les peintures. Cependant, s'il faut prendre ce que vous avez acheté pour moi, ayez la bonté de me marquer où tout cela est, quand et par quelle voie je pourrai le faire transporter. Si Damasippus a changé de sentiment, je trouverai bien quelque pseudo-Damasippus pour m'en défaire, même avec perte.

A l'égard de la maison sur laquelle vous m'écrivez pour la seconde fois, j'avais déjà chargé Tullia de mes ordres à mon départ, car j'ai reçu votre première lettre au moment où je partais. J'en avais parlé aussi à votre Nicias, qui est, comme vous le savez, fort lié avec Cassius. A mon retour et sans avoir encore lu votre seconde lettre, j'ai demandé à Tullia ce qu'elle avait fait ; elle m'a dit qu'elle avait employé l'entremise de Licinia ; mais je doute si Cassius voit beaucoup sa sœur : d'ailleurs, Licinia a répondu que dans l'absence de Dexius, son mari, parti pour l'Espagne, elle n'ose quitter, sans qu'il en soit informé. Il est bien flatteur pour moi de vous voir faire tant de cas de mon amitié et de mon commerce ; que vous ayez pris une maison où vous

---

plane res certas mandaram: itemque Junii, quem puto tibi notum esse, Aviani familiarem.

Exhedria quædam mihi nova sunt instituta in porticula Tusculani. Ea volebam tabellis ornare. Etenim, si quid generis istiusmodi me delectat, pictura delectat. Sed tamen, si ista mihi sunt habenda, certiorem velim me facias, ubi sint, quando arcessantur, quo genere vecturæ : si enim Damasippus in sententia non manebit, aliquem pseudo-Damasippum vel cum jactura reperiemus.

Quod ad me de domo scribis iterum, jam id ego proficiscens mandabam meæ Tulliæ. Ea enim ipsa hora acceperam tuas litteras : egeram etiam cum tuo Nicia, quod is utitur, ut scis, familiariter Cassio. Ut redii autem, priusquam tuas legi has proximas litteras, quæsivi de mea Tullia quid egisset. Per Liciniam se egisse dicebat. Sed opinor Cassium uti non ita multum sorore. Eam porro negare se audere, quum vir abesset (est enim profectus in Hispaniam Dexius) illo et absente et insciente migrare. Est mihi gratissimum tanti a te æstimatam consuetudinem vitæ victusque nostri : primum ut eam

pourrez non-seulement vivre près de moi, mais demeurer véritablement avec moi ; enfin, que vous marquiez tant d'empressement pour y venir. Mais que je meure, si mon impatience cède à la vôtre : aussi n'épargnerai-je rien pour hâter ce moment; je sens combien j'y suis intéressé, ou, si vous voulez, l'intérêt que nous y avons tous deux. Je vous ferai savoir tout ce que j'aurai fait. Ne manquez pas de me répondre, et marquez-moi, si vous le jugez à propos, quel jour je dois vous attendre. Adieu.

LETTRE CXXV

Rome, 698.

M. T. CICÉRON A P. LENTULUS, PROCONSUL

Tout ce qui vous touche, tout ce qui a été fait ou arrêté, tout ce que Pompée vient d'entreprendre, vous l'apprendrez on ne peut mieux par Plétorius. Non-seulement il a eu part à toutes ces affaires; mais il y a présidé, et en tout il a fait éclater avec beaucoup de prudence le zèle et l'amitié qu'il a pour vous.

Il vous dira aussi l'état des affaires publiques : ce ne serait pas

domum sumeres, ut non modo prope me, sed plane mecum habitare posses : deinde ut migrare tantopere festines. Sed ne vivam, si tibi concedo ut hujus rei tu cupidior sis, quam ego sum. Itaque omnia experiar. Video enim quid mea intersit, quid utriusque nostrum. Si quid egero, faciam ut scias. Tu et ad omnia rescribes, et quando te exspectem, facies me; si tibi videtur, certiorem. Vale.

EPISTOLA CXXV

(ad div., I, 8)]

Scrib. Romæ, A. V. C. 698.

M. T. CICERO P. LENTULO PROCOS. S. D.

De omnibus rebus quæ ad te pertinent, quid actum, quid constitutum sit, quid Pompeius susceperit, optime a M. Plætorio cognosces : qui non solum interfuit his rebus, sed etiam præfuit ; neque ullum officium erga te hominis amantissimi, prudentissimi, diligentissimi prætermisit.

Ex eodem, de toto statu rerum communium cognosces ; quæ quæ sint,

une petite entreprise de vous les expliquer par écrit. Elles dépendent du moins de nos amis, et, suivant les apparences, on ne doit pas penser qu'elles changent de notre vivant. J'ai suivi mon devoir, vos conseils, et ce que mon intérêt ne demandait pas moins que la reconnaissance; c'est-à-dire que j'entre dans toutes les vues de celui auquel vous avez cru que je devais me conformer pour le mettre dans vos intérêts. Mais vous n'ignorez pas combien il est difficile, en politique, de renoncer à son propre sentiment, surtout quand on le croit juste et fondé. Je ne laisse pas de me conformer à la volonté d'un homme avec lequel je ne puis honnêtement être divisé d'opinion; et ce n'est point par un déguisement politique, comme certaines gens peuvent se l'imaginer; car l'inclination de mon cœur, et, j'ajoute, ma tendresse pour Pompée, ont sur moi tant de force, qu'elles me font trouver de la vérité et de la justice dans tout ce qui lui est utile et dans tout ce qu'il désire. Je suis persuadé que ses adversaires même feraient bien de renoncer à combattre un ennemi plus puissant qu'eux. Pour moi, je me console de bien des choses, quand je considère que personne ne peut trouver mauvais que je soutienne les vues de Pompée, ou que je garde le silence, ou que je retourne à mes études; ce serait pour moi le parti le plus agréable, et je le prendrai assurément, si l'amitié de Pompée me le permet; car cette dignité dans l'opinion, cette

non facile est scribere. Sunt quidem certe in amicorum nostrorum potestate, atque ita, ut nullam mutationem unquam hac hominum ætate habituras res esse videatur. Ego quidem, ut debeo, et ut tute mihi præcepisti, et ut me pietas utilitasque cogit, me ad ejus rationes adjungo, quem tu in meis rationibus tibi esse adjungendum putasti. Sed te non præterit quam sit difficile sensum in republica, præsertim rectum et confirmatum, deponere. Verumtamen ipse me conformo ad ejus voluntatem, a quo honeste dissentire non possum; neque id facio, ut forsitan quibusdam videor, simulatione. Tantum enim animi inductio, et mehercule amor erga Pompeium apud me valet, ut, quæ illi utilia sunt et quæ ille vult, ea mihi omnia jam et recta et vera videantur. Neque (ut ego arbitror) errarent, ne adversarii quidem ejus, si quum pares esse non possent, pugnare desisterent. Me quidem etiam illa res consolatur, quod ego is sum, cui vel maxime concedant omnes, ut vel ea defendam quæ Pompeius velit, vel taceam, vel etiam, id quod mihi maxime lubet, ad nostra me studia referam litterarum : quod profecto faciam, si mihi per ejusdem amicitia licebit. Quæ enim proposita fuerant nobis, quum et honoribus amplis-

liberté dans le gouvernement des affaires publiques, que j'avais droit de me promettre après tant de travaux et d'honneurs, sont entièrement perdus et pour moi et pour tous : on est réduit, ou à suivre l'avis d'un petit nombre de personnes, sans aucun reste de dignité, ou à perdre sa peine, si l'on entreprend de s'y opposer. Je vous fais cette peinture, pour vous donner le temps de méditer sur la conduite que vous tiendrez vous-même. L'ordre du sénat, celui des jugements et des affaires publiques, tout est changé. Il ne nous reste à souhaiter que le repos; et je ne doute pas qu'on n'eût pu l'obtenir de ceux qui gouvernent, si certaines gens avaient pu supporter plus patiemment leur autorité. Pour cette dignité consulaire qui convient à des sénateurs vertueux et constants, il n'y faut plus penser; elle est perdue par la faute de ceux qui ont détaché du sénat un ordre qui lui était très-dévoué, et un homme illustre.

Mais revenons à ce qui vous touche de plus près. J'ai reconnu que Pompée est un de vos grands amis. Autant que j'en puis juger, vous obtiendrez tout ce que vous voudrez pendant son consulat : je ne le quitterai point alors un moment, je l'intéresserai à vos affaires, et je ne négligerai rien de ce qui vous touche. Je n'aurai point à craindre de l'importuner : il sera charmé, au contraire, de me voir sensible à la reconnaissance. Je vous prie d'être bien persuadé que vos moindres intérêts me sont plus

simis et laboribus maximis perfuncti essemus, dignitas in sententiis dicendis, libertas in republica capessenda; ea sublata tota : sed nec mihi magis quam omnibus. Nam aut assentiendum est nulla cum gravitate paucis, aut frustra dissentiendum. Hæc ego ad te ob eam causam maxime scribo, ut jam de tua quoque ratione meditere. Commutata tota ratio est senatus, judiciorum, rei totius publicæ. Otium nobis exoptandum est; quod ii, qui potiuntur rerum, præstaturi videntur, si quidam homines patientius eorum potentiam ferre potuerint. Dignitatem quidem illam consularem fortis et constantis senatoris, nihil est quod cogitemus. Amissa est culpa eorum qui, a senatu et ordinem conjunctissimum et hominem clarissimum abalienarunt.

Sed ut ad ea, quæ conjunctiora rebus tuis sunt, revertar; Pompeium tibi valde amicum esse cognovi. Eo tu consule, quantum ego perspicio, omnia quæ voles obtinebis; quibus in rebus me sibi ille affixum habebit : neque a me ulla res, quæ ad te pertineat, negligetur. Neque enim verebor ne sim ei molestus; cui jucundum erit etiam propter id ipsum, quod me esse gratum videbit. Tu velim tibi ita persuadeas, nullam rem esse minimam, quæ ad te

précieux que tous les miens ensemble. Ce sentiment est si vif au fond de mon cœur, que tous mes soins n'y peuvent jamais répondre; et la raison qui m'empêche ainsi d'être satisfait de moi, c'est que, non-seulement par des effets, mais par la pensée même, il est impossible que je m'acquitte de la moindre partie de vos bienfaits.

Le bruit se répand que votre entreprise a fort bien réussi. On attend vos lettres; j'en ai déjà parlé à Pompée : si l'on en reçoit, notre zèle ne s'endormira pas pour visiter les magistrats et les sénateurs. En général, sur tout ce qui regarde vos affaires, lorsque mes efforts auront surpassé mon pouvoir, j'aurai fait encore moins que je ne dois.

LETTRE CXXVI

Rome, 698.

CICÉRON A MARIUS

Si c'est quelque indisposition ou votre mauvaise santé habituelle qui ne vous a pas permis d'assister aux jeux, j'en félicite le hasard plus que votre sagesse ; mais si vous avez cru devoir

pertineat, quæ mihi carior non sit quam meæ res omnes. Idque quum sentiam, sedulitate mihimet ipse satisfacere possum ; re quidem ipsa ideo mihi non satisfacio, quod nullam partem tuorum meritorum, non modo referenda, sed ne cogitanda quidem gratia, consequi possum.

Rem te valde bene gessisse rumor erat. Exspectabantur litteræ tuæ : de quibus jam eramus cum Pompeio locuti : quæ si erunt allatæ, nostrum studium exstabit in conveniendis magistratibus et senatoribus. Cætera, quæ ad te pertinebunt, quum etiam plus contenderimus quam possumus, minus tamen faciemus quam debemus.

EPISTOLA CXXVI

(ad div., VII, 1)

Scrib. Romæ, A. V. C. 698.

M. CICERO S. D. M. MARIO

Si te dolor aliquis corporis, aut infirmitas valetudinis tuæ tenuit, quo minus ad ludos venires, fortunæ magis tribuo, quam sapientiæ tuæ. Sin hæc,

mépriser ce que les autres admirent, et, sans être retenu par votre santé, si vous avez volontairement refusé d'y venir, je suis bien aise que l'esprit se soit aussi bien porté que le corps, puisque vous avez négligé ce qui fait la vaine admiration des autres, à condition que vous ayez tiré quelque fruit de votre loisir, étant resté presque seul dans un lieu si agréable. Je ne doute pas que, dans ce cabinet, d'où vous vous êtes ouvert une perspective au travers de la forêt de Stabie, et d'où vous découvrez Séjane, vous n'ayez employé, pendant tous ces jours-ci, le matin à quelques petites lectures, tandis que ceux qui vous ont quitté bâillaient en société à des farces. Les autres parties du jour, vous les avez données à des amusements de votre goût, et, pendant ce temps-là, nous avons essuyé tout ce qu'il a plu à Sp. Mécius d'honorer de son approbation. Les jeux, si vous me le demandez, étaient fort somptueux; mais ils n'étaient nullement de votre goût, car je juge du vôtre par le mien. Premièrement, on a vu reparaître sur la scène ceux à qui je croyais qu'on avait accordé une honorable retraite. Notre Ésope, votre favori, s'en est tiré si mal, que personne ne s'opposera, je vous assure, à sa retraite. En commençant le serment, la voix lui a manqué dans cet endroit : *Si sciens fallo.* Que vous dirai-je de plus? vous connaissez le reste des jeux. En vérité ils n'avaient pas même l'agrément or-

---

quæ cæteri mirantur, contemnenda dixisti, et, quum, per valetudinem posses, venire tamen noluisti, utrumque lætor : et sine dolore corporis te fuisse, et animo valuisse, quum ea, quæ sine causa mirantur alii, neglexeris : modo ut tibi constiterit fructus otii tui ; quo quidem tibi perfrui mirifice licuit, quum esses in ista amœnitate pæne solus relictus. Neque tamen dubito quin tu in illo cubiculo tuo, ex quo tibi Stabianum perforasti et patefecisti Sejanum, per eos dies matutina tempora lectiunculis consumpseris : quum illi interea, qui te istic reliquerunt, spectarent communes mimos semisomni. Reliquas vero partes diei tu consumebas his delectationibus, quas tibi ipse ad arbitrium tuum compararas : nobis autem erant ea perpetienda, quæ scilicet Sp. Mæcius probavisset. Omnino, si quæris, ludi apparatissimi, sed non tui stomachi. Conjecturam enim facio de meo. Nam primum honoris causa in scenam redierant ii, quos ego honoris causa de scena decessisse arbitrabar. Deliciæ vero tuæ noster Æsopus ejusmodi fuit, ut ei desinere per omnes homines liceret. Is jurare quum cœpisset, vox eum defecit illo loco, SI SCIENS FALLO. Quid tibi ego alia narrem? nosti enim reliquos ludos. Quid? ne id quidem leporis ha-

dinaire des jeux médiocres. La vue de l'appareil en ôtait toute la gaieté, et je suis persuadé que vous ne regrettez pas ce spectacle. Quel plaisir pouvait-on trouver, dans *Clytemnestre*, à voir passer une multitude de mulets? ou, dans la représentation du *Cheval de Troie*, à voir trois mille cratères? ou dans je ne sais quel combat, toutes les armes diverses de la cavalerie et de l'infanterie? Ces objets peuvent exciter l'admiration populaire; ils ne vous auraient pas fort amusé. Si vous avez prêté, pendant ce temps-là, l'oreille à votre Protogène, et qu'il vous ait lu tout autre chose que mes discours, je suis sûr que vous avez eu plus de plaisir qu'aucun de nous. Il n'y a pas d'apparence que vous ayez beaucoup regretté les jeux grecs et osques, puisque vous pouvez voir ces derniers en plein sénat, et que vous aimez si peu les Grecs, que vous évitez ordinairement de prendre la voie Grecque pour aller à votre maison de campagne. Je ne croirai pas non plus que vous regrettiez les athlètes, vous qui avez méprisé les gladiateurs; d'ailleurs, Pompée confesse lui-même qu'il y a perdu son huile et sa peine.

Le reste de la fête consistait en deux chasses qui ont duré cinq jours, magnifiques au dire de tous. Mais quel plaisir un homme de goût peut-il trouver à voir déchirer par une bête féroce un esclave plus faible qu'elle, ou percer un bel animal d'un

---

buerunt, quod solent mediocres ludi. Apparatus enim spectatio tollebat omnem hilaritatem : quo quidem apparatu non dubito quin animo æquissimo carueris. Quid enim delectationis habent sexcenti muli in Clytemnestra? aut in Equo Trojano craterarum tria millia? aut armatura varia peditatus et equitatus in aliqua pugna? Quæ popularem admirationem habuerunt, delectationem tibi nullam attulissent. Quod si tu per eos dies operam dedisti Protogeni tuo, dummodo is tibi quidvis potius quam orationes meas legerit, næ tu haud paulo plus quam quisquam nostrum delectationis habuisti. Non enim te puto græcos aut oscos ludos desiderasse : præsertim quum oscos ludos, vel in senatu nostro spectare possis; Græcos ita non ames, ut ne ad villam quidem tuam via Græca ire soleas. Nam quid ego te athletas putem desiderare, qui gladiatores contempseris? In quibus ipse Pompeius confitetur se et operam et oleum perdidisse.

Reliquæ sunt venationes binæ, per dies quinque, magnificæ, nemo negat. Sed quæ potest homini esse polito delectatio, quum aut homo imbecillus a valentissima bestia laniatur, aut præclara bestia venabulo transverberatur?

coup d'épieu? Si ce spectacle mérite de la curiosité, vous l'avez eu assez souvent, et vous savez qu'il n'était pas plus nouveau pour nous. Le dernier jour était celui des éléphants : la populace a marqué beaucoup d'admiration ; mais personne n'y a trouvé de plaisir : j'ai vu même assez généralement prévaloir une sorte de pitié, fondée sur l'opinion qu'il y a quelque société entre la race humaine et cet animal.

Au reste, de peur que vous ne me croyiez heureux, ou même tout à fait libre, apprenez que, dans ces jours de joie, pendant les jeux scéniques, je me suis tué à défendre votre ami Gallus Caninius. Si j'avais à faire à un public aussi commode que celui d'Ésopus, je vous assure que j'abandonnerais volontiers la profession pour vivre avec vous et ceux qui vous ressemblent. Elle me fatiguait dans le temps même que j'étais soutenu par la jeunesse et l'ambition, et que j'avais la liberté de refuser les causes qui me répugnaient. Aujourd'hui, ce n'est plus vivre. Quel fruit puis-je espérer de mon travail? et ne suis-je pas quelquefois forcé, par les instances de ceux à qui j'ai des obligations, de défendre certaines gens à qui je n'en ai guère? Aussi je cherche toute sorte de prétextes pour vivre enfin à mon gré, et je n'approuve et ne loue rien tant que le parti que vous avez pris et l'honnête loisir dont vous jouissez. Si je ne vous vois pas aussi souvent que je le souhaiterais, je suis

---

Quæ tamen, si videnda sunt, sæpe vidisti : neque nos, qui hæc spectavimus, quidquam novi vidimus. Extremus elephantorum dies fuit, in quo admiratio magna vulgi atque turbæ, delectatio nulla exstitit. Quin etiam misericordia quædam consecuta est atque opinio ejusmodi, esse quamdam illi belluæ cum genere humano societatem.

His ego tamen diebus, ludis scenicis, ne forte videar tibi non modo beatus, sed liber omnino fuisse, dirupi me pæne in judicio Galli Caninii familiaris tui. Quod si tam facilem populum haberem quam Æsopus habuit, libenter mehercule artem desinerem, tecumque et cum similibus nostri viverem. Nam me quum antea tædebat, quum et ætas et ambitio me hortabantur, et licebat denique quem nolebam non defendere ; tum vero hoc tempore vita nulla est. Neque enim fructum ullum laboris ex his exspecto : et cogor nonnunquam homines non optime de me meritos, rogatu eorum qui bene meriti sunt, defendere. Itaque quæro causas omnes aliquando vivendi arbitratu meo, eque et istam rationem otii tui et laudo vehementer, et probo : quodque nos minus

d'autant moins sensible à cette privation, que, si vous étiez à Rome, mes fâcheuses occupations ne me permettraient pas de jouir des agréments de votre commerce, et vous ôteraient la même douceur, si vous croyez qu'il y en ait quelqu'une dans le mien ; mais, si je me dégage un peu de cette chaîne (car je ne demande pas qu'elle soit rompue tout à fait), comptez que je vous apprendrai ce que c'est que de mener une vie agréable; oui, à vous-même, qui n'avez pas d'autre occupation depuis plusieurs années.

Ayez soin seulement de votre faible santé, et rendez-la, comme vous faites, capable de se soutenir, afin que nous puissions visiter nos maisons de campagne, et faire ensemble bien des courses en litière. Je ne suis pas accoutumé à vous écrire de si longues lettres; mais attribuez-le plutôt à un excès d'amitié qu'à un excès de loisir. Vous m'avez invité, si vous vous en souvenez, dans une certaine lettre, à vous écrire quelque chose qui pût vous empêcher de regretter les jeux : si j'y ai réussi, tant mieux ; sinon, je m'en consolerai, parce que ce sera pour vous une raison de venir aux jeux et de nous rendre quelques visites, et que ce ne sera point alors à mes lettres seules que vous laisserez le soin de vous amuser. Adieu.

---

intervisis, hoc fero animo æquiore, quod, si Romæ esses, tamen neque nos lepore tuo, neque te (si quis est in me) meo frui liceret, propter molestissimas occupationes meas : quibus si me relaxaro (nam ut plane exsolvam, non postulo), te ipsum, qui multos annos nihil aliud commentaris, docebo profecto, quid sit humaniter vivere.

Tu modo istam imbecillitatem valetudinis tuæ sustenta et tuere, ut facis, ut nostras villas obire et mecum simul lecticula concursare possis. Hæc ad te pluribus verbis scripsi quam soleo, non otii abundantia, sed amoris erga te, quod me quadam epistola subinvitaras, si memoria tenes, ut ad te aliquid ejusmodi scriberem, quominus te prætermisisse ludos pœniteret. Quod si assecutus sum, gaudeo : si minus, hoc me tamen consolor, quod posthac ad ludos venies, nosque vises, neque in epistolis relinques meis spem aliquam delectationis tuæ. Vale.

LETTRE CXXVII

Rome, 698.

M. T. CICÉRON A Q. PHILIPPE, PROCONSUL

Vos égards pour moi et notre ancienne amitié ne me laissent point douter que ma recommandation ne soit présente à votre mémoire, cependant je vous recommande encore L. Oppius, mon ami, qui est avec vous, et les intérêts de L. Egnatius, que j'aime beaucoup, et qui est absent. Je suis lié avec Egnatius par une amitié si étroite et si familière, que je ne prendrais pas mes propres affaires plus à cœur. Vous m'obligerez donc très-sensiblement, si vous lui faites connaître que vous m'aimez autant que je me le figure moi-même. En un mot, vous ne sauriez me faire plus de plaisir, et je vous le demande instamment.

EPISTOLA CXXVII

(ad div., XIII, 74)

Scrib. Romæ, A. V. C. 698.

M. T. CICERO Q. PHILIPPO PROCOS. S. D.

Etsi non dubito, pro tua in me observantia, proque nostra necessitudine, quin commendationem meam memoria teneas : tamen etiam atque etiam tibi L. Oppium, familiarem meum præsentem, et L. Egnatii familiarissimi mei absentis negotia commendo. Tanta mihi cum eo necessitudo est, familiaritasque, ut, si mea res esset, non magis laborarem. Quapropter gratissimum mihi feceris, si curaris ut is intelligat me a te tantum amari quantum ipse existimo. Hoc mihi gratius facere nihil potes. Idque ut facias, te vehementer rogo.

LETTRE CXXVIII

Rome, 698.

M. T. CICÉRON A Q. ANCHARIUS, FILS DE Q., PROCONSUL

Je vous recommande avec beaucoup d'affection deux jeunes gens fort bien élevés, qui sont liés avec moi d'une étroite amitié, et que vous trouverez très-dignes de la vôtre. Ce sont Lucius et Caïus Aurelius, tous deux fils de Lucius. Je vis familièrement avec eux comme avec leur père, qui est un excellent homme. Vous avez eu beaucoup d'égards pour un grand nombre de mes recommandations; mais je vous en demande particulièrement pour celle-ci. Les bontés que vous aurez pour eux vous assureront l'amitié de deux frères fort reconnaissants et fort aimables, et vous donneront de nouveaux droits à ma gratitude. Adieu.

EPISTOLA CXXVIII

(ad div., XIII, 40)

Scrib. Romæ, A. V. C. 698.

M. T. CICERO Q. ANCHARIO, Q. F. PROCOS. S. P. D.

L. et C. Aurelios, L. filios, quibus et ipsis et patre eorum, viro optimo, familiarissime utor, commendo tibi majorem in modum, adolescentes omnibus optimis artibus ornatos, meos pernecessarios, tua amicitia dignissimos. Si ulla mea apud te commendatio valuit, quod scio multas plurimum valuisse, hæc ut valeat rogo. Quod si eos honorifice liberaliterque tractaris, et tibi gratissimos optimosque adolescentes adjunxeris, et mihi gratissimum feceris. Vale.

LETTRE CXXIX

A Tusculum, fin de novembre 698.

CICÉRON A ATTICUS

Vous saviez déjà, à ce que je vois, que je suis arrivé à Tusculum le 16 novembre. Dionysius est venu m'y trouver. Je me propose, ou plutôt je ne puis me dispenser d'être à Rome le 15 du mois prochain : les noces de Milon sont fixées pour ce temps-là, et peut-être que l'élection des consuls n'ira pas plus loin. Je suis ravi d'avoir été absent pendant toutes les contestations qui sont arrivées dans le sénat ; car, ou je me serais rendu odieux en appuyant les propositions de Pompée, ou j'aurais manqué à ce que je lui dois en les condamnant. Je vous prie de m'écrire, avec toute l'exactitude possible, les détails de cette affaire et de toutes celles qui regardent la république, et de me marquer surtout quelle a été la contenance des consuls lorsqu'ils se sont vus menés si rudement. J'attends ces nouvelles avec impatience, et je vous avoue que j'en crains fort les suites.

Au reste, on dit que Crassus, notre ami, n'a pas reçu, en partant pour l'armée, tant d'honneurs qu'en reçut autrefois

EPISTOLA CXXIX

(ad Att., IV, 13)

Scrib. in Tusculano, exeunte novembri 698.

CICERO ATTICO SAL.

Nos in Tusculanum venisse a. d. xvii kal. decembr. video te scire. Ibi Dionysius nobis præsto fuit. Romæ a. d. xviii kalend. volumus esse : quid dico, volumus ? immo vero cogimur. Milonis nuptiæ ; comitiorum nonnulla opinio est. Ego, ut sit rata, abfuisse me in altercationibus, quas in senatu factas audio, fero non moleste. Nam aut defendissem, quod non placeret ; aut defuissem, cui non oporteret. Sed mehercule velim res istas, et præsentem statum republicæ, et quo animo consules ferant hunc σκυλμὸν, rescribas ad me, quantum potes. Valde sum ὀξύπεινος, et, si quæris, omnia mihi sunt suspecta.

Crassum quidem nostrum minore dignitate aiunt profectum paludatum,

Paul-Émile, consul pour la seconde fois, quoiqu'il soit à peu près de même âge. L'indigne personnage! J'ai fort travaillé mes livres *de l'Orateur*, et je les ai revus avec soin; vous pouvez les faire copier. Je vous prie encore une fois de m'envoyer un plan exact de l'état présent des affaires, afin que je ne sois pas entièrement neuf en arrivant à Rome.

LETTRE CXXX

Janvier 699, sous le consulat de L. Domitius Ahenobarbus et d'Appius Claudius Pulcher.

CICÉRON A QUINTUS SON FRÈRE

Je donne cette lettre aux injures que vous me dites dans votre billet; car, assurément, la chose même et les événements du jour de votre départ ne me fournissent pas beaucoup de matière. Mais, comme il n'arrive guère que les paroles nous manquent pour nos entretiens lorsque nous sommes ensemble, il nous est permis de divaguer quelquefois dans nos lettres.

quam olim æqualem ejus L. Paullum, iterum consulem. O hominem nequam! De libris oratoriis factum est a me diligenter. Diu multumque in manibus fuerunt, describas licet. Illud etiam te rogo, τὴν παροῦσαν κατάστασιν τυπωδῶς, ne istuc hospes veniam.

EPISTOLA CXXX

(ad Q. fratrem, II, 11)

Scrib., ut videtur, mense jan. A. V. C. 699 (L. Domitio Ahenobarbo, Appio Claudio Pulchro coss.)

CICERO QUINTO FRATRI SAL.

Epistolam hanc convicio efflagitarunt codicilli tui. Nam res quidem ipsa et is dies, quo tu es profectus, nihil mihi ad scribendum argumenti sane dabat. Sed quemadmodum, coram quum sumus, sermo nobis deesse non solet, sic epistolæ nostræ debent interdum hallucinari.

La liberté des Ténédiens a donc été tranchée avec la hache ténédienne. A l'exception de Bibulus, Catidius, Favonius et moi, personne n'a pris leur défense.

Les Magnésiens de Sipylus ont parlé de vous d'une manière fort honorable; ils ont dit que vous étiez le seul qui eussiez résisté aux prétentions de L. Sextius Pansa.

S'il arrive quelque chose, pendant les autres jours, dont vous ayez besoin d'être informé, ou quand même il n'arriverait rien, je ne laisserai point passer de jour sans vous écrire. La veille des ides, je ne ferai défaut ni à vous ni à Pomponius. Il n'y a pas, comme vous dites, beaucoup de génie dans le poëme de Lucrèce; mais il y a néanmoins beaucoup d'art. Quand vous reviendrez, je vous proclamerai homme fort, si vous êtes capable de lire l'*Empédocle* de Salluste, mais je ne vous regarderai plus comme un homme.

LETTRE CXXXI

Rome, février 699.

M. T. CICÉRON A M. LICINIUS CRASSUS

Je ne doute point que tous vos amis ne vous aient informé

Tenediorum igitur libertas securi tenedia præcisa est; quum eos, præter me, et Bibulum, et Calidium et Favonium, nemo defenderet.

De te a Magnetibus ab Sipylo mentio est honorifica facta, quum te unum dicerent postulationi L. Sextii Pansæ restitisse.

Reliquis diebus si quid erat quod te scire opus sit, aut etiam si nihil erit, tamen scribam quotidie aliquid. Pridie idus neque tibi neque Pomponio deero. Lucretii poemata, ut scribis, ita sunt non multis luminibus ingenii : multæ tamen artis. Sed quum veneris, virum te putabo, si Sallustii Empedoclea legeris ; hominem non putabo.

EPISTOLA CXXXI

(ad div., V, 8)

Scrib. Romæ, mense febr. A. V. C. 699.

M. T. CICERO M. LICINIO CRASSO S. D.

Quantum meum studium exstiterit dignitatis tuæ vel tuendæ, vel etiam au-

avec combien de zèle je me suis employé au soutien et même à l'augmentation de votre dignité. Je ne vous parle pas d'un service obscur ou médiocre, ou de nature à être passé sous silence. Je suis entré en lice avec les consuls et nombre de consulaires, et je ne me souviens pas d'avoir jamais mis plus de chaleur dans aucune cause. Je me suis engagé dans un combat perpétuel pour la défense de vos prérogatives; enfin, je me suis acquitté avec usure de ce que je devais depuis longtemps à notre ancienne liaison, quoiqu'elle ait été interrompue par la vicissitude des temps. Au fond, jamais l'envie de vous servir ou de contribuer à votre gloire ne m'a fait défaut; mais la malignité de certaines gens, qui s'affligent de l'honneur d'autrui, vous a quelquefois inspiré de l'éloignement pour moi, et m'a fait changer aussi de conduite avec vous. Enfin, par un événement conforme à mes désirs plutôt qu'à mes espérances, j'ai trouvé l'occasion, dans un temps où vos affaires sont très-florissantes, de faire éclater mes véritables inclinations et la solidité de notre amitié. Ce n'est pas à votre maison seulement, c'est à toute la ville, que j'ai fait heureusement connaître l'étendue de mon attachement. Aussi, votre femme, l'honneur de son sexe, et vos deux fils, dont je ne puis trop louer la vertu, le mérite et la tendresse, se reposent-ils avec confiance sur mes conseils, sur mon zèle et sur mes services, tandis que le sénat et le peuple romain s'aperçoi-

---

gendæ, non dubito quin ad te omnes scripserint. Non enim fuit aut mediocre, aut obscurum, aut ejusmodi, quod silentio posset præteriri. Nam et cum consulibus et cum multis consularibus tanta contentione decertavi, quanta nunquam antea ulla in causa ; suscepique mihi perpetuam propugnationem pro omnibus ornamentis tuis; veterique nostræ necessitudini jamdiu debitum, sed multa varietate temporum interruptum, officium cumulate reddidi. Neque, mehercule, unquam mihi tui aut colendi, aut ornandi voluntas defuit : sed quædam pestes hominum, laude aliena dolentium, et te nonnunquam a me alienarunt, et me aliquando immutarunt tibi. Sed exstitit tempus optatum mihi magis quam speratum, ut, florentissimis tuis rebus, mea perspici posset et memoria nostræ voluntatis, et amicitiæ fides. Sum enim consecutus, non modo ut domus tua tota, sed ut cuncta civitas me tibi amicissimum esse cognosceret. Itaque et præstantissima omnium fœminarum, uxor tua, et eximia pietate, virtute, gratia, tui Crassi, meis consiliis, monitis, studiis, actionibusque nituntur : et senatus populusque Romanus intelligit tibi absenti

vent que, dans tout ce qui appartient à vos intérêts pendant votre absence, vous n'avez rien qui vous soit plus acquis que mes soins, mon travail, ma diligence et mon crédit.

On vous écrit sans doute, de votre maison, ce qui s'est passé et ce qui se passe. Je souhaiterais, pour ce qui me regarde, que, loin d'attribuer au hasard ou à quelque mouvement imprévu la chaleur que j'ai marquée pour votre service, vous fussiez absolument persuadé que, dès le premier instant de mon entrée au Forum, je me suis toujours proposé de vivre avec vous dans la plus étroite liaison. Et je me rappelle fort bien que, depuis ce temps, je ne me suis jamais relâché dans les soins que je vous ai rendus, comme votre amitié et votre bonté pour moi ne se sont jamais refroidies. S'il s'est élevé des dissentiments moins réels que spécieux, ils étaient mal fondés, frivoles : il n'en est rien resté dans notre mémoire ni dans nos relations. Vous êtes d'un caractère (et je souhaite vous ressembler en cela), qui me fait espérer qu'étant tombés tous deux dans les mêmes temps de la république, notre liaison et notre amitié nous seront également glorieuses. Voyez donc à quoi l'opinion que vous avez de moi vous engage, et, dans cette délibération, vous prendrez, je l'espère, ma dignité pour règle. Pour moi, je vous promets et je veux faire hautement profession de m'employer avec un zèle extraordinaire au soutien de votre honneur et de votre réputation. Je

---

nihil esse tam promptum, aut tam paratum, quam, in omnibus rebus quæ ad te pertineant, operam, curam, diligentiam, auctoritatem meam.

Quæ sint acta, quæque agantur, domesticorum tibi litteris declarari puto. De me sic existimes, ac tibi persuadeas vehementer velim, non me repentina aliqua voluntate aut fortuito ad tuam amplitudinem meis officiis amplectendam incidisse, sed, ut primum Forum attigerim, spectasse semper ut tibi possem quam maxime esse conjunctus. Quo quidem ex tempore memoria teneo neque meam tibi observantiam, neque mihi tuam summam benivolentiam ac liberalitatem defuisse. Si quæ interciderunt, non tam re quam suspicione violata, ea, quum fuerint et falsa et inania, sunt evulsa ex omni memoria vitaque nostra. Is enim tu vir es, et eum me esse cupio, ut, quoniam in eadem reipublicæ tempora incidimus, conjunctionem amicitiamque nostram utrique nostrum laudi sperem fore. Quamobrem tu, quantum uo judicio tribuendum esse nobis putes, statues ipse; et, ut spero, statues ex nostra dignitate. Ego vero tibi profiteor atque polliceor eximium et singulare meum studium in omni genere officii quod ad honestatem et gloriam tuam spectet.

trouverai sans doute des rivaux, mais pas un égal, au jugement de tout le monde et même de vos deux fils. Je les aime tous deux fort tendrement. Marcus néanmoins ne me rend pas une égale affection. Ce qui m'attache à Publius, c'est qu'il a toujours eu de l'attachement pour moi depuis son enfance; mais, particulièrement dans ces conjonctures, il m'honore et me chérit comme un second père.

Tout ce que je viens d'écrire, n'en doutez pas, aura la force d'un traité d'alliance, plutôt que d'une lettre, et toutes mes promesses seront observées avec une religieuse exactitude. Je ne me croirai pas seulement obligé par l'amitié à soutenir ce que j'ai fait, dans votre absence, en faveur de votre dignité; j'y suis obligé pour être conséquent avec moi-même. Ainsi je me borne à vous répéter à présent que je me porterai de moi-même à tout ce qui me paraîtra conforme à vos inclinations, ou convenable à vos intérêts et à votre grandeur; et, si je reçois de vous ou des vôtres quelque avis qui vous concerne, je vous ferai connaître que jamais vos ordres ni leurs recommandations n'auront été sans effet. Je vous prie donc de me communiquer toutes vos affaires comme à l'homme du monde qui vous aime le plus, sans mettre aucune distinction entre les grandes, les médiocres et les petites. Donnez ordre, à ceux qui vous appartiennent,

---

In quo etiamsi multi mecum contendent, tamen, quum reliquis omnibus, tum Crassis tuis, judicibus, omnes facile superabo : quos quidem ego ambo unice diligo, sed in Marco benivolentia impar. Hoc magis sum Publio deditus, quod me, quanquam a pueritia sua semper, tamen hoc tempore maxime, sicut alterum parentem, et observat et diligit.

Has litteras velim existimes fœderis habituras esse vim, non epistolæ; meque ea, quæ tibi promitto ac recipio, sanctissime esse observaturum diligentissimeque esse facturum. Quæ a me suscepta defensio est, te absente, dignitatis tuæ, in ea jam ego non solum amicitiæ nostræ, sed etiam constantiæ meæ causa permanebo. Quamobrem satis esse hoc tempore arbitratus sum hoc ad te scribere : me, si quid ipse intelligerem aut ad voluntatem, aut ad commodum, aut ad amplitudinem tuam pertinere, mea sponte id esse facturum : sin autem quippiam aut a te essem admonitus, aut a tuis, effecturum ut intelligeres, nihil neque te scripsisse, neque quemquam tuorum frustra ad me detulisse. Quamobrem velim ita et ipse ad me scribas de omnibus minimis, maximis, mediocribusque rebus ut ad hominem amicissimum : et tuis præci-

d'employer sans ménagement mon conseil, mon autorité, mon crédit, pour tout ce qui vous intéresse, de quelque nature que ce soit, et de ne pas en user avec plus de réserve pour les affaires de vos amis, de vos hôtes et de vos clients. Enfin je veux, autant qu'il est possible, adoucir par mes soins le regret que cause votre absence. Adieu.

LETTRE CXXXII

Rome, 13 février 699.

CICÉRON A QUINTUS, SON FRÈRE

Je suis charmé que mes lettres vous fassent plaisir. Cependant la matière m'aurait manqué pour vous écrire, si je n'avais reçu la vôtre; car l'assemblée qu'Appius convoqua la veille des ides fut peu nombreuse, et il y faisait si froid, que les murmures du peuple le forcèrent de nous congédier. La manière dont j'ai discuté toute l'affaire du roi de Comagène me vaut des caresses merveilleuses d'Appius, soit par lui-même, soit par Pomponius. Il prévoit que, si je prends le même ton pour les autres, le mois de février sera fort stérile. Non-seulement j'ai fait perdre à ce prince sa petite ville sur l'Euphrate; mais j'ai fait beaucoup rire

pias ut opera, consilio, auctoritate, gratia mea sic utantur in omnibus, publicis, privatis, forensibus, domesticis tuis, amicorum, hospitum, clientum tuorum negotiis, ut, quoad ejus fieri possit, præsentiæ tuæ desiderium meo labore minuatur. Vale.

EPISTOLA CXXXII

(ad Q. fratrem, II, 12)

Scrib. Romæ, id. febr. A. V. C. 699.

CICERO QUINTO FRATRI SAL.

Gaudeo tibi jucundas esse meas litteras : nec tamen habuissem scribendi nunc quidem ullum argumentum, nisi tuas accepissem. Nam pridie idus quum Appius senatum infrequentem coegisset, tantum fuit frigus, ut populi convicio coactus sit nos dimittere. De Comageno rege quod rem totam discusseram, mirifice mihi et per se et per Pomponium blanditur Appius. Videt enim hoc genere dicendi si utar in cæteris, februarium sterilem futurum; eumque lusi jocose satis; neque solum illud extorsi oppidulum, quod erat positum in

par mes railleries sur cette robe prétexte qu'il obtint sous le consulat de César. « Il veut, ai-je dit, qu'on lui renouvelle le même honneur; je suis d'avis de ne pas le faire, pour lui épargner la peine de renouveler sa prétexte chaque année. Vous, nobles Romains, qui n'avez pu souffrir de la voir porter à celui de Busrène, comment l'accorderez-vous au roi de Comagène? » Vous voyez le ton et le sujet de mes plaisanteries. J'ai ajouté quantité de choses sur ce roi de bas étage. Enfin, toutes ses prétentions ont été rejetées. Appius, dis-je, fort embarrassé de ce genre de raillerie, me prévient par toutes sortes de caresses. Rien ne me serait si facile que de prendre le même ton sur tout le reste; mais je me garderai bien d'offenser Appius, de peur qu'il n'atteste Jupiter Hospitalier, ou qu'il n'appelle au secours tous les Grecs qui l'ont réconcilié avec moi.

J'aurai soin de satisfaire Théopompe. C'est par oubli que je ne vous ai rien écrit de César. Je comprends quelles sont les lettres que vous attendiez. Mais César marque à Balbus que le paquet qui contenait la lettre de Balbus et la mienne lui a été remis si trempé, qu'il n'a pu même reconnaître s'il y avait une lettre de moi. Cependant, ayant déchiffré quelques mots de celle de Balbus, il y répond dans ces termes : « Je vois que vous m'avez écrit, touchant Cicéron, quelque chose que je n'ai pu comprendre;

Euphrate : sed præterea togam sum ejus prætextam, quam erat adeptus Cæsare consule, magno hominum risu cavillatus. « Quod non vult, inquam, renovare honores eosdem, quo minus togam prætextam quotannis interpolet, decernendum nihil censeo. Vos autem, homines nobiles, qui Busrenum prætextatum non ferebatis, Comagenum feretis? » Genus vides et locum jocandi. Multa dixi in ignobilem regem, quibus totus est explosus : quo genere commotus, ut dixi, Appius, totum me amplexatur. Nihil est enim facilius, quam reliqua discutere. Sed non faciam ut illum offendam, ne imploret fidem Jovis Hospitalis; Graios omnes convocet, per quos mecum in gratiam rediit.

Theopompo satisfaciemus. De Cæsare fugerat me ad te scribere. Video enim quas tu litteras exspectaris : sed ille scripsit ad Balbum, fasciculum illum epistolarum, in quo fuerat et mea et Balbi, totum sibi aqua madidum redditum esse; ut ne illud quidem sciat, meam fuisse aliquam epistolam. Sed ex Balbi epistola pauca verba intellexerat, ad quæ rescripsit his verbis : « De Cicerone te video quiddam scripsisse, quod ego non intellexi : quantum autem

mais, autant que j'en puis juger, c'est une de ces choses qu'on désire plus qu'on ne les espère. » Je n'ai pas manqué d'envoyer ensuite à César une copie de la même lettre. Vous n'avez pas dû trouver mal ce qu'il dit en badinant de sa pauvreté. Je lui ai répondu que, pouvant compter désormais sur ma bourse, il devait être sans inquiétude, et j'ai badiné dans ce sens avec une familiarité de bon ton. Toutes les nouvelles qui viennent de ce côté vantent l'amitié qu'il a pour nous. Les lettres qui regardent ce que vous attendez n'arriveront guère avant votre retour. Je vous écrirai ce qui continuera de se passer chaque jour, pourvu que vous ne me laissiez pas manquer de messagers. Mais nous sommes menacés d'un si grand froid, que le feu est à craindre pour la maison d'Appius. Adieu.

LETTRE CXXXIII

Rome, février ou mars 699.

CICÉRON A CÉSAR, IMPERATOR

Voyez si je vous regarde comme un autre moi-même, non-seulement dans les choses qui ont rapport à moi, mais lorsqu'il est

---

conjectura consequebar, id erat ejusmodi, ut magis optandum, quam sperandum putarem: » Itaque postea misi ad Cæsarem eodem illo exemplo litteras. Jocum autem illius de sua egestate ne sis aspernatus. Ad quem ego rescripsi nihil esse quod posthac arcæ nostræ fiducia conturbaret : lusique in eo genere et familiariter et cum dignitate. Amor autem ejus erga nos perfertur omnium nuntiis singularis. Et litteræ quidem ad id, quod exspectas, fere cum tuo reditu jungentur. Reliqua singulorum dierum scribemus ad te, si modo tabellarios tu præbebis : quanquam ejusmodi frigus impendebat, ut summum periculum esset, ne Appio ædes suæ urerentur. Vale.

EPISTOLA CXXXIII

(ad div., VII, 5)

Scrib. Romæ, mense febr. aut martio A. V. C. 699.

CICERO CÆSARI IMP. S. D.

Vide, quam mihi persuaserim te me esse alterum, non modo in his rebus

question de l'intérêt de mes amis. J'avais résolu, de quelque côté que je pusse aller, de mener avec moi C. Trebatius, dans l'espérance qu'il ne reviendrait point à Rome sans me devoir toutes sortes de bien ; mais le séjour de Pompée à Rome, qui a duré plus longtemps que je ne m'y étais attendu, et ma propre irrésolution, fort connue de vous, me faisant rompre, ou retarder mon voyage, voyez ce que j'ai pris sur moi-même, et combien je dois compter sur votre amitié. Je me suis mis dans l'esprit que Trebatius recevrait de vous ce que je lui avais fait espérer de moi, et je l'ai assuré qu'il trouverait dans votre cœur tout ce que j'étais accoutumé à lui promettre du mien. Il est arrivé là-dessus un incident assez étrange, et qui, en rendant témoignage à votre bonté, justifie merveilleusement l'opinion que j'en avais. Tandis que je m'entretenais avec Balbus, votre ami et le mien, des vues que j'avais pour Trebatius, on m'a remis votre lettre, dans laquelle les dernières lignes disaient : « A l'égard de M. Rufus, que vous me recommandez, je le ferai roi de la Gaule, ou, si vous voulez, vous le ferez lieutenant de Lepta. Envoyez-m'en donc quelque autre à qui je puisse rendre service. » Balbus et moi nous avons levé les mains : l'occasion nous a paru si heureuse et si singulière, que, ne pouvant l'attribuer au seul hasard, nous y avons trouvé quelque chose de divin. Je vous envoie donc Trebatius ; et ce n'est plus seulement pour suivre mon des-

---

quæ ad me ipsum, sed etiam in iis quæ ad meos pertinent. C. Trebatium cogitaram quocumque exirem mecum ducere, ut eum meis omnibus studiis, beneficiis quam ornatissimum domum reducerem. Sed postea quam et Pompeii commoratio diuturnior erat, quam putaram, et mea quædam tibi non ignota dubitatio, aut impedire profectionem meam videbatur, aut certe tardare, vide, quid mihi sumpserim : cœpi velle ea Trebatium exspectare a te, quæ sperasset a me. Neque mehercule minus ei prolixe de tua voluntate promisi, quam eram solitus de mea polliceri. Casus vero mirificus quidam intervenit quasi vel testis opinionis meæ, vel sponsor humanitatis tuæ. Nam quum, de hoc ipso Trebatio, cum Balbo nostro loquerer accuratius domi meæ, litteræ mihi dantur a te, quibus in extremis scriptum erat : « M. Rufum, quem mihi commendas, vel regem Galliæ faciam, vel hunc Leptæ delega ; si vis, ad me alium mitte, quem ornem. » Sustulimus manus et ego et Balbus : tanta fuit opportunitas, ut illud nescio quod non fortuitum, sed divinum videretur. Mitto igitur ad te Trebatium, atque ita mitto, ut initio, mea sponte,

sein, c'est pour me rendre à votre propre invitation. Protégez-le, mon cher César, avec votre bonté ordinaire, et réunissez sur lui tout ce que vous seriez porté à faire pour mes amis à ma sollicitation. Je vous réponds de lui, non dans ce style que vous avez eu raison de railler quand je vous ai parlé de Milon, mais dans le vrai langage romain, qui est celui des honnêtes gens. Vous pouvez le recevoir, sur ma parole, comme le plus honnête, le meilleur et le plus modeste de tous les hommes; pour les talents, c'est le premier de nos jurisconsultes, et je lui connais une mémoire, une science admirables.

Ce n'est point le commandement d'une légion, ni un gouvernement, ni d'autres emplois relevés, que je vous demande pour lui : accordez-lui votre amitié, sans exclure néanmoins ce que vous pourrez faire pour sa fortune et pour sa gloire quand vous le jugerez à propos. Enfin je vous le remets, comme on dit, de ma main dans cette main illustrée par la victoire et la fidélité. Mes instances vont peut-être jusqu'à l'importunité, mais je prévois que vous me le pardonnerez. Prenez soin de votre santé, et ne cessez pas de m'aimer comme vous faites.

post autem invitatu tuo mittendum duxerim. Hunc, mi Cæsar, sic velim omni tua comitate complectare, ut omnia, quæ per me possis adduci ut in meos conferre velis, in unum hunc conferas : de quo tibi homine hæc spondeo, non illo vetere verbo meo, quod, quum ad te de Milone scripsissem, jure lusisti : sed more Romano, quo modo homines non inepti loquuntur; probiorem hominem, meliorem virum, pudentiorem esse neminem. Accedit etiam, quod familiam ducit, in jure civili; singularis memoria, summa scientia.

Huic ego neque tribunatum, neque præfecturam, neque illius beneficii certum nomen peto : benivolentiam tuam et liberalitatem peto : neque impedio, quo minus, si tibi ita placuerit, etiam hisce eum ornes gloriolæ insignibus. Totum denique hominem tibi ita trado de manu (ut aiunt) in manum tuam istam, et victoria et fide præstantem. Sumus enim putidiusculi, quanquam per te vix licet : verum, ut video, licebit. Cura ut valeas; et me, ut amas, ama.

LETTRE CXXXIV
Rome, 14 février 699.

CICÉRON A QUINTUS, SON FRÈRE

Votre neige noire m'a fait rire, et je suis ravi de vous voir cette humeur gaie, ce ton de badinage. Je pense comme vous touchant Pompée, ou plutôt c'est vous qui pensez comme moi ; car vous savez que depuis longtemps je chante ce César. Croyez-moi, je le porte dans mon sein, et je l'y conserverai chèrement. Voici ce qui s'est passé aux ides. Célius était assigné au dixième jour. Domitius n'eut point un nombre de juges suffisant. Je crains que Pola Servius, qui est d'une humeur sombre et farouche, n'en vienne à l'accusation ; car toute la race Clodienne attaque vivement notre ami Célius. Rien de positif encore, mais je suis inquiet.

On accorda le même jour une audience aux Tyriens. Le sénat était nombreux ; les publicains de Syrie se présentèrent en grand nombre. Gabinius fut vivement poussé. Cependant Domitius maltraita beaucoup les publicains pour l'avoir conduit à cheval. Lorsqu'il eut cessé de parler, L. Lamia prit la parole

EPISTOLA CXXXIV
(ad Q. fratrem, II, 15)

Scrib. Romæ, postridie idus febr. A. V. C. 699.

CICERO QUINTO FRATRI SAL.

Risi nivem atram : teque hilari animo esse et prompto ad jocandum, valde me juvat. De Pompeio assentior tibi, vel tu potius mihi ; nam, ut scis, jampridem istum canto Cæsarem. Mihi crede in sinu est, neque ego discingor. Cognosce nunc idus : Decimus erat Cœlio dies. Domitius ad numerum judices non habuit. Vereor ne homo teter et ferus Pola Servius ad accusationem veniat. Nam noster Cœlius valde oppugnatur a gente Clodia. Certi nihil est adhuc, sed veremur.

Eodem igitur die Tyriis est senatus datus frequens, frequentes contra Syriaci publicani. Vehementer vexatus Gabinius, exagitati tamen a Domitio publicani, quod eum essent cum equis prosecuti. L. noster Lamia paulo fero-

encore plus durement : « Chevaliers romains, dit-il, c'est votre faute ; vous avez trop d'indulgence dans vos jugements. Nous jugeons ; mais vous ne faites que louer. » Il n'y eut rien de conclu ce jour-là, et la nuit sépara l'assemblée.

Appius prétend que la loi Puppia n'empêche pas qu'il ne puisse assembler le sénat pendant les jours destinés aux comices qui suivent les fêtes Quirinales, et que, la loi Gabinia ayant établi qu'il peut être assemblé depuis les calendes de février jusqu'à celles de mars, il y aura tous les jours audience pour les députés. Il paraît qu'on cherche ainsi à reculer les comices jusqu'au mois de mars. Cependant les tribuns protestent que la cause de Gabinius sera plaidée pendant ceux qui doivent se tenir immédiatement. Je recueille tout ce qui se présente, pour vous écrire quelque chose de nouveau. Mais vous voyez que la matière me manque.

Revenons donc à Callisthène et à Philistus, dans lesquels je vois que vous êtes absorbé. Callisthène, au jugement de quelques Grecs, n'a rien écrit que de commun et de trivial ; au lieu que ce Sicilien était un homme de tête, fécond, pénétrant, concis dans son style, et presque un petit Thucydide. Mais je ne sais lequel de ses deux ouvrages vous avez (car il y en a deux), ou si vous avez l'un et l'autre. Je prends plus de plaisir à celui qui regarde Denys, qui y joue le rôle d'un rusé politique, et qui était ami très-intime de l'auteur. Dois-je conclure que vous entre-

cius, quum Domitius dixisset : « Vestra culpa hæc acciderunt, equites Romani ; dissolute enim judicatis. Nos judicamus ; vos laudatis, » inquit. Actum est eo die nihil, nox diremit.

Comitialibus diebus, qui Quirinalia sequuntur, Appius interpretatur non impediri se lege Puppia, quo minus habeat senatum ; et quod Gabinia sanctum sit, etiam cogi ex kalend. febr. usque ad kalend. mart. legatis senatum quotidie dari. Ita putantur detrudi comitia in mensem martium. Sed tamen his comitialibus tribuni plebis de Gabinio se acturos esse dicunt. Omnia colligo, ut novi scribam aliquid ad te. Sed, ut vides, res me ipsa deficit.

Itaque ad Callisthenem et ad Philistum redeo, in quibus te video volutatum. Callisthenis quidem vulgare et notum negotium, quemadmodum Græci aliquot locuti sunt. Siculus ille capitalis, creber, acutus, brevis, pæne pusillus Thucydides : sed utros ejus habueris libros (duo enim sunt corpora), an utrosque nescio. Me magis de Dionysio delectat : ipse est enim veterator magnus et perfamiliaris Philisto. Sed quod adscribis, aggrederisne ad historiam ? Me auctore

prenez d'écrire l'histoire ? Vous le pouvez sur ma parole. Puisque vous êtes exact à me fournir des messagers, vous aurez aux Lupercales le récit de ce qui s'est fait aujourd'hui. Amusez-vous bien avec notre jeune Cicéron.

LETTRE CXXXV
Rome, mars 699.

CICÉRON A TREBATIUS

Je n'écris jamais à César et à Balbus sans joindre, comme je le dois, quelque chose à ma première recommandation ; et, ne m'arrêtant point aux termes ordinaires, j'ai toujours soin de signaler mon amitié pour vous par quelque marque éclatante. Mais je voudrais vous voir rompre avec ces petitesses, avec ces regrets de Rome et de l'urbanité romaine. Il faut que votre assiduité et votre vertu vous fassent arriver au terme pour lequel vous êtes parti. Vos amis vous le pardonneront, comme les dames de Corinthe, habitant sa citadelle élevée, le pardonnèrent à Médée, qui, avec ses mains plâtrées, leur persuada de ne pas lui faire un crime d'être éloignée de sa patrie :

Car une infinité de gens ont bien fait loin de leur pays leurs affaires et celles de la patrie; beaucoup d'autres ont été blâmés pour n'en être pas sortis.

potes. Et quoniam tabellarios subministras, hodierni diei res gestas Lupercalibus habebis. Oblecta te cum Cicerone nostro quam bellissime.

EPISTOLA CXXXV
(ad div., VII, 6)
Scrib. Romæ, mense martio A. V. C. 699.

CICERO TREBATIO S. D.

In omnibus meis epistolis, quas ad Cæsarem aut ad Bulbum mitto, legitima quædam est accessio commendationis tuæ, nec ea vulgaris, sed cum aliquo insigni indicio meæ erga te benivolentiæ. Tu modo ineptias istas et desideria urbis et urbanitatis depone : et quo consilio profectus, id assiduitate et virtute consequere. Hoc tibi tam ignoscemus nos amici, quam ignoverunt Medeæ, quæ Corinthum, arcem altam, habebant matronæ opulentæ optimates; quibus illa manibus gypsatissimis persuasit, ne sibi vitio illæ verterent, quod abesset a patria ; nam

Multi suam rem bene gessere, et publicam, patria procul.
Multi, qui domi ætatem agerent, propterea sunt improbati.

Vous seriez de ce nombre, si nous ne vous avions forcé de quitter Rome. Mais je vous en dirai davantage une autre fois. Surtout gardez-vous bien des chariots bretons, vous qui avez appris à garder les autres, et, puisque j'ai commencé ici à faire le rôle de Médée, n'oubliez jamais cette leçon : « C'est être sage inutilement, que de ne pas l'être utilement pour soi-même. » Je vous recommande le soin de votre santé.

LETTRE CXXXVI

Rome, avril 699.

CICÉRON A TREBATIUS

Je ne cesse de vous recommander ; quel est l'effet de mes recommandations? c'est de vous-même que je veux l'apprendre. J'espère beaucoup de Balbus, à qui j'écris très-souvent et dans les termes les plus pressants. Ce qui m'étonne, c'est de ne pas recevoir de vos lettres aussi souvent que j'en reçois de mon frère. J'apprends qu'en Bretagne il n'y a ni or ni argent : si cela est vrai, je suis d'avis que vous preniez une voiture pour revenir promptement à Rome. Cependant, si nous pouvons arriver à notre

---

Quo in numero tu certe fuisses, nisi te extrusissemus. Sed plura scribemus alias. Tu, qui cæteris cavere didicisti, in Britannia ne ab essedariis decipiaris caveto ; et quando Medeam agere cœpi, illud semper memento, qui ipse sibi sapiens prodesse non quit, nequidquam sapit. Cura ut valeas.

EPISTOLA CXXXVI

(ad div., VII, 7)

Scrib. Romæ, mense aprili A. V. C. 699.

CICERO TREBATIO S. D.

Ego te commendare non desisto : sed quid proficiam, ex te scire cupio. Spem maximam habeo in Balbo : ad quem de te diligentissime et sæpissime scribo. Illud soleo mirari, non me toties accipere tuas litteras, quoties a Quinto mihi fratre afferantur. In Britannia nihil esse audio neque auri neque argenti. Id si ita est, essedum aliquod suadeo capias, et ad nos quamprimum recurras. Sin autem, sine Britannia, tamen assequi quod volumus possu-

but sans la Bretagne, tâchez de vous mettre dans l'intimité de César. Mon frère et Balbus vous en faciliteront les moyens ; mais votre modestie et votre application y contribueront encore plus. Tout vous favorise, la générosité extrême de votre général, votre âge, mes pressantes recommandations. Je ne crains rien, sinon que vous vous manquiez à vous-même.

LETTRE CXXXVII
De sa terre de Cumes, mai 699.

CICÉRON A ATTICUS

Vestorius, notre ami commun, m'a mandé que vous n'étiez pas parti de Rome le jour qu'il m'avait dit; que vous aviez eu une légère indisposition qui avait retardé votre voyage jusqu'au 10 mai. Si votre santé est maintenant rétablie, j'en ai beaucoup de joie. Je vous prie d'écrire chez vous qu'on me laisse maître de votre bibliothèque pendant votre absence. J'ai besoin particulièrement des ouvrages de Varron, dont je veux tirer quelques matériaux pour ceux auxquels je travaille : ils seront, je l'espère, de votre goût.

Si vous avez des nouvelles de C. César, et surtout de mon

---

mus, perfice ut sis in familiaribus Cæsaris. Multum te in eo frater adjuvabit meus, multum Balbus : sed, mihi crede, tuus pudor et labor plurimum. Imperatorem liberalissimum, ætatem opportunissimam, commendationem certe singularem habes, ut tibi unum timendum sit, ne ipse tibi defuisse videare.

EPISTOLA CXXXVII
(ad Att., IV, 14)
Scrib. in villa Cumana, mense maio A. V. C. 699.

CICERO ATTICO SAL.

Vestorius noster me per litteras fecit certiorem, te Roma a. d. vi idus maii putare profectum esse tardius quam dixerat, quod minus valuisses : si jam melius vales, vehementer gaudeo. Velim domum ad tuos scribas, ut mihi tui libri pateant, non secus ac si ipse adesses, quum cæteri, tum Varronis. Est enim mihi utendum quibusdam rebus ex iis libris ad eos, quos in manibus habeo : quos, ut spero, tibi valde probabo.

Tu velim, si quid forte novi habes, maxime a Quinto fratre, deinde a C. Cæsare,

frère, je vous prie de m'en faire part. Marquez-moi aussi ce que vous pensez des élections, et en général de ce qui regarde le gouvernement, car vous avez le nez fin sur ces sujets. Mais quand vous n'auriez rien à m'apprendre, ne laissez pas de m'écrire. Je n'ai jamais rien trouvé d'inutile dans vos lettres, et je ne saurais en recevoir trop souvent. Je vous souhaite un bon voyage, et je vous recommande, sur toutes choses, de venir nous rejoindre sitôt que vos affaires seront terminées. Mes compliments à Dionysius. Ayez soin de votre santé.

LETTRE CXXXVIII

De sa terre de Cumes ou de Pompéies, mai 699.

M. CICÉRON A QUINTUS SON FRÈRE

Je n'ai encore reçu que deux de vos lettres : celle qui suivit immédiatement votre départ, et celle qui est datée d'Ariminum. Si vous m'en avez écrit un plus grand nombre, comme vous me le marquez, elles ne sont pas venues jusqu'à moi. Je m'amuse assez agréablement dans mes maisons de Cumes et de Pompéies : il ne me manque que d'y être avec vous. Je compte y demeurer jusqu'au 1er juin, occupé à composer ma *République*, comme je

---

et si quid forte de comitiis, de republica (soles enim tu hæc festive odorari), scribas ad me. Si nil habebis, tamen scribas aliquid : nunquam enim mihi tua epistola aut intempestiva, aut loquax visa est. Maxime autem rogo, rebus tuis, totoque itinere ex sententia confecto, nos quamprimum revisas. Dionysium jube salvere. Cura ut valeas.

EPISTOLA CXXXVIII

(ad Q. fratrem, II, 14)

Scrib. in Cumano vel Pompeiano, mense maio A. V. C. 699.

CICERO QUINTO FRATRI SAL.

Duas adhuc a te accepi epistolas, alteram in ipso discessu nostro, alteram Arimino datam. Plures, quas scribis te dedisse, non acceperam. Ego me in Cumano et Pompeiano, præterquam quod sine te, cæterum satis commode oblectabam. Et eram in iisdem locis usque ad kalend. jun. futurus. Scribebam illa quæ dixeram πολιτικά, spissum sane opus et operosum. Sed si ex sententia

vous l'ai dit : ouvrage considérable, et qui me coûte du travail. S'il répond à mes vues, je n'aurai pas perdu ma peine. Sinon, je le jetterai dans la mer, que j'ai sous les yeux en le composant, et je travaillerai sur quelque autre sujet ; car je ne puis rester oisif. Je me conformerai soigneusement à vos conseils, soit pour nous gagner de nouveaux amis, soit pour n'en point aliéner d'autres. Je serai encore plus exact à voir chaque jour votre cher Cicéron, qui m'est aussi cher qu'à vous, et à examiner quel fruit il tire de ses études : et, s'il ne dédaigne pas mes leçons, je lui servirai même de maître. Je me suis fait une habitude de ces choses, en profitant du loisir où j'ai vécu pour instruire mon fils. Je me flatte comme vous me l'écrivez, et je ne me flatterais pas moins, quand vous ne me l'écririez pas, que vous vous souviendrez de ce que je vous recommande, et que vous l'exécuterez. Lorsque je serai de retour à Rome, je ne laisserai partir aucun messager de César sans vous écrire.

Ces jours-ci (il faut me le pardonner) il ne s'est pas présenté d'occasion que j'aie dû préférer à celle de M. Orfius, chevalier romain, mon ami très-intime, et de plus citoyen d'Atella, ville, comme vous le savez, qui s'est mise sous ma protection. Ainsi je vous le recommande fort instamment. C'est un homme qui se fait honneur de sa générosité dans sa maison, et qui ne s'est pas fait moins d'amis au dehors par ses manières gracieuses. N'épar-

---

successerit, bene erit opera posita : sin minus, in illud ipsum mare dejiciemus, quod scribentes spectamus. Aggrediemur alia, quoniam quiescere non possumus. Tua mandata persequar diligenter, et adjungendis hominibus et quibusdam non alienandis. Maximæ mihi vero curæ erit, ut Ciceronem tuum nostrumque videam scilicet quotidie ; sed inspiciam, quid discat, quam sæpissime ; et nisi ille contemnat, etiam magistrum me ei profitebor : cujus ei nonnullam consuetudinem nactus sum, in hoc horum dierum otio, Cicerone nostro minore producendo. Tu, quemadmodum scribis, quod, etiam si non scriberes, facere te diligentissime tamen sciebam, facies scilicet ut mea mandata digeras, persequare, conficias. Ego quum Romam venero, nullum prætermittam Cæsaris tabellarium, cui litteras ad te non dem.

His diebus (ignosces) cui darem fuit nemo, ante hunc M. Orfium equitem Romanum, nostrum et pernecessarium, et quod est ex municipio Atellano, quod scis in fide esse nostra. Itaque eum tibi commendo in majorem modum, hominem domi splendidum, gratiosum etiam extra domum : quem fac ut tua

gnez rien pour gagner son amitié par vos politesses. Il est tribun militaire dans notre armée. Vous trouverez de sa part beaucoup de reconnaissance et d'égards. Je vous prie instamment de témoigner beaucoup d'amitié à Trébatius. Adieu.

LETTRE CXXXIX

Mai 699.

CICÉRON À TRÉBATIUS

César m'a marqué, avec toute la bonté possible, que ses grandes occupations l'empêchaient encore de vous voir familièrement, mais qu'il vous mettrait certainement sur ce pied-là. Je lui ai fait connaître, par ma réponse, qu'il m'obligerait extrêmement de vous accorder beaucoup de part à son amitié, à ses égards et à ses bienfaits. Mais j'apprends par vos lettres que votre impatience est toujours la même, et je m'étonne que vous ayez méprisé les avantages du tribunat, surtout lorsqu'on en retranchait les fatigues du service militaire. J'en ferai des plaintes à Vacerra et à Manilius; car je n'oserais en parler à Cornelius, à qui votre folie ne fait pas trop d'honneur, puisque c'est de lui que vous faites profession d'avoir appris la sagesse. Que ne tirez-vous parti

liberalitate tibi obliges. Est tribunus militum in exercitu nostro. Gratum hominem observantemque cognosces. Trebatium ut valde ames, vehementer te rogo. Vale.

EPISTOLA CXXXIX

(ad div., VII, 8)

Scrib. mense maio, A. V. C. 699.

CICERO TREBATIO S. D.

Scripsit ad me Cæsar perhumaniter, nondum te sibi satis esse familiarem propter occupationes suas, sed certo fore : cui quidem ego rescripsi. quam mihi gratum esset futurum, si quam plurimum in te studii, officii, liberalitatis suæ contulisset. Sed ex tuis litteris cognovi præproperam festinationem tuam, et simul sum admiratus, cur quædam tribunatus commoda, dempto præsertim labore militiæ, contempseris. Querar cum Vacerra et Manilio; nam Cornelio nihil audeo dicere, cujus tu periculo stultus es, quum te ab eo sapere

d'une occasion qui ne se trouvera jamais plus favorable? Je ne cesse pas de vous recommander, comme vous le désirez, à ce Précianus le jurisconsulte. Il m'écrit lui-même que vous lui devez des remercîments : faites-moi savoir de quoi il est question. Je compte que vous m'écrirez de la Bretagne. Adieu.

LETTRE CXL
Rome, juin 699.

M. CICÉRON A QUINTUS SON FRÈRE

Étant arrivé à Rome le 2 juin, j'y ai trouvé deux de vos lettres, datées de Plaisance; le lendemain, j'en ai reçu une de Lodi, datée des nones, avec celle de César, où tout respire l'amitié, le zèle et la plus exquise politesse. J'y attache sans doute un grand et même un très-grand prix. Rien n'a plus de poids pour la gloire et pour la dignité. Mais, croyez-moi, vous qui me connaissez, je possède déjà la partie de tous ces avantages dont je fais le plus de cas : j'entends d'abord le plaisir de vous voir contribuer de si bonne grâce à notre dignité commune; en second lieu, celui de trouver pour moi une amitié si tendre dans César, car je la pré-

didicisse profiteris. Quin tu urges istam occasionem et facultatem, qua melior nunquam reperietur? Quod scribis de illo Præciano jureconsulto, ego te ei non desino commendare. Scribit enim ipse mihi te sibi gratias agere debere. De eo quid sit, cura ut sciam. Ego vestras litteras Britannicas exspecto. Vale.

EPISTOLA CXL
(ad Q. fratrem, II, 15 pars prima)
Scrib. Romæ, mense junio A. V. C. 699.

M. CICERO QUINTO FRATRI SAL.

Ad. IV non. jun., quo die Romam veni, accepi tuas litteras datas Placentiæ; deinde alteras postridie datas Laude nonis, cum Cæsaris litteris, refertis omni officio, diligentia, suavitate. Sunt ista quidem magna, vel potius maxima. Habent enim vim magnam ad gloriam et ad summam dignitatem. Sed, mihi crede, quem nosti, quod in istis rebus ego plurimi æstimo, id jam habeo, te scilicet primum am inservientem communi dignitati, deinde Cæsaris tantum

fère à tous les honneurs qu'il veut que j'attende de lui. J'avoue que ses lettres, de la même date que la vôtre, m'ont causé une satisfaction incroyable : elles commencent par m'exprimer combien votre arrivée et le renouvellement de notre ancienne affection l'ont rempli de joie. Il ajoute que, dans le chagrin que je dois ressentir de votre absence, il s'efforcera de me faire regarder votre séjour près de lui comme ce qui pourrait m'arriver de plus agréable.

C'est me donner un conseil vraiment fraternel, que de m'exhorter, comme vous faites, à employer tout mon zèle à son service. Cette fois, du moins, je suis debout; je cours, je m'y porte déjà de toute mon inclination. L'ardeur de mes sentiments produira peut-être ce qu'on voit arriver aux voyageurs pressés : s'ils se sont levés plus tard qu'ils ne se l'étaient proposé, ils marchent plus vite que s'ils avaient devancé le jour. Ainsi après m'être longtemps endormi, malgré les efforts que vous avez faits souvent pour me réveiller, je réparerai ma lenteur en courant de toutes mes forces, non-seulement, comme l'on dit, avec des chevaux, mais encore avec le char poétique, puisque vous m'écrivez que César a goûté mon poëme. Donnez-moi seulement la Bretagne à peindre, avec mon pinceau trempé dans vos couleurs. Mais quelle témérité de m'engager ! Quel loisir puis-je me promettre si je demeure à Rome,

---

in me amorem, quem omnibus his honoribus, quos me a se exspectare vult, antepono. Litteræ vero ejus una datæ cum tuis, quarum initium est, quam suavis ei tuus adventus fuerit, et recordatio veteris amoris, deinde se effecturum, ut ego in medio dolore ac desiderio tui, te, quum a me abesses, potissimum secum esse lætarer, incredibiliter delectarunt.

Quare facis tu quidem fraterne quod me hortaris, sed mehercule currentem nunc quidem, ut omnia mea studia in istum unum conferam. Ego vero ardenti quidem studio ; ac fortasse efficiam, quod sæpe viatoribus, quum properant, evenit ; ut si serius, quam voluerunt, forte surrexerint, properando, etiam citius, quam si de nocte vigilassent, perveniant quo velint : sic ego, quoniam in isto homine colendo tam indormivi diu, te mehercule sæpe excitante, cursu corrigam tarditatem, quum equis, tum vero (quoniam scribis poema ab eo nostrum probari) quadrigis poeticis. Modo mihi date Britanniam, quam pingam coloribus tuis penicillo meo. Sed quid ago ? Quod mihi tempus,

surtout aux conditions qu'il m'impose? Nous verrons néanmoins ; car ma tendresse pour vous, comme il arrive souvent, me fera peut-être surmonter toutes les difficultés.

César me remercie encore avec beaucoup de politesse et d'agrément, de lui avoir envoyé Trebatius. Entre tant de gens, dit-il, qui sont autour de lui, il n'y en avait pas un qui sût dresser une assignation. Je lui ai demandé le tribunat pour M. Curtius ; car Domitius aurait pris ma demande pour une raillerie, si je m'étais adressé à lui. Il répète tous les jours qu'il ne se mêle pas même de faire un tribun militaire. Il a fait des plaisanteries au sénat sur Appius, son collègue, qui s'est rendu, dit-il, auprès de César pour en obtenir quelque tribunat, mais dans la vue seulement de l'exercer l'année prochaine. D'ailleurs, Curtius l'a souhaité absolument ; et puis apprenez qu'en fait d'affaires publiques et d'inimitié, je suis et serai plus maniable que le bout de l'oreille.

Passons aux affaires de Rome. On a quelque espérance de voir les comices, mais cette espérance est fort incertaine. On soupçonne une dictature, mais avec aussi peu de certitude. Le Forum est absolument oisif, ce que j'attribue moins au repos de l'État qu'à sa vieillesse. Au sénat, je m'explique d'une manière qui rend les autres plus contents de moi que je ne le suis moi-même :

Et voilà ce que fait l'impitoyable guerre !

Romæ præsertim, ut iste me rogat, manenti, vacuum ostenditur? Sed videro. Fortasse enim, ut fit, vincet tuus amor omnes difficultates.

Trebatium quod ad se miserim, persalse et humaniter etiam gratias mihi agit : negat enim, in tanta multitudine eorum, qui una essent, quemquam fuisse qui vadimonium concipere posset. M. Curtio tribunatum ab eo petivi : nam Domitius se derideri putasset, si esset a me rogatus. Hoc enim est ejus quotidianum, se ne tribunum militarem quidem facere. Etiam in senatu lusit Appium collegam propterea isse ad Cæsarem, ut aliquem tribunatum auferret, sed in alterum annum. Id et Curtius ita volebat. Tu quemadmodum me censes oportere esse et in republica et in nostris inimicitiis, ita et esse, et forte, auricula infima scito molliorem.

Res Romanæ sic se habebant. Erat nonnulla spes comitiorum, sed incerta : erat aliqua suspicio dictaturæ, ne ea quidem certa. Summum otium forense, sed senescentis magis civitatis, quam acquiescentis. Sententia autem nostra in senatu ejusmodi, magis ut alii nobis assentiantur, quam nosmet ipsi :

Τοιαῦτ' ὁ τλήμων πόλεμος ἐργάζεται.

21.

LETTRE CXLI

Rome, juillet 699.

M. CICÉRON A QUINTUS, SON FRÈRE

... Je vois bien qu'il me faut apporter plus de choix à mes plumes et à mon encre, et qu'il faudra lisser mon papier ; car vous m'écrivez que vous avez eu beaucoup de peine à lire ma dernière lettre. Ce n'est pas néanmoins par aucune des raisons que vous vous imaginez : je n'étais ni occupé, ni troublé, ni dans un moment de colère. Mais mon usage est de me servir de la première plume qui se présente, bonne ou mauvaise. Je vous demande ici de l'attention, mon très-aimable et très-excellent frère, pour la réponse que je vais faire à ce que vous m'écrivez d'un ton sérieux, dans cette même lettre que j'accuse d'être un peu courte. Vous voulez que, sans déguisement, sans dissimulation, sans indulgence, je vous écrive de bonne foi et fraternellement ce que je pense ; c'est-à-dire, si vous devez vous dégager pour accourir au premier signe de moi, ou si vous devez demeurer. Je réponds, cher Quintus, que si le point sur lequel vous me consultez était de peu d'importance, en vous laissant la liberté

EPISTOLA CXLI

(ad Q. fratrem, II, 15 pars altera)

Scrib. Romæ, mense quintili A. V. C. 699.

M. CICERO QUINTO FRATRI SAL.

.... Calamo et atramento temperato, charta etiam dentata, res agaretur. Scribis enim te meas litteras superiores vix legere potuisse : in quo nihil eorum, mi frater, fuit, quæ putas ; neque enim occupatus eram, neque perturbatus, nec iratus alicui : sed hoc facio semper, ut quicumque calamus in manus meas venerit, eo sic utar tanquam bono. Verum attende nunc, mi optime et suavissime frater, ad ea dum rescribo quæ tu in hac eadem brevi epistola πραγματικῶς valde scripsisti. Petis, ut ad te nihil occultans, nihil dissimulans, nihil tibi indulgens, genuine fraterneque rescribam ; id est utrum huc advoles ut dixeris, an ad expediendum te, si causa sit, commorere. Si, mi Quinte, parva aliqua res esset, in quo sciscitarere quid vellem, tamen

de suivre vos propres vues, je ne vous marquerais pas moins quelles sont les miennes. Mais le fond de votre question se réduit à savoir ce que j'espère de l'année prochaine. Sachez donc que je compte être tranquille, ou si bien défendu, que je serai sans crainte. C'est ce que m'annoncent l'état de ma maison, le crédit que j'ai au Forum, l'accueil que je reçois au théâtre. Je ne m'inquiète pas même : car j'ai la confiance de nos forces, et je suis également bien avec César et Pompée.

Tels sont les fondements de ma confiance. Si quelque insensé entreprenait de faire éclater sa fureur, tous mes préparatifs sont faits. Voilà mon avis et mon jugement. Je vous l'écris avec réflexion. C'est fraternellement et sans aucune flatterie que je vous défends d'en douter. Certainement si je ne consultais que l'agrément de notre vie, je souhaiterais de vous voir ici dans le temps que vous m'avez marqué ; mais quoique votre sentiment me soit le plus agréable, je préfère néanmoins le parti opposé, et je préfère à moi-même votre avantage et l'attente de ce que vous aurez mérité par vos services. Comptez que rien n'approchera de notre bonheur, lorsque nous serons délivrés de ces embarras. Ce qui nous manque est peu de chose, du moins à l'estimer par nos principes ; et, pourvu que nous jouissions d'une bonne santé, les difficultés seront très-faciles à lever. La brigue recommence sans aucune mesure ; elle n'a jamais été si forte. Aux ides de juillet, l'intérêt de l'argent était monté au double ;

quùm tibi permissurus essem ut faceres quod velles, ego ipse quid vellem ostenderem. In hac vero re hoc profecto quæris, cujusmodi illum annum, qui sequitur, exspectem. Plane aut tranquillum nobis, aut certe munitissimum ; quod quotidie domus, quod Forum, quod theatri significationes declarant : nec laboramus, quod mira consensio copiarum nostrarum, quod Cæsaris, quod Pompeii gratiam tenemus.

Hæc me, ut confidam, faciunt. Sin aliquis erumpet hominis amentis furor, omnia sunt ad cum frangendum expedita. Hæc ita sentio, judices, ad te explorate scribo. Dubitare, te non assentatorie, sed fraterne veto. Quare suavitatis equidem nostræ fruendæ causa, cuperem te ad id tempus venire quod dixeras : sed illud malo tamen quod putas ; etenim magni æstimo ἀμφιλάφειαν illam tuam et explicationem debitorum tuorum. Illud quidem sic habeto, nihil nobis expeditis, si valebimus, fore fortunatius. Parva sunt quæ desunt, nostris quidem moribus, et ea sunt ad explicandum expeditissima ; modo valeamus. Ambitus redit immanis, nunquam fuit par. Idus quint. fœnus fuit bessibus ex

par le complot de Memmius avec Domitius, pour supplanter Scaurus. Messalla mollit. Je vous assure, sans exagération, qu'ils ont résolu de promettre jusqu'à dix millions de sesterces à la première centurie. La jalousie met tout en feu. Les candidats au tribunat se sont engagés par une somme de chacun cinq cent mille sesterces, déposée entre les mains de Caton, à le faire l'arbitre de leurs demandes, en se soumettant à sa condamnation s'ils y manquent. Si ces comices s'achèvent sans corruption, comme on l'espère, l'autorité du seul Caton aura produit plus d'effet que toutes les lois et tous les juges ensemble.

LETTRE CXLII

Rome, 28 juin 699.

CICÉRON A ATTICUS

Je vous suis fort obligé d'avoir affranchi Eutychide, pour qui vous avez fait, de votre ancien nom propre et de votre nouveau nom de famille, celui de T. Cécilius, de même que, de nos deux noms, nous avons fait pour Dionysius celui de Marcus Pompo-

---

triente coitione Memmii, quam cum Domitio fecit, Scaurum ut vinceret. Messalla flaccet. Non dico ὑπερβολικῶς, vel H.-S. centies constituunt in prærogativa pronuntiare. Res ardet invidia. Tribunitii candidati compromiserunt (H.-S. quingenis in singulos apud M. Catonem depositis) petere ejus arbitratu, ut, qui contra fecisset, ab eo condemnaretur. Quæ quidem comitia si gratuita fuerint, ut putantur, plus unus Cato potuerit quam omnes leges omnesque judices.

EPISTOLA CXLII

(ad Att., IV, 15)

Scrib. Romæ, IV kal. quint. A. V. C. 698.

CICERO ATTICO SAL.

De Eutychide gratum; qui vetere prænomine, novo nomine T. erit Cæcilius; ut ex me, et ex te junctus Dionysius M. Pomponius. Valde mehercule mihi

nius. Je serai bien aise qu'Eutychide sache que c'est à ma considération que vous lui accordez cette grâce; que je n'ai pas ignoré combien il avait pris de part à mes malheurs, et que c'est l'effet de ma reconnaissance.

Il faut que votre voyage en Asie ait été bien important; car, sans une nécessité indispensable, vous ne vous seriez jamais tant éloigné de tout ce qui vous est cher, hommes et choses; mais nous jugerons de votre amitié et de votre tendresse par la promptitude de votre retour. J'appréhende beaucoup que vous ne puissiez quitter le rhéteur Clodius, cet homme si poli; et Pituanius, ce docte personnage livré maintenant aux auteurs grecs. Si vous êtes un homme, revenez au temps marqué. Quand ces beaux esprits seront à Rome, nous vous permettrons de les voir tant qu'il vous plaira.

Vous me dites, dans votre dernière lettre, que vous souhaitez fort d'en recevoir de moi. Je vous en ai écrit une très-longue, qui contenait un journal exact de ce qui s'est passé depuis votre départ; mais, comme je m'imagine que vous n'avez pas été longtemps en Épire, vous pourriez bien ne l'avoir pas reçue. Si je ne vous ai pas écrit depuis, c'est que mes lettres, pour vous du moins, sont d'une importance à ne les confier qu'à des mains sûres.

Voici donc les nouvelles de Rome. Le 5 juillet, Sufenas et Ca-

---

gratum, si Eutychides tuam erga me benivolentiam cognoscet, et suam illam in meo dolore συμπάθειαν neque tum mihi obscuram, neque post ingratam fuisse.

Iter Asiaticum tuum puto tibi suscipiendum fuisse. Nunquam enim tu sine justissima causa tam longe a tot tuis et hominibus carissimis et rebus suavissimis abesse voluisses. Sed humanitatem tuam, amoremque in tuos, reditus celeritas declarabit. Sed vereor ne lepore te suo detineat diutius rhetor Clodius, et homo pereruditus, ut aiunt, et nunc quidem deditus Græcis litteris Pituanius. Sed si vis homo esse, recipe te ad nos, ad quod tempus confirmasti. Cum illis tamen, quum salvi venerint, Romæ vivere licebit.

Avere te scribis accipere aliquid a me litterarum; dedi, ac multis quidem de rebus ἡμερολεγδὸν perscripta omnia; sed, ut conjicio, quoniam mihi non videris in Epiro diu fuisse, redditas tibi non arbitror : genus autem mearum, ad te quidem, litterarum ejusmodi fere est, ut non libeat, cuiquam dare, nisi de quo exploratum sit, tibi eum redditurum.

Nunc Romanas res accipe : a. d. III non. quint. Sufenas et Cato absoluti :

ton furent renvoyés absous, et Procilius fut condamné : ce qui a fait voir que ces triples aréopagites comptaient pour rien les comices, les brigues, les interrègnes, enfin tous les crimes d'État et tous les malheurs de la république. Nous ne devons pas souffrir qu'un père de famille soit tué dans sa demeure ; encore les sentiments sont-ils partagés : car Procilius a été absous par vingt-deux juges, et n'a été condamné que par vingt-huit. La péroraison de Clodius, l'un des accusateurs, était fort habile, et fit beaucoup d'impression sur les esprits. Hortalus parla avec son éloquence ordinaire. Pour moi, je ne parlai point. J'ai eu cette complaisance pour ma fille qui est malade, et qui appréhendait qu'il ne m'échappât quelque trait capable d'irriter Clodius.

Le même jour, ceux de Réate m'emmenèrent dans leur charmant pays, pour plaider pour eux contre ceux d'Intéramne, devant un consul et dix commissaires. Ils se plaignent que, depuis qu'on a coupé une montagne pour élargir l'embouchure que M. Curius avait faite au lac de Velinus, qui se décharge dans le Nar, la plaine nommée Rosea, déjà assez aride par elle-même, est desséchée. J'ai passé quelques jours chez Axius, et il m'a mené à sa maison des Sept-Fontaines.

Je suis revenu à Rome le 9 juillet, pour l'affaire de Fonteius. J'allai ensuite au théâtre, où je reçus de tout le peuple de grands applaudissements ; mais ce n'est pas ce dont il s'agit, et c'est une sottise de vous en parler. Pour venir au fait, j'ai vu jouer Anti-

---

Procilius condemnatus. Ex quo intellectum est, τρισαρειοπαγίτας ambitum, comitia, interregnum, majestatem, totam denique rempublicam flocci non facere. Debemus patremfamilias domi suæ occidi nolle ; neque tamen id ipsum abunde. Nam absolverunt xxii, condemnarunt xxviii. Publius sane, diserto epilogo criminans, mentes judicum moverat. Hortalus in ea causa fuit, cujusmodi solet. Nos verbum nullum : verita est enim pusilla, quæ nunc laborat, ne animum in Publio offenderer.

His rebus actis, Reatini me ad sua Τέμπη duxerunt, ut agerem causam contra Interamnates apud consulem et decem legatos ; quod lacus Velinus, a M. Curio emissus, interciso monte, in Narem defluit : ex quo est illa siccata, et humida tamen modice Rosea. Vixi cum Axio : quin etiam me ad Septem Aquas duxit.

Redii Romam Fonteii causa a. d. vii idus quintiles. Veni in spectaculum : primum, magno et æquabili plausu (sed hoc ne curaris, ego ineptus qui scri-

phon dans plusieurs rôles. Il était affranchi, même avant que de paraître : en un mot, il a remporté le prix; je dois dire cependant que jamais je n'ai rien entendu de plus délicat, de voix plus éteinte, plus naturelle. Il est vrai que dans l'*Andromaque*, Astya se montra supérieur : dans toutes les autres pièces, Antiphon n'eut pas d'égal. Pour Arbuscula, dont vous me demandez des nouvelles, on l'aime fort : jeux magnifiques et très-goûtés. On a remis la chasse à un autre temps.

Suivez-moi maintenant au champ de Mars; la brigue est en feu : en voici une bonne preuve. L'argent est monté tout d'un coup, le 15 juillet, de 4 à 8. Je n'en suis pas fâché, me direz-vous. Les beaux sentiments pour un homme comme vous, pour un bon citoyen! La faction de César porte Memmius, qui brigue de concert avec Domitius : ce sont les consuls qui les ont unis ensemble, je n'ose vous dire dans une lettre à quelle condition. Pompée s'en plaint et murmure : il s'est déclaré pour Scaurus; de cœur ou de bouche, c'est ce qu'on ne sait pas. Les candidats n'ont aucune supériorité les uns sur les autres; l'argent égalise les titres. Messalla se décourage, quoiqu'il ne manque ni d'argent ni d'amis; mais la coalition des consuls et l'opposition de Pompée lui sont autant d'obstacles. Je crois que les élections seront remises. Les candidats au tribunat ont pris Caton pour arbitre; ils ont consigné entre ses mains chacun cinq cent mille sesterces, et sont convenus que cette somme serait perdue pour

---

pserim); deinde, Antiphonti operam. Is erat ante manumissus, quam productus. Ne diutius pendeas, palmam tulit : sed nihil tam pusillum, nihil tam sine voce, nihil tam verum. Hæc tu tecum habeto. In Andromacha tamen major fuit Astya : nam in cæteris parem habuit neminem. Quæris nunc de Arbuscula; valde placuit. Ludi magnifici et grati. Venatio in aliud tempus dilata.

Sequere nunc me in Campum. Ardet ambitus : σῆμα δέ τοι ἐρέω; fœnus ex triente idib. quint. factum erat bessibus. Dices, istuc quidem non moleste fero. O virum! o civem! Memmium Cæsaris omnes opes confirmant. Cum eo Domitium consules junxerunt; qua pactione, epistolæ committere non audeo. Pompeius fremit, queritur; Scauro studet : sed utrum fronte, an mente, dubitatur. Ἐξοχή in nullo est: pecunia omnium dignitatem exæquat. Messalla languet non quo aut animus desit, aut amici : sed coitio consulum et Pompeius obsunt. Ea comitia puto fore ut ducantur. Tribunitii candidati jurarunt se arbitrio Catonis petituros : apud eum H.-S. quingena deposuerunt; ut qui

ceux que Caton déclarerait coupables de brigue, et partagée entre leurs compétiteurs.

C'est demain que doivent se faire les élections : je vous en écrirai le détail, pourvu qu'elles ne soient pas différées, et que l'exprès qu'on vous envoie ne soit point parti le 28 juillet. Si la brigue en est bannie, comme on a lieu de le croire, Caton seul aura été plus redoutable que tous les tribunaux. Je suis chargé de la cause de Messius, qu'Appius avait fait lieutenant de César, et qui a été rappelé pour comparaître devant Servilius. Les tribus Pomptina, Velina et Mécia lui sont favorables. On le pousse vivement : j'espère néanmoins qu'il aura le dessus. Je plaiderai ensuite pour Drusus et pour Scaurus. La liste de mes plaidoyers va être remplie de noms illustres, et peut-être de ceux des consuls désignés : si Scaurus ne l'est pas, il aura beaucoup de peine à se tirer d'affaire.

Je juge par les lettres de mon frère qu'il est déjà passé dans l'île de Bretagne. J'attends de ses nouvelles avec impatience. J'ai eu lieu de m'assurer plusieurs fois, par des marques très-certaines, que César a beaucoup d'amitié et de tendresse pour moi.

Saluez de ma part Dionysius, et tâchez d'obtenir de lui qu'il vienne au plus tôt donner des leçons à mon fils et à moi-même.

a Catone damnatus esset, id perderet, et competitoribus tribueretur.

Hæc ego pridie scribebam, quam comitia fore putabantur. Sed ad te v kal. sext. si facta erunt, et tabellarius non erit profectus, tota comitia perscribam : quæ si, ut putantur, gratuita fuerint; plus unus Cato potuerit, quam omnes quidem judices. Messius defendebatur a nobis, e legatione revocatus : nam eum Cæsari legarat Appius. Servilius edixit ut adesset : tribus habet Pomptinam, Velinam, Mæciam : pugnatur acriter; agitur tamen satis. Deinde me expedio ad Drusum, inde ad Scaurum : parantur orationibus indices gloriosi. Fortasse accedent etiam consules designati, in quibus si Scaurus non fuerit, in hoc judicio valde laborabit.

Ex Quinti fratris litteris suspicor jam eum esse in Britannia. Suspenso animo exspecto quid agat. Illud quidem sumus adepti, quod multis et magnis indiciis possumus judicare, nos Cæsari et carissimos et jucundissimos esse.

Dionysium velim salvere jubeas, et eum roges et hortere, ut quamprimum veniat, ut possit Ciceronem meum, atque etiam me ipsum, erudire.

LETTRE CXLIII

Rome, commencement d'août 699.

CICÉRON A TREBATIUS

J'IGNORE depuis longtemps ce que vous faites. Vous ne m'écrivez point, et, de mon côté, j'ai laissé passer deux mois sans vous écrire, parce que, vous sachant séparé de mon frère, je ne savais à qui donner mes lettres, ni où les adresser. Je voudrais savoir ce qui vous occupe, et où vous vous proposez de passer l'hiver : je souhaite que vous le passiez avez César; mais je n'ai pas osé lui écrire au milieu de tant de travaux. Je n'ai pas laissé d'écrire à Balbus. Je vous recommande de ne pas vous manquer à vous-même. Revenez plus tard à Rome, pourvu que vous y reveniez la poche mieux remplie. Je ne vois aucune raison de vous hâter, surtout depuis la mort de Vacerra. Mais vous ne manquez pas de conseil. Je suis impatient d'apprendre à quoi vous vous serez déterminé.

Un de vos amis, je crois que c'est Cn. Octavius ou Cn. Cornelius qu'il se nomme, homme de la plus grande naissance, un vrai fils de la terre, m'invite souvent à souper, parce qu'il est informé que je suis lié fort étroitement avec vous. Je ne me suis

EPISTOLA CXLIII

(ad div., VII, 9)

Scrib. Romæ, initio mensis sextilis A. V. C. 699.

CICERO TREBATIO

JAMDIU ignoro quid agas. Nihil enim scribis; neque ego ad te his duobus mensibus scripseram. Quia cum Quinto fratre meo non eras, quo mitterem aut cui darem, nesciebam. Cupio scire quid agas, et ubi sis hiematurus. Equidem velim cum Cæsare : sed ad eum, propter ejus occupationes, nihil sum ausus scribere. Ad Balbum tamen scripsi. Tu deesse tibi noli. Serius potius ad nos, dum plenior. Quod huc properes, nihil est, præsertim Vacerra mortuo. Sed tibi consilium non deest. Quid constitueris, cupio scire.

Cn. Octavius an Cn. Cornelius quidem est, tuus familiaris, summo genere natus, terræ filius, is me quia scit tuum familiarem esse, crebro ad cœnam

point encore rendu à ses invitations; mais elles ne laissent pas de me faire plaisir. Adieu.

LETTRE CXLIV
Rome, août 699.

M. T. CICÉRON A QUINTUS, SON FRÈRE

Lorsque vous voyez mes lettres écrites de la main d'un secrétaire, n'en concluez pas que je sois fort occupé; lorsqu'elles sont de ma propre main, jugez que je n'ai pas une minute à moi. A présent, par exemple, je suis plus accablé que jamais de causes et de jugements. La saison est fort incommode, et nous avons des chaleurs excessives. Mais ce sont des peines qu'il faut endurer, puisque vous m'en faites une loi. Je ne veux pas qu'on me reproche d'avoir mal répondu à vos espérances et à vos idées; surtout lorsque, malgré les difficultés, je vois beaucoup de crédit et de dignité à recueillir de mon travail. Ainsi, pour entrer dans vos vues, je m'efforce non-seulement de ne choquer personne, mais encore de gagner l'affection de ceux mêmes qui s'affligent de nous voir si étroitement liés avec César; et surtout

invitat. Adhuc non potuit perducere, sed mihi tamen gratum est. Vale.

EPISTOLA CXLIV
(ad Q. fratrem, II, 16)

Scrib. Romæ, mense sextili A. V. C. 699.

M. CICERO QUINTO FRATRI SAL.

Quum a me litteras librarii manu acceperis, ne paulum otii me habuisse judicato; quum autem mea, nullum. Sic enim habeto, nunquam me a causis et judiciis districtiorem fuisse, atque id anni tempore gravissimo et caloribus maximis. Sed hæc, quoniam tu ita præscribis, ferenda sunt. Neque committendum ut aut spei, aut cogitationi vestræ ego videar defuisse; præsertim quum, tametsi id difficilius fuerit, tamen ex hoc labore magnam gratiam, magnamque dignitatem sim collecturus. Itaque, ut tibi placet, damus operam, ne cujus animum offendamus, atque ut etiam ab iis ipsis, qui nos cum Cæsare

de me faire aimer et respecter des personnes qui pensent favorablement de nous, ou qui penchent en notre faveur.

Je me suis absenté du sénat pendant plusieurs jours, tandis qu'on y agitait fort vivement l'affaire de la brigue, à l'occasion des candidats à la dignité consulaire, dont les excès devenaient insupportables. Ma résolution est de ne prendre aucune part à la guérison de la république, sans être bien soutenu.

Le jour même où je vous écris, Drusus, qui était accusé de prévarication, a été absous par les tribuns du trésor, à la pluralité de quatre voix, après avoir été condamné par les sénateurs et les chevaliers. Je dois plaider cette après-midi pour la défense de Vatinius : c'est une entreprise aisée. Les comices sont rejetés au mois de septembre. Scaurus sera jugé immédiatement, et mon assistance ne lui manquera point. Je n'ai pas goûté *les Convives sophocléens*, quoique cette pièce ait pu avoir de l'agrément dans vos représentations.

Venons à ce qui devait peut-être occuper la première place dans ma lettre. Que j'ai lu avec plaisir votre lettre sur la Bretagne ! Je redoutais la mer; je craignais le rivage de cette île. Le reste n'est pas à mépriser; mais j'y trouve plus de sujet d'espérance que d'alarme, et c'est l'attente qui m'inquiète plus que la crainte. Au reste, je vois que vous avez une fort belle matière pour composer. Quels sites! quelles contrées! quels événements!

tam conjunctos dolent, diligamur, ab æquis vero, aut etiam a propensis, in hanc partem vehementer et colamur et amemur.

De ambitu quum atrocissime ageretur in senatu, multos dies, quod ita erant progressi candidati consulares, ut non esset ferendum, in senatu non fui. Statui ad nullam medicinam reipublicæ sine magno præsidio accedere.

Quo die hæc scripsi, Drusus erat de prævaricatione a tribunis ærarii absolutus, in summa quatuor sententiis, quum senatores et equites damnassent. Ego eodem die, post meridiem, Vatinium aderam defensurus : ea res facilis est. Comitia in mensem septembris rejecta sunt. Scauri judicium statim exercebitur, cui nos non deerimus. Συνδείπνους Σοφοκλέους, quanquam a te actam fabellam video esse festive, nullo modo probavi.

Venio nunc ad id, quod nescio an primum esse debuerit. O jucundas mihi tuas de Britannia litteras! Timebam Oceanum, timebam litus insulæ. Reliqua non equidem contemno; sed plus habent spei quam timoris, magisque sum sollicitus exspectatione ea quam metu. Te vero ὑπόθεσιν scribendi egregiam habere video. Quos tu situs, quas naturas rerum et locorum, quos mores,

quelles mœurs! quelles nations! quelles batailles! enfin, quel général! Je vous promets volontiers tous les secours que vous désirez, et je vous enverrai les vers que vous me demandez, quoique ce soit envoyer des *chouettes à Athènes.*

Mais ne me cachez-vous pas ce que César a pensé de mes vers? Il m'a écrit déjà qu'il avait lu le premier livre, et que le commencement lui a paru si bon, qu'il n'a rien lu de meilleur parmi les Grecs. Le reste, jusqu'à un certain endroit, lui a paru plus négligé : c'est le terme qu'il emploie. Dites vrai : est-ce le sujet? est-ce la manière qui lui déplaît? Ne craignez rien : je ne m'en estimerai pas un cheveu de moins. Parlez-moi en ami de la vérité et en frère.

LETTRE CXLV.

Rome, août 699.

CICÉRON A TRÉBATIUS

J'ai compris, par votre lettre, que vous passiez aux yeux de César pour un grand jurisconsulte. Applaudissez-vous d'être dans un pays où vous paraissez savoir quelque chose. Je suis sûr

quas gentes, quas pugnas, quem vero ipsum imperatorem habes! Ego te libenter, ut rogas, quibus rebus vis adjuvabo, et tibi versus quos rogas, γλαῦκ᾽ εἰς Ἀθήνας, mittam.

Sed, heus tu, celari videor a te, quomodonam, mi frater, de nostris versibus Cæsar? Nam primum librum se legisse scripsit ad me ante; et prima sic, ut neget se ne græca quidem meliora legisse. Reliqua, ad quemdam locum, ῥᾳθυμότερα : hoc enim utitur verbo. Dic mihi verum : num aut res eum, aut χαρακτήρ non delectat? Nihil est quod vereare. Ego enim ne pilo quidem minus me amabo. Hac de re φιλαληθῶς, et, ut soles, scribe fraterne.

EPISTOLA CXLV

(ad div., VII, 10)

Scrib. Romæ, mense sextili A. V. C. 699.

CICERO S. D. TREBATIO

Legi tuas litteras, ex quibus intellexi te Cæsari nostro valde jureccosultum videri. Est quod gaudeas, te in ista loca venisse, ubi aliquid sapere viderere.

que, si vous étiez passé en Bretagne, vous n'auriez trouvé personne, dans une si grande île, qui fût plus savant que vous. Mais, puisqu'il m'est permis de rire, et que vous m'y invitez vous-même, je ne vois pas sans jalousie que vous ayez été appelé volontairement par un homme dont l'accès n'est permis à personne, non à raison de sa fierté, mais à cause de ses grandes occupations. Pourquoi, s'il vous plaît, ne me dites-vous pas un mot de vos affaires dans la même lettre? Elles m'intéressent autant que les miennes. J'appréhende que vous ne geliez dans vos quartiers d'hiver, et je vous conseille de ne pas ménager le feu. Mucius et Manilius pensent là-dessus comme moi, d'autant que vous n'êtes pas riche en manteaux : cependant j'apprends d'un autre côté qu'il fait assez chaud où vous êtes, et cette nouvelle m'a fort alarmé pour vous. Mais on sait que vous avez encore plus de prudence à la guerre que dans la défense de vos causes. Vous n'avez pas voulu nager dans l'Océan, quoique vous soyez passionné pour cet exercice; ni voir les chariots de Bretagne, vous qui ne pouviez vous passer ici de la vue d'un andabate.

Trêve de badinage. Vous savez avec quelles instances j'ai écrit pour vous à César; et moi, je sais combien de fois je l'ai fait : cependant je m'étais arrêté, pour ne pas faire croire que je me défie des sentiments d'un homme si généreux et si bienveillant pour moi. Il m'a paru que je devais recommencer mes sollicitations

Quod si in Britanniam quoque profectus esses, profecto nemo in illa tanta insula peritior te fuisset. Verumtamen (rideamus licet : sum enim a te invitatus) subinvideo tibi, ultro te etiam arcessitum ab eo, ad quem cæteri non propter superbiam ejus, sed propter occupationem adspirare non possunt. Sed tu in ista epistola nihil mihi scripsisti de tuis rebus : quæ mehercule mihi non minori curæ sunt quam meæ. Valde metuo ne frigeas in hibernis. Quamobrem camino luculento utendum censeo. Idem Mucio et Manilio placebat, præsertim qui sagis non abundares : quanquam vos nunc istic satis calere audio; quo quidem nuntio valde me hercule de te timueram. Sed tu in re militari multo es cautior quam in advocationibus; qui neque in Oceano, natare volueris, studiosissimus homo natandi ; neque spectare essedarios, quem antea ne andabatam quidem defraudare poteramus.

Sed jam satis jocati sumus. Ego de te ad Cæsarem quam diligenter scripserim, tute scis; quam sæpe, ego. Sed mehercule jam intermiseram, ne viderer liberalissimi hominis meique amantissimi voluntati erga me diffidere. Sed ta-

dans ma dernière lettre, et je l'ai fait. Apprenez-moi ce qu'elle a produit, et ne manquez pas de m'instruire en même temps de vos projets et de votre situation. Je veux savoir ce que vous faites, ce que vous attendez, et combien pourra durer cette absence qui vous sépare de nous ; car vous devez être persuadé qu'elle ne m'est supportable que par l'espérance de la voir tourner à votre avantage. Si elle ne devait pas vous être utile, nous serions bien insensés tous deux : moi, de ne pas vous attirer à Rome, et vous de n'y point revenir au plus tôt. Un seul de nos entretiens sérieux ou badins vaudra mieux, je vous assure, non-seulement que nos ennemis, mais que nos frères les Éduens. Ne différez donc pas à m'informer de tout.

Consolations, conseils, actions, tout est à votre service.

LETTRE CXLVI

Écrite en partie à Arpinum, en partie à Rome, septembre 699.

CICÉRON A QUINTUS SON FRÈRE

Les grandes chaleurs (je ne me souviens pas d'en avoir vu de plus intenses) m'ont fait fuir dans ma maison d'Arpinum, où j'ai passé

men his litteris, quas proxime dedi, putavi esse hominem commonendum. Id feci. Quid profecerim, facias me velim certiorem : et simul de toto statu tuo, consiliisque omnibus. Scire enim cupio quid agas, quid exspectes, quam longum istum tuum discessum a nobis futurum putes. Sic enim tibi persuadeas velim, unum mihi esse solatium quare facilius possim pati te esse sine nobis, si tibi esse id emolumento sciam. Sin autem id non est, nihil duobus nobis est stultius : me, qui te non Romam attraham ; te, qui non huc advoles. Una mehercule nostra vel severa vel jocosa congressio pluris erit, quam non modo hostes, sed etiam fratres nostri Ædui. Quare, omnibus de rebus fac ut quam primum sciam :

Aut consolando, aut consilio, aut re juvero.

EPISTOLA CXLVI

(ad Q. fratrem, III, 1)

Scrib. partim in Arpinati, partim Romæ, mense septembri A. V. C. 699.

M. CICERO QUINTO FRATRI SAL.

Ego ex magnis caloribus (non enim meminimus majores) in Arpinati summa

le temps des jeux à me remettre, et à goûter la délicieuse fraîcheur de l'eau. J'avais recommandé à Philotimus les gens de ma tribu.

Le 10 septembre, je me suis rendu à Arcanum. J'y ai trouvé Messidius et Philoxène, et j'ai vu l'eau qu'ils amenaient d'un lieu non éloigné. Elle coulait assez bien, pour une telle sécheresse; et leur espérance, disaient-ils, était d'en amasser un peu plus encore. Tout était en fort bon état chez Herus. Dans ma villa Manlienne, j'ai trouvé un Diphilus plus paresseux que jamais : cependant il ne lui reste à finir que les bains, la terrasse et la volière. Cette maison m'a beaucoup plu. Le pavé du portique m'a paru fort noble. J'en ai mieux jugé cette fois-ci, parce qu'on le voit à présent tout à fait à découvert, et que les colonnes sont entièrement finies. Il s'agit maintenant (et c'est mon affaire) d'avoir de beau stuc. Je suis fort content des parquets. J'ai donné ordre qu'on changeât quelques voûtes qui ne sont pas de mon goût. J'ai jugé à propos que l'endroit du portique dont vous vouliez faire un petit vestibule, demeurât tel qu'il est, parce qu'il m'a semblé qu'il n'y avait point assez d'espace. Cela ne se fait que dans les édifices où le vestibule est plus grand, sans compter qu'il faudrait renoncer aux chambres voisines et à d'autres pièces. Dans l'état où sont les choses, la forme de la voûte en fera un lieu frais en été.

cum amœnitate fluminis me refeci ludorum diebus, Philotimo tribulibus commendatis.

In Arcano, a. d. iv idus septembr. fui. Ibi Messidium cum Philoxeno, aquamque quam ii ducebant, non longe a villa, belle sane fluentem vidi, præsertim maxima siccitate; uberioremque aliquanto sese collecturos esse dicebant. Apud Herum recte erat. In Manliano offendi Diphilum Diphilo tardiorem. Sed tamen nihil ei restabat præter balnearia et ambulationem et aviarium. Villa mihi valde placuit, propterea quod summam dignitatem pavimentata porticus habebat : quod mihi nunc denique apparuit, posteaquam et ipsa tota patet, et columnæ politæ sunt. Totum in eo est, quod mihi erit curæ, tectorium ut concinnum sit. Pavimenta recte fieri videbantur. Cameras quasdam non probavi mutarique jussi. Quo loco, in porticu, te scribere aiunt ut atriolum fiat; mihi, ut est, magis placebat : neque enim satis loci videbatur esse atriolo; neque fere solet nisi in his ædificiis fieri, in quibus est atrium majus : nec habere poterat adjuncta cubicula et ejusmodi membra. Nunc hæc vel honestate testu-

Cependant, si vous êtes d'un autre avis, hâtez-vous de nous envoyer vos ordres. Dans les bains j'ai fait avancer le fourneau vers l'un des deux angles de l'*apodytère*, parce que, de la manière dont il était placé, le tuyau qui sert de passage au feu se trouvait au-dessous de l'endroit qui sert à la transpiration. Mais j'ai fort approuvé la disposition de la grande chambre du bas, et de celle du haut pour l'hiver. Elles ont la grandeur qui convient, et pourront servir de promenade de ce côté-là, qui est proche des bains. Diphilus n'avait pas placé les colonnes assez droit, ni vis-à-vis l'une de l'autre. Il aura la peine de les changer. On parviendra peut-être à lui apprendre l'usage de l'équerre et du fil à plomb. Je compte qu'il aura fini entièrement dans peu de mois. Césius, qui m'accompagnait, le presse avec beaucoup de soin.

De là je me suis rendu directement, par la voie Vitulaire, à la terre de Fufidius, que j'ai achetée pour vous, comme je vous l'ai marqué dernièrement d'Arpinum, pour un million de sesterces. Je n'ai jamais vu de lieu qui eût plus d'ombre en été. On y trouve, de plusieurs côtés, des eaux courantes, avec assez d'abondance. Que vous dirai-je? Césius est persuadé que vous en avez suffisamment pour arroser cinquante arpents de prairies. Mais je puis du moins vous assurer, parce que je m'y connais mieux, que vous aurez une maison d'un agrément extraordinaire, lorsque vous y aurez joint un étang, des jets d'eau, un lieu d'exercices et quelques bosquets de verdure. On m'a dit que vous vou-

dinis, valde boni æstivi locum obtinebit. Tu tamen si aliter sentis, rescribe quamprimum. In balneariis assa in alterum apodyterii angulum promovi, propterea quod ita erant posita, ut eorum vaporarium esset subjectum cubili. Subgrande cubiculum autem et hibernum altum valde probavi, quod et ampla erant; et loca posita ambulationis uno latere, eo quod est proximum balneariis. Columnas neque rectas neque e regione Diphilus collocarat : eas scilicet demolietur ; aliquando perpendiculo et linea discet uti. Omnino spero paucis mensibus opus Diphili perfectum fore : curat enim diligentissime Cæsius, qui tum mecum fuit.

Ex eo loco recta Vitularia via profecti sumus in Fufidianum fundum, quem tibi, proximis nuntiis Arpini, de Fufidio H.-S. cccioɔɔ emeramus. Ego locum æstate umbrosiorem vidi nunquam ; permultis locis aquam profluentem, et eam uberem. Quid quæris? Jugera L prati Cæsius irrigaturum facile te arbitrabatur. Equidem hoc quod melius intelligo, affirmo, mirifica suavitate te villam habiturum, piscina, et salientibus additis, palæstra et silva viridicata.

liez conserver la terre Bovillienne. C'est à vous à prendre là-dessus votre parti. Calvus affirme qu'après en avoir ôté l'eau et nous être assuré le droit d'en disposer, cette servitude n'empêcherait pas que nous n'en pussions tirer ce qu'elle nous a coûté, si l'envie nous prenait de la vendre. J'avais Messidius avec moi dans cette visite. Il m'a dit qu'il était convenu avec vous à trois sesterces le pied, et qu'ayant mesuré le terrain, il l'avait trouvé de quatorze cents pas. Je suis trompé s'il n'y en a pas davantage. Mais je vous garantis qu'il n'y a pas de dépense qui puisse être mieux employée. J'avais fait appeler Chilon de Vénafre ; mais le même jour, quatre esclaves, de ses pareils ou de ses amis, furent ensevelis sous les ruines d'un caveau.

Le 15 septembre, je me rendis à Laterium. J'observai le chemin, et je le trouvai si bien, que je l'aurais pris pour un ouvrage public. Je mesurai moi-même plus de cent cinquante pas, depuis le petit pont qui est vers Satricum, près du temple de Furina. Ce qu'on y a mis est moins du gravier que de la poussière ; mais cela sera changé : d'ailleurs, cette partie du chemin a beaucoup de pente. J'ai compris néanmoins qu'il avait été impossible de faire autrement, n'ayant pas voulu que le chemin passât par le terrain de Locusta et de Varron. Varron avait déjà fait exécuter le sien presque au niveau. Locusta n'avait point encore commencé ; mais je lui en parlerai à Rome, et je me flatte d'obtenir quelque

---

Fundum audio te hunc Bovillianum velle retinere : de eo quid videatur, ipse constitues. Calvus aiebat aqua dempta et ejus aquæ jure constituto, ea servitute fundo illi imposita, tamen nos pretium servare posse, si vendere vellemus. Messidium mecum habui. Is se ternis nummis in pedem tecum transegisse dicebat : sese autem mensum pedibus aiebat passuum IV millia. Mihi plus visum est. Sed præstabo sumptum nusquam melius posse poni. Chilonem arcessieram Venafro : sed eo ipso die quatuor ejus conservos et discipulos Venafri cuniculus oppresserat.

Idus septembr. in Laterio fui. Viam perspexi, quæ mihi ita placuit, ut opus publicum videretur esse. Præter CL passus sum enim ipse mensus ab eo ponticulo, qui est ad Furinæ, Satricum versus. Eo loco pulvis, non glarea injecta est : et mutabitur ; et ea viæ pars valde acclivis est : sed intellexi aliter duci non potuisse, præsertim, quum tu neque per Locustæ, neque per Varronis velles ducere. Varro ante suum fundum prope munierat. Locusta non attigerat ; quem ego Romæ aggrediar, et, ut arbitror, commovebo ; et simul

chose de lui. Je parlerai en même temps à Taurus, qui est actuellement à Rome, et je le prierai d'accorder le passage à l'eau sur sa terre, comme j'apprends qu'il vous l'a promis. Je suis fort content de Nicephorus, votre fermier. Je lui ai demandé quels ordres il avait reçus de vous sur ce petit bâtiment de Laterium, dont vous m'aviez parlé. Il m'a répondu qu'il avait été lui-même l'entrepreneur de cet ouvrage, pour la somme de seize mille sesterces ; mais que vous y aviez fait ensuite quantité d'augmentations, sans augmenter le prix ; ce qui l'avait forcé d'abandonner l'entreprise. J'approuve beaucoup les additions que vous vous êtes proposées. Quoiqu'à présent cette maison ressemble à la philosophie, c'est-à-dire qu'elle ne soit propre qu'à relever la folie des autres, je ne doute pas qu'avec ces additions elle ne devienne assez agréable. J'ai loué votre jardinier du soin avec lequel il a tout revêtu de lierre, et la terrasse du corps de logis, et les arcades qui sont entre les colonnes de l'allée : enfin, l'on s'imaginerait que tous ces personnages à manteau s'emploient eux-mêmes à la décoration des treillages, et ne sont là que pour vendre du lierre. Bientôt rien ne sera si frais et verdoyant que l'*apodytère*.

Voilà pour les affaires champêtres. Philotimus et Cincius pressent assez les édifices de la ville ; mais j'y vais souvent moi-même, et ce soin me coûte peu. Soyez donc là-dessus sans inquiétude. Vous me demandez sans cesse des nouvelles de votre Cicéron, et

M. Taurum, quem tibi audio promisisse, qui nunc Romæ erat, de aqua per fundum ejus ducenda rogabo. Nicephorum villicum tuum sane probavi, quæsivique ex eo ecquid ei de illa ædificatiuncula Laterii, de qua mecum locutus es, mandavisses. Tum is mihi respondit se ipsum ejus operis H.-S. xvi conductorem fuisse, sed te postea multa addidisse ad opus, nihil ad pretium : itaque id se omisisse. Mihi hercule valde placet te illa, ut constituebas, addere : quanquam ea villa, quæ nunc est, tanquam philosophia videtur esse, quæ objurget cæterarum villarum insaniam. Verumtamen illud additum delectabit... Topiarium laudavi ; ita omnia convestivit hedera, qua basim villæ, qua intercolumnia ambulationis, ut denique illi palliati topiariam facere videantur, et hederam vendere. Jam jam ἀποδυτηρίῳ nihil alsius, nihil muscosius.

Habes fere de rebus rusticis. Urbanam expolitionem urget ille quidem et Philotimus et Cincius ; sed etiam ipse crebro interviso, quod est facile factu. Quamobrem ea te cura liberatum volo. De Cicerone quod me semper rogas,

je vous le pardonne; mais pardonnez-moi aussi lorque je vous assure qu'il ne vous est pas plus cher qu'à moi. Et plût au ciel, comme nous le souhaitions tous deux également, qu'il eût été avec moi pendant tout le temps que j'ai passé à Arpinum! Écrivez à Pomponia, si vous le jugez à propos, que dans les petits voyages que j'ai à faire elle peut m'accompagner et prendre votre fils avec elle. Je ferai du bruit, s'il est alors oisif près de moi. Mais à Rome je n'ai pas le temps de respirer. Vous savez que je vous ai promis gratuitement tous mes soins. Que ne ferai-je point, avec l'espoir d'une récompense telle que vous me la proposez?

Je passe à ce que vous m'avez écrit dans différentes lettres, pendant le séjour que j'ai fait à Arpinum; car j'en ai reçu trois dans un seul jour, et j'ai cru reconnaître qu'elles avaient été écrites dans le même temps. L'une, qui était assez longue, m'avertissait d'abord que la date était plus ancienne dans la dernière que vous avez reçue de moi, que dans celle que j'adressais à César. Il faut vous en expliquer la raison; la voici : Oppius, après avoir résolu de faire partir un courrier, auquel je donne aussitôt mes lettres, est souvent forcé de le retarder par quelque affaire imprévue, et je ne pense point alors à changer mes dates. Vous me peignez vivement l'extrême affection que César a pour nous. Je me flatte que vous prendrez soin de l'entretenir, et je n'épargnerai rien pour l'augmenter.

ignosco equidem tibi : sed tu quoque mihi velim ignoscas; non enim concedo tibi plus ut illum ames, quam ipse amo. Atque utinam his diebus in Arpinati, quod et ipse cupierat, et ego non minus, mecum fuisset. Quod ad Pomponiam, si tibi videtur, scribas velim, quum aliquo exibimus, eat nobiscum, puerumque ducat. Clamores efficiam, si cum mecum habuero otiosum : nam Romæ respirandi non est locus. Id me scis antea gratis tibi esse pollicitum. Quid nunc putas, tanta mihi abs te mercede proposita?

Venio nunc ad tuas litteras, quas pluribus epistolis accepi, dum sum in Arpinati. Nam mihi uno die tres sunt redditæ, et quidem, ut videbantur, eodem abs te datæ tempore : una pluribus verbis, in qua primum erat quod antiquior dies in tuis fuisset ascripta litteris quam in Cæsaris. Id facit Oppius nonnunquam necessario, ut, quum tabellarios constituerit mittere, litterasque a nobis acceperit, aliqua re nova impediatur, et necessario serius, quam constituerat, mittat : neque nos, datis jam epistolis, diem commutari curemus. Scribis de Cæsaris summo in nos amore : hunc et tu fovebis, et nos quibuscumque poterimus rebus augebimus.

A l'égard de Pompée, j'exécute et j'exécuterai soigneusement ce que vous me conseillez. La permission que je vous donne de demeurer vous a fait, dites-vous, beaucoup de plaisir : je ne vous l'ai accordée qu'avec beaucoup de peine et de regret ; mais dans un autre sens je m'en réjouis. Je ne comprends pas votre pensée, lorsque vous parlez d'appeler Hippodamus et quelques autres. Il n'y a pas un seul de tous ces gens-là qui n'attende de vous au moins la valeur d'une terre près de Rome. Pour mon ami Trebatius, je ne vois pas de nécessité à l'employer où vous êtes. Je l'ai envoyé à César, qui m'a déjà satisfait par sa réponse. S'il ne l'a point encore satisfait lui-même, je n'en suis pas garant, et je ne vous demande rien pour lui. Ma joie est extrême d'apprendre de vous que César vous aime de plus en plus ; et Balbus, qui aide, comme vous me le marquez, à la faveur où vous êtes, m'est en vérité bien cher. Je me réjouis beaucoup aussi de l'amitié que vous avez pour Trebonius, et de celle qu'il a pour vous. A l'égard du tribunat, j'ai demandé nommément Curtius, et César m'écrit qu'il est disposé à le demander aussi nommément. Il me reproche même d'avoir mis trop de modestie dans mes paroles. Si je demande encore pour quelque autre, comme j'ai prié Oppius de lui marquer, je ne témoignerai pas trop de chagrin de me voir refusé ; mais il est des gens qui s'offenseraient que je n'intervinsse pas pour eux. J'aime Curtius (et je le lui ai dit à lui-même),

---

De Pompeio et facio diligenter, et faciam quod mones. Quod tibi mea permissio mansionis tuæ grata est, id ego, summo meo dolore et desiderio, tamen ex parte gaudeo. In Hippodamis et nonnullis aliis arcessendis quid cogites, non intelligo. Nemo istorum est quin abs te munus fundi suburbani instar exspectet. Trebatium vero meum, quod isto admisceas, nihil est. Ego illum ad Cæsarem misi, qui mihi jam satisfecit. Si ipsi minus, præstare nihil debeo : teque item ab eo vindico et libero. Quod scribis te a Cæsare quotidie plus diligi, immortaliter gaudeo. Balbum vero, qui est istius rei, quemadmodum scribis, adjutor, in oculis fero. Trebonium meum a te amari, teque ab illo, pergaudeo. De tribunatu quod scribis, ego vero nominatim petivi Curtio, et mihi ipse Cæsar nominatim Curtio paratum esse perscripsit, meamque in rogando verecundiam objurgavit. Si cui præterea petiero (id quod etiam Oppio dixi ut ad illum scriberet), facile patiar mihi negari, quoniam illi qui molesti sunt, sibi negari a me non facile patiuntur. Ego Curtium (id quod ipsi dixi)

non-seulement parce qu'il m'a prié de m'intéresser pour lui, mais sur le témoignage que vous me donnez de ses sentiments, et parce que vous m'assurez dans toutes vos lettres qu'il est plein de zèle pour nos intérêts. Ce que vous m'écrivez des affaires de Bretagne ne m'inspire ni crainte ni joie. Vous voulez que Tiron vous rende compte de ce qui se passe ici : j'avoue que je me suis un peu négligé sur ce point, parce que je savais que, bagatelles et choses d'importance, on marque tout à César.

J'ai répondu à votre grande lettre, passons à la petite. A ce que vous me dites d'abord de la lettre de Clodius à César, je réponds que César a eu raison de refuser de faire la moindre réponse à cette furie, quoique vous l'en ayez pressé, dites-vous, fort affectueusement. Vous me parlez ensuite du discours de Calventius Marius. Mais j'admire que vous m'exhortiez à lui répondre ! Cette harangue ne sera lue de personne, si je la laisse sans réponse; et, si j'y réponds, vous verrez que les enfants apprendront la mienne par cœur comme les leçons de leurs maîtres. Les ouvrages que vous attendez de moi sont commencés, mais le temps où nous sommes ne me permet pas de les achever. J'ai fini les discours qu'on me demande pour Scaurus et pour Plancius. J'ai interrompu le poëme que j'avais commencé en l'honneur de César. Lorsqu'il me restera de l'espace, je vous marquerai ce que vous me demandez, puisque les nouvelles vous manquent à la source.

on modo rogatione, sed etiam testimonio tuo diligo, quod litteris tuis stu-
ium illius in salutem nostram facile perspexi. De Britannicis rebus cognovi
x tuis litteris, nihil esse nec quod metuamus, nec quod gaudeamus. De pu-
licis negotiis, quæ vis ad te Tironem scribere, negligentius ad te ante scribe-
am, quod omnia, minima, maxima, ad Cæsarem mitti sciebam.

Rescripsi epistolæ maximæ. Audi nunc de minuscula : in qua primum est
e Clodii ad Cæsarem litteris; in quo Cæsaris consilium probo, quod tibi
nantissime petenti veniam non dedit, uti ullum ad illam furiam verbum
scriberet. Alterum est de Calventii Marii oratione. Quod scribis, miror tibi
acere me ad eam rescribere ; præsertim quum illam nemo lecturus sit, si
o nihil rescripsero, meam in illum pueri omnes tanquam dictata perdiscant.
bros meos quos expectas inchoavi, sed conficere non possum his diebus.
ationes efflagitatas pro Scauro et pro Plancio absolvi. Poema ad Cæsarem
od composueram, incidi. Tibi, quod rogas, quoniam ipsi fontes jam sitiunt,
quid habebo spatii, scribam.

Passons à votre troisième lettre. J'aurai une joie extrême de voir arriver à Rome, aussitôt que vous me le marquez, Balbus, bien accompagné, dites-vous, et disposé à me voir assidûment pendant son séjour jusqu'aux ides de mai. A l'égard de l'ambition et du travail, auxquels vous m'exhortez dans la même lettre, je suivrai assurément votre conseil ; mais quand vivrai-je pour tout de bon ?

J'ai reçu votre quatrième lettre le 13 septembre. La date est de Bretagne, 12 août. Elle ne contenait rien de nouveau, excepté votre pièce d'*Érigone*. Si je la reçois d'Oppius, je vous marquerai ce que j'en pense, et je suis déjà persuadé qu'elle me plaira beaucoup. Si je ne vous ai pas parlé de la personne qui a informé César des applaudissements donnés à Milon, c'est que je ne suis pas fâché de l'idée que César s'en forme. Ils ont été très-grands sans doute ; mais, s'ils s'adressent à Milon, ils semblent se rapporter à moi.

L'on m'a encore remis une ancienne lettre de vous, venue en retard ; vous m'y parlez du temple de la Terre et du portique de Catulus. Je n'ai négligé ni l'un ni l'autre. J'ai même fait placer votre statue au temple de la Terre. Vous me parlez aussi de jardins ; mais je ne les ai jamais aimés avec beaucoup de passion, et celui de ma maison me suffit actuellement. Le 19 septembre,

---

Venio ad tertiam. Balbum quod ais mature Romam bene comitatum esse venturum, mecumque assidue usque ad idus maias futurum, id mihi pergratum perque jucundum erit. Quod me in eadem epistola, sicut sæpe antea, cohortaris ad ambitionem et ad laborem, faciam equidem : sed quando vivemus ?

Quarta epistola mihi reddita est idibus sept., quam a. d. IV idus sext. ex Britannia dederas. In ea nihil sane erat novi, præter Erigonam ; quam si ab Oppio accepero, scribam ad te quid sentiam. Nec dubito quin mihi placitura sit. Et quod prætertii de eo, quem scripsisti de Milonis plausu scripsisse ad Cæsarem ; ego vero facile patior ita Cæsarem existimare, illum quam maximum fuisse plausum ; et prorsus ita fuit : et tamen ille plausus, qui illi datur, quodammodo nobis videtur dari.

Reddita etiam mihi est pervetus epistola, sed sero allata, in qua de æde Telluris et de porticu Catuli me admones. Fit utrumque diligenter. Ad Telluris quidem etiam tuam statuam locavi. Idem de hortis me quod admones, nec fui unquam valde cupidus, et nunc domus suppeditat mihi hortorum amœni-

en arrivant à Rome, j'ai trouvé le toit de votre maison achevé. Vous n'avez pas voulu qu'il eût beaucoup d'élévation au-dessus des appartements; celui du portique inférieur en a moins de grâce. Notre cher Cicéron n'a pas cessé, dans mon absence, de prendre des leçons de rhétorique. Vous connaissez son esprit. N'ayez pas d'inquiétude pour son instruction, j'ai l'œil ouvert sur ses études. Je prends soin de tout ce qui le regarde, comme je m'y crois obligé.

Gabinius en est encore aux mains avec trois factions différentes : celle de L. Lentulus, fils du flamine, qui l'a déjà accusé de lèse-majesté ; celle de Titius Néron, qui s'est pourvu de bons soutiens ; celle de C. Memmius, tribun du peuple. Gabinius est arrivé à Rome, le 20 septembre, avec L. Capiton. Je ne connais rien de si méprisable et de si abandonné que lui ; mais je n'ose prendre beaucoup de confiance en tous ces jugements. La maladie de Caton fait que l'accusation de péculat est encore suspendue. Pompée n'épargne rien pour se réconcilier avec moi. Il n'est pas encore fort avancé, et, tant qu'il me restera un peu de liberté d'action, il ne réussira pas mieux. J'attends impatiemment vos lettres. On vous a trompé lorsqu'on vous a marqué que je m'étais trouvé à l'assemblée des candidats consulaires. Il s'y est fait des conventions qui ont été révélées depuis par Memmius, et qui ne permettaient pas à un honnête homme d'y assister. D'ailleurs, je me serais

tatem. Romam quum venissem a. d. xiii kalend. octobr. absolutum offendi in ædibus tuis tectum : quod supra conclavia non placuerat tibi esse multorum fastigiorum, id non honeste vergit in tectum inferioris porticus. Cicero noster, dum ego absum, non cessavit apud rhetorem. De ejus eruditione quod labores nihil est, quoniam ingenium ejus nosti ; studium ego videor : cætera ejus suscipio, ut me putem præstare debere.

Gabinium tres adhuc factiones postulant : L. Lentulus, flaminis filius, qui jam de majestate postulavit ; Titius Nero, cum bonis subscriptoribus ; C. Memmius, tribunus plebis. Cum L. Capitone ad Urbem accessit a. d. xii kal. octobr. Nihil turpius nec desertius. Sed his judiciis non audeo confidere ; quod Cato non valebat, adhuc de pecuniis repetundis non erat postulatus. Pompeius a me valde contendit de reditu in gratiam, sed adhuc nihil profecit : nec si ullam partem libertatis tenebo, proficiet. Tuas litteras vehementer exspecto. Quod scribis te audiisse in candidatorum consularium coitione me interfuisse, id falsum est. Ejusmodi enim pactiones in ea coitione factæ, quas postea Memmius patefecit, ut nemo bonus interesse debuerit : et simul mihi committen-

bien gardé d'être présent à des assemblées dont Messalla était exclu. Je m'efforce en tout de le satisfaire, lui et Memmius, et je me flatte d'y réussir. J'ai fait pour Domitius lui-même quantité de choses qu'il a souhaitées et qu'il n'a pas craint de me demander. Scaurus paraît très-sensible au soin que j'ai pris de le défendre. On ne sait encore quand se tiendront les comices, et qui nous aurons pour consuls.

Au moment où je ferme cette lettre, il m'arrive des messagers de vous, le 21 septembre, et le vingtième jour de leur course. Dans quelle inquiétude je suis ! Que les charmantes lettres de César m'ont causé de douleur ! Plus je les trouve charmantes, plus son malheur m'afflige et m'attendrit. Mais je passe à votre propre lettre. Premièrement, j'approuve beaucoup la résolution où vous êtes de demeurer, surtout depuis que vous vous êtes ouvert là-dessus à César. Je suis étonné qu'Oppius ait quelque chose à démêler avec Publilius, et j'aurais souhaité qu'il l'évitât. A l'égard de ce que vous me marquez dans le corps de votre lettre, que je suivrai Pompée aux ides de septembre, je n'en ai point entendu parler, et j'ai écrit à César que les instructions par lesquelles il me retient à Rome avaient été communiquées à Pompée par Vibullius et non par Oppius. Pourquoi ? me direz-vous. C'est que, tout attaché que je suis à Oppius, je crois devoir quelque préférence à Vibullius. César avait traité l'affaire en sa présence ; il s'était borné

dum non fuit, ut his coitionibus interessem, quibus Messalla excluderetur ; cui quidem vehementer satisfacio rebus omnibus ut arbitror, etiam Memmio. Domitio ipsi multa jam feci quæ voluit, quæque a me petivit. Scaurum beneficio defensionis valde obligavi. Adhuc erat valde incertum et quando comitia, et qui consules futuri essent.

Quum hanc jam epistolam complicarem, tabellarii a vobis venerunt a. d. xi kalend. septembr. vicesimo die. O me sollicitum ! Quantum ego dolui in Cæsaris suavissimis litteris ! Sed quo erant suaviores, eo majorem dolorem illius ille casus afferebat. Sed ad tuas venio litteras. Primum tuam remansionem etiam atque etiam probo, præsertim quum, ut scribis, cum Cæsare communicaris. Oppium miror quidquam cum Publilio ; mihi enim non placuerat. Quod interiore epistola scribis, me id. septembr. Pompeio legatum iri, id ego non audivi, scripsique ad Cæsarem Vibullium Cæsaris mandata de mea mansione, ad Pompeium pertulisse ; nec Oppium : quo consilio ? quanquam Oppium ego tenui, quod priores partes Vibullii erant ; cum eo enim coram Cæsar egerat,

à écrire à Oppius. Je ne tomberai jamais dans le cas de devoir des excuses à César pour les choses qui l'intéressent. Après vous et nos enfants, il m'est si cher, que j'y mets à peine une différence. Il semble que la raison seule suffise pour cela, car je m'en fais à présent un devoir ; mais la tendresse n'y a pas moins de part.

J'avais écrit au bas de cette page tout ce que vous y trouverez de ma main, lorsque votre fils est venu me demander à souper, parce que Pomponia est engagée d'un autre côté. Il m'a fait voir la lettre qu'il a reçue de vous depuis peu : elle est dans le goût d'Aristophane, agréable et sérieuse. Je l'ai lue avec beaucoup de plaisir. Il m'a montré aussi celle où vous lui ordonnez de s'attacher à moi comme à son maître. Que ces deux lettres lui ont causé de joie! Qu'elles m'en ont inspiré à moi-même! Il n'y a pas d'enfant plus aimable, plus affectionné pour moi. Ne vous étonnez pas que ceci soit d'une autre main que la mienne ; j'ai dicté à Tiron pendant le souper. Vous avez fait beaucoup de plaisir à Annalis en lui écrivant. Il est charmé qu'à ces témoignages d'intérêt vous ayez joint des conseils fort graves. P. Servilius le père, à la suite d'une lettre qu'il dit avoir reçue de César, vous fait savoir sa reconnaissance pour la bonté et le soin que vous avez eus de faire connaître à César ses bons sentiments à son égard.

A mon retour d'Arpinum, j'ai appris qu'Hippodamus était parti

---

ad Oppium scripserat. Ego vero nullus δευτέρας φροντίδας habere possum in Cæsaris rebus. Ille mihi secundum te et liberos nostros ita est, ut sit pæne par : videor id judicio facere ; jam enim debeo. Sed tamen amore sum incensus.

Quum scripsissem hæc infima, quæ sunt mea manu, venit ad nos Cicero tuus ad cœnam, quum Pomponia foras cœnaret. Dedit mihi epistolam legendam tuam, quam paulo ante acceperat, Aristophaneo modo, valde mehercule et suavem et gravem, qua sum admodum delectatus. Dedit etiam alteram illam mihi, qua jubes eum mihi esse affixum tanquam magistro. Quam illum epistolæ illæ delectarunt! Quam me! Nihil puero illo suavius, nihil nostri amantius. Hæc inter cœnam Tironi dictavi, ne mirere alia manu esse. Annali litteræ tuæ pergratæ fuerunt, quod et curares de se diligenter, et tamen consilio severissimo juvares. P. Servilius pater, ex litteris quas sibi a Cæsare missas esse dicebat, significat valde te sibi gratum fecisse, quod de sua voluntate erga Cæsarem humanissime diligentissimeque locutus esses.

Quum Romam ex Arpinati revertissem, dictum mihi est Hippodamum ad te

pour se rendre auprès de vous. Je ne vous dirai pas que je ne lui aurais pas cru assez d'incivilité pour partir sans se charger de mes lettres ; mais, je vous l'avoue, ce procédé m'a fait du chagrin. Je m'étais proposé depuis longtemps de me servir de cette occasion pour vous envoyer certaines réponses, que je voulais faire un peu plus librement : dans mes lettres ordinaires, en effet, je ne hasarde presque jamais rien qui puisse blesser personne, si elles tombaient en d'autres mains que les vôtres. J'avais compté, pour le même service, sur Salvius et sur Labéon. Mais Labéon partira fort tard ou demeurera ici tout à fait. Hippodamus ne m'a pas même demandé si je n'avais rien à désirer de lui. Les aimables lettres que je reçois, à votre sujet, de T. Pinarius ! Il se loue extrêmement de vos lettres, de vos entretiens et de vos soupers. Je l'ai toujours aimé, et je vois beaucoup son frère. Continuez donc de vous attacher ce jeune homme.

Les retards des courriers ayant fait demeurer longtemps cette lettre entre mes mains, j'y ai joint quantité de choses en divers temps. Tel est ce que je vais ajouter encore. T. Anicius m'a dit souvent que s'il trouvait quelque maison dans les faubourgs, il ne balancerait pas à l'acheter pour vous. J'admire deux choses dans ce discours : l'une, que lui écrivant pour faire acheter une maison, non-seulement vous ne m'en parliez pas dans vos lettres,

profectum esse. Non possum scribere me miratum esse illum tam inhumaniter fecisse, ut sine meis litteris ad te proficisceretur : illud scribo mihi molestum fuisse. Jam enim diu cogitaveram, ex eo quod tu ad me scripseras, ut, si quid esset quod ad te diligentius perferri vellem, illi darem : quod mehercule hisce litteris, quas vulgo ad te mitto, nihil fere scribo, quod si in alicujus manus inciderit, moleste ferendum sit. Minutio me, et Salvio, et Labeoni reservabam. Labeo aut tarde proficiscetur, aut hic manebit. Hippodamus ne numquid vellem quidem rogavit. T. Pinarius amabiles ad me de te litteras mittit ; se maxime litteris, sermonibus, cœnis denique tuis delectari. Is homo semper me delectavit : fraterque ejus mecum est multum ; quare, ut instituisti, complectere adolescentem.

Quod multos dies epistolam in manibus habui propter commorationem tabellariorum, ideo multa conjecta sunt, aliud alio tempore velut hoc. T. Anicius mihi sæpe jam dixit, sese tibi, suburbanum si quod invenisset, non dubitaturum esse emere. In ejus sermone ego utrumque soleo admirari : et te de suburbano emendo quum ad illum scribas, non modo ad me non scribere, sed

mais que vous me marquiez des sentiments tout opposés ; l'autre, que lui écrivant, vous ne vous souveniez point de ces lettres que vous m'avez fait voir de lui dans sa maison de Tusculum, ni du précepte d'Épicharme : *Voyez comme il en a traité d'autres;* enfin, que vous puissiez oublier sa physionomie, ses propos et ses sentiments. Je ne sais ce que j'en dois penser. Au reste, c'est votre affaire. Faites-moi savoir du moins quelles sont vos vues sur cette maison dans les faubourgs, et prenez garde qu'Anicius ne vous jette dans quelque embarras. Que vous dirai-je de plus? Oui, il me reste encore quelque chose à vous dire. Gabinius est entré à Rome pendant la nuit, le 28 septembre. Aujourd'hui, ayant été obligé, par l'ordre de C. Alfius, de paraître à deux heures pour répondre à l'accusation de lèse-majesté, il a failli être accablé par la foule et par la haine du peuple. Il n'y a pas d'être plus infâme. Cependant Pison en approche beaucoup. Aussi je médite d'en faire entrer un trait admirable dans mon second livre. Je représenterai Apollon demandant, dans le conseil des dieux, quel sera le retour de deux généraux dont l'un a perdu son armée, et l'autre vendu la sienne. La dernière lettre que j'ai reçue de César est du 1er septembre : je l'ai reçue le 28. Ce qu'il me marque de la Bretagne est assez favorable; et, pour m'ôter la surprise où je pourrais être de n'avoir rien reçu de vous, il m'écrit qu'il ne vous avait pas avec

---

etiam aliam in sententiam scribere; et quum ad illum scribas, nihil te recordari de epistolis illis, quas in Tusculano ejus tu mihi ostendisti, nihil de præceptis Epicharmi : γνῶθι πῶς ἄλλῳ κέχρηται, totum denique vultum, animum, sermonem ejus ; quemadmodum conjicio, quasi... sed hæc tu videris. De suburbano cura ut sciam quid velis; et simul, ne quid ille turbet, vide. Quid præterea ? quid? Etiam. Gabinius a. d. IV kalend. octobr. noctu in Urbem introivit ; et hodie hora octava quum edicto C. Alfii de majestate cum adesse porteret, concursu magno et odio universi populi pæne afflictus est. Nihil illo turpius. Proximus tamen est Piso. Itaque mirificum ἐμβόλιον cogito in secundum librorum meorum includere, dicentem Apollinem in concilio deorum, qualis reditus duorum imperatorum futurus esset, quorum alter exercitum perdidisset, alter vendidisset. Ex Britannia Cæsar ad me kalend. septembr. dedit litteras quas ego accepi a. d. IV kalend. octobr. satis commodas de Britannicis rebus ; quibus, ne admirer quod a te nullas acceperim, scribit se sine

lui lorsqu'il s'est approché de la mer. Son deuil m'a empêché de répondre à cette lettre, et de le féliciter. Je vous recommande instamment, mon cher frère, le soin de votre santé.

LETTRE CXLVII.

Rome, fin de septembre 699.

M. CICÉRON A TREBATIUS

Vous savez qu'à la fin du *Cheval de Troie* il est dit : « La sagesse leur vient tard. » A vous, mon vieil adolescent, elle ne vient pas tard. Vos premières lettres, il est vrai, étaient assez ridicules. Quant à la Bretagne, je ne vous blâme pas de ne vous être pas trop empressé de la voir. Je me figure que maintenant vous êtes en quartier d'hiver : vous ne vous souciez guère de vous remuer. « Livrez-vous donc tout entier à la sagesse : » c'est la plus acérée des armes. Si je soupais en ville, je n'aurais pas manqué à votre ami Cn. Octavius. Cependant, comme il m'accablait d'invitations, je lui dis : *Apprenez-moi, je vous prie, qui vous êtes*. Sans plaisanterie, il fait bien l'important. Que ne l'avez-vous emmené avec vous? Que faites-vous? Viendrez-vous en Ita-

---

te fuisse quum ad mare accesserit. Ad eas ego ei litteras nihil rescripsi, ne gratulandi quidem causa, propter ejus luctum. Te oro etiam atque etiam, mi frater, ut valeas.

EPISTOLA CXLVII

(ad div., VII, 16)

Scrib. Romæ, exeunte septembr. A. V. C. 699.

M. CICERO S. D. TREBATIO

IN EQUO TROJANO scis esse in extremo : « Sero sapiunt. » Tu tamen, mi vetule, non sero. Primas illas rabiosulas sat fatuas dedisti : deinde quod in Britannia non nimis Φιλοθέωρον te præbuisti, plane non reprehendo. Nunc vero in hibernis intectus mihi videris : itaque te commovere non curas. « Usquequaque sapere oportet, » id erit telum acerrimum. Ego si foris cœnitarem, Cn. Octavio, familiari tuo, non defuissem. Cui tamen dixi, quum me aliquoties invitaret : « Oro te, quis tu es? » Sed mehercule, extra jocum, homo bellus est. Vellem eum tecum abduxisses. Quid agatis, et ecquid in Italiam venturi sitis hac

lie cet hiver? je voudrais en être bien informé. Balbus m'a confirmé que vous deviendriez riche. La suite m'apprendra s'il l'a dit à la manière des Romains, ce qui signifierait que vous aurez beaucoup d'argent, ou bien dans le sens des stoïciens, qui prétendent qu'on est riche quand on peut jouir de la terre et du ciel. Ceux qui arrivent de l'armée se plaignent de votre fierté, et vous accusent de ne pas répondre aux questions qu'on vous fait. Cependant vous avez sujet d'être content, car tout le monde s'accorde à dire qu'il n'y a point à Samarobrive de plus habile jurisconsulte que vous.

LETTRE CXLVIII

Rome, septembre 699.

M. T. CICÉRON A P. LENTULUS, PROCONS., IMPERATOR

J'AI éprouvé une vive joie de votre lettre, je vois que vous êtes persuadé de ma *piété* : car pourquoi dirais-je de mon amitié, lorsque le terme saint et respectable de *piété* ne me paraît pas répondre encore à vos bienfaits? La satisfaction que vous donne mon zèle pour vous vient d'une certaine abondance de

hieme, fac plane sciam. Balbus mihi confirmavit te divitem futurum. Id utrum Romano more locutus sit, bene nummatum te futurum, an, quomodo stoici dicunt, omnes esse divites qui cœlo et terra frui possint ; postea videro. Qui istinc veniunt superbiam tuam accusant, quod negant te percunctantibus respondere. Sed tamen est quod gaudeas ; constat enim inter omnes, neminem te uno Samarobrivæ juris peritiorem esse.

EPISTOLA CXLVIII

(ad div., I, 9)

Scrib. Romæ, mense septembr. A. V. C. 699.

M. T. CICERO P. LENTULO PROCOS. IMPERATORI S. D.

PERJUCUNDÆ mihi fuerunt litteræ tuæ, quibus intellexi te perspicere meam in te pietatem. Quid enim dicam benivolentiam, quum illud ipsum gravissimum et sanctissimum nomen PIETATIS levius mihi meritis erga me tuis esse videatur? Quod autem tibi grata mea erga te studia scribis esse, facis tu quidem

tendresse, qui vous rend sensible à des services dont je ne pourrais me dispenser sans crime. Mais vous connaîtriez bien mieux mon cœur et mes sentiments, si nous avions été ensemble, et dans Rome, tout le temps que nous avons passé loin l'un de l'autre. Suivant le dessein que vous avez pour l'avenir et dont j'attends impatiemment le succès, parce que personne n'est plus capable que vous de le faire réussir, nous nous serions distingués dans les délibérations au sénat et dans tout ce qui appartient au gouvernement de la république. Je m'expliquerai bientôt sur la situation des affaires, et je répondrai à toutes vos questions ; mais il est certain que j'aurais eu dans vous un guide plein de sagesse et d'affection, et peut-être auriez-vous trouvé dans moi un conseiller qui n'est pas sans habileté, et qui, du moins, n'aurait manqué ni de fidélité ni de zèle. Je me réjouis, comme je le dois, de vous voir revêtu du titre d'*imperator* et tranquille dans votre province, après avoir heureusement conduit les affaires à la tête d'une armée victorieuse ; mais si vous étiez à Rome, les fruits que vous avez droit d'attendre de moi seraient meilleurs et plus abondants. Je me serais fait gloire de me joindre à vous, pour nous venger de ceux dont l'unique sujet de haine est le zèle déployé par vous pour ma défense, et l'envie qu'ils portent à la grandeur et à l'éclat d'une si belle action ; quoique d'ailleurs cet ennemi éternel de ses propres amis (Caton), qui, tout chargé de vos bien-

abundantia quadam amoris, ut etiam grata siut ea quæ prætermitti sine nefario scelere non possunt. Tibi autem multo notior atque illustrior meus in te animus esset, si hoc tempore omni, quo disjuncti fuimus, et una et Romæ fuissemus. Nam in eo ipso quod te ostendis esse facturum, quodque et in primis potes, et ego a te vehementer exspecto, in sententiis senatoriis et in omni actione atque administratione reipublicæ floruissemus : de qua ostendam equidem paulo post qui sit meus sensus et status ; et rescribam tibi ad ea quæ quæris. Sed certe et ego et auctore amicissimo ac sapientissimo, et tu me consiliario fortasse non imperitissimo, fideli quidem et benivolo certe usus esses. Quanquam tua quidem causa te esse imperatorem, provinciamque bene gestis rebus cum exercitu victore obtinere, ut debeo, lætor : sed certe, qui tibi ex me fructus debentur, eos uberiores et præstantiores præsens capere potuisses. In eis vero ulciscendis, quos tibi partim inimicos esse intelligis propter tuam propugnationem salutis meæ, partim invidere propter illius actionis amplitudinem et gloriam, mirificum me tibi comitem præbuissem ; quanquam ille feren-

faits, a tourné contre vous un reste de force déchue, ait pris soin de nous venger contre lui-même. Il a tramé des desseins dont la découverte lui ont fait perdre pour toute sa vie, non-seulement toute ombre de dignité, mais jusqu'à la liberté.

Je voudrais que vous eussiez fait ces expériences dans mes disgrâces plutôt que dans les vôtres; cependant je ne suis pas fâché, au milieu de ma peine, que vous ayez eu l'occasion de connaître le fond qu'on doit faire sur les hommes. D'ailleurs, cette connaissance ne vous a pas coûté si cher qu'à moi. Mais c'est ici le lieu de vous expliquer toute la suite de ces affaires, et de répondre à vos questions.

Vous m'écrivez qu'on vous apprend par diverses lettres ma réconciliation avec César et Appius, et vous ne me condamnez pas, ajoutez-vous; mais vous paraissez curieux de savoir ce qui m'a pu porter à défendre et à louer Vatinius. Je ne puis vous l'expliquer sans reprendre de plus loin l'ensemble de mes démarches.

J'avais cru, mon cher Lentulus, dans les premiers temps où vous vous employiez pour moi, que j'étais rendu non-seulement à ma famille, mais encore à la république ; et que, si je vous devais un attachement extrême avec les plus grandes marques de zèle, je devais aussi les mêmes sentiments à la république, qui

---

nis inimicus amicorum suorum, qui tuis maximis beneficiis ornatus, in te potissimum fractam illam et debilitatam vim suam contulit, nostram vicem ultus est, ipse sese. Ea est enim conatus, quibus patefactis, nullam sibi in posterum, non modo dignitatis, sed ne libertatis quidem partem reliquit.

Te autem etsi mallem in meis rebus expertum quam etiam in tuis, tamen in molestia gaudeo eam fidem cognosse hominum, non ita magna mercede, quam ego maximo dolore cognoram. De qua ratione tota jam videtur mihi exponendi tempus dari, ut tibi rescribam ad ea quæ quæris.

Certiorem te per litteras scribis esse factum, me cum Cæsare et cum Appio esse in gratia; teque id non reprehendere adscribis : Vatinium autem scire te velle ostendis quibus rebus adductus defenderim et laudarim. Quæ tibi ut planius exponam, altius paulo rationem consiliorum meorum repetam necesse est.

Ego me, Lentule, initio rerum atque actionum tuarum, non solum meis, sed etiam reipublicæ restitutum putabam ; et quoniam tibi incredibilem quemdam amorem, et omnia in te ipsum summa ac singularia studia deberem,

vous avait ardemment secondé pour mon rétablissement, et qui s'était acquis sur moi, par ce bienfait, des droits plus particuliers que sur le commun des citoyens. Pendant que vous étiez consul, j'expliquai au sénat ma manière de penser là-dessus, et vous l'avez reconnu vous-même dans nos entretiens particuliers. Cependant, j'avais, dès ce temps-là, bien des sujets de plainte. Lorsque vous parlâtes de ce qui restait à faire pour le rétablissement de ma dignité, je découvris bien des haines secrètes, bien des dispositions douteuses. Pour ce qui regardait mes maisons, vous ne fûtes pas secondé par ceux de qui vous deviez l'être. Je ne vis pas non plus dans les mêmes personnes le zèle que j'en avais attendu, soit à l'occasion de la violence qui me força de quitter ma maison avec mon frère, soit pour me faire restituer, par l'autorité du sénat, quantité de choses que je regardais à la vérité comme la moindre partie de mes pertes, quoique, dans le naufrage de tous mes biens, elles me fussent devenues fort nécessaires.

Cette conduite était trop claire pour ne pas frapper mes yeux; mais le chagrin en était moins vif que la joie de ce qui s'était fait pour mon retour. Ainsi, quoique je fusse extrêmement redevable à Pompée, comme vous le répétiez et l'attestiez, quoique je me sentisse porté à l'aimer, non-seulement par reconnaissance, mais par les sentiments d'une sincère inclination et d'une

---

reipublicæ quæ te, in me restituendo, multum adjuvisset, eum certe me animum merito ipsius debere arbitrabar, quam antea tantummodo communi officio civium, non aliquo erga me singulari beneficio debitum præstitissem. Hac me mente fuisse, et senatus ex me, te consule, audivit, et tu in nostris sermonibus collocutionibusque ipse vidisti. Etsi, jam primis temporibus illis, multis rebus meus offendebatur animus; quum, te agente de reliqua nostra dignitate, aut occulta nonnullorum odia, aut obscura in me studia cernebam : nam neque de monumentis meis ab iis adjutus es, a quibus debuisti, neque de vi nefaria, qua cum fratre eram domo expulsus, neque hercule iis ipsis rebus, quæ, quanquam erant mihi propter rei familiaris naufragia necessariæ, tamen a me minimi putabantur in meis damnis, ex auctoritate senatas resarciendis, eam voluntatem, quam exspectaram, præstiterunt.

Quæ quum viderem, neque enim erant obscura, non tamen tam acerba mihi hæc accidebant, quam erant illa grata, quæ fecerant. Itaque quanquam et Pompeii plurimum, te quidem ipso prædicatore ac teste, debebam, et eum non solum beneficio, sed amore etiam et perpetuo quodam judicio meo diligebam : tamen, non repu-

estime constante, sans m'inquiéter de ses projets, je persistai dans mes anciens principes politiques.

Un jour qu'étant venu à Rome pour louer P. Sextius, il assistait au sénat, et que Vatinius, qui y était en qualité de témoin, me reprocha de n'avoir point eu d'autre motif pour rechercher l'amitié de C. César que sa fortune et ses succès, je répondis que la condition de M. Bibulus, toute malheureuse qu'elle paraissait à Vatinius, me semblait préférable à tous les triomphes et à toutes les victoires des autres. Dans un autre lieu, j'ai dit encore à Vatinius que ceux qui avaient empêché Bibulus de sortir de sa maison étaient les mêmes qui m'avaient forcé de quitter la mienne. Toute ma harangue ne fut qu'une censure de son tribunal, et je m'expliquai sur les articles de la violence, des auspices et sur la distribution des royaumes avec autant de liberté que de courage. On m'a vu tenir constamment au sénat le même langage; et sous le consulat de Marcellinus et de Philippus, le 5 avril, ce fut mon opinion qui fut suivie dans une assemblée fort nombreuse, pour fixer l'affaire de Campanie au 15 mai. Pouvais-je agir avec plus de vigueur, et me souvenir moins de mes disgrâces, pour ne rappeler que la mémoire de mes actions? Lorsqu'on m'eut entendu prononcer mon avis, il s'éleva beaucoup de mouvements dans les esprits, non-seulement parmi ceux de qui je devais m'y attendre, mais parmi d'autres même que je n'avais pas soupçonnés. Le sénatus-consulte fut rédigé conformément à mon avis. Pom-

---

tans quidille vellet, in omnibus meis sententiis de republica pristinis permanebam.

Ego, sedente Cn. Pompeio, quum, ut laudaret P. Sextium, introiisset in Urbem, dixissetque testis Vatinius, me, fortuna et felicitate C. Cæsaris commotum, illi amicum esse cœpisse, dixi me M. Bibuli fortunam, quam ille afflictam putaret, omnium triumphis victoriisque anteferre : dixique eodem teste, alio loco, eosdem esse qui Bibulum exire domo prohibuissent, et qui me coegissent. Tota vero interrogatio mea nihil habuit, nisi reprehensionem illius tribunatus. In quo omnia dicta sunt libertate animoque maximo, de vi, de auspiciis, de donatione regnorum. Neque vero hac in causa modo, sed constanter sæpe in senatu; quin etiam, Marcellino et Philippo consulibus, nonis april. mihi est senatus assensus, ut de agro Campano, frequenti senatu, idibus maiis referretur. Non potui magis in arcem illius causæ invadere, aut magis oblivisci temporum meorum, meminisse actionum? Hac a me sententia dicta, magnus animorum factus est motus; quum eorum quorum oportuit, tum illorum etiam quorum nunquam putaram. Nam hoc senatusconsulto in meam sententiam

pée partit pour la Sardaigne et pour l'Afrique, sans m'avoir marqué le moindre mécontentement. Ce fut dans ce voyage qu'il passa par Lucques pour y voir César. César se plaignit de l'opinion exprimée par moi au sénat; ayant déjà vu Crassus à Ravenne, il en était revenu fort échauffé contre moi. Il est certain que Pompée même n'était pas content : diverses personnes m'en avaient informé, et surtout mon frère, que Pompée vit en Sardaigne, peu de temps après avoir quitté Lucques. « C'est vous, lui dit Pompée, que je désirais rencontrer; il ne pouvait rien arriver de plus à propos. Si vous ne vous hâtez de faire entendre raison à Marcus votre frère, je vous rendrai garant de ce que vous m'avez promis en son nom. » En un mot, il se plaignit très-fort; il parla de services rendus; il fit souvenir mon frère de ses conventions touchant les actes de César, et des engagements qu'il avait pris avec lui; il le prit à témoin que tout ce qu'il avait fait pour mon salut avait été du consentement de César, dont il le pressa de me recommander les intérêts et la dignité, en ajoutant que, si je ne pouvais ou ne voulais le défendre, je devais du moins m'abstenir de l'attaquer. Mon frère m'ayant informé de tout, et Pompée m'ayant même dépêché auparavant Vibullius pour me prier de ne pas entamer l'affaire de Campanie jusqu'à son retour, je me recueillis, et, me figurant que je parlais à la répu-

---

facto, Pompeius, quum mihi nihil ostendisset se esse offensum, in Sardiniam et in Africam profectus est, eoque itinere Lucam ad Cæsarem venit. Ibi multa de mea sententia questus est Cæsar; quippe qui etiam Ravennæ Crassum ante vidisset, ab eoque in me esset incensus. Sane moleste Pompeium id ferre constabat; quod ego quum audissem ex aliis, maxime ex meo fratre cognovi; quem quum in Sardinia Pompeius, paucis post diebus quam ex Luca discesserat, convenisset : Te, inquit, ipsum cupio; nihil opportunius potuit accidere : nisi cum Marco fratre diligenter egeris, dependendum tibi est, quod mihi pro illo spopondisti. Quid multa? questus est graviter. Sua merita commemoravit: quid egisset sæpissime de actis Cæsaris cum ipso meo fratre, quidque sibi is de me recepisset, in memoriam redegit : seque, quæ de mea salute egisset, voluntate Cæsaris egisse, ipsum meum fratrem testatus est, cujus causam dignitatemque mihi ut commendaret, rogavit, ut eam ne oppugnarem, si nollem aut non possem tueri. Hæc quum ad me frater pertulisset, et quum tamen Pompeius ad me cum mandatis Vibullium misisset, ut integrum mihi de causa Campana ad suum reditum reservarem ; collegi ipsi me, et cum ipsa

blique, je la suppliai de permettre, après tant de peines et de travaux essuyés pour elle, que je remplisse les devoirs d'une juste reconnaissance, et que je dégageasse la parole de mon frère; enfin, que je pusse agir en honnête homme après avoir agi constamment en bon citoyen.

Pendant que j'agissais et que j'opinais de façon, à ce qu'il paraît, à mécontenter Pompée, on me rapportait les discours de gens dont vous devez bien deviner les noms. Quoique de même opinion que moi, alors et toujours, ils se réjouissaient hautement de me voir en froid avec Pompée, et près de me brouiller avec César. J'en étais affligé; mais je l'étais bien plus de les voir embrasser, flatter, caresser, en ma présence, mon ennemi, que dis-je, mon ennemi? dites celui des lois, des jugements, de la tranquillité publique, de la patrie et de tous les gens de bien ; non que ces affectations pussent me causer des dégoûts auxquels je ne suis plus sensible; mais elles se faisaient du moins dans cette vue. Quel parti pris-je? après avoir jeté les yeux autour de moi, et tout calculé, autant que la prudence humaine en est capable, je rassemblai toutes mes idées dans l'ordre où je vais tâcher de les représenter en peu de mots.

Si je voyais la république gouvernée par de mauvais citoyens, comme on sait qu'elle l'était au temps de mes disgrâces, et

---

quasi republica sum collocutus : ut mihi tam multa pro se perpesso atque perfuncto concederet, ut officium meum, memoremque in bene meritos animum, fidemque fratris mei præstarem; eumque, quem bonum civem semper habuisset, bonum virum esse pateretur.

In illis autem meis actionibus sententiisque omnibus, quæ Pompeium viderentur offendere, certorum hominum, quos jam debes suspicari, sermones ferebantur ad me : qui quum illa sentirent in republica quæ ego agebam, emperque sensissent, me tamen non satisfacere Pompeio, Cæsaremque inimicissimum mihi futurum, gaudere se aiebant. Erat hoc mihi dolendum : ed multo illud magis, quod inimicum meum (meum autem ? immo vero leum, judiciorum, otii, patriæ, bonorum omnium) sic amplexabantur, sic in manibus habebant, sic fovebant, sic me præsente osculabantur; non illi quidem ut mihi stomachum facerent, quem ego funditus perdidi, sed certe ut dolere se arbitrarentur. Hic ego, quantum humano consilio efficere potui, circumspectis rebus meis omnibus, rationibusque subductis, summam feci cogitationum mearum omnium ; quam tibi, si potero, breviter exponam.

Ego, si ab improbis et perditis civibus rempublicam teneri viderem, sicut

comme on l'a vu dans quelques autres temps; je résolus que, ni l'espoir des récompenses, qui n'ont aucune sorte d'ascendant sur moi, ni la crainte du danger qui ébranle quelquefois les plus grands courages, ne me feraient embrasser leur cause, quand bien même j'aurais été comblé de leurs bienfaits. Mais voyant à la tête des affaires Cn. Pompée, c'est-à-dire un homme qui a mérité, par les services rendus à la république, et par les plus belles actions, le degré de puissance et d'honneur où il est parvenu ; Pompée dont j'ai été le partisan depuis ma première jeunesse, et dont j'ai servi même à soutenir la dignité pendant ma préture et mon consulat ; Pompée enfin, qui de concert avec vous, m'a aidé de son autorité, de ses avis, de son zèle, et qui n'avait point dans la ville d'autre ennemi que le mien, je n'ai pas cru encourir le reproche d'inconstance si je paraissais un peu différent de moi-même dans mes opinions au sénat, et si je me déterminais à soutenir la dignité d'un si grand personnage, à qui j'ai les plus grandes obligations. Je ne pouvais, comme vous le voyez bien, entrer dans cette disposition sans y comprendre les intérêts et la dignité de César. J'y étais porté d'ailleurs, non-seulement par l'ancienne liaison que nous avons eue avec lui, mon frère et moi, mais encore par cette bonté noble et généreuse dont il n'a point tardé à nous donner des témoignages par ses lettres et ses services.

et meis temporibus scimus, et nonnullis aliis accidisse accepimus, non modo præmiis, quæ apud me minimum valent, sed ne periculis quidem compulsus ullis, quibus tamen moventur etiam fortissimi viri, ad eorum causam me adjungerem, ne si summa quidem eorum in me merita constarent. Quum autem in republica Cn. Pompeius princeps esset, vir is qui hanc potentian et gloriam maximis in rempublicam meritis præstantissimisque rebus gestis esset consecutus, cujusque ego dignitatis ab adolescentia fautor, in prætura autem et in consulatu adjutor etiam exstitissem ; quumque idem auctoritae et sententia per se, consiliis et studiis, tecum me adjuvisset, meumque inimicum unum in civitate haberet inimicum ; non putavi famam inconstantiæ mihi pertimescendam, si quibusdam in sententiis paulum me immutassem, meamque voluntatem ad summi viri de meque optime meriti dignitatem aggregassem. In hac sententia complectendus erat mihi Cæsar, ut vides, in coijuncta et causa et dignitate. Hic multum valuit quum vetus amicitia, quam tu non ignoras mihi et Q. fratri cum Cæsare fuisse, tum humanitas ejus ac lberalitas, brevi tempore et litteris et officiis perspecta nobis et cognita.

Un autre et puissant motif était l'intérêt même de la république, qui ne voulait point qu'on disputât rien à des hommes d'un tel poids, surtout depuis que César s'était distingué par tant d'actions glorieuses. Ce qui me confirma dans cette pensée, c'est l'engagement que Pompée avait pris pour moi avec César, et celui de mon frère avec Pompée. J'y joignais une maxime qui se trouve divinement exprimée dans Platon : c'est qu'ordinairement les citoyens d'une république sont tels que ceux qui les gouvernent. Je me souvenais que, sous mon consulat, après les fondements de force et de constance qui avaient été jetés au sénat depuis les calendes de janvier, personne n'avait dû s'étonner du courage et de la fermeté que cet ordre avait fait paraître aux nones de décembre. Je me rappelais encore qu'étant redevenu particulier jusqu'au consulat de César et de Bibulus, et mes avis ayant continué, dans cet intervalle, d'avoir beaucoup de poids au sénat, on y avait vu régner l'accord entre les gens de bien.

Ensuite, lorsque vous eûtes obtenu le gouvernement de l'Espagne Citérieure, et que la république se trouva gouvernée, non par des consuls, mais par des misérables faisant trafic des provinces, par des chefs ou des artisans de séditions, un événement peu prévu me jeta au milieu du tumulte et des dissensions civiles, pour servir de but aux combattants. Dans cette occasion, où l'accord du sénat en ma faveur parut merveilleux, celui de toute

---

Vehementer etiam res ipsa publica me movit, quæ mihi videbatur contentionem, præsertim maximis rebus a Cæsare gestis, cum illis viris nolle fieri ; ei, ne fieret, vehementer recusare. Gravissime autem me in hac mente impulit et Pompeii fides, quam de me Cæsari dederat : et fratris mei, quam Pompeio. Erant præterea hæc animadvertenda in civitate, quæ sunt apud Platonem nostrum scripta divinitus ; quales in republica principes essent, tales reliquos solere esse cives. Tenebam memoria, nobis consulibus, ea fundamenta jacta ex kalendis januariis confirmandi senatus, ut neminem mirari oporteret, nonis decembribus tantum vel animi fuisse in illo ordine, vel auctoritatis. Idemque memineram, nobis privatis, usque ad Cæsarem et Bibulum consules, quum sententiæ nostræ magnum in senatu pondus haberent, unum fere sensum fuisse bonorum omnium.

Postea quum tu Hispaniam Citeriorem cum imperio obtineres, neque respublica consules haberet, sed mercatores provinciarum, et seditionum servos ac ministros, jecit quidam casus caput meum, quasi certaminis causa, in mediam contentionem dissensionemque civilem. Quo in discrimine quum mirificus

l'Italie, incroyable, et celui de tous les gens de bien, sans exemple, je ne rappellerai point tout ce qui se passa, car il se commit bien des fautes, et l'on peut en accuser bien des gens; mais je puis dire, en deux mots, que je manquais moins d'armée que de chefs. Il est aussi difficile de justifier ceux qui m'abandonnèrent, que ceux qui ne me défendirent point; et si ceux qui se laissèrent abattre par la crainte méritent des reproches, ceux qui firent semblant en méritent encore plus.

On me doit du moins de justes louanges, pour avoir refusé d'exposer sans chefs, à des esclaves armés, mes concitoyens que j'avais sauvés jadis, et qui souhaitaient en ce moment mon salut; pour avoir mieux aimé qu'on reconnût ce qu'aurait pu faire le concours des honnêtes gens réunis, s'il leur eût été permis de combattre pour moi avant ma chute, puisqu'ils eurent ensuite le pouvoir de me relever. Non content de pénétrer les dispositions de bien des gens, tandis que vous agissiez en ma faveur, vous les avez soutenus et fortifiés. Et, dans ces conjonctures (car loin de le désavouer, je m'en souviendrai sans cesse et je le publierai toujours volontiers), vous eûtes affaire à quelques personnes de la plus illustre naissance, qui agirent avec plus de vigueur pour mon rétablissement qu'elles n'en avaient mis pour empêcher ma disgrâce. Que n'ont-elles persévéré dans ce sentiment! elles eussent, avec mon salut, recouvré leur prestige. Les honnêtes gens

senatus, incredibilis Italiæ totius, singularis omnium bonorum consensus in me tuendo exstitisset, non dicam quid acciderit (multorum est enim, et varia culpa), tantum dicam brevi, non mihi exercitum sed duces defuisse. In quo, ut jam sit in iis culpa, qui me non defenderunt, non minor est in iis qui reliquerunt ; et, si accusandi sunt, si qui pertimuerunt, magis etiam reprehendendi, si qui se timere simularunt.

Illud quidem certe nostrum consilium jure laudandum est qui meos cives et a me conservatos et me servare cupientes, spoliatos ducibus, servis armatis objici noluerim, declararique maluerim, quanta vis esse potuisset in consensu bonorum, si iis pro me stante pugnare licuisset, quum afflictum excitare potuissent. Quorum quidem animum tu non perspexisti solum quum de me ageres, sed etiam confirmasti atque tenuisti. Qua in causa (non modo non negabo, sed etiam semper et meminero et prædicabo libenter) usus es quibusdam nobilissimis hominibus, fortioribus in me restituendo, quam fuerant iidem in retinendo : qua in sententia si constare voluissent, suam autoritatem simul cum salute mea recuperassent. Recreatis enim bonis viris consulatu

commencèrent à respirer sous votre consulat; l'éclat et la constance de vos belles actions leur rendaient le courage; Cn. Pompée surtout se ralliait à notre cause; et César, après de si glorieuses actions, comblé par les suffrages du sénat d'honneurs extraordinaires, créés pour lui, se joignait à nous pour soutenir l'autorité du sénat : il ne restait plus à aucun mauvais citoyen de voie pour nuire à la république.

Mais considérez, je vous prie, ce qui vint ensuite. En premier lieu, ce perturbateur des mystères religieux des femmes, qui n'avait pas plus respecté la Bonne-Déesse que ses trois sœurs, obtint l'impunité par les votes de ces mêmes personnes; oui, lorsqu'un tribun du peuple sollicitait la punition d'un mauvais citoyen par des voies régulières, on priva ainsi la république d'un exemple de châtiment capable à l'avenir d'arrêter les séditions. Ensuite, ne souffrirent-ils pas qu'un monument, qui était moins le mien que celui du sénat, puisqu'il n'était pas composé du butin que j'eusse remporté à la guerre, mais de l'argent qui n'avait fait que passer par mes mains, fût souillé du nom de mon ennemi gravé avec du sang? Ainsi, je leur dois sans doute de la reconnaissance pour avoir contribué à mon salut; mais je souhaiterais que, ne se bornant point au soin de ma vie, comme les médecins, ils eussent marqué aussi, comme les *aliptes*, de l'attention pour mon teint et pour mes forces.

tuo, et constantissimis atque optimis actionibus tuis excitatis, Cn. Pompeio præsertim ad causam adjuncto, quum etiam Cæsar, rebus maximis gestis, singularibus ornatus et novis honoribus ac judiciis senatus, ad auctoritatem ejus ordinis adjungeretur; nulli improbo civi locus ad rempublicam violandam esse potuisset.

Sed attende, quæso, quæ sunt consecuta. Primum ille fur muliebrium religionum, qui non pluris fecerat Bonam Deam quam tres sorores, impunitatem est illorum sententiis assecutus, qui (quum tribunus plebis pœnas a seditioso cive per bonos viros judicio persequi vellet) exemplum præclarissimum in posterum vindicandæ seditionis de republica sustulerunt : iidemque postea non meum monumentum (non enim illæ manubiæ meæ, sed operis locatio mea uerat), monumentum vero senatus, hostili nomine et cruentis inustum litteris esse passi sunt. Qui me homines quod salvum esse voluerunt, est mihi gratissimum : sed vellem non solum salutis meæ, quemadmodum medici, sed etiam, ut aliptæ, virium et coloris rationem habere voluissent. Nunc, ut

Apelles, dit-on, n'acheva, dans sa Vénus, que la tête et le buste, laissant le reste du corps à peine ébauché. De même, certaines gens n'ont travaillé qu'à ma tête, et le reste de mon corps est demeuré informe et négligé.

Cependant j'ai trompé l'espérance et de mes envieux et de mes ennemis. Ils me comparaient déjà à Q. Metellus, fils de Lucius, à qui ils reprochent d'avoir manqué de courage et de fermeté après son retour : fausse opinion : je le regarde, au contraire, comme l'homme le plus ferme et le plus distingué par sa grandeur d'âme et sa constance. Il faudrait prouver que ce fut une marque d'abattement et de faiblesse de s'être retiré avec joie pour l'utilité publique, d'avoir su conserver l'égalité d'humeur pendant son absence, et d'avoir témoigné de l'indifférence pour son retour. Pour moi, je trouve qu'il s'éleva, par cette constance et cette gravité, au-dessus de M. Scaurus même, qu'on cite comme un exemple unique. Mais ils jugeaient de moi suivant l'opinion qu'on leur avait donnée ou qu'ils se formaient peut-être eux-mêmes de Q. Metellus. Ils s'attendaient de ma part à de l'abattement, sans considérer que la république m'avait relevé l'âme, en déclarant que j'étais le citoyen nécessaire, le seul nécessaire, et sans faire attention que Metellus n'avait été rappelé que sur la proposition d'un seul tribun du peuple ; au lieu qu'à mon retour j'avais eu l'honneur d'être rendu à la république par l'autorité

Apelles Veneris caput et summa pectoris politissima arte perfecit, reliquam partem corporis inchoatam reliquit : sic quidam homines in capite meo solum elaborarunt; reliquum corpus imperfectum ac rude reliquerunt.

In quo ego spem fefelli non modo invidorum, sed etiam inimicorum meorum ; qui de uno acerrimo et fortissimo viro, meoque judicio, omnium magnitudine animi et constantia præstantissimo, Q. Metello, Lucii filio, quondam falsam opinionem acceperant, quem post reditum dictitant fracto animo et demisso fuisse. (Est vero probandum, qui et summa voluntate cesserit, et egregia animi alacritate abfuerit, neque sane redire curarit, eum ob id ipsum fractum fuisse : in quo quum omnes homines, tum M. illum Scaurum, singularem virum, constantia et gravitate superasset.) Sed, quod de illo acceperant, aut etiam suspicabantur, de me idem cogitabant, abjectiore animo me futurum : quum respublica majorem etiam mihi animum quam unquam habuissem, daret, quæ declarasset, sese non potuisse me uno cive carere : quumque Metellum unius tribuni plebis rogatio, me universa respublica, duce so-

du sénat, de revenir accompagné des vœux de toute l'Italie, de voir le décret de mon rappel proposé par un consul, publié par huit tribuns, dans une assemblée générale de toutes les centuries et de tous les ordres de l'État; redemandé par les désirs, les efforts, le zèle de tout le monde.

Non que j'en aie pris de l'orgueil, ou que j'en prenne aujourd'hui; je travaille seulement à ne laisser ni mes amis, ni même les étrangers se passer de mon secours, de mes conseils, de mes services. Cette allure offense peut-être ceux qui considèrent la splendeur et le dehors de ma situation, sans en pénétrer l'inquiétude et le tourment. Je sais qu'ils accusent ouvertement mon vote en faveur de César, comme si j'avais renoncé à mes anciens principes; mais je prends pour règle les réflexions par lesquelles j'ai commencé, sans fermer tout à fait les yeux sur les plaintes dont je parle.

Ne vous attendez pas, mon cher Lentulus, à retrouver dans les honnêtes gens cette manière de penser qu'ils avaient à votre départ. Fortifiée sous mon consulat, interrompue ensuite, languissante avant que vous fussiez consul, elle reprit, grâce à vous, toute sa force. Aujourd'hui elle est abandonnée de ceux mêmes qui devaient la soutenir. Oui, ceux qui portaient le nom d'honnêtes gens de votre temps et du mien, laissent voir aujourd'hui ce qu'ils

---

natu, comitante Italia, referente consule, promulgantibus octo tribunis, comitiis centuriatis, cunctis ordinibus, hominibus incumbentibus, omnibus denique suis viribus recuperasset.

Neque vero ego mihi postea quidquam assumpsi, neque hodie assumo, quod quemquam malivolentissimum jure possit offendere. Tantum enitor, ut neque amicis, neque etiam alienioribus, opera, consilio, labore desim. Hic meæ vitæ cursus offendit eos fortasse, qui splendorem et speciem hujus vitæ intuentur, sollicitudinem autem et laborem perspicere non possunt. Illud vero non obscure queruntur in meis sententiis, quibus ornem Cæsarem, quasi descisse me a pristina causa. Ego autem quum illa sequor quæ paulo ante proposui, tum hoc non in postremis, de quo cœperam exponere.

Non offendes eumdem bonorum sensum, Lentule, quem reliquisti : qui confirmatus consulatu nostro, nonnunquam postea interruptus, afflictus ante te consulem, recreatus abs te, totus est nunc ab iis, a quibus tuendus fuerat, derelictus; idem non solum fronte atque vultu, quibus simulatio facillime

sont devenus, non-seulement sur leur visage, où la dissimulation se soutient facilement, mais souvent même par leurs votes et leurs bulletins.

C'est donc une nécessité pour les citoyens les plus sages, au nombre desquels je veux toujours être compté, de changer de tactique et de système. Platon, dont je suis volontiers les maximes, dit que la mesure des prétentions dans le gouvernement est dans l'approbation des citoyens, et qu'il ne faut pas faire violence à sa patrie plus qu'à son père. Il ajoute que la seule raison qui l'empêcha de prendre part aux affaires publiques, c'est qu'ayant trouvé le peuple d'Athènes presque radotant de vieillesse, et désespérant de le conduire par la persuasion, il n'avait pas cru qu'il fût permis d'employer la violence. Ma situation était différente, le peuple romain ne radotait pas, et je n'étais pas libre, comme Platon, de prendre ou de ne pas prendre part au gouvernement. Mais j'ai vu du moins avec joie qu'en prenant le parti auquel je me suis rattaché, je pouvais faire bien des choses utiles à moi-même et justes en faveur des gens de bien. Ajoutez à cela les procédés généreux, vraiment louables et vraiment divins de César pour mon frère et pour moi ; en sorte que j'ai regardé comme un devoir de le seconder dans toutes ses entreprises. Au milieu de sa fortune et de ses victoires, quand il n'aurait pas pour

---

sustinetur, declarant ii qui tum nostro illo statu optimates nominabantur, sed etiam sententia sæpe jam tabellaque docuerunt.

Itaque tota jam sapientium civium, qualem me et esse et numerari volo, et sententia et voluntas mutata esse debet. Id enim jubet idem ille Plato, quem ego vehementer auctorem sequor, tantum contendere in republica, quantum probare tuis civibus possis ; vim neque parenti, neque patriæ afferri oportere. Atque hanc quidem ille causam sibi ait non attingendæ reipublicæ fuisse, quod, quum offendisset populum Atheniensem prope jam desipientem senectute, quumque eum persuaderi posse diffideret, cogi fas esse non arbitraretur. Mea ratio fuit alia, quod neque desipiente populo, neque integra re mihi ad consulendum, capesseremne rempublicam implicatus tenebar. Sed lætatus tamen sum, quod mihi liceret in eadem causa et mihi utilia et cuivis bono recta defendere. Huc accessit commemoranda quædam et divina Cæsaris in me fratremque meum liberalitas ; qui mihi, quascumque res gereret, tuendus esset. Nunc in tanta felicitate, tantisque victoriis, etiamsi in nos non is esset

nous les sentiments dont il est rempli, pourrais-je me dispenser de lui rendre hommage? Je vous ferai même cet aveu, c'est qu'après vous, à qui je suis redevable de mon salut, il n'y a personne à qui j'aie tant d'obligation qu'à César.

Après tout ce que vous venez de lire, il m'est aisé de vous répondre sur ce qui regarde Vatinius et Crassus. Vous n'avez point, dites-vous, de reproche à me faire au sujet d'Appius et de César : je me réjouis de vous voir approuver ma conduite.

A l'égard de Vatinius, dès qu'il eut obtenu la préture, nous nous étions réconciliés par l'entremise de Pompée; et je puis même vous dire qu'en m'opposant à sa demande avec un langage assez dur, j'avais moins pensé à lui nuire qu'à louer et à soutenir C. Caton. Ensuite, César m'a pressé avec des instances extraordinaires de me charger de sa défense. Si vous me demandez pourquoi je l'ai loué, je réponds que, par rapport à lui comme à tout autre accusé, vous ne devez jamais me faire cette question, de peur que je ne vous la fasse aussi à votre retour. Votre absence même ne vous en met pas trop à couvert; car souvenez-vous pour qui vous avez envoyé des louanges de l'extrémité de la terre où vous êtes.

Mais ne vous alarmez point : moi aussi je loue et je continuerai de louer les mêmes personnes. Cependant j'avais un motif de plus pour défendre Vatinius; et, parlant pour lui dans cette cause, j'ai

qui est, tamen ornandus videretur. Sic enim te existimare velim, quum a vobis meæ salutis auctoribus discesserim, neminem esse cujus officiis me tam esse devinctum non solum confitear, sed etiam gaudeam.

Quod quoniam tibi exposui, facilia sunt ea quæ a me de Vatinio et de Crasso requiris. Nam de Appio quod scribis, sicuti de Cæsare, te non reprehendere : gaudeo consilium tibi probari meum.

De Vatinio autem, primum reditus intercesserat in gratiam per Pompeium, statim ut ille prætor est factus, quum quidem ejus petitionem gravissimis in senatu sententiis oppugnassem, neque tam illius lædendi causa quam defendendi atque ornandi Catonis. Post autem Cæsaris, ut illud defenderem, mira contentio est consecuta. Cur autem laudarim, peto a te, ut id a me neve in hoc reo, neve in aliis requiras; ne tibi ego idem reponam quum veneris; tametsi possum vel absenti. Recordare enim quibus laudationem ex ultimis terris miseris.

Neque hoc pertimueris : nam a me ipso laudantur et laudabuntur iidem. Sed tamen defendendi Vatinii fuit etiam ille stimulus, de quo in judicio, quum

déclaré que j'exécutais ce que le parasite conseille au militaire dans la comédie de *l'Eunuque* :

Aussitôt qu'elle nommera Phédria, ne manquez pas de nommer Pamphila. Si elle parle d'appeler Phédria à un repas, proposez de faire chanter Pamphila. Si elle relève la beauté de l'une, louez celle de l'autre. Enfin, établissez toujours une comparaison qui la pique au vif.

De même, j'ai demandé aux juges que, puisqu'un certain nombre de nobles personnages, mes bienfaiteurs, marquaient trop d'amitié pour mon ennemi ; qu'en ma présence ils affectaient souvent au sénat, tantôt de l'entretenir en particulier d'un air sérieux, et tantôt de l'embrasser d'un air gai et familier ; enfin que, puisqu'ils avaient leur Publius, ils me passassent aussi le mien, moyennant quoi je pourrais, à leurs petites attaques, répondre par de légères égratignures. Non-seulement je l'ai dit, mais je l'exécute souvent, avec l'approbation des dieux et des hommes.

Voilà pour Vatinius. Quant à l'autre, Crassus, j'étais fort bien avec lui, parce que le zèle du repos public m'avait fait ensevelir toutes ses injures dans un oubli volontaire ; et si, dans sa défense soudaine de Gabinius, que j'avais attaqué peu de jours auparavant avec beaucoup de feu, il n'eût rien mêlé de contraire à mon honneur, je n'aurais pas marqué le moindre ressentiment ; mais me sentant blessé, lorsque je ne pensais point à l'attaquer, et que je m'en

illum defenderem, dixi me facere quiddam, quod in Eunucho parasitus suaderit militi :

Ubi nominabit Phædriam, tu Pamphilam
Continuo. Si quando illa dicet : Phædriam
Intromittamus comissatum ; tu : Pamphilam
Cantatum provocemus. Si laudabit hæc
Illius formam, tu hujus contra. Denique
Par pro pari referto, quod eam mordeat.

Sic petivi a judicibus, ut, quoniam quidam nobiles homines et de me optime meriti nimis amarent inimicum meum : meque inspectante, sæpe eum in senatu modo severe seducerent, modo familiariter atque hilare amplexarentur ; quoniamque illi haberent suum Publium ; darent mihi ipsi alium Publium, in quo possem illorum animos, mediocriter lacessitus, leviter repungere. Neque solum dixi, sed etiam sæpe facio, diis hominibusque approbantibus.

Habes de Vatinio : cognosce de Crasso. Ego, quum mihi cum illo magna jam gratia esset, quod ejus omnes gravissimas injurias, communis concordiæ causa, voluntaria quadam oblivione contriveram, repentinam ejus defensionem Gabinii, quem proximis superioribus diebus acerrime oppugnassem, tamen, si sine ulla mea contumelia suscepisset, tulissem ; sed quum me disputantem, non

tenais aux bornes de la dispute, j'avoue qu'à ma colère présente, qui n'aurait peut-être pas été si vive si je n'eusse pas eu d'autre sujet de m'échauffer, il se joignait un reste de cette haine que je devais à ses anciennes injures, et dont je n'étais pas si bien délivré que je l'avais cru : elle éclata tout entière. Mais je dois vous dire aussi que certaines personnes, les mêmes que je vous cite souvent sans les nommer, me témoignèrent qu'elles avaient tiré un très-grand fruit de la liberté avec laquelle je m'étais expliqué, et que je leur avais paru, dans ce moment-là, tel que je fus autrefois pour la république. Enfin, ce démêlé produisit de fort bons effets au dehors; mais les mêmes personnes se disaient entre elles qu'elles voyaient avec joie Crassus devenu mon ennemi, et que ses partisans ne seraient jamais mes amis.

En effet, j'apprenais leurs discours malins par le récit des plus honnêtes gens. Alors Pompée me pressant, avec plus d'ardeur que jamais, de me réconcilier avec Crassus, et César m'ayant témoigné dans ses lettres le chagrin que ce différend lui causait, je cédai non-seulement aux conjonctures, mais encore à mon propre caractère. Crassus, pour prendre en quelque sorte le public à témoin de notre réconciliation, partit, pour ainsi dire, du sein de ma famille pour se rendre dans sa province, puisqu'il s'invita lui-même à souper avec moi dans les jardins de Crassipès, mon gendre. Il n'est donc pas surprenant que j'aie entrepris, comme vous

lacessentem læsisset, exarsi non solum præsenti, credo, iracundia, nam ea tam vehemens fortasse non fuisset ; sed, quum inclusum illud odium multarum ejus in me injuriarum, quod ego me effudisse omne arbitrabar, residuum tamen insciente me fuisset omne, repente apparuit. Quo quidem tempore ipso quidam homines, et iidem illi quos sæpe nutu significationeque appello, quum se maximum fructum cepisse dicerent ex libertate mea, meque tum denique sibi esse visum reipublicæ, qualis fuissem, restitutum, quumque ea contentio mihi magnum etiam foris fructum tulisset ; gaudere se dicebant, mihi illum inimicum, et eos, qui in eadem causa essent, nunquam amicos futuros.

Quorum iniqui sermones quum ad me per homines honestissimos perferrentur, quumque Pompeius ita contendisset ut nihil unquam magis, ut cum Crasso redirem in gratiam, Cæsarque per litteras maxima se molestia ex illa contentione affectum ostenderet, habui non temporum solum rationem mecum, sed etiam naturæ ; Crassusque, ut quasi testata populo Romano esset nostra gratia, pæne a meis laribus in provinciam est profectus. Nam quum mihi condixisset, cœnavit apud me in mei generi Crassipedis hortis. Quamob-

me dites qu'on vous l'a marqué, de défendre sa cause au sénat avec la fidélité que je devais à mes promesses, et les égards auxquels ses recommandations m'obligeaient.

Vous savez à présent quels ont été mes motifs, et quelle affaire, quelle cause j'ai soutenue. Vous devez voir aussi jusqu'à quel point je suis en état de prendre part au gouvernement. Mais je vous prie d'être bien persuadé que je ne penserais pas autrement quand je me trouverais libre de recommencer : car mon avis serait toujours qu'il ne faut point lutter contre de si grandes forces, ni ôter, quand on le pourrait, la conduite des affaires aux premiers citoyens. La situation des affaires étant changée, comme la manière de penser des honnêtes gens, il n'est pas question de s'obstiner dans le même sentiment, mais de s'accommoder aux conjonctures. Remarquez que, dans le gouvernement de la république, on n'a jamais loué les plus grands hommes de leur constance immuable à persister dans le même sentiment. C'est comme dans la navigation, où l'art consiste à céder à la tempête, quoique ce ne soit pas le moyen de gagner le port; mais il consiste aussi à changer les voiles lorsqu'on le peut; car il y aurait de la folie à suivre sa première route au travers du danger, plutôt que d'en prendre une autre qui peut enfin conduire au terme. De même en politique. Devant nous proposer pour but, comme je l'ai dit cent fois, un repos honorable, il n'est pas besoin

---

rem ejus causam, quod te scribis audisse, magna illius commendatione susceptam, defendi in senatu, sicut mea fides postulabat.

Accepisti quibus rebus adductus, quamque rem causamque defenderim : quique meus in republica sit pro mea parte capessenda status. De quo sic velim statuas me hæc eadem sensurum fuisse, si mihi integra omnia ac libera fuissent. Nam neque pugnandum arbitrarer contra tantas opes, neque delendum, etiamsi id fieri posset, summorum civium principatum. Neque permanendum in una sententia, conversis rebus, ac bonorum voluntatibus immutatis, sed temporibus assentiendum. Nunquam enim præstantibus in republica gubernanda viris laudata est in una sententia perpetua permansio : sed ut in navigando tempestati obsequi artis est, etiamsi portum tenere non queas; quum vero id possis mutata velificatione assequi, stultum est eum tenere cum periculo cursum quem ceperis, potius quam eo commutato, quo velis tandem pervenire; sic, quum omnibus nobis in administranda republica propositum esse debeat, id, quod a me sæpissime dictum est, cum dignitate otium, non

de tenir toujours le même langage ; mais il faut tendre à la même fin. Je vous assure donc, comme je viens de le dire, que, quand rien ne gênerait ma liberté, je ne me conduirais point autrement dans les affaires publiques ; et si l'on ajoute que je suis attiré d'un côté par des bienfaits, et repoussé de l'autre par des injures, je me permets de dire et de penser ce qui me paraît le plus convenable à mes intérêts et à ceux de la république.

Je suis d'autant plus ouvertement cette ligne de conduite que Quintus, mon frère, est lieutenant de César, lequel attache tant de prix à toutes les démarches, et, je puis ajouter, aux moindres discours en sa faveur, que je dois le croire plein d'affection pour moi. Aussi me laisse-t-il disposer de son crédit qui est sans bornes, et de ses richesses qui, vous le savez, sont immenses, comme de mon propre bien. Et je n'aurais jamais réussi à ruiner les projets de mes ennemis, si je n'avais pris soin de joindre aujourd'hui aux secours qui ne m'ont jamais manqué, l'amitié des hommes puissants. Je suis persuadé que si vous aviez été à Rome, vous ne m'auriez pas donné d'autres conseils ; car je connais votre modération naturelle : je sais que vous m'aimez, et que vous ne souhaitez de mal à personne. Vous avez l'âme grande, noble, avec beaucoup de simplicité et d'ouverture. J'ai vu certaines gens dans la même disposition contre vous, où vous pouvez les avoir

idem semper dicere, sed idem semper spectare debemus. Quamobrem, ut paulo ante posui, si essent omnia mihi solutissima, tamen in republica non alius essem atque nunc sum. Quum vero in hunc sensum et alliciar beneficiis hominum, et compellar injuriis, facile patior ea me de republica sentire ac dicere, quæ maxime, quum mihi, tum etiam reipublicæ rationibus putem conducere.

Apertius autem hæc ago, ac sæpius, quod et Quintus, frater meus, legatus est Cæsaris, et nullum meum minimum dictum, non modo factum, pro Cæsare intercessit, quod ille non ita illustri gratia exceperit, ut ego eum mihi devinctum putarem. Itaque ejus omni et gratia, quæ summa est, et opibus, quas intelligis esse maximas, sic fruor, ut meis. Nec mihi aliter potuisse videor hominum perditorum de me consilia frangere, nisi, cum præsidiis iis quæ semper habui, nunc etiam potentium benivolentiam conjunxissem. His ego consiliis, si te præsentem habuissem, ut opinio mea fert, essem usus eisdem : novi enim temperantiam et moderationem naturæ tuæ ; novi animum, tum mihi amicissimum, tum nulla in cæteros malivolentia suffusum ; contraque quum magnum et excelsum, tum etiam apertum et simplicem. Vidi ego quosdam

vus contre moi. Les motifs qui m'ont fait agir auraient fait infailliblement sur vous la même impression : mais dans quelque temps que vous me soyez rendu, vous serez l'arbitre de ma conduite. Vous prendrez soin de ma dignité, après avoir pris soin de mon salut. Vous me verrez lié constamment à toutes vos actions, à tous vos avis, à toutes vos volontés, et, pendant le reste de ma vie, tous mes actes seront tels que vous vous féliciterez de plus en plus de vos bienfaits envers moi.

Les ouvrages que j'ai composés depuis votre absence, et que vous me demandez, consistent dans quelques harangues que Ménocrite est chargé de vous remettre; le nombre n'en est pas assez grand pour vous effrayer. Comme j'abandonne à peu près ce genre pour me rendre à des muses plus douces, auxquelles vous savez que j'ai pris plaisir dès ma première jeunesse, j'ai composé, suivant la méthode d'Aristote (ou du moins tel a été mon but), trois livres de discussions ou de dialogues *sur l'Orateur* : je m'imagine qu'ils ne seront point inutiles à Lentulus, votre fils. Ils s'écartent des préceptes communs, et je puis dire qu'ils renferment toute la doctrine des anciens sur l'art oratoire, c'est-à-dire celle d'Aristote et d'Isocrate.

J'ai composé aussi trois livres en vers sur les événements où j'ai joué un rôle. Je n'aurais pas manqué de vous les envoyer, si j'avais cru qu'ils dussent paraître aux yeux du public; car ils sont

---

in te tales, quales tu eosdem in me videre potuisti. Quæ me moverunt, movissent eadem te profecto. Sed, quocumque tempore mihi potestas præsentis tui fuerit, tu eris omnium moderator consiliorum meorum. Tibi erit eidem, cui salus mea fuit, etiam dignitas curæ. Me quidem certe tuarum actionum, sententiarum, voluntatum, rerum denique omnium socium comitemque habebis : neque mihi in omni vita res tam erit ulla proposita, quam ut quotidie vehementius te de me optime meritum esse lætere.

Quod rogas ut mea tibi scripta mittam, quæ post discessum tuum scripserim ; sunt orationes quædam quas Menocrito dabo ; neque ita multæ, ut pertimescas. Scripsi etiam (nam ab orationibus disjungo me fere, referoque ad mansuetiores Musas; quæ me maxime, sicut jam, a prima adolescentia delectant), scripsi igitur Aristotelico more, quemadmodum quidem volui, tres libros in disputatione ac dialogo de Oratore, quos arbitror Lentulo tuo fore non inutiles. Abhorrent enim a communibus præceptis, ac omnem antiquorum et Aristotelicam et Isocraticam rationem oratoriam complectuntur.

Scripsi etiam versibus tres libros de temporibus meis, quos jam pridem ad

et seront des témoins éternels de vos bienfaits et de ma reconnaissance. Mais quoique je ne doive pas appréhender que personne s'y trouve blessé, parce que j'y ai mis de la douceur et de la réserve, je n'ai pas nommé tous ceux qui m'ont rendu service, parce que le nombre en est infini; et je crains leur mécontentement. Cependant, si je trouve quelqu'un que je puisse charger de cet ouvrage, je vous l'enverrai. C'est encore une partie de ma vie que je soumets à votre jugement. Tant que je pourrai me livrer à l'étude des lettres, qui ont toujours fait mes délices et les vôtres, j'appellerai vos regards sur mes productions.

Vos affaires domestiques, sur lesquelles vous m'écrivez et que vous me recommandez, sont tellement l'objet de mes soins, que je n'ai pas besoin d'être averti; me prier, c'est me faire un véritable chagrin.

A l'égard de l'affaire de mon frère, que vous n'avez pu finir, dites-vous, l'été dernier, parce qu'une maladie vous empêcha de passer en Cilicie, mais que vous vous proposez de finir incessamment, elle est si importante pour Quintus, qu'en acquérant ce fonds par vos soins il croira vous devoir l'établissement de son patrimoine.

Ne manquez pas, je vous prie, de me marquer souvent, avec la

te misissem, si esse edendos putassem. Sunt enim testes, et erunt sempiterni, meritorum erga me tuorum, meæque pietatis. Sed verebar, non eos qui se læsos arbitrarentur (etenim id feci parce et molliter), sed eos quos erat infinitum bene de me meritos omnes nominare ; quos tamen ipsos libros, si quem cui recte committam invenero, curabo ad te perferendos. Atque istam quidem partem vitæ consuetudinisque nostræ totam ad te defero; quantum litteris, quantum studiis, veteribus nostris delectationibus consequi poterimus, id omne ad arbitrium tuum, qui hæc semper amasti, libentissime conferemus.

Quæ ad me de rebus tuis domesticis scribis, quæque mihi commendas, ea tantæ mihi curæ sunt, ut me nolim admoneri : rogari vero sine magno dolore vix possum.

Quod de Quinti fratris negotio scribis, te priore æstate, quod morbo impeditus in Ciliciam non transieris, conficere non potuisse, nunc autem omnia facturum ut conficias; id scito esse ejusmodi, ut frater meus vere existimet, adjuncto isto fundo, patrimonium fore suum per te constitutum.

Tu me de tuis rebus omnibus, et de Lentuli tui nostrique studiis et exerci-

familiarité de l'amitié, l'état de toutes vos affaires, les études, les exercices de notre jeune Lentulus, et soyez bien persuadé qu'on n'a jamais eu pour personne plus d'amitié et de dévouement que je n'en ai pour vous. Ce n'est pas vous seulement que je souhaite d'en convaincre, je veux le faire connaître à toutes les nations et même à la postérité.

Appius a dit en plein sénat, comme il s'en était déjà vanté dans ses discours, que, s'il pouvait faire passer sa loi dans une assemblée des curies, il tirerait sa province au sort avec son collègue; mais que, si sa loi ne passait point, il deviendrait votre successeur par convention. Il n'a pas fait difficulté d'ajouter que, si l'usage demandait que les consuls eussent un loi curiate, c'était néanmoins sans nécessité, et que pour lui, qui avait obtenu sa province par un décret du sénat, il jouirait du commandement en vertu de la loi Cornélia, jusqu'à ce qu'il fût entré dans la ville. J'ignore ce que vos amis vous écrivent là-dessus; mais les opinions me paraissent fort partagées. Bien des gens pensent que vous pouvez vous dispenser de quitter votre emploi, parce qu'on prétend vous succéder sans une loi des curies; plusieurs même sont persuadés que, si vous partez, il dépend de vous de laisser à quelqu'un le commandement de la province. Pour moi, je ne suis pas si certain du droit (quoiqu'au fond j'y voie peu d'obscurité) que de l'importance pour votre honneur, pour votre

---

tationibus, velim quam familiarissime certiorem et quam sæpissime facias : existimesque neminem cuiquam neque cariorem, neque jucundiorem unquam fuisse quam te mihi, idque me, non modo ut tu sentias, sed ut omnes gentes, etiam ut posteritas omnis intelligat, esse facturum.

Appius in sermonibus antea dictitabat ; postea dixit etiam in senatu palam, sese, si licitum esset legem curiatam ferre, sortiturum esse cum collega ; si curiata lex non esset, se paraturum tibique successurum ; legem curiatam consuli ferri opus esse, necesse non esse : se, quoniam ex senatusconsulto provinciam haberet, lege Cornelia imperium habiturum, quoad in Urbem introisset. Ego, quid ad te tuorum quisque necessariorum scribat, nescio : varias esse opiniones intelligo. Sunt qui putent posse te non decedere, quod sine lege curiata tibi succedatur : sunt etiam qui, si decedas, a te relinqui posse qui provinciæ præsit. Mihi non tam de jure certum est, quanquam ne id quidem valde dubium est, quam illud ad tuam summam amplitudinem, dignitatem,

dignité, pour votre liberté, dont je vous sais jaloux, de ne tarder pas un moment à remettre la province à votre successeur; surtout lorsqu'il vous serait difficile de l'accuser de cupidité sans qu'on vous en soupçonnât vous-même. Je m'explique librement, parce que je me crois également obligé, et de vous marquer ce que je pense, et de soutenir le parti que vous aurez pris.

Cette lettre était écrite, lorsque j'ai reçu celle où vous me parlez des publicains : je n'ai pu refuser mon approbation à votre équité; mais je souhaiterais qu'un heureux accommodement vous eût permis d'éviter de choquer dans ses intérêts ou dans ses inclinations un ordre à l'honneur duquel vous avez toujours contribué. Je n'en défendrai pas moins vos décrets; mais vous savez quel est le caractère des hommes, et vous n'ignorez pas quels ennemis Q. Scévola rencontra dans les gens de cet ordre. Aussi je vous conseille de chercher quelque occasion de vous réconcilier avec eux, ou du moins de les adoucir. L'entreprise est difficile, mais il me semble que la prudence vous y oblige. Adieu.

---

liberalitatem, qua te scio libentissime frui solere, pertinere, te sine ulla mora provinciam successori concedere, præsertim quum sine suspicione tuæ cupiditatis non possis illius cupiditatem refutare. Ego utrumque meum puto esse, et quid sentiam ostendere, et quod feceris defendere.

Scripta jam epistola superiore, accepi tuas litteras de publicanis : in quibus æquitatem tuam non potui non probare. Felicitate quidem vellem consequi potuisses ne ejus ordinis, quem semper ornasti, rem aut voluntatem offenderes. Equidem non desinam tua decreta defendere ; sed nosti consuetudinem hominum. Scis quam graviter inimici ipsi illi Q. Scævolæ fuerint. Tibi tamen sum auctor, ut, si quibus rebus possis, eum tibi ordinem aut reconcilies aut mitiges. Id, etsi difficile est, tamen mihi videtur esse prudentiæ tuæ. Vale.

LETTRE CXLIX

Rome, le 30 septembre et le 2 octobre au matin, 699.

CICÉRON A ATTICUS

Il faut que je sois bien occupé, puisque j'emprunte la main de mon secrétaire. Je n'ai plus à vous reprocher la rareté de vos lettres; mais la plupart ne m'ont guère appris que le lieu de votre séjour et le bon état de votre santé. J'ai lu avec beaucoup de plaisir les deux que vous m'avez écrites de Buthrote à quelques jours l'une de l'autre. J'ai été bien aise de savoir que votre navigation avait été heureuse ; et je vous ai su fort bon gré de votre exactitude à m'écrire, quoique vos lettres fussent plus courtes que je ne l'aurais souhaité. Mais celle que Paccius, votre hôte, m'a remise, est en récompense raisonnable et bien remplie. Pour y répondre, je vous dirai premièrement que je l'ai assuré, et convaincu par les faits, qu'il ne pouvait avoir auprès de moi de meilleure recommandation que la vôtre : je l'ai mis, sur votre témoignage, au nombre de mes plus intimes amis, lui qu'auparavant je ne connaissais pas.

Passons au reste. Je tâcherai de faire entrer Varron dans

EPISTOLA CXLIX
(ad Att., IV, 16)

Scrib. Romæ, pr. kal. oct. et postridie mane A. V. C. 699.

CICERO ATTICO SAL.

Occupationum mearum vel hoc signum erit, quod epistola librarii manu est. De epistolarum frequentia te nihil accuso. Sed pleræque tantummodo mihi nuntiabant, ubi esses; vel etiam significabant recte esse quod erant abs te : quo in genere maxime delectarunt duæ fere eodem tempore abs te Buthroto datæ; scire enim volebam te commode navigasse. Sed hæc epistolarum frequentia non tam ubertate sua, quam celeritate delectavit : illa fuit gravis et plena rerum, quam mihi Paccius, hospes tuus, reddidit; ad eam rescribam igitur et hoc quidem primum. Paccio re et verbis ostendi, quid tua commendatio ponderis haberet : itaque in intimis est meis, quum antea notus non fuisset.

Nunc pergam ad cætera. Varro, de quo ad me scribis, includetur in aliquem

quelqu'un de mes dialogues; mais vous en savez le genre. Par exemple, dans ceux *de l'Orateur*, pour lesquels vous vous êtes si fort déclaré, je ne pouvais faire mention que des personnes connues des interlocuteurs, ou dont ils avaient du moins entendu parler. La même difficulté se trouve dans mes dialogues *de la République*, où je fais parler Scipion, Philus, Lélius et Manilius. J'y ai mis encore, parmi les jeunes gens, Q. Tubéron, P. Rutilius, avec Fannius et Scévola, tous deux gendres de Lélius. Mais, comme j'ai coutume de mettre un prologue à ces sortes de livres, ainsi qu'Aristote fait à ceux qu'il appelle *exotériques*, j'ai envie d'en faire un où je puisse, selon votre désir, faire entrer, en le justifiant, le nom de Varron, pourvu toutefois que je puisse venir à bout de ce que j'ai entrepris. Vous savez que c'est un ouvrage de longue haleine, qui demande beaucoup de loisir, et j'en ai fort peu.

Vous voudriez que dans mes dialogues *de l'Orateur*, dont vous êtes d'ailleurs très-content, Scévola parût jusqu'à la fin; mais j'ai eu mes raisons pour le faire disparaître ensuite. J'ai imité ce qu'a fait notre dieu Platon dans ses dialogues *de la République*. Socrate vient trouver au Pirée Cephalus, riche et spirituel vieillard, qui dit son sentiment sur les questions qui ont été traitées dans le premier livre; mais, après avoir parlé un temps raisonnable sur des matières qui lui conviennent, il quitte la compagnie pour aller faire un sacrifice, et ne revient point la

locum, si modo erit locus : sed nosti genus dialogorum meorum ; ut in Oratoriis, quos tu in cœlum fers, non mentio potuit fieri cujusquam ab iis qui disputant, nisi ejus, qui illis notus aut auditus esset. Hanc ego de Republica quam institui disputationem in Africani personam, et Phili, et Lælii, et Manilii contuli : adjunxi adolescentes Q. Tuberonem, P. Rutilium, duo Lælii generos, Scævolam et Fannium. Itaque cogitabam, quoniam in singulis libris utor proœmiis, ut Aristoteles in iis quos ἐξωτερικούς vocat, aliquid efficere, ut non sine causa istum appellarem, id quod intelligo tibi placere. Utinam modo conata efficere possim! rem enim, quod te non fugit, magnam complexus sum et gravem, et plurimi otii, quo ego maxime egeo.

Quod in iis libris, quos laudas, personam desideras Scævolæ : non eam temere dimovi ; sed feci idem, quod in Πολιτείᾳ deus ille noster Plato. Quum in Piræeum Socrates venisset ad Cephalum, locupletem et festivum senem ; quoad primus ille sermo haberetur, adest in disputando senex : deinde quum ipse quoque commodissime locutus esset, ad rem divinam dicit se velle disce-

rejoindre. Platon a cru, sans doute, qu'il n'y avait pas d'apparence de faire demeurer un homme si âgé pendant toute cette conversation, qui est extrêmement longue. Cette raison est encore plus juste par rapport à Scévola, à qui ni son âge, ni sa santé, ni ses dignités ne pouvaient permettre de passer plusieurs jours de suite à Tusculum, chez Crassus. D'ailleurs, la question que je traite dans le premier livre revient assez au genre d'érudition dans lequel Scévola excellait ; mais les deux autres contiennent une technologie qui ne convenait point à cette humeur enjouée et agréable que vous lui avez connue.

Je penserai à ce que vous me proposez pour Pilia, puisque Aurélien vous a assuré que c'est une fort bonne affaire, et je m'en ferai un mérite auprès de Tullia. Je n'oublie pas Vestorius ; car je sais combien vous vous intéressez à lui, et je suis bien aise qu'il le sache. Mais, l'auriez-vous cru ? il est plus difficile à contenter que nous ne sommes ardents à le servir.

Vous me demandez des nouvelles de l'affaire de C. Caton : on a déjà déclaré, comme vous l'avez su, qu'il n'avait point contrevenu à la loi Junia-Licinia, et je vous prédis qu'il en sera de même de loi Fusia. Je vous dirai, de plus, que ceux qui l'ont accusé en seront encore plus aises que ceux qui ont plaidé pour lui. Au reste, il s'est raccommodé depuis

---

dere ; neque postea revertitur. Credo Platonem vix putasse satis consonum fore, si hominem id ætatis in tam longo sermone diutius retinuisset : multo ego potius hoc mihi cavendum putavi in Scævola, qui et ætate, et valetudine erat ea, qua esse meministi, et iis honoribus, ut vix satis decorum videretur, cum plures dies esse in Crassi Tusculano. Et erat primi libri sermo non alienus a Scævolæ studiis : reliqui libri τεχνολογίαν habent, ut scis : huic joculatorem senem illum, ut noras, interesse sane nolui.

De re Piliæ, quod scribis, erit mihi curæ : etenim est luculenta res, Aureliani, ut scribis, indiciis ; et in eo me etiam Tulliæ meæ venditabo. Vestorio non desum : gratum enim tibi id esse intelligo, et, ut ille intelligat, curo ; sed scis qui ? quum habeat duo faciles, nihil difficilius.

Nunc ad ea, quæ quæris de C. Catone. Lege Junia et Licinia scis absolutum : Fusia ego tibi nuntio absolutum iri ; neque patronis suis tam libentibus, quam accusatoribus : is tamen et mecum, et cum Milone in gratiam rediit. Drusus

peu avec Milon et avec moi. Drusus a été cité en justice par Lucretius, et on fit, le 5 juillet, le choix de la récusation des juges. On craint fort pour Procilius ; mais vous savez comment les affaires tournent dans le temps où nous sommes. Hirrus est bien maintenant avec Domitius. Je n'ai point été pour le décret que les consuls ont fait passer touchant les provinces, et qui commence par ces paroles : *Quiconque dans la suite....* J'étais persuadé que César n'approuverait pas la déclaration que Memmius a faite en plein sénat.

Messalla, notre ami commun, et Domitius, son compétiteur, ont fait au peuple des largesses qui leur ont gagné tous les suffrages : ils sont sûrs d'être élus. Mais il a été arrêté dans le sénat qu'on ferait, avant les comices, une enquête secrète sur tous les prétendants. On leur a donné à chacun des commissaires, ce qui les a fort alarmés. Mais quelques-uns des juges, et entre autres Opimius Antius, de la tribu Veientina, firent intervenir les tribuns, qui empêchèrent qu'on ne jugeât cette cause sans un ordre exprès du peuple : ainsi l'affaire ne passa point. On fit seulement un décret qui différait les élections jusqu'à ce qu'on eût publié une loi pour ce jugement ; mais lorsqu'on vint à la proposer, Térentius s'y opposa. Les consuls, qui avaient agi fort mollement, assemblèrent le sénat pour délibérer sur cette proposition.

Nous avons ici un vrai conseil d'Abdéritains : aussi je ne puis m'en taire. Quoi donc ! me direz-vous, n'aviez-vous pas résolu de

---

reus est factus a Lucretio, judicibus rejiciendis a. d. v. non. quint. De Procilio rumores non boni : sed judicia nosti. Hirrus cum Domitio in gratia est. Senatusconsultum, quod hic consules de provinciis fecerunt, QUICUMQU POSTHAC.... non mihi, ut qui jam intelligebamus enuntiationem illam Memmii valde Cæsari displicere.

Messalla noster, et ejus Domitius competitor liberalis in populo valde fuit : nihil gratius. Certi erant consules scilicet. At senatus decrevit, ut tacitum judicium ante comitia fieret. Ab iis consiliis, quæ erant omnibus sortita in singulos candidatos, magnus timor candidatorum : sed quidam judices, in his Opimius VEIEN. TR. Antius, tribunos plebis appellarunt, ne injussu populi judicarent : res cedit. Comitia dilata ex senatusconsulto, dum lex de tacito judicio ferretur : venit legi dies ; Terentius intercessit. Consules, qui illud levi brachio egissent, rem ad senatum detulerunt.

Hic Abdera, non tacente me. Dices, Tamen tu non quiescis? ignosce, vix

demeurer en repos? Il n'y a pas moyen, je vous assure. En effet, qui ne perdrait patience? Le sénat avait arrêté qu'on ne ferait les élections qu'après que la loi aurait passé; que si quelqu'un s'y opposait, on délibérerait une seconde fois sur toute cette affaire. Les consuls proposent cette loi avec indifférence; ils sont ravis qu'elle ne passe point, et, quand on prend là-dessus l'avis du sénat, on conclut qu'il est à propos de procéder sans délai aux élections. Cependant, Scévola ayant observé les auspices tous les jours d'assemblée jusqu'au 30 septembre, que j'écris ceci, Scaurus, pour qui j'ai plaidé avec beaucoup d'éclat et de succès, et qui a été renvoyé absous peu de jours auparavant, a profité de ce délai, et a fait distribuer dans sa maison à toutes les tribus de plus grandes sommes qu'aucun de ses compétiteurs; mais comme ces largesses sont venues trop tard, elles ne lui ont pas fait autant de partisans. Je voudrais bien voir quel visage vous ferez en lisant ceci; car vous n'êtes pas sans espérance que ces brigues et ces profusions dureront encore longtemps. Le sénat doit s'assembler aujourd'hui 1ᵉʳ octobre, et le jour commence à paraître. Personne n'y parlera avec liberté, hors Antius et Favonius. Caton est malade : pour moi, n'ayez pas peur; cependant je ne m'engage à rien.

De quoi vous parlerai-je encore? des procès criminels? Drusus et Scaurus ont été acquittés. On croit que trois candidats,

---

possum : verumtamen quid tam ridiculum? Senatus decreverat, ne prius comitia haberentur, quam lex lata esset : si qui intercessisset, res integra referretur : cœpta ferri leviter : intercessum non invitis : res ad senatum : de ea re ita censuerunt, comitia primo quoque tempore haberi, esse e re. Scaurus, qui erat paucis diebus illis absolutus, quum ego partem ejus ornatissime defendissem, obnuntiationibus per Scævolam interpositis, singulis diebus usque ad pridie kalend. octobr. quo ego hæc die scripsi, sublatis, populo tributim domi suæ satisfecerat; se tamen, etsi uberior liberalitas hujus, gratior esse videbatur. eorum, qui occuparant. Cuperem vultum videre tuum, quum hæc legeres; nam profecto spem non habes nullam, hæc negotia multarum nundinarum fore. Sed senatus hodie fuerat futurus, id est kalendis octobribus. Jam enim lucescit : ibi loquetur, præter Antium et Favonium, libere nemo: nam Cato ægrotat. De me nihil timueris; sed tamen promitto nihil.

Quid quæris aliud? judicia, credo. Drusus, Scaurus non fecisse videntur.

LETTRES DE CICÉRON.

Domitius, Messalla et Scaurus, seront accusés de brigue, le premier par Memmius, le second par Q. Pompeius Rufus, et le troisième par Triarius ou par L. César. Vous allez me demander comment je m'y prendrai pour défendre de si mauvaises causes; je veux mourir si je le sais moi-même : ces trois livres, dont vous êtes si content, ne me fournissent rien là-dessus.

Si vous voulez savoir ce que je pense de votre affaire, il faut s'en consoler. Vous me demandez comment je m'y conduis : avec toute la fermeté et toute la liberté possibles. Mais Pompée ? il n'a point trouvé mauvais que je poursuivisse une vengeance à laquelle l'honneur m'engageait, jusqu'à ce qu'on m'eût fait satisfaction. Comment donc Gabinius a-t-il été absous? pure grimace : incroyable faiblesse de L. Lentulus et de son fils, chefs de l'accusation, fortement accusés de corruption; intrigues de Pompée, gueuserie des juges, voilà le secret. Et, malgré tout, de soixante et dix voix, il y en a eu trente-deux contre lui. Mais il n'est pas hors d'affaire ; il a encore d'autres jugements qui le menacent.

Eh bien, me direz-vous, comment regardez-vous tout ceci ? Moi ! fort tranquillement, et je m'en sais bon gré. Rome a perdu non-seulement le suc et le sang de l'ancienne république, mais jusqu'à l'apparence, jusqu'à la forme extérieure ; elle n'a plus rien qui nous attache et qui nous intéresse. Et vous n'en êtes

---

Tres candidati fore rei putabantur, Domitius a Memmio, Messalla a Q. Pompeio Rufo, Scaurus a Triaro, aut a L. Cæsare. Quid poteris, inquies, pro iis dicere? ne vivam, si scio : in illis quidem tribus libris, quos tu dilaudas, nihil reperio.

Nunc, ut opinionem habeas rerum, ferendum est. Quæris ego me ut gesserim? constanter et libere. Quid ille, inquies, ut ferebat? humaniter, meæque dignitatis, quoad mihi satisfactum esset, habendam sibi rationem putabat. Quomodo ergo absolutus? omnino γοργεία γυμνά : accusatorum incredibilis infantia, id est L. Lentuli, L. filii, quem fremunt omnes prævaricatum; deinde Pompeii mira contentio; judicum sordes. Attamen, XXXII condemnarunt, XXXVIII absolverunt. Judicia reliqua impendent : nondum est plane expeditus.

Dices, tu ergo hæc quomodo fers? belle mehercule, et in eo me valde amo. Amisimus, mi Pomponi, omnem non modo succum ac sanguinem, sed etiam colorem et speciem pristinam civitatis : nulla est respublica, quæ delectet, in qua acquiescam. Idne igitur, inquies, facile fers? id ipsum : recordor enim,

24.

point affligé? me direz-vous; tout au contraire : je me souviens de l'état florissant où elle était lorsque j'avais part au gouvernement; la manière dont elle a payé mes services me dispense de gémir de ses maux. Ceux qui m'ont envié le peu de pouvoir que j'avais se désespèrent maintenant de le voir tout entier dans les mains d'un seul, et ce n'est pas une petite consolation pour moi.

D'ailleurs, je ne sors pas de ma vie habituelle; je trouve dans mes livres, dans l'étude, une ressource conforme à mon inclination. La fatigue du barreau est bien payée par la douceur du triomphe oratoire. Je jouis de ma belle maison de Rome et de mes agréables maisons de campagne. Je ne me souviens point d'où je suis tombé, mais d'où je me suis relevé. Pourvu que je passe le reste de mes jours avec vous et avec mon frère, qu'on renverse tout si l'on veut, on ne nous empêchera pas du moins de philosopher ensemble. J'ai perdu cette sensibilité qui troublait mon repos; cette partie de mon être s'est endurcie. Je ne trouve plus de douceur que dans ma famille et avec mes amis. Je jouis enfin d'une admirable tranquillité, dans laquelle votre retour achèvera de m'affermir; car il n'y a personne au monde dont l'humeur s'accorde mieux avec la mienne.

Mais voici d'autres nouvelles. La situation aboutira à un interrègne; il y a une odeur de dictature, et on en parle fort : c'est ce qui acheva d'intimider les juges de Gabinius. Tous les candidats au consulat sont poursuivis pour brigue. P. Sylla en a aussi accusé Gabinius, dans l'espérance qu'il ne

quam bella paulisper, nobis gubernantibus, civitas fuerit : quæ mihi gratia relata sit, nullus dolor me angit ; unum omnia posse, disrumpuntur ii qui me aliquid posse doluerunt : multa mihi dant solatia.

Nec tamen ego de meo statu demigro : quæque vita maxime est ad naturam, ad eam me refero, ad litteras, et studia nostra : dicendi laborem delectatione oratoria consolor. Domus me, et rura nostra delectant : non recordor unde ceciderim, sed unde surrexerim. Fratrem mecum et te si habebo, per me ista pedibus trahantur : vobis ἐμφιλοσοφῆσαι possum. Locus ille animi nostri, stomachus ubi habitabat olim, concalluit : privata modo, et domestica nos delectant. Miram securitatem videbis; cujus plurimæ mehercule partes sunt in tuo reditu : nemo enim in terris est mihi tam consentientibus sensibus.

Sed accipe alia. Res fluit ad interregnum; et est nonnullus odor dictaturæ: sermo quidem multus; qui etiam Gabinium apud timidos judices adjuvit. Candidati consulares omnes rei ambitus : accedit etiam Gabinius; quem P. Sulla,

comparaîtrait point, et il l'a emporté sur Torquatus, son contradicteur. Mais tous seront absous. Pour être condamné dorénavant, il faudra être convaincu de meurtre. Oh! l'on est fort sévère sur cet article, et l'on fait tous les jours des informations et des poursuites rigoureuses. Fulvius Nobilior a été condamné; d'autres, mieux avisés, ne s'amusent même point à se défendre.

Quoi de nouveau encore? Une heure après que Gabinius eut été absous, d'autres juges, indignés d'une telle injustice, condamnèrent sur-le-champ, aux peines portées par la loi Papia, un de ses affranchis et de ses officiers, élève du peintre Sopolis, nommé Antiochus Gabinius. Cet homme s'écria aussitôt : *Je savais bien que Mars avait été pris dans le même filet que Vénus.*

Pomptinus a choisi le 2 novembre pour le jour de son triomphe. Il a contre lui, parmi les préteurs, Caton et Servilius, et Q. Mucius, tribun du peuple. Ils prétendent qu'on n'a point fait de décret en sa faveur, et il est vrai qu'il a été fait d'une manière assez étrange; mais il est soutenu par le consul Appius. Caton proteste que, tant qu'il sera en vie, il saura bien empêcher son triomphe. Je crois que dans cette occasion, comme dans beaucoup d'autres, tout ce bruit tombera de lui-même. Appius songe à se rendre en Cilicie sans loi et à ses frais.

J'ai répondu à la lettre que vous aviez donnée à Paccius ; mais j'ai encore bien des choses à vous dire. César a pour moi toute l'amitié possible ; j'ai lieu d'en juger et par ce que me mande

---

non dubitans quin foris esset, postularat; contradicente et nihil obtinente Torquato. Sed omnes absolventur; nec posthac quisquam damnabitur, nisi qui hominem occiderit. Hoc tamen agitur severius. Itaque indicia calent. M. Fulvius Nobilior condemnatus est : multi alii urbani ne respondent quidem.

Aliud quid novi? etiam absoluto Gabinio, stomachantes alii judices, hora post, Antiochum Gabinium, nescio quem a Sopolidis pictoribus, libertum, ac accensum Gabinii, lege Papia condemnarunt : itaque dixit statim reus, lege majestatis οὐ σ' οἶδ' Ἄρης ἅμα Παφίη?

Pomptinus vult a. d. iv non. novembr. triumphare : huic obviam Cato, et Servilius prætores aperte, et Q. Mucius tribunus. Negant enim latum de imperio; et est latum hercule insulse. Sed erit cum Pomptino Appius consul : Cato tamen affirmat, se vivo illum non triumphaturum : id ego puto, ut multa ejusdem, ad nihil recasurum. Appius sine lege, suo sumptu in Ciliciam cogitat.

Paccianæ epistolæ respondi : cognosce cætera. Ex fratris litteris incredibilia quædam de Cæsaris in me amore cognovi : eaque sunt ipsius Cæsaris uberrimis

mon frère, et par les assurances qu'il m'en a données lui-même dans une lettre fort longue et fort obligeante. On attend d'un jour à l'autre des nouvelles de l'expédition de Bretagne. Les côtes de cette île sont défendues par des ouvrages merveilleux, et l'on a reconnu qu'en fait d'argent il n'y en a pas une once, et qu'on n'en rapporterait pour tout butin que des esclaves. Je ne crois pas qu'il vous en vienne de ce pays-là qui sachent la musique et les belles-lettres.

Émilius Paulus a déjà presque relevé la basilique du Forum ; il s'est servi des anciennes colonnes, mais il en fait bâtir une qui sera d'une beauté surprenante. Je vous dirai que cette dépense lui fait beaucoup d'honneur, et plaît au peuple. Aussi les amis de César (dussiez-vous en mourir de dépit, il faut que vous sachiez que c'est d'Oppius et de moi que je parle) ont-ils résolu, pour exécuter ce dessein que vous approuviez si fort, d'élargir la place que César fait faire, et de la pousser jusqu'au portique de la Liberté. Nous avons prodigué soixante millions de sesterces pour l'acquisition de toutes les maisons qui étaient dans cet espace ; on n'a pu s'accommoder à moins avec les propriétaires ; il n'y aura rien de plus splendide. Nous ferons aussi dans le champ de Mars des enclos et des galeries de marbre, qui seront entourés d'un grand portique de mille pas, où le peuple pourra se mettre à couvert lorsqu'on l'assemble par tribus. Cet ouvrage sera accompagné d'une villa publique. Qu'est-ce

---

litteris confirmata. Britannici belli exitus exspectatur : constat enim aditus insulæ esse munitos mirificis molibus : etiam illud jam cognitum est, neque argenti scrupulum esse ullum in illa insula, neque ullam spem prædæ, nisi ex mancipiis ; ex quibus nullos puto te litteris, aut musicis, eruditos exspectare.

Paulus in medio Foro basilicam jam pæne texuit iisdem antiquis columnis : illam autem, quam locavit, facit magnificentissimam. Quid quæris ? nihil gratius illo monumento, nihil gloriosius. Itaque Cæsaris amici (me dico et Oppium ; disrumparis licet) in monumentum illud, quod tu tollere laudibus solebas, ut forum laxaremus, et usque ad atrium Libertatis explicaremus, contempsimus sexcenties H.-S. : cum privatis non poterat transigi minore pecunia. Efficiemus rem gloriosissimam : nam in campo Martio septa tributis comitiis marmorea sumus et tecta facturi ; eaque cingemus excelsa portico ; ut mille passuum conficiatur : simul adjungetur huic operi villa etiam publica. Dices, quid mihi hoc

qui me revient de tout cela? direz-vous; pourquoi m'en parler si longtemps? Faut-il vous cacher les nouvelles de Rome? aimeriez-vous mieux que je vous entretinsse du dénombrement du peuple auquel on ne pense plus, ou des jugements à rendre conformément à la loi Cincia?

Il faut maintenant que je vous gronde, si vous le méritez. Vous me marquez, dans la lettre que vous m'avez écrite de Buthrote par C. Decimus, que vous ne pourrez guère vous dispenser d'aller en Asie; il me semble néanmoins que vous n'avez pas dans cette province des affaires qui ne puissent se faire sans vous. Vos absences ne sont-elles pas assez fréquentes? faut-il qu'elles soient encore si longues? Mais il n'y a plus de remède; peut-être que si je m'y étais pris plus tôt, je vous aurais fait changer de dessein. Laissons là des reproches inutiles; ils ne le seront pas néanmoins, s'ils vous font avancer votre retour. Je vous écrirais plus souvent si je savais où adresser mes lettres. J'ai donné celle-ci à cet inconnu, parce que j'espère qu'il vous la rendra en mains propres. Puisque vous comptez aller en Asie, marquez-moi quand nous pourrons vous attendre, et ce que vous avez fait pour Eutychide.

monumentum proderit? quid? celabo te res Romanas? non enim te puto de lustro, quod jam desperatum est, aut de judiciis, quæ lege Cincia fiant, quærere.

Nunc te objurgari patere, si jure. Scribis enim in epistola, quam C. Decimus mihi reddidit Buthroto datam, in Asiam tibi eundum esse te arbitrari : mihi mehercule nihil videbatur esse in quo tantulum interesset, utrum per procuratores ageres, an per te ipsum, ut abires toties, et tam longe abesses. Sed hæc mallem, integra re, tecum egisse ; profecto enim aliquid egissem : nunc reprimam susceptam objurgationem : utinam valeat ad celeritatem reditus tui! Ego ad te propterea minus sæpe scribo, quod certum non habeo ubi sis, aut ubi futurus sis. Huic tamen nescio cui, quod videbatur is te visurus esse, putavi dandas esse litteras. Tu, quoniam iturum te in Asiam esse putas, ad quæ tempora te exspectemus, facias me certiorem velim, et de Eutychide quid egeris.

LETTRE CL

Rome, octobre 699.

CICÉRON A TREBATIUS

Conformément à votre lettre, j'ai fait des remercîments à mon frère, et je puis enfin vous féliciter de ce que vous paraissez fixé à quelque chose. Vos lettres des premiers mois me choquaient beaucoup, lorsque par intervalles, si vous me permettez de le dire, je vous trouvais un air de légèreté dans le regret continuel que vous marquiez de la ville et de ses plaisirs; je vous reprochais tantôt de la paresse et tantôt de la timidité dans les travaux de la guerre; souvent même un peu de présomption, ce qui est fort éloigné de votre caractère. Il semblait que vous eussiez porté à César, non une lettre, mais une lettre de change, tant, l'argent reçu, vous aviez hâte de vous en revenir. Vous ne faisiez pas réflexion que ceux qui ont fait le voyage d'Alexandrie avec des lettres de change n'ont encore pu toucher un écu.

Pour moi, si je ne consultais que mes intérêts, je souhaiterais assurément de vous avoir avec moi; car je tirerais tout à la fois, et beaucoup de satisfaction de notre commerce, et beaucoup

EPISTOLA CL
(ad div., VII, 17)

Scrib. Romæ, mense octobr. A. V. C. 699.

CICERO TREBATIO

Ex tuis litteris, et Quinto fratri gratias egi, et te aliquando collaudare possum, quod jam videris certa aliqua in sententia constitisse. Nam primorum mensium litteris tuis vehementer commovebar, quod mihi interdum (pace tua dixerim) levis in urbis urbanitatisque desiderio, interdum piger, interdum timidus in labore militari, sæpe autem etiam, quod a te alienissimum est, sub-impudens videbare. Tanquam enim syngrapham ad imperatorem, non epistolam attulisses; sic pecunia ablata, domum redire properabas : nec tibi in mentem veniebat eos ipsos, qui cum syngraphis venissent Alexandriam, nummum adhuc nullum auferre potuisse.

Ego, si mei commodi rationem ducerem, te mecum esse maxime vellem; non enim mediocri afficiebar vel voluptate ex consuetudine nostra, vel utilitate ex

d'utilité de vos conseils et de vos services. Mais, comme vous vous êtes attaché à moi, et que vous avez fait fond sur mon amitié depuis votre première jeunesse, je me suis cru obligé non-seulement de vous protéger, mais encore de contribuer à votre fortune et à votre honneur. Aussi devez-vous vous souvenir de tout ce que j'ai fait volontairement pour vous, tant que je me suis vu prêt à partir pour la province.

Ensuite, lorsque j'eus formé d'autres vues, et que, recevant de César toutes les marques possibles d'amitié et de considération, je fus assuré de sa générosité et de sa bonne foi, je vous ai recommandé, je vous ai livré à lui avec autant de zèle et de chaleur que je l'ai pu. La manière dont il a reçu ma recommandation prouve assez qu'il y a été fort sensible : il me l'a témoigné par ses lettres, et vous l'a fait connaître à vous-même par ses discours et par des effets.

Puisque vous avez trouvé un tel protecteur, vous ne le quitterez pas, si vous me croyez quelques lumières et quelque amitié pour vous. Quand votre délicatesse pourrait être quelquefois blessée; quand ses grandes occupations, par exemple, ou d'autres difficultés reculeraient l'occasion de le voir, je vous conseillerais de prendre patience et d'attendre la fin, qui sera, je vous le garantis, avantageuse et honorable pour vous. Je ne dois rien ajouter à ces exhortations. Cependant je vous avertis que, si vous ne profitez pas de cette conjoncture, vous ne trouverez jamais ni d'occasion plus favorable pour vous concilier l'amitié d'un homme

consilio atque opera tua. Sed quum te ex adolescentia tua in amicitiam et fidem meam contulisses, semper te non modo tuendum mihi, sed etiam augendum atque ornandum putavi. Itaque, quoad opinatus sum me in provinciam exiturum, quæ ad te ultro detulerim meminisse te credo.

Posteaquam mea mutata ratio est, quum viderem me a Cæsare honorificentissime tractari, et unice diligi, hominisque liberalitatem incredibilem et singularem fidem nossem ; sic ei te commendavi et tradidi, ut gravissime diligentissimeque potui. Quod ille ita et accepit, et mihi sæpe litteris significavit, et tibi et verbis et re ostendit, mea commendatione sese valde esse commotum.

Hunc tu virum nactus, si me aut sapere aliquid, aut velle tua causa putas, ne dimiseris; et, si qua te forte res aliquando offenderit, quum ille aut occupatione, aut difficultate tardior tibi erit visus, perferto, et ultima exspectato; quæ ego tibi et jucunda et honesta præstabo. Pluribus te hortari non debeo. Tantum moneo, neque amicitiæ confirmandæ clarissimi ac liberalissimi viri, neque ube-

illustre et généreux, ni de province plus avantageuse, ni de circonstance enfin qui convienne mieux à votre âge. C'est aussi, pour m'exprimer comme vos jurisconsultes, le sentiment de Q. Cornelius. Au reste, je suis bien aise que vous ne soyez point parti pour la Bretagne : c'est une fatigue de moins pour vous, et j'y gagnerai de ne pas vous entendre sur ces affaires-là. Ne manquez pas de m'écrire où vous passerez l'hiver, et dans quelle position, dans quelle espérance.

LETTRE CLI.

Rome, 11 octobre 699.

M. CICÉRON A QUINTUS, SON FRÈRE

Salvius s'est embarqué pour Ostie le 10 octobre au soir, avec tout ce que vous avez désiré qu'on vous envoyât de chez vous. Le même jour, Memmius a si fort chauffé Gabinius au Forum, que Calidius ne put obtenir la liberté de dire un mot pour sa défense. Mais le lendemain du jour où je vous écris cette lettre, et qui est encore futur, puisque j'écris avant le lever du soleil, on doit s'assembler chez Caton pour décider qui sera l'accusateur de Gabi-

---

rioris provinciæ, neque ætatis magis idoneum tempus, si hoc amiseris, te esse ulium unquam reperturum. Hoc, quemadmodum vos scribere soletis in vestris libris, idem Q. Cornelio videbatur. In Britanniam te non esse profectum gaudeo, quod et labore caruisti, et ego te de rebus illis non audiam. Ubi sis hibernaturus, et qua spe, aut conditione, perscribas ad me velim.

EPISTOLA CLI.

(ad Q. fratrem; III, 2)

Scrib. Romæ, v id. octobr. A. V. C. 699.

M. CICERO QUINTO FRATRI SAL.

A. D. VI idus octobr. Salvius Ostiam vesperi navi profectus erat cum iis rebus quas tibi domo mitti volueras. Eodem die Gabinium ad populum luculente calefecerat Memmius, sic ut Calidio verbum facere pro eo non licuerit. Postridie autem ejus diei, qui erat tum futurus quum hæc scribebam ante lucem, apud Catonem erat divinatio in Gabinium futura inter Memmium, et

nius, entre Memmius, Titus Néron et les deux Antoine, Caïus et Lucius. Je m'imagine que Memmius l'emportera, quoique Néron soit fort pressant. Que vous dirai-je? Gabinius est serré de près, et je ne vois que Pompée qui, malgré le ciel et la terre, soit capable de faire manquer l'entreprise.

Voyez à présent l'audace de l'accusé : car il faut bien vous donner quelque sujet de rire au milieu des désordres publics. Gabinius, après avoir déclaré partout sur son passage qu'il demandait le triomphe, et s'être glissé, en bon général, dans la ville ennemie pendant les ténèbres, n'osait néanmoins se présenter au sénat. Mais le dixième jour, lorsqu'il fallut déclarer le nombre des ennemis et des soldats, il demeura court. L'assemblée était extrêmement nombreuse. Il voulait sortir : les consuls le retinrent, et les publicains furent introduits. Il fut pressé de toutes parts. Mais, comme les traits les plus sanglants venaient de moi, la patience lui manqua, et d'une voix tremblante il me traita d'exilé. O dieux! ce moment fut sans doute le plus glorieux de ma vie. Tout le sénat, sans exception, se leva en poussant un cri, et parut fondre sur lui. Même clameur, même démonstration du côté des publicains. En un mot, tout le monde parut tel que vous auriez été vous-même. Il ne se peut rien de plus honorable pour moi que les discours qui se tinrent au dehors. En vérité, je me fais violence pour ne pas me charger moi-même de l'accusation; mais je tiens bon, soit parce que je ne veux rien avoir à dé-

---

Titum Neronem, et C. et L. Antonios, M. F. Putabamus fore ut Memmio daretur, etsi erat Neronis mira contentio. Quid quæris? Prope premitur, nisi noster Pompeius, diis hominibusque invitis, negotium everterit.

Cognosce nunc hominis audaciam, et aliquid in republica perdita delectare. Quum Gabinius, quacumque veniebat, triumphum se postulare dixisset, subitoque bonus imperator noctu in urbem hostium plane invasisset, in senatum se non committebat. Interim, ipso decimo die, quo ipsum oportebat hostium numerum et militum renuntiare, in re hæsit. Summa in frequentia, quum vellet exire, a consulibus retentus est : introducti publicani. Homo undique actus, et quum a me maxime vulneraretur, non tulit, et me trementi voce exsulem appellavit. Hic, o dii! nihil unquam honorificentius nobis accidit. Consurrexit senatus cum clamore ad unum, sic ut ad corpus ejus accederet : pari clamore atque impetu publicani. Quid quæris? omnes, tanquam si tu esses, ita fuerunt. Nihil hominum sermone foris clarius. Ego tamen teneo a baccusando vix me hercule : sed tamen teneo, vel quod nolo cum Pompeio pugnare

mêler avec Pompée (c'est assez de ce qui se prépare au sujet de Milon), soit parce que nous sommes malheureusement sans juges, et je crains un échec, ou, si vous voulez, l'excès de haine qu'on lui porte. J'appréhenderais qu'il ne lui arrivât quelque chose de sinistre tandis que je l'accuserais. D'ailleurs je ne désespère pas que l'affaire ne puisse se terminer sans moi, et quelque peu par moi.

Tous ceux qui demandent le consulat sont accusés de brigue. Domitius est accusé par Memmius; Memmius par Q. Curtius, qui est un jeune homme aimable et savant; Messalla par Q. Pompée; Scaurus par Triarius. L'agitation est extrême, parce que tout le monde s'attend à la ruine des coupables ou à celle des lois. On s'efforce d'empêcher les jugements. Tout annonce un interrègne. Les consuls voudraient tenir les comices. Les accusés ne le veulent pas, surtout Memmius, parce qu'il espère être consul à l'arrivée de César ; mais il est dans un extrême abattement. Domitius et Messalla paraissent sûrs du succès. Scaurus s'est refroidi. Appius déclare qu'il compte succéder à Lentulus sans aucune loi des curies. J'oubliais de vous dire qu'il fut admirable contre Gabinius, dans l'occasion qui me regarde : il l'accusa de lèse-majesté; il indiqua ses témoins, et l'autre n'ouvrit pas la bouche pour répondre. Tel est l'état des affaires au Forum. Celles de votre maison sont en bon ordre, et votre maison même avance, grâce à la diligence de vos entrepreneurs. Adieu.

(satis est quod instat de Milone), vel quod judices nullos habemus, ἀπότευγμα formido; addo etiam malivolentiam hominum, et timeo ne illi, me accusante, aliquid accidat : nec despero rem, et sine me et nonnihil per me, confici posse. De ambitu postulati sunt omnes qui consulatum petunt; a Memmio Domitius, a Q. Curtio, bono et erudito adolescente, Memmius, a Q. Pompeio Messalla, a Triario Scaurus. Magno res in motu est : propterea quod aut hominum aut legum interitus ostenditur. Opera datur ut judicia ne fiant. Res videtur spectare ad interregnum. Consules comitia habere cupiunt ; rei nolunt, et maxime Memmius, quod Cæsaris adventu sperat se futurum consulem. Sed mirum in modum jacet. Domitius, cum Messalla, certus esse videbatur. Scaurus refrixerat. Appius sine lege curiata confirmat se Lentulo nostro successurum : qui quidem mirificus illo die (quo ê pæne præterii) fuit in Gabinium. Accusavit majestatis; nomina data, quum ι.e verbum nullum. Habes forensia. Domi recte, et ipsa domus a redemptoribus tractatur non indiligenter. Vale.

LETTRE CLII

Rome, vers le 15 octobre 699.

M. CICÉRON A QUINTUS, SON FRÈRE

Vous reconnaitrez, à la main de mon secrétaire, que je suis fort occupé. Apprenez qu'il ne se passe pas un jour où je ne plaide pour quelque accusé. Aussi tout ce que j'ai à faire et à méditer est remis au temps de ma promenade. Voilà ma situation. Celle de nos affaires domestiques est conforme à mes désirs. Nos enfants sont en bonne santé. Ils s'appliquent à l'étude : on les instruit soigneusement. Ils nous aiment et s'aiment entre eux. On met la dernière main à vos constructions et aux miennes; les vôtres sont élevées presque jusqu'au toit. Quant à ce qui est de vos terres d'Arcanum et de Laterium, je vous ai rendu compte en grand détail, dans une de mes lettres, de vos eaux et de vos chemins. Ce qui me cause beaucoup d'inquiétude et de tourment, c'est que, depuis plus de cinquante jours, non-seulement je n'ai reçu aucune nouvelle de vous et de César, ni des lieux où vous êtes, et que je n'en ai même rien appris par le bruit public. La mer et la terre commencent à m'inquiéter également; et l'amitié,

EPISTOLA CLII
(ad Q. fratrem, III, 5)

Scrib. Romæ, circa idus octobr. A. V. C. 699.

M. CICERO QUINTO FRATRI SAL.

Occupationum mearum tibi signum sit librarii manus. Diem scito esse nullum, quo die non dicam pro reo : ita quidquid conficio aut cogito, in ambulationis tempus fere confero. Negotia nostra sic se habent. Domestica vero, ut volumus. Valent pueri : studiose discunt, diligenter docentur, et nos et inter se amant. Expolitiones utriusque nostrum sunt in manibus, sed tua pæne ad tectum. Jam res rusticas Arcani et Laterii, præterea de aqua et via nihil prætermisi quadam epistola, quin enucleate ad te perscriberem : sed me illa cura sollicitat angitque vehementer, quod dierum jam amplius L intervallo nihil a te, nihil a Cæsare, nihil ex istis locis, non modo litterarum, sed ne rumoris quidem affluxit. Me autem jam et mare istuc et terra sollicitat; neque desino, ut fit

comme il arrive toujours, me représente ce à quoi je voudrais le moins penser. Je ne vous prie pas de m'écrire votre situation et ce qui se passe près de vous, puisque vous n'y manquez jamais lorsque vous le pouvez; mais je vous déclare qu'au moment où je vous écris, j'attends vos lettres avec la plus vive impatience.

Voici l'état des affaires publiques. Les comices sont traversés chaque jour par des oppositions, au grand plaisir des gens de bien. On soupçonne les consuls de s'être laissé corrompre par l'argent des candidats; prévention qui les rend odieux. Les quatre candidats consulaires sont tous accusés. Ces causes ont leurs difficultés; mais nous nous efforcerons de délivrer notre ami Messalla du danger, et ce sera travailler en même temps au salut des autres.

P. Sylla a accusé Gabinius de brigue, secondé par Memmius, son beau-fils, et par son frère Cécilius, fils de Sylla. Il a trouvé dans son chemin l'opposition de L. Torquatus, mais avec peu d'effet, parce qu'elle n'a été goûtée de personne. Vous êtes curieux de savoir ce qu'on fera de Gabinius. Nous saurons dans trois jours ce que produira l'accusation de lèse-majesté; mais je vous apprends d'avance qu'il a contre lui, dans cette affaire, la haine de tous les ordres. C'est par les témoins qu'il est le plus malmené; car ses accusateurs montrent une froideur extrême. Le conseil est partagé. Alfius, le rapporteur, est un homme grave et

---

in amore, ea, quæ minime volo, cogitare. Quare non equidem jam te rogo ut ad me de te, de rebus istis scribas (nunquam enim, quum potes, prætermittis); sed hoc te scire volo, nihil fere unquam me sic exspectasse, ut, quum hæc scribebam, litteras tuas.

Nunc cognosce ea quæ sunt in republica. Comitiorum quotidie singuli dies tolluntur obnuntiationibus, magna voluntate bonorum omnium : tanta invidia sunt consules, propter suspicionem pactorum a candidatis præmiorum. Candidati consulares quatuor omnes rei. Causæ sunt difficiles. Sed enitemur ut Messalla noster salvus sit, quod est etiam cum reliquorum salute conjunctum.

Gabinium de ambitu reum facit P. Sylla, subscribente privigno Memmio, fratre Cæcilio, Sullæ filio. Contradixit L. Torquatus, omnibusque libentibus non obtinuit. Quæris quid fiat de Gabinio. Sciemus de majestate triduo. Quo quidem in judicio, odio premitur omnium generum; maxime testibus cæditur; accusatoribus frigidissimis utitur. Consilium varium. Quæsitor gravis et firmus

ferme. Pompée est ardent à presser les juges. J'ignore quel sera le succès; mais il n'y a pas d'apparence qu'il puisse demeurer dans la ville. Je me sens disposé à voir sa ruine avec modération; et l'événement, quel qu'il soit, ne me fera pas changer d'humeur. Je crois vous avoir instruit de tout.

J'ajouterai néanmoins que votre Cicéron, qui est aussi le mien, est très-soigneusement instruit par Péonius, son maître de rhétorique, que je crois homme de mérite et fort exercé dans sa profession. Mais vous savez que ma méthode est un peu philosophique et plus profonde. Je suis donc bien aise de voir Cicéron dans la voie qu'on lui fait suivre, d'autant plus qu'il paraît prendre plaisir à ce genre de déclamation. Je me souviens que nous en avons pris nous-mêmes. Il faut le laisser marcher sur nos traces, dans l'espérance qu'il arrivera au même terme. Cependant, si je le mène quelque jour à la campagne, je tâcherai de le faire entrer dans la méthode que j'ai choisie et qui m'est tournée en habitude. La récompense que vous me promettez est grande : ce ne sera pas ma faute si je manque de l'obtenir. Écrivez-moi promptement où vous devez passer l'hiver, et dans quelle espérance. Adieu.

Alfius. Pompeius vehemens in judicibus rogandis. Quid futurum sit, nescio : locum tamen illi in civitate non video. Animum præbeo ad illius perniciem moderatum, ad rerum eventum lenissimum. Habes fere de omnibus rebus.

Unum illud addam. Cicero tuus nosterque summo studio est Pæonii sui rhetoris, hominis opinor valde exercitati, et boni : sed nostrum instituendi genus esse paulo eruditius, et θετικώτερον, non ignoras. Quare neque ego impediri Ciceronis iter atque illam disciplinam volo, et ipse puer magis illo declamatorio genere duci et delectari videtur. In quo quoniam ipsi quoque fuimus, patiamur illum ire nostris itineribus; eodem enim perventurum esse confidimus. Sed tamen si nobiscum eum rus aliquando eduxerimus, in hanc nostram rationem consuetudinemque inducemus. Magna enim nobis a te proposita merces est, quam certe nostra culpa nunquam minus assequemur. Quibus in locis et qua spe hiematurus sis, ad me quam diligentissime scribas velim. Vale.

LETTRE CLIII

Le 24 octobre 699.

M. CICÉRON A QUINTUS, SON FRÈRE

Gabinius est acquitté. Comptez qu'il n'y a rien de si puéril que Lentulus, son accusateur, et ceux qui l'ont secondé, ni rien de plus infâme que tout ce conseil. Cependant, si les instances et les prières de Pompée n'avaient été plus ardentes qu'on ne le saurait croire, et si quelques bruits touchant la dictature n'avaient répandu un certaine terreur, l'accusé n'aurait osé répondre à Lentulus même. Jugez-en, puisqu'avec un tel accusateur et un tel conseil il a eu contre lui trente-deux voix sur soixante-dix. Ce jugement est si décrié, que, suivant les apparences, Gabinius succombera dans les autres, surtout dans celui de péculat. Mais vous voyez que nous n'avons plus de république, ni de sénat, ni de jugements; enfin, qu'il ne reste à personne de nous une ombre de dignité.

Que vous dirai-je de plus sur les juges? Deux anciens préteurs siégeaient : Domitius Calvinus, qui s'est déclaré ouvertement pour l'acquittement, à la vue de tout le monde; et Caton,

EPISTOLA CLIII
(ad Q. fratrem, III, 4)

Scrib. ix kal. nov. A. V. C. 699.

M. CICERO QUINTO FRATRI SAL.

Gabinius absolutus est. Omnino nihil accusatore Lentulo suscriptoribusque infantius, nihil illo consilio sordidius. Sed tamen nisi incredibilis contentio, et preces Pompeii, dictaturæ etiam rumor plenus timoris fuisset, ipsi Lentulo non respondisset, qui tum illo accusatore, illoque consilio sententiis condemnatus sit xxxii, quum lxx tulissent. Est omnino tam gravi fama hoc judicium, ut videatur reliquis judiciis periturus, et maxime de pecuniis repetundis. Sed vides nullam esse rempublicam, nullum senatum, nulla judicia, nullum in nullo nostrum dignitatem.

Quid plura de judiciis? Duo prætorii sederunt : Domitius Calvinus; is aperte absolvit, ut omnes viderent; et Cato, is diremptis tabellis de circulo se

qui, après avoir compté les suffrages, s'est esquivé pour en porter la première nouvelle à Pompée. Quelques-uns prétendent, et Salluste entre autres, que je devais me charger de l'accusation. Devais-je me risquer avec des juges de cette espèce? Que serait-ce si le coupable m'avait échappé? Mais je me suis conduit par d'autres vues. Pompée se serait imaginé que, dans cette affaire, il était moins question du salut de Gabinius que de sa propre dignité. Il serait entré dans la ville; on en serait venu à des haines ouvertes; on m'aurait pris pour un Pacidianus, qui aurait prétendu se mesurer avec Eserninus le Samnite; il m'aurait peut-être mordu l'oreille jusqu'à me l'emporter. Il n'aurait pas manqué du moins de se réconcilier avec Clodius.

Enfin, je m'applaudis du parti que j'ai pris, surtout si vous ne le condamnez pas. Dans un temps où Pompée, grâce à moi, était comblé d'honneurs; dans un temps où je ne lui devais rien et où il me devait tout, il ne put souffrir, pour ne pas m'exprimer dans des termes plus forts, que je fusse d'un autre sentiment que lui sur les affaires publiques; et étant bien moins puissant qu'aujourd'hui, il fit voir ce qu'il pouvait contre moi dans ma plus grande force. Lui contesterai-je quelque chose, aujourd'hui que je ne me soucie guère du pouvoir, que la république assurément ne peut rien, et qu'il est seul en possession de tout? car c'était à lui qu'il fallait avoir affaire; et vous conviendrez que je n'ai pas dû l'entreprendre. Je devais donc défendre l'accusé,

subduxit, et Pompeio primus nuntiavit. Aiunt nonnulli, Sallustius item, me oportuisse accusare. Iis ego judicibus committerem? Quid essem, si me agente esset elapsus? Sed me alia moverunt. Non putasset sibi Pompeius de illius salute, sed de sua dignitate mecum esse certamen. In urbem introisset, ad inimicitias res venisset, cum Æsernino Samnite Pacidianus comparatus viderer, auriculam fortasse mordicus abstulisset. Cum Clodio quidem certe rediisset in gratiam.

Ego vero meum consilium, si præsertim tu non improbas, vehementer approbo. Ille quum a me singularibus meis studiis ornatus esset, quumque ego illi nihil deberem, ille mihi omnia, tamen in republica me a se dissentientem non tulit (nihil dicam gravius), et minus potens eo tempore, quid in me florentem posset, ostendit. Nunc quum ego ne curem quidem multum posse, res quidem publica certe nihil possit, unus ille omnia possit, cum illo ipso contenderem? sic enim faciendum fuisset. Non existimo te putare id mihi susci-

dit encore Sallustius, et faire ce plaisir à Pompée, qui le demandait. Le plaisant ami que Sallustius! C'est-à-dire qu'il aurait fallu m'attirer des haines dangereuses, ou me couvrir d'une honte éternelle. Pour moi, je m'applaudis du juste milieu que j'ai gardé, et je suis ravi qu'après avoir fait ma déposition suivant les lois de mon honneur et de ma conscience, l'accusé se soit cru obligé de déclarer que, s'il lui était permis de demeurer dans la ville, il me ferait toutes sortes de satisfactions. Ajoutez qu'il ne m'a pas fait la moindre question.

A l'égard des vers que vous souhaitez que je vous adresse, je ne puis guère me livrer à ce travail, qui demande et du temps et une parfaite liberté d'esprit. D'ailleurs, je ne me sens pas l'enthousiasme nécessaire ; car si je n'appréhende rien pour l'année prochaine, je ne saurais dire que je sois sans inquiétude. J'ajoute, et c'est en vérité sans ironie, que je vous cède l'avantage dans ce genre d'écrire. Je souhaiterais beaucoup que les suppléments de votre bibliothèque grecque fussent achevés, qu'on eût fait des échanges, et qu'on vous eût procuré les livres latins qui vous manquent. J'y suis intéressé, puisque j'en dois aussi faire usage. Mais je n'ai personne sur qui je puisse me reposer de ce soin pour moi-même. Ce qui serait de mon goût ne se peut trouver à prix d'argent. Il nous faudrait pour cela un

---

piendum fuisse. Alterutrum, inquit idem Sallustius, defendisses, idque Pompeio contendenti dedisses. Etenim vehementer orabat, Lepidum amicum Sallustium, qui mihi aut inimicitias putat periculosas subeundas fuisse, aut infamiam sempiternam. Ego vero hac mediocritate delector : ac mihi illud jucundum est, quod, quum testimonium secundum fidem et religionem gravissime dixissem, reus dixit, si in civitate licuisset sibi esse, mihi se satisfacturum ; neque me quidquam interrogavit.

De versibus quos tibi a me scribi vis, deest mihi quidem opera, quæ non modo tempus, sed etiam animum vacuum ab omni cura desiderat. Sed abest etiam ἐνθουσιασμός : non enim sumus omnino sine cura venientis anni, etsi sumus sine timore. Simul et illud (sine ulla mehercule ironia loquor) tibi istius generis in scribendo priores partes tribuo quam mihi. De bibliotheca tua græca supplenda, libris commutandis, latinis comparandis, valde velim ista confici, præsertim quum ad meum quoque usum spectent. Sed ego mihi ipsi ista per quem agam non habeo : neque enim venalia sunt, quæ quidem pla-

homme habile et soigneux. Cependant je donnerai des ordres à Chrysippus, et j'en parlerai à Tyrannion.

Je m'informerai de ce que Scipion a fait touchant le fisc, et je prendrai les soins convenables. Vous ferez ce qu'il vous plaira d'Ascanion ; je ne m'y oppose en rien. Je vous loue de ne pas trop vous hâter pour une maison dans les faubourgs, et je vous exhorte en même temps à vous en procurer une.

Je vous écris cette lettre le 24 octobre, jour des jeux publics, en partant pour ma maison de Tusculum, où je mène avec moi mon fils, pour qu'il soit à une école d'étude et non à une école d'amusement. Je n'y serai pas aussi longtemps que je le souhaiterais, parce que je veux assister, le 3 novembre, au triomphe de Pomptinus. Je m'attends à quelque petite affaire. Caton et Servilius menacent d'arrêter la fête. Je ne sais ce qu'ils pourront faire; car Pomptinus aura pour lui le consul Appius, avec les préteurs et les tribuns du peuple. Ils ne cessent pas néanmoins de menacer, surtout le redoutable Q. Scévola, qui respire la guerre. Je vous recommande, mon très-cher et très-excellent frère, de prendre soin de votre santé.

---

ceant, et confici nisi per hominem et peritum et diligentem non possunt. Chrysippo tamen imperabo, et cum Tyrannione loquar.

De fisco quid egerit Scipio, quaeram : quod videbitur rectum esse curabo. De Ascanione tu vero quod voles, facies ; me nihil interpono. De suburbano quod non properas, laudo; ut tu habeas, hortor.

Hæc scripsi a. d. ix kalend. novemb., quo die ludi committebantur, in Tusculanum proficiscens, ducensque mecum Ciceronem meum in ludum discendi, non lusionis : ea re non longius quam vellem, quod Pomptino ad triumphum a. d. iii non. novemb. volebam adesse : etenim erit nescio quid negotioli. Nam Cato et Servilius prætores prohibituros se minantur : nec quid possint scio. Ille enim et Appium consulem secum habebit, et prætores et tribunos plebis. Sed minantur tamen; imprimisque Ἄρη πνέων Q. Scævola. Cura, mi suavissime et carissime frater, ut valeas.

LETTRE CLIV

Tusculum, fin de novembre 689.

M. CICÉRON A QUINTUS, SON FRÈRE

Vous me demandez ce que sont devenus les ouvrages que je m'étais mis à composer dans ma maison de Cumes. Je n'ai cessé et je ne cesse de m'y appliquer; mais j'en ai déjà changé plusieurs fois l'esprit et le plan. J'avais déjà fait deux livres, dans lesquels j'introduisais, pendant les neuf jours de fête qui furent institués sous le consulat de Tuditanus et d'Aquilius, Scipion l'Africain, un peu avant sa mort, avec Lélius, Philus, Manlius, Q. Tubéron, et les deux gendres de Lélius, Fannius et Scévola. Leur entretien, qui roulait sur l'idéal du gouvernement et du citoyen, était divisé en neuf jours et en neuf livres.

L'ouvrage avançait heureusement, et la dignité des interlocuteurs donnait du poids à leurs discours. Comme je me le faisais lire à Tusculum, Sallustius, qui était présent, me fit observer que je pouvais traiter les mêmes matières avec beaucoup plus d'autorité, si je parlais de la république en mon propre nom; surtout

EPISTOLA CLIV
(ad Q. fratrem, III, 5 et 6)

Scrib. in Tusculano, exeunte mense nov. A. V. C. 699.

M. CICERO QUINTO FRATRI SAL.

Quod quæris quid de illis libris egerim, quos quum essem in Cumano scribere institui : non cessavi neque cesso. Sed sæpe jam scribendi totum consilium rationemque mutavi. Nam jam duobus factis libris, in quibus, novendialibus iis feriis quæ fuerunt Tuditano et Aquilio consulibus, sermo est a me institutus Africani paulo ante mortem, et Lælii, Phili, Manlii, Q. Tuberonis, et Lælii generorum, Fannii et Scævolæ. Sermo autem in novem et dies et libros distributus de optimo statu civitatis, et de optimo cive.

Sane texebatur opus luculenter, hominumque dignitas aliquantum orationi ponderis afferebat. Hi libri quum in Tusculano mihi legerentur, audiente Sallustio, admonitus sum ab illo, multo majore auctoritate illis de rebus dici posse, si ipse loquerer de republica, præsertim quum essem non Heraclides

n'étant point un Héraclide Ponticus, mais un consulaire qui avait eu le maniement des plus grandes affaires ; que tout ce que j'attribuais à des héros si antiques passerait pour une fiction ; que dans mes livres sur l'éloquence j'avais fort bien fait de ne pas me mettre en scène ; mais que les personnages mis en scène étaient du moins mes contemporains ; enfin, qu'Aristote parle en son propre nom dans tout ce qu'il nous a laissé sur la république et sur les qualités qui font le grand homme. Cet avis fit d'autant plus d'impression sur moi, que je me voyais dans l'impossibilité de toucher aux plus grands mouvements de Rome, parce qu'ils sont postérieurs au temps de ceux que je faisais parler. A la vérité, c'était précisément ce que j'avais eu d'abord en vue, dans la crainte d'offenser quelqu'un, si je descendais jusqu'à notre temps. Mais j'éviterai aujourd'hui cet écueil. Mon dessein est de représenter un entretien avec vous. Cependant, si je retourne à Rome, je vous enverrai ce que j'avais composé sur un autre plan ; car vous comprendrez que j'ai eu quelque regret d'y renoncer.

Je mets tout mon bonheur dans l'amitié de César, amitié dont il m'a donné de fortes assurances par ses lettres. Je ne tiens pas beaucoup aux espérances qu'il me prodigue. Je n'ai guère soif d'honneurs et je ne convoite pas la gloire. Je désire beaucoup plus la durée perpétuelle de ses dispositions que l'accomplissement de ses promesses. Je m'agite néanmoins, et je travaille au

Ponticus, sed consularis, et is qui in maximis versatus in republica rebus essem : quæ tam antiquis hominibus attribuerem, ea visum iri ficta esse; oratorium sermonem in illis nostris libris, quod esset de ratione dicendi, belle a me removisse ; ad eos tamen retulisse quos ipse vidissem : Aristotelem, denique, quæ de republica et præstante viro scribat, ipsum loqui. Commovit me, et eo magis quod maximos motus nostræ civitatis attingere non poteram, quod erant inferiores quam ipsorum ætas qui loquebantur. Ego autem id ipsum tum eram secutus, ne in nostra tempora incurrens offenderem quempiam. Nunc et id vitabo, et loquar ipse tecum, et tamen illa quæ institueram, ad te, si Romam venero, mittam: Puto enim te existimaturum a me illos libros, non sine aliquo meo stomacho, esse relictos.

Cæsaris amore, quem ad me perscripsit, unice delector : promissis iis quæ ostendit, non valde pendeo : nec sitio honores, nec desidero gloriam, magisque ejus voluntatis perpetuitatem quam promissorum exitum exspecto. Vivo

tant que si je me proposais tout ce que [je ne demande pas. Pour vous, qui me pressez de faire des vers, je réponds, mon cher frère, que le temps me manque plus que vous ne le sauriez croire, et que, pour chanter un tel sujet, il faudrait que j'en ressentisse une impression plus vive. Comment pouvez-vous me demander des figures poétiques sur une matière que je ne puis me représenter, même en idée, vous qui entendez mieux que personne la nature de ce langage et l'art de toutes ces expressions? Je ferais néanmoins l'essai de mes forces, si la poésie ne demandait, comme vous le savez, une vivacité d'imagination que les circonstances m'ont absolument fait perdre. Je me dérobe, il est vrai, aux affaires publiques, et me livre à l'étude des lettres; mais je veux vous découvrir ce que je m'étais proposé particulièrement de vous tenir caché. Je souffre, mon très-cher frère, je souffre de nous voir sans gouvernement, sans tribunaux, et de me trouver réduit aux exercices du barreau ou à la ressource de mes études domestiques, dans un temps de ma vie où je devrais jouir d'une autorité florissante au sénat. Je gémis d'avoir perdu ce qui m'enchanta dès l'enfance : « être toujours au premier rang ; me distinguer entre tous ; » de m'être vu forcé de laisser tranquille une partie de mes ennemis, et d'en défendre d'autres ; de n'être libre ni dans mes affections ni dans ma haine ; et de n'avoir

---

tamen in ea ambitione et labore, tanquam id, quod non postulo, exspectem.

Quod me de versibus faciendis roges, incredibile est, mi frater, quam egeam tempore : nec sane satis commoveor animo ad ea quæ vis canenda. Ὑποθέσεις vero ad ea, quæ ipse ego ne cogitando quidem consequor, tu qui omnes isto eloquendi et exprimendi genere superasti, a me petis? Facerem tamen ut possem; sed, quod te minime fugit, opus est ad poema quadam animi alacritate, quam plane mihi tempora eripiunt. Abduco equidem me ab omni reipublicæ cura, dedoque litteris; sed tamen indicabo tibi quod mehercule in primis te celatum volebam. Angor, mi suavissime frater, angor, nullam esse rempublicam, nulla judicia, nostrumque hoc tempus ætatis, quod in illa auctoritate senatoria florere debebat, aut forensi labore jactari, aut domesticis litteris sustentari. Illud vero, quod a puero adamaram,

Αἰὲν ἀριστεύειν, καὶ ὑπείροχον ἔμμεναι ἄλλων,

totum occidisse; inimicos a me partim non oppugnatos, partim etiam esse, defensos ; meum non modo animum, sed ne odium quidem esse

trouvé que dans César autant d'amitié que j'en désirais, ou plutôt, comme d'autres le pensent, de n'avoir trouvé que lui qui m'ait aimé volontairement. De tant de maux néanmoins, il n'y en a pas un dont je n'adoucisse tous les jours l'amertume; mais la plus sensible consolation serait de vivre avec vous, et malheureusement le regret de votre absence est une peine très-vive, qui se joint à toutes les autres.

Si j'avais pris la défense de Gabinius, comme Pansa juge que je le devais, j'étais perdu. Ceux qui le haïssent (et j'entends par là tous les ordres de la république) auraient commencé à me haïr aussi, par la haine qu'ils portent à son protecteur. Je crois m'être conduit admirablement. J'en ai fait assez pour satisfaire tout le monde. En un mot, je ne cherche, suivant vos propres conseils, que du loisir et du repos.

Tyrannion est fort lent pour vos livres. J'en chargerai Chrysippus; mais la commission n'est point aisée, et demande un homme soigneux. Je l'éprouve moi-même, puisqu'avec tout le zèle possible je ne finis rien. Je ne sais à qui m'adresser pour les ouvrages latins, tant sont fautifs ceux que l'on copie et que l'on vend. Cependant j'y apporterai tous les soins possibles.

Crebrius est à Rome, comme je vous l'ai déjà marqué, et ceux qui attestent tout avec serment nient leur dette envers vous. L'affaire du trésor s'est, je crois, terminée pendant mon absence.

liberum; unumque ex omnibus Cæsarem esse inventum, qui me tantum quantum ego vellem amaret, aut etiam (sicut alii putant) hunc unum esse, qui vellet. Quorum tamen nihil est ejusmodi, ut ego me non multa consolatione quotidie leniam : sed illa erit consolatio maxima, si una erimus; nunc ad illa vel gravissimum accedit tui desiderium.

Gabinium si, ut Pansa putat oportuisse, defendissem, concidissem. Qui illum oderunt (ii sunt toti ordines), propter quem oderunt, me ipsum odisse cœpissent. Tenui me, ut puto, egregie, tantum ut facerem quantum omnes viderent. Et in omni summa, ut mones, valde me ad otium pacemque converto.

De libris Tyrannio est cessator, Chrysippo dicam : sed res operosa est, et hominis perdiligentis. Sentio ipse, qui in summo studio nihil assequor. De latinis vero quo me vertam nescio, ita mendose et scribuntur et veneunt. Sed tamen, quod fieri poterit, non negligam.

Crebrius, ut ante ad te scripsi, Romæ est; et qui omnia adjurant debere tibi valde renuntiant. Ab ærario puto confectum esse, dum absum.

Vous voulez emprunter quelque chose d'autrui, vous qui m'écrivez qu'en seize jours vous avez achevé quatre tragédies? Et vous demandez du secours, après avoir composé une *Électre* et une *Troade*? Ne vous lassez pas, s'il vous plaît; et soyez persuadé que le but de la maxime : *Connais-toi toi-même,* n'est pas plus de diminuer l'amour-propre que de nous révéler nos propres avantages. Mais ne manquez pas de m'envoyer toutes ces pièces, avec celle d'*Érigone.* Voilà la réponse à vos deux dernières lettres.

LETTRE CLV

Tusculum, fin de novembre 699.

M. CICÉRON A QUINTUS, SON FRÈRE.

A Rome inondation extraordinaire, surtout dans le chemin d'Appius, près du temple de Mars. La terrasse de Crassipès est emportée, avec quantité de jardins et de boutiques. L'eau a gagné avec beaucoup de violence jusqu'au vivier public.

On rappelle ce vers d'Homère :

Aux jours d'automne, quand Jupiter verse ses eaux avec violence;

Quatuor tragœdias xvi diebus absolvisse quum scribas, tu quidquam ab alio mutueris et κλέος quæris, quum Electram et Troadem scripseris. Cessator esse noli; et illud γνῶθι σεαυτὸν noli putare ad arrogantiam minuendam solum esse dictum, verum etiam ut bona nostra norimus. Sed et istas et Erigonam mihi velim mittas. Habes ad duas epistolas proximas.

EPISTOLA CLV

(ad Q. fratrem, III, 7)

Scrib. in Tusculano, exeunte mense nov. A. V. C. 699.

M. CICERO QUINTO FRATRI SAL.

Romæ, et maxime Appia ad Martis, mira alluvies. Crassipedis ambulatio ablata, horti, tabernæ plurimæ : magna vis aquæ usque ad piscinam publicam.

Viget illud Homeri :

Ἤματ' ὀπωρινῷ ὅτε λαβρότατον χέει ὕδωρ
Ζεύς,

car il convient, à l'acquittement de Gabinius, de répéter :

Ce dieu s'irrite contre les hommes qui font violence à la loi dans l'assemblée, chassent la justice, et se soucient peu de la colère des dieux.

Mais c'est de quoi je suis résolu de ne pas m'embarrasser.

Lorsque je serai à Rome, je vous écrirai ce que je pourrai découvrir, surtout par rapport à la dictature. Mes lettres seront remises à Labienus et à Ligurius. J'écris celle-ci avant le jour, à la lumière d'une petite lampe de bois, dont j'ai beaucoup de plaisir à me servir, parce qu'on m'a dit que vous l'avez fait faire pendant votre séjour à Samos. Prenez soin de votre santé, mon très-cher et très-excellent frère.

LETTRE CLVI

Rome, fin de novembre 699.

CICÉRON A ATTICUS

O LETTRE longtemps attendue! agréable retour, exactitude, ponctualité merveilleuse, bonne petite navigation! Les préparatifs que vous aviez faits pour ce voyage me faisaient appréhender

---

cadit enim in absolutionem Gabinii :

Ὅτε δή γ' ἄνδρεσσι κοτεσσάμενος χαλεπαίνῃ,
Οἳ βίῃ ἐν ἀγορῇ σκολιὰς κρίνωσι θέμιστας,
Ἐκ δὲ δίκην ἐλάσωσι, θεῶν ὄπιν οὐκ ἀλέγοντες.

Sed hæc non curare decrevi.

Romam quum venero, quæ perspexero, scribam ad te, et maxime de dictatura; et ad Labienum et ad Ligurium litteras dabo. Hanc scripsi ante lucem, ad lychnuchum ligneolum, qui mihi erat perjucundus, quod eum te aiebant, quum esses Sami, curasse faciendum. Vale, mi suavissime et optime frater.

EPISTOLA CLVI
(ad Att., IV, 17)

Scrib. Romæ, exeunte nov. A. V. C. 699.

CICERO ATTICO SAL.

O EXSPECTATAS mihi tuas litteras! o gratum adventum o constantiam promissi, et fidem miram! o navigationem amandam! quam mehercule ego valde

qu'il ne fût beaucoup plus long. Mais, si je ne me trompe, nous vous aurons encore plus tôt que vous ne me le marquez; car votre femme et votre sœur n'étant point en Apulie, comme vous l'avez cru, qu'est-ce qui pourrait vous arrêter? Je compte néanmoins que vous passerez quelques jours chez Vestorius, pour reprendre le goût de l'atticisme latin. Que n'accourez-vous droit ici, pour y voir une copie fidèle de cette république dont j'ai donné l'idée? Venez voir, voir de vos yeux, vous dis-je, que l'on a distribué publiquement, et dans un même lieu, de l'argent à toutes les tribus; venez voir Gabinius acquitté; il ne manque plus que de le voir en crédit.

Je ne puis vous dire rien touchant Messalla; vous savez ce qui compose sa faction. Je ne vis jamais tant d'égalité entre les prétendants. Scaurus a été mis en justice par Triarius : l'on ne s'est pas intéressé pour lui autant que vous le pourriez croire; cependant les magnificences de son édilité l'ont rendu assez agréable au peuple, et la mémoire de son père est encore chère aux tribus de la campagne. Les deux compétiteurs plébéiens sont aussi sur un pied d'égalité, à cela près que Domitius a beaucoup d'amis, et se soutient par le souvenir de ses jeux magnifiques, et que Memmius est soutenu par les soldats de César, et s'appuie sur la Gaule Cisalpine. Mais, s'il ne trouve pas son parti assez puissant, il se présentera quelqu'un pour faire différer les élections jusqu'à ce que César ait repassé les Alpes, chose facile depuis que Caton a été absous.

timebam, recordans superioris tuæ transmissionis δέρρεις. Sed, nisi fallor, citius te, quam scribis, videbo : credo enim te putasse, tuas mulieres in Apulia esse; quod quum secus erit, quid te Apulia moretur? nam Vestorio dandi sunt dies, et ille latinus ἀττικισμὸς ex intervallo regustandus. Quin tu huc advolas, et invisis illius nostræ reipublicæ germanam. Ne puta, vide, nummis ante comitia tributim uno loco divisis palam, vide absolutum Gabinium: detur esse valiturum.

De Messalla quod quæris, quid scribam nescio: nunquam ego vidi tam pares candidatos. Messallæ copias nosti. Scaurum Triarius reum fecit. Si quæris, nulla est magnopere commota συμπάθεια; sed tamen habet ædilitas ejus memoriam non ingratam; et est pondus apud rusticos in patris memoria. Reliqui duo plebeii sic exæquantur, ut Domitius valeat amicis, adjuvetur etiam gratissimo munere; Memmius Cæsaris commendetur militibus, tum ejus Gallia nitatur : quibus, si non valuerit, putant fore aliquem, qui comitia in adventum Cæsaris detrudat, Catone præsertim absoluto.

J'ai reçu, le 24 octobre, des lettres de mon frère et de César, datées du 26 septembre, sur les côtes de l'île de Bretagne, un peu avant leur embarquement. Les Barbares ont été vaincus; ils ont donné des otages, et payé les sommes qu'on leur a imposées; c'est tout ce que notre armée emporte de cette île, où l'on n'a point fait de butin. Q. Pilius est allé trouver César.

Si vous avez quelque amitié, ou pour moi, ou pour votre famille, si vous êtes homme de parole; enfin quand vous ne consulteriez que vous-même, vous ne pouvez mieux faire que de venir au plus tôt jouir du bonheur qui vous attend. Je vous assure que j'ai bien de la peine à me passer de vous; mais cela n'est pas surprenant, puisque je m'aperçois si fort de l'absence de Dionysius. Je me joindrai à mon fils, pour vous le demander lorsqu'il en sera temps. Votre dernière lettre est datée du 9 août, à Éphèse.

LETTRE CLVII

Fin de novembre 699.

CICÉRON A ATTICUS

Si je vous écris moins souvent, ce n'est point par négligence,

Ab Quinto fratre, et a Cæsare accepi a. d. ix kalend. novembr. litteras, confecta Britannia, obsidibus acceptis, nulla præda, imperata tamen pecunia, datas a littoribus Britanniæ a. d. vi kalend. octobr. exercitum Britannia reportabant. Q. Pilius erat jam ad Cæsarem profectus.

Tu, si aut amor in te est nostri, ac tuorum, aut ulla veritas, aut si etiam sapis, ac frui tuis commodis cogitas, adventare et prope adesse jam debes: non mehercule æquo animo te careo. Te autem quid mirum, qui Dionysium tantopere desiderem? quem quidem abs te, quum dies venerit, et ego, et Cicero meus flagitabit. Abs te proximas litteras habebam Epheso, a. d. v. id. sext datas.

EPISTOLA CLVII

(ad Att., IV, 18)

Scrib. exeunte nov. A. V. C. 699.

CICERO ATTICO SAL.

Puto te existimare, me, nunc oblitum consuetudinis et instituti mei, rarius

comme vous pourriez vous l'imaginer : c'est que, ne sachant où vous êtes, ni quelle route vous suivez, je n'ai voulu adresser mes lettres, ni en Épire, ni à Athènes, ni en Asie; et je n'en ai confié qu'aux personnes qui allaient droit à vous : car nos lettres ne sont pas de nature à pouvoir être vues sans conséquence, et j'y traite ordinairement des matières si délicates, que je n'ose pas me servir de secrétaire. Le dénoûment en sera plaisant. Les consuls sont perdus de réputation, depuis que Memmius a lu en plein sénat la convention que son compétiteur et lui avaient faite avec eux. Elle portait que, si les consuls de cette année pouvaient les faire désigner pour la prochaine, ils leur donneraient quatre cent mille sesterces, à moins qu'ils ne leur fournissent trois augures pour affirmer qu'ils étaient présents le jour qu'on avait publié la loi des curies, laquelle n'a pas été proposée ; et de plus deux consulaires pour attester qu'ils étaient présents lorsqu'on avait dressé le décret réglant l'état des provinces de ces mêmes consuls, quoique le sénat n'ait pas même siégé.

Comme cette convention s'était faite par écrit, et qu'ils avaient donné de bonnes cautions, Memmius, par le conseil de Pompée, a produit les billets de change, les obligations et le livre de compte qui en faisaient foi. Appius ne s'est point déconcerté, et n'a rien perdu de son aplomb; mais son collègue en était si

---

ad te scribere, quam solebam : sed quum loca et itinera tua nihil habere certi video, neque n Epirum, neque Athenas, neque in Asiam, neque cuiquam, nisi ad te ipsum proficiscenti, dedi litteras : neque enim sunt eæ epistolæ nostræ, quæ si perlatæ non sint, nihil ea res nos offensura sit, quæ tantum habent mysteriorum, ut eas ne librariis quidem fere committamus . . . . . . lepidum quo excidat : consules flagrant infamia, quod C. Memmius candidatus pactionem in senatu recitavit, quam ipse et suus competitor Domitius cum consulibus fecissent, uti ambo H.-S. quadragena consulibus darent, si essent ipsi consules facti, nisi tres augures dedissent, qui se affuisse dicerent, quum lex curiata ferretur, quæ lata non esset ; et duos consulares, qui se dicerent in ornandis provinciis consularibus scribendo affuisse, quum omnino ne senatus quidem fuisset.

Hæc pactio non verbis, sed nominibus et perscriptionibus, multorum tabulis, quum esse facta diceretur, prolata a Memmio est nominibus inductis, auctore Pompeio. Hic Appius erat idem : nihil sane jacturæ. Corruerat alter, et

abattu, qu'il n'en est pas encore relevé. Depuis que Memmius a rompu leur ligue, malgré Calvinus, ses affaires sont entièrement tombées. Il s'est imaginé qu'un interrègne ou l'élection d'un dictateur pourra les rétablir, et, dans cette vue, il fomente les désordres et les dissensions publiques.

Admirez, je vous prie, mon égalité d'âme, ma liberté d'esprit, le mépris que j'ai pour les gouvernements asiatiques, et surtout l'aimable attachement qui me lie à César. C'est mon unique planche dans mon naufrage. Mon frère se loue fort de ses manières honnêtes et obligeantes; il ne pourrait être traité avec plus de distinction quand il servirait sous moi. César lui a donné à choisir, dans toutes les Gaules, un quartier d'hiver pour les légions qu'il commande. Et vous n'aimeriez pas un homme de ce caractère? ne le mérite-t-il pas mieux que tous ces gens-là?

Mais, à propos, vous ai-je mandé que je vais suivre Pompée en qualité de lieutenant? que je partirai le 13 janvier? Je trouve que cela me convient sous bien des rapports. Qu'ai-je encore à vous dire? Mais il faut garder quelque chose pour votre arrivée, afin que la curiosité vous amène au plus tôt. Mille compliments à Dionysius. Je lui ai réservé un appartement, ou, pour mieux dire, je lui en ai fait bâtir un exprès. Il peut compter que le plaisir que j'aurai de le voir augmentera beaucoup la joie que j'ai de votre retour. Je vous prie de descendre chez moi, vous et votre famille, le jour où vous arriverez.

---

plane, inquam, jacebat. Memmius autem, dirempta coitione, invito Calvino, plane refrixerat ; et eo magis nunc cogitare dictaturam, tum favere justitio, et omnium rerum licentiæ.

Perspice æquitatem animi mei et ludum, et contemptionem Seleucianæ provinciæ, et mehercule cum Cæsare suavissimam conjunctionem; hæc enim me una ex naufragio tabula delecta : qui quidem Quintum meum, tuumque, dii boni! quemadmodum tractat honore, dignitate, gratia? non secus ac si ego essem imperator. Hiberna legionum eligendi optio delata commodum, ut ad me scribit. Hunc tu non ames? quem igitur istorum?

Sed heus tu, scripseramne tibi me esse legatum Pompeio? et extra urbem quidem fore ex idibus jan. ? visum est hoc mihi ad multa quadrare. Sed quid plura? coram, opinor, reliqua ; ut tu tamen aliquid exspectes, Dionysio plurimam salutem; cui quidem ego non modo servavi, sed etiam ædificavi locum. Quid quæris? ad summam lætitiam meam, quam ex tuo reditu capio, magnus illius adventu cumulus accedit. Quo die ad me venies, si me amas, apud me cum tuis maneas.

LETTRE CLVIII

Rome, fin de novembre 699.

M. CICÉRON A QUINTUS, SON FRÈRE

Je n'ai rien à répondre à votre précédente lettre, qui est remplie d'aigreur et de plaintes : vous me dites que vous m'en avez écrit une autre du même style, par Labienus, lequel n'est point encore arrivé. Mais celle que je reçois dissipe tout mon chagrin. Je vous avertis seulement et vous supplie de vous rappeler, dans les peines, les fatigues et les regrets de cette nature, quelles ont été nos vues au sujet de votre départ. Nous ne nous proposions pas de petits avantages, ni même des avantages médiocres. Qu'avons-nous cru devoir acheter par notre séparation? Un appui solide pour notre fortune et notre dignité, dans l'amitié d'un homme aussi puissant que bon. Nous mettons plus en espérance qu'en argent. Le reste est en pure perte. Ainsi, en vous remettant souvent devant les yeux le fond de notre dessein et de notre espérance, vous supporterez plus facilement ces fatigues militaires et toutes les autres peines dont vous vous plaignez. Cependant il

EPISTOLA CLVIII
(ad Q. fratrem, III, 8)

Scrib. Romæ, exeunte nov. A. V. C. 699.

M. CICERO QUINTO FRATRI SAL.

Superiori epistolæ quod respondeam nihil est, quæ plena stomachi, et querelarum est ; quo in genere alteram quoque te scribis pridie Labieno dedisse qui adhuc non venerat. Delevit enim mihi omnem molestiam recentior epistola. Tantum te et moneo et rogo, ut in istis molestiis, et laboribus et desideriis recordere, consilium nostrum quod fuerit profectionis tuæ. Non enim commoda quædam sequebamur parva ac mediocria. Quid enim erat, quod discessu nostro emendum putaremus ? Præsidium firmissimum petebamus ex optimi et potentissimi viri benivolentia ad omnem statum nostræ dignitatis. Plura ponuntur in spe, quam in pecuniis : reliqua ad jacturam struentur. Quare si crebro referes animum tuum ad rationem et veteris consilii nostri et spei, facilius istos militiæ labores, cæteraque, quæ te offendunt, feres : et tamen quum voles depo-

dépend de vous de vous en délivrer; mais l'affaire n'est pas encore mûre, quoiqu'elle n'en soit pas éloignée.

J'ai à vous recommander aussi de ne rien confier à vos lettres dont la publication puisse nous causer du chagrin. Il y a bien des choses dont j'aime mieux n'être pas instruit, que de les apprendre avec quelque danger. Je m'étendrai davantage lorsque j'aurai l'esprit libre, c'est-à-dire aussitôt que mon fils sera, comme je l'espère, entièrement rétabli. Prenez la peine de me faire savoir à qui je dois confier désormais les lettres que je vous écrirai : les donnerai-je aux courriers de César, afin qu'il vous les envoie promptement, ou à ceux de Labienus? car j'ignore où sont ces Nerviens, et à quelle distance.

Ce que vous me dites de la fermeté et de la vertu avec laquelle César a supporté sa douleur, m'a causé beaucoup de joie. Vous m'exhortez à finir le poëme que j'ai commencé pour lui; et quoique j'y sois moins propre que jamais, par mes occupations et par la disposition de mon esprit, je vois bien que, la lettre où je vous ai parlé de cet ouvrage lui ayant fait connaître que je l'ai commencé, il faut que je reprenne mon travail. Je le finirai pendant ces jours de supplications, qui sont un temps de loisir; je suis ravi qu'on en ait profité pour tirer d'embarras notre ami Messalla et tous les autres. Vous pensez comme moi, lorsque vous comptez le voir consul avec Domitius. Je réponds de Messalla à César. Mais

---

nes. Sed ejus rei maturitas nequedum venit, et tamen jam appropinquat.

Etiam illud te admoneo, ne quid ullis litteris committas, quod si prolatum sit moleste feramus. Multa sunt quæ ego nescire malo, quam cum aliquo periculo fieri certior. Plura ad te vacuo animo scribam, quum, ut spero, se Cicero meus belle habebit. Tu velim cures, ut sciam, quibus dare oporteat eas, quas ad te deinde litteras mittemus : Cæsarisne tabellariis, ut is ad te protinus mittat, an Labieni ? Ubi enim isti sint Nervii, et quam longe absint, nescio.

De virtute et gravitate Cæsaris, quam in summo dolore adhibuisset, magnam ex epistola tua accepi voluptatem. Quod me institutum ad illum poema jubes perficere, etsi distentus, quum opera, tum animo sum multo magis, quoniam tamen ex epistola, quam ad te miseram, cognovit Cæsar me aliquid esse exorsum, revertar ad institutum : idque perficiam his supplicationum otiosis diebus : quibus Messallam jam nostrum reliquosque molestia levatos vehementer gaudeo : eumque quod certum consulem cum Domitio numeratis, nihil a nostra

pour Memmius, qui met son espérance dans l'arrivée de César, je crois qu'il se trompe grandement; il est fort abandonné. Pompée a cessé depuis longtemps de soutenir Scaurus : les affaires se traînent. Les comices paraissent tendre à l'interrègne. Les honnêtes gens accueillent mal les bruits de dictature; et moi encore plus mal leurs discours. Mais cette affaire est ralentie par la crainte même qu'elle inspire. Pompée déclare qu'il ne le souhaite point. Il ne me tenait pas auparavant le même langage. Hirrus, à ce qu'il paraît, fera la proposition. O dieux! le sot personnage! qu'il doit s'aimer sans rival! Pompée s'est servi de moi-même pour détourner de cette entreprise Crassus Junianus, qui m'est fort attaché. Le veut-il ou non? Problème. Mais il ne prouvera pas que la volonté lui manque, en laissant agir Hirrus. Les affaires publiques n'offrent point à présent d'autre sujet d'entretien, et tout est dans l'inaction.

Le 24 novembre, les funérailles de Serranius Domesticus le fils ont été fort tristes. Son père a prononcé un éloge funèbre, composé par moi.

Parlons de Milon. Pompée ne fait rien pour lui, et fait tout pour Gutta. Il déclare qu'il compte disposer César en faveur de Gutta. Milon en est fort effrayé, non sans raison, et si Pompée devient dictateur, il n'a pas à se fier à lui. S'il seconde de tout son pouvoir l'opposition à la dictature, il appréhende de se faire un ennemi de Pompée. S'il demeure tranquille, il craint que la force

opinione dissentitis. Ego Messallam Cæsari præstabo. Sed Memmius in adventu Cæsaris habet spem, in quo illum puto errare : hic quidem friget. Scaurum autem jampridem Pompeius abjecit. Res prolatæ. Ad interregnum comitia adducta. Rumor dictatoris injucundus bonis : mihi etiam magis quæ loquuntur. Sed tota res et timetur, et refrigescit. Pompeius palam se negat velle : antea ipse mihi non negat. Hirrus auctor fore videtur. O dii! quam ineptus! quam se ipse amans sine rivali! Crassum Junianum, hominem mihi deditum, per me deterruit. Velit, nolit, scire difficile est. Hirro tamen agente, nolle se non probabit. Aliud hoc tempore de republica nihil loquebantur. Agebatur quidem certe nihil.

Serranii Domestici filii funus perluctuosum fuit, a. d. viii kalend. decembr. Laudavit pater scripto meo.

Nunc de Milone. Pompeius ei nihil tribuit; et omnia Guttæ : dicitque se perfecturum ut in illo Cæsar incumbat. Hoc horret Milo. Nec injuria : et, si ille dictator factus sit, pæne diffidit. Intercessorem dictaturæ si juverit manu et præsidio suo, Pompeium metuit inimicum. Si non juverit, timet ne per vim

ne l'emporte. Il prépare des jeux magnifiques et plus somptueux qu'on n'en vit jamais. C'est une double et une triple folie que d'en donner lorsqu'on ne lui en demande point. Il en a déjà célébré de magnifiques. Les moyens lui manquent ; il n'est que maître des mœurs, ou pouvait se considérer comme tel, non comme édile. Voilà à peu près toutes les nouvelles. Je vous recommande, mon très-cher frère, le soin de votre santé.

LETTRE CLIX

Rome, au commencement de décembre 699.

M. CICÉRON A QUINTUS, SON FRÈRE

Je ne devais rien faire de ce qu'on imagine avec tant de bienveillance dans l'affaire de Gabinius, *ou que la terre m'engloutisse*. Je me suis conduit dans cette affaire avec beaucoup de fermeté et beaucoup de douceur. C'est le sentiment général. Je n'ai ni pressé, ni ménagé le coupable. J'ai fait ma déposition avec force ; pour tout le reste je suis demeuré tranquille. J'ai souffert sans aucune plainte un jugement infâme et pernicieux. J'en tire à présent un très-grand avantage, qui est de ne plus sentir la moindre

---

perferatur. Ludos apparat magnificentissimos : sic, inquam, ut nemo sumptuosiores. Stulte bis terque non postulatus ; vel quia munus magnificum dederat, vel quia facultates non erant, vel quia magister [morum], vel quia potuerat magistrum se, non ædilem, putare. Omnia fere scripsi. Cura, mi carissime frater, ut valeas.

EPISTOLA CLIX

(ad Q. fratrem, III, 9)

Scrib. Romæ, initio decembr. A. V. C. 699.

M. CICERO QUINTO FRATRI SAL.

De Gabinio nihil fuit faciendum istorum quæ amantissime cogitata sunt. Τότε μοι χάνοι. Feci summa cum gravitate, ut omnes sentiunt, et summa cum lenitate, quæ feci. Illum neque ursi, neque levavi. Testis vehemens fui. Præterea quievi. Exitum judicii fœdum et perniciosum levissime tuli. Quod quidem bonum mihi nunc denique redundat, ut his malis reipublicæ licentiæque

émotion de tous ces maux publics, et d'un excès d'audace et de licence qui me faisait souffrir mortellement ; car il n'y a rien de plus corrompu que tous ces gens-là et que le temps où nous vivons. Puisqu'il n'y a plus de bonheur à espérer de la politique, je ne veux pas me faire de bile. Les lettres, l'étude, mon loisir, mes maisons de campagne, et surtout nos enfants font mon seul plaisir.

Mon unique inquiétude est pour Milon : je souhaite que son consulat m'en fasse voir la fin, et je m'y emploierai avec autant de zèle que j'ai fait autrefois pour le mien. Vous m'aiderez, comme vous faites, du lieu où vous êtes. Tout est fort bien disposé en sa faveur, à moins qu'on ne nous attaque par la force. Je crains pour ses affaires domestiques.

Que dire d'un prodigue, qui emploie trois cent mille sesterces aux jeux qu'il prépare ? Je l'aiderai néanmoins de mes conseils, dans son imprudence, et je vous demande aussi pour lui un coup d'épaule.

A propos des mouvements prévus pour l'année prochaine, je n'ai pas voulu vous faire entendre que mes craintes fussent domestiques : elles ne regardent que l'état des affaires communes. Quoique je n'aie plus de part active à l'administration, il m'est impossible de ne m'en pas préoccuper. Je vous ai recommandé de vous observer dans vos lettres : jugez par moi-même quelle

---

audacium, qua ante rumpebar, nunc ne movear quidem. Nihil est enim perditius his hominibus, his temporibus. Itaque ex republica quoniam nihil jam voluptatis capi potest, cur stomacher nescio. Litteræ me et studia nostra, et otium, villæque delectant, maximeque pueri nostri.

Angit unus Milo. Sed velim finem afferat consulatus : in quo enitar non minus, quam sum cnisus in nostro ; tuque istinc, quod facis, adjuvabis. De quo cætera, nisi plane vis eripuerit, recte sunt : de re familiari timeo.

Ὁ δὲ μαίνεται οὐκ ἔτ' ἀνεκτῶς, qui ludos H.-S. ccc comparet. Cujus in hoc uno inconsiderantiam et ego sustinebo, ut potero ; et tu, ut possis, est tuorum nervorum.

De motu temporum venientis anni, nihil te intelligere volueram domestici timoris, sed de communi reipublicæ statu : in quo etiam si nihil procuro, tamen nihil curare vix possum. Quam autem te velim cautum esse in scribendo, ex hoc conjicito, quod ego ad te ne hæc quidem scribo quæ palam in republica

attention je vous demande là-dessus, puisque, dans la crainte qu'une lettre interceptée n'offense quelqu'un, je ne vous écris pas même les troubles qui éclatent ici publiquement. Soyez donc sans inquiétude pour nos intérêts domestiques. Je sais quelle part vous prenez aux affaires publiques. Il ne me reste aucun doute que notre ami Messalla ne soit consul. S'il l'est par le moyen d'un interroi, ce sera sans jugement préalable. S'il en a l'obligation au dictateur, il n'y aura pas de danger, car il n'a rien à craindre de la haine. La chaleur d'Hortensius lui servira beaucoup. Savez-vous que l'acquittement de Gabinius passe pour une loi solennelle d'impunité? L'affaire de la dictature est encore suspendue. Pompée est absent. Appius intrigue. Hirrus fait des préparatifs. On compte plusieurs opposants. Le peuple s'embarrasse peu d'un dictateur. Les chefs n'en veulent point. Et moi, je vis tranquille.

Vous me promettez des esclaves, j'en suis charmé, car j'en ai peu, comme vous dites, à Rome et dans mes terres. Mais, je vous prie, mon cher frère, de ne rien entreprendre en ma faveur qui ne s'accorde avec vos intérêts et votre bourse.

La lettre de Vatinius m'a fait rire. Je sais de quelle nature est la considération qu'il a pour moi; mais sa haine se laisse avaler et digérer facilement.

Vous me prêchez d'achever mon poëme. Il est fini et j'en suis

---

turbantur, ne cujusquam animum meæ litteræ interceptæ offendant. Quare domestica cura te levatum volo. In republica scio quam sollicitus esse soleas. Video Messallam nostrum consulem; si per interregem, sine judicio; si per dictatorem, tamen sine periculo; odii nihil habet. Hortensii calor multum valebit. Gabinii absolutio lex impunitatis putatur, ἐν παρέργῳ. De dictatore tamen actum adhuc nihil est. Pompeius abest: Appius miscet: Hirrus parat: multi intercessores numerantur: populus non curat. Principes nolunt. Ego quiesco.

De mancipiis quod mihi polliceris, valde te amo. Et sum equidem, uti scribis, et Romæ et in prædiis infrequens. Sed cave, amabo, quidquam quod ad meum commodum attineat, nisi, maximo tuo commodo et maxima tua facultate, mi frater, cogitaris.

De epistola Vatinii risi. Sed me ab eo ita observari scio, ut ejus ista odia non sorbeam solum, sed etiam concoquam.

Quod me hortaris ut absolvam; habeo absolutum suave, mihi quidem, uti

fort content; seulement j'attends un messager sûr, afin qu'il ne lui arrive pas comme à votre *Érigone*, pour laquelle seule la route de la Gaule n'a pas été sûre, sous le commandement de César.

*** Quoi! parce que je n'aurais pas de bon ciment, prendrais-je le parti d'abattre mon édifice? Au reste, il me plaît tous les jours de plus en plus, surtout le portique inférieur, et les cabinets, qui prennent une fort bonne tournure. Pour votre maison d'Arcanum, c'est un ouvrage digne de César, ou de quelqu'un même qui s'y entende mieux encore. Les statues, la palestre, le vivier et le Nil demanderaient des Philotimus en grand nombre, et non des Diphiles. Mais je me transporterai moi-même sur les lieux, j'y enverrai et je donnerai des ordres.

Vous seriez bien plus mécontent du testament de Félix, si vous saviez les détails. L'acte dans lequel il instituait pour un douzième chacun de ses héritiers lui a échappé par sa faute, et par celle de Sicura, son esclave; et il a signé celui qu'il ne voulait pas signer. C'est un malheur, mais prenons soin seulement de notre santé.

J'ai pour votre fils toute la tendresse que vous me demandez, qu'il mérite, et que je lui dois. Je le renvoie, parce que je ne veux pas qu'il soit éloigné de ses précepteurs, et comme sa mère voulait partir, je crains, sans elle, sa gourmandise. Mais

---

videtur, ἔπος ad Cæsarem : sed quæro locupletem tabellarium, ne accidat quod Erigonæ tuæ, cui soli, Cæsare imperatore, iter ex Gallia tutum non fuit.

*** Quid? si cæmentum bonum non haberem, deturbem ædificium? Quod quidem quotidie mihi placet magis, in primisque inferior porticus et ejus conclavia fiunt recte. De Arcano, Cæsaris opus est, vel mehercule etiam elegantioris alicujus. Imagines etiam istæ, et palæstra, et piscina, et Nilus, multorum Philotimorum est, non Diphilorum. Sed et ipsi ea adibimus, et mittemus et mandabimus.

De Felicis testamento tum magis querare, si scias. Quas enim tabulas se putavit obsignare, in quibus de unciis firmissimum tenuerat (lapsus est per errorem et suum et Sicuræ servi), non obsignavit; quas noluit, eas obsignavit. Ἀλλ' οἰμωζέτω, nos modo valeamus.

Ciceronem et ut rogas amo, et ut meretur, et ut debeo. Dimitto autem a me, et ut a magistris ne abducam, et quod mater discedit, sine qua edacita-

nous ne laisserons pas de nous revoir souvent. Il me semble, très-cher et très-excellent frère, que j'ai répondu à tout.

LETTRE CLX.

Rome, après son retour de l'exil, entre les années 697 et 699.

M. T. CICÉRON A MUNATIUS, FILS DE C.

La disgrâce de L. Regulus, mon intime ami, est un motif de plus pour me porter à rendre service à L. Livineius Tryphon, son affranchi; car j'ai toujours été très-disposé à servir Regulus, et j'aime son affranchi pour l'amour de lui-même. J'ai reçu de lui des marques extraordinaires de zèle dans mes propres disgrâces; et c'est alors que j'ai appris à distinguer aisément la bonne foi et l'amitié dans les hommes. Je vous le recommande donc comme la reconnaissance oblige de recommander ceux dont on a reçu d'importants services.

Si vous voulez m'obliger sensiblement, faites-lui connaître que votre amitié pour moi lui tient compte des fréquents périls aux-

---

tem pueri pertimesco. Sed sumus una tamen valde multum. Rescripsi ad omnia, mi suavissime et optime frater.

EPISTOLA CLX

(ad div., XIII, 60)

Scrib. Romæ, post reditum ex exsilio, inter A. V. C. 697 et 699.

M. T. CICERO MUNATIO C. F. S. D.

L. Livineius Trypho est omnino L. Reguli, familiarissimi mei, libertus; cujus calamitas etiam officiosiorem me facit in illum. Nam benivolentior, quam semper fui, esse non possum. Sed ego libertum ejus per se ipsum diligo. Summa enim ejus erga me officia exstiterunt his nostris temporibus, quibus facillime bonam benivolentiam hominum et fidem perspicere potui. Eum tibi ita commendo, ut homines grati et memores, bene meritos de se commendare debent.

Pergratum mihi feceris, si ille intellexerit, se, quod pro salute mea multa

quels il s'est exposé pour mon salut, et des voyages sur mer qu'il a faits souvent dans la même vue au cœur de l'hiver.

LETTRE CLXI

Rome, 699.

M. T. CICÉRON A PHILIPPE, PROCONSUL

Je vous félicite d'être retourné heureusement de la province dans le sein de votre famille, sans préjudice pour vous ni pour la république. Si je vous avais vu à Rome, je vous aurais fait de vive voix des remercîments pour l'intérêt que vous avez pris, dans son absence, à L. Egnatius, mon ami intime, et à L. Oppius, qui était avec vous.

Je suis lié, non-seulement par les droits de l'hospitalité, mais encore par une étroite amitié, avec Antipater Derbetès. Vous vous êtes fort emporté contre lui : je l'ai appris, et j'en ai ressenti du chagrin. Je ne puis pas juger de l'affaire, mais je me persuade qu'un homme tel que vous n'a rien fait mal à propos. Je vous prie très-instamment, au nom de notre ancienne amitié, de faire grâce en ma faveur à ses fils, qui sont en votre pouvoir, si vous croyez

pericula adierit, sæpe hieme summa navigarit, pro tua erga me benivolentia gratum etiam tibi fecisse.

EPISTOLA CLXI
(ad div., XIII, 25)

Scrib. Romæ, A. V. C. 699.

M. T. CICERO Q. PHILIPPO PROCOS. S. D.

Gratulor tibi quod ex provincia salvum te ad tuos recepisti incolumi fama et republica. Quod si Romæ te vidissem, coram gratias egissem, quod tibi L. Egnatius, familiarissimus meus, absens, L. Oppius, præsens, curæ fuisset.

Cum Antipatro Derbete mihi non solum hospitium, verum etiam summa familiaritas intercedit. Ei te vehementer succensuisse audivi, et moleste tuli. De re nihil possum judicare, nisi quod illud mihi certe persuadeo, te talem virum, nihil temere fecisse. A te autem pro vetere nostra necessitudine, etiam atque etiam peto ut ejus filios, qui in tua potestate sunt, mihi potissimum

toutefois que votre réputation n'y soit point intéressée. Je me garderais bien de vous presser, si je me l'imaginais; car votre honneur m'est beaucoup plus cher que cette liaison.

Mais, quoique je puisse me tromper, il me semble qu'un peu d'indulgence vous attirera plus d'estime que de blâme. Je vous demande donc en grâce, si ce n'est point une peine pour vous, de me faire savoir comment on pourrait s'y prendre, et ce que vous pouvez faire en ma considération; car je ne doute point de votre bonne volonté. Adieu.

LETTRE CLXII

Rome, entre 694 et 699.

M. T. CICÉRON A L. CULLEOLUS, PROCONSUL

Mon cher Lucceius, l'homme du monde le plus reconnaissant a témoigné chez moi combien il est pénétré de vos bontés. Il m'a dit que vous aviez fait à ses agents les promesses les plus avantageuses et les plus obligeantes. S'il est si sensible à vos simples discours, quelle sera sa reconnaissance pour le service même, lorsque vous aurez exécuté ce que vous promettez? Les habitants

---

condones: nisi quid existimas in ea re violari existimationem tuam. Quod ego si arbitrarer, nunquam te rogarem, mihique tua fama multo antiquior esset, quam illa necessitudo est.

Sed mihi ita persuadeo (potest enim fieri ut fallar), eam rem laudi tibi potius, quam vituperationi fore. Quid fieri possit, et quid mea causa facere possis (nam quin velis, non dubito), velim, si tibi grave non erit, certiorem me facias. Vale.

EPISTOLA CLXII

(ad div., XIII, 42)

Scrib. Romæ, inter A. V. C. 694 et 699.

M. T. CICERO L. CULLEOLO, PROC. S. P. D.

L. Lucceius meus, homo omnium gratissimus, mirificas tibi apud me gratias egit, quum diceret, omnia te cumulatissime et liberalissime procuratoribus suis pollicitum esse. Quum oratio tua tam ei grata fuerit, quam gratam rem ipsam existimas fore, quum, ut spero, quæ pollicitus es, feceris? Omnino

de Bullis ont témoigné que, pour satisfaire Lucceius, ils s'en rapporteraient au jugement de Pompée; mais il est fort à souhaiter pour nous que vous y joigniez vos bons offices, votre autorité, et même vos ordres. C'est ce que je vous demande en grâce.

Je suis déjà charmé que les agents de Lucceius aient reconnu, et que Lucceius s'aperçoive lui-même, par votre dernière lettre, que personne n'a plus de crédit et de considération que moi auprès de vous. Je souhaite qu'il l'apprenne par expérience, et je ne cesse pas de vous en prier.

LETTRE CLXIII

Rome, peu de temps après la précédente, entre 694 et 699.

M. T. CICÉRON A L. CULLEOLUS, PROCONSUL

Soyez persuadé qu'en rendant service à L. Lucceius, vous avez obligé un homme très-reconnaissant, et qu'avec cet avantage vous avez celui d'avoir fait plaisir à Pompée. A chaque visite qu'il me rend, et je puis vous dire qu'elles sont fréquentes, il vous en fait des remercîments fort vifs. J'ajoute, parce que je suis sûr que vous y serez sensible, que vos bontés pour Lucceius m'ont causé aussi beaucoup de satisfaction.

ostenderunt Bulliones, sese Lucceio Pompeii arbitratu satisfacturos. Sed vehementer opus est nobis et voluntatem, et auctoritatem, et imperium tuum accedere. Quod ut facias, te etiam atque etiam rogo.

Illudque mihi gratissimum est, quod ita sciunt Lucceii procuratores, et ita Lucceius ipse ex litteris tuis, quas ad eum misisti, intellexit, hominis nullius apud te auctoritatem aut gratiam valere plus quam meam. Id ut re experiatur, iterum et sæpius te rogo.

EPISTOLA CLXIII

(ad div., XIII, 41)

Scrib. Romæ, post proxime superiorem, A. V. C. 694 et 699.

M. T. CICERO L. CULLEOLO, PROCOS. S. P. D.

Quæ fecisti Lucceii causa, scire te plane volo, te homini gratissimo commodasse: et quum ipsi, quæ fecisti, pergrata sunt, tum Pompeius quotiescumque me videt (videt autem sæpe), gratias tibi agit singulares. Addo etiam illud, quod tibi jucundissimum esse certo scio, me ipsum, ex tua erga Lucceium benignitate, maxima voluptate affici.

Pour l'avenir, quoique je sois sûr de la durée de vos sentiments, l'honneur de votre constance vous y engage autant que jadis le désir de m'obliger. Je vous prie très-instamment de soutenir jusqu'à la fin les dispositions que vous avez marquées d'abord, et qui ont été confirmées par des effets, et je vous demande en grâce d'y mettre le comble. Vous pouvez compter que ce sera obliger tout à la fois Lucceius et Pompée, et vous mettre parfaitement bien dans leur esprit.

Je vous écrivis, il y a peu de jours, sur l'état de la république et sur toutes les affaires présentes, et je vous marquai là-dessus mes réflexions : ma lettre fut remise à vos gens.

LETTRE CLXIV

Date incertaine.

CICÉRON A CURIUS, PROCONSUL

Q. Pompée, fils de Sextus, est lié avec moi depuis longtemps et par beaucoup de raisons. Mes recommandations ont toujours soutenu ses intérêts, son crédit, sa considération : il se flatte qu'aujourd'hui que vous commandez dans la province, il s'aperce-

---

Quod superest, quanquam mihi non est dubium quin, quum antea nostra causa, nunc jam etiam tuæ constantiæ gratia, mansurus sis in eadem ista liberalitate : tamen abs te vehementer etiam atque etiam peto, ut ea, quæ initio ostendisti deincepsque fecisti, ad exitum augeri et cumulari per te velis. Id et Lucceio et Pompeio valde gratum fore, teque apud eos præclare positurum, confirmo et spondeo.

De republica, deque his negotiis, cogitationibusque nostris perscripseram ad te diligenter paucis ante diebus, easque litteras dederam pueris tuis.

EPISTOLA CLXIV
(ad div., XIII, 49)

Scripta anno incerto.

CICERO CURIO, PROC. S. P. D.

Q. Pompeius, Sexti filius, multis et veteribus causis necessitudinis mihi conjunctus est. Is, quum antea meis commendationibus et rem, et gratiam, et auctoritatem suam tueri consuerit, nunc profecto, te provinciam obtinente, meis

vra, par mes lettres, qu'il n'a jamais eu de recommandation plus forte. Comme l'amitié qui est entre vous et moi vous oblige d'avoir autant d'égard pour mes amis que pour les vôtres, je vous prie instamment d'accorder si particulièrement votre protection à Pompée, qu'il s'aperçoive que rien ne pouvait lui être plus utile et plus honorable que ma recommandation.

LETTRE CLXV
Rome, 699.

M. T. CICÉRON A L. VALERIUS, JURISCONSULTE

Pourquoi ne vous accorderais-je pas la qualité de jurisconsulte, surtout dans un temps où l'audace tient lieu de sagesse? J'ai écrit à Lentulus pour le remercier vivement de votre part. Mais je souhaiterais être délivré de la nécessité de vous écrire, en prenant le parti de nous rejoindre, et qu'il vous parût plus agréable d'être dans un lieu où la compagnie est assez nombreuse, que dans celui où vous êtes, et où vous ne trouvez guère d'autre sage que vous-même. Ceux qui en viennent ici ne laissent pas de rapporter, les uns que vous êtes un superbe, qui ne fait au-

litteris assequi debet, ut nemini se intelligat commendatiorem unquam fuisse. Quamobrem a te majorem in modum peto, ut, quum omnes meos æque ac tuos observare, pro nostra necessitudine, debeas, hunc in primis ita in tuam fidem recipias, ut ipse intelligat nullam rem sibi majori usui, aut ornamento, quam meam commendationem, esse potuisse.

EPISTOLA CLXV
(ad div., I, 10)
Scrib. Romæ, A. V. C. 699.]

M. T. CICERO S. D. L. VALERIO, JURISCONSULTO

Cur enim tibi hoc non gratificer, nescio : præsertim quum his temporibus audacia, pro sapientia liceat uti. Lentulo nostro egi per litteras tuo nomine gratias diligenter. Sed tu velim desinas jam nostris litteris uti, et nos aliquando revisas; et ibi malis esse, ubi aliquo numero sis, quam istic, ubi solus sapere videare. Quanquam qui istinc veniunt, partim te superbum esse dicunt, quod

cune réponse; les autres, un homme dur, qui répond fort mal. Mais je souhaite que nous puissions badiner là-dessus de vive voix.

Revenez donc promptement, et n'approchez point de votre Apulie, afin que nous puissions vous revoir ici en bonne santé; car si vous y allez, il vous arrivera, comme à Ulysse, de ne reconnaître aucun des vôtres. Adieu.

LETTRE CLXVI
Rome, sous l'interrègne de 700.

M. T. CICÉRON A C. CURION

Quoique je sois fâché d'être soupçonné par vous de négligence, je suis bien moins sensible au chagrin d'encourir vos reproches qu'à la joie de vous voir souhaiter mes lettres. D'une part, d'ailleurs, vos accusations tombent sur un innocent. De l'autre, en désirant recevoir plus souvent de mes lettres, vous me donnez un témoignage d'amitié, amitié dont cette nouvelle preuve, quoique inutile, ne m'est pas moins douce et précieuse. Je vous assure que je n'ai laissé partir personne, lorsque j'ai cru qu'on pourrait vous rencontrer, sans une lettre pour vous.

nihil respondeas, partim contumeliosum, quod male. Sed jam cupio tecum coram jocari.

Quare fac, ut quamprimum venias, neque in Apuliam tuam accedas, ut possimus salvum venisse gaudere. Nam illo si veneris, tanquam Ulysses, cognosces tuorum neminem. Vale.

EPISTOLA CLXVI
(ad div., II, 1)
Scrib. Romæ, sub interregno, A. V. C. 700.

M. T. CICERO S. D. C. CURIONI

Quanquam me nomine negligentiæ suspectum tibi esse doleo, tamen non tam mihi molestum fuit accusari abs te officium meum, quam jucundum requiri : præsertim quum, in quo accusabar, culpa vacarem : in quo autem desiderare te significabas meas litteras, præ te ferres perspectum mihi quidem, sed tamen dulcem et optatum amorem tuum. Equidem neminem prætermisi, quem quidem ad te perventurum putarem, cui litteras non dederim.

Ne suis-je pas l'homme du monde le moins paresseux pour écrire? Pour vous, convenez que je n'ai reçu que deux ou trois de vos lettres, et des plus courtes. Ainsi ne me jugez point avec trop de sévérité, si vous ne voulez pas que je vous condamne pour le même crime, et traitez-moi comme vous souhaitez de l'être. Mais brisons là-dessus; car je ne crains pas que vous vous plaigniez justement de mon silence, surtout lorsque je m'apercevrai que mes lettres vous font plaisir.

J'ai regretté que vous fussiez si longtemps éloigné de nous, parce que je me suis vu privé de la douceur de votre commerce : mais je n'ai pu manquer de voir avec joie que vous ayez dans votre absence, et avec beaucoup de dignité, obtenu tout ce qu'il vous fallait, et que dans toutes vos affaires la fortune ait si bien répondu à mes désirs. Ce qu'une vive amitié m'inspire pour votre conduite se réduit à vous prier, à vous conjurer même de revenir si bien disposé, que vous puissiez soutenir les hautes espérances qu'on a conçues de votre caractère et de votre esprit. Et comme je vous promets que rien ne sera capable d'effacer dans mon cœur la mémoire de ce que je vous dois, je vous prie aussi de vous souvenir, à quelque degré de fortune et de dignité que vous puissiez parvenir, que vous n'y seriez point arrivé si vous n'aviez eu, dans votre enfance, de la docilité pour mes tendres et fidèles conseils. Je me flatte donc de vous trouver tant

Etenim quis est tam scribendo impiger quam ego? A te vero bis, terve ad summum, et eas perbreves accepi. Quare si iniquus es in me judex, condemnabo eodem ego te crimine : sin me id facere noles, te mihi æquum præbere debebis. Sed de litteris hactenus. Non enim vereor ne non scribendo te expleam; præsertim si in eo genere studium meum non aspernabere.

Ego te abfuisse tam diu a nobis et dolui, quod carui fructu jucundissimæ consuetudinis tuæ; et lætor, quod absens omnia cum maxima dignitate es consecutus : quodque, in omnibus tuis rebus, meis optatis fortuna respondit. Breve est, quod me tibi præcipere meus incredibilis in te amor cogit: tanta es exspectatio vel animi vel ingenii tui, ut ego te obsecrare obtestarique non dubitem, sic ad nos conformatus revertare, ut quam exspectationem tui concitasti, hanc sustinere ac tueri possis. Et quoniam meam tuorum erga me meritorum memoriam nulla unquam delebit oblivio, te rogo ut memineris, quantæcumque tibi accessiones fient et fortunæ et dignitatis, eas te non potuisse consequi, nisi meis puer olim fidelissimis atque amantissimis consiliis paruis-

d'affection pour moi, que, dans un âge qui commence à s'appesantir, je puisse me reposer avec confiance sur votre amitié et sur votre jeunesse. Adieu.

LETTRE CLXVII
Rome, 700.

CICÉRON A TRÉBATIUS

Si vous n'étiez hors de Rome, vous en voudriez sortir aujourd'hui; car à quoi sert un jurisconsulte dans tous ces interrègnes? Pour moi, je conseille à tous ceux auxquels on réclame une dette, de demander deux délais de consultation à chaque *interroi*. Vous paraît-il ici que j'aie appris de vous assez de droit civil?

Mais, dites-moi donc, que faites-vous? comment vont les affaires? car je trouve de la gaieté dans vos lettres. Ces *signes*-là valent bien mieux que ceux de ma maison de Tusculum. Je veux être informé de ce qui en est. César vous consulte, m'écrivez-vous : j'aimerais bien mieux qu'il consultât vos intérêts. S'il le fait, ou si vous voyez que ce soit son dessein, croyez-moi, supportez les incommodités de la guerre, et demeurez auprès de lui; l'espé-

---

ses. Quare hoc animo in nos esse debebis, ut ætas nostra jam ingravescens in amore atque in adolescentia tua conquiescat. Vale.

EPISTOLA CLXVII
(ad div., VII, 11)
Scrib. Romæ, A. V. C. 700.

CICERO TREBATIO S. D.

Nisi ante Roma profectus esses, nunc eam certe relinqueres. Quis enim, tot interregnis, jurisconsultum desiderat? Ego omnibus, unde petitur, hoc consilii dederim, ut a singulis interregibus binas advocationes postulent. Satisne tibi videor abs te jus civile didicisse?

Sed heus tu, quid agis? ecquid fit? video enim te jam jocari per litteras. Hæc signa meliora sunt, quam in meo Tusculano. Sed quid sit, scire cupio. Consuli quidem te a Cæsare scribis : sed ego tibi ab illo consuli mallem. Quod si aut fit, aut futurum putas, perfer istam militiam et permane : ego enim

rance de votre bonheur adoucira le regret que j'ai de votre absence. Mais si les apparences sont chimériques, revenez-nous. Tôt ou tard il vous arrivera ici quelque chose d'heureux ; sinon un seul de nos entretiens vaudra mieux que toutes les Samarobrives.

Enfin, si vous prenez le parti de revenir bientôt, on n'en parlera point ; au lieu que si votre absence se prolonge sans résultat, je crains non-seulement Laberius, mais jusqu'à notre ami Valerius. Ce serait un rôle fort comique que celui d'un jurisconsulte breton. Je ne badine point, quoique vous m'écriviez là-dessus en badinant ; mais je prends, suivant ma coutume, un ton plaisant pour traiter une affaire très-sérieuse.

Raillerie à part, si ma recommandation sert là-bas à votre avancement, j'exige, avec toute l'amitié que j'ai pour vous, que vous supportiez l'absence, et que vous ne pensiez qu'à l'augmentation de votre fortune et de votre gloire. Si vous remarquez qu'on s'y porte froidement, venez nous rejoindre. Cependant je suis toujours persuadé que votre mérite et l'ardeur de mon zèle vous feront obtenir tout ce que vous souhaitez.

desiderium tui, spe tuorum commodorum, consolabor. Sin autem ista sunt inaniora, recipe te ad nos. Nam aut erit hic aliquid aliquando ; aut, si minus, una mehercule collocutio nostra pluris erit, quam omnes Samarobrivæ.

Denique, si cito te retuleris, sermo nullus erit. Si diutius frustra abfueris, non modo Laberium, sed etiam sodalem nostrum Valerium pertimesco ; mira enim persona induci potest Britannici jurisconsulti. Hæc ego non rideo, quamvis tu rideas : sed de re severissima tecum, ut soleo, jocor.

Remoto joco, tibi hoc amicissimo animo, præcipio, ut, si istic mea commendatione tuam dignitatem obtinebis, perferas nostri desiderium, honestatem et facultates tuas augens : sin autem ista frigebunt, recipias te ad nos. Omnia tamen quæ vis, et tua virtute profecto et nostro summo erga te studio consequere.

LETTRE CLXVIII
Rome, 700.

M. T. CICÉRON A C. CURION

Je perds, dans un homme aussi illustre que votre père, un témoin imposant de ma tendresse pour vous. Sa propre gloire, et le bonheur d'avoir un tel fils, l'auraient rendu le plus heureux de tous les hommes, s'il avait eu la consolation de vous voir avant sa mort : mais j'espère que notre amitié se peut passer de témoins. Que les dieux répandent leurs bénédictions sur votre héritage. Soyez sûr du moins d'avoir en moi un homme à qui vous serez aussi cher et aussi agréable qu'à votre père.

LETTRE CLXIX
Rome, 700.

M. T. CICÉRON A C. CURION

Rupa n'a point manqué de zèle pour annoncer de votre part des présents publics; mais j'ai jugé avec tous vos amis qu'il ne

EPISTOLA CLXVIII
(ad div., II, 2)
Scrib. Romæ, A. V. C. 700.

M. T. CICERO C. CURIONI S. D.

Gravi teste privatus sum amoris summi erga te mei, patre tuo, clarissimo viro; qui, quum suis laudibus, tum vero te filio, superasset omnium fortunam, si ei contigisset, ut te ante videret, quam a vita discederet : sed spero nostram amicitiam non egere testibus. Tibi patrimonium dii fortunent. Me certe habebis, cui et carus æque sis et jucundus, ac fuisti patri.

EPISTOLA CLXIX
(ad div., II, 3)
Scrib. [Romæ, A. V. C. 700.

M. T. CICERO C. CURIONI S. D.

Rupæ studium non defuit declarandorum munerum tuo nomine ; sed nec

fallait rien faire en votre absence, que vous ne fussiez le maître de changer à votre retour. Je vous écrirai plus au long ce que je pense là-dessus ; ou, de peur que vous ne méditiez votre défense, j'irai vous prendre à l'improviste, et à votre projet j'opposerai le mien : de sorte que, si je ne vous fais point entrer dans mon sentiment, il demeurera du moins gravé dans votre esprit; et s'il arrivait, sans que je le désire, que le vôtre vînt à vous déplaire, vous pourriez vous souvenir du mien. Cependant, pour m'expliquer en peu de mots, persuadez-vous que votre retour tombe dans des conjonctures où les avantages que vous tenez de la nature, de l'étude et de la fortune, serviront plus que des présents à vous faire obtenir le rang le plus élevé dans la république.

On est revenu de l'admiration qu'on avait pour les présents, qui sont le fait de la richesse et non du mérite. Il n'est personne qui n'en soit rassasié ; mais j'oubliais que je ne voulais pas m'expliquer là-dessus. Remettons cela à votre arrivée : je vous déclare qu'on a conçu de vous les plus grandes espérances, et que tout ce que l'on peut attendre de la vertu consommée et d'un esprit distingué, on se le promet de vous. Si vous y êtes préparé, comme j'en ai la confiance, vous ferez à vos amis, à tous les citoyens et à la république d'assez grands et d'assez nombreux présents·

---

mihi placuit, nec cuiquam tuorum, quidquam te absente fieri, quod tibi, quum venisses, non esset integrum. Equidem quid sentiam, aut scribam ad te postea pluribus, aut, ne ad ea meditere, imparatum te offendam, coramque contra istam tuam rationem, meam dicam ; ut aut te in meam sententiam adducam, aut certe testatum apud animum tuum relinquam, quid senserim : ut si quando (quod nolim) displicere tibi consilium tuum cœperit, possis meum recordari. Brevi tamen sic habeto, in eum statum temporum tuum reditum incidere, ut iis bonis, quæ tibi natura, studio, fortuna data sunt, facilius omnia quæ sunt amplissima in republica consequi possis, quam muneribus.

Quorum neque facultatem quisquam admiratur (est enim copiarum, non virtutis) ; neque quisquam est, quin satietate jam defessus sit : sed aliter atque ostenderam facio, qui ingrediar ad explicandam rationem sententiæ meæ. Quare omnem hanc disputationem in adventum tuum differo. Summa scito te in exspectatione esse, eaque a te exspectari, quæ a summa virtute summoque ingenio exspectanda sunt. Ad quæ si es, ut debes, paratus (quod ita esse confido), plurimis maximisque muneribus et nos amicos, et cives tuos univer-

Vous reconnaîtrez du moins que personne n'a pour vous plus de tendresse et plus d'attachement que moi.

LETTRE CLXX
Rome, 700.

CICÉRON A TRÉBATIUS

Je commençais à m'étonner de l'interruption de vos lettres, lorsque j'ai appris de Pansa que vous vous étiez fait épicurien. La belle campagne que voilà ! Qu'auriez-vous donc fait, si je vous avais envoyé à Tarente, au lieu de Samarobrive ? J'ai commencé à mal augurer de vous, depuis que vous avez pris mon ami Titius pour modèle. Que ferez-vous du droit civil, si votre principe est de rapporter tout à votre intérêt et rien à celui de vos concitoyens ? Et que deviendra pour vous cet ancien axiome de la bonne foi, « bien agir avec les gens de bien ? » Peut-on l'être encore quand on ne songe qu'à soi ? Quel droit établirez-vous pour le partage des biens communs, puisque rien ne peut être commun entre ceux qui n'ont pour règle que leur

---

sos, et rempublicam afficies. Illud cognosces profecto, mihi te neque cariorem neque jucundiorem esse quemquam.

EPISTOLA CLXX
(ad div., VII, 12)
Scrib. Romæ, A. V. C. 700.

CICERO TREBATIO S. D.

Mirabar, quid esset, quod tu mihi litteras mittere intermisisses. Indicavit mihi Pansa meus, epicureum te esse factum. O castra præclara ! Quid tu fecisses, si te Tarentum, non Samarobrivam misissem ? Jam tum mihi non placebas, quum idem intuebare, quod et Titius familiaris meus. Sed quonam modo jus civile defendes, quum omnia tua causa facias, non civium ? Ubi porro illa erit formula fiduciæ INTER BONOS BENE AGIER ? Quis est enim bonus, qui facit nihil, nisi sua causa ? Quod jus statues COMMUNI DIVIDUNDO, quum commune nihil possit esse apud eos, qui omnia voluptate sua metiuntur ? Quomodo autem

propre plaisir? Comment pourrez-vous jurer par Jupiter, puisque Jupiter, comme vous le savez bien, n'est pas capable de colère contre les hommes? Et que ferez-vous de vos clients d'Ulubre, si vous ne voulez point qu'un homme sage se mêle de politique? Ma foi, si vous êtes déserteur, j'en suis fâché ; mais s'il vous revient quelque avantage de flatter Pansa, je vous le pardonne ; à condition néanmoins que vous m'écriviez quelquefois ce que vous faites, et ce que je puis faire ici pour vous.

LETTRE CLXXI

Rome, 4 mars 700.

CICÉRON A TRÉBATIUS

M'avez-vous cru assez injuste pour me fâcher sérieusement de vous trouver peu de persévérance et trop d'empressement pour votre retour? et se peut-il que vous ayez attribué mon silence à cette cause? J'ai remarqué dans vos premières lettres que vous n'aviez pas l'esprit tranquille, et j'en ai ressenti du chagrin ; mais la seule raison qui m'ait empêché de vous écrire, est que j'ignorais absolument où vous étiez. Vous grondez encore, et cette excuse ne vous satisfait pas. Écoutez, mon cher Testa ; je suis curieux d'ap-

placebit jovem lapidem jurare, quum scias Jovem iratum esse nemini posse? Quid porro fiet populo Ulubrano, si tu statueris πολιτεύεσθαι non oportere? Quare si plane a nobis deficis, moleste fero ; sin Pansæ assentari commodum est, ignosco. Modo scribe aliquando ad nos quid agas, et a nobis quid fieri aut curari velis.

EPISTOLA CLXXI
(ad div., VII, 15)

Scrib. Romæ, iv non. mart. A. V. C. 700.

CICERO TREBATIO S. D.

Adeone me injustum esse existimasti, ut tibi irascerer, quod parum mihi constans et nimium cupidus decedendi viderere, ob eamque causam me arbitrarere litteras ad te jamdiu non misisse? Mihi perturbatio animi tui, quam primis litteris perspiciebam, molestiam attulit. Neque alia ulla fuit causa intermissionis epistolarum, nisi quod, ubi esses, plane nesciebam. Hic tu me etiam insimulas, nec satisfactionem meam accipis. Audi, mi !Testa : utrum

prendre si c'est parce que vous avez beaucoup d'argent, ou parce que César vous consulte, que vous devenez si orgueilleux : à l'air que je vous vois, je veux mourir si vous n'aimez mieux être consulté qu'enrichi par César. Mais si vous avez ces deux raisons ensemble, vous serez insupportable pour tout le monde, excepté pour moi qui supporte tout. Revenons. Je me réjouis beaucoup, au fond, de ce que vous n'êtes plus là malgré vous; et je vois que ce qui faisait votre chagrin commence à vous causer du plaisir. Ma crainte est seulement que vous ne tiriez peu de fruit de votre artifice, car j'apprends *que, du côté où vous êtes, ce n'est point par le droit, mais avec le fer qu'on fait valoir ses prétentions.*

Mais ce n'est point vous qui vous prêtez à la violence, et je ne crains pas que vous encouriez la prohibition de l'édit, *si, le premier, vous êtes venu avec des hommes armés :* je sais que vous n'êtes point un agresseur insolent. Mais il faut que je vous donne aussi quelque avis pour votre sûreté. Je crois que vous avez à faire avec les *Treviri*, et j'apprends qu'ils sont dangereux. J'aimerais mieux qu'ils fussent préposés à l'or, au bronze ou à l'argent. Mais nous plaisanterons une autre fois. Ne me laissez rien ignorer de ce qui vous concerne. Le 4 mars.

superbiorem te pecunia facit, an quod te imperator consulit? Moriar, ni, quæ tua gloria est, puto te malle a Cæsare consuli, quam inaurari. Si vero utrumque est : quis te feret præter me, qui omnia ferre possum? Sed ut ad rem redeam, te istic invitum non esse vehementer gaudeo ; et ut illud erat molestum, sic hoc est jucundum. Tantum metuo ne artificium tuum tibi parum prosit. Nam, ut audio istic,

  Non ex jure manu consertum, sed mage ferro
  Rem repetunt.

At tu non soles ad vim faciendam adhiberi ; neque est, quod illam exceptionem in interdicto pertimescas: QUOD TU PRIOR VI HOMINIBUS ARMATIS VENERIS. Scio enim te non esse procacem in lacessendo. Sed, ut ego quoque te aliquid admoneam de nostris cautionibus, Treviros vites censeo; audio capitales esse : mallem auro, ære, argento essent. Sed alias jocabimur. Tu ad me de istis rebus omnibus scribas velim quam diligentissime. A. d. IV non. mart.

LETTRE CLXXII

Rome, 700.

CICÉRON A TRÉBATIUS

Voyez la bizarre humeur de ceux qui aiment. J'étais fâché d'abord que vous fussiez comme malgré vous dans le lieu où vous êtes; aujourd'hui je suis piqué d'apprendre par vos lettres que vous y demeurez volontiers. Je voyais avec chagrin que vous ne tiriez aucun agrément de ma recommandation, et je ne suis pas aujourd'hui plus content de vous voir des plaisirs auxquels je n'ai point de part. Cependant j'aime mieux cette peine-là, que de ne pas obtenir pour vous ce que nous désirons. Je ne puis vous exprimer combien votre liaison avec C. Matius me cause de joie; c'est un des plus aimables et des plus savants hommes du monde. N'épargnez rien pour vous en faire aimer; et comptez que vous ne pouvez rapporter de plus agréable fruit de votre voyage. Je vous recommande votre santé.

EPISTOLA CLXXII
(ad div., VII, 15)

Scrib. Romæ, A. V. C. 700.

CICERO TREBATIO S. D.

Quam sint morosi qui amant, vel ex hoc intelligi potest. Moleste ferebam antea, te invitum istic esse; pungit me rursus, quod scribis esse te istic libenter. Neque enim mea commendatione te non delectari facile patiebar; et nunc angor, quidquam tibi sine me esse jucundum. Sed hoc tamen malo ferre desiderium, quam te non ea, quæ spero, consequi. Quum vero in C. Matii suavissimi doctissimique hominis familiaritatem venisti, non dici potest quam valde gaudeam : qui fac ut te quam maxime diligat. Mihi crede : nihil ex ista provincia potes, quod jucundius sit, deportare. Cura ut valeas.

LETTRE CLXXIII
Pomptinum, 8 avril 700.

M. CICÉRON A TREBATIUS

J'ai reçu en même temps plusieurs lettres écrites par vous à diverses époques, et je suis fort satisfait de ce qu'elles contiennent. J'y apprends que la fermeté ne vous manque plus pour supporter les fatigues militaires, et que vous êtes un homme de courage. Cependant si je vous ai reproché d'en manquer un peu, j'en accusais moins la faiblesse de votre âme que l'extrême impatience que je vous supposais de nous revoir. Continuez donc comme vous avez commencé, et résistez courageusement aux fatigues de la guerre : croyez-moi, vous en recueillerez plus d'un avantage. Je renouvellerai ma recommandation, mais en temps opportun ; soyez persuadé que je m'intéresse autant que vous à vous faire tirer de votre voyage tous les fruits possibles. Puisque votre caution n'est pas suffisante, en voici une en grec, de ma propre main.

Je vous prie de me donner des nouvelles de la guerre des Gaules ; j'ai beaucoup de confiance en celles qui viennent des

EPISTOLA CLXXIII
(ad div., VII, 18)

Scrib. in Pomptino, vi id. april. A. V. C. 700.

CICERO TREBATIO S. D.

Accepi a te aliquot epistolas uno tempore, quas tu diversis temporibus dederas : in quibus me cætera delectarunt. Significabant enim, te istam militiam jam firmo animo ferre, et esse fortem virum et constantem. Quæ ego paulisper in te ita desideravi, non imbecillitate animi tui, sed magis ut desiderio nostri te æstuare putarem. Quare perge, ut cœpisti : forti animo istam tolera militiam. Multa, mihi crede, assequere. Ego enim renovabo commendationem, sed tempore. Sic habeto, non tibi majori esse curæ, ut iste tuus a me discessus quam fructuosissimus tibi sit, quam mihi. Itaque, quando vestræ cautiones infirmæ sunt, græculam tibi misi cautionem chirographi mei.

Tu me velim de ratione Gallici belli certiorem facias : ego enim ignavissimo

poltrons. Revenons à vos lettres. Tout va bien jusqu'ici : mais j'admire qu'écrivant vous-même, vous ayez la patience d'en faire ainsi plusieurs copies. Que vous commenciez à écrire sur un papier gratté, c'est une économie fort louable ; mais je cherche ce que peut être ce que vous avez pris la peine d'effacer, à moins que ce ne soient vos formules de droit ; car je ne puis m'imaginer que vous grattiez mes lettres pour me faire réponse sur le même papier. Voudriez-vous me faire entendre que vos affaires n'avancent point, que vous languissez, qu'on vous laisse manquer même de papier ? C'est votre faute ; pourquoi emporter avec vous votre discrétion, au lieu de la laisser à Rome ? Lorsque Balbus nous quittera pour vous rejoindre, je vous recommanderai à lui dans des termes romains. Si vous trouvez trop d'intervalle entre mes lettres, ne vous étonnez pas. Je devais être absent pendant tout le mois d'avril : et je vous écris celle-ci de Pomptinum, où je suis venu chez Metrilius Philémon, et d'où j'ai déjà entendu le bruit des clients que vous m'avez procurés. On assure en effet qu'un grand nombre de petites grenouilles d'Ulubre se sont remuées pour me faire honneur. Prenez soin de votre santé. Pomptinum, le 8 avril.

J'ai déchiré la lettre que j'ai reçue de vous par L. Arruntius, quoique fort innocente ; car je n'y ai rien remarqué qui ne pût être lu dans une assemblée publique ; mais Arruntius m'a dit

cuique maximam fidem habeo. Sed ut ad epistolas tuas redeam, cætera belle : illud miror. Quis solet eodem exemplo plures dare, qui sua manu scribit ? Nam quod in palimpsesto, laudo equidem parcimoniam : sed miror, quid in illa chartula fuerit quod delere malueris, nisi forte tuas formulas. Non enim puto te meas epistolas delere, ut reponas tuas. An hoc significas, nihil fieri ? frigere te ? ne chartam quidem tibi suppeditare ? Jam ista tua culpa est, qui verecundiam tecum extuleris, et non hic nobiscum reliqueris. Ego te Balbo, quum ad vos proficiscetur, more Romano commendabo. Tu, si intervallum longius erit mearum litterarum, ne sis admiratus : eram enim affuturus mense aprili. Has litteras scripsi in Pomptino, quum ad villam Metrilii Philemonis divertissem : ex qua jam audieram fremitum clientium meorum, quos quidem tu mihi conciliasti. Nam Ulubris honoris mei causa vim maximam ranuncularum se commovisse constabat. Cura ut valeas. vi idus april. de Pomptino.

Epistolam tuam, quam accepi ab L. Arruntio, conscidi innocentem. Nihil enim habebat quod non vel in concione recte legi posset. Sed et Arruntius ita

que vous le souhaitiez, et vous me le marquiez vous-même. Passe pour cela ; mais je suis surpris que vous ne m'ayez pas écrit depuis, surtout lorsqu'il y a tant de nouveaux événements.

LETTRE CLXXIV
Rome, 700.

M. T. CICÉRON A C. CURION

Vous n'ignorez pas qu'il y a plus d'un genre de lettres, mais le principal, et celui même qui les a fait inventer, est pour informer les absents de ce qu'il leur importe d'apprendre ou à nous de leur faire savoir. Ce n'est point une lettre de ce genre que vous me demandez ; car vous ne manquez point de gens qui vous écrivent sur vos affaires domestiques, et je n'ai rien de nouveau à vous marquer sur les miennes. Il reste deux autres genres de lettres, auxquels je prends beaucoup de plaisir ; l'un familier et enjoué, l'autre grave et sérieux. Je ne sais en vérité lequel me sied le moins aujourd'hui. Badinerai-je avec vous dans mes lettres ? quel citoyen pourrait rire dans les conjonctures où nous sommes ? Vous écrirai-je d'un ton sérieux ? de quoi peut-on entretenir sé-

---

te mandasse aiebat, et tu adscripseras. Verum illud esto. Nihil te ad me postea scripsisse demiror, præsertim tam novis rebus.

EPISTOLA CLXXIV
(ad div., II, 4)
Scrib. Romæ, A. V. C. 700.

M. T. CICERO C. CURIONI S. D.

Epistolarum genera multa esse non ignoras ; sed unum illud certissimum, cujus causa inventa res ipsa est, ut certiores faceremus absentes, si quid esset, quod eos scire, aut nostra aut ipsorum interesset. Hujus generis litteras a me profecto non expetis. Tuarum enim rerum domesticarum habes et scriptores et nuntios. In meis autem rebus nihil est sane novi. Reliqua sunt epistolarum genera duo quæ me magnopere delectant : unum familiare et jocosum, alterum severum et grave. Utro me minus deceat uti, non intelligo, jocerne tecum per litteras ? civem mehercule non puto esse qui temporibus his ridere possit. An gravius aliquid scribam ? quid est quod possit graviter scribi

478 LETTRES DE CICÉRON.

rieusement Curion, si ce n'est des affaires publiques? Mais tels sont mes principes, que je ne puis écrire là-dessus ce que je ne pense point. Puisqu'il ne me reste aucun autre sujet de lettres, je reviens à mes propos ordinaires, et je vous dis : aimez, aimez la gloire. Vous avez une terrible ennemie, qui n'attend que votre arrivée : c'est l'espérance extraordinaire qu'on a conçue de vous. Vous la surmonterez aisément, si vous prenez pour principe qu'il faut vous perfectionner dans les choses qui peuvent vous conduire à l'espèce de gloire dont votre cœur est épris. Je m'étendrais là-dessus, si je ne savais que vous n'avez pas besoin d'être excité. Et ce que j'ai dit est moins pour vous servir d'aiguillon, que pour vous témoigner mon amitié. Adieu.

LETTRE CLXXV
Rome, 700.

M. T. CICÉRON A C. CURION

Je n'ose vous expliquer, même dans une lettre, la situation de vos affaires. Quoique vous soyez, comme je vous l'ai déjà marqué, dans le même vaisseau que nous, en quelque lieu que vous puis-

ad Curionem nisi de republica? Atque in hoc genere hæc mea causa est, ut neque ea quæ non sentio velim scribere. Quamobrem, quoniam mihi nullum scribendi argumentum relictum est, utar ea clausula qua soleo, teque ad studium summæ laudis cohortabor. Est enim tibi gravis adversaria constituta et parata, incredibilis quædam exspectatio ; quam tu una re facillime vinces, si hoc statueris : quarum laudum gloriam adamaris, quibus artibus eæ laudes comparantur, in iis esse elaborandum. In hanc sententiam scriberem plura, nisi te tua sponte satis incitatum esse confiderem : et hoc quidquid attigi, non feci inflammandi tui causa, sed testificandi amoris mei. Vale.

EPISTOLA CLXXV
(ad div., II, 5)

Scrib. Romæ, A. V. C. 700.

M. T. CICERO C. CURIONI S. D.

Hæc negotia quomodo se habeant, ne epistola quidem narrare audeo. Tibi, etsi ubicumque es, ut scripsi ad te antea, in eadem es navi, tamen, quod abes,

siez être, je vous félicite néanmoins de votre absence : soit parce qu'elle vous exempte du spectacle qui frappe ici nos yeux ; soit parce que, dans la situation éclatante où vous êtes, exposé à la vue d'un grand nombre de nos alliés et de nos citoyens, votre gloire rejaillit jusqu'à nous, non par des rapports obscurs ou équivoques, mais par des témoignages unanimes. Mon unique embarras est de ne savoir si je dois vous féliciter ou trembler de l'attente qu'excite votre retour. Je suis bien éloigné de craindre que votre vertu ne réponde point à l'opinion publique; mais j'appréhende qu'à votre arrivée vous ne trouviez pas de quoi vous employer, tant il y a ici de langueur, ou plutôt de torpeur dans les esprits. Je m'explique peut-être trop librement dans une lettre, et j'aime mieux que vous receviez ces explications par un autre. Soit que vous ayez quelque espoir pour la république, soit que vous en désespériez, préparez, méditez, disposez tout ce qu'on doit attendre d'un citoyen et d'un homme destiné à relever l'État affligé, opprimé par le malheur des temps et par la corruption des mœurs; à lui rendre son antique splendeur et sa liberté.

gratulor : vel quia non vides ea quæ nos, vel quod excelso et illustri loco sita sit laus tua, in plurimorum et sociorum et civium conspectu : quæ ad nos nec obscuro, nec vario sermone, sed et clarissima et una omnium voce perfertur. Unum illud nescio, gratulerne tibi, an timeam, quod mirabilis est exspectatio reditus tui : non quo verear ne tua virtus opinioni hominum non respondeat, sed, mehercule, ne quum veneris non habeas jam quod cures, ita sunt omnia debilitata et jam prope exstincta. Sed hæc ipsa nescio rectene sint litteris commissa : quare cætera cognosces ex aliis. Tu tamen, sive habes aliquam spem de republica, sive desperas, ea para, meditare, cogita, quæ esse in eo cive ac viro debent, qui sit rempublicam afflictam et oppressam, miseris temporibus, ac perditis moribus, in veterem dignitatem ac libertatem vindicaturus.

LETTRE CLXXVI

Écrite à Rome, probablement en 700.

M. T. CICÉRON A P. SEXTIUS, FILS DE P.

Ce n'est point par oubli de notre amitié, ni par aucun refroidissement, que j'ai laissé passer quelque temps sans vous écrire. J'ai d'abord été retenu par mon propre abattement, au milieu des catastrophes de la république et des miennes; ensuite vos injustes et cruelles disgrâces sont devenues pour moi une autre cause de retard. Mais l'intervalle a été assez long; je me suis enfin rappelé votre vertu et votre grandeur d'âme, et je ne crois pas manquer à mes principes en vous écrivant ces lignes.

Je vous ai défendu, mon cher P. Sextius, la première fois qu'on entreprit de vous rendre odieux et que vous fûtes accusé pendant votre absence. Ensuite, je me suis fait, autant que je l'ai pu, le défenseur de votre personne et de votre cause, lorsque vous vous êtes trouvé engagé dans l'affaire et dans le péril de votre intime ami. Enfin, dans ces derniers temps, aussitôt après mon retour, quoique j'aie trouvé la situation des affaires bien différente de ce

EPISTOLA CLXXVI

(ad div., V, 17)

Scrib. Romæ, fortassis A. V. C. 700.

M. T. CICERO S. D. P. SEXTIO P. F.

Non oblivione amicitiæ nostræ, neque intermissione consuetudinis meæ, superioribus temporibus ad te nullas litteras misi; sed quod priora tempora in ruinis reipublicæ, nostrisque jacuerunt. Posteriora autem ne a scribendo, tuis injustissimis atque acerbissimis incommodis, retardarunt. Quum vero et intervallum jam satis longum fuisset, et tuam virtutem, animique magnitudinem diligentius essem mecum recordatus : non putavi esse alienum institutis meis hæc ad te scribere.

Ego te, P. Sexti, et primis temporibus illis, quibus in invidiam absens, et in crimen vocabare, defendi ; et, quum in tui familiarissimi judicio ac periculo tuum crimen conjungeretur, ut potui accuratissime te tuamque causam tutatus sum ; et proxime, recenti adventu meo, quum rem aliter institutam offendis-

qu'elle aurait été si je n'eusse pas quitté Rome, je n'ai pas laissé de vous servir dans toutes les occasions. Et dans les mêmes circonstances, lorsque le mécontentement causé par la cherté des vivres, la malignité de ceux qui non-seulement étaient vos ennemis, mais qui n'étaient pas mieux disposés pour vos amis, l'injustice des juges et tant d'autres plaies de la république, ont eu plus de force que la vérité et la justice même de la cause, Publius votre fils n'a pas vainement cherché mes conseils, mes services et mon crédit.

Si je vous rappelle avec combien de zèle et de religion j'ai rempli tous les devoirs de l'amitié, c'est pour vous faire connaître que je me crois obligé par le même motif à vous faire aujourd'hui souvenir, non-seulement que vous êtes homme, mais que vous êtes un homme de courage; qu'en cette qualité vous devez supporter avec modération un mal commun du sort, qu'il n'est au pouvoir de personne de prévenir et d'éviter; que vous devez résister courageusement à la fortune, et faire réflexion qu'à Rome et dans tous les États qui se gouvernent eux-mêmes, il est arrivé à quantité de grands et de vertueux personnages d'essuyer les mêmes accidents par d'injustes sentences. Comptez, et plût au ciel que je vous l'écrivisse avec moins de vérité! que vous êtes privé d'une république où il ne reste plus rien qui puisse satisfaire un homme sage.

---

sem ac mihi placuisset, si affuissem ; tamen nulla re saluti tuæ defui : quumque eo tempore invidia annonæ, inimici non solum tui, verum etiam amicorum tuorum, iniquitas totius judicii, multaque alia reipublicæ vitia, plus quam causa ipsa veritasque valuissent, Publio tuo, neque opera, neque consilio, neque labore, neque gratia, neque testimonio defui.

Quamobrem, omnibus officiis amicitiæ diligenter a me sancteque servatis, ne hoc quidem prætermittendum esse duxi, te ut hortarer rogaremque, ut et hominem te et virum esse meminisses; id est, ut communem incertumque casum, quem neque vitare quisquam nostrum, nec præstare ullo pacto potest, sapienter ferres, et dolori fortiter ac fortunæ resisteres ; cogitaresque, et in nostra civitate, et in cæteris quæ rerum potitæ sunt, multis fortissimis atque optimis viris, injustis judiciis, tales casus incidisse. Illud utinam ne vere scriberem, ea te republica carere, in qua neminem prudentem hominem res ulla delectet!

A l'égard de votre fils, je craindrais, si je ne vous en parlais point, de refuser à sa vertu le témoignage que je lui dois ; mais je ne pourrais aussi vous écrire tout ce que je pense de lui, sans renouveler peut-être trop vivement vos regrets et votre douleur. Vous ne sauriez mieux faire néanmoins, dans quelque lieu que vous soyez, que de vous rappeler l'idée de sa tendresse, de sa vertu, de son mérite. Ce sont des biens qui vous appartiennent. On ne jouit pas moins de ce que l'imagination nous représente que de ce qui frappe les yeux. Vous devez donc tirer beaucoup de consolation de sa vertu et de la tendresse extrême qu'il a pour vous. Vous n'en devez pas tirer moins de la constance de vos amis qui vous estiment et vous estimeront toujours, selon votre mérite et non selon votre fortune. Votre conscience aussi vous fournira la plus grande des consolations. Vous réfléchirez que vous n'avez rien mérité de ce qui vous arrive. Ajoutez à cela que le sage n'est sensible qu'à la honte, et non aux injustices du sort et aux fautes d'autrui !

Le souvenir de notre ancienne amitié, le mérite de votre fils, et les soins qu'il me rend m'avertissent de ne jamais manquer, soit de vous consoler, soit de soulager votre infortune. Si vous me chargez de quelque chose, je ferai en sorte que vous ne m'ayez pas écrit en vain. Adieu.

De tuo autem filio vereor ne, si nihil ad te scripserim, debitum ejus virtuti videar testimonium recusasse ; sin autem omnia quæ sentio perscripserim, ne refricem meis litteris desiderium ac dolorem tuum. Sed tamen prudentissime facies, si illius pietatem, virtutem, industriam, ubicumque eris, tuam esse, tecum esse duces. Nec enim minus nostra sunt quæ animo complectimur, quam quæ oculis intuemur. Quamobrem et illius eximia virtus summusque in te amor magnæ tibi consolationi debet esse, et nos cæterique qui te non ex fortuna sed ex virtute tua pendimus semperque pendemus ; et maxime animi tui conscientia, quum tibi nihil merito accidisse reputabis, si et illud adjunges, homines sapientes turpitudine, non casu, et delicto suo, non aliorum injuria commoveri.

Ego et memoria nostræ veteris amicitiæ, et virtute atque observantia filii tui monitus, nullo loco deero, neque ad consolandum, neque ad levandum fortunam tuam. Tu si quid forte ad me scripseris, perficiam ne te frustra scripsisse arbitrere. Vale.

LETTRE CLXXVII

Rome, 700.

CICÉRON A TREBATIUS

Pour me montrer que vous ne m'oubliez pas tout à fait, Chrysippus Vettius, affranchi de Cyrus l'architecte, m'a fait des compliments de votre part. Vous êtes donc un bien grand seigneur, que vous ne prenez pas la peine de m'écrire par un homme qui est presque de ma maison. Si vous avez oublié l'usage d'écrire, on en verra perdre moins de causes à ceux qui vous prendront pour avocat. Si c'est moi que vous avez oublié, je tâcherai de me rendre où vous êtes, avant que je sois tout à fait sorti de votre souvenir. Enfin, si c'est la campagne d'été qui vous ôte les forces, imaginez quelque expédient, comme vous avez fait pour la Bretagne.

J'ai appris de Chrysippus, avec bien de la joie, l'intimité de vos relations avec César ; mais j'aurais mieux aimé, et convenez que ce serait justice, être informé par vous-même de votre situation. Assurément vous n'y auriez pas manqué, si vous aviez appris les

EPISTOLA CLXXVII
(ad div., VII, 14)

Scrib. Romæ, A. V. C. 700.

CICERO TREBATIO S. D.

Chrysippus Vettius, Cyri architecti libertus, fecit ut te non immemorem putarem mei : salutem enim verbis tuis nuntiavit. Valde jam lautus es, qui gravere litteras ad me dare, homini præsertim prope domestico. Quod si scribere oblitus es, minus multi jam, te advocato, causa cadent. Si nostri oblitus es, dabo operam ut istuc veniam ante quam plane ex animo tuo effluam. Sin æstivorum timor te debilitat, aliquid excogita, ut fecisti de Britannia.

Illud quidem perlubenter audivi ex eodem Chrysippo, te esse Cæsari familiarem. Sed, mehercule, mallem, id quod erat æquius, de tuis rebus ex tuis litteris quam sæpissime cognoscere. Quod certe ita fieret, si tu maluisses

lois de l'amitié au lieu de celles de la chicane. Je badine, comme vous voyez, suivant votre coutume, et même un peu suivant la mienne. Je vous aime vivement : mais il faut m'aimer aussi; et je me flatte que vous le faites.

LETTRE CLXXVIII

Rome, 700.

M. T. CICÉRON A C. CURION

Sans savoir encore si vous êtes arrivé en Italie, je fais partir avec cette lettre, Servilius, ami de Milon. Comme on ne peut douter de votre prochaine arrivée, et qu'on est même informé de votre départ d'Asie pour Rome, l'importance de la chose m'a fait penser que, si je voulais voir ma lettre promptement entre vos mains, je ne pouvais trop me hâter de vous l'envoyer.

Si les services que je vous ai rendus, mon cher Curion, étaient aussi grands que vous prenez plaisir à le publier, mais que je suis bien éloigné de le reconnaître, je serais moins libre dans mes instances lorsque j'ai quelque chose d'important à vous demander. Un homme délicat ne demande pas volontiers des faveurs

---

benivolentiæ quam litium jura perdiscere. Sed hæc jocati sumus, et tuo more, et nonnihil etiam nostro. Te valde amamus, nosque a te amari quum volumus tum etiam confidimus.

EPISTOLA CLXXVIII

(ad div., II, 6)

Scrib. Romæ, A. V. C. 700.

M. T. CICERO C. CURIONI S. P. D.

Nondum erat auditum te ad Italiam adventare, quum Servilium, Milonis mei, familiarem, cum his ad te litteris misi. Sed tamen quum appropinquare tuus adventus putaretur, et te jam ex Asia Romam versus profectum esse constaret, magnitudo rei fecit ut non vereremur ne nimis cito mitteremus, quum has quam primum ad te perferri litteras magnopere vellemus.

Ego, si mea in te essent officia solum, Curio, tanta quanta magis a te ipso prædicari, quam a me ponderari solent, verecundius a te, si quæ magna res mihi petenda esset, contenderem. Grave est enim homini pudenti, petere ali-

considérables à ceux qu'il croit avoir obligés; il craint que ses demandes n'aient l'air d'une exigence plutôt que d'une prière, et que ce qu'il obtient ne paraisse moins un bienfait qu'un salaire. Mais, comme tout le monde sait que je vous ai des obligations infinies; que surtout pendant mon exil vos services n'ont pu être ignorés de personne, et qu'il est d'une belle âme de vouloir être obligé de plus en plus à ceux de qui l'on a déjà reçu beaucoup, je ne fais pas difficulté de vous demander, par cette lettre, une grâce à laquelle j'attache le plus grand prix. Je ne suis point embarrassé par la crainte de ne pouvoir soutenir la multitude infinie de vos bienfaits. Je me connais : il n'y a point de faveur que mon cœur ne soit capable d'apprécier, ni qui puisse surpasser l'ardeur de sa reconnaissance.

Tous mes désirs, tous mes efforts et tous mes soins, toute mon activité, toutes mes pensées, enfin mon âme entière aboutit à un centre unique, le consulat de Milon; à mes yeux, ce n'est pas seulement un devoir, c'est la plus sacrée des obligations. Aussi, ne puis-je croire que jamais personne ait eu plus à cœur son propre salut et ses propres intérêts, que moi l'honneur d'un homme, dépositaire de toutes mes espérances. Votre seul secours peut être pour lui d'un si grand avantage, que, si vous êtes disposé à l'accorder, nous n'avons rien à désirer de plus.

quid magnum ab eo de quo se bene meritum putet : ne id quod petat exigere magis quam rogare, et in mercedis potius, quam beneficii loco numerare videatur. Sed quia tua in me vel nota omnibus, vel ipsa novitate meorum temporum clarissima et magna beneficia exstiterunt ; estque animi ingenui, cui multum debeas eidem plurimum velle debere : non dubitavi id a te per litteras petere, quod mihi omnium esset maximum maximeque necessarium. Neque enim sum verius, ne sustinere tua in me merita vel innumerabilia non possem; quum præsertim considerem nullam esse gratiam, quam non vel capere animus meus in accipiendo, vel in remunerando cumulare atque illustrare posset.

Ego omnia mea studia, omnem operam, curam, industriam, cogitationem, mentem denique omnem in Milonis consulatu fixi, et locavi; statuique in eo me non officii solum fructum, sed etiam pietatis laudem debere quærere. Neque vero cuiquam salutem ac fortunas suas tantæ curæ fuisse unquam puto, quantæ mihi sit honos ejus, in quo omnia mea posita esse decrevi. Huic te unum tanto adjumento esse, si volueris, posse intelligo, ut nihil sit præterea nobis requirendum.

Tout le reste nous est assuré : la faveur des honnêtes gens, que Milon s'est acquise pendant son tribunat, vous savez comment, par le zèle qu'il a marqué pour ma cause; celle du peuple, par la magnificence de ses présents et par sa libéralité naturelle; l'affection de la jeunesse et de ceux qui ont le plus d'influence sur les suffrages, par sa bonne grâce et son empressement; mon propre suffrage, faible ressource, j'en conviens, mais fondée aux yeux de tous sur la justice, le devoir, et par cela même capable de quelque crédit. Nous avons besoin d'un chef et d'un guide, d'un homme capable de modérer et de gouverner ces vents divers; et si nous avions la liberté d'en choisir un, il n'y en a point qui vous soit comparable.

Si donc je passe à vos yeux pour un homme sensible, reconnaissant, pour un honnête homme, et si l'intérêt même que je porte à Milon vous donne de moi cette opinion ; enfin, si vous me jugez digne de vos bienfaits, je vous demande en grâce de soulager ici mon inquiétude, et d'embrasser avec un peu de zèle le soin de ma gloire, ou, pour m'expliquer plus juste, le soin de mon salut.

Du côté de Milon même, je vous garantis que, si vous lui accordez vos bons offices, vous ne trouverez dans personne plus de grandeur d'âme, plus de solidité, de constance, et d'amitié pour vous. Du mien, je vous assure que mon honneur et ma dignité en

Habemus hæc omnia : bonorum studium conciliatum ex tribunatu, propter nostram, ut spero te intelligere, causam : vulgi ac multitudinis, propter magnificentiam munerum, liberalitatemque naturæ : juventutis et gratiosorum in suffragiis studia, propter ipsius excellentem in eo genere vel gratiam, vel diligentiam : nostram suffragationem, si minus potentem, at probatam tamen, et justam, et debitam, et propterea fortasse etiam gratiosam. Dux nobis et auctor opus est, et eorum ventorum quos proposui moderator quidam et quasi gubernator : qui si ex omnibus unus optandus esset, quem tecum conferre possumus non haberemus.

Quamobrem, si me memorem, si gratum, si bonum virum, vel ex hoc ipso quod tam vehementer de Milone laborem, existimare potes ; si dignum denique tuis beneficiis judicas; hoc a te peto, ut subvenias huic meæ sollicitudini, ut huic meæ laudi, vel, ut verius dicam, prope saluti tuum studium dices.

De ipso T. Annio tantum tibi polliceor, te majoris animi, gravitatis, constantiæ, benivolentiæque erga te, si complecti hominem volueris, habiturum esse neminem. Mihi vero tantum decoris, tantum dignitatis adjunxeris, ut

recevront un tel lustre, que je ne mettrai point de différence entre ce que vous ferez pour moi dans cette occasion, et ce que vous avez fait pour mon salut. J'en dirais davantage; mais je me figure, en vous écrivant, que vous jugerez combien j'ai de devoirs à remplir, et combien cette affaire demande de moi, non-seulement d'énergiques efforts, mais de véritables combats. Je vous l'abandonne tout entière; je me recommande et me livre moi-même entièrement à vous.

Mettez-vous bien dans l'esprit que si j'obtiens de vous le secours que je vous demande, je croirai vous devoir presque plus qu'à Milon même; car je n'ai point eu tant d'ardeur pour mon salut, auquel il a contribué plus que personne, que j'aurai de plaisir à lui marquer ma reconnaissance. Or, j'en ai la conviction, votre secours suffit seul pour m'assurer le succès.

LETTRE CLXXIX

Rome, 701, sous le troisième consulat du grand Pompée, d'abord sans collègue, Q. Cécilius Metellus lui ayant été adjoint le 1er août.

M. T. CICÉRON A T. FADIUS

J'ai besoin de consolation, moi qui entreprends de vous conso-

cumdem te facile agnoscam fuisse in laude mea, qui fueris in salute. Ego, ni te videre scirem, quum ad te hæc scriberem, quantum officii sustinerem, quantopere mihi esset in hac petitione Milonis omni non modo contentione, sed etiam dimicatione elaborandum, plura scriberem. Nunc tibi omnem rem atque causam, meque totum commendo atque trado.

Unum hoc sic habeto : si a te hanc rem impetraro, me pæne plus tibi quam ipsi Miloni debiturum. Non enim mihi tam mea salus cara fuit, in qua præcipue sum ab illo adjutus, quam pietas erit, in referenda gratia, jucunda. Eam autem unius tui studio me assequi posse confido.

EPISTOLA CLXXIX

(ad div., V, 18)

Scrib. Romæ, A. V. C. 701 (coss. Cn. Pompeio Magno III, primum sine collega, ex kalend. sext. Q. Cæcilio Metello collega).

M. T. CICERO T. FADIO S. D.

Etsi egomet, qui te consolari cupio, consolandus ipse sum; propterea quo

ler ; car depuis longtemps je n'avais pas ressenti de chagrin aussi vif que celui qui vous afflige. Cependant je vous exhorte instamment, je vous conjure même, au nom de notre amitié, de recueillir toutes vos forces et de vous conduire en homme de cœur, songeant à la condition commune des humains, et aux temps dans lesquels nous vivons. Vous devez à votre vertu plus que la fortune n'a pu vous ôter : peu d'*hommes nouveaux* ont acquis autant que vous ; et combien de gens d'une noblesse illustre ont perdu ce que vous perdez !

En un mot, le sort qui menace les lois, les jugements et toute la république, doit faire estimer heureux celui qui s'est tiré avec le moins de préjudice possible d'une cité si bouleversée. Vous avez du bien, des enfants, des amis tendres et dévoués comme moi, vous aurez la liberté de vivre avec eux et avec tous ceux qui vous appartiennent ; tout le monde enfin, sans exception, blâme votre condamnation parmi tant d'autres, parce qu'on sait qu'elle n'a passé que d'une voix, et que cette voix, assez douteuse, a été accordée à la faveur ; supportez donc cette disgrâce avec modération. Mes sentiments pour vous et pour vos enfants seront toujours conformes et à vos désirs et à mon devoir.

nullam rem gravius jamdiu tuli, quam incommodum tuum : tamen te magnopere non hortor solum, sed etiam pro amore nostro rogo atque oro, te colligas virumque præbeas, et qua conditione omnes homines, et quibus temporibus nati simus, cogites. Plus tibi virtus tua dedit quam fortuna abstulit : propterea quod adeptus es, quod non multi homines novi : amisisti, quæ plurimi homines nobilissimi.

Ea denique videtur conditio impendere legum, judiciorum, temporum, ut optime actum cum eo videatur esse, qui quam levissima pœna ab hac republica discesserit. Tu vero qui et fortunas et liberos habeas, et nos cæterosque necessitudine et benivolentia tecum conjunctissimos ; quumque magnam facultatem sis habiturus nobiscum et cum omnibus tuis vivendi ; et quum unum sit judicium, ex tam multis, quod reprehendatur, ut quod una sententia, eaque dubia, potentiæ alicujus condonatum existimetur : omnibus his de causis debes istam molestiam quam lenissime ferre. Meus animus erit in te liberosque tuos, semper, quem tu esse vis, et qui esse debet.

LETTRE CLXXX
Rome, 701.

M. T. CICÉRON A APPIUS PULCHER, IMP.

Si la république pouvait vous rendre compte elle-même de sa situation, vous ne l'apprendriez pas mieux d'elle que de Phania, votre affranchi : il joint à ses lumières, qualité précieuse, une grande pénétration. Je lui laisse le soin de vous expliquer tout : c'est le moyen d'être plus court, et c'est en de telles affaires une bonne précaution. Pour ce qui regarde l'affection que j'ai pour vous, quoique Phania puisse vous en informer, une partie de ce rôle m'appartient. Il est vrai, n'en doutez pas, que vous m'êtes très-cher, non-seulement pour tous les agréments de votre esprit, votre politesse et la bonté de votre caractère, mais encore parce que j'apprends de vous-même, et par divers autres témoignages, que vous êtes fort sensible à tout ce qui vous vient de moi. Je m'efforcerai donc de réparer désormais, par le poids et le nombre de mes services, la longue interruption de notre liaison et de notre amitié; et soyez persuadé que ce sera si peu *malgré*

EPISTOLA CLXXX
(ad div., III, 1)
Scrib. Romæ, A. V. C. 701.

M. T. CICERO APPIO PULCHRO, IMP. S. D.

Si ipsa respublica tibi narrare posset, quomodo sese haberet, non facilius ex ea cognoscere posses, quam ex liberto tuo Phania : ita est homo non modo prudens, verum etiam, quod juvet, curiosus. Quapropter ille tibi omnia explanabit. Id et ad brevitatem est aptius, et ad res providentius. De mea autem benivolentia erga te, etsi potes ex eodem Phania cognoscere, tamen videntur etiam aliquæ mihi partes. Sic enim tibi persuade, carissimum te mihi esse, quum propter multas suavitates ingenii, officii, humanitatis tuæ, tum quod ex tuis litteris et ex multorum sermonibus intelligo, omnia quæ a me profecta sunt in te, tibi accidisse gratissima. Quod quum ita sit, perficiam profecto ut longi temporis usuram, qua caruimus, intermissa nostra consuetudine et gratia et crebritate et magnitudine officiorum meorum sarciam : idque me,

Minerve, que, si je la retire des mains de vos amis, je la nommerai non-seulement *Pallas*, mais encore *Appias*.

Je ne connaissais point encore Cilix, votre affranchi. En me remettant de votre part des lettres pleines de dévouement et d'amitié, il a secondé merveilleusement vos intentions par ses discours. J'ai pris plaisir à l'entendre parler de vos sentiments pour moi, et de vos discours sur ce sujet. Que dirai-je de plus? en deux jours il est devenu mon ami; je n'en regrette pas moins Phania; quand vous le renverrez à Rome (et je pensais que vous aviez le projet de le faire incessamment), donnez-lui vos ordres pour tout ce que vous voulez confier à mon activité et à ma sollicitude.

Je vous recommande instamment L. Valerius le jurisconsulte; et ne fût-il que médiocre jurisconsulte, je vous le recommande encore, car je veux lui être plus utile qu'il ne l'est souvent aux autres. Je l'aime beaucoup : il est de mes amis les plus intimes. Il vous a déjà de la reconnaissance, mais il m'écrit que mes lettres surtout auront de l'influence sur vous; faites, je vous prie, qu'il ne soit pas trompé. Adieu.

---

quoniam tu ita vis, puto non invita Minerva esse facturum : quam quidem ego, si forte de tuis sumpsero, non solum Pallada, sed etiam Appiada nominabo.

Cilix, libertus tuus, antea mihi minus fuit notus : sed ut mihi reddidit a te litteras plenas et amoris et officii, mirifice ipse suo sermone subsecutus est humanitatem litterarum tuarum. Jucunda mihi ejus oratio fuit, quum de animo tuo, de sermonibus quos de me haberes quotidie, mihi narraret. Quid quæris ? biduo factus est mihi familiaris: ita tamen ut Phaniam valde sim desideraturus. Quem quum Romam remittes, quod, ut putabamus, celeriter eras facturus, omnibus ei de rebus quas agi, quas curari a me voles, mandata des velim.

L. Valerium jurisconsultum valde tibi commendo ; sed ita etiam, si non est jureconsultus. Melius enim ei cavere volo, quam ipse aliis solet. Valde hominem diligo : est ex meis domesticis atque intimis familiaribus. Omnino tibi agit gratias : sed idem scribit meas litteras maximum apud te pondus habituras. Id eum ne fallat, te etiam atque etiam rogo. Vale.

LETTRE CLXXXI
Rome, 701.

M. T. CICÉRON A T. TITIUS, FILS DE T., LIEUTENANT

J'ai beau être sûr que ma première recommandation est suffisante, je me rends aux instances de C. Avianus Flaccus, mon intime ami, pour qui je m'intéresse beaucoup, et à qui ces sentiments sont dus. Je vous en ai parlé en personne, et vous m'avez fait une réponse fort obligeante. Je vous en ai même écrit, avec détails ; mais Avianus est persuadé qu'il est important pour lui que je renouvelle souvent mes lettres. Vous me pardonnerez donc si, me rendant à ses désirs, je parais oublier votre constance dans vos engagements. La grâce que je vous demande est de lui faciliter le lieu et le temps pour le transport du blé. Mes recommandations le lui firent obtenir pour trois ans, lorsque Pompée avait l'intendance de cette affaire. Enfin, si vous voulez m'obliger beaucoup, tout se réduit à faire qu'Avianus, qui n'ignore pas que je l'aime, sache aussi que vous m'aimez ; vous ne sauriez me faire plus de plaisir. Adieu.

EPISTOLA CLXXXI
(ad div., XIII, 75)

Scrib. Romæ, A. V. C. 701.

M. T. CICERO T. TITIO T. F. LEGATO S. D.

Etsi non dubito quin apud te mea commendatio prima satis valeat, tamen obsequor homini familiarissimo, C. Aviano Flacco : cujus causa omnia tum cupio, tum mehercule etiam debeo. De quo et præsens tecum egi diligenter, quum tu mihi humanissime respondisti ; et scripsi ad te accurate antea ; sed putat interesse sua, me ad te quam sæpissime scribere. Quare velim mihi ignoscas, si illius voluntati obtemperans minus videbor meminisse constantiæ tuæ. A te idem illud peto, ut de loco quo deportet frumentum, et de tempore, Aviano commodes ; quorum utrumque per eumdem me obtinuit triennium, dum Pompeius isti negotio præfuit. Summa est, in quo mihi gratissimum facere possis, si curaris ut Avianus, quando se a me amari putat, me a te amari sciat. Erit id mihi pergratum. Vale.

LETTRE CLXXXII

Rome, fin de décembre 701.

M. T. CICÉRON A M. MARIUS

J'EXÉCUTERAI soigneusement vos ordres ; mais, en habile homme, vous vous êtes adressé à celui dont l'intérêt demande que le prix de la vente monte le plus haut possible, et, ce qui prouve votre pénétration, vous m'avez marqué un maximum. Si vous m'aviez laissé libre, l'amitié que j'ai pour vous m'aurait fait terminer avec les cohéritiers : à présent que je sais votre prix, j'aposterai un enchérisseur plutôt que de laisser vendre à moins. Mais c'est assez badiner : j'aurai tout le soin possible de cette affaire.

L'affaire de Bursa vous réjouit, j'en suis sûr ; mais vous gardez trop de réserve dans vos félicitations. Vous pensez, m'écrivez-vous, que l'infamie de cet homme diminue la joie de mon triomphe. Je vous assure que la mort de mon ennemi ne m'en aurait pas tant causé que cette sentence. D'abord, j'aime mieux un bon arrêt qu'un coup d'épée ; puis, j'aime mieux la gloire d'un ami,

EPISTOLA CLXXXII
(ad div., VII, 2)

Scrib. Romæ, exeunte dec. A. V. C. 701.

M. T. CICERO M. MARIO S. D.

MANDATUM tuum curabo diligenter. Sed homo acutus ei mandasti potissimum, cui expediret illud venire quam plurimo. Sed eo vidisti multum, quod præfinisti, quo ne pluris emerem. Quod si mihi permisisses; qui meus amor in te est, confecissem cum cohæredibus. Nunc quum tuum pretium novi, licitatorem potius ponam, quam illud minoris veneat. Sed de joco satis est. Tuum negotium agam, sicuti debeo, diligenter.

De Bursa, te gaudere certo scio. Sed nimis verecunde mihi gratularis. Putas enim, ut scribis, propter hominis sordes, minus me magnam illam lætitiam putare. Credas mihi velim, magis me judicio hoc, quam morte inimici, lætatum. Primum enim judicio malo, quam gladio: deinde gloria potius amici, quam

qu'une catastrophe. J'ai ressenti, je vous l'avoue, une joie extrême, de voir tous les gens de bien favoriser ma cause avec tant de zèle contre les efforts incroyables d'un homme aussi illustre que puissant.

Ajoutez une chose, que vous aurez peut-être peine à trouver vraisemblable : je haïssais ce Bursa beaucoup plus que Clodius. J'avais attaqué Clodius, et j'avais défendu l'autre. Clodius s'est proposé un grand objet, lorsqu'en attaquant ma vie il a mis en danger toute la république; et il agit moins par lui-même qu'à l'instigation de ceux qui attendaient leur élévation de ma chute : au lieu que ce petit singe m'avait choisi exprès pour faire de moi le but de ses invectives, et s'était vanté, auprès de quelques-uns de mes envieux, qu'on pourrait toujours le lâcher contre moi.

Réjouissez-vous donc, c'est un grand pas de fait. Jamais Rome n'eut de plus braves citoyens que ceux qui ont osé le condamner, sans ménagement pour la puissance de celui qui les avait choisis pour juges. Ils ne l'eussent jamais fait s'ils n'eussent épousé ma douleur. Nous sommes occupés ici par tant de causes et de lois nouvelles que, dans l'impatience de vous voir, nous faisons tous les jours des vœux contre la perspective d'une intercalation.

calamitate. In primisque me delectavit tantum studium bonorum in me exstitisse contra incredibilem contentionem clarissimi et potentissimi viri.

Postremo, vix verisimile fortasse videatur, oderam multo pejus hunc, quam illum ipsum Clodium. Illum enim oppugnaram; hunc defenderam. Et ille, quum omnis respublica in meo capite discrimen esset aditura, magnum quiddam spectavit; nec sua sponte, sed eorum auxilio, qui me stante stare non poterant : hic simiolus, animi causa, me, in quem inveheretur, delegerat, persuaseratque nonnullis invidis meis, se in me emissarium semper fore.

Quamobrem valde jubeo gaudere te. Magna res gesta est. Nunquam ulli fortiores cives fuerunt, quam qui ausi sunt eum contra tantas opes ejus, a quo ipsi lecti judices erant, condemnare. Quod fecissent nunquam, nisi iis dolori meus fuisset dolor. Nos hic multitudine et celebritate judiciorum, et novis legibus ita distinemur, ut quotidie vota faciamus ne intercaletur, ut quam primum te videre possimus.

FIN DU TOME DOUZIÈME

NOTES

LETTRE I. — Page 3. *Notre cousin Lucius*. Il s'agit d'un cousin germain de Cicéron, qui était aussi l'allié d'Atticus.

Page 4. *Votre sœur*. C'est Pomponia, mariée, et sans doute depuis peu de temps, au frère cadet de Cicéron. Il paraît que les caractères des deux époux étaient peu compatibles, et que la vivacité de Quintus s'accommodait peu de la susceptibilité, de la jalousie et du caractère boudeur de Pomponia.

Page 4. *Votre différend avec Acutilius*. On ne sait pas bien de quoi il s'agit, mais on suppose que c'est d'un capital qu'Atticus ne voulait pas payer sans garantie.

Page 4. *Peducéus*. C'est le fils de Sextus Peducéus, préteur, sous lequel, en 675, Cicéron avait été questeur en Sicile. Il paraît avoir été chargé des affaires d'Atticus.

Page 5. *Quelqu'un prévenu contre vous*. Il s'agit ici de Lucceius.

Page 5. *Tadius*. On ne connaît pas mieux l'affaire de Tadius que celle d'Acutilius. On croit que ce Tadius s'était mis en possession de la succession d'une mineure; on voit dans une autre lettre que Cicéron fut très-content d'une transaction opérée par Atticus, dont la première opinion sans doute était fondée sur une ignorance de fait, et non de droit.

[1] Nous reproduisons, en les revoyant et les abrégeant, les notes de M. de Golbery.

Page 5. *Votre acquisition d'Épire.* Atticus possédait beaucoup de biens près de Buthrotus : sans doute qu'il s'agit ici d'agrandissements.

Page 8. *Nous attendons mon frère Quintus.* Wieland fait remarquer avec quelle douceur Cicéron répond à une lettre d'Atticus qui paraît avoir été assez aigre, par les reproches qu'elle contenait tant pour lui que pour son frère Quintus.

LETTRE II. — Page 6. *Cent trente mille sesterces.* Ce qui, pour l'époque dont il s'agit, donne environ 26,604 francs. C'est, comme le remarque Wieland, un prix fort modique.

Page 6. *Rabirius.* Dans la suite, il fut défendu par Cicéron contre une accusation de haute trahison.

Page 7. *Turranius.* Mongault présume que c'est celui dont il est parlé dans d'autres lettres, et dans Varron, *de Re rustica*, lib. II.

LETTRE III. — Page 7. *Vingt mille quatre cents sesterces.* 4,172 fr. paraît que c'était pour avances faites par Atticus. *Voy.* la lettre suivante.

LETTRE IV. — Page 8. *J'ai parlé à Acutilius.* Acutilius paraît soupçonner qu'Atticus cherchait des prétextes pour différer le payement; il faut à cet égard se reporter à la première lettre.

Page 8. *L'ami que vous savez.* C'est Lucceius, déjà indiqué dans la première lettre.

Page 9. *Vingt mille quatre cents sesterces.* C'est la somme de 4,172 fr. dont il est question dans la lettre précédente. Il y avait à Mégare des carrières de marbre d'une espèce particulière, que l'on appelait κογχίτης λίθος, probablement parce qu'il était composé de débris de coquillages.

Page 9. *Mercures de marbre pentélique.* Selon Suidas, on tirait du mont Pentélique des marbres de cinq couleurs; le blanc était estimé à l'égal de celui de Paros. Les statues de Mercure étaient carrées, et sans pieds ni bras. Les têtes pouvaient s'enlever, et souvent, pour en faire de nouvelles statues, on y en substituait d'autres.

Page 9. *Celui de Lentulus.* C'est quelque négociant dont les vaisseaux faisaient le transport des marchandises.

LETTRE V. — Page 10. *Qui méritent une place dans mon Académie.* Cicéron avait une maison de campagne de ce nom entre Pouzzoles et

le lac Averne (PLINE, liv. XXXI); mais il y a lieu de croire qu'il ne s'occupe en cet endroit que de Tusculum et de sa bibliothèque.

Page 10. *Chilius vous demande.* Ce Chilius était poëte; il paraît qu'il travaillait à un poëme sur les *Eumolpides*, qu'il ne faut pas regarder comme étant issus d'Eumolpus, mais comme appartenant à une association religieuse dont il était l'éponyme. Il se peut que par Eumolpides Cicéron ait désigné les Athéniens en général.

LETTRE VI. — Page 10. *Voilà pour répondre.* Il y avait quelque chose de solennel dans ce début d'Atticus : *Comme j'étais au Céramique.* Cicéron lui donne son Tusculum comme équivalent.

Page 11. *Mercures-Hercules.* Il s'agit de ces Mercures carrés et informes sur lesquels on plaçait des têtes d'Hercule.

LETTRE VII. — Page 13. *Sallustius.* Ce n'est pas l'historien, mais un homme attaché à Cicéron, et dont il est question dans plusieurs de ses lettres.

Page 14. *On ne sait pas même quand se tiendront les comices.* Ils se tenaient ordinairement vers la fin de juillet; mais les mauvaises pratiques des prétendants les firent remettre, et donnèrent lieu à la loi qu'on publia contre les brigues, et qui fut portée par C. Cornelius, tribun, et depuis par le consul Calpurnius Pison : c'est pour cela que cette loi est appelée indifféremment Cornelia et Calpurnia. (MONGAULT.)

LETTRE VIII. — Page 14. *De la crainte qu'elle a eue que les femmes du Latium ne manquassent, etc.* Que les fêtes latines ne fussent point célébrées à jour certain, ou qu'il dépendît des consuls d'en retarder le moment, ce n'est pas ce dont il s'agit. La grand'mère d'Atticus craint le refroidissement des dévotes latines, *ne Latinæ in officio non manerent :* ce sont les plaintes ordinaires des personnes âgées sur ce qu'il *n'y a plus de religion.* Instituées par Tarquin le Superbe, les fêtes latines réunissaient quarante-sept villes. Les sacrifices auxquels toutes contribuaient se faisaient sur le mont Albain.

Page 15. *J'ai promis ma chère Tullie en mariage.* La petite Tullie ne pouvait alors avoir plus de dix ans. Pison était de l'illustre maison Calpurnia, de la branche qui portait l'honorable surnom de *Frugi.* Cicéron vante souvent les talents oratoires et les bonnes qualités de ce gendre.

LETTRE IX. — Page 17. *Vous arriverez pour les comices de mon frère.* Il s'agit des comices de l'édilité, car trois ans plus tard Quin-

28.

tus fut préteur sous le consulat de Silanus et de Murena; il fallait toujours deux ans d'intervalle entre l'édilité et la préture.

Page 16. *C. Macer.* Il était accusé de concussion; préteur, il s'était rendu coupable de grandes exactions en Asie. Crassus était son parent; il lui annonça qu'il venait d'être condamné, et Macer, qui avait compté sur son acquittement au point de déposer déjà sa robe de suppliant, se donna la mort de désespoir.

Page 17. *Toutes les maisons.* Cicéron entend par là des quartiers tout entiers, *vicos*; c'est par opposition aux *prata*, prairies, que Columelle prise plus que toutes les autres propriétés rurales.

LETTRE X. — Page 17. *Ma candidature au consulat.* Cicéron demande le consulat, mais ce n'est point pour l'année suivante; il prépare les voies de sa candidature à venir; c'est à raison de cela que la précipitation de P. Galba lui est profitable. C'est le bisaïeul de l'empereur Galba.

Page 18. *Cornificius.* C'est celui dont il est parlé dans la seconde *Verrine*, comme étant secrétaire de Verrès. Ce candidat était obscur; il faut que Césonius ait valu encore moins : toutefois il avait été édile avec Cicéron. (*Verr.*, act. I, ch. xx.)

Page 18. *Aquillius Gallus.* Cicéron en fait l'éloge dans son discours *pour Cécina*, ch. xxvii, et il en parle encore dans son traité *des Orat. célèbres*, ch. xlii.

Page 18. *Son empire judiciaire.* Par ses profondes connaissances en droit, Aquillius exerçait une sorte de souveraineté.

Page 18. *Catilina.* Il commit tant d'exactions dans la province d'Afrique, où il était préteur, qu'aussitôt après son départ elle se disposa à l'attaquer en justice.

Page 18. *Aufidius et Palicanus.* — Voyez, sur le premier : *Brutus*, ch. xlviii : il y est qualifié de *bonus vir et innocens*; le second est cité ch. lxii : *aptior Palicanus auribus imperitorum.*

Page 18. *Quant aux candidats d'à présent.* Pour l'année 689, L. Julius César, de la même maison que le grand César; C. Minutius Thermus : après qu'il eut passé par adoption dans une famille patricienne, on l'appela C. Marcius Figulus; pour Silanus, c'est lui qui, consul avec Licinius Murena, fut vaincu par les Cimbres, l'an de Rome 694. Curius, dont il est parlé par dérision, avait été retranché du sénat par les censeurs, à raison de ses débauches.)

Page 18. *Et comme les suffrages de la Gaule.* Tous les citoyens de la Gaule en deçà du Pô avaient le droit de voter aux comices de Rome. Les habitants des contrées au delà du Pô jouissaient des droits du Latium, c'est-à-dire que leurs citoyens le devenaient de Rome par l'exercice des premières charges de leur patrie. (Aulu-Gelle, liv. XVI, ch. xiii.)

Page 18. *Je pourrai bien aller faire un tour vers Pison.* Pison gouvernait alors la Gaule Narbonaise.

Page 19. *Q. Cécilius*, oncle maternel d'Atticus. Cornelius Nepos le dépeint comme un homme difficile à vivre.

On se demande comment P. Varius et Caninius Satrius sont frères, puisque leurs noms sont si différents; mais les Romains qualifiaient aussi de frères les cousins germains.

Page 19. *Lucullus.* Les interprètes se disputent pour savoir s'il s'agit du vainqueur de Mithridate ou de son frère Licinius Luculls; celui-ci avait passé par adoption dans la famille des Varron. Scipion fut depuis le beau-père de Pompée. Le troisième, c'est Pontius Aquila, depuis lieutenant de Cicéron en Cilicie.

Page 19. *L. Domitius.* Les Domitius se divisèrent en deux branches, les Calvinus et les Ahenobarbus : celui-ci était un Ahenobarbus; il épousa la sœur de Caton et fut trisaïeul de Néron.

LETTRE XI. — Page 21. *Ma famille s'est augmentée d'un fils.* L'expression formelle de Cicéron semble placer cette naissance dans l'année où César et Figulus (c'est Thermus) exerçaient leur charge; cependant Catilina ayant été jugé sous le consulat de Torquatus et de Cotta, il y a lieu d'approuver l'opinion des interprètes qui reconnaissent que Cicéron donne à Atticus une double nouvelle.

Page 21. *A plaider pour Catilina.* Il y a là quelque chose de bizarre, surtout après ce qui a été dit dans la dernière lettre. On ne voit nulle part que Cicéron ait, en effet, plaidé pour Catilina.

Page 21. *L'accusateur en est aussi content que nous.* L'accusateur était P. Clodius : il paraît qu'il s'était laissé gagner sur les récusations (discours *sur la Réponse des Aruspices*).

LETTRE XII. — Page 22. *La lettre que.* Il s'agit évidemment de celle adressée au sénat, puisque dans une lettre confidentielle Pompée ne pouvait craindre de blesser personne par ses éloges.

Page 23. *Scipion.* C'est le destructeur de Carthage et de Numance;

il y eut aussi deux Lélius, celui-ci est l'interlocuteur du dialogue *de l'Amitié*.

LETTRE XIII. — Page 24. Cette lettre est de Metellus, qui, deux ans après, fut consul avec L. Afranius : dans la suite, il fut empoisonné par Clodia, sa femme. Cicéron l'avait envoyé dans le Picenum pour arrêter les mouvements de Catilina, puis il fut gouverneur de la Gaule Citérieure, d'où il écrit cette lettre. Le titre de proconsul pourrait être remplacé par celui de propréteur, mais on le donnait aussi à ceux qui administraient des provinces consulaires.

Page 24. *Pour attaquer Metellus, mon frère.* Ils étaient tous deux fils de Q. Metellus Nepos, qui fut consul avec T. Didius, en 655. On s'étonne de voir aux deux frères le même prénom, et l'on explique cette difficulté par le moyen d'une adoption. L'auteur de cette lettre aurait passé dans la branche des Metellus Celer, où il aurait substitué à son prénom de Lucius celui de Quintus, qui appartenait à son père adoptif. D'autres veulent que son frère Quintus ne soit né qu'après l'adoption, et que dès lors ce prénom se soit trouvé vacant dans la famille.

Page 24. *La dignité de notre famille.* En douze ans, douze Metellus obtinrent le consulat, la censure et le triomphe.

Page 24. *Je fais la guerre...* aux Salasses et aux peuples des Alpes.

LETTRE XIV. — Page 26. *Que j'ai renoncé à mon gouvernement pour l'amour de vous.* La Gaule Cisalpine et la Gaule Narbonaise étaient des provinces consulaires ; Metellus, préteur, ne pouvait donc y prétendre qu'au moyen de la renonciation de Cicéron. Quant à ce qui est dit du sort, il paraît qu'il se montrait parfois complaisant.

Page 27. *Je m'adressai à Clodia.* Clodius avait trois sœurs d'assez mauvaise réputation : celle-ci, femme de Metellus, était tellement décriée, qu'on l'appelait *Quadrantaria*, sous prétexte qu'elle se prostituait pour un *quadrans* (petite pièce de monnaie) ; elle allait souvent aux bains publics, où l'on avait coutume de payer l'esclave d'une de ces pièces ; l'on ne manqua pas de dire qu'elle rachetait cette taxe au moyen de quelques complaisances. Quand elle eut empoisonné son mari, on l'appela *Quadrantaria Clytemnestra*. Mucia, femme de Pompée, était sœur de Metellus par sa mère, qui, en secondes noces, avait épousé Mutius Scévola.

LETTRE XV. — Page 31. Sextius était alors questeur du proconsul de Macédoine.

Page 32. *Antoine.* C'était son collègue dans le consulat.

LETTRE XVI. — Page 32. *Notre Troyenne.* C'est Antoine qui est désigné par la singulière qualité de *Troyenne.*

Page 33. *Je ne sais si le hasard.* Ces mots grecs appartiennent à un vers de Ménandre, qui, sans doute, était devenu proverbial.

Page 33. *Les avant-coureurs de Pompée.* Il revenait alors de la guerre contre Mithridate. Antoine ne fut accusé que deux ans plus tard, sous le consulat de César et de Bibulus.

Page 34. *Cn. Plancius.* C'est celui que Cicéron défendit. Il était alors tribun militaire.

LETTRE XVII. — Page 35. Le Caïus Antonius auquel est adressée cette lettre est le même qui avait été consul avec Cicéron. Celui-ci avait abandonné à ce collègue le gouvernement de la Macédoine, et le bruit courait à Rome qu'il avait stipulé en sa faveur une forte part des revenus de cette riche province.

Page 36. *Ce qui reste à faire.* Pour parer aux accusations que méditait surtout Pompée, qui se trouvait alors en Asie avec des pouvoirs illimités, et qui voulait faire rappeler Antoine et le poursuivre à raison de ses exactions.

LETTRE XVIII. — Page 37. *Aux Trois-Tavernes.* Lieu situé sur la voie Appienne.

Page 39. *Quant à votre ami.* C'est du grand Pompée dont il est question; mais ce n'est point là ce qu'en avait dit Cicéron dans son discours *pour la Loi Manilia.* Quel changement s'était donc opéré depuis cinq ans? L'ambition satisfaite de Cicéron ne voulait plus d'appui, il était devenu exigeant; Pompée n'était pas disposé à accéder à ses prétentions.

LETTRE XIX. — Page 43. *A la tête desquels était Curion, ce jeune efféminé.* Le latin dit la fille de Curion. Il s'agit de C. Curion : c'est le même qui, dans la suite, fut d'abord l'adversaire, puis le partisan de César, et qui contribua de tout son pouvoir à la perte de sa patrie. Il paraît qu'alors il jouait à l'égard de Clodius le rôle que, plus tard, Marc Antoine remplit envers lui. Velleius Paterculus fait son portrait en ces termes : *Vir nobilis, eloquens, audax, suæ alienæque fortunæ et pudicitiæ prodigus.*

Page 44. *Des bulletins pour l'adoption. — Uti rogas.* Nous allons

transcrire ici les explications de Wieland. Quand les citoyens étaient assemblés pour délibérer sur une *rogatio* ou proposition de loi, un héraut en donnait lecture après que trois fois elle avait été affichée aux jours de marchés. Le consul interrogeait le peuple (*rogabat*) *velitis jubeatis, Quirites*. Les centuries alors devaient se présenter à leur tour dans le *septum* ou *ovile*, lieu entouré de planches; elles y passaient l'une après l'autre sur un pont, à l'entrée duquel les *diribitores* distribuaient aux citoyens deux bulletins à chacun : l'un portant U. R., uti rogas : *j'adopte la proposition*; l'autre A, initiale d'*antiquo : je rejette*. Alors, selon son bon plaisir, chaque votant jetait l'une ou l'autre tablette dans une caisse qui était à l'entrée de l'*ovile*, et dès que la centurie avait passé, les *custodes*, sorte de scrutateurs, comptaient les voix au moyen de points marqués sur un tableau : on proclamait alors comme volonté de la centurie ce que la majorité avait décidé. Le *rogator* de la centurie l'annonçait au président général de l'assemblée, assis sur sa chaise curule. Ce n'est que quand toutes les centuries avaient passé, que l'on proclamait leur décision.

Page 45. *Sept cent vingt-cinq mille sesterces*. 158,260 francs.

Page 45. *Du bâtiment de l'Argiletum*. — L'*Argiletum* était une place voisine du Palatium, entre le Cirque et le mont Aventin; il y avait des libraires et beaucoup d'autres marchands, en sorte que la location des boutiques pouvait être aussi avantageuse que l'est aujourd'hui celle du Palais-Royal et des passages à Paris. Au temps du vieil Évandre, il y avait là un bois sacré, et l'on y montrait le tombeau d'un certain Argus, qui avait attenté à sa vie, et qu'il avait tué par le secours d'Hercule. Virgile a dit, liv. VIII, v. 545 de l'*Énéide :*

> Nec non et sacri monstrat nemus Argileti,
> Testaturque locum, et lethum docet hospitis Argi.

LETTRE XX. — Page 46. *Employez donc tous vos soins*. Cicéron ne fait ces recommandations à Atticus, que parce qu'il devait suivre en Asie Mineure son frère Quintus. La plupart des villes de cette contrée devaient l'existence à des colonies grecques, et c'est surtout dans l'opinion des Grecs d'Asie que Cicéron veut être réhabilité. Il s'y était fait beaucoup d'ennemis par sa constante application à soutenir les chevaliers romains, fermiers des revenus publics. Il était persuadé qu'il importait beaucoup à l'État qu'il y eût harmonie entre le sénat et l'ordre des chevaliers. Les mots grecs sont empruntés au vers 268 du liv. X de l'*Iliade*.

Page 46. *Où en est votre affaire.* La rentrée de ses fonds de Sicyone.

LETTRE XXI. — Page 47. *Les harangues qu'il faisait au peuple.* Non pas sans doute en assemblée régulière, mais partout où la foule se trouvait rassemblée; il reprochait surtout à Cicéron d'avoir fait périr des citoyens sans jugement, et de s'être opposé à la loi agraire de Rullus.

Page 48. *Que je ne pouvais me dispenser de l'attester.* Clodius voulait prouver que le jour où on prétendait l'avoir surpris aux mystères de la Bonne-Déesse, il était à Intéramne; Cicéron dit que ce jour-là il lui avait parlé à Rome.

Page 50. *Les juges de Metellus Numidicus.* Il est question de Q. Metellus, qui fut consul en 644, et qui vainquit Jugurtha. Metellus fut accusé de concussion; mais il avait une telle réputation de probité, que les juges auraient craint de se déshonorer par la seule inspection des comptes qu'il présenta.

Page 50. *Dites-moi maintenant, ô Muses! etc.* Allusion plaisante aux vers 112 et 113 du XVIe livre de l'*Iliade*, dans lequel Homère rapporte l'incendie des vaisseaux. Les Muses sont ici les juges de Clodius.

Page 54. *Je m'en rapporte, dis-je, à votre sœur.* La sœur de Clodius est appelée son patron, parce qu'elle avait du crédit et des amants. Cicéron fait entendre qu'elle se serait accommodée de lui, rappelant ainsi que, pour qu'il l'épousât, elle voulait lui faire répudier Terentia. Il s'agit de l'eau d'Arpinum, parce qu'on se servait d'eau après l'acte de la génération; et, en ajoutant *nosti marinas*, Cicéron fait allusion à une aventure de Clodius, qui, pris par les pirates, leur paya sa rançon *d'une étrange manière*, comme dit l'abbé Mongault dans ses notes. Cicéron en parle dans son discours *sur la Réponse des aruspices*.

Page 55. *Le fils d'Aulus.* C'est L. Afranius, qui, bientôt après, fut effectivement nommé consul. Cet homme était sans naissance, sans avantages personnels, et tout son mérite consistait dans son dévouement à Pompée, dont il avait été le lieutenant. Pompée en avait besoin pour obtenir la confirmation de ses actes durant la guerre de Mithridate. C'est par ironie que Cicéron qualifie Afranius de fils d'Aulus, comme si cet Aulus, qui était fort obscur, eût pu lui communiquer de l'illustration.

Page 56. *Sous d'excellents auspices.* Malgré sa qualité de boiteux,

Lurco avait porté une loi très-sévère sur la vénalité des suffrages. Il s'agissait de combattre la prépondérance de Pompée, qui paraissait dangereuse à la saine partie du sénat.

Page 56. *Puisque Chilius m'a manqué, et qu'Archias n'a rien fait pour moi.* Chilius paraît avoir été pendant quelque temps le commensal de Cicéron; Archias est celui pour lequel, dans la même année encore, il prononça un si beau discours. Cet Archias était fort bien reçu dans les principales maisons de Rome, et surtout dans celles de Lucullus et de Metellus. Après avoir composé un poëme en l'honneur des frères Lucullus, il se disposait à chanter aussi Metellus Nepos et Metellus Celer. Or, le nom de tous ces Metellus étant Cécilius, on comprendra aisément l'expression de Cicéron *Cæcilianam fabulam*. Ce persiflage est fondé surtout sur ce qu'au sixième siècle de Rome, un Statius Cécilius, affranchi de la maison Metellus, faisait d'excellentes comédies, qui naturellement s'appelaient *Fabulæ Cæcilianæ*.

Page 57. *Un plan de votre Amalthée.* C'était une sorte de bibliothèque, de musée. Atticus y avait exposé les portraits des hommes illustres de Rome, et des vers placés au-dessous de chacun indiquaient leurs grandes actions et les magistratures qu'ils avaient gérées. Amalthée était donc le nom d'un salon, comme dans la suite Syracuse le fut d'une salle du palais d'Auguste, dans laquelle il se retirait quand il voulait être seul (voy. SUÉTONE, *Vie d'Oct. Auguste*, ch. LXXII, et note 207).

LETTRE XXII. — Page 59. *En défendant les miens.* Si l'on se rappelle un passage de la première de ces lettres, on devinera facilement qu'il s'agit ici de Pomponia, sœur d'Atticus et femme de Quintus Cicéron. Son caractère paraît avoir été fort difficile, et on lui attribue une grande part à cette discorde des deux beaux-frères. On remarque ici une sorte de délicatesse de langage assez familière aux Romains; Cicéron généralise le reproche, *les miens, les vôtres.*

Page 62. *Ceux à qui les censeurs avaient affermé le domaine d'Asie.* Les censeurs affermaient tous les cinq ans les revenus de la république. Il n'était pas permis aux sénateurs de prendre ces fermes, et elles étaient toutes tenues par des chevaliers, ce qui avait rendu ce corps très-riche et très-puissant.

Page 63. *Vous saurez que Lucceius pense à demander tout de suite le consulat.* Il a déjà été question de ses différends avec Atticus (voy., sur toute cette affaire, SUÉTONE, *Vie de J. César*, ch. XIX). « Il (César) s'adjoignit Lucceius, sous la condition que ce dernier, qui jouissait d'une

moindre faveur, mais qui était plus puissant par son argent, promettait, dans toutes les centuries et au nom de tous deux, les largesses qu'il puiserait dans ses propres ressources. » La faction aristocratique réussit à faire nommer Bibulus. Caton lui-même convint que, pour cette fois, il serait utile à la république d'opposer la corruption à la corruption.

LETTRE XXIV. — Page 70. *Pour faire passer sa loi agraire.* Il s'agissait de terres à distribuer aux soldats qui avaient fait triompher Pompée du Pont et de l'Arménie.

Page 71. *Qui aiment tant leurs viviers.* Cicéron indique ici Lucullus, Hortensius, Marcius Philippus, et d'autres qui se souciaient peu de la chose publique, pourvu que leur table fût bien garnie.

Page 73. *Les réunions qui avaient lieu d'abord en grand nombre.* Il y a nécessairement de l'obscurité dans cette affaire, car nous n'avons plus les lettres d'Atticus, qui seules auraient pu jeter du jour sur tout cela. S'il est vrai qu'Atticus, comme le dit Cornelius Nepos, ne se soit jamais rendu adjudicataire des revenus de l'État, on pourra du moins supposer qu'il est devenu le cessionnaire d'une prétention sur Sicyone, prétention formée par quelque publicain, et compromise par le nouveau sénatus-consulte. J'ai reproduit les expressions latines dans ce passage, et j'en ai fait disparaître les créanciers, qui probablement n'y ont que faire ; il s'agit plutôt de quelque commission de liquidation qui s'était réunie tant que l'on pouvait croire que les peuples libres auraient à payer, mais dont les conférences désormais devenaient sans objet.

LETTRE XXV. — Page 74. *Cincius, notre ami.* Il parle de la loi Cencia, et n'en fait qu'un rapprochement de plaisanterie avec le Cinciu de son temps ; car cette loi, qui est de 549, défendait aux orateurs de recevoir des présents pour défendre ou pour accuser. Tacite (*Ann.*, liv. XI, ch. v) en rapporte les expressions : *Ne quis ob causam orandam, dona et munera capiat.*

LETTRE XXVI. — Page 80. *La troisième pour Othon.* Il s'agit de Roscius Othon : ce discours n'existe plus. Le peuple lui en voulait, parce qu'il avait porté une loi qui donnait aux chevaliers les quatorze premiers bancs au théâtre. Lorsque, sous le consulat de Cicéron, cet Othon se montra au spectacle, il fut sifflé ; mais les chevaliers se levèrent et l'applaudirent de toutes leurs forces. Le tumulte devint si grand, que le peuple fut appelé sur-le-champ au temple de Bellone, où Cicéron improvisa un discours si éloquent, que ce même peuple ren-

tra au théâtre, où il n'applaudit pas moins Othon que l'avaient fait les chevaliers.

Page 82. *Qu'il était bien allé en trois heures de Rome à Intéramne.* C'est une plaisanterie sur l'alibi qu'avait allégué Clodius dans sa défense, alibi qui avait été démenti par Cicéron.

Page 83. *Ne m'en donne qu'un pied.* C'est-à-dire que sa sœur, en qualité de femme de consul, pouvait disposer d'un plus grand nombre de places au théâtre. C'est une allusion au commerce incestueux qu'on lui reprochait.

Page 84. *Aussi lorsqu'on a mené en prison le consul.* Cet acte d'audace exercé par Flavius sur le consul Metellus étonne. Il voulait intimider le sénat, et faire, de force, adopter sa loi agraire; mais la constance du sénat déjoua ses projets. Ce corps voulut siéger dans la prison même; Flavius fit mettre les bancs des tribuns devant la porte, et dit aux sénateurs, que s'ils voulaient entrer, ils n'avaient qu'à faire abattre les murs. Heureusement Pompée, qui faisait agir Flavius, craignit que les choses n'allassent trop loin; il redoutait aussi l'opposition des autres tribuns. Il dit donc à Flavius de retirer sa loi, et d'attendre un moment plus favorable.

Page 85. *Nasica.* C'est C. Scipion Nasica. Il y a apparence qu'il s'agit d'une accusation de brigue intentée par le sénateur Favonius, grand imitateur de Caton. Nasica devint beau-père de Pompée.

Page 85. *César, qui sera ici dans deux jours.* A son retour de Lusitanie, où il avait été propréteur (*voy.* Suétone, *Vie de J. César,* ch. xviii). Il accourait pour demander à la fois le triomphe et le consulat.

Page 85. *Moi qui ai été le sauveur de tant de créanciers.* Il y a ici une sorte de jeu de mots sur *æs alienum*, qui signifie dette; sur *æs corinthium*, qui est le nom d'un métal précieux; enfin sur *æs circumforaneum*, qui signifie argent pris sur la place à crédit.

Page 86. *Octavius.* Octavius dont il est ici question est le père d'Auguste : il était alors gouverneur de Macédoine; c'est celui dont Cicéron voulait que son frère Quintus imitât l'exemple. *Voy.* Suétone, *Vie d'Oct. Auguste,* ch. iv; *voy.* aussi la lettre LII de notre édition des *Lettres de Cicéron.*

LETTRE XXVII. — Page 87. *Pelléniens.* Pellène était à soixante stades de Sicyone, en Achaïe.

Page 87. *Dicéarque* était né à Messine, en Sicile; c'était l'un des philosophes les plus célèbres de l'école d'Aristote. On avait de lui un grand nombre d'ouvrages, surtout d'histoire et de statistique, et leur perte est d'autant plus regrettable, que Cicéron ne cesse de faire leur éloge. Il avait écrit sur le gouvernement de Pellène, d'Athènes, de Corinthe et de Sparte. Dans cette dernière cité, on prisait si haut son mérite, que, s'il en faut croire Suidas, les éphores avait ordonné que, chaque année, on lirait au peuple assemblé son traité sur Sparte.

Page 87. *Si Hérode avait du sens.* Tout ce que l'on sait de cet Athénien se trouve consigné ici et dans quelques autres lettres. La conduite des études du jeune Cicéron paraît lui avoir été confiée, ainsi qu'à un certain Léonidas.

Page 87. *Antoine n'arrive point.* Il avait passé trois ans dans le gouvernement de Macédoine, où il paraît qu'il s'était rendu coupable de toutes sortes de concussions; il en était maintenant accusé, et l'on pressait le jugement de cette affaire et d'une autre accusation; car on le prétendait aussi complice de Catilina. Il fut absous sur ce chef, non sans de graves soupçons de culpabilité, qui ne contribuèrent pas médiocrement à le faire condamner sur l'autre : malgré l'éloquence de Cicéron, son défenseur, il fut banni de l'Italie à perpétuité.

LETTRE XXVIII. — Page 88. *Valerius.* On se demande quel est ce Valerius et quel a été son accusateur. *Id judicium Auli filio condonatum putabatur?* ne signifie-t-il pas qu'il en est arrivé autrement qu'on ne le croyait, c'est-à-dire que l'accusé a été absous, abandonné au crédit du fils d'Aulus, comme Cicéron l'appelle souvent par ironie? C'est cet Afranius dont il dit, au sujet de son consulat : *Ille alter ita nihil est ut plane quid emerit, nesciat.* Il paraît que Pompée, qui était le protecteur d'Afranius, intervint pour protéger l'accusé; car c'est lui qui est désigné sous le nom d'Épicrates.

Page 88. *Vous attaquez la Cyropédie.* C'est un jeu de mots sur ce que l'architecte de Cicéron s'appelait Cyrus. Ce qui suit est une plaisanterie sur la manie de démonstration dont l'architecte était possédé, et, comme il parlait grec, Cicéron le raille ici avec ses propres paroles.

Page 89. *Solonium ou Antium.* Nous avons parlé d'Antium. Solonium était sur le territoire de Lanuvium, sur le chemin d'Ostie.

Page 89. *Cornelius Balbus*, né à Cadix : il s'attacha à César pen-

dant qu'il commandait en Espagne, après sa préture. Il s'appela Cornelius, parce que, lorsqu'il fut fait citoyen romain, il prit pour patron Lentulus, qui était de la famille Cornelia. Les étrangers à qui l'on donnait le droit de bourgeoisie prenaient le nom de famille de leurs patrons. (MONGAULT.)

Page 90. *Le jour des Compitales.* C'était une fête qui avait été ainsi appelée, parce qu'on sacrifiait aux dieux lares dans les carrefours. Les magistrats en indiquaient le jour, chaque année. Cette fête remontait à la naissance mystérieuse de Servius Tullius (*voy.* PLINE, à la fin du XXXVIe livre).

LETTRE XXIX. — Page 90. *Pour une troisième année.* Plus loin, il nomme un Paconius et un Tuscenius, qui, fort mal menés par Quintus, étaient venus à Rome se plaindre de lui au sénat. Cicéron, en prolongeant d'une année le gouvernement de son frère, voulait lui donner le temps d'effacer ces mauvaises impressions et de laisser quelques regrets.

Page 95. *Du caractère dont on connaît vos lieutenants.* Parmi les trois lieutenants qui sont cités ici d'une manière si honorable, L. Tubéron était lié avec les Cicéron dès sa jeunesse. Tant que dura la république, il demeura attaché au parti du sénat. Après la guerre de Pharsale, il trouva le moyen de se réconcilier avec César, et consacra ses loisirs à son *Histoire romaine*. On ne sait rien du second légat, appelé *Allienus* ou *Halienus*. Le troisième, M. Gratidius, paraît avoir été le petit-fils de M. Gratidius, dont la sœur fut la grand'mère des deux Cicéron.

Page 97. *Que l'accensus.* Les *accensi* étaient une espèce d'huissier dont la principale fonction était de citer les parties en justice, et d'assister à l'audience du gouverneur pour y maintenir l'ordre et rappeler le respect dû à leur tribunal. Les gouverneurs des provinces avaient six licteurs.

Page 98. *Césius, Chérippus et Labéon.* Tout ce qu'on sait de ces trois personnages, c'est qu'ils faisaient probablement partie de la suite du préteur Q. Cicéron.

Page 101. *Paconius.... Tuscenius.* Ce Paconius et ce Tuscenius sont aussi inconnus que les méfaits à raison desquels Quintus les poursuivit. En général, toute cette affaire est énigmatique.

LETTRE XXX. — Page 117. *Le livre de Sérapion.* Cicéron paraît avoir conçu la pensée d'écrire une géographie : c'est pour cela qu'Atti-

cus lui avait procuré les œuvres de Sérapion d'Antioche, qui avait une grande réputation en ce genre. Probablement que cet auteur s'occupait de géographie mathématique, et que c'est là la raison pour laquelle Cicéron ne l'entendait pas.

Page 118. *Clodius va donc en ambassade.* Il faudrait, pour obtenir une entière intelligence de ce paragraphe, connaître à fond les intrigues par lesquelles César, Pompée et Crassus cherchaient à déguiser leur alliance à Cicéron. Crassus s'était déclaré le protecteur de Clodius quand celui-ci, l'année précédente, voulut se faire plébéien, pour être tribun. César et Pompée, pour calmer Cicéron, feignirent, pendant quelque temps, d'être les adversaires de ce Clodius, et probablement qu'il n'était question de lui déférer cette ambassade que pour éloigner de Rome le plus cruel ennemi de Cicéron, auquel on voulait plaire, car les triumvirs ne désespéraient pas encore de se l'attacher. Ce grand orateur n'avait su prendre aucune résolution. Il pouvait s'opposer ouvertement aux triumvirs en se mettant avec Bibulus à la tête du sénat; mais il n'était pas déterminé à rompre en visière aux triumvirs. c'est pour cela qu'il aurait souhaité de s'éloigner de Rome au moyen d'une *legatio libera;* c'était une mission sans but précis, une espèce de congé accordé par le sénat pour se rendre à tel ou tel endroit, et y jouir des honneurs et du rang que donnaient les missions officielles.

Page 119. *J'ai ordonné à Philotime.* Philotime était l'affranchi de la femme de Cicéron, Vettius celui de l'architecte Cyrus. Les maisons des deux Cicéron situées sur le mont Palatin avaient un mur commun dont la réparation paraît avoir été à la charge de Marcus. Pomponia et son fils ne se croyaient plus en sûreté sur le balcon d'où ils avaient coutume de regarder les exercices de la palestre; au moins c'est là ce que semble indiquer Cicéron, non sans quelque raillerie, au sujet d'une peur un peu exagérée ou d'une exigence trop grande.

LETTRE XXXI. — Page 119. Cette lettre paraît être une réponse à quelque ouverture qu'Atticus aurait faite à Cicéron : il était l'ami de ceux qui approchaient Pompée et César; il les voyait eux-mêmes familièrement. Ces hommes n'avaient d'autre but que d'éloigner Cicéron d'une manière honorable, et rien ne pouvait être plus honorable qu'une mission comme celle-là, où il ne s'agissait de rien moins que de réconcilier Ptolémée avec son peuple.

Page 120. *Polydamas.* Allusion à Caton. Cicéron craignait les reproches de Caton, comme Hector ceux de Polydamas.

Page 120. *En cas que Théophane vous en parle.* Théophane était de Mitylène; il jouissait de la confiance de Pompée, qui lui avait fait obtenir le droit de cité. Théophane composa un poëme grec sur les exploits de Pompée.

Page 120. *Que dit Arrius?* Crassus avait fait espérer le consulat à cet Arrius; mais il fut contraint de céder le pas aux créatures de Pompée et de César, qui étaient Pison et Gabinius. Arrius avait donné au peuple un magnifique festin.

Page 120. *Gabinius et Servius Sulpicius.* Gabinius fut le seul consul de sa famille : Sulpicius était d'une famille patricienne honorée de la dictature, du consulat, de la censure, et dans la suite de la dignité impériale, dans la personne de Galba. Ce Sulpicius est celui qui écrivit à Cicéron cette belle lettre de consolation sur la mort de sa fille.

Page 120. *Pour qui sera la place d'augure?* Le collège des augures se composait alors de quinze personnes des familles les plus distinguées, et sous aucun prétexte ils ne pouvaient être destitués de leur charge.

LETTRE XXXII. — Page 122. *Vatinius.* Ce tribun jouait alors un rôle fort odieux, car il prit part à tous les excès qui signalèrent le consulat de César.

Page 122. *Commissaires de la loi agraire.* Vingt membres, sénateurs et chevaliers, formaient une commission pour distribuer à vingt mille citoyens pères de trois enfants, et aux vétérans de Pompée, les terres de Campanie, jusqu'alors propriété de l'État.

Page 122. *Dans le genre de Théopompe.* Cet auteur, disciple d'Isocrate, acquit une grande réputation parmi les orateurs et les historiens. Il continua Thucydide et Xénophon, et écrivit une histoire d'Alexandre le Grand; mais Denys d'Halicarnasse lui attribue encore un autre ouvrage, qui est sans doute celui dont parle ici Cicéron : il s'agit d'une histoire secrète des personnages marquants de son temps. C'est dans ce genre que Cicéron veut peindre Pompée, César, Crassus, Lucullus, etc.

LETTRE XXXIII. — Page 123. *Où je louais un homme dont je ne suis pas content.* C'était probablement un discours à la louange de Pompée.

Page 124. *Megabocchus.* C'est Pompée qui est désigné par ce nom : plus haut on l'avait appelé Épicrate. Néanmoins Gronovius préférerait

Megabocchus, parce que Plutarque nomme ainsi un jeune homme qui périt avec Crassus, et qui paraît avoir pris part à la conjuration de Catilina.

LETTRE XXXV. — Page 128. — *Cette Junon moderne. Illa* βοῶπις. C'est une épithète qu'Homère donne à Junon, et qui signifie à la lettre, qui a des yeux de bœuf, et en style figuré, de grands yeux à fleur de tête. Cicéron veut parler de la sœur de Clodius, qui, à ce qu'on prétendait, servait de femme à son frère, comme Junon à Jupiter, dont elle était la sœur. (MONGAULT.)

Page 128. *Le cynique consulaire.* Clodius donnait ce surnom à Cicéron, parce qu'il était grand railleur.

Page 129. *Les lois Élia.* La loi Cornelia était relative à l'observation des augures. La loi Cécilia-Didia avait été faite par Cécilius Metellus et T. Didius, l'an de Rome 655, et la loi Junia-Licinia, par Junius Silanus et Licinius Murena, l'année d'après le consulat de Cicéron. Cette dernière n'avait fait que renouveler la première; elles ordonnaient l'une et l'autre qu'on ne ferait passer aucune loi sans l'avoir auparavant exposée en public pendant trois foires consécutives, de neuf jours en neuf jours.

Page 130. *Le petit Cicéron.* Wieland conjecture, et je crois que c'est avec raison, que le petit Cicéron, qui apprenait le grec sous Aristodème, a ajouté ces derniers mots de sa main.

LETTRE XXXVIII. — Page 133. *Mon cher Curion.* Il était fils du consulaire C. Scribonius Curion; c'était un jeune homme plein de feu et de dispositions à l'éloquence. Il s'était entièrement dévoué à Cicéron et au parti des *optimates*, par haine pour César et pour le triumvirat. Dans la suite il joua un rôle tout différent.

Page 133. *Metellus Nepos.* Il haïssait aussi Pompée, qui avait divorcé avec Murcia, sa sœur.

LETTRE XLI. — Page 137. *Bibulus entreprend de différer les comices.* César et Pompée voulaient à toute force faire passer la loi agraire, que le premier avait proposée dans son consulat; mais Bibulus s'y opposait; on voulait porter la décision de l'affaire au peuple, et il différait les comices : tel était l'état de l'affaire au moment où écrivait Cicéron. Il n'est pas ici question de comices pour les élections; Mongault se trompe à cet égard.

Page 137. *L'on attend tout de Clodius.* Il y avait entre Clodius et

les triumvirs de feintes dissensions, pour que le sénat ne se méfiât pas trop de leurs projets communs, et de son tribunat futur.

LETTRE XLII. — Page 139. *Une proposition que personne ne désapprouverait.* Cicéron craignait que la proposition que faisait César ne fût, en effet, de nature à satisfaire, et par conséquent à faire passer sa loi. Il voit maintenant que cela n'est pas à craindre.

Page 140. *Les péages de l'Italie.* Ils avaient été supprimés l'année précédente par une loi que proposa Q. Cécilius Metellus Nepos.

Page 140. *Que le vingtième.* Ce droit était payé dans chaque marché conclu pour acheter un esclave, et c'était l'acquéreur qui le supportait : il en était de même pour le cas d'affranchissement, et alors le vingtième tombait à la charge du maître. Au trésor, on conservait cet argent dans un caveau séparé, et l'on ne pouvait y toucher que dans le cas d'urgence.

Page 142. *De l'avis de son conseil.* Les magistrats des provinces avaient un conseil de l'avis duquel ils décidaient les affaires. *Voyez* les discours *contre Verrès*, liv. II, ch. vi.

LETTRE XLIII. — Page 143. *Son mariage inopiné.* Avec la fille de César, comme nous l'apprend Suétone.

Page 143. *Profusion des deniers publics.* On peut voir, dans Suétone, à quelles dilapidations César se livra pendant son consulat. La loi Julia, sur les terres de Campanie, voulait aussi que l'on achetât des deniers publics les champs qui appartenaient aux particuliers : cela n'eut jamais lieu, on se borna à la distribution des terres.

LETTRE XLIV. — Page 145. *De ne rien laisser à donner.* — *Voyez*, sur ces libéralités immodérées, Suétone, *Vie de J. César*, ch. xx : du reste, César donnait à chacun ce qu'il demandait. Wieland fait observer que c'est probablement de terres qu'il est question, en quelque endroit que la république les possédât, et non pas seulement à Stella ou en Campanie.

Page 146. *L'affranchissement de Statius.* C'était un esclave de Quintus Cicéron : on se plaignait qu'il exerçât sur lui une trop grande influence, et cette faveur devait encore accroître les mauvais bruits à cet égard.

LETTRE XLV. — Page 147. *Quoi! si peu d'empire.* Cicéron parodie les paroles de Démiphon dans le *Phormion* de Térence, acte II, scène I.

Page 148. *Aux jeux Apollinaires*. On les célébrait dans les premiers jours de juin, sous la présidence du préteur (*voy.* Tite Live, liv. XX, ch. viii). Valère Maxime (liv. VI, ch. ii) parle aussi de cette allusion que le public saisit dans les vers que prononça l'acteur Diphile : on pense qu'ils étaient d'une tragédie d'Attius.

Page 149. *La loi Roscia*. La loi Cassia Terentia, rendue en 680, stipulait en faveur de chaque citoyen qu'il lui serait délivré par mois cinq *modii* d'orge et de froment, à raison de quatre sesterces le *modius* de froment, et de deux le *modius* d'orge. Clodius abolit jusqu'à cette rétribution.

Page 150. *Cosconius*. C'est l'un des vingt préposés à la division des terres de Campanie : c'est peut-être celui qui avait été préteur sous le consulat de Cicéron, et depuis proconsul en Espagne.

Page 150. *Cécilius*. Oncle d'Atticus.

LETTRE XLVI. — Page 153. *Il m'a laissé environ cent mille sesterces*. Diodote était ce stoïcien qui vécut dans la maison de Cicéron.

Page 153. *Vibius*. Ce pourrait être Vibius Pansa dont il s'agit à la lettre ccxxiii de ce Recueil, ou Vivius Rufus, que Pline nomme parmi ses auteurs, à moins toutefois que ce ne fût celui que Valère Maxime (liv. IX, ch. xv) nous dit avoir tellement ressemblé à Pompée, qu'on les prenait l'un pour l'autre.

Page 153. *Ils sont d'un mauvais poëte*. Il s'agit d'Alexandre d'Éphèse, surnommé Lychnus. Strabon nous apprend qu'il avait écrit une cosmographie en vers. Cicéron s'occupait alors de géographie, et cet envoi était opportun.

LETTRE XLVII. — Page 154. *Portés contre Caton*. Pompée était irrité contre Caton, qui n'avait pas voulu que sa sœur l'épousât, et qui s'était opposé à la ratification des actes de son gouvernement d'Asie. César l'était aussi, parce que Caton avait empêché son triomphe et s'était opposé à ses lois.

Page 155. *Protogène*. Protogène était de Rhodes. Ainsi qu'Apelles, il vivait vers l'an de Rome 400. Il avait peint pour les Rhodiens un tableau qui représentait Jalysus. Protogène travailla pendant sept ans à ce tableau, qui, du temps de Pline, était encore dans le temple de la Paix.

Page 156. *Vous me serez nécessaire pour ce temps-là*. Celui où Clodius sera tribun, vers le 1er décembre.

Page 156. *Je suis content de Varron.* Ce Varron n'est autre que M. Terentius Varron, auteur de tant d'ouvrages, et dont il ne nous est parvenu que trois livres sur l'économie rurale, et des fragments *de Lingua latina.*

LETTRE L.—Page 163. *Brutus.* C'est le célèbre Brutus qui, adopté par son oncle Q. Servilius Cépion, en porta quelque temps le nom. Il était fils de Junius Brutus, que Pompée avait fait périr comme partisan de Lepidus, et de Servilie, sœur de Caton d'Utique.

Page 163. *Lentulus, le fils du flamine.* Lentulus père était sur les rangs pour le consulat, avec Pison et Gabinius, les créatures de César : il était important d'éloigner un tel concurrent, et telle peut avoir été la cause de la dénonciation que fit Vettius contre son fils. Toute l'intrigue paraît avoir été conduite par le tribun Vatinius, ainsi qu'on peut le voir par le discours que Cicéron prononça trois ans après contre ce factieux.

Page 164. *Lui qui avait empêché Catulus de parler à la tribune.* Lorsqu'il le cita pour rendre compte de son administration au sujet de la reconstruction du Capitole. Les particuliers ne pouvaient parler du haut de la tribune qu'autant que quelque magistrat les y faisait monter : cet honneur s'accordait toujours aux citoyens de considération : César ne l'avait point fait à Catulus.

Page 164. *Des sollicitations nocturnes.* Allusion piquante à l'ancien commerce de galanterie qui avait existé entre César et Servilie.

Page 164. *D'un Servilius Ahala.* On sait qu'en 316 il tua, de l'ordre du dictateur Cincinnatus, Sp. Melius, qui aspirait à la royauté.

Page 164. *Crassus le Riche.* Il était préteur cette année-là. La manière dont il a été parlé de lui précédemment ferait croire que *Dives* n'est pas un nom, mais un surnom ; car Cicéron dit que Pompée perd son titre de grand comme Crassus son titre de riche, depuis qu'il s'appauvrit. Je remarque, dans l'édition de Bentivoglio, que ce mot est écrit comme un simple adjectif.

Page 165. *Si la vigoureuse repartie du généreux vieillard Q. Considius.* César avait rempli la place de soldats, parce qu'il voulait faire passer la loi Vatinia, qui lui donnait pour cinq ans le gouvernement de la Gaule Cisalpine et de l'Illyrie. Il avait fait mener en prison Caton, qui s'opposait à ses desseins. Cela mit la terreur dans le sénat ; on ne venait plus aux séances. César se plaignit un jour de voir les

siéges dégarnis, et Considius lui dit que l'on ne pouvait venir en sûreté. *Pourquoi donc y venez-vous?* reprit César. *C'est*, dit-il, *que je suis trop vieux pour craindre la mort.*

LETTRE LI. — Page 166. *De la préture de Flaccus, etc.* A la fin de cette année, D. Lélius accusa de concussion L. V. Flaccus, qui, sous le consulat de Cicéron, avait été préteur de la ville, et qui avait précédé Quintus dans le gouvernement de l'Asie. Flaccus fut défendu et par Cicéron et par Hortensius (car c'est lui qui est désigné par le nom d'Hortalus). A cette occasion, Hortensius fit un pompeux éloge de son rival en éloquence : c'est le sujet de ce paragraphe. Ce qui est dit des Allobroges se rapporte à l'arrestation des ambassadeurs faite par L. Valerius Flaccus, de l'ordre du consul Cicéron.

LETTRE LII. — Page 172. *Celui de Cilicie et de Syrie.* Ce dernier est L. Marcius; on ignore quel était l'autre.

Page 174. *Quand arrive L. Flavius, préteur désigné.* Il avait été tribun du peuple sous le consulat de Metellus et d'Afranius. Dion Cassius dit que le consul Metellus fut mis en prison par lui.

Page 179. *Domitius Ahenobarbus.* Suétone nous le signale comme ayant, dans sa préture, déféré au sénat les actes de César; Nigidius Regulus, après Varron, le plus savant des Romains; Memmius, qui initia la femme de Lucullus aux fêtes de la jeunesse; enfin L. Corn. Lentulus. Cicéron ne prévoyait pas alors quelle serait contre lui la puissance de Clodius; il paraît que cette lettre a été écrite avant que ce dernier fût possesseur de son tribunat.

LETTRE LIII. — Page 180. *Vibone*, surnommée Valentia : autrefois les Grecs l'appelaient *Hippo* ou *Hipponium;* elle est dans le pays des Brutiens, et c'est maintenant *Monte-Leone*, dans la Calabre.

LETTRE LIV. — Page 181. *Jusqu'à ce qu'on ait réformé le décret de mon exil.* Le latin dit *nondum rogatione correcta.* Les propositions, après avoir été affichées pendant trois marchés consécutifs, étaient *corrigées, réformées,* selon les observations auxquelles elles donnaient lieu. Dans le cas dont il s'agit, Clodius n'avait pas encore marqué l'étendue de pays interdite à Cicéron. On croit que l'intervention de César et de Pompée la fit borner à 400 milles de distance de Rome.

Page 181. *A cause d'Autronius.* Il s'agit de P. Autronius Pétus, qui, consul désigné, avait été condamné pour brigue, sur la poursuite de

son compétiteur L. Manlius Torquatus. Cn. Pison et P. Sylla ayant succombé sous une pareille accusation, on veut qu'il ait conspiré avec eux et Catilina pour faire périr les consuls Torquatus et Cotta. Autronius s'enfuit d'Italie quand le complot eut été découvert; mais, en 691, l'exil perpétuel fut prononcé contre lui. Au moment de l'exil de Cicéron, il habitait l'Achaïe avec quelques-uns de ses complices. Cicéron avait d'autant plus à le redouter, qu'il avait rendu témoignage contre lui, et par conséquent participé à sa condamnation. *Voy.* Salluste, *Catil.;* Cicéron, *pour Sylla, pour Plancius;* et lettre vii.

LETTRE LV. — Page 182. *Mon brusque départ.* Une des principales raisons de ce brusque départ était le refus que venait de faire C. Virgilius, de recevoir Cicéron en Sicile; il reprit donc par terre le chemin de Brindes.

Page 182. *De peur d'attirer à Sica une mauvaise affaire.* Il ne s'agissait de rien moins que de la peine capitale contre ceux qui recevaient les proscrits.

LETTRE LVI. — Page 183. *Maintenant qu'on a donné le gouvernement de Macédoine.* Ce fut L. Pison qui en fut investi; il pouvait importer à Atticus de connaître ce choix avant de quitter Rome; car il avait de nombreux intérêts dans cette province.

LETTRE LIX. — Page 186. *Lenius Flaccus.* Chevalier romain qui possédait auprès de Brindes de vastes domaines : ce fut le premier qui s'appliqua à l'éducation de la volaille, et qui fit bâtir un édifice à cet usage. *Voy.* Varron, *de Re rustica,* lib. III, c. v.

LETTRE LX. — Page 189. *Un château fort.* Il s'agit ou de Buthrotum, ou d'une maison fortifiée des domaines d'Atticus, dans le voisinage de cette ville.

Page 190. *Je ne sais où je pourrai rencontrer mon frère.* Celui-ci revenait alors de son gouvernement d'Asie.

LETTRE LXI. — Page 192. *On se préparait à l'attaquer vivement.* Il s'agit de son frère, que l'on voulait accuser de concussion. On a vu, par les lettres précédentes, que Quintus s'était attiré beaucoup d'ennemis par la rudesse de sa conduite.

Page 193. *Hypséus.* Il s'agit de Plautius Hypséus, questeur de Pompée dans la guerre contre Mithridate.

LETTRE LXII. — Page 195. *Obligé de renvoyer ses licteurs.* Les gouverneurs, en quittant leurs provinces, gardaient toutes les mar-

ques de leur dignité jusqu'à ce qu'ils fussent arrivés à Rome, à moins qu'ils ne fissent quelque part un trop long séjour : il fallait alors les quitter.

LETTRE LXVI. — Page 205. *Mon ennemi consul désigné.* Ce Metellus avait été tribun du peuple après le consulat de Cicéron ; il était le parent de Clodius, et il se déclara hautement contre tout le sénat.

LETTRE LXVIII. — Page 209. *Ceux qui viennent ici de Rome m'assurent tous qu'il n'aura point de suites.* Il s'agit des brouilleries de Clodius avec Gabinius et Pompée ; Gabinius biaisa longtemps, et ne se déclara entièrement contre Clodius qu'après qu'il y eut été forcé par les insultes et les affronts de tout genre qu'il reçut de cet insensé.

LETTRE LXX. — Page 215. *La loi sur les corporations.* Ces sociétés avaient été établies pour le bon ordre et pour la police ; mais dans une ville sujette à de fréquentes séditions, elles devinrent plus dangereuses qu'utiles : surtout elles facilitaient à Clodius les moyens de rassembler les ministres de ses violences..... Cicéron avait pour ami un tribun nommé Vinnius, tout prêt à s'opposer à cette loi. Clodius fit dire à Cicéron qu'il n'avait aucun dessein contre lui, et Cicéron aima mieux adoucir le tribun que de blesser le peuple en entravant des lois qui lui étaient favorables.

Page 215. *La froide réponse de Pompée.* Il avait fait répondre à Cicéron qu'il ne pouvait prendre les armes contre un tribun sans un ordre exprès du sénat ; que d'ailleurs il ne ferait rien que du consentement de César.

Page 216. *Culéon,* tribun du peuple, qui conseilla à Pompée de ne se point borner au rappel de Cicéron, mais de répudier aussi la fille de César pour se rapprocher du parti des *optimates,* de l'aristocratie.

Page 216. *Lorsque nous prîmes des habits de deuil.* Presque tout le sénat et plus de vingt mille citoyens prirent avec lui des habits de deuil.

LETTRE LXXII. — Page 220. *Livineius.* L. Livinieus Trypho, qui donna à Cicéron plusieurs marques d'attachement pendant son exil ; il était l'affranchi de Regulus, nommé questeur pour l'année suivante, et qui fut tribun en 704 ; il servit sous César en qualité de proquesteur pendant la guerre civile.

Page 220. *C. Clodius.* C'était le frère de Publius ; il avait deux fils, qui se portèrent ensuite les accusateurs de Milon.

LETTRE LXXIV. — Page 222. *Maintenant que me voilà renvoyé à l'année prochaine.* Les tentatives qu'on fit pendant cette année manquèrent, parce que Clodius avait gagné un de ses collègues, qui s'opposait à tout ce qu'on proposait là-dessus, soit dans le sénat, soit devant le peuple.

LETTRE LXXV. — Page 224. *Cicéron salue Q. Cécilius, fils de Q. Pomponianus Atticus.* Atticus, dont le nom propre était *Titus*, et celui de famille *Pomponius*, avait été adopté tout nouvellement par son oncle Q. Cécilius.

Page 225. *Ce que Curion vous a dit par rapport à ma maison me paraît fort juste.* La maison de Cicéron avait été abattue, et Clodius en avait consacré la place à la Liberté. Atticus avait conféré avec Curion pour faire déclarer cette consécration nulle; ce qui arriva, comme on le verra dans la suite.

LETTRE LXXVI. — Page 227. *Conduite du temple de Vesta à la table Valérienne.* Cette table Valérienne paraît avoir été quelque banque ou comptoir vers lequel Terentia aurait été entraînée pour une extorsion exercée sur elle.

LETTRE LXXVIII. — Page 230. *Lentulus.* R. Lentulus Spinther était désigné consul pour l'année suivante 696; il avait été édile sous le consulat de Cicéron, et l'avait soutenu dans tout ce qu'il fit contre les conjurés, quoique l'un des principaux fût de sa maison. Ce surnom de Spinther lui venait de sa ressemblance avec un comédien qui le portait; et Manuce remarque que par politesse Cicéron ne le lui donne jamais. Cependant ce surnom resta à son fils, et Cicéron le lui donne dans ses lettres.

Page 230. *Metellus.* Ce Metellus était l'autre consul désigné pour la même année.

LETTRE LXXIX. — Page 231. *Aussitôt qu'il s'est trouvé capable de sentiment.* Le petit Cicéron avait alors huit ans.

LETTRE LXXX. — Page 234. *Quoiqu'elle n'ait point passé.* Ce fut un tribun nommé Élius Ligur qui l'empêcha.

Page 236. *La punition... ne peut tomber sur ces tribuns.* Il ne fallait que l'opposition d'un seul pour empêcher une loi de passer; mais, lorsque celui qui la proposait avait une faction trop puissante, et qu'il se servait de voies de fait comme le fit Clodius, les tribuns, obligés de céder à la violence, étaient toujours en droit d'en proposer l'abro-

gation. Lorsque leur consentement n'avait pas été simplement tacite, et qu'ils avaient eu part à la discussion de la loi, ils ne pouvaient plus en poursuivre l'abrogation.

Page 236. *Ninnius.* C'est ce tribun qui est appelé Mummius dans plusieurs oraisons de Cicéron; mais les meilleurs manuscrits portent Ninnius. Dion l'appelle L. Ninnius Quadratus.

Page 237. *Visellius.* C. Visellius Varron. Sa mère était sœur de Cicéron. Il passait pour un des plus habiles jurisconsultes de ce temps (Cic., *de Claris Orat.*). T. Fadius était l'un des tribuns élus pour l'année 696; mais ces tribuns prenaient possession de leur charge dès le 1er décembre. Ami dévoué, il avait fait rédiger par Visellius un projet de rappel de Cicéron, et il voulait le proposer dès son entrée en fonctions. C'est ce projet que Cicéron approuvait. (WIELAND.)

LETTRE LXXXIII. — Page 243. *Depuis votre départ de Rome.* Atticus avait sacrifié aux affaires de Cicéron toute l'année 695; il pouvait désormais retourner à ses propres affaires sans inquiétude; car le consul Lentulus se montrait ami déclaré de Cicéron, et Metellus avait promis de ne point contrarier son rappel; le sénat le désirait aussi : Clodius était sans influence, et les dix tribuns s'étaient engagés envers les amis de Cicéron; mais rien ne pouvait calmer les alarmes de l'exilé.

LETTRE LXXXIV. — Page 243. *Le décret qu'on a fait en ma faveur.* Ce sénatus-consulte fut rendu sur la proposition du consul Lentulus : on déclarait ennemis de la république tous ceux qui s'opposeraient au retour de Cicéron, et on lui permettait de revenir, sans attendre la loi de son rappel, en cas que ses ennemis se servissent de voies de fait pour empêcher qu'elle ne passât. Clodius cependant détermina le tribun Sextus Serranus à interposer son *veto;* mais le sénat résolut de ne s'y point arrêter, et l'affaire n'en fut pas moins portée devant le peuple.

LETTRE LXXXV. — Page 244. *Qu'elles ne se rétabliront jamais.* Nous avons parlé déjà de l'opposition de Serranus. Clodius, qui l'avait gagné à prix d'argent, lui en donna encore pour persister dans sa résistance. Cette opposition fut suivie de tant d'autres incidents, que, malgré le zèle de Lentulus et le pouvoir de Pompée, Cicéron ne fut rappelé que sept mois après..... Ces délais le faisaient désespérer d'une affaire dont il avait cru que la première tentative déciderait le succès.

LETTRE LXXXVI. — Page 245. CICÉRON A Q. METELLUS NEPOS. Depuis

l'année 691, une inimitié déclarée existait entre Metellus Nepos et Cicéron..... L'influence de Pompée y aura sans doute apporté quelque changement favorable à celui-ci. Metellus prit part d'abord aux petites menées par lesquelles Clodius, son parent, suscitait des obstacles à son retour ; mais ensuite il céda au vœu général, et concourut avec Lentulus à faire rendre justice à ce grand homme.

LETTRE LXXXVII. — Page 248. *La dédicace du temple du Salut.* En l'an de Rome 442, pendant la guerre contre les Samnites, le consul Junius Bubulius voua un temple à la déesse du Salut ; il le fit construire pendant qu'il était censeur, en 446, et en fit la dédicace quatre ans plus tard, pendant sa dictature (Tite Live, liv. X, ch. 1). Ce temple était sur le mont Quirinal, non loin de la maison qu'Atticus avait héritée de son oncle Cécilius : c'est ce qui donne occasion à Cicéron d'appeler plaisamment la déesse *sa voisine.*

LETTRE LXXXVIII. — Page 252. *On pouvait.... me rendre cette place.* Clodius n'avait pris pour le portique de la Liberté que la dixième partie de la place où était la maison de Cicéron, et son dessein était de s'emparer du reste, qui était à sa bienséance (*pro Domo*). Clodius, au lieu de la statue de la Liberté, y avait placé celle d'une courtisane grecque, que son frère avait rapportée avec d'autres objets d'art.

Page 253. *Portique de Catulus.* Catulus, ayant triomphé des Cimbres, employa les sommes qui lui restèrent de leurs dépouilles à un portique qu'il fit bâtir sur la place où avait été la maison de Flaccus, qui fut tué avec le second des Gracques. — Clodius avait fait démolir ce portique.

Page 253. *Marcellinus.* C'est Cornelius Lentulus Marcellinus, désigné consul pour l'année suivante. Lucullus, dont il est ensuite parlé, est le frère du grand Lucullus.

Page 256. *Mes autres chagrins ont quelque chose de plus secret.* Cicéron fait allusion à quelques différends avec sa femme Terentia.

LETTRE LXXXIX. — Page 257. *Lorsqu'il refusait le jugement.* Voici le fait : Le factieux s'était précipité sur le peuple avec des gladiateurs, pour empêcher les comices de délibérer sur le retour de Cicéron ; il avait tué et blessé beaucoup de personnes. Il fut en conséquence accusé par Milon : aussi n'était-il rien qu'il ne tentât pour échapper à cette poursuite. Candidat pour l'édilité, il savait bien que, s'il était désigné avant le jugement, il y échapperait. De son côté, Milon

mettait toujours des obstacles à la tenue des comices, observant, à chaque fois, le ciel quand ils étaient indiqués. Ces éclaircissements feront comprendre toute la lettre que nous avons sous les yeux.

Page 258. *Acidinus...* C'est C. Manlius Acidinus qui leva le premier des troupes pour Catilina.

Page 258. *Le mont Germalus.* Milon y avait une maison qu'il n'habitait pas. Ce mont tenait au Palatin. Il était ainsi nommé *a Remo et Romulo germanis fratribus.* Varron dit que l'eau du Tibre déposa dans cet endroit le petit berceau dans lequel on les avait couchés.

Page 258. *Dans la maison de Sylla.* P. Sylla, que Cicéron avait défendu, mais qui n'en restait pas moins l'ami de Clodius.

Page 258. *De la succession d'Annius.* Quoique Milon fût de la famille Papia, il était passé par adoption dans celle de son aïeul maternel C. Annius.

Page 258. *Et même par votre bon ami.* On pense qu'il s'agit ici d'Hortensius.

Page 258. *Fureur de Sextius.* Contre Clodius, sans doute.

Page 260. *D'amis jaloux, etc.* Ce premier reproche regarde peut être Hortensius; le second, que l'abbé Mongault et Wieland croient adressé à Pompée, pourrait bien retomber indistinctement sur Atticus lui-même. En vingt endroits de ses lettres, Cicéron reproche à Atticus de l'avoir assisté avec trop de mollesse.

LETTRE XC. — Page 261. *Après les fêtes.* C'étaient les Saturnales, les Opalies, etc.

Page 261. *Quelques traits contre César.* César, étant consul, avait porté une loi pour partager au peuple les terres de Campanie, possédées par des particuliers, et lui-même avait distribué les terres du domaine public. Quant au surplus, il fallait employer les deniers publics pour en faire l'acquisition et le partage : c'est là ce qui déplaisait à Lupus.

Page 263. *Sur la Grécostasis.* — *Græcostasis* n'est pas un portique, mais une tribune élevée à la droite du comitium. On y recevait principalement les députés des villes grecques qui y attendaient la décision de leurs affaires.

LETTRE XCI. — Page 264. Quelques-uns pensent que cette lettre

s'adresse à Q. Fabius Sanga Gallus, qui fut en exil pendant la dictature de César. Il était épicurien. Ce qui annonce que cette lettre est du consulat de P. Lentulus et de Q. Metellus Nepos, c'est que le fils de Lentulus, dont le souper augural causa la maladie de Cicéron, fut créé augure cette même année.

Page 264. *Reprochent à votre Épicure.* On lit dans Diogène de Laërte une lettre d'Épicure, dans laquelle ces mots se trouvent textuellement. Cicéron les a traduits plus au long au second livre du *de Finibus.*

Page 265. *A la loi somptuaire.* Celle de Licinius, où l'on trouve le terme de *terra nata*, et qui réglait la somme qu'on pouvait employer pour la table dans les occasions solennelles; elle restreignait aussi l'usage des viandes et des poissons, en laissant toute liberté quant aux fruits de la terre.

LETTRE XCII. — Page 267. *Servilius.* P. Servilius Vatia Isauricus, qui avait été consul avec Appius Claudius, père de l'ennemi de Cicéron.

Page 268. *Libon et Hypséus.* Tous deux paraissent avoir été tribuns du peuple, du moins Dion le dit formellement d'Hypséus. L'autre était l'ami et l'allié de Pompée. Dans la suite, Auguste épousa une de ses filles, tandis que Sextus, second fils de Pompée, en avait déjà épousé une.

LETTRE XCIV. — Page 272. *Aulus Trebonius.* Il paraît qu'il était de l'ordre des chevaliers, car il n'était pas permis aux sénateurs d'exercer le commerce.

Page 272. *Ampius.* Ce T. Ampius avait gouverné la Cilicie avant P. Lentulus, sous le consulat de Gabinius et de Pison, mais en qualité de prétorien, et non de consulaire. Velleius (liv. II) nomme un T. Ampius, qui était tribun du peuple sous le consulat de Cicéron, et qui avait porté une loi extrêmement flatteuse pour Pompée. C'est apparemment le même. Il fut exilé dans la suite, et Cicéron lui écrivit quelques lettres. César parle aussi de lui au liv. III de *la Guerre civile.* (Prévost.)

LETTRE XCV. — Page 273. *La loi Pupia*, et non la loi *Popia*, défendait d'assembler le sénat au temps des comices, à moins qu'il n'eût préalablement décidé si on recevrait en février les ambassadeurs étrangers. Marcellinus, ne se souciant pas d'accorder cette faveur à ceux du roi d'Égypte, empêchait la tenue de l'assemblée.

LETTRE XCVI. — Page 275. *Cette indigne motion de C. Caton.*

C'est en effet une motion, et non une déclaration. Ce tribun, l'ennemi déclaré de Lentulus, avait proposé une loi pour le rappeler de Cilicie.

Page 276. *Selicius*. Cet ami de Lentulus est probablement le même dont il est parlé dans la lettre XVI, et qui paraît avoir été un publicain et un homme qui prêtait son argent à gros intérêts.

LETTRE XCVII. — Page 277. *Gracchus, l'augure*. C'est Titus Sempronius, le père des deux Gracques, dont Plutarque a écrit la vie. S'étant souvenu qu'il avait mal accompli une des formalités religieuses de la désignation des consuls, il en référa au collège des augures, et ceux-ci au sénat, qui ordonna aux consuls d'abdiquer, ce qu'ils firent en effet (voy. *de la Nature des dieux*, liv. IV, ch. iv).

Page 278. *Il ne s'est présenté personne pour acquérir Tusculum*. Il ne s'agit pas de la propriété de Cicéron, mais de celle de Culléon, qu'il voulait acheter pour le réunir à la sienne.

Page 278. *Gabinius l'emportera par la violence*. Ce fut en effet Gabinius, et non Pompée, qui fut chargé du rétablissement du roi d'Égypte.

LETTRE XCIX. — Page 280. *Milon s'est rendu à l'assemblée*. Pour répondre à une accusation de violence portée contre lui par Clodius. Il y a lieu de croire que ce Marcellus, dont il est ensuite question, est celui qui fut tué, après la bataille de Pharsale, par Magius Chilon.

Page 281. *Le fils a pris le deuil*. Il a pris des habits de suppliant, comme c'était l'usage dans les grandes calamités.

Page 281. *Sur lui et sur Clodia sa sœur*. Clodius en avait trois, toutes célèbres par leur lubricité; mais on croit qu'il est ici question de la femme de Metellus, qui, nous l'avons dit, poussait ce vice au point qu'on l'appelait *Quadrantaria*, du nom de la pièce de monnaie que valaient les faveurs des courtisanes du plus bas étage.

LETTRE CII. — Page 288. *Tullia.... épouse Crassipès*. Peu après le retour de Cicéron, le premier mari de Tullia, C. Calpurnius Pison Frugi fut enlevé par une mort prématurée. On ne sait rien de Furius Crassipès, sinon qu'il se montra chaud partisan de César. Cette seconde union ne fut pas de durée : pendant que Cicéron était en Cilicie, Crassipès répudia Tullia, qui rentra dans la maison pater-

nelle, mais qui, bientôt, épousa Cn. Dolabella. Ce troisième mariage fut encore plus malheureux.

LETTRE CIII. — Page 290. *Tullia avait été fiancée à Crassipès.* On n'a plus cette lettre : il ne peut être question de la précédente, où l'affaire n'est pas encore conclue. Les dates elles-mêmes prouvent cette lacune.

Page 290. *Le collége Capitolin et le Mercurial.* Il est mention de l'un et de l'autre dans Tite Live. L'un tenait son nom du temple de Mercure, liv. II, ch. xxvii; il est parlé de l'autre au liv. V, ch. xxx. C'étaient des associations de marchands.

LETTRE CIV. — Page 293. *Ce que Caninius avait entrepris pour Pompée.* Le tribun Caninius avait proposé que Pompée, accompagné de deux ambassadeurs, rétablît le roi d'Égypte.

Page 294. *Caton a déclaré…, qu'il s'opposerait à l'assemblée des comices.* Et il s'y opposa en effet ; car, pendant trois ans, il n'y en eut pas : les consuls furent créés par forme d'interrègne.

LETTRE CV. — Page 295. *Les gladiateurs que vous avez achetés.* C'était une spéculation que d'acheter des gladiateurs, de les exercer et de les louer aux magistrats qui donnaient des spectacles.

Page 295. *Dans les deux dernières occasions.* C'est-à-dire aux jeux célébrés par l'édile.

LETTRE CVI. — Page 296. *Pourquoi… n'ai-je pas vu le premier celui-ci?* Cicéron ayant reconnu la faute qu'il avait faite en ne ménageant pas César, pensa d'abord, après son exil, à le gagner, et il lui adressa cette année, en forme de lettre, un écrit où il le louait sur beaucoup de choses qu'il n'avait pas toujours approuvées. C'est de ce même écrit qu'il parle à son frère dans la lettre cxx.

LETTRE CVII. — Page 298. *Arcanum.* C'était une terre de Q. Cicéron, aux environs de Minturnes (*voy.* lettres lvi, clxxxiv, ccclxii).

LETTRE CVIII. — Page 299. Lucceius, l'un des amis de Pompée, préférait la culture des lettres au soin des affaires publiques. Il paraît qu'il réussit, surtout dans le genre historique. On n'a plus sa réponse à cette lettre; mais il est certain, par une lettre à Atticus (cclxviii), que Lucceius avait déféré aux vœux de Cicéron.

Page 300. *La guerre italique et civile.* La guerre italique est celle que l'on appelle *Sociale ;* par *civile*, Cicéron désigne ici celle qui rendit Sylla maître de la république.

Page 500. *Callisthène*, natif d'Olynthe, disciple d'Aristote et courtisan d'Alexandre le Grand, qui le fit mourir pour avoir conspiré contre sa vie, ou pour lui avoir refusé les honneurs divins.

Page 501. *L'Hercule de Xénophon*. Hercule vit en songe deux chemins : l'un conduisait à la vertu, l'autre à la volupté (*Dits mémorables de Socrate*).

LETTRE CIX. — Page 506. *Lentulus*. C'est P. Lentulus, flamine de Mars. Il était de la faction opposée à celle de Pompée et de César, ce qui avait été cause qu'il n'avait pu obtenir le consulat trois ans auparavant, Gabinius l'ayant emporté sur lui par leur crédit.

Page 506. *Saufeius*. Les épicuriens pensaient qu'il ne fallait pas tenir compte de la mort, tout se terminant avec la vie.

Page 507. *Je pardonne à Philoxène*. Il aima mieux retourner en prison que de trouver bons les vers de Denys le Tyran.

Page 508. *Vestorius*, banquier de Pouzzoles, grand ami d'Atticus, et qui avait peut-être prêté de l'argent à Cicéron.

LETTRE CX. — Page 509. *Metellus*. On ne sait de quel Metellus il est ici question : ce pourrait être Metellus Nepos. L'hémistiche qui suit est d'Homère.

Page 509. *Laterium*. Il est probable que c'était une petite ferme du patrimoine de Quintus, et que les agrandissements qu'il fit faire à son retour d'Asie excitèrent les murmures de ses compatriotes qui ne l'avaient pas toujours connu aussi riche.

LETTRE CXI. — Page 509. *Ce que vous dites de mes poissons aux œufs et au fromage.* — *Patina tyrotarichi*; c'était un mélange de poisson salé, de fromage cuit, d'herbes et d'œufs, dont la recette bizarre nous a été conservée par le gourmand Apicius dans son traité *de Arte coquinaria* (lib. IV, c. II). Quant à ce qui suit sur le petit trésor de Cicéron, *nam de rauduculo, quod scribis;* le *rauduculum* était une petite monnaie de cuivre : le vers grec que Cicéron cite ensuite se trouve dans Stobée, attribué à Sophocle. C'est cette réponse si connue que Solon fit à Crésus.

LETTRE CXII. — Page 510. *Que j'essuie tous les jours*. Clodius invectivait Metellus Nepos, parce qu'il s'était réconcilié avec Cicéron. Aussi Metellus déclare-t-il qu'il ne regarde plus Clodius comme son frère, et que c'est lui, Cicéron, qui lui en tiendra lieu.

Page 511. *Aux comptes de la province.* C'est-à-dire de l'Espagne, que Metellus avait administrée en qualité de proconsul.

LETTRE CXIII. — Page 513. *Il ne s'est guère trouvé au sénat.* Après le discours pour Milon, il craignait pour sa vie et ne sortait plus de sa maison, ainsi que nous l'avons déjà fait remarquer au sujet d'une autre lettre où il est parlé d'un local choisi par le sénat dans le voisinage de sa demeure, afin qu'il pût y venir.

Page 513. *Pendant l'affaire même de Caninius.* Caninius voulait faire ramener Ptolémée par Pompée ; les amis de Lentulus avaient la même prétention pour lui. Il en résultait donc une rivalité.

Page 514. *Et dans l'île de Chypre.* Cette île avait été jointe au gouvernement de Cilicie en faveur de Lentulus, sous le consulat de Pison et de Gabinius.

Page 518. *La succession établie par la loi Sempronia.* C. Sempronius Gracchus avait établi par une loi que les provinces consulaires seraient données par le sénat, et que les gouverneurs seraient renouvelés tous les ans. Il y avait alors quatre provinces de cette espèce à donner : les deux Gaules, qui se trouvaient réunies sous l'administration de César ; la Syrie, qui était gouvernée par Gabinius, et la Macédoine, qui l'était par Pison. Le sénat s'agita beaucoup cette année pour la distribution de ces provinces, et le résultat fut que la loi Sempronia fut mal suivie, car César fut continué dans les Gaules : ce ne fut point un consulaire, mais un prétorien nommé Q. Ancharius, qui obtint la Macédoine, et Gabinius demeura dans la Syrie.

LETTRE CXIV. — Page 519. *Lorsque je vous conduisais déjà revêtu,* etc. Valerius Orca allait prendre le gouvernement de l'Afrique.

Page 520. *Il avait la conduite des plus grandes affaires, au nom de sa compagnie.* Le soin de faire rentrer le tribut était confié à des compagnies.

LETTRE CXVI. — Page 522. *D'avoir refusé à Gabinius.* Il avait remporté en Palestine des avantages sur Aristobule et son fils Alexandre; à raison de quoi il avait écrit au sénat pour obtenir des supplications ou actions de grâces aux dieux, ce qui était un grand honneur.

Page 522. *Procilius jure que cela est sans précédent.* Ce Procilius était alors tribun du peuple.

LETTRE CXVII. — Page 323. *Je suis de votre avis sur Trebonius.* Il avait obtenu la charge de tribun pour l'année suivante; et il l'exerça selon les vues de César et de Pompée. Il fit continuer au premier le gouvernement des Gaules pour cinq ans, et fit donner à l'autre celui de l'Espagne pour le même nombre d'années. C'est ce que Cicéron et Atticus prévoyaient.

Page 323. *Quant à Domitius.* Domitius Ahenobarbus se croyait si sûr de son élection au consulat, qu'il proclamait partout que le premier acte de son administration serait de retirer le commandement de la Gaule à César. Il n'en fallut pas davantage pour éveiller l'attention des triumvirs, qui alors étaient étroitement unis : aussi ne négligèrent-ils rien pour l'écarter.

Page 324. *Que dans le passé ils ont eu des consuls faits.* Crassus, Pompée et César s'étaient abouchés à Lucques, où il fut convenu que les deux premiers demanderaient le consulat; c'est sans doute à cette disposition arbitraire des charges de l'État que Cicéron fait allusion.

Page 324. *Natta.* De la famille Pinaria. Il était pontife, et Clodius se servit de son ministère quand il consacra la maison de Cicéron.

Page 325. *Fabius Luscus.* Il paraît que c'est le même que celui qu'il recommande lettre CCXLVI. On ignore si le Gavius dont il est ici question est celui que, dans la lettre CCLXIV, il qualifie de chien de Clodius. Firmum est un bourg ou une petite ville du Picenum.

Page 325. *Cet homme votre convive habituel.* Saufeius, philosophe épicurien.

LETTRE CXVIII. — Page 325. *Le bruit court que Ptolémée est rétabli dans son royaume.* En effet, Gabinius, alors proconsul de Syrie, excité secrètement par Pompée, avait brusquement, et sans se soucier de la sibylle ni des querelles du sénat, ramené le roi d'Égypte dans Alexandrie en lui prêtant le secours des armes romaines. Aussi fut-il, dans la suite, accusé de lèse-majesté; mais le crédit de son protecteur le préserva de toute condamnation.

Page 325. *La bibliothèque de Faustus.* Faustus Sylla, fils du dictateur, gendre de Pompée, possédait la collection que son père s'était faite au moyen du pillage d'Athènes.

LETTRE CXIX. — Page 327. *Fâché que Messala.* Pompée favorisait la candidature d'Émilius Scaurus, et, comme deux patriciens ne pou-

vaient parvenir ensemble au consulat, il craignait que Messala ne l'emportât sur ce Scaurus, ce qui arriva en effet.

Page 527. *A Naples, chez Pétus.* Papirius Pétus, auquel sont adressées plusieurs lettres de Cicéron, avait une maison à Naples, et il en aimait beaucoup le séjour.

LETTRE CXX. — Page 528. *Je lui parlai de ces ouvrages et de ces inscriptions.* En détruisant la maison de Cicéron et le portique de Catulus, on avait, à ce qu'il paraît, endommagé aussi le temple de Tellus. Cicéron voulait, en le réparant, y placer des inscriptions qui rappelassent cet événement. Il avait besoin pour cela de l'appui de Pompée et de Crassus. Vibullius Rufus, dont il est parlé ici, était l'un des plus chauds partisans de Pompée.

Page 529. *Le jeune Publius Crassus.* Le fils du consul. Il s'appliquait avec ardeur à l'éloquence : lorsque Clodius porta sa loi d'exil contre Cicéron, il prit le deuil avec vingt mille jeunes Romains.

Page 529. *A Byzance, ou vers Brogitarus.* Clodius avait fait rentrer dans leur patrie les exilés de Byzance; il avait placé Brogitarus, homme indigne et sans considération, à la tête du temple de la mère des dieux à Pessinunte; Clodius espérait donc être payé de ses services. C'est pourquoi Cicéron dit : *Plena res nummorum.*

Page 529. *Sur la brigue, et suivant l'avis d'Afranius.* C'était un sénatus-consulte pour la brigue, et non contre la brigue : il empêchait de revenir sur l'élection qui allait être faite. Il s'agissait de l'emporter pour Vatinius sur Caton, et d'écarter celui-ci de la préture. Pour cela on eut recours à la corruption.

LETTRE CXXI. — Page 530. *Ateius.* Ce pourrait être Ateius Capito, qui était si curieux de nouvelles, ainsi que le dit Cicéron dans une lettre à Atticus, et dont la visite devait être importune à raison de ses questions.

Page 531. *La litière Anicienne.* Le roi Ptolémée l'avait fait faire pour son usage, quand il était à Rome. A son départ il en fit cadeau à Anicius, soit que cet Anicius fût son ami, soit qu'il fût son créancier. Quant aux cent hommes armés, Manuce croit qu'ils se trouvaient là par hasard; Schütz pense que ce pouvait être une plaisanterie de Cicéron, afin d'effrayer son compagnon de voyage.

LETTRE CXXII. — Page 532. *Demetrius.* Le fameux affranchi de Pompée, qui avait gagné tant de biens pendant la guerre de Mithri-

date, qu'il fit bâtir à ses dépens ce superbe amphithéâtre qui porte le nom de son maître. Il fit faire aussi hors de Rome des jardins magnifiques, et laissa encore en mourant quatre mille talents, c'est-à-dire plus de six millions de notre monnaie. (MONGAULT.)

Page 353. *Comment va la brigue d'Appius.* Il s'agit apparemment de la demande du consulat, puisqu'il le géra l'année suivante.

Page 353. *Cet Apuleius femelle.* C'est Clodius qu'il désigne. Apuleius Saturninus était un tribun séditieux du temps de Marius. Cicéron appelle ici Clodius *Apuleia*, à cause de sa mollesse et de ses débauches.

Page 353. *Le traité de Demetrius Magnès.* C'était un traité *de l'Union entre les citoyens*, que cet auteur envoyait à Atticus.

LETTRE CXXIII. — Page 354. *Je fausserai compagnie au sénatus-consulte.* Les sénateurs présents à Rome devaient paraître au sénat sous peine d'amende. On ne sait pourquoi Milon avait besoin de lui dans ce moment : il ne peut être question ni de l'accusation intentée contre lui par Clodius, car elle se rapporte à l'année précédente, ni du mariage de Milon, qui ne devait avoir lieu qu'en décembre suivant.

LETTRE CXXIV. — Page 357. *J'en avais parlé aussi à votre Nicias.* Nicias était un grammairien dont le nom revient dans la lettre CCCLI. Voici l'affaire dont il s'agit : Gallus avait acheté de Cassius une maison dans laquelle habitaient Licinia, sœur de Cassius, et son mari Decius, qui était alors en Espagne : cette femme se refusait à déménager en l'absence de son mari.

LETTRE CXXV. — Page 340. *Un ordre qui lui était très-dévoué.* Cicéron, pendant son consulat, était parvenu à lier étroitement l'ordre équestre avec le sénat. Ensuite M. Caton l'en avait aliéné par de mauvaises chicanes et par des refus injustes. Jules César profita de son consulat pour achever de rompre l'union de ces deux ordres et pour s'attacher les chevaliers.

Page 340. *Un homme illustre.* C'est Pompée, qui avait été fort irrité du refus que le sénat avait fait de confirmer ses actes, par un effet des cabales de L. Lucullus, qui, ayant épousé Servilia, sœur de Caton, avait embrassé toutes les vues de son beau-père; mais Pompée obtint tout ce qu'il souhaitait, après s'être fortifié par l'alliance de César, dont il épousa la fille.

LETTRE CXXVI. — Page 341. *D'assister aux jeux.* Ceux que fit

célébrer Pompée pendant son second consulat. Pline, Plutarque et Dion disent que ces jeux furent donnés au théâtre qu'il avait fait construire.

LETTRE CXXVIII. — Page 547. Ancharius, auquel cette lettre est adressée, avait été tribun en 694 : c'était un ami de Bibulus le consul. En 698, au moment où Cicéron lui écrit, il est proconsul de Macédoine. Les jeunes Aurelius faisaient en Grèce un voyage d'agrément.

LETTRE CXXIX. — Page 348. *Et peut-être que l'élection des consuls n'ira pas plus loin.* Au lieu d'avoir lieu en juillet, les comices furent différés de mois en mois, et n'eurent pas lieu du tout cette année.

Page 348. *Je suis ravi d'avoir été absent.* Pompée venait d'obtenir pour cinq ans le commandement de l'Afrique et de l'Espagne : il s'agissait de prolonger d'autant celui de César; ce qu'il finit par obtenir par l'influence des consuls et de leurs partisans.

LETTRE CXXXI. — Page 351. *Je suis entré en lice avec les consuls.* Apparemment sur ce qu'on voulait rappeler Crassus, qui était parti au mépris des auspices.

Page 353. *Vos deux fils.* Marcus et Publius. Alors ils étaient tous deux à Rome; mais bientôt Publius rejoignit son père, et périt avec lui chez les Parthes. Marcus est celui qui était dès lors, et plus tard encore, questeur de César dans la Gaule.

LETTRE CXXXIII. — Page 557. *De mener avec moi Trebatius.* Apparemment en Espagne, où Cicéron devait accomplir une mission à la suite de Pompée; mais Pompée ne partit point pour ce gouvernement; ce qui fut l'une des causes de la guerre civile.

LETTRE CXXXIV. — Page 359. *Célius était assigné au dixième jour.* M. Celius Rufus était poursuivi par Atratinus, qui servait la haine de Clodia. Celle-ci prétendait lui avoir prêté de l'argent, dont il voulait se servir, disait-elle, pour corrompre des esclaves et faire assassiner les envoyés d'Alexandrie. Clodia soutenait que, pour lui avoir réclamé cette somme, Celius Rufus avait voulu la faire empoisonner par ses femmes.

Page 359. *Pola Servius.* Il faut qu'il ait été de la maison de Clodia, ou qu'il en ait été un partisan déclaré; car on apprend par la

lettre CCII qu'Appius Pulcher, frère de Clodius, voulait s'en servir pour accuser Célius.

Page 360. *Pendant les jours destinés aux comices.* On ne pouvait tenir à la fois le sénat et l'assemblée du peuple. La loi Pupia défendait de s'occuper au sénat d'autre chose que de l'expédition des ambassades étrangères, et cela pendant le mois de janvier tout entier, ou du moins jusqu'à l'entier examen des réclamations. Cette disposition fut étendue au mois de février par la loi Gabinia. Les consuls devaient donc, à moins d'empêchement légal, convoquer le sénat tous les jours. L'interprétation d'Appius consistait à ne point tenir les comices pendant ces deux mois, à raison de la multitude des affaires de ce genre. Les tribuns, au contraire, annonçaient que rien ne pourrait les empêcher, aux jours marqués pour les comices, de dénoncer au peuple la conduite de Gabinius, qui, sans mission que de lui-même, était allé rétablir le roi d'Égypte. Il paraît que c'est là ce qu'Appius voulait empêcher, et qu'en cela il était d'accord avec Pompée, protecteur déclaré de Gabinius, lequel avait agi à son instigation.

LETTRE CXXXVIII. — Page 364. *Celle qui suivit immédiatement votre départ.* Il paraît qu'après une entrevue à Rome, Quintus, lieutenant de César, était reparti pour rejoindre l'armée.

LETTRE CXXXIX. — Page 366. *Vacerra et Manilius.* Il paraît que c'étaient deux jurisconsultes chargés à Rome des affaires de César, et qui s'intéressaient à Trebatius. Précianus suivait César, et avait coutume de le consulter.

LETTRE CXLII. — Page 373. *Le rhéteur Clodius.... et Pituanius.* Il y a de l'ironie dans ces louanges. Sextus Clodius, rhéteur sicilien, enseignait les littératures grecque et latine, et Pituanius était d'une famille fort ancienne, mais obscure; elle faisait partie de l'illustre maison Pinaria.

Page 375. *Pompée s'en plaint.* Il s'agit de la convention faite entre les consuls pour favoriser Memmius et Domitius. Pompée soutenait Scaurus, moins parce qu'il avait été son questeur dans la guerre contre Mithridate, que parce qu'il avait épousé sa sœur Émilia. Le Domitius dont il est parlé est Domitius Calvinus, d'une branche moins illustre qu'Ahenobarbus.

Page 376. *Messius.* C'est le même dont il a été fait mention dans la lettre LXXXVII. Il avait été édile l'année précédente.

Page 376. *Servilius.* Fils de Servilius Isauricus : il fut consul quatre ans après César.

Page 376. *Je plaiderai ensuite pour Drusus et pour Scaurus.* Drusus était accusé de prévarication, c'est-à-dire de s'être laissé corrompre par celui dont il s'était déclaré l'accusateur ; il fut absous. Scaurus était accusé de concussion par les peuples de Sardaigne. Nous en parlerons à la lettre CLVI.

LETTRE CXLVI. — Page 586. *Philotimus et Cincius.* Philotimus étant l'affranchi de Terentia, il pouvait veiller aux intérêts de Cicéron ; Cincius était chargé des affaires d'Atticus, dont Quintus était le beau-frère, ayant épousé Pomponia.

Page 388. *Trebonius.* Caïus Trebonius, lieutenant de César, fut tribun du peuple l'année suivante, et fit la motion de lui continuer encore le gouvernement de la Gaule pour cinq ans. Trebonius fut consul avec Q. Fabius Maximus. Dans la suite il fut tué à Smyrne par Dolabella.

Page 389. *Calventius Marius.* Sous ce nom, Cicéron désigne L. Pison Césonius. Le nom de Calventius venait de son aïeul maternel. Dans le discours qu'il prononça contre lui, il le compare à Marius ; ce n'est donc ici qu'un jeu de mots.

Page 390. *Érigone.* Tragédie qu'il annonçait avoir composée et envoyée à Appius. Elle fut perdue dans le voyage.

Page 391. *Gabinius est encore aux mains avec trois factions différentes.* Lentulus l'accusait de lèse-majesté, Tibère Néron et C. Memmius de concussion dans son gouvernement de Syrie. Il s'y joignit encore une quatrième accusation de concussion portée par C. et L. Antoine, et une cinquième pour brigue par Sylla. Gabinius fut acquitté du crime de lèse-majesté, que l'on fondait apparemment sur ce qu'il avait rétabli le roi d'Égypte sans l'autorisation du peuple ni du sénat. Il fut condamné pour concussion.

Page 392. *Plus son malheur m'afflige et m'attendrit.* Sa fille Julie venait de mourir à Rome.

Page 393. *Beaucoup de plaisir à Annalis.* Il était de la famille plébéienne Villia : elle tenait son surnom de la loi sur les magistratures annuelles, portée par l'un de ses membres qui avait été tribun.

Page 394. *T. Pinarius.* Il était peut-être le frère de Lucius, qui, petit-fils de la sœur de César, fut institué par lui pour hériter avec

Q. Lélius et C. Octavius. La *gens Pinaria* était vouée au culte d'Hercule.

Page 395. *L'un a perdu son armée, et l'autre vendu la sienne.* C'est Pison qui l'avait perdue, c'est Gabinius qui avait vendu la sienne ; c'est-à-dire que le premier laissa massacrer ses soldats, et que le second reçut de Ptolémée de l'argent pour le rétablir dans sa capitale.

LETTRE CXLVII. — Page 396. *Viendrez-vous en Italie cet hiver?* César avait coutume de venir chaque hiver dans la Gaule Cisalpine, où il vaquait à l'administration des cités, où il réunissait d'illustres Romains : il se servait de leur entremise pour apaiser ses ennemis et même pour les acheter. Là se tenaient des conférences avec Pompée, avec les tribuns ; là on décidait qui l'on porterait au consulat, qui on en écarterait. Cette année César ne put venir : Ambiorix lui donnait trop d'inquiétude, il fallait demeurer à portée de l'ennemi.

LETTRE CXLVIII. — Page 400. *Pour ce qui regardait mes maisons.* Clodius, comme on le sait, avait fait raser la maison de Cicéron et le portique de Catulus, sur le mont Palatin. Il joignit au portique une partie de l'emplacement de la maison, et le releva ainsi qu'un temple qu'il dédia à la Liberté. Des inscriptions rappelaient ces belles actions. Le reste de l'emplacement de la maison fut d'abord vendu à un certain Strabon, mais bientôt racheté par Clodius, qui voulut construire une maison magnifique pour lui-même. La réintégration de Cicéron vint à la traverse. Le sénat fit détruire tout ce qu'avait élevé Clodius, ordonna le rétablissement de l'ancien portique de Catulus et de l'ancienne inscription. Il alloua une somme assez forte pour rebâtir la maison de Cicéron. Voilà d'où vient qu'il l'appelle souvent *monumentum non meum, sed senatus*.

Page 401. *Fixer l'affaire de Campanie.* Il ne s'agissait pas de la remettre, mais au contraire de la faire enfin décider. L'intérêt de César, au contraire, était de la faire oublier, éloigner, de peur que ce ne fût une occasion de revenir sur les actes de son consulat. Il avait donné à vingt mille citoyens, pères de trois enfants, la partie de ces terres qui appartenait au domaine ; mais ce qui en était possédé par des particuliers devait être acheté, selon la loi portée par César. Les sommes destinées à cet usage avaient été dilapidées par Clodius, qui en avait donné une partie à Gabinius, une autre à Pison. Bibulus, le collègue de César, s'était opposé, dès l'origine, à la loi qu'il proposait : il avait allégué les auspices ; et ce motif, si Cicéron l'eût fait valoir, pouvait infirmer beaucoup d'actes de César.

Il paraît qu'aux ides de mai Cicéron avait déjà changé de conduite, car l'affaire ne fut pas mise en délibération.

Page 402. *Ce fut dans ce voyage qu'il passa par Lucques.* Chargé de l'approvisionnement de l'Italie, Pompée vint à Lucques, ville de la Gaule Cisalpine soumise à César, qui pouvait par conséquent y aller, ainsi qu'à Ravenne, sans transgresser les lois.

Page 406. *A des esclaves armés.* C'est ainsi qu'il appelle les partisans de Clodius.

Page 407. *Obtint l'impunité par les votes.* En ce que l'on avait décidé que les comices précéderaient le jugement que devait subir Clodius à la poursuite de Milon, et auquel il fut soustrait au moyen de l'édilité. Ce furieux avait mis le feu à la maison de Quintus, il avait détruit les travaux de celle de Cicéron, et poursuivi cet illustre citoyen le glaive à la main. Le lendemain il s'était jeté avec des hommes armés sur la maison de Milon.

Page 408. *Ils me comparaient déjà à Q. Metellus.* C'est de Q. Cécilius Metellus qu'il s'agit. Ses victoires sur Jugurtha lui valurent le surnom de Numidicus, et il fut consul en 645, avec Junius Silanus. Marius et le tribun Saturninus le firent bannir de Rome, parce qu'il ne voulait pas renoncer à s'opposer à une loi, ni prêter à ce sujet un serment que tous les sénateurs avaient fait. Il partit donc pour Rhodes, et s'y adonna passionnément à la philosophie.

Page 411. *A l'égard de Vatinius.* C. Sicinius Calvus l'accusait de brigue : aux comices pour la préture, il devait, ainsi que le dit Plutarque, avoir distribué de l'argent aux centuries. Nous avons, dans Quintilien et dans Sénèque, des fragments du discours de Calvus.

Page 418. *Appius a dit en plein sénat.* Les curies seules pouvaient investir du commandement militaire et donner droit aux avantages et aux honneurs du triomphe, par suite d'exploits accomplis pendant le gouvernement d'une province ainsi conféré. Cependant on pouvait, d'après la loi Cornélia, portée par le dictateur Sylla, administrer une province par la seule volonté du sénat, et ce pouvoir ne durait que jusqu'à la rentrée des chefs dans la ville. Appius dit donc que, si la loi des curies est faite pour lui et pour son collègue Domitius Ahenobarbus, il tirera sa province au sort ; sinon, il se fera désigner pour successeur à Lentulus, en s'entendant avec son collègue. Il n'y eut en effet point de comices, et Appius alla prendre le commandement de l'armée de Lentulus.

Page 419. *Mon approbation à votre équité.* Lentulus s'était vu obligé de suivre des ordonnances et des jugements contraires aux prétentions des publicains, qui, en Cilicie, poussaient fort loin leurs exactions. Cicéron lui cite l'exemple de Scévola poursuivi par la haine des chevaliers, dont le questeur Rutilius Rufus fut condamné pour l'avoir secondé.

LETTRE CXLIX. — Page 422. *La loi Julia-Licinia.* Elle défendait de faire passer aucune loi qu'elle n'eût été exposée en public pendant trois marchés.

Page 427. *La loi Papia.* Elle fut rendue en 688, sur la proposition du tribun Papius. Elle faisait sortir de Rome tout ce qui était étranger.

Page 427. *Pomptinus.* Il avait été préteur sous le consulat de Cicéron : propréteur, il avait vaincu les Allobroges, et réclama le triomphe, qu'il obtint par l'intervention de Servius Galba; mais il l'avait attendu quatre ans aux portes de Rome. (Wieland.)

LETTRE CL. — Page 430. *Que ceux qui ont fait le voyage d'Alexandrie.* Pour réclamer à Ptolémée l'argent qu'ils lui avaient prêté à Rome.

LETTRE CLI. — Page 433. *Les deux Antoine.* Les frères de celui qui fut ensuite triumvir ; ils étaient les petits-fils du célèbre orateur.

Page 434. *C'est assez de ce qui se prépare au sujet de Milon.* Cicéron favorisait sa demande du consulat, tandis que Pompée appuyait Cotta.

Page 434. *A l'arrivée de César.* Sous-entendez dans la Gaule Cisalpine. Il ne pouvait ni quitter son gouvernement, ni entrer dans Rome.

LETTRE CLII. — Page 436. *P. Sylla a accusé Gabinius de brigue.* Lui-même fut condamné pour brigue à la retraite de Torquatus, son compétiteur. Ce Sylla est celui que Cicéron défendit d'une accusation de violence. A la bataille de Pharsale, il commandait l'aile droite de César. Il faut remarquer qu'à l'époque où il fut condamné pour brigue, l'exil n'était pas encore la peine établie, et qu'il ne le fut que sous le consulat de Cicéron.

LETTRE CLIV. — Page 445. *N'étant point un Héraclide Ponticus.*

Héraclide Ponticus, assez mauvais auteur de l'école de Platon, avait écrit un traité *de la République* en dialogues.

Page 445. *Comme Pansa juge que je le devais.* C'est Vibius Pansa, qui fut consul avec Hirtius et qui périt à Modène. Sans doute qu'à l'armée il s'était entretenu avec Quintus de cette affaire et de la conduite que Cicéron aurait dû tenir.

LETTRE CLV. — Page 447. *Labienus.* T. Attius Labienus, lieutenant de César dans la Gaule, passa du côté de Pompée dans la guerre civile. Ligurius est l'ami de César : il en est parlé dans la lettre ccccıv de ce Recueil. Il paraît que Quintus avait conseillé à son frère d'entretenir des relations avec ceux qui jouissaient de la confiance de César.

Page 447. *Samos.* Cette île s'était trouvée dans le gouvernement d'Asie, quand il l'administrait en qualité de propréteur.

LETTRE CLVI. — Page 448. *Les magnificences de son édilité l'ont rendu assez agréable au peuple.* Il y avait consumé tout son bien et contracté beaucoup de dettes. Pline évalue à cent millions de sesterces les restes et les débris. La somme est ridiculement exagérée.

LETTRE CLVIII. — Page 453. *César a supporté sa douleur.* — *Voy.* liv. V, ch. xxxvii, de la *Guerre des Gaules.* Cette perte était celle d'une légion massacrée avec Cotta et Sabinus.

LETTRE CLIX. — Page 457. *Sans jugement préalable.* Il s'agit du second jugement, de celui pour brigue ; car il avait déjà échappé au danger du premier, et subi le second après son consulat. Cicéron veut donc dire que, si c'est un interroi qui préside les comices, Messala prendra possession du consulat sur-le-champ, et par conséquent ne sera point jugé ; que si un dictateur les préside, il pourra exiger le jugement préalable, mais alors encore il n'y a rien à craindre, parce que la haine ne s'en mêlera pas.

Page 457. *Hirrus fait des préparatifs.* Pour proposer la dictature quand il sera tribun ; car en ce moment il n'est que désigné.

Page 457. *La considération qu'il a pour moi.* Vatinius avait fait faire sans doute des protestations à Cicéron, qui n'en est pas la dupe. Il résulte, de la plaisanterie que Cicéron fait à son frère, que César avait rendu les routes très-sûres et très-praticables.

Page 458. *Je crains sans elle sa gourmandise.* Le fils de Quin-

tus était alors âgé de quatorze ans : il prit la robe virile sous Paulus et Marcellus.

LETTRE CLXV. — Page 464. Le Valerius auquel est adressée cette lettre est sans doute le même que celui qu'il recommande plus tard à Appius. Lentulus est encore, dans ce moment, proconsul de Cilicie.

LETTRE CLXVI. — Page 465. *C. Curion* est le même que, par dérision, il a appelé ailleurs *filiola Curionis*. Son père avait été consul avec Octavius, puis proconsul de Macédoine. Le jeune Curion s'était jeté dans le plus grand désordre : ce fut Cicéron qui le réconcilia avec son père. Depuis lors il écouta les conseils de ce grand homme, et gagna toute son affection.

LETTRE CLXVII. — Page 468. *Laberius*. Il composait alors des *mimes*. C'était un chevalier romain que César contraignit à monter sur la scène : cet auteur se plaignit de cette violence dans un prologue que Macrobe nous a conservé.

Page 468. *Valerius*. C'est celui auquel est adressée la lettre CLXV : il paraît qu'il était jurisconsulte médiocre, mais assez bon plaisant. Cicéron craignait que ces deux personnages ne s'entendissent pour railler son ami Trebatius sous le nom du *jurisconsulte breton*.

LETTRE CLXIX. — Page 469. Il ne paraît pas que Curion ait écouté les sages conseils que lui donne Cicéron dans cette lettre. Il fit célébrer des jeux aux funérailles de son père, et y fit des dépenses extraordinaires dont parle Pline (liv. XXXVI, ch. xxiv). Aussi ne put-il satisfaire à ses engagements, ce qui le força de s'abandonner entièrement au parti de César pour échapper à ses créanciers.

LETTRE CLXX. — Page 471. *Pansa*. Celui qui fut consul avec Hirtius, en 711.

Page 472. *Vos clients d'Ulubre*. C'était une petite ville des marais Pontins : ses habitants étaient clients de Trebatius.

LETTRE CLXXII. — Page 474. Trebatius jouissait d'un grand crédit sur César : plusieurs auteurs nous en parlent avec éloge. Quintilien nous dit qu'il plaida avant l'âge fixé pour la questure. Columelle lui attribue trois livres sur l'art du boulanger, du cuisinier et de l'économe. Macrobe parle d'un Cn. Matius, dont il vante la science ; mais, peut-être, y a-t-il eu plusieurs Matius? Il y a différence du prénom, ou peut-être erreur de prénom.

LETTRE CLXXIII. — Page 476. *Vous ayez la patience d'en faire*

ainsi plusieurs copies. Trebatius ayant sans doute par erreur envoyé le brouillon et la mise au net, il était arrivé à Cicéron deux copies de la même lettre.

Page 476. *C'est votre faute, pourquoi emporter avec vous votre discrétion, au lieu de la laisser à Rome?* Discrétion, timidité envers César, raison pour laquelle Trebatius ne demandait et n'obtenait rien.

LETTRE CLXXVIII. — Page 486. *Celle du peuple.... par la magnificence de ses présents.* Milon avait donné plusieurs fois des jeux, et Cicéron traite d'extravagants ceux de son édilité, tant il y fit de dépense.

LETTRE CLXXIX. — Page 487. Fadius, questeur sous le consulat de Cicéron, fut ensuite l'un des tribuns les plus ardents à opérer son rappel.

LETTRE CLXXX. — Page 489. Appius Pulcher était alors proconsul en Cilicie. Valère Maxime dit qu'il fut tué à la bataille de Pharsale. Cette maison, qui était l'une des plus anciennes de Rome, était divisée en plusieurs branches : les *Pulcher*, les *Néron* et les *Marcellus*. On ne sait dans quelle occasion l'Appius dont il est ici question avait mérité le titre d'*imperator*. Il était frère de P. Clodius, l'implacable ennemi de Cicéron.

Page 490. *Si je la retire des mains de vos amis.* Il paraît qu'Appius, qui avait acquis en Grèce une si grande quantité de statues, venait d'offrir une Minerve à Cicéron.

LETTRE CLXXXI. — Page 491. Ce Titius était l'un des quinze lieutenants que Pompée s'était réservé le droit de nommer, quand on lui confia la surveillance des grains de tout l'empire.

Page 491. *C. Avianus Flaccus.* C'était un chevalier romain qu avait de grands biens et faisait des affaires en Sicile, où se trouvait alors Titius.

Page 491. *Lui firent obtenir pour trois ans, lorsque Pompée avait l'intendance de cette affaire.* L'intendance de Pompée dura cinq ans; mais il paraît que le privilége ou la licence d'Avianus n'eut qu'une durée de trois ans : peut-être Cicéron ne la demanda-t-il pour lui qu'au bout de deux ans, peut-être aussi Pompée mit-il des bornes à sa concession. Quoi qu'il en soit, il semble que ce soit un nouveau terme de trois ans que l'on sollicite dans ce billet.

LETTRE CLXXXII. — Page 492. *J'exécuterai soigneusement vos ordres*. Le commencement de cette lettre est relatif à une mise que Cicéron devait faire pour Marius aux enchères d'une succession dans laquelle Cicéron lui-même était intéressé. Marius lui avait fixé un *maximum*, et il lui fait voir ici qu'il ne tiendrait qu'à lui de se faire surenchérir par un tiers, afin de ne pas rester au-dessous du prix le plus élevé. On ne sait pas quel est l'objet ou le bien que Marius voulait acquérir : il s'agit probablement de tableaux, de statues, etc.

Page 492. *L'affaire de Bursa*. Titus Munatius Plancus Bursa, frère de Lucius Plancus, auquel sont adressées plusieurs lettres. Ce Bursa était tribun du peuple ; il succéda à toutes les violences de Clodius contre Cicéron et contre Milon, et fut condamné pour ses excès au bannissement, qu'il avait mérité. Le crédit de Pompée n'y put rien.

Page 493. *Contre la perspective d'une intercalation*. La survenance d'un mois intercalaire (*mercedonius*) aurait eu pour effet de reculer les fêtes, de prolonger les travaux extraordinaires dont parle Cicéron, et par conséquent de retarder l'instant où il pourrait aller voir Marius.

FIN DES NOTES DU TOME DOUZIÈME.

TABLE DES MATIÈRES

Préface..		v
Lettre	I. — Cicéron à Atticus..	5
—	II. — Au même..	6
—	III. — Au même..	7
—	IV. — Au même..	8
—	V. — Au même..	9
—	VI. — Au même..	10
—	VII. — Au même..	12
—	VIII. — Au même..	14
—	IX. — Au même..	15
—	X. — Au même..	17
—	XI. — Au même..	21
—	XII. — Cicéron à Cn. Pompée le Grand..	22
—	XIII. — Q. Metellus Celer, fils de Quintus, proconsul, à M. T. Cicéron..	24
—	XIV. — Cicéron à Q. Metellus Celer, proconsul..	25
—	XV. — Cicéron à Sextius, proquesteur..	31
—	XVI. — Cicéron à Atticus..	32
—	XVII. — Cicéron à C. Antoine, imperator..	35
—	XVIII. — Cicéron à Atticus..	37
—	XIX. — Au même..	41
—	XX. — Au même..	46
—	XXI. — Au même..	47
—	XXII. — Au même..	57
—	XXIII. — Au même..	64
—	XXIV. — Au même..	68

TABLE DES MATIÈRES.

Lettre	XXV. — Cicéron à Atticus	79
—	XXVI. — Au même	79
—	XXVII. — Au même	86
—	XXVIII. — Au même	88
—	XXIX. — Marcus à Quintus, son frère	90
—	XXX. — Cicéron à Atticus	117
—	XXXI. — Au même	119
—	XXXII. — Au même	121
—	XXXIII. — Au même	125
—	XXXIV. — Au même	126
—	XXXV. — Au même	127
—	XXXVI. — Au même	130
—	XXXVII. — Au même	131
—	XXXVIII. — Au même	132
—	XXXIX. — Au même	134
—	XL. — Au même	135
—	XLI. — Au même	137
—	XLII. — Au même	139
—	XLIII. — Au même	143
—	XLIV. — Au même	144
—	XLV. — Au même	147
—	XLVI. — Au même,	151
—	XLVII. — Au même	153
—	XLVIII. — Au même	157
—	XLIX. — Au même	160
—	L. — Au même	162
—	LI. — Au même	166
—	LII. — M. Cicéron à Quintus, son frère	167
—	LIII. — Cicéron à Atticus	180
—	LIV. — Au même	181
—	LV. — Au même	182
—	LVI. — Au même	183
—	LVII. — Au même	184
—	LVIII. — Au même	184
—	LIX. — Cicéron à Tullius, à Terentia et à Tulliola	185
—	LX. — Cicéron à Atticus	189
—	LXI. — Au même	191
—	LXII. — Au même	194
—	LXIII. — M. Cicéron à Quintus, son frère	196
—	LXIV. — Cicéron à Atticus	202
—	LXV. — Au même	204

TABLE DES MATIÈRES. 543

Lettre	LXVI. — Cicéron à Atticus................	205
—	LXVII. — Au même.................	207
—	LXVIII. — Au même.................	208
—	LXIX. — M. Cicéron à Quintus, son frère.........	210
—	LXX. — Cicéron à Atticus................	215
—	LXXI. — Au même.................	219
—	LXXII. — Au même.................	220
—	LXXIII. — Au même.................	221
—	LXXIV. — Au même.................	222
—	LXXV. — Au même.................	224
—	LXXVI. — Tullius à Terentia, à Tullia, à Cicéron, son fils.	226
—	LXXVII. — Cicéron à Atticus................	228
—	LXXVIII. — Au même.................	229
—	LXXIX. — Tullius à Terentia, sa femme, à Tullia, sa fille, et à Cicéron, son fils................	231
—	LXXX. — Cicéron à Atticus................	234
—	LXXXI. — Tullius à Terentia, à Tulliola et à Cicéron, son fils.	238
—	LXXXII. — Cicéron à Atticus................	240
—	LXXXIII. — Au même.................	243
—	LXXXIV. — Au même.................	243
—	LXXXV. — Au même.................	244
—	LXXXVI. — Cicéron à Q. Metellus Nepos, consul......	245
—	LXXXVII. — Cicéron à Atticus................	246
—	LXXXVIII. — Au même.................	251
—	LXXXIX. — Au même.................	256
—	XC. — Cicéron à Quintus, son frère..........	261
—	XCI. — Cicéron à Gallus................	264
—	XCII. — Cicéron à P. Lentulus, proconsul.........	266
—	XCIII. — Au même.................	269
—	XCIV. — Au même.................	272
—	XCV. — Au même.................	273
—	XCVI. — Au même.................	275
—	XCVII. — Cicéron à Quintus, son frère..........	277
—	XCVIII. — Cicéron à Atticus................	279
—	XCIX. — Cicéron à Quintus, son frère..........	280
—	C. — Cicéron à P. Lentulus, proconsul.........	285
—	CI. — Au même.................	287
—	CII. — Cicéron à Quintus, son frère..........	288
—	CIII. — Au même.................	289
—	CIV. — Au même.................	290
—	CV. — Cicéron à Atticus................	295

544 TABLE DES MATIÈRES.

Lettre	CVI. — Cicéron à Atticus	296
—	CVII. — Cicéron à Quintus, son frère	298
—	CVIII. — Cicéron à L. Lucceius, fils de Q.	299
—	CIX. — Cicéron à Atticus	306
—	CX. — Au même	308
—	CXI. — Au même	309
—	CXII. — Q. Metellus Nepos à Cicéron	310
—	CXIII. — Cicéron à P. Lentulus, proconsul	311
—	CXIV. — Cicéron à Quintus Valerius, proconsul	319
—	CXV. — Au même	321
—	CXVI. — Cicéron à Quintus, son frère	322
—	CXVII. — Cicéron à Atticus	323
—	CXVIII. — Au même	325
—	CXIX. — Au même	326
—	CXX. — Cicéron à Quintus, son frère	328
—	CXXI. — Au même	330
—	CXXII. — Cicéron à Atticus	332
—	CXXIII. — Au même	334
—	CXXIV. — Cicéron à Fabius Gallus	335
—	CXXV. — Cicéron à P. Lentulus, proconsul	338
—	CXXVI. — Cicéron à Marius	344
—	CXXVII. — Cicéron à Q. Philippe, proconsul	346
—	CXXVIII. — Cicéron à Q. Ancharius, fils de Q., proconsul	347
—	CXXIX. — Cicéron à Atticus	348
—	CXXX. — Cicéron à Quintus, son frère	349
—	CXXXI. — Cicéron à M. Licinius Crassus	350
—	CXXXII. — Cicéron à Quintus, son frère	354
—	CXXXIII. — Cicéron à César, imperator	356
—	CXXXIV. — Cicéron à Quintus, son frère	359
—	CXXXV. — Cicéron à Trebatius	361
—	CXXXVI. — Au même	362
—	CXXXVII. — Cicéron à Atticus	363
—	CXXXVIII. — Cicéron à Quintus, son frère	364
—	CXXXIX. — Cicéron à Trebatius	366
—	CXL. — Cicéron à Quintus, son frère	367
—	CXLI. — Au même	370
—	CXLII. — Cicéron à Atticus	372
—	CXLIII. — Cicéron à Trebatius	377
—	CXLIV. — Cicéron à Quintus, son frère	378
—	CXLV. — Cicéron à Trebatius	380
—	CXLVI. — Cicéron à Quintus, son frère	382

TABLE DES MATIÈRES. 545

Lettre CXLVII.	— Cicéron à Trebatius....................	396
— CXLVIII.	— Cicéron à P. Lentulus, proconsul, imperator...	397
— CXLIX.	— Cicéron à Atticus......................	420
— CL.	— Cicéron à Trebatius....................	430
— CLI.	— Cicéron à Quintus, son frère............	432
— CLII.	— Au même...........................	435
— CLIII.	— Au même...........................	438
— CLIV.	— Au même...........................	442
— CLV.	— Au même...........................	446
— CLVI.	— Cicéron à Atticus.....................	447
— CLVII.	— Au même...........................	449
— CLVIII.	— Cicéron à Quintus, son frère............	452
— CLIX.	— Au même...........................	455
— CLX.	— Cicéron à Mutianus, fils de C...........	459
— CLXI.	— Cicéron à Q. Philippe, proconsul.........	460
— CLXII.	— Cicéron à L. Culleolus, proconsul........	461
— CLXIII.	— Au même...........................	462
— CLXIV.	— Cicéron à Curius, proconsul.............	463
— CLXV.	— Cicéron à L. Valerius, jurisconsulte......	464
— CLXVI.	— Cicéron à C. Curion...................	465
— CLXVII.	— Cicéron à Trebatius...................	467
— CLXVIII.	— Cicéron à C. Curion...................	469
— CLXIX.	— Au même...........................	469
— CLXX.	— Cicéron à Trebatius...................	471
— CLXXI.	— Au même...........................	472
— CLXXII.	— Au même...........................	474
— CLXXIII.	— Au même...........................	475
— CLXXIV.	— Cicéron à C. Curion...................	477
— CLXXV.	— Au même...........................	478
— CLXXVI.	— Cicéron à P. Sextius, fils de P..........	480
— CLXXVII.	— Cicéron à Trebatius...................	48
— CLXXVIII.	— Cicéron à C. Curion...................	484
— CLXXIX.	— Cicéron à T. Fadius...................	487
— CLXXX.	— Cicéron à Appius Pulcher, imperator......	489
— CLXXXI.	— Cicéron à T. Titius, lieutenant..........	491
— CLXXXII.	— Cicéron à M. Marius..................	492
Notes........	....	495

PARIS. — IMP. SIMON RAÇON ET COMP., RUE D'ERFURTH, 1.

EXTRAIT DU CATALOGUE
DE
GARNIER FRÈRES
6, rue des Saints-Pères, et Palais-Royal, 215

DICTIONNAIRE NATIONAL
OUVRAGE ENTIÈREMENT TERMINÉ
MONUMENT-ÉLEVÉ A LA GLOIRE DE LA LANGUE ET DES LETTRES FRANÇAISES

Ce grand Dictionnaire classique de la Langue française contient, pour la première fois, outre les mots mis en circulation par la presse, et qui sont devenus une des propriétés de la parole, les noms de tous les Peuples anciens, modernes ; de tous les Souverains de chaque État ; des Institutions politiques ; des Assemblées délibérantes ; des Ordres monastiques, militaires ; des Sectes religieuses, politiques, philosophiques ; des grands Événements historiques : Guerres, Batailles, Siéges, Journées mémorables, Conspirations, Traités de paix, Conciles ; des Titres, Dignités, Fonctions, des Hommes ou Femmes célèbres en tout genre ; des Personnages historiques de tous les pays et de tous les temps : Saints, Martyrs, Savants, Artistes, Écrivains ; des Divinités, Héros et personnages fabuleux de tous les peuples ; des Religions et Cultes divers, Fêtes, Jeux, Cérémonies publiques, Mystères, enfin la Nomenclature de tous les Chefs-lieux, Arrondissements, Cantons, Villes, Fleuves, Rivières, Montagnes de la France et de l'Étranger ; avec les Etymologies grecques, latines, arabes, celtiques, germaniques, etc., etc.

Cet ouvrage classique est rédigé sur un plan entièrement neuf, plus exact et plus complet que tous les dictionnaires qui existent, et dans lequel toutes les définitions, toutes les acceptions des mots et les nuances infinies qu'ils ont reçues sont justifiées par plus de quinze cent mille exemples extraits de tous les écrivains, moralistes et poëtes, philosophes et historiens, etc., etc. Par M. BESCHERELLE aîné, principal auteur de la *Grammaire nationale*. 2 magnifiques vol. in-4 de plus de 5,000 pages, à 4 col. imprimés en caractères neufs et très-lisibles, sur papier grand raisin glacé, contenant la matière de plus de 500 volumes in-8. . . . . 50 fr.

Demi-reliure chagrin, plats en toile. . . . . 10 fr.

GRAMMAIRE NATIONALE

Ou Grammaire de Voltaire, de Racine, de Bossuet, de Fénelon, de J. J. Rousseau, de Bernardin de Saint-Pierre, de Chateaubriand, de Casimir Delavigne, et de tous les écrivains les plus distingués de la France ; par MM. BESCHERELLE FRÈRES et LITAIS DE CAUX. 1 fort vol. grand in-8. Complément indispensable du *Dictionnaire national*. . . . . 10 fr.

NOUVEAU DICTIONNAIRE CLASSIQUE DE LA LANGUE FRANÇAISE

Comprenant : Les mots du Dictionnaire de l'Académie française, et un très-grand nombre d'autres autorisés par l'emploi qu'en ont fait les bons écrivains ; leurs acceptions propres et figurées et l'indication de leur emploi dans les différents genres de style ; — 2° Les termes usités dans les sciences, les arts, les manufactures, ou tirés des langues étrangères ; — 3° La synonymie rédigée sur un plan tout nouveau ; — 4° La prononciation figurée de tous les mots qui représentent quelque difficulté.—5° Un Vocabulaire général de géographie, d'histoire et de biographie, etc., etc. ; par MM. BESCHERELLE aîné et J. A. PONS. 1 vol. gr. in-8 de 1100 pages. 10 fr.

DICTIONNAIRE USUEL DE TOUS LES VERBES FRANÇAIS,

Tant réguliers qu'irréguliers ; par MM. BESCHERELLE frères. 3ᵉ édition. 2 forts vol. in-8 à 2 colonnes................................... 12 fr.
La conjugaison des verbes est sans contredit ce qu'il y a de plus difficile dans notre langue, puisqu'on y compte plus de trois cents verbes irréguliers. A l'aide de ce dictionnaire. tous les doutes sont levés, toutes les difficultés vaincues.

DICTIONNAIRE ENCYCLOPÉDIQUE D'HISTOIRE, DE BIOGRAPHIE, DE MYTHOLOGIE ET DE GÉOGRAPHIE

Comprenant : 1° *Histoire :* l'histoire des peuples, la chronologie des dynasties, l'archéologie, l'étude des institutions politiques, religieuses et judiciaires et des divers systèmes philosophiques ; 2° *Biographie :* la biographie des hommes célèbres, avec notices bibliographiques sur leurs ouvrages ; 3° *Mythologie :* la biographie des dieux et personnages fabuleux, l'exposition des rites, fêtes et mystères ; 4° *Géographie :* la géographie physique, politique, industrielle et commerciale. d'après les documents les plus récents, la géographie ancienne et moderne comparée. 1 fort volume grand in-8.. 20 fr.

DICTIONNAIRE GÉNÉRAL DES SCIENCES THÉORIQUES ET APPLIQUÉES

Comprenant les mathématiques, la physique et la chimie, la mécanique et la technologie, l'histoire naturelle et la médecine, l'économie rurale et l'art vétérinaire, par MM. PRIVAT-DESCHANEL et AD. FOCILLON, professeurs des sciences physiques et naturelles ; 4 parties, 2 vol. gr. in-8. .... 32 fr

GRAMMAIRE DE LA LANGUE ANGLAISE

Contenant : 1° Un traité de la prononciation avec un *syllabaire* et de nombreux exercices de lecture ; 2° Un cours de thèmes complet sur les règles et les difficultés de la langue, et sur tous les verbes irréguliers ; 3° Idiotismes ; 4° Dialogues familiers, par MM. CLIFTON et MERVOYER, docteur ès-lettres. 1 vol. gr. in-18, cart....................... 2 fr.

GRAMMAIRE ESPAGNOLE-FRANÇAISE DE SOBRINO

Très-complète et très-détaillée, contenant toutes les notions nécessaires pour apprendre à parler et à écrire correctement l'espagnol. Nouvelle édition, refondue avec le plus grand soin, par A. GALBAN. 1 vol. in-8. ... 4 fr.

GRAMATICA DE LA LENGUA FRANCESA

Para los Españoles, por CHANTREAU, corrigée avec le plus grand soin par A. GALBAN, 1 vol. in-8 .... 4 fr.

GRAMMAIRE ITALIENNE

En 25 leçons, d'après VERGANI, corrigée et complétée par C. FERRARI, ancien professeur à l'École normale et à l'Université de Turin. 1 vol.. ... 2 fr.

NUOVA GRAMMATICA FRANCESE-ITALIANA

Di Lodovico GOUDAR. Con nuove regole e spiegazioni intorno alla moderna pronunzia, alla natura dei dittonghi francesi ed ai participii, ricavate dalle opere de' migliori grammatici. Nuova edizione correcta ed arrichita da GIUSEPPE CACCIA. Vol. grand in-18....................... 2 fr.

PETIT DICTIONNAIRE NATIONAL

Contenant la définition très-claire et très-exacte de tous les mots de la langue usuelle ; l'explication la plus simple des termes scientifiques et techniques ; la prononciation figurée dans tous les cas douteux ou difficiles, etc., etc. ; par M. BESCHERELLE aîné, auteur du *Grand Dictionnaire national*, etc. 1 fort vol. in-32 jésus, de plus de 600 pages..... 2 fr.

PETIT DICTIONNAIRE D'HISTOIRE, DE GÉOGRAPHIE ET DE MYTHOLOGIE

Par J. P. QUITARD, faisant suite au *Petit Dictionnaire national* de M. BESCHERELLE aîné. 1 vol. in-32.......................... 1 fr. 50
Les deux ouvrages réunis en 1 fort vol., rel. toile............ 4 fr.

NOUVEAU DICTIONNAIRE DES RIMES
Précédé d'un Traité complet de versification, par P. M. Quitard. 1 volume
gr. in-32. . . . . 2 fr.

PETITS DICTIONNAIRES EN DEUX LANGUES
Grand in-32, format de poche, dit Cazin

Avec la prononciation figurée, très-complets et exécutés avec le plus grand soin, contenant chacun la matière d'un fort volume in-8, à l'usage des voyageurs, des lycées, des colléges, de la jeunesse des deux sexes, et de toutes les personnes qui étudient les langues étrangères.

Dictionnaire grec-français, rédigé sur un plan nouveau, contenant tous les termes employés par les auteurs classiques, présentant un aperçu de la dérivation des mots dans la langue grecque et suivi d'un Lexique des noms propres, par A. Chassang, maitre de Conférences de langue et littérature grecques à l'Ecole normale supérieure. 1 vol. de plus de 1000 p. 6 fr.

Nouveau Dictionnaire latin-français, contenant tous les termes employés par les auteurs classiques; l'explication d'un certain nombre de mots appartenant à la langue du droit; les noms propres d'hommes et de lieux, etc., par E. de Suckau. 1 fort vol. 4 fr. 50

Nouveau Dictionnaire anglais-français et français-anglais, contenant tout le vocabulaire de la langue usuelle, et donnant la *prononciation* figurée de tous les mots anglais, et celle des mots français dans les cas douteux, par M. Clifton. 1 vol. 4 fr. 50

Nouveau Dictionnaire allemand-français et français-allemand du langage littéraire, scientifique et usuel, contenant, à leur ordre alphabétique, tous les mots usités et nouveaux de ces deux idiomes; les noms propres, etc.; la grammaire et les idiotismes, et suivi d'un Tableau des verbes irréguliers, par K. Rotteck (de Berlin). 1 fort vol. . . . . 4 fr. 50

Nouveau Dictionnaire de poche français-espagnol et espagnol-français, avec *la prononciation* dans les deux langues, rédigé d'après les matériaux réunis par D. Vicente Salva et les meilleurs dictionnaires parus jusqu'à ce jour. 1 fort vol. . . . . . . 5 fr.

Dictionnaire-italien-français et français-italien, contenant tous les mots de la langue usuelle et donnant la prononciation figurée des mots italiens et des mots français, dans les cas douteux et difficiles, par C. Ferrari. 1 fort volume. . . . . . 4. fr. 50

Nouveau Dictionnaire français-portugais et portugais-français, contenant tout le vocabulaire de la langue usuelle, et donnant la *prononciation* figurée de tous les mots portugais et celle des mots français, par Sousa Pinto, 1 vol. . . . . 6 fr.

Diccionario español-inglés é inglés-español portátil con la pronunciacion en ambas lenguas. Formado con presencia de los mejores diccionarios ingleses y españoles por Don Corona Bustamente, y el mas completo de los publicados hasta el dia. 1 tomo. 6 fr.

Diccionario español-italiano é italiano-español con la pronunciacion en ambas lenguas. Compuesto por D. J. Caccia con areglo á los mejores diccionarios, y el mas completo de los publicados hasta ahora. 1 tomo. 5 fr.

Reliure percaline, tr. jaspée, de chacun de ces quatre dictionnaires. . . 60 c.

Les dictionnaires en petit format publiés jusqu'à ce jour sont plutôt des vocabulaires, souvent très-incomplets, qui ne contiennent aucune des indications nécessaires pour aider un commençant à traduire correctement d'une langue dans une autre.

Dans ces dictionnaires, que nous recommandons à l'attention du public ami des lettres:

1° Tous les mots, sans exception, sont à leur ordre alphabétique; pas de liste particulière de noms propres, de mots géographiques, etc.

2° Les diverses acceptions de chaque mot sont indiquées par des numéros. Le premier numéro donne le sens le plus conforme à l'étymologie; les numéros suivants présentent successivement les sens dérivés, détournés ou figurés. Enfin différents signes typographiques et de ponctuation viennent encore guider l'étranger dans le choix des mots.

3° La prononciation a été figurée avec le plus grand soin et à l'aide des moyens les plus simples.

On voit que nous n'avons rien négligé pour rendre cette publication aussi utile et pratique que possible. Si l'on considère encore que nous donnons également la solution des difficultés grammaticales, relatives, par exemple, à la conjugaison des verbes, des prépositions, etc., on sera forcé de convenir que jamais on n'a présenté autant de matières sous un aussi petit volume.

GRAND DICTIONNAIRE
ESPAGNOL-FRANÇAIS ET FRANÇAIS-ESPAGNOL

Avec la prononciation dans les deux langues, plus exact et plus complet que tous ceux qui ont paru jusqu'à ce jour, rédigé d'après les matériaux réunis par D. VICENTE SALVA, et les meilleurs dictionnaires anciens et modernes, par F. DE P., NORIÉGA ET GUIM. 1 fort vol. gr. in-8 jésus, d'environ 1,600 pag., à 5 col. . . . . . 18 fr

GUIDES POLYGLOTTES

Manuels de la conversation et du style épistolaire, à l'usage des voyageurs et des écoles. Grand in-32, format dit Cazin, papier satiné, élégamment cartonnés. Prix du vol. . . . . 2 fr.

Français-anglais, par M. CLIFTON, 1 vol.

Français-italien, par M. VITALI. 1 vol.

Français-allemand, par M. EBELING, 1 vol.

Français-espagnol, par M. CORONA BUSTAMENTE, 1 vol.

Espanol-francés, por CORONA BUSTAMENTE. 1 vol.

English-french, by CLIFTON, 1 vol.

Hollandsch-fransch, van A. DUFRICHE, 1 vol.

Espanol-inglés, por CORONA BUSTAMENTE y CLIFTON, 1 vol.

English and italian. 1 vol.

Espanol-aleman, por CORONA BUSTAMENTE EBELING, 1 vol.

Deutsch-englisch, von CAROLINO DUARTE, 1 vol.

Espanol-italiano, por M. CORONA BUSTAMENTE y VITALI, 1 vol.

Italiano-tedesco, da GIOVANNI VITALI e Dʳ EBELING, 1 vol.

Portuguez-francez, por M. CAROLINO DUARTE y CLIFTON, 1 vol.

Portuguez-inglez, por DUARTE y CLIFTON, 1 vol.

GUIDE EN SIX LANGUES. Français-anglais-allemand-italien-espagnol-portugais. 1 fort in-16 de 550 pages. . . . . 5 fr.

GUIDE EN QUATRE LANGUES, français-anglais-allemand-italien, 1 vol. 4 fr.

Nous appelons d'une manière toute spéciale l'attention sur nos *Guides polyglottes*. Le soin intelligent et scrupuleux qui en a dirigé l'exécution leur assure, parmi les livres de ce genre, une incontestable supériorité. Le texte original a été fait et préparé, avec beaucoup d'adresse et d'habileté, par un maître de conférences à l'École normale supérieure. Les besoins de la conversation usuelle y sont très-heureusement prévus. Les dialogues, au lieu de se traîner dans l'ornière des banalités ennuyeuses, ont un à-propos, une vivacité, un sel, qui amusent et réveillent le lecteur. Les traducteurs se sont acquittés de leur tâche avec exactitude et fidélité.

Guide français-anglais, manuel de la conversation et du style épistolaire, avec la *prononciation figurée de tous les mots anglais*, à l'usage des voyageurs, par CLIFTON. 1 vol. in-16. 4 fr.

Polyglot guides, manual of conversation with models of letters for the use of travellers and students. English and French with the figured pronunciation of the French, by CLIFTON. 1 volume in-16. . . . . 4 fr.

CODES ET LOIS USUELLES

Classés par ordre alphabétique, 4ᵉ édition sans supplément, contenant la législation jusqu'à 1870 collationnée sur les textes officiels, contenant en note sous chaque article des codes ses différentes modifications, la corrélation des articles entre eux, la concordance avec le droit romain, l'ancienne législation française et les lois nouvelles, précédée de la constitution de l'Empire français et accompagnée d'une table chronologique et d'une table générale des matières, par M. A. ROGER, avocat à la Cour impériale de Paris, et M. A. SOREL, avocat à la Cour impériale de Paris. 1 beau v. gr. in-8 raisin de 1,200 pages. Prix, br. . . . . 15 fr.

LE MÊME OUVRAGE
Édition portative, format gr. in-32 jésus, en deux parties :
Ire Partie. Les *Codes*. . . . 4 fr. | IIe Partie. Les *Lois usuelles*. 4 fr.

GÉOGRAPHIE UNIVERSELLE

Par MALTE-BRUN. Description de toutes les parties du monde sur un nouveau plan, d'après les grandes divisions du globe; précédée de l'histoire de la géographie chez les peuples anciens et modernes, et d'une théorie générale de la géographie mathématique, physique et politique. 6e édition revue, corrigée et augmentée, mise dans un nouvel ordre et enrichie de toutes les nouvelles découvertes, par J.-J.-N. HUOT. 6 beaux vol. gr. in-8, ornés de 41 grav. sur acier. . . . . 60 fr.
Avec un superbe Atlas entièrement établi à neuf. 1 vol. in-folio, composé de 72 magnifiques cartes coloriées, dont 14 doubles. . . . . 80 fr.
On peut acheter l'Atlas séparément. . . . . 20 fr.

DICTIONNAIRE DE LA CONVERSATION ET DE LA LECTURE.

52 vol. grand in-8 de 500 pages à 2 col., contenant la matière de plus de 300 vol. . . . . 208 fr.

SUPPLÉMENT AU DICTIONNAIRE DE LA CONVERSATION ET DE LA LECTURE

Rédigé par tous les écrivains et savants dont les noms figurent dans cet ouvrage et publié sous la direction du même rédacteur en chef. 16 vol. in-8 de 500 pages, pareilles à celles des 52 vol. publiés de 1835 à 1839. 80 fr.
Le *Supplément*, aujourd'hui TERMINÉ, se compose de *seize volumes* formant les tomes 53 à 68 de cette Encyclopédie si populaire.
Le *Supplément* a réparé toutes les erreurs, toutes les omissions qui avaient échappé dans le travail si rapide de la rédaction des 52 premiers volumes. Tous les *renvois* que le lecteur chercherait vainement dans l'ouvrage principal se trouvent traités dans le *Supplément*.

COURS COMPLET D'AGRICULTURE

Ou Nouveau Dictionnaire d'agriculture théorique et pratique, d'économie rurale et de médecine vétérinaire, sur le plan de l'ancien Dictionnaire de l'abbé Rosnier, par MM. le baron de MOROGUES, membre de l'Institut; MIRBEL, HÉRICART DE THURY, président de la Société impériale d'agriculture; PAYEN, professeur de chimie agricole; MATHIEU DE DOMBASLE, etc., etc. 4e édition, revue et corrigée. 20 vol. br. en 19 gr. in-8 à 2 col., avec environ 4,000 sujets grav. . . . . 112 fr.

DICTIONNAIRE D'HIPPIATRIQUE ET D'ÉQUITATION.

Ouvrage où se trouvent réunies toutes les connaissances équestres et hippiques, par F. CARDINI, lieutenant-colonel en retraite. 2 vol. grand in-8. ornés de 70 figures; 2e édition, considérablement augmentée. . . 20 fr.

NOUVEAU DICTIONNAIRE COMPLET DES COMMUNES DE LA FRANCE

De l'Algérie et des autres colonies françaises, contenant la Nomenclature de toutes les communes, leur division administrative, leur population d'après e dernier recensement; les bureaux de poste; leur distance de Paris; les s^tations de chemins de fer; les bureaux télégraphiques; l'industrie; le c^ommerce; les productions du sol; les châteaux et tous les renseignem^ents relatifs à l'organisation administrative, ecclésiastique, judiciaire, universitaire, financière, militaire et maritime de la France, avant et depuis 1789, par A. GINDRE DE MANCY. 1 fort vol. gr. in-8 d'environ 1,000 p. à deux colonnes, avec une carte des chemins de fer, par CHARLE, géographe. 12 fr.

DICTIONNAIRE PORTATIF DES COMMUNES DE LA FRANCE, DE L'ALGÉRIE ET DES AUTRES COLONIES FRANÇAISES

Précédé de tableaux synoptiques, et accompagné d'une carte de la France, par M. GINDRE DE MANCY. 1 fort vol. in-32 de 750 pages. . . . . 5 fr.

CHEFS-D'ŒUVRE DE LA LITTÉRATURE FRANÇAISE

Format in-8 cavalier

24 volumes sont en vente à 7 fr. 50

Cette collection, imprimée avec luxe par M. Claye, sur magnifique papier des Vosges fabriqué spécialement pour cette édition, est ornée de vignettes gravées sur acier, d'après les dessins de Staal.

On tire de chaque volume de la collection 150 *exemplaires numérotés* sur papier de Hollande, avec figures sur chine avant la lettre, au prix de 15 fr. le vol.

(Molière est épuisé; ne se vend qu'avec la collection).

Œuvres complètes de Molière, nouvelle édition très-soigneusement revue sur les textes orignaux, avec un nouveau travail de critique et d'érudition, aperçus d'histoire littéraire, examen de chaque pièce, commentaire, biographie, etc., etc., par M. Louis Moland. 7 vol.

Chefs-d'œuvre littéraires de Buffon, avec une introduction par M. Flourens, membre de l'Académie française, etc. 2 vol.

Histoire de Gil Blas de Santillane, par le Sage, avec les principales remarques des divers annotateurs, précédée d'une notice par Sainte-Beuve, les jugements et témoignages sur le Sage et sur *Gil Blas*. 2 vol. illustrés de 6 belles gravures sur acier d'après les dessins de Staal.

L'Imitation de Jésus-Christ. Traduction nouvelle avec des réflexions par M. l'abbé de Lamennais. 1 vol.

Œuvres de Jean-Baptiste Rousseau, avec un nouveau travail de Antoine de Latour. 1 vol.

Essais de Michel de Montaigne, nouvelle édition, avec les notes de tous les commentateurs, choisies et complétées par M. J. V. Le Clerc, ornée d'un magnifique portrait de Montaigne, précédée d'une nouvelle étude sur Montaigne, par M. Prévost-Paradol, de l'Académie française. 4 vol.

Œuvres complètes de Boileau Despréaux, avec un nouveau travail et un commentaire, par M. Géruzez. 4 v.

Œuvres choisies de Marot, accompagnées de notes philologiques et littéraires et précédées d'une étude sur l'auteur, par M. d'Héricault. 1 vol.

Œuvres complètes de Racine, avec un travail nouveau, par M. Saint-Marc Girardin, de l'Académie franç. 1er, 2e v.

Œuvres complètes de la Fontaine, avec un nouveau travail de critique et d'érudition, par M. Louis Moland.

Nous avons promis, dans le prospectus de *Molière*, de chercher à remettre en honneur les belles éditions de nos auteurs classiques. Les volumes qui ont paru permettent de juger si nous avons tenu parole.

Notre collection contiendra la fleur de la littérature française. Elle se composera d'une soixantaine de volumes environ, et sera digne de tenir une place d'honneur dans les meilleures bibliothèques.

BIBLIOTHÈQUE AMUSANTE

Contenant les meilleurs romans du xviie et du xviiie siècle, et quelques-uns des principaux du xixe. Le volume, grand in-8 cavalier, 5 grav. sur acier d'après Staal. . . . . 7 fr. 50

Œuvres de madame de la Fayette. 1 vol.

Œuvres de mesdames de Fontaines et Tencin. 1 vol.

Gil Blas, par le Sage. 2 vol.

Diable boiteux, suivi de *Estévanille Gonzalès,* par le Sage. 1 vol.

Histoire de Guzman d'Alfarache, par le Sage. 1 vol.

Vie de Marianne, suivie du *Paysan parvenu,* par Marivaux. 2 vol.

Œuvres de madame Riccoboni. 4 v.

Lettres du marquis de Roselle, par madame Elie de Beaumont; **Mademoiselle de Clermont,** par madame de Genlis, et la **Dot de Suzette,** par Fiévée. 1 vol.

Chefs-d'œuvre de madame de Souza. 1 vol.

Corinne, par madame de Staël. 1 vol.

HISTOIRE DE FRANCE PAR ANQUETIL
Avec continuation jusqu'en 1852, par Baude, l'un des principaux auteurs du *Million de faits* et de *Patria*. 8 demi-vol. gr. in-8, illustrés de 120 gravures, renfermant la collection complète des portraits des rois.. . . 50 fr.

HISTOIRE DE FRANCE D'ANQUETIL
Continuée depuis la Révolution de 1789, par Léonard Gallois. Edition ornée de 50 gravures en taille-douce. 5 vol. gr. in-8 jésus à 2 colonnes, contenant la matière de 40 vol. in-8 ordinaire, 62 fr. 50; net. . . . . 30 fr.

HISTOIRE DES DEUX RESTAURATIONS
Jusqu'à l'avénement de Louis-Philippe (de janvier 1813 à octobre 1830); par Achille de Vaulabelle. Sixième édit. 8 v. in-8, à. . . . . 5 fr.

1815 — LIGNY — WATERLOO
Par A. de Vaulabelle, ancien ministre de l'instruction publique. 1 volume grand in-8 jésus, illustré de 40 belles gravures sur bois d'après les dessins de M. Worms. . . . . 1 fr. 50

CAMPAGNE DE RUSSIE (1812)
Par Alfred Assollant. Illustré de 40 gravures, par J. Worms, d'après les documents authentiques. 1 vol. gr. in-8 jésus. . . . . 1 fr. 60

LORD MACAULAY
Histoire d'Angleterre sous le règne de Jacques II traduit de l'anglais par le comte Jules de Peyronnet. Deuxième édition, revue et corrigée. 3 vol. in-8. Chaque volume. . . . . 5 fr.

Histoire du règne de Guillaume III pour faire suite à l'Histoire du règne de Jacques II, traduit de l'anglais par Amédée Pichot. Deuxième édition revue et corrigée. 4 vol. in-8. Prix de chaque volume. . . . . 5 fr.

ŒUVRES COMPLÈTES DE CHATEAUBRIAND
Nouvelle édition, précédée d'une étude littéraire sur Chateaubriand, par M. Sainte-Beuve, de l'Académie française. 12 très-forts volumes in-8, sur papier cavalier vélin, ornés d'un beau portrait de Chateaubriand et de 42 gravures exécutées spécialement pour cette édition, et avec le plus grand soin, par MM. F. Delannoy, G. Thibault, Outhwaite, Massard, etc., d'après les dessins originaux de Staal, de Racinet, etc. Le vol. à 6 fr.

ON VEND SÉPARÉMENT AVEC UN TITRE SPÉCIAL

Le Génie du christianisme. 1 vol. orné de 5 grav. sur acier.

Les Martyrs. 1 vol. orné de 5 grav. sur acier.

L'Itinéraire de Paris à Jérusalem. 1 vol. orné de 6 gravures.

Atala, René, le Dernier Abencérage, les Natchez, Poésies. 1 vol. orné de 4 grav. sur acier.

Voyage en Amérique, en Italie et en Suisse. 1 vol. orné de 4 gravures.

Le Paradis perdu. 1 vol. orné de 4 grav. sur acier.

Histoire de France. 1 vol. orné de 4 grav. sur acier.

Études historiques. 1 vol. orné de 5 grav. sur acier.

Le prix de chaque volume, avec 3, 4 ou 5 gravures, est de 6 fr.
Sans gravures. . . . . 5 fr.

CHATEAUBRIAND ET SON GROUPE LITTÉRAIRE
Sous l'Empire, par M. Sainte-Beuve, de l'Académie française. 2 volumes in-8. . . . . 12 fr.

NOUVEAU TRAITÉ DE BLASON
Ou science des armoiries, d'après le P. Ménétrier, d'Hozier, Ségoing, Schier, Palliot, H. de Bara, Favin, par Victor Bouton, peintre héraldique et paléographe. 1 vol. in-8 de 500 pag. 460 blasons, 800 noms de familles. 10 fr.

ABRÉGÉ MÉTHODIQUE DE LA SCIENCE DES ARMOIRIES
Suivi d'un glossaire des attributs héraldiques, d'un traité élémentaire des ordres modernes de chevalerie, et de notions sur l'origine des noms de familles et des classes nobles, etc., par M. MAIGNE. 1 vol. gr. in-18 jésus, orné d'environ 500 vignettes dans le texte, grav. par M. DUFRÉNOY. 6 fr.

NOBILIAIRE DE NORMANDIE
Publié par une Société de généalogistes, avec le concours des principales familles nobles de la Province, sous la direction de E. DE MAGNY. 2 vol. très-grand in-8.. . . . . 40 fr.

LE HÉRAUT D'ARMES
Revue illustrée de la noblesse, par le comte ALFRED DE BIZEMONT et VICTOR BOUTON. 1re année (novembre 1861, à janvier 1863), 30 fr.; net.. . 5 fr.

L'ITALIE CONFÉDÉRÉE
Histoire politique, militaire et pittoresque de la campagne de 1859, par AMÉDÉE DE CÉSENA. 4 beaux vol. gr. in-8. . . . . 24 fr.
Illustrée de très-belles gravures sur acier, parmi lesquelles un magnifique portrait de l'EMPEREUR et de l'IMPÉRATRICE, de vingt types militaires coloriés, d'une excellente carte du nord de l'Italie, par VUILLEMIN; des plans de bataille de Magenta et de Solferino, des plans coloriés de Venise, de Mantoue et de Vérone.

CAMPAGNE DE PIÉMONT ET DE LOMBARDIE
Par AMÉDÉE DE CÉSENA. 1 vol. gr. in-8 jésus, 20 fr.; net.. . . . . . 10 fr.

HISTOIRE DES DUCS DE BOURGOGNE
Par M. DE BARANTE, membre de l'Académie française; 7e édition. 12 vol. in-8, caractères neufs, imprimés sur papier vélin satiné des Vosges, ornés de 104 gravures et d'un grand nombre de cartes. Prix du volume.. . 5 fr.

HISTOIRE UNIVERSELLE
Par le comte de SÉGUR, de l'Académie française; contenant l'histoire de tous les peuples de l'antiquité, l'histoire romaine et l'histoire du Bas-Empire. 9e édition, ornée de 50 gravures sur acier, d'après les grands maîtres de l'école française. 5 vol. gr. in-8.. . . . . 37 fr. 50
On peut acheter séparément chaque volume, qui forme un tout complet.

LAMARTINE
Histoire de la Révolution de 1848. Nouvelle édition, complétement revue par l'auteur. 2 vol. in-8, papier cavalier vélin.. . . . . . . 12 fr.
Raphaël. Pages de la vingtième année. 1 v. in-8 cavalier vélin.. . . 5 fr.
Histoire de Russie. Paris. Perrotin, 1856. 2 vol. in-8, 10 fr.; net.. . 6 fr.

ŒUVRES D'AUGUSTIN THIERRY
5 vol. in-8 cavalier, papier vélin glacé, le volume. . . . . 6 fr.
Histoire de la Conquête de l'Angleterre. 2 vol.
Lettres sur l'Histoire de France. — Dix ans d'Études historiques. 1 vol.
Récits des Temps mérovingiens. 1 vol.
Essai sur l'Histoire du Tiers-État. 1 vol.

GALERIES HISTORIQUES DE VERSAILLES
(Édition unique). Ce grand et important ouvrage a été entrepris aux frai de la liste civile du roi Louis-Philippe, et rédigé d'après ses instructions. Il renferme la description de 1,200 tableaux; des notices historiques sur plus de 676 écussons armoriés de la salle des Croisades. 10 volumes in- imprimés en caractères neufs sur beau papier; accompagnés d'un atla de 100 grav. in-folio. . . . . 100 fr.
ALBUM seul (formant un tout complet) de 100 gravures avec notice chronologique.. . . . . 50 fr.

ŒUVRES COMPLÈTES DE BÉRANGER

9 vol. in-8, format cavalier, magnifiquement imprimés, papier vélin satiné, contenant :

Les OEuvres anciennes, illustrées de 53 gravures sur acier d'après Charlet, Johannot, Raffet, etc. 2 vol. . . . . 28 fr.

Les OEuvres posthumes. Dernières chansons (1834 à 1851), illustrées de 14 gravures sur acier, de A. de Lemud. 1 vol. . . . . 12 fr.

Ma biographie, avec un appendice et des notes, illustrée de 9 gravures et d'une photographie. 1 vol. . . . . 12 fr.

Musique des chansons, airs notés anciens et modernes. Nouvelle édition revue par F. Bérat, illustrée de 80 gravures sur bois, d'après Grandville et Raffet. 1 vol. 10 fr.

    Même Ouvrage, sans gravures. . . . . 6 fr.

Correspondance de Béranger. Édition ornée d'un magnifique portrait gravé sur acier. 4 forts volumes contenant 1,200 lettres et un catalogue analytique de 1,500 autres. . . . . 24 fr.

  Outre le portrait inédit qui orne cette édition, les éditeurs offrent aux Souscripteurs qui prendront l'ouvrage entier un exemplaire du **GRAND PORTRAIT DE BÉRANGER**, gravé sur acier par Lévy, et haut de 56 cent. sur 28 cent. de large. Ce portrait se vend séparément.

CHANSONS DE BÉRANGER
(ANCIENNES ET POSTHUMES)

Nouvelle édition populaire, illustrée de 161 dessins inédits de MM. Andrieux, Bayard, Crépon, Darjou, Férat, Godefroy Durand, Pauquet, etc., vignettes par M. Giacomelli, gravées par Ansseau, Coste, Hildebrand, Koch, Lefèvre, Pannemaker, etc., avec un beau portrait de l'auteur tiré à part. 1 vol. grand in-8 jésus sur deux colonnes, imprimé par J. Best. . . . 8 fr. 50

LETTRES CHOISIES DE MADAME DE SÉVIGNÉ

Avec une magnifique galerie de portraits sur acier, représentant les personnages principaux qui figurent dans la correspondance. 1 très-beau vol. gr. in-8. . . . . 20 fr.

LES FEMMES D'APRÈS LES AUTEURS FRANÇAIS

Par E. Muller. Ouvrage illustré de portraits des femmes les plus illustres gravés au burin, d'après les dessins de Staal, par Massard, Delannoy, Regnault et Geoffroy. 1 vol. gr. in-8 jésus. . . . . 20 fr.

  Ce livre, imprimé avec luxe et orné de très-belles gravures sur acier, contient la fleur de tout ce que les prosateurs et les poëtes français ont écrit de plus original et de plus piquant sur un sujet qui excite éternellement la curiosité.

HISTOIRE DE FRANCE

Depuis la fondation de la monarchie, par Mennechet, illustrée de 20 gravures sur acier, d'après les grands maîtres de l'école française, gravées par F. Delannoy, Massard, Outhwaite, etc. 1 vol. gr. in-8 jésus. . . . 20 fr.

L'ESPACE CÉLESTE ET LA NATURE TROPICALE

Description physique de la Terre et des divers corps que renferme l'espace céleste, d'après des observations personnelles faites dans les deux Hémisphères, par M. Emm. Liais, illustré de nombreuses gravures d'après les dessins de Yan' Dargent. 1 magnifique volume gr. in-8 jésus. . . 20 fr.

LA FRANCE GUERRIÈRE

Récits historiques d'après les chroniques et les mémoires de chaque siècle, par Charles d'Héricault et Louis Moland. Ouvrage illustré de nombreuses et très-belles gravures sur acier, la plupart reproduisant les tableaux des grands maîtres. 1 vol. grand in-8 jésus. . . . . 20 fr.

GALERIE DE FEMMES CÉLÈBRES

Tirée des *Causeries du lundi*, par M. SAINTE-BEUVE, de l'Académie française. 1 beau vol. gr. in-8 jésus, orné de 12 magnifiques portraits dessinés par STAAL, et gravés sur acier par MASSARD, THIBAULT, GOUTTIÈRE, GEOFFROY, GERVAIS, OUTHWAITE, etc. 20 fr.

NOUVELLE GALERIE DE FEMMES CÉLÈBRES

Tirée des *Causeries du lundi*, des *Portraits littéraires*, des *Portraits de femmes*, par M. SAINTE-BEUVE, de l'Académie française. 1 vol. gr. in-8 jésus, semblable au précédent, et illustré de portraits inédits. . . . . . . 20 fr.

Ces volumes se complètent l'un par l'autre et se vendent séparément. Ils contiennent la fleur des *Causeries du Lundi*, des *Portraits littéraires* et des *Portraits de femmes*.

LES CONTES DE BOCCACE

(LE DÉCAMÉRON). Édition illustrée par MM. H. BARON, T. JOHANNOT, H. ÉMY, CÉLESTIN NANTEUIL, GRANDVILLE, CH. PINOT, K. GIRARDET, HOLFELD, etc., de 52 grandes gravures tirées à part, et d'un grand nombre de dessins dans le texte. Un magnifique volume grand in-8 jésus. . . . . 15 fr.

PERLES ET PARURES

Première partie. Les Joyaux. Fantaisie. — *Deuxième partie*. Les Parures. Fantaisie. Dessins par GAVARNI, texte par MÉRY, illustré de 50 gravures sur acier par CH. GEOFFROY; les 2 vol. brochés. . . . . 20 fr.

CORINNE

Par madame la baronne de STAËL. Nouvelle édition, richement illustrée de 250 bois dans le texte, et de 8 grands bois, par Karl GIRARDET, BARRIAS, STAAL. 1 magnifique vol. gr. in-8 jésus. . . . . 10 fr.

LES MILLE ET UNE NUITS

Contes arabes, traduits par GALLAND, illustrés par MM. FRANCIS, BARON, WATTIER etc., etc., revus et corrigés sur l'édition princeps de 1794, augmentés d'une dissertation par S. DE SACY. 1 vol. gr. in-8 de 1,100 pag. . . . . 15 fr.

ŒUVRES CHOISIES DE GAVARNI

Revues, corrigées et classées par l'auteur; notices par MM. DE BALZAC, TH. GAUTIER, LÉON GOZLAN, JULES JANIN, ALPH. KARR. etc. 2 vol. gr. in-8, renfermant chacun 80 grandes vignettes. Prix de chaque vol. . . . 10 fr.

Le Carnaval à Paris. — Paris le matin. — Les Étudiants. 1 vol.
La Vie de jeune homme. — Les Débardeurs. . . . . 1 vol.

COLLECTION DE 30 BEAUX VOLUMES ILLUSTRÉS

Grand in-8 raisin, à 10 fr.

Prix de la reliure des trente volumes ci-dessous :
Demi-reliure, maroquin, plats toile, doré sur tranche, le vol. 4 fr.

Cette charmante collection se distingue par un grand nombre de gravures sur bois dans le texte et hors texte, exécutées par les premiers artistes. *Jamai livres édités à ce prix n'ont offert autant de belles illustrations.*

Fabiola ou l'église des Catacombes, par S. Ém. le cardinal WISEMAN, archevêque de Westminster, traduit de l'anglais par Mlle NETTEMENT ; illustrations de YAN' DARGENT. 1 vol.

Les Mille et une nuits des Familles. Contes arabes, traduits par GALLAND. Nombreuses illustrations de MM. FRANÇAIS, H. BARON, ED. WATTIER, LAVILLE, etc., etc. 1 vol.

La Tirelire aux Histoires. Lectures choisies, par Mme L. SW. BELLOC, auteur de la bibliothèque de famille. Illustrations de STAAL. 1 vol.

La Cassette des sept amis, par S. HENRY BERTHOUD, 1 vol. in-8 raisin illustré par YAN' DARGENT de 123 vignettes dans le texte et hors texte.

SOUVENIRS INTIMES DU TEMPS DE L'EMPIRE

Par Émile Marco de Saint-Hilaire. Illustrés de nombreuses gravures par les premiers artistes. 5 forts volumes, grand in-8 jésus. . . . . 40 fr.

ŒUVRES COMPLÈTES DE BUFFON
(OUVRAGE TERMINÉ)

Avec la nomenclature linnéenne et la classification de Cuvier; édition nouvelle, revue sur l'édition in-4 de l'Imprimerie impériale; annotée par M. Flourens, membre de l'Académie française, secrétaire perpétuel de l'Académie des sciences, professeur au Muséum d'histoire naturelle. Les Œuvres complètes de Buffon forment 12 vol. gr. in-8 jésus, illustrés de 165 planches, 800 sujets coloriés, gravés sur acier, d'après les dessins originaux de M. Victor Adam; imprimés en caractères neufs, sur papier pâte vélin, par la typographie J. Claye. . . . . 120 fr.

M. le ministre de l'instruction publique a souscrit pour les bibliothèques à cette magnifique publication (aujourd'hui complétement achevée), reconnue par les hommes les plus compétents comme une édition modèle des œuvres du grand naturaliste. Le nom et le travail de M. Flourens la recommandent d'une façon toute particulière et lui donnent un cachet spécial.

ŒUVRES DE P. ET TH. CORNEILLE

Précédées de la Vie de P. Corneille, par Fontenelle, et des Discours sur la poésie dramatique. Nouvelle édition, ornée de gravures sur acier. 1 beau vol. gr. in-8, même format que le Racine et le Molière. . . . . 12 fr. 50

ŒUVRES DE J. RACINE

Avec un essai sur la vie et les ouvrages de J. Racine, par Louis Racine; ornées de 15 vignettes, d'après Gérard, Girodet, Desenne, etc. 1 beau vol. gr. in-8 jésus. . . . . 12 fr. 50

ŒUVRES COMPLÈTES DE BOILEAU

Avec une notice par M. Sainte-Beuve, et les notes de tous les commentateurs; illustrées de gravures sur acier. Nouv. édit. 1 vol. gr. in-8. . . 12 fr. 50

MOLIÈRE

1 beau vol. gr. in-8, pareil au *Corneille*, au *Racine* et au *Boileau*, orné de charmantes gravures sur acier, par F. Delannoy, d'après les dessins de Staal, et accompagné de notes explicatives. . . . . 12 fr. 50

MOLIÈRE

Œuvres complètes, précédées d'une notice sur la vie et les ouvrages de Molière, par M. Sainte-Beuve, illustrées de 800 dessins, par Tony Johannot. Nouvelle édit. 1 magnifique vol. gr. in-8 jésus. . . . . 12 fr. 50

ŒUVRES COMPLÈTES DE CASIMIR DELAVIGNE

Comprenant le *Théâtre*, les *Messéniennes* et les *Chants sur l'Italie*. Nouvelle édition. 1 beau vol. gr. in-8 jésus, illustré de 12 belles vignettes de A. Johannot. . . . . 12 fr. 50

FABLES DE LA FONTAINE

Illustrations de Grandville. 1 splendide vol. grand in-8 jésus. sur papier glacé, satiné, avec encadrement des pages et un sujet pour chaque fable. Édition unique par les soins qui y ont été apportés. . . . . . . 18 fr.

LES FLEURS ANIMÉES

Par J. J. Grandville. Ouvrage de luxe. Texte par Alph. Karr, Taxile Delord. Nouvelle édition avec planches très-soigneusement retouchées pour la gravure et le coloris, par M. Maubert, peintre d'histoire naturelle. 2 vol. gr. in-8 jésus. . . . . 25 fr.

LES MÉTAMORPHOSES DU JOUR

Par GRANDVILLE. 70 gravures coloriées, accompagnées d'un texte par MM. ALDÉRIC SECOND, TAXILE DELORD, LOUIS HUARD, C. MONSELET, JULIEN LEMER, et précédées d'une Notice sur GRANDVILLE, par CHARLES BLANC. Nouvelle édition augmentée de culs-de-lampe, têtes de pages, pour le texte par M. JULES JANIN. 1 magnifique vol. grand in-8 jésus, d'environ 550 pages. . 18 fr.

LES PETITES MISÈRES DE LA VIE HUMAINE

Illustrées par GRANDVILLE de nombreuses vignettes dans le texte, et de 50 grands bois tirés à part. Texte par OLD-NICK. Un magnifique volume gr. in-8 jésus, papier vélin des Vosges, enrichi d'un beau portrait de Grandville, gravé sur acier.. . . . . 15 fr.

CENT PROVERBES

Par GRANDVILLE. Nouvelle édition, revue et augmentée, pour le texte, de M. QUITARD, auteur du Dictionnaire des proverbes, etc., — illustrée par 50 gravures à part, coloriées pour la première fois avec le plus grand soin et de nombreuses vignettes dans le texte. Un magnifique volume grand in-8 jésus.. . . . . 15 fr.

GRANDVILLE

ALBUM de 120 sujets tirés des Fables de la Fontaine. 1 v. gr. in-8. . 6 fr.

Cette charmante collection de gravures, contenant une partie des illustrations du célèbre artiste, peut convenir à tous ceux qui n'ont pas la magnifique édition du *La Fontaine* de *Grandville.*

ENCYCLOPÉDIE THÉORIQUE ET PRATIQUE DES CONNAISSANCES UTILES

Composée de traités sur les connaissances les plus indispensables, ouvrage entièrement neuf, avec environ 1,500 gravures intercalées dans le texte, par MM. ALCAN, L. BAUDE, BELLANGER, BERTHELET, DELAFOND, DEVEUX, DUBREUIL, FOUCAULT, H. FOURNIER, GÉNIN, GIGUET, GIRARDIN, LÉON LALANNE, ELIZÉE LEFÈVRE, HENRI MARTIN, MARTINS, MATHIEU, MOLL, MOREAU DE JONNÈS, LUDOVIC LALANNE PÉCLET, PERSOZ, LOUIS REYBAUD, L. DE WAILLY, WOLOWSKI, etc. 2 vol. grand in-8.. . . . . 25 fr

ROBERTSON

Œuvres complètes, avec notice, par BUCHON. 2 vol. grand in-8 jésus. Nouvelle édition. Paris, 1867, 20 fr.; net. . . . . 15 fr.

MACHIAVEL

Œuvres complètes, avec notice, par BUCHON. 2 vol. grand in-8 jésus. Nouvelle édition. Paris, 1867. 20 fr.; net. . . . . 15 fr.

RUBENS ET L'ÉCOLE D'ANVERS

Par MICHIELS. 1 beau vol. in-8, suivi du Catalogue des tableaux de Rubens. 6 fr.; net.. . . . . 4 fr.

UN MILLION DE FAITS

Aide-mémoire universel des sciences, des arts et des lettres, par MM. J. AICARD, DESPORTES, LÉON LALANNE, LUDOVIC LALANNE, GERVAIS, A. LE PILEUR, CH. MARTINS, CH. VERGÉ et JUNG. 1 fort vol. portatif, petit in-8 de 1,720 col., orné de gravures sur bois. 12 fr.; net. . . . . 9 fr.

BIOGRAPHIE UNIVERSELLE

BIOGRAPHIE PORTATIVE UNIVERSELLE, contenant 29,000 noms, suivie d'une table chronologique et alphabétique, où se trouvent répartis en cinquante-quatre classes différentes les noms mentionnés dans l'ouvrage, par L. LALANNE, L. RENIER, TH. BERNARD, CH. LAUMIER, E. JANIN, A. DELLOYE, etc. 1 vol. de 2,000 col., format du *Million de faits*, contenant la matière de 17 vol. 12 fr.; net. . . . . 7 fr. 50

Les **Hôtes du logis**, par S. Henry Berthoud, illustrés de 150 vignettes dans le texte et hors texte, par Yan Dargent. 1 vol.

Les **Féeries de la science**, par S. Henry Berthoud, illustrées de 150 vignettes dans le texte et hors texte, par Yan' Dargent. 1 vol.

L'Homme depuis 5,000 ans, par S. Henry Berthoud, illustré d'un grand nombre de vignettes sur bois, par Yan' Dargent. 1 vol.

Le Monde des Insectes, par S. Henry Berthoud, illustré d'un grand nombre de vignettes sur bois, par Yan' Dargent. 1 vol.

Contes du docteur Sam, par S. Henry Berthoud, illustrés de gravures sur bois dans le texte et hors texte, par Staal. 1 vol.

Contes de tous pays, par Émile Chasles, illustrés d'un grand nombre de vignettes dans le texte et hors texte par Staal. 1 vol.

Nouveaux contes de tous pays, par Émile Chasles, illustrés d'un grand nombre de vignettes dans le texte et hors texte, par Staal. 1 vol.

Le Magasin des Enfants, ou Dialogues d'une sage gouvernante avec ses élèves, par Mme Leprince de Beaumont, augmenté d'un Conte du même auteur. Édition revue et précédée d'une notice par Mme S. L. Belloc. 1 beau vol. illustré.

Histoire de la Bûche. Récits sur la vie des plantes, par M. Fabre, docteur ès-sciences, illustrés de plus de 200 vignettes, par Yan' Dargent, etc. 1 vol.

Le Buffon des Familles. Histoire et description des animaux, extraites des Œuvres de Buffon et de Lacépède, par Auguste Dubois, professeur de l'Université. Illustré de plus de 45 vignettes dans le texte et tirées à part. 1 fort vol.

Contes des Fées, par Perrault, Mme d'Aulnoy, Mme Leprince de Beaumont et Hamilton, illustrés par Staal et Bertall, contenant tous les contes devenus classiques et reconnus les modèles du genre; 1 très-beau vol.

L'Ami des Enfants, de Berquin, nouvelle édition, illustrée de dessins par Staal et Gerard Séguin. 1 vol.

Œuvres de Berquin. Sandford et Merton. — Le petit Grandisson. — Le Retour de Croisière. — Les Sœurs de Lait. — Les Joueurs. — Le Page. — L'Honnête Fermier. Nouvelle édition illustrée par Staal. 1 vol.

Robinson Suisse, par M. Wyss, avec la suite donnée par l'auteur, traduit de l'allemand par Mme Élise Voïart; précédé d'une Notice de Ch. Nodier. 1 vol. illustré de 200 vign.

Contes de Schmid, traduction de l'abbé Macker, la seule approuvée par l'auteur. 2 beaux vol. avec de nombreuses vignettes, par G. Staal.

Les Animaux historiques, par Ortaire Fournier, suivis des Lettres sur l'intelligence et la perfectibilité des animaux, par C.-G. Leroy, et de particularités curieuses extraites de Buffon. 1 vol. illustré par Victor Adam.

Les Veillées du Château, ou Cours de morale à l'usage des enfants, par Mme de Genlis. Nouvelle édition, illustrée par Staal. 1 volume.

Aventures de Robinson Crusoé, par D. de Foe, ill. par Grandville. 1 vol.

Voyages illustrés de Gulliver. 400 dessins par Grandville. 1 beau vol.

Le Don Quichotte de la Jeunesse, par Florian, illustré par Staal. 1 vol.

Fables de Florian, 1 vol. illustré par Grandville de 80 grandes gravures, 25 vignettes dans le texte.

Découverte de l'Amérique, par J. H. Campe, précédée d'un Essai sur la vie et les ouvrages de l'auteur, par Ch. Saint-Maurice. 1 vol. ill. de 120 bois.

Œuvres complètes du comte Xavier de Maistre : Expédition nocturne; le Lépreux de la Cité d'Aoste; Voyage autour de ma chambre; les Prisonniers du Caucase; la Jeune Sibérienne. Nouv. édition avec une préface de M. Sainte-Beuve, illustrée avec le plus grand soin par Staal. 1 vol.

La Chine ouverte, texte par Old-Nick, illustrations par Borget. 1 vol. illustré de 250 sujets, dont 50 tirés à part.

Lima, esquisses historiques, par Manuel A. Fuentes. Un vol. grand in-8 jésus, illustré de 57 gravures hors texte, et environ 200 dans le texte.

Aventures de Robert-Robert et de son fidèle compagnon Toussaint-Lavenette, par Louis Desnoyers. Huitième édition, illustrée de gravures sur bois hors texte dessinées par M. Frédéric de Courcy. 1 volume grand in-8. . . . . 8 fr.

ŒUVRES DE TÖPFFER

Albums formant chacun un grand volume jésus oblong à. . . . . 7 fr. 50

Monsieur Jabot.	1 vol.	Monsieur Pencil.	1 vol.
Monsieur Vieux-Bois. . . .	1 vol.	Docteur Festus.	1 vol.
Monsieur Crépin.	1 vol.	Albert	1 vol.

Histoire de Cryptogame. . . 1 vol.

On sait la vogue si méritée des albums de Töpffer. Ces œuvres spirituelles et charmantes ont le privilége d'être admises dans tous les salons, d'y figurer sans choquer personne, d'amuser tous les âges, et de pouvoir être offertes aux dames, aux demoiselles, aux adolescents et même aux enfants.

PREMIERS VOYAGES EN ZIGZAG,
OU EXCURSIONS D'UN PENSIONNAT EN VACANCES DANS LES CANTONS SUISSES ET SUR LE REVERS ITALIEN DES ALPES,

Par R. Töpffer. Magnifiquement illustrés, d'après les dessins de l'auteur, de 53 grands dessins par Calame et d'un grand nombre de bois dans le texte; nouvelle édition. 1 vol. grand in-8 jésus, papier glacé satiné. 12 fr.

NOUVEAUX VOYAGES EN ZIGZAG
A LA GRANDE-CHARTREUSE, AU MONT BLANC, DANS LES VALLÉES DE HERENZ, DE ZERMATT, AU GRIMSEL ET DANS LES ÉTATS SARDES,

Par R. Töpffer. Splendidement illustrés de 48 gravures sur bois tirées à part et de 520 sujets dans le texte, d'après les dessins originaux de Töpffer, par MM. Calame, Karl Girardet, Français, Daubigny, et gravés par nos meilleurs artistes. 1 volume grand in-8 jésus. . . . . 12 fr.

Ce second volume est le complément du premier.

LES NOUVELLES GENEVOISES,

Par Töpffer, illustrées, d'après les dessins de l'auteur, d'un grand nombre de bois dans le texte et de 40 hors texte, gravés par Best, Leloir, Hotelin et Régnier. 1 charmant vol. grand in-8 jésus. . . . . 12 fr.

PAUL ET VIRGINIE (ÉDITION V. LECOU),

Suivi de *la Chaumière indienne*, par Bernardin de Saint-Pierre, nouvelle édition richement illustrée de 120 bois dans le texte, et de 14 gravures sur chine tirées à part. 1 vol. grand in-8 jésus. . . . . 7 fr. 50

VOYAGES DANS L'INDE

Par le prince A. Soltykoff; illustré de magnifiques lithographies à deux teintes par Derodder, etc., d'après les dessins originaux de l'auteur. 1 beau vol. grand in-8 jésus, 20 fr.; net. . . . . 15 fr.

VOYAGE EN PERSE

Par le prince Soltykoff; illustré, d'après les dessins de l'auteur, de magnifiques lithographies par Trayer, etc. 1 vol. grand in-8 jésus, 10 fr.; net. 7 50

HISTOIRE NATURELLE DES MAMMIFÈRES

Par Paul Gervais; illustrations par MM. Werner, Freemann, Oudart, Delahaye, de Bar; gravures par MM. Annedouche, Quarteley, etc. 1 magnifique vol. très-grand in-8 jésus, 25 fr.; net. . . . . 15 fr.

HISTOIRE DE PARIS,

Par Th. Lavallée. 207 vues par Champin. 1 vol. gr. in-8 jésus. . . . 12 fr.

HISTOIRE DE L'EMPIRE OTTOMAN
DEPUIS LES TEMPS LES PLUS ANCIENS JUSQU'A NOS JOURS,

Par M. Théophile Lavallée. 1 magnifique volume grand in-8, accompagné de 18 belles gravures anglaises sur acier, représentant des scènes historiques, des vues, des portraits, etc. . . . . 15 fr.

LA NORMANDIE HISTORIQUE

Pittoresque et monumentale, par M. JULES JANIN, illustrée par MM. H. BEL-LANGÉ, GIGOUX, MOREL-FATIO, TELLIER, DAUBIGNY et J. NOEL. Troisième édition, revue par l'auteur. 1 vol. in-8, 15 francs, net. . . . . . . 12 fr.

LA BRETAGNE HISTORIQUE

Pittoresque et monumentale, par JULES JANIN, illustré par H. BELLANGÉ, GIROUX, RAFFET, GUDIN, ISABEY, MOREL-FATIO, JULES NOEL et DAUBIGNY. Deuxième édition, revue par l'auteur. 1 vol. in-8 jésus, 15 fr., net. . . . . . . 12 fr.

La *Normandie* et la *Bretagne* forment chacune un splendide volume grand in-8 jésus vélin et contiennent : de 140 à 180 gravures sur bois, imprimées dans le texte, 20 belles vignettes; un beau portrait en pied de CORNEILLE, pour la *Normandie*, et de CHATEAUBRIAND, pour la *Bretagne*, gravés sur acier, 12 types *normands* et *bretons* imprimés en couleurs, 4 planches d'armoiries tirées en couleurs, or et argent; 2 cartes de la *Normandie* et de la *Bretagne*, coloriées, gravées sur acier.

L'ESPAGNE PITTORESQUE, ARTISTIQUE ET MONUMENTALE

Mœurs, usages et costumes, par MM. MANUEL DE CUENDIAS et V. DE FÉRÉAL. 1 vol. grand in-8, orné de 50 planches à part, dont 25 costumes coloriés et 25 vues et monuments à deux teintes; du portrait de la reine Isabelle, et de 100 vignettes dans le texte, par C. Nanteuil. . . . . 20 fr.

DON QUICHOTTE DE LA MANCHE

Edition nouvelle, précédée d'une notice sur la vie et les ouvrages de l'auteur, par LOUIS VIARDOT, ornée de 800 dessins par TONY JOHANNOT. 1 vol. gr. in-8 jésus. 20 fr.; net. 15 fr.

PHYSIOLOGIE DU GOUT

Par BRILLAT-SAVARIN; illustrée par BERTALL. 1 beau vol. in-8, illustré d'un grand nombre de gravures sur bois intercalées dans le texte, et de 8 sujets gravés sur acier, par Ch. GEOFFROY. . . . . 8 fr.

HISTOIRE PITTORESQUE DES RELIGIONS

Doctrines, Cérémonies et Coutumes religieuses de tous les peuples, par CLAVEL; ill. de 29 grav. sur acier. 2 vol. in-8, 20 fr.; net. . . . . . . 12 fr. 50

VOYAGE ILLUSTRÉ DANS LES CINQ PARTIES DU MONDE

Par ADOLPHE JOANNE. 1 vol. in-folio illustré de 700 grav. . . . . . 15 fr.

VOYAGE ILLUSTRÉ DANS LES DEUX MONDES

D'après les relations authentiques les plus nouvelles, par MM. F. MORNAND et J. VILBORT, contenant 775 gravures de MM. ANASTASI, BLANCHARD, FREEMAN, E. GIRARDET, GAVARNI, VERNET, etc. 1 vol. in-folio. . . . . 15 fr.

TABLEAU DE PARIS

Par Edmond TEXIER; illustré de 1,500 gravures, d'après les dessins de BLANCHARD, CHAM, FRANÇAIS, GAVARNI. 2 vol. in-folio. . . . . 15 fr.

CHANTS ET CHANSONS POPULAIRES DE LA FRANCE

Nouvelle édition *avec musique*, illustrée de 359 belles gravures sur acier, d'après MM. E. de Beaumont, Daubigny, Dubouloz, E. Giraud, Meissonnier, Pascal, Staal, Steinheil, Trimolhet, gravées par les meilleurs artistes, et augmentée de la *Marseillaise*, notice par A. DE LAMARTINE. 3 vol. gr. in-8, 54 fr.; net. . . . . 36 fr.

CHANTS ET CHANSONS POPULAIRES DES PROVINCES DE FRANCE (4ᵉ VOLUME).

Notices par CHAMPFLEURY. Accompagnement de piano par J. B. WEKERLIN. Illustrations par Bida, Courbet, Jacques, etc. 1 vol. in-8. . . . . 12 fr.

CHANSONS NATIONALES ET POPULAIRES DE LA FRANCE

Accompagnées de notes historiques et littéraires par DUMERSAN et NOEL SÉGUR, avec des vignettes sur bois, dans le texte, et de nombreuses gravures sur acier, tirées à part. 2 vol. grand in-8, 20 fr.; net........ 15 fr.

LES CONTES DROLATIQUES

Colligez es abbayes de Touraine et mis en lumière par le sieur DE BALZAC, pour l'esbattement des pantagruelistes et non aultres. Édition illustrée de 425 dessins par GUSTAVE DORÉ. 1 magnifique vol. in-8, papier vélin, glacé, satiné, 12 fr.; net................... 10 fr.

ENCYCLOPEDIANA

Recueil d'anecdotes anciennes, modernes et contemporaines, etc., édition illustrée de 120 vignettes. 1 vol. in-8 de 840 pages........ 4 fr. 50

COLLECTION D'OUVRAGES ILLUSTRÉS POUR LES ENFANTS

36 jolis volumes grand in-18 anglais à 3 fr.

Reliés en toile, dorés sur tranche, 4 fr. 50 c.

CHAQUE VOLUME FORME UN TOUT COMPLET SANS TOMAISON, ET SE VEND SÉPARÉMENT

Le Livre du premier âge illustré. 1 fort vol. in-18 orné de 250 gravures.

Lectures de l'enfance. 1 vol. orné de 200 gravures.

La Tirelire aux histoires, par Mme LOUISE SW. BELLOC. 2 vol. in-18.

Mélodies du printemps, par Mlle ADÉLAÏDE DE MONTGOLFIER. 2e édit., augmentée et accompagnée de musique. 1 vol. illustré.

Abrégé de l'Ami des enfants et des adolescents, par BERQUIN, ill. 1 vol.

Sandford et Merton, par BERQUIN. Nouvelle édition illustrée. 1 vol.

Le Petit Grandisson, etc., etc., par BERQUIN. 1 vol.

Théâtre choisi de Berquin. Illustré. 1 vol.

Contes des Fées, de PERRAULT, Mme D'AULNOY, etc., 1 vol. ill.

Contes de Schmid, illustrés de gravures dans le texte. 4 vol.

Les Veillées du Château, ou cours de morale à l'usage des enfants, par Mme DE GENLIS. Nouv. édition ill. 2 vol.

Petit Buffon des familles, illustré. 1 vol.

Paul et Virginie, suivi de **la Chaumière indienne**, par BERNARDIN DE SAINT-PIERRE, 1 vol. illustré.

Aventures de Télémaque, par FÉNELON, avec des notes géographiques et littéraires et les Aventures d'Aristonoüs. 8 gravures. 1 vol.

Fables de la Fontaine, avec des notes philologiques et littéraires, par M. FÉLIX LEMAISTRE. 1 vol.

Mes Prisons, suivi des Devoirs des hommes, par SILVIO PELLICO; traduction nouvelle par le comte H. DE MESSEY, revue par le vicomte ALBAN DE VILLENEUVE. 6 grav. 1 vol.

Le Langage des Fleurs. Édition de luxe, ornée de gravures entièrement nouvelles, coloriées avec le plus grand soin, avec un texte remarquable d'AIMÉ MARTIN, sous le nom de CHARLOTTE DE LA TOUR. 1 vol.

Contes et scènes de la vie de famille, dédiés aux enfants, par Mme DESBORDES-VALMORE. 2 vol.

Le Magasin des Enfants, par Mme LEPRINCE DE BEAUMONT. 2 vol. illustrés.

Choix de Nouvelles, tirées de Mme DE GENLIS et de BERQUIN, suivies de nouvelles instructives et amusantes par Mme ADAM-BOISGONTIER. 1 vol.

Aventures de Robinson Crusoé. Édition illustrée par GRANDVILLE. 1 vol.

Voyages de Gulliver, par SWIFT, traduits en français. Illustrations de GRANDVILLE. 1 vol.

Les poésies de l'enfance, par Madame DESBORDES-VALMORE. 1 vol.

Lettres choisies de madame de Sévigné, accompagnées de notes explicatives sur les faits et les personnages du temps et précédées d'observations littéraires par M. SAINTE-BEUVE. 1 vol.

Œuvres complètes du comte Xavier de Maistre : L'Expédition nocturne, le Lépreux de la Cité d'Aoste, Voyage autour de ma chambre, les Prisonniers du Caucase, la Jeune Sibérienne. 1 vol.

Fabiola ou l'Église des Catacombes, par le cardinal Wiseman ; traduction de Mademoiselle NETTEMENT. 1 vol.
Les mille et une nuits des familles, illustrées de gravures sur bois dan le texte. 2 vol.

60,000 VOLUMES COMPLETS DE L'ILLUSTRATION
DIVISÉS EN 4 CATÉGORIES DE PRIX

1° Volumes isolés : 3, 8, 9, 10, 15, 17, 18, 19, 20, 22, 25, 26, 27, 28, 29, 30, 31, 32, 53, 54, à 18 fr.; net. . . . . 10 fr.
2° Série de 21 volumes, 25 à 54 inclusivement, contenant les *guerres de Crimée, des Indes, de la Chine, d'Italie, du Mexique*, etc. Au lieu de 18 fr. le vol., net. . . . . 12 fr.
3° Les collections complètes dont il ne nous reste plus qu'un petit nombre d'exemplaires, restent fixées au même prix que précédemment, 54 volumes, chacun. . . . . 18 fr.
A partir des tomes 44 et suivants, nous sommes *exclusivement chargés, en vertu d'un traité*, de la vente des volumes composant cette nouvelle série in-4°. Prix de chaque tome. . . . . 18 fr.

COURS ÉLÉMENTAIRE D'HISTOIRE NATURELLE

A l'usage des Lycées et des Maisons d'éducation, rédigé conformément au programme de l'Université. Le cours comprend :

Zoologie, par M. MILNE-EDWARDS, membre de l'Institut, professeur au Jardin des Plantes.
Botanique, par M. A. DE JUSSIEU, de l'Institut, professeur au Jardin des Plantes.
Minéralogie et Géologie, par M. F.-S. BEUDANT, de l'Institut, inspecteur général des études. 3 forts vol. in-12 ornés de plus de 2,000 figures intercalées dans le texte.
Chaque vol. se vend séparément. . . . . 6 fr.

TRAITÉ DE CHIMIE APPLIQUÉE AUX ARTS

Par M. DUMAS, sénateur, ancien ministre, membre de l'Académie des sciences et de l'Académie de médecine, etc. 8 vol. in-8 et 2 atlas in-4., édition de Liége, introduite en France avec l'autorisation de l'auteur. . . . . 150 fr.
Cet ouvrage, dont l'édition française est aujourd'hui totalement épuisée et que recommande si puissamment le nom de M. Dumas, fait autorité dans la science. Il est indispensable aux industriels comme aux savants. C'est un livre essentiellement pratique, où les fabricants puiseront les plus utiles notions sur toutes les applications de la chimie. Le traité de M. Dumas a jeté une vive lumière sur cet intéressant sujet, et son succès est aujourd'hui européen.

COURS ÉLÉMENTAIRE DE MÉCANIQUE THÉORIQUE ET APPLIQUÉE

A l'usage des Facultés, des établissements d'enseignement secondaire, des écoles normales et des écoles industrielles, par M. DELAUNAY, de l'Institut, ingénieur des Mines, professeur à la Faculté des sciences de Paris, etc. 1 vol. in-18 jésus, illustré de 540 fig. dans le texte. 7° édit. . . . 8 fr.

TRAITÉ DE MÉCANIQUE RATIONNELLE

Contenant les éléments de mécanique exigés pour l'admission à l'Ecole polytechnique et toute la partie théorique du cours de mécanique et machines de cette école, par M. CH. DELAUNAY, de l'Institut, professeur à l'Ecole polytechnique et à la Faculté des sciences de Paris. 4° édit. 1 vol. in-8. 8 fr.

COURS ÉLÉMENTAIRE D'ASTRONOMIE

Concordant avec les articles du programme officiel pour l'enseignement de la cosmographie dans les lycées, par LE MÊME. 1 vol. in-18 jésus, illustré de planches en taille-douce et de vignettes dans le texte. 5° édit. . . 7 fr. 50

COURS D'ARBORICULTURE

Culture des arbres et arbrisseaux à fruits de table, par M. A. Du Breuil, chargé du Cours d'arboriculture au Conservatoire impérial des Arts et Métiers et au Ministère de l'agriculture pour les départements, membre de la Société impériale d'horticulture de France, etc., etc. 6e édition, avec 575 figures dans le texte et 4 planches. 1 vol. grand in-18. . . . 8 fr.

INSTRUCTION ÉLÉMENTAIRE POUR LA CONDUITE DES ARBRES FRUITIERS

Greffe. — Taille. — Restauration des arbres mal taillés ou épuisés par la vieillesse. — Culture, récolte et conservation des fruits, par Du Breuil. Ouvrage destiné aux jardiniers, aux élèves des fermes-écoles et des écoles normales. 1 vol. in-18 jésus illustré de fig. dans le texte. 7e édit. 2 fr. 50

MANUEL D'ARBORICULTURE DES INGÉNIEURS

Plantations des alignements forestiers et d'ornement.— Boisement des dunes, etc., etc., par Dubreuil, illustré d'un grand nombre de gravures sur bois. 1 vol. gr. in-18. 3 fr. 50

CULTURE PERFECTIONNÉE ET MOINS COUTEUSE DU VIGNOBLE

Par A. Dubreuil. 1 vol. gr. in-18 jésus. . . . . 3 fr. 50

COURS ÉLÉMENTAIRE D'AGRICULTURE

Destiné aux élèves des écoles d'agriculture et des écoles normales primaires, aux propriétaires et aux cultivateurs, par MM. Girardin, correspondant de l'Institut, et Du Breuil, 2 forts vol. in-18 jésus, illustrés de 842 fig. dans le texte. 2e édition. . . . . 16 fr.

LEÇONS ÉLÉMENTAIRES DE BOTANIQUE

Fondées sur l'analyse de 50 plantes vulgaires et formant un traité complet d'organographie et de physiologie végétale, à l'usage des étudiants et des gens du monde, par M. Emm. Le Maout, docteur en médecine, membre de la Société philomathique. 3e édition; revue, corrigée et augmentée. 1 fort vol. gr. in-8 raisin, illustré d'un atlas de 50 planches, et contenant plus de 700 figures intercalées dans le texte.
    Avec atlas noir. 12 fr.
    — colorié avec le plus grand soin. . . . . 16 fr.

ÉLÉMENTS DE BOTANIQUE

Première partie : Organographie, par M. Payer, de l'Institut, professeur de botanique à la Faculté des sciences et à l'Ecole normale supérieure. 1 vol. gr. in-18, avec 668 fig. intercalées dans le texte. . . . . 5 fr.

MANUEL DE GÉOLOGIE ÉLÉMENTAIRE

Ou changements anciens de la terre et de ses habitants, tels qu'ils sont démontrés par les monuments géologiques, par sir Ch. Lyell, membre de la Société royale de Londres, traduit de l'anglais par M. Hugard, 6e édition, 2 forts vol. in-8, illustrés de 720 fig. . . . . 20 fr.

GÉOLOGIE APPLIQUÉE

Ou traité du gisement et de l'exploitation des minéraux utiles, par M. A. Burat, ingénieur, professeur de géologie et d'exploitation des mines à l'Ecole centrale des arts et manufactures. 5e édition divisée en deux parties :— *Géologie ; Exploitation.* 2 forts vol. in-8 illustrés. . . . . 20 fr.

COURS ÉLÉMENTAIRE DE CHIMIE

Par M. V. Regnault, de l'Institut, directeur de la Manufacture impériale de Sèvres, professeur au Collège de France et à l'Ecole polytechnique. 4 vol. in-18 jésus, ornés de 700 figures dans le texte. 6e édition. . . . 20 fr.

PREMIERS ÉLÉMENTS DE CHIMIE

à l'usage des Facultés, des établissements d'enseignement secondaire, des écoles normales et des écoles industrielles, par M. V. REGNAULT. In-18 jésus illustré d'un grand nombre de figures dans le texte. 5ᵉ édition. . . 5 fr.

COURS COMPLET DE MÉTÉOROLOGIE

de L. F. KAEMTZ, professeur de physique à l'Université de Hall, traduit et annoté par CH. MARTENS, professeur agrégé d'histoire naturelle à la Faculté de médecine de Paris, avec un appendice contenant la représentation graphique des tableaux numériques, par L. LALANNE, ingénieur. 1 fort vol. de plus de 500 pages, gr. in-18 jésus, orné de figures. . . . . . . 6 fr.

GUIDE DU SONDEUR

ou traité théorique et pratique des sondages, par MM. DEGOUSÉE et CH. LAURENT, ingénieurs civils, fabricants d'équipages de sonde, entrepreneurs de sondages. 2ᵉ édition, composée de 2 forts vol. in-8, avec un grand nombre de gravures sur bois intercalées dans le texte, et accompagnés d'un Atlas de 62 pl. gravées sur acier, représentant un très-grand nombre de figures, d'outils, coupes de terrains, etc. Prix des 2 vol. brochés et de l'atlas cartonné. . . . . 30 fr.

TRAITÉ ÉLÉMENTAIRE DES CHEMINS DE FER

par AUG. PERDONNET, ancien élève de l'École polytechnique, directeur de l'École impériale centrale des arts et manufactures. 5ᵉ édit., revue, corrigée et considérablement augmentée, 4 très-forts vol. in-8 avec 1,100 fig. sur bois et sur acier, cartes, tableaux, etc. . . . . 70 fr.

Un ouvrage complet et spécial avait jusqu'à ce jour manqué aux ingénieurs et aux personnes qui s'occupent de chemins de fer. Beaucoup, et des plus compétents ont écrit sur cette matière; mais chacun traitait d'une partie séparée de cette grande industrie; tel s'était attaché spécialement aux travaux d'art, tel autre au matériel, etc., et personne n'avait tenté de résumer sous une forme compacte le travail de chacun. M. Perdonnet, qui joint aux connaissances théoriques les plus étendues une très-grande pratique industrielle et administrative des chemins de fer, a pensé qu'un livre qui pourrait être lu par le public, et qui en même temps fournirait aux ingénieurs des renseignements qu'il leur serait à peu près impossible de se procurer ailleurs, serait une chose utile pour combler cette lacune.

DE L'EXPLOITATION DES CHEMINS DE FER

Leçons faites à l'École impériale des ponts et chaussées par F. JACQMIN, ingénieur des ponts et chaussées, directeur de l'exploitation des chemins de fer de l'Est, professeur à l'École impériale des ponts et chaussées, membre du jury international de l'Exposition universelle de 1867. 2 beaux vol. in-8 cavalier, brochés. . . . . 16 fr.

MANUEL DU CAPITALISTE

ou Comptes faits des intérêts à tous les taux, pour toutes sommes, de 1 jusqu'à 366 jours, ouvrage utile aux négociants, banquiers, commerçants de tous les états, trésoriers, receveurs généraux, comptables, aux employés des administrations de finances et de commerce et à tous les particuliers, par BONNET. Nouvelle édition, augmentée d'une Notice sur l'intérêt, l'escompte, etc., par M. Joseph GARNIER, professeur à l'École supérieure du Commerce et à l'École impériale des Ponts et Chaussées; revue, pour les calculs, par M. X. RYMKIEWICZ, calculateur au Crédit foncier. 1 vol. in-8. . . . . 6 fr.

Ce livre, éminemment commode pour les opérations financières, qui ont pris une si grande extension, est devenu, par le soin extrême donné à sa révision, et par les excellentes additions et corrections qu'on y a faites, un ouvrage de première utilité pour tous les comptables, tous les négociants, tous les banquiers, toutes les administrations financières. Aussi est-il recherché et demandé avec le plus vif empressement.

NOUVEAU GUIDE DE LA CORRESPONDANCE COMMERCIALE

Contenant 515 lettres : circulaires, offres de services, entrée en relations, lettres d'introductions et de recommandation, lettres de crédit, prise d'informations et demande de renseignements, ordres de bourse, ordres en fabriques, en entrepôts, demandes d'argent à des non-commerçants, remises, traites, lettres de change, opérations de change, affaires en participation, transports, assurances, avaries, etc., etc., par Henri Pace. 1 vol. in-8. . . . . 6 fr.

TENUE DES LIVRES RENDUE FACILE

Ou nouvelle méthode d'enseignement à l'usage des personnes destinées au commerce ; comprenant trois méthodes : l'une pour simplifier la balance générale, l'autre pour tenir les livres en double partie par le moyen d'un seul registre dont tous les comptes balancent journellement ; et la dernière en un supplément séparé pour tenir les comptes de banque en participation, par Ed. Degrange. 1 vol. in-8. . . . . 5 fr.

TENUE DES LIVRES DES AGENTS DE CHANGE

Et des courtiers de commerce, par Edmond Degrange, auteur de plusieurs ouvrages sur le commerce. 1 vol. in-8 de 72 pages. . . . . 4 fr.

MANUEL UNIVERSEL ET COMPLET A L'USAGE DE LA FABRIQUE ET DU COMMERCE
DES TISSUS DE COTON, LIN, CHANVRE, LAINE, SOIE, POILS, Etc.

Contenant le texte des Traités et des Conventions de commerce conclus avec l'Angleterre, la Belgique, le Zollverein, l'Italie, la Suisse, la Turquie, la Chine, etc., la correspondance des monnaies, poids et mesures de tous les pays, des tableaux de compte et de comparaison, un Extrait des tarifs de douanes des États avec lesquels il n'y a pas de traités, et un grand nombre de documents historiques et statistiques d'un intérêt journalier, avec un Vocabulaire *Franco-Anglais* et *Franco-Allemand*, des mots usuels de fabrique et de commerce. Quatrième édition entièrement refondue et très-augmentée. 1 vol. in-16. . . . . 2 fr. 50

MANUEL DES FONDS PUBLICS ET DES SOCIÉTÉS PAR ACTIONS,

Par A. Courtois fils, membre de la Société libre d'économie politique de Paris. 5ᵉ édition, entièrement refondue. 1 fort volume grand in-18 jésus, de 750 pages. . . . . 7 fr. 50

TRAITÉ ÉLÉMENTAIRE DES OPÉRATIONS DE BOURSE

Par A. Courtois fils. 1 vol. grand in-18. . . . . 2 fr.

ÉTUDE SUR LA CIRCULATION ET LES BANQUES

Par M. Alfred Sudre. 1 vol. grand in-18. . . . . 3 fr. 50

ÉTUDES POUR TOUS DES VALEURS DE BOURSE

Par J. Prudhan. Janvier à juin 1865, 1 vol. in-18. . . . . 2 fr.

VIGNOLE. — TRAITÉ ÉLÉMENTAIRE PRATIQUE D'ARCHITECTURE

Ou étude des cinq ordres, d'après Jacques Barozzio de Vignole. Ouvrage divisé en 72 planches, comprenant les cinq ordres, avec l'indication des ombres nécessaires au lavis, le tracé des frontons, etc., et des exemples relatifs aux ordres ; composé, dessiné et mis en ordre par J. A. Leveil, architecte, ancien pensionnaire du roi à Rome, et gravé sur acier par Hibon. 1 vol. in-4. . . . . 10 fr.

Le beau travail de M. Leveil est le plus complet, le mieux exécuté, en même temps que le plus exact qu'on ait publié jusqu'ici d'après Barozzio de Vignole. Les planches se distinguent par une élégance et un fini remarquables. Elles sont d'ailleurs plus nombreuses que dans les autres traités sur la matière. Le texte, au lieu d'être groupé en tête de l'ouvrage, se trouve au bas des pages auxquelles il s'applique, ce qui en rend l'usage infiniment plus commode et plus facile.

MÊME LIBRAIRIE

RÉIMPRESSION DES CLASSIQUES LATINS DE LA COLLECTION PANCKOUCKE

Format grand in-18 jésus — 3 fr. 50 cent. le volume.

1. **ŒUVRES COMPLÈTES D'HORACE.** Nouv. édit.; précédée d'une *Étude*; par H. Rigault. 1 vol.
2. **ŒUVRES COMPLÈTES DE SALLUSTE.** Traduction par Durozoir. Nouv. édition, revue par MM. Charpentier et F. Lemaistre; précédée d'un nouveau travail sur Salluste, par M. Charpentier. 1 vol.
3. **ŒUVRES CHOISIES D'OVIDE** (les Amours, l'Art d'aimer, etc.), Nouv. édit, revue par M. P. Lemaistre, précédée d'une *Étude*, par M. J. Janin. 1 vol.
4. **ŒUVRES DE VIRGILE.** Nouv. édit., revue par M. F. Lemaistre; précédée d'une *Étude* sur Virgile, par M. Sainte-Beuve, 1 vol. Par exception.. 4 fr. 50
5-8. **ŒUVRES COMPLÈTES DE SÉNÈQUE LE PHILOSOPHE.** Nouvelle édition, revue par MM. Charpentier et F. Lemaistre... 4 vol.
9. **CATULLE, TIBULLE ET PROPERCE**, traduites par MM. Héguin de Guerle, Valatour et Genouille. Nouv. édit., revue par M. Valatour. 1 vol.
10. **CÉSAR.** Commentaires sur la *Guerre des Gaules*, avec les réflexions de Napoléon 1er, suivis des Commentaires sur la *Guerre civile* et de la *Vie de César*, par Suétone, traduction d'Artaud, nouvelle édition, très-soigneusement revue par M. Félix Lemaistre; précédée d'une *Étude* sur César, par M. Charpentier. 1 fort vol. Par exception.... 4 fr. 50
11. **ŒUVRES COMPLÈTES DE PÉTRONE**, traduites par M. Héguin de Guerle... 1 vol.
12. **ŒUVRES COMPLÈTES DE QUINTE-CURCE**, avec la traduction de MM. Aug. et Alph. Trognon, revue avec le plus grand soin par M. Pessonneaux, professeur au lycée Napoléon. 1 vol.
13. **ŒUVRES COMPLÈTES DE JUVÉNAL.** Trad. de Dussaulx, revue par MM. Jules Pierrot et F. Lemaistre... 1 vol.
14. **ŒUVRES CHOISIES D'OVIDE.** — Les *Fastes*, les *Tristes*. Nouvelle édition, revue par M. E. Pessonneaux... 1 vol.
15-20. **ŒUVRES COMPLÈTES DE TITE-LIVE**, traduites par MM. Liez, Dubois, Verger et Corpet. Nouv. édit., revue par MM. E. Pessonneaux, Blanchet et Charpentier; précédée d'une *Étude*, par M. Charpentier... 6 vol.
21. **ŒUVRES COMPLÈTES DE LUCRÈCE**, avec la traduction de Lagrange; revue avec le plus grand soin, par M. Blanchet... 1 vol.
22. **LES CONFESSIONS DE SAINT AUGUSTIN.** Traduction française d'Arnaud d'Andilly, très-soigneusement revue et adaptée pour la première fois au texte latin, avec une introduction, par M. Charpentier. 1 vol. Par exception.. 4 fr. 50
23. **ŒUVRES COMPLÈTES DE SUÉTONE.** Traduction de la Harpe, refondue avec le plus grand soin par M. Cabaret-Dupaty... 1 vol.
24-25. **ŒUVRES COMPLÈTES D'APULÉE**, traduites en français par M. Victor Bétolaud. Nouvelle édition, entièrement refondue.... 2 vol.
26. **ŒUVRES COMPLÈTES DE JUSTIN**, traduites par MM. J. Pierrot et E. Boitard. N. édit., revue par M. Pessonneaux... 1 vol.
27. **ŒUVRES CHOISIES D'OVIDE.** — Les *Métamorphoses*, Nouvelle édition, revue par M. Cabaret-Dupaty, avec une préface par M. Charpentier. 1 fort vol. Par exception..... 4 fr. 50
28-29. **ŒUVRES COMPLÈTES DE TACITE.** Traduction de Dureau-Delamalle, revue par M. Charpentier... 2 vol.
30. **LETTRES DE PLINE LE JEUNE**, traduites par MM. de Sacy et J. Pierrot. Nouvelle édit. revue par M. Cabaret-Dupaty... 1 vol.
31-32. **ŒUVRES COMPLÈTES D'AULU-GELLE.** Nouvelle éd., revue par MM. Charpentier et Blanchet... 2 vol.
33-35. **QUINTILIEN.** Œuvres complètes, traduites par M. C. V. Ouizille. Nouvelle édition revue par M. Charpentier... 3 vol.
36. **TRAGÉDIES DE SÉNÈQUE**, trad. par L. Greslou. Nouvelle édition revue par M. Cabaret-Dupaty. Nouvelle édition revue par M. Cabaret-Dupaty... 1 vol.
37-38. **VALÈRE MAXIME.** Œuvres complètes, trad. de C. A. F. Frémion. Nouv. édition revue par M. Paul Charpentier... 2 vol.
39. **LES COMÉDIES DE TÉRENCE**, traduction nouv. par M. Victor Bétolaud. 1 très-fort vol. Par exception... 4 fr. 50
40-41. **MARTIAL.** Œuvres complètes, avec la trad. de MM. V. Verger, N. A. Dubois et J. Mangeart. Nouvelle édition revue avec le plus grand soin, par M. F. Lemaistre et M. N. A. Dubois, et précédée des *Mémoires de Martial*, par M. Jules Janin... 2 vol.
42. **FABLES DE PHÈDRE**, traduites en français, par M. Panckoucke, suivies des œuvres d'Avianus, de Denys Caton, de Publius Syrus, traduites par Levasseur et J. Chenu. Nouvelle édition, revue par M. E. Pessonneaux, et précédée d'une Étude par M. Charpentier... 1 vol.
43. **VELLEIUS PATERCULUS.** Traduction de Després, refondue avec le plus grand soin par M. Gréard, professeur au lycée Bonaparte. **ŒUVRES DE FLORUS.** Traduites par M. Ragon, précédées d'une *Notice* sur Florus, par M. Villemain... 1 vol.
44. **CORNELIUS NÉPOS**, avec une traduction nouvelle, par M. Amédée Pommier. — **EUTROPE.** *Abrégé de l'histoire romaine*, traduit par M. N. A. Dubois. Nouvelle édition, revue avec le plus grand soin par le traducteur... 1 vol.
45. **LUCAIN.** — **La Pharsale**, traduction de Marmontel, revue et complétée avec le plus grand soin, par M. H. Durand, professeur au lycée Charlemagne, précédée d'une étude sur la Pharsale, par M. Charpentier... 1 vol.

BIBLIOTHÈQUE LATINE-FRANÇAISE
PUBLIÉE PAR M. C. L. F. PANCKOUCKE
Au lieu de 7 fr.; net, 3 fr. 50 le vol. in-8, pap. des Vosges, non mécanique

PREMIÈRE SÉRIE

ŒUVRES COMPLÈTES DE CICÉRON, 36 vol. — ŒUVRES COMPLÈTES DE TACITE, 7 vol. — ŒUVRES COMPLÈTES DE QUINTILIEN, 6 vol. — JUSTIN, 2 vol. — FLORUS, 1 vol. — VELLEIUS PATERCULUS, 1 vol. — VALÈRE MAXIME, 3 vol. — PLINE LE JEUNE, 3 vol. — JUVÉNAL, 2 vol. — PERSE, TURNUS, SULPICIA, 1 vol. — OVIDE, Métamorphoses, 3 vol. — LUCRÈCE, 2 vol. — CLAUDIEN, 2 vol. — VALERIUS FLACCUS, 1 vol. — STACE, 4 vol. — PHÈDRE, 1 vol.

SECONDE SÉRIE. — Les auteurs désignés par un * sont traduits pour la première fois en français. POETAE MINORES*, ARBORIUS*, CALPURNIUS*, EUCHERIA, GRATIUS FALISCUS, LUPERCUS SERVASTUS*, NEMESIANUS, PENTADIUS*, SABINUS*, VALERIUS CATO*, VESTRITIUS SPURINNA* et le *Pervigilium Veneris*, 1 vol. — JORNANDÈS, 1 vol. — CENSORINUS*, JULIUS OBSEQUENS, LUCIUS AMPELLIUS, 1 vol. — AUSONE, 2 vol. — POMPONIUS MELA, VIBIUS SEQUESTER*, ETHICUS ISTER*, P. VICTOR*, R. FESTUS AVIENUS*, CL. RUTILIUS NUMATIANUS, etc., 1 vol. — VARRON, 1 vol. — EUTROPE, MESSALA CORVINUS*, SEXTUS RUFUS, 1 vol. — PALLADIUS, 1 vol. — HISTOIRE AUGUSTE, 3 vol. — COLUMELLE 3 vol. — C. LUCILIUS, LUCILIUS JUNIOR, SALEIUS BASSUS, CORNELIUS SEVERUS, AVIANUS*, DIONYSIUS CATON, 1 vol. — PRISCIANUS*, SERENUS SAMMONICUS*, MACER*, MARCELLUS*, 1 vol. — MACROBE, 3 vol. — SEXTUS POMPEIUS FESTUS*, 2 vol. — C. J. SOLIN, 1 vol. — VITRUVE, 2 vol. — FRONTIN, 1 vol. — SEXTUS AURELIUS VICTOR, 1 vol.

Il existe encore trois ou quatre collections complètes de la Bibliothèque latine, 241 vol., au prix de 1,200 fr.

PARIS. — IMP. SIMON RAÇON ET COMP., RUE D'ERFURTH, 1.

www.ingramcontent.com/pod-product-compliance
Lightning Source LLC
Chambersburg PA
CBHW070404230426
43665CB00012B/1233